歴史総合，
世界史

2025

実

大学　学共通テスト問題集

出題傾向分析―2025年度大学入学共通テスト試作問題より―

【全体概観】

・問題の問い方は従来の共通テストの形式を保ちつつも，資料が多めで資料の読み取り，読解が中心。
・会話形式の問題数は減ったが，その分資料の数が大幅に増加し，資料分析を要する問題が増加。
・問題の難易度は，2023年度の世界史B・本試験と比較した場合，同様の難易度か若干易しめだが（ちなみに2023年度本試験は，2022年度本試験より難化している），資料数が多い分，一つの資料を丁寧に読み込んでいると60分の時間では足りなくなることが懸念される。

【設問の内容】

・問われている本質的な内容は，従来の共通テスト（以下，旧共通テスト）と同様。
図版・資料とそれに関するメモの内容を読み取り，分析しつつ，世界史（歴史総合）の知識を使って解く。
・大問は５つだが，各大問において各国の時代縦断的な知識と，各時代の地域横断的な知識を要する。
ただし，**教科書レベルの基本的な知識**を問うものがほとんどで，**図版・資料と知識を正確に合致**させることが重要である。
・一つの図版，資料だけでなく，二つないし三つの異なる資料を読み，分析させたうえで回答を求める問題が出題される。

【対策】

・出題形式は従来の共通テストと大きくは変わらない。ただ図版が多用されるため，教科書に掲載される図版や資料には，学習の段階で一通り目を通しておきたい。本番で一つ一つの資料を時間をかけて丁寧に読み込んでいると，時間が足りなくなることになるので，本番で図版や資料を見たときに，「見たことがある」と思えることが大きなアドバンテージになる。
・歴史総合分野では日本史の知識を要することになる（試作問題では第１問が相当)。とはいえ，あくまで「歴史総合，世界史探究」であるのだから，新共通テストのためには世界史と日本史が関連する分野を重点的に学習しておけばよい。
→従って新共通テスト（「歴史総合，世界史探究」）に向けての対策は
①これまでの共通テストの問題演習
②教科書掲載の図版・資料の確認，通読
③世界史と日本史が関連する分野を重点的に学習
以上の３点が重要となろう。

【従来の共通テストとの比較】

	大問数	設問数	資料数	会話文
試作問題	5問	33	32	4
2023年度　共通テスト	5問	34	21	10
2022年度　共通テスト	5問	34	12	5
2021年度　共通テスト	5問	34	17	3

※共通テストは全て世界史B・本試験
※資料数の「資料」は，図版，写真，史料，メモ，レポート，パネル，グラフ，年表を含む

・会話文は2023年からは減少したもの，資料の数が大幅に増加！
・試作問題では時間配分を考えて，資料の読解にどれだけ時間をかけられるのか，シミュレーションしておくとよい。

第１問　問１　歴史総合分野（日本史の知識を要する）の問題

Ａ　19世紀のアジア諸国と欧米諸国との接触について，生徒と先生が話をしている。

先　生：19世紀はアジア諸国と欧米諸国との接触が進んだ時期であり，アジア諸国の人々と欧米諸国の人々との間で，相互に反発が生じることがありました。例えば日本の開港場の一つであった横浜の近郊では，薩摩藩の行列と馬に乗ったイギリス人の一行との間に，図に描かれているような出来事が発生しています。それでは，この出来事に関連する他の資料を図書館で探してみましょう。　**この「図」を問う**

（この後，図書館に移動して調査する。）

高　橋：横浜の外国人居留地で発行されていた英字新聞の中に，この出来事を受けて書かれた論説記事を見つけました。

（ここで，高橋がⓐ英字新聞の論説記事を提示する。）

中　村：この記事は，現地の慣習や法律に従わなかったイギリス人の行動を正当化しているように見えます。また，この出来事が，イギリス側でも，日本に対する反発を生んだのだと分かります。

先　生：そのとおりですね。一方で，アジア諸国が欧米諸国の技術を受容した側面も大事です。ⓑ19世紀のアジア諸国では，日本と同じく欧米の技術を導入して近代化政策を進める国が現れました。

問１　文章中の図として適当なものあ・いと，後の年表中のａ～ｃの時期のうち，図に描かれている出来事が起こった時期との組合せとして正しいものを，後の①～⑥のうちから一つ選べ。

あ　**桜田門外の変の図**

（茨城県立図書館蔵，茨城県立歴史館保管）

い　**生麦事件の図**

（「生麦事件図」，横浜市歴史博物館蔵）

①〔図版資料の判断〕
あの図→桜田門外の変＝歴史総合（日本史分野）
いの図→生麦事件＝歴史総合（日本史分野）

日本の対外関係に関する年表

1825年	異国船を撃退するよう命じる法令が出された。
↓	ａ
	上記法令を撤回し，異国船への燃料や食料の支給を認めた。
	ｂ　**↑異国船打払令撤回（1842年）**
	イギリス艦隊が鹿児島湾に来て，薩摩藩と交戦した。
	ｃ　**↑薩英戦争（1863年）**
1871年	清との間に対等な条約が締結された。

①　あ－ａ　　②　あ－ｂ　　③　あ－ｃ
④　い－ａ　　⑤　い－ｂ　　⑥　い－ｃ

②〔年代の比定〕
年代を比定するためには
・異国船打払令撤回の年（1842年）
・薩英戦争の年（1863年）

➡歴史総合の資料と年代知識が必要

問３　３班は，南アフリカ共和国の都市ケープタウンに興味を持ち，1991年のケープタウンにおける使用言語の分布を示した**図３**と，それぞれの言語話者の構成を示した表を見つけて，**メモ３**を作った。**図３，表，及びメモ３から読み取れる**事柄や，歴史的背景として考えられる事柄を述べた後の文あ～えについて，正しいものの組合せを，後の①～④のうちから一つ選べ。

３つの資料からの読み取り

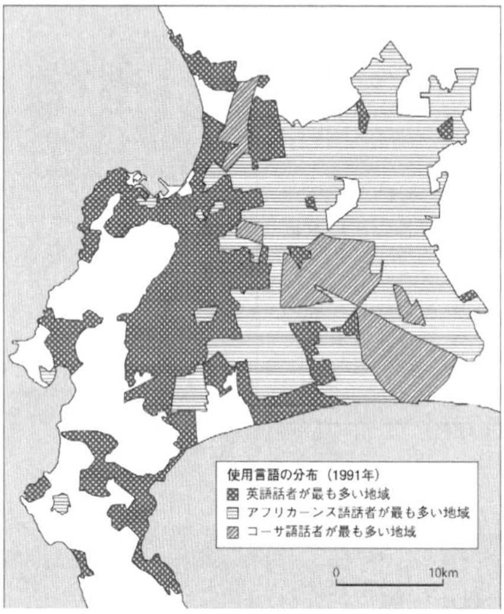

図３

表　それぞれの言語話者の構成（1991年）

	英語話者	アフリカーンス語話者	コーサ語話者
白人	49.9%	19.7%	0.02%
黒人	0.5%	0.2%	99.80%
カラード	46.3%	79.6%	0.10%
インド人	3.3%	0.5%	0.10%
計（注）	100%	100%	100%

（I. J. van der Merwe, The Urban Geolinguistics of Cape Town, GeoJournal 31-4, 1993より作成）
（注）四捨五入のため，合計は必ずしも100%にならない。

「い」の根拠

メモ３

・アフリカーンス語は，オランダ語に現地語が混合してできた言語である。
・コーサ語は，アフリカ南部の言語の一つである。
・カラードは，「有色」という意味で，初期の白人移民と奴隷や先住民などとが混血して形成された集団である。
・アパルトヘイト期のケープタウンでは，法律によって，白人，黒人，カラード，インド人の４つの集団ごとに居住区が指定されていた。

あ　英語話者が最も多い地域は，18世紀までに図３に見られる範囲に広がっていたと考えられる。
い　英語話者の中には，アパルトヘイトによる隔離の対象になっていた人々が含まれていると考えられる。
う　アフリカーンス語話者のほとんどが白人であり，コーサ語話者のほとんどが黒人である。
え　コーサ語話者が最も多い地域は，英語話者及びアフリカーンス語話者が最も多い地域よりも狭い。

①　あ・う　　②　あ・え　　③　い・う　　④　い・え

上図のように
①設問文から→図３，表，メモ３の３つの資料の分析が求められる

②〔図３と「え」の選択肢〕
・図３の斜線部はコーサ語話者の最も多い地域
↓
・「**え**」の選択肢，「コーサ語話者が最も多い地域は，英語話者及びアフリカーンス語話者が最も多い地域よりも狭い」という文と合致

③〔表・メモ３と「い」の選択肢〕
・表を見れば，英語話者の中に，「46.3%のカラード」がいることがわかる
・メモ３には「カラードは「有色」という意味で，初期の白人移民と奴隷や先住民などが混血して形成された集団である」とある
・メモ３には「アパルトヘイト期のケープタウンでは，法律によって，白人，黒人，カラード，インド人の４つの集団ごとに居住区が指定されていた」とある
↓
・「**い**」の選択肢，「英語話者の中には，アパルトヘイトによる隔離の対象となっていた人々が含まれていると考えられる」という文と合致。※アパルトヘイトは，白人の非白人に対する差別（世界史の知識）

➡以上の手順を迅速に導いていくことが求められる

第４問　問６　資料文と年代知識を総合して解く問題（資料＋年代整序）

・リード文，資料４，資料５で述べられている内容の年代を比定し，並べ替える

C　次の**資料３**は，フランス第三共和政期の国家と宗教の関係を描いた風刺画である。

　フランスでは，18世紀末の革命で非キリスト教化の動きが見られたが，その後もカトリック教会は影響力を持ち続けた。ナポレオンが宗教協約を結び，ローマ教皇と和解したことは，その要因の一つである。それ以降も，政治体制の転換とともに，国家による宗教の扱いは変化した。そして改めて共和政が敷かれたこの時期に，ⓓ国家と宗教の新たな関係の構築が模索された。ドレフュス事件は，その重要な契機であった。この事件の過程で，教皇を至上の権力とみなす一部のカトリック勢力が，共和派の政治家たちから問題視されたのである。この風刺画は，そうした時代状況を映し出している。

資料３

　風刺画の中央左には，斧（おの）を振りかざす共和派の政治家エミール＝コンブが描かれている。ⓔ『哲学書簡』の著者として知られる人物によって上空から光で照らされたコンブは，カトリック教会（左手前の冠をかぶった人物）とフランス（腰をかがめている女性）との錯綜した関係を表すロープを一刀両断しようとしている。

　こうした展開を経て，フランスでは，1905年に政治と宗教の分離に関する法律が定められた。

問６　下線部ⓓに関連して，次の**資料４・５**は，世界史上の国家と宗教の関係についての資料である。前の文章中の**宗教協約**の成立時期を含めて，これらの出来事が古いものから年代順に正しく配列されているものを，後の①～⑥のうちから一つ選べ。

【選択肢】

① **資料４－資料５－宗教協約**
② **資料４－宗教協約－資料５**
③ **資料５－資料４－宗教協約**
④ **資料５－宗教協約－資料４**
⑤ **宗教協約－資料－資料５**
⑥ **宗教協約－資料５－資料４**

・ナポレオンがローマ教皇と宗教協約を結んだのは**1801年**。しかし年代がわからなくても「ナポレオン」という語から**18世紀末～19世紀初頭**が導き出せる。

資料４

　ローマ皇帝並びに神聖なる帝国の選帝侯，諸侯らは，帝国のいかなる身分の者に対しても，アウクスブルク信仰告白のゆえに，また，その教義，宗教，信仰のゆえに，迫害をしてはならない。多くの自由都市と帝国都市において，旧教とルター派が以前から行われているので，今後もそのことはこれらの都市において維持されるべきである。

資料５

　イタリア政府は，現在既に設定されている，ヴァチカン地区における教皇庁の所有権及び排他的かつ絶対的な権限と裁判権を，同庁の付属物や施設とともに承認する。また，本条約の目的とそこに定められた条項に基づき，ヴァチカン市国が創出される。

・資料４は，「アウクスブルク信仰告白」，「旧教とルター派が以前から行われている」とあることから，**1555年**のアウクスブルクの宗教和議である。資料５は，「本条約」で「ヴァチカン市国」が創出されることが決められたのだから，**1929年**のラテラノ条約である。よって，解答は② **資料４－宗教協約－資料５**である。

➡複数の資料から素早くヒントを見つける→並べ替える

知識問題編

第1章　西アジアと地中海世界　▶▶要点整理

1 地球の誕生と生命の進化

(1) 地球の誕生と生命の進化

[1] ビッグバンから地球の誕生…今から約137億年前に宇宙が誕生，約46億年前に地球が誕生

[2] 人類の起源と進化…人類は700万～500万年前に独自の進化のコースに入った→旧石器時代

a．猿人…サヘラントロプスが確認出来る最古の猿人→(❶　　　　)が特徴

b．原人（ホモ＝エレクトゥス）…ジャワ原人や北京原人など→火の使用が特徴

c．旧人…ネアンデルタール人など→剥片石器を用い，死者の埋葬なども行った

d．新人…フランスの（❷　　　　）人が代表→洞窟絵画などを残す

2 農耕・牧畜のはじまり

(1) 農耕・牧畜のはじまり

[1] 約１万年前に氷期が終了し生態系が変化→狩猟・採集・漁撈による食糧確保が困難→農耕・牧畜を発明→獲得経済から食糧生産，生産経済へ

[2] 新石器時代…(❸　　　　）石器（石鎌・石臼・石杵など）使用→土器・金属器を発明

[3] 初期農耕文化…西アジアで前7000年頃までに麦の栽培，羊・牛・豚などの家畜飼育開始

(2) 定住から国家へ

[1] メソポタミア南部で（❹　　　　）農法と青銅器を発明→穀物栽培の大規模化
→生産力の増大→貧富の差の拡大→階層の分化→権力者・指導者の出現→(❺　　　　）の成立

3 オリエント文明

(1) 西アジア・地中海沿岸の自然環境

[1] メソポタミア（現在のイラク中心)…ティグリス川・ユーフラテス川に挟まれた地

[2] エジプト…ナイル川が南北に流れる

(2) メソポタミア文明

[1] 「肥沃な三日月地帯」と呼ばれ，動物の家畜化・乾地農法による麦類の栽培が発達
→メソポタミア南部で灌漑農法導入→権力や国家の発達

[2] 民族の興亡

a．前3000年頃…(❻　　　　）人の都市国家成立（ウル，ウルク，ラガシュなど）

b．前2350年頃…アッカド人のサルゴン１世が統一国家樹立

c．セム系のアムル人がバビロンを都とする古バビロニア王国（バビロン第１王朝）樹立
→(❼　　　　）王が『(❼）法典』を制定，同害復讐法が原則

[3] メソポタミアの文化
①(❽　　　　）文字の発明　②階段状の神殿（ジッグラト）の建設　③太陰暦・六十進法など

(3) エジプト文明

[1] ナイル川の定期的な氾濫が，肥沃な土壌を形成→「エジプトはナイルのたまもの」
→ナイル川流域にノモス（集落）が成立→大規模な治水・灌漑作業により発達→支配者の出現

[2] 統一国家の形成…前3000年頃，上エジプト・下エジプトが統一

a．古王国（前27～前22世紀)…都はメンフィス，王の権威を象徴する（❾　　　　）を建設

b．中王国（前21～前18世紀)…都はテーベ，末期にシリア・パレスティナからヒクソスが侵入

c．新王国（前16～前11世紀)…アメンホテプ４世が都を（❿　　　　）に遷都し，アトンを唯一神とする一神教を創始→写実的なアマルナ美術が発達

[3] エジプトの文化　①(⓫　　　　）(神聖文字)・民用文字を使用　②太陽暦・測地法・天文学が発達

(4) ヒッタイトの興隆

[1] ヒッタイト…前17世紀にアナトリア中部に国家形成→(⓬　　　　）製の武器と戦車で強大化
→前16世紀，メソポタミアに侵入→前13世紀，エジプト新王国と抗争

[2] 前15～前14世紀，カッシート・ミタンニがメソポタミア侵入→ヒッタイト，エジプトと共に諸勢力割拠

(5) 東地中海の諸民族

[1] エーゲ文明…青銅器文明として発達

[2] 地中海東岸…フェニキア人・アラム人・ヘブライ人の活動

a．フェニキア人…地中海岸のシドン・ティルス中心，地中海商業で繁栄

b．アラム人…（⓭　　　）を中心に内陸中継商業で繁栄
c．ヘブライ人…前1500年頃パレスティナに定住，前11世紀，イェルサレムを都として建国
→ダヴィデ王と（⓮　　　）王が最盛期→死後，国家は分裂
①イスラエル王国…前722年，アッシリアにより滅亡
②ユダ王国…前586年，新バビロニア王国により滅亡→住民はバビロンへ強制移住＝（⓯　　　）
→アケメネス朝により解放後，パレスティナに戻りユダヤ教成立
③ユダヤ教…唯一神（⓰　　　）への信仰と選民思想が特徴，聖典『旧約聖書』

4 オリエントの統一

(1) アッシリア
1 前９世紀頃，鉄製武器や馬・戦車で強大化し，前８世紀頃，（⓱　　　）を首都とする
→前７世紀前半メソポタミアとエジプトを征服し，オリエント統一
2 アッシリア滅亡後，四王国分立
a．新バビロニア（カルデア）王国…メソポタミア→ユダ王国を滅ぼす
b．（⓲　　　）王国…小アジア→史上初の金属貨幣製造
c．（⓳　　　）王国…イラン高原
d．エジプト王国…第26王朝成立

(2) アケメネス朝ペルシア
1 a．キュロス２世…前６世紀半ば，（⓳）から自立して勢力を拡大
b．ダレイオス１世…エーゲ海北岸からインダス川に至る大帝国を築く，新都（⓴　　　）建設
→全土を州に分け，知事（サトラップ）や「王の目」「王の耳」を派遣して統治，「王の道」建設
2 善神アフラ＝マズダと悪神アーリマンの善悪二元論を軸とする（㉑　　　）教が成立・信仰
3 ペルシア戦争（前500年～前449年）に敗北→（㉒　　　）大王により滅亡（前330年）

5 ギリシア文明

(1) エーゲ文明
1 a．クレタ文明（前2000年頃～前1400年頃，クレタ島中心）…城壁のない宮殿，開放的な性格の海洋文明
b．ミケーネ文明（前1600年頃～前1200年頃，ギリシア本土で繁栄）…巨石城塞に囲まれた宮殿，貢納王政
→「（㉓　　　）」の侵入などにより滅亡→ギリシアは暗黒時代へ

(2) ポリスの成立と発展
1 前８世紀…貴族を中心に人々が集住（シノイキスモス）し，ポリス成立
→ポリス中央には（㉔　　　）（城塞），麓にアゴラ（広場）が作られ政治の中心となった
2 ポリスの性格
a．独立都市国家…統一国家は形成されず，ポリス同士は対立・抗争
b．同族意識…自民族をヘレネス，異民族を（㉕　　　）と呼び区別
→オリンピアの祭典などで意識を共有
c．市民と奴隷…ポリスは市民と奴隷からなる→市民は自弁で武器を購入し（㉖　　　）として活躍

(3) アテネとスパルタ
1 アテネ…イオニア人のポリス
a．前６世紀初め…ソロンの改革→債務奴隷の禁止や負債の帳消し，財産政治など
b．前６世紀半ば…（㉗　　　）の僭主政治→中小農民を保護し，商工業を奨励
c．前508年…クレイステネスの改革→僭主の出現防止のための（㉘　　　）の制度→民主政の基礎確立
2 スパルタ…ドーリス人のポリス
a．リュクルゴス制を確立し，軍国主義的支配→ギリシア随一の陸軍国
b．スパルタ市民がペリオイコイ（周辺民）や（㉙　　　）（隷属農民）を支配

(4) ペルシア戦争とアテネの繁栄
1 前５世紀初め，アケメネアス朝に対するイオニア植民市の反乱がきっかけ
a．前490年…マラトンの戦いでアテネ重装歩兵がペルシア軍撃退
b．前480年…（㉚　　　）の海戦でテミストクレス率いるギリシア艦隊がペルシア艦隊撃破
c．前479年…プラタイアイの戦いでギリシアの勝利決定的
2 デロス同盟…ペルシア戦争中，ペルシアの再攻勢に備えるためアテネを盟主にデロス同盟結成
3 ペリクレス時代…アテネの民主政完成（前５世紀半ば頃）

a．すべての成年男性市民参加の（㉛　　　）が国政の最高決定機関に
b．将軍職以外のほとんどの官職は無産市民も含めた抽選により決定
c．女性・奴隷・在留外国人には参政権なし

(5) ポリス社会の変容

[1] スパルタが前６世紀に結成した（㉜　　　）同盟がアテネのデロス同盟と対立を深める
→(㉜）戦争へ（前431年～前404年)→アテネ敗北→テーベの台頭やアテネの復活
→ポリス社会の衰退

[2] マケドニア王国…フィリッポス２世が勢力拡大→(㉝　　　）の戦いでギリシア連合軍を撃破→覇権確立

(6) ギリシアの文化

文学	(㉞　　　)…叙情詩『イリアス』『オデュッセイア』 ヘシオドス…叙情詩『労働と日々』　サッフォー…女流詩人。恋愛詩人 アイスキュロス…悲劇詩人『アガメムノン』 アリストファネス…喜劇詩人『女の平和』『女の議会』
哲学	タレス…万物の根源を水とする　デモクリトス…万物の根源を原子とする ヘラクレイトス…「万物は流転する」　ヒッポクラテス…西洋医学の祖 プロタゴラス…ソフィスト。「人間は万物の尺度」 ソクラテス…真理の絶対性を説く。　プラトン…イデア論 (㉟　　　)…万学の祖。『政治学』『形而上学』
歴史	ヘロドトス…『歴史』（ペルシア戦争史,「物語的」叙述） トゥキュディデス…『歴史』（ペロポネソス戦争史,「実証的」叙述）
彫刻	フェイディアス…パルテノン神殿のアテナ女神像

6 ヘレニズム時代

(1) アレクサンドロスの東方遠征

[1] フィリッポス２世…スパルタを除くギリシア諸ポリスを集め，コリントス同盟（マケドニアが盟主）を結成，支配→暗殺される

[2] アレクサンドロス…前334年，東方遠征開始→イッソスの戦いなどに勝利→アケメネス朝滅亡（前330年）

(2) ヘレニズム世界とその文化

[1] ヘレニズム時代…アレクサンドロスの東方遠征からプトレマイオス朝の滅亡までの約300年間

[2] ディアドコイ（後継者）戦争…アレクサンドロスの死後の分裂
→①(㊱　　　）朝エジプト　②セレウコス朝シリア　③アンティゴノス朝マケドニア

[3] ヘレニズム時代には各地にギリシア風の都市が建設され，共通ギリシア語の（㊲　　　）が用いられた

7 ローマ帝国

(1) 都市国家ローマ

[1] 前８世紀半ば以降，ラテン人の一派によってテヴェレ河畔に都市国家ローマ建設
→(㊳　　　）（貴族）とプレブス（平民）から構成

[2] 前６世紀末…エトルリア人の王追放→共和政樹立→貴族が公職独占
a．執政官（コンスル)…任期１年，２名
b．(㊴　　　)…公職経験者の貴族からなる，最高諮問機関

[3] 身分闘争…平民は重装歩兵として自弁で武装し戦争参加→参政権要求
a．前５世紀初め…護民官（平民保護の官職）・平民会（平民だけが参加する民会）設置
b．前５世紀半ば…(㊵　　　）法制定→慣習法の明文化
c．前367年…リキニウス＝セクスティウス法→執政官の一人を平民から選出
d．前287年…(㊶　　　）法→平民会決議が元老院の承認を経ずに国法となることが決定

(2) 地中海沿岸の統一

[1] 前３世紀前半…イタリア半島統一→諸都市と異なる同盟を締結，一部にローマ市民権を与え，分割統治

[2] ポエニ戦争…西地中海の支配をめぐり，フェニキア人の都市国家カルタゴと戦う
a．第１次…ローマがシチリア島獲得→初の（㊷　　　）とする
b．第２次…ローマはカルタゴの将軍ハンニバルのイタリア半島への侵攻に苦しめられる

c．第３次…ローマの小スキピオ将軍がカルタゴを滅ぼす（前146年）→ローマの西地中海支配完了

3 （㊸　　　）の拡大…戦争で獲得した捕虜を奴隷として使役した大土地所有制
→属州からの安価な穀物流入などにより中小農民没落→貧富の差拡大→ローマの軍事力弱体化

4 （㊹　　　）兄弟の改革…中小農民再建のため→有力者に反発され失敗

5 内乱の一世紀…ローマ国内の混乱の時代
a．平民派のマリウスと閥族派のスラが私兵を組織して抗争
b．イタリア半島内同盟市が（㊺　　　）を求めて蜂起（同盟市戦争）
c．剣闘士（㊻　　　）の反乱→軍人らが鎮圧→軍閥の台頭

(3) 共和政から帝政へ

1 第１回三頭政治（前60年～前53年）…（㊼　　　）・ポンペイウス・クラッスス
→（㊼）は終身独裁官に就任したが暗殺される

2 第２回三頭政治（前43年～前36年）…オクタウィアヌス・アントニウス・レピドゥス
→オクタウィアヌスは，エジプト女王クレオパトラと組んだアントニウスを（㊽　　　）の海戦で破る
→前27年，オクタウィアヌスは元老院からアウグストゥスの称号与えられる
→元首政（プリンキパトゥス）開始

(4)「ローマの平和」

1 「ローマの平和（パクス＝ロマーナ）」…アウグストゥスから五賢帝までの約200年間
a．皇帝は市民に「パンと見世物」を提供し，社会は安定化
b．五賢帝時代（96～180年）…（㊾　　　）帝の時代にローマの領土は最大

2 カラカラ帝…帝国領内全自由民にローマ市民権付与（212年）

(5) キリスト教の誕生

1 キリスト教…→ユダヤ教から派生→（㊿　　　）はパリサイ派と対立→十字架刑で処刑

2 （㊿）の死後，ペテロやパウロなど使徒による伝道活動→ローマ帝国内に普及

(6) ローマ帝国の変容

1 「３世紀の危機」…２世紀末以降，北からゲルマン人，東からササン朝の侵入が活発化

2 （51　　　）時代…各地の軍団が独自の皇帝を擁立（約50年間に26人）→帝国は混乱期に

3 専制君主政（ドミナトゥス）…オリエント的専制支配体制の確立
a．ディオクレティアヌス帝…（52　　　）制確立→帝国を東西に分け，それぞれに正副二帝を置き統治
b．コンスタンティヌス帝…官僚制の整備，ソリドゥス金貨を発行→コンスタンティノープル遷都（330年）

4 帝政期には戦争が減少し，農業経営が従来のラティフンディアから小作人（コロヌス）使用へ移行

(7) キリスト教の拡大

1 （53　　　）勅令（313年）…コンスタンティヌス帝がキリスト教を公認

2 ニケーア公会議（325年）…父と神と子たるイエスが同一であるととなえる（54　　　）派を正統とする

3 テオドシウス帝…キリスト教以外の宗教信仰を禁止＝キリスト教国教化（392年）

4 エフェソス公会議（431年）…イエスの人性と神性を分離する（55　　　）派を異端

(8) 古代末期のローマ帝国

1 テオドシウス帝の死後，帝国は東西分裂
a．西ローマ帝国…476年，ゲルマン人の傭兵隊長（56　　　）により滅亡
b．東ローマ帝国…６世紀にはユスティニアヌス帝の統治下で隆盛→1453年，オスマン帝国により滅亡

(9) 古代ローマの文化

歴史・地理・天文	（㊼）…『ガリア戦記』　リウィウス…『ローマ建国史』 （57　　　）…『ゲルマニア』　プルタルコス…『対比列伝』 プリニウス…『博物誌』　ストラボン…『地理誌』　プトレマイオス…天動説
文学	ウェルギリウス…『アエネイス』　ホラティウス…『抒情詩集』
哲学・神学	キケロ…散文家・雄弁家　セネカ…『怒りについて』 マルクス＝アウレリウス＝アントニヌス…『自省録』 アウグスティヌス…『神の国』『告白』

8 西アジアの国々と諸宗教

(1) バクトリアとパルティア

1 アレクサンドロスの死後，西アジアはセレウコウス朝が支配→在地の民族が独立

a．バクトリア…アム川上流域に独立

b．(58　　　)…都をクテシフォンに置き，イラン高原で独立→オアシスの道の東西交易で繁栄

(2) ササン朝ペルシア

1 アルダシール１世が（58）を滅ぼして建国

a．シャープール１世…ローマと抗争し，軍人皇帝ウァレリアヌスを捕らえる

b．(59　　　)…ビザンツ帝国のユスティニアヌス帝と争う，突厥と結びエフタルを滅ぼす

c．642年，(60　　　)の戦いでイスラーム勢力に敗れる→滅亡（651年）

〔解答〕 1直立二足歩行 2クロマニョン 3磨製 4灌漑 5都市国家 6シュメール 7ハンムラビ 8楔形 9ピラミッド 10アマルナ 11ヒエログリフ 12鉄 13ダマスクス 14ソロモン 15バビロン捕囚 16ヤハウェ 17ニネヴェ 18リディア 19メディア 20ペルセポリス 21ゾロアスター 22アレクサンドロス 23海の民 24アクロポリス 25バルバロイ 26重装歩兵 27ペイシストラトス 28陶片追放（オストラキスモス） 29ヘイロータイ 30サラミス 31民会 32ペロポネソス 33カイロネイア 34ホメロス 35アリストテレス 36プトレマイオス 37コイネー 38パトリキ 39元老院 40十二表 41ホルテンシウス 42属州 43ラティフンディア 44グラックス 45ローマ市民権 46スパルタクス 47カエサル 48アクティウム 49トラヤヌス 50イエス 51軍人皇帝 52四帝統治 53ミラノ 54アタナシウス 55ネストリウス 56オドアケル 57タキトゥス 58パルティア 59ホスロー１世 60ニハーヴァンド

問題演習

1 次に掲げる各文の正誤を判定し，正文なら○，誤文なら×を記しなさい。

【地球の誕生と生命の進化】

(1) ビックバンにより，今から約46億年前に宇宙が誕生した。 [　]

(2) ネアンデルタール人に代表される旧人は死者の埋葬を行った。 [　]

【農耕・牧畜のはじまり】

(3) 約１万年前に氷期が終了し，生産経済から獲得経済へ変化した。 [　]

(4) 新石器時代になると打製石器が使われ始め，土器や金属器が発明された。 [　]

(5) 前6000年頃メソポタミア南部では灌漑農法が行われるようになり，穀物栽培が大規模化した。 [　]

(6) 生産力の増大により人々のあいだで階層が分化し，都市国家が成立するようになった。 [　]

【オリエント文明】

(7) メソポタミアにはティグリス川・ユーフラテス川，エジプトにはナイル川が流れる。 [　]

(8) 前3000年頃，アッカド人がウル・ウルクなどの都市を建設した。 [　]

(9) 前2350年頃，シュメール人の王が統一国家を建設した。 [　]

(10) 古バビロニア王国は，ハンムラビ王のもとで同害復讐を原則とする法典を制定した。 [　]

(11) 古代エジプトでは，ポリスと呼ばれる集落が形成された。 [　]

(12) 古王国時代には王の権威を象徴するピラミッドが建造された。 [　]

(13) 新王国のアメンホテプ４世は太陽神ラーを唯一神として信仰を強制した。 [　]

(14) 前17世紀にアナトリア中部に国家を形成したヒッタイトは初めて青銅製の武器を用いた。 [　]

(15) アラム人はシドンやティルスを中心に地中海貿易で活躍した。 [　]

(16) ヘブライ人は，前11世紀に建国し，ダヴィデ王とソロモン王のときに最盛期を迎えた。 [　]

(17) ユダヤ教はヤハウェ信仰や選民思想を特徴とし，『新約聖書』を聖典とする。 [　]

【オリエントの統一】

(18) アッシリアは前８世紀頃にクテシフォンを首都とし，前７世紀前半にオリエントを統一した。 [　]

(19) アッシリア滅亡後，小アジアにはメディア王国がイラン高原にはリディア王国が栄えた。 [　]

(20) ダレイオス１世は，新都ペルセポリスを建設し，「王の道」を整備して中央集権化を進めた。 [　]

(21) アケメネス朝では善神アーリマンと悪神アフラ＝マズダの二元論によるゾロアスター教が信仰された。 [　]

(22) アケメネス朝は，ペルシア戦争に敗れ，最後はアレクサンドロス大王により滅ぼされた。 [ ]

【ギリシア文明】

(23) クレタ文明は，シチリア島のクノッソスを中心に栄えた。 [ ]
(24) ミケーネ文明は，城壁のない宮殿や海洋動物などの壁画を特徴とする。 [ ]
(25) ポリスでは，アクロポリスの麓にあるアゴラで政治が行われた。 [ ]
(26) ギリシア人たちは自民族をバルバロイ，異民族をヘレネスと呼んで区別した。 [ ]
(27) アテネでは，前594年にペイシストラトスが債務奴隷を禁止した。 [ ]
(28) クレイステネスは僭主の出現防止のため，陶片追放の制度を確立した。 [ ]
(29) スパルタでは，少数のスパルタ市民が多数のペリオイコイやヘイロータイを支配した。 [ ]
(30) 前480年，テミストクレス率いるギリシア艦隊がサラミスの海戦で勝利した。 [ ]
(31) ペルシア戦争中，ペルシアの再来に備えてアテネを中心にペロポネソス同盟が作られた。 [ ]
(32) アテネ民主政が完成すると，全ての官職が抽選で選ばれるようになった。 [ ]
(33) マケドニアのフィリッポス２世は，カイロネイアの戦いでギリシア連合軍に勝利した。 [ ]

【ヘレニズム時代】

(34) 前334年に東方遠征を開始したアレクサンドロスは，マラトンの戦いでアケメネス朝を破った。 [ ]
(35) アレクサンドロス大王の死後，西アジアにはプトレマイオス朝シリアが成立した。 [ ]

【ローマ帝国】

(36) 共和政ローマでは，公職経験者からなる元老院が事実上の最高諮問機関であった。 [ ]
(37) 前５世紀初め，平民を保護するための官職として護民官が設置された。 [ ]
(38) ローマはギリシア人植民市のカルタゴと西地中海の覇権をめぐりポエニ戦争を行った。 [ ]
(39) グラックス兄弟は中小農民を再建するため，改革を進めようとしたが失敗した。 [ ]
(40) 「内乱の一世紀」では，属州がローマ市民権を求めて同盟市戦争を起こした。 [ ]
(41) 第１回三頭政治は，カエサル，ポンペイウス，アントニウスによって進められた。 [ ]
(42) オクタウィアヌスはアクティウムの海戦でエジプト女王クレオパトラに勝利した。 [ ]
(43) 五賢帝のハドリアヌス帝の時代にローマは最大領土を実現した。 [ ]
(44) カラカラ帝は，帝国領内の全自由民に対してローマ市民権を与えた。 [ ]
(45) イエスはユダヤ教のパリサイ派と対立して告発され，十字架刑で処刑された。 [ ]
(46) 軍人皇帝時代の混乱を収拾したテオドシウス帝は，四帝統治を始めた。 [ ]
(47) コンスタンティヌス帝は，ローマへ遷都した。 [ ]
(48) ディオクレティアヌス帝はミラノ勅令を発してキリスト教を公認した。 [ ]
(49) コンスタンティヌス帝はニケーア公会議を招集し，アリウス派を正統教義とした。 [ ]
(50) テオドシウス帝は，キリスト教を国教化した。 [ ]
(51) エフェソス公会議では，三位一体説を主張するネストリウス派が異端となった。 [ ]
(52) 西ローマ帝国はゲルマン人の傭兵隊長オドアケルによって滅亡した。 [ ]
(53) 東ローマ帝国は６世紀に隆盛を迎えたが，まもなくササン朝によって滅亡した。 [ ]

【西アジアの国々と諸宗教】

(54) アレクサンドロス大王の死後，西アジアはアンティゴノス朝が支配を広げた。 [ ]
(55) アンティゴノス朝の支配からギリシア系のバクトリアとイラン系のパルティアが独立した。 [ ]
(56) アルダシール１世はパルティアを滅ぼしてササン朝を建国した。 [ ]
(57) ホスロー１世は，ローマと抗争し軍人皇帝ウァレリアヌスを捕らえた。 [ ]
(58) ササン朝はニハーヴァンドの戦いでビザンツ帝国に敗れ，その後まもなく滅亡した。 [ ]

2 次の各問の文Ⅰ～Ⅲについて，古いものから年代順に正しく配列したものを，一番下の選択肢①～⑥のうちから一つ選べ。

(1)メソポタミア文明について述べた次の文Ⅰ～Ⅲについて，古いものから年代順に正しく配列したものを，以下の①～⑥のうちから一つ選べ。

Ⅰ　アムル人の建設した国家でハンムラビ法典がつくられた。
Ⅱ　サルゴン１世によって統一国家が成立した。
Ⅲ　ウル・ウルク・ラガシュなどの都市が建設された。 [ ]

(2)エジプト文明について述べた次の文Ⅰ～Ⅲについて，古いものから年代順に正しく配列したものを，以下の①～⑥のうちから一つ選べ。

Ⅰ　首都がテーベからアマルナに遷った。
Ⅱ　多くのピラミッドが建造された。
Ⅲ　ヒクソスが侵入し，ナイル河口のデルタ地帯が支配された。　［　］

(3)オリエントの統一について述べた次の文Ⅰ～Ⅲについて，古いものから年代順に正しく配列したものを，以下の①～⑥のうちから一つ選べ。

Ⅰ　アナトリア（小アジア）でヒッタイトが勢力を拡大した。
Ⅱ　アッシリアがエジプトを征服した。
Ⅲ　新バビロニアがユダ王国を滅ぼした。　［　］

(4)アケメネス朝ペルシアについて述べた次の文Ⅰ～Ⅲについて，古いものから年代順に正しく配列したものを，以下の①～⑥のうちから一つ選べ。

Ⅰ　イッソスの戦いでアレクサンドロスに敗れた。
Ⅱ　ペルセポリスを建設した。
Ⅲ　ユダヤ人をバビロン捕囚から解放した。　［　］

(5)ヘレニズムについて述べた次の文Ⅰ～Ⅲについて，古いものから年代順に正しく配列したものを，以下の①～⑥のうちから一つ選べ。

Ⅰ　プトレマイオス朝が滅亡した。
Ⅱ　セレウコス朝が滅亡した。
Ⅲ　アレクサンドロスの東方遠征が開始された。　［　］

(6)古代ギリシアについて述べた次の文Ⅰ～Ⅲについて，古いものから年代順に正しく配列したものを，以下の①～⑥のうちから一つ選べ。

Ⅰ　マラトンの戦いでアケメネス朝を撃退した。
Ⅱ　ソロンが債務奴隷を禁止するなどの改革を行った。
Ⅲ　アテネとスパルタによるペロポネソス戦争が起こった。　［　］

(7)古代ローマについて述べた次の文Ⅰ～Ⅲについて，古いものから年代順に正しく配列したものを，以下の①～⑥のうちから一つ選べ。

Ⅰ　リキニウス＝セクスティウス法が制定された。
Ⅱ　ホルテンシウス法が制定された。
Ⅲ　十二表法が制定された。　［　］

(8)帝政時代のローマについて述べた次の文Ⅰ～Ⅲについて，古いものから年代順に正しく配列したものを，以下の①～⑥のうちから一つ選べ。

Ⅰ　ローマ帝国の最大領土を実現した。
Ⅱ　キリスト教が国教化された。
Ⅲ　帝国領内全自由民にローマ市民権が与えられた。　［　］

(9)アケメネス朝滅亡後の西アジアについて述べた次の文Ⅰ～Ⅲについて，古いものから年代順に正しく配列したものを，以下の①～⑥のうちから一つ選べ。

Ⅰ　パルティアが成立した。
Ⅱ　シャープール１世がウァレリアヌスを捕らえた。
Ⅲ　ホスロー１世がエフタルを滅ぼした。　［　］

《選択肢》

①　Ⅰ－Ⅱ－Ⅲ　　②　Ⅰ－Ⅲ－Ⅱ　　③　Ⅱ－Ⅰ－Ⅲ
④　Ⅱ－Ⅲ－Ⅰ　　⑤　Ⅲ－Ⅰ－Ⅱ　　⑥　Ⅲ－Ⅱ－Ⅰ

第2章 南アジアと東南アジア ▶▶要点整理

1 インダス文明

(1) 南アジアの自然環境
1 インド亜大陸の特徴
a．熱帯・亜熱帯のモンスーン（季節風）帯に位置する
b．亜大陸の歴史は，パンジャーブ地方・ヒンドゥスターン平原・デカン高原及び南部沿岸部で展開

(2) インダス文明
1 西北のパンジャーブ平原のインダス川流域を中心にインダス文明が繁栄
a．(❶　　　)…パンジャーブ地方
b．(❷　　　)…シンド地方
2 特徴…宗教目的の沐浴場や穀物倉庫を備え，計画的な道路や下水道を整備，強力な王権の存在は伺えない
3 文化…(❸　　　) 文字（未解読)→印章に刻まれた

(3) アーリヤ人とバラモン教
1 a．前1500年頃…カイバル峠をこえてインド＝ヨーロッパ系のアーリヤ人がパンジャーブ地方に来住
b．前1000年頃…ガンジス川流域に進出→(❹　　　) 教成立→神々への讃歌集ヴェーダ
2 前10世紀以降，アーリヤ人社会で階層の分化→(❺　　　) と呼ばれる４身分が成立
→カースト（ジャーティ）制度発達
a．バラモン（司祭者）
b．(❻　　　)（王侯・戦士）
c．(❼　　　)（庶民）
d．シュードラ（奴隷とされた先住民)→４ヴァルナの枠外に賤民（不可触民）

2 インド古典文化の形成

(1) 新しい思想・宗教
1 前７～前５世紀頃，農業・商工業の発展で王国が成立→(❽　　　) 国がコーサラ国を滅ぼし台頭
2 バラモン教の改革…祭式至上主義を改め，人間の内面を深く考察する運動
→哲学書「(❾　　　)」が成立
3 新宗教の成立…保守的なバラモンの支配に対する不満から

	仏教	ジャイナ教
開祖の名前	(❿　　　)	(⓫　　　)
開祖の出身	クシャトリヤ	クシャトリヤ
支持層	クシャトリヤ・ヴァイシャ	ヴァイシャ
教義と特徴	個人的修行・八正道の実践	禁欲・苦行・不殺生主義

(2) マウリヤ朝のインド統一
1 アレクサンドロス大王の東方遠征→アーリヤ人社会の混乱
2 前317年頃…(⓬　　　) がマウリヤ朝建国→西北インドの諸勢力を統合し，インド初の統一国家に
3 最盛期…第３代アショーカ王→南端部を除く全インドを支配下に→アショーカ王の死後，国は分裂
〔アショーカ王の政策〕
①仏教保護→(⓭　　　) へ布教　②ダルマ（法）を刻んだ磨崖・石柱を各地に建立
③仏典の編纂（仏典結集）

(3) クシャーナ朝と大乗仏教
1 前２世紀～前１世紀…ギリシア系のバクトリア，イラン系のパルティアが西北インドに進入
2 １世紀…イラン系のクシャーナ人が大月氏から自立→クシャーナ朝建国
3 ２世紀…(⓮　　　) 王のとき，プルシャプラを都に中央アジアからガンジス川中流域を支配
4 大乗仏教の確立
a．２～３世紀頃，(⓯　　　) によって体系化
b．菩薩信仰を中心とする衆生の救済を重視
c．(⓰　　　) 美術とともに中央アジア・東アジアに伝播

(4) モンスーン航海と南インドの発展

1 1世紀に，アラビア半島南西岸とインド西岸の間でモンスーンを利用した航海が確立
ローマ帝国⇒インド…金貨・ガラス・ワインなど　インド⇒西方…胡椒・象牙・宝石など

2 南インド…ドラヴィダ系の王国が繁栄
a．(⓱　　　) 朝…前1世紀頃，デカン高原に成立
b．チョーラ朝，パーンディヤ朝…紀元前から南端部で繁栄

3 スリランカ…アーリヤ系のシンハラ人が進出→(⓲　　　) 教の中心地に

(5) グプタ朝とインド古典文化

1 4世紀初め，チャンドラグプタ1世がグプタ朝建国

2 第3代チャンドラグプタ2世が最盛期…北インドを支配，南インドにも進出

3 グプタ朝時代に (⓳　　　) 教が確立

4 インド古典文化

文学・戯曲	二大叙事詩…『(⓴　　　)』『ラーマーヤナ』 『マヌ法典』…ヴァルナごとの義務や生活規範をまとめたもの 『シャクンタラー』…(㉑　　　) の作，サンスクリット文学の代表
仏教・美術	(㉒　　　) 僧院…仏教教義の研究が進展 アジャンター石窟寺院…グプタ様式完成
その他	インド数字・十進法・ゼロの概念

(6) ヒンドゥー国家の分断

1 ヴァルダナ朝…7世紀前半，ハルシャ＝ヴァルダナが北インドを統合し，建国→王の死後，国は崩壊

2 南インド…5世紀頃，パーンディヤ朝などが海上交易で繁栄，10世紀には (㉓　　　) 朝が台頭

3 文化運動…ヒンドゥー教の神に対する絶対的帰依を説く (㉔　　　) 運動が盛んに

(7) ラージプート時代の社会と宗教

1 ラージプート時代…諸勢力がラージプート（王の子）を称して抗争

2 職業の世襲化・固定化が進展→カースト制度（ジャーティ）が成立

3 古代の東南アジアと海のシルクロード

(1) 東南アジアの自然環境と基層文化

1 東南アジアの特徴
a．山地・平原・デルタからなる大陸部と諸島部に分けられる
b．前3000年紀までに根栽農耕が始まり，前2000年紀には中国から大陸部へ稲作が伝播

(2) 海のシルクロードと初期国家

1 前1000年紀後半，北部ベトナムで中国文化の影響を受けた，銅鼓を代表とする (㉕　　　) 文化が発達

2 海のシルクロードの中継地となる港市国家が成立
a．(㉖　　　)…1世紀にメコン川下流域に成立→(㉗　　　) 遺跡から東西の遺物が出土
b．林邑…2世紀末に中国の日南郡から独立，チャム人が建国

(3) 大陸部平原の開発と諸国家

1 a．エーヤーワディー川…中流域にピュー人の都市国家が成立
b．チャオプラヤー川…中下流域にモン人の (㉘　　　) が台頭
c．カンボジア内陸部…クメール人が真臘建国

(4) マラッカ海峡とジャワの発展

1 a．スマトラ島…パレンバンを中心に (㉙　　　) が台頭→多くの港市を従える交易帝国
b．ジャワ島…8世紀後半からシャイレーンドラ朝が台頭，大乗仏教の (㉚　　　) 寺院建立

〔解答〕 ❶ハラッパー　❷モエンジョ＝ダーロ　❸インダス　❹バラモン　❺ヴァルナ　❻クシャトリヤ　❼ヴァイシャ　❽マガダ　❾ウパニシャッド（奥義書）　❿ガウタマ＝シッダールタ　⓫ヴァルダマーナ　⓬チャンドラグプタ　⓭スリランカ（セイロン）　⓮カニシカ　⓯ナーガールジュナ（竜樹）　⓰ガンダーラ　⓱サータヴァーハナ　⓲上座仏　⓳ヒンドゥー　⓴マハーバーラタ　㉑カーリダーサ　㉒ナーランダー　㉓チョーラ　㉔バクティ　㉕ドンソン　㉖扶南　㉗オケオ　㉘ドヴァーラヴァティー　㉙シュリーヴィジャヤ　㉚ボロブドゥール

問題演習

1 次に掲げる各文の正誤を判定し，正文なら○，誤文なら×を記しなさい。

【インダス文明】

(1) インダス文明の遺跡ハラッパーは，インダス川の下流のシンド地方にある。 [ ]
(2) インダス文明で用いられたインダス文字は，印章に刻まれた。 [ ]
(3) アーリヤ人は前1500年頃ガンジス川に進出し，前1000年頃パンジャーブ地方に移動した。 [ ]
(4) カースト制においては王侯・戦士階級のバラモンが最上位とされた。 [ ]

【インド古典文化の形成】

(5) バラモン教に対して，人間の内面を深く考察する運動が起こり「ウパニシャッド」が成立した。 [ ]
(6) ガウタマ＝シッダールタにより仏教が創始された。 [ ]
(7) ヴァルダマーナが開いたジャイナ教は，おもにバラモンに支持された。 [ ]
(8) 前317年頃，チャンドラグプタ１世によってマウリヤ朝が開かれた。 [ ]
(9) マウリヤ朝最盛期のアショーカ王は仏教に帰依し，スリランカへ布教した。 [ ]
(10) アショーカ王は法（ダルマ）を磨崖・石柱に刻み全国に建立した。 [ ]
(11) クシャーナ朝は大月氏から独立して成立し，都はパータリプトラに置かれた。 [ ]
(12) クシャーナ朝は２世紀のカニシカ王のとき，中央アジアからガンジス川中流域を支配した。 [ ]
(13) カーリダーサによって大乗仏教の教えが体系化された。 [ ]
(14) モンスーンを利用した東西交易により，インドから西方へ金貨・ガラス・ワインなどがもたらされた。 [ ]
(15) 前１世紀頃，デカン高原にサータヴァーハナ朝が成立した。 [ ]
(16) スリランカにはアーリヤ系のシンハラ人が進出し，大乗仏教の中心地となった。 [ ]
(17) グプタ朝はチャンドラグプタ２世のときに最盛期を迎え，南インドにも進出した。 [ ]
(18) ヴァルナごとの義務や生活規範をまとめた『シャクンタラー』が成立した。 [ ]
(19) ガンジス川流域に建てられたナーランダー僧院で仏教教義の研究がすすめられた。 [ ]
(20) アジャンター石窟寺院には多くのグプタ様式の美術がみられる。 [ ]
(21) ７世紀前半，ヴァルダナ朝は北インドを統合した。 [ ]
(22) 南インドでは，10世紀にアユタヤ朝が成立し，海上交易で繁栄した。 [ ]
(23) 南インドでは，ヒンドゥー教の神に対する絶対的帰依を説くラージプート運動が盛んとなった。 [ ]
(24) ヴァルダナ朝崩壊後，諸勢力はラージプート（神の子）を称して抗争した。 [ ]
(25) ラージプート時代に職業の世襲化・固定化がすすみ，カースト制度が確立した。 [ ]

【古代の東南アジアと海のシルクロード】

(26) ベトナムでは，前1000年紀後半に銅鼓を代表とするドンソン文化が発達した。 [ ]
(27) １世紀にはエーヤーワディー川下流域に扶南が成立した。 [ ]
(28) チャンパー（林邑）のオケオ遺跡から東西交易様子がうかがえる遺物が出土した。 [ ]
(29) メコン川下流域にはピュー人の国が成立した。 [ ]
(30) チャオプラヤー川中下流域でモン人がつくった真臘が台頭した。 [ ]
(31) カンボジア内陸部にはクメール人がドヴァーラヴァティーを建国した。 [ ]
(32) スマトラ島のパレンバンを中心に，シュリーヴィジャヤが台頭し，多くの港市を従えた。 [ ]
(33) ジャワ島に成立したシャイレーンドラ朝は上座仏教寺院のボロブドゥールを造営した。 [ ]

2 次の各問の文Ⅰ～Ⅲについて，古いものから年代順に正しく配列したものを，一番下の選択肢①～⑥のうちから一つ選べ。

(1)インダス文明について述べた次の文Ⅰ～Ⅲについて，古いものから年代順に正しく配列したものを，以下の①～⑥のうちから一つ選べ。

Ⅰ アーリヤ人がカイバル峠を越えてパンジャーブ地方に進出した。
Ⅱ シンド地方でモエンジョ＝ダーロが繁栄した。
Ⅲ アレクサンドロス大王がインダス川流域まで侵攻した。 [ ]

⑵マウリヤ朝とクシャーナ朝について述べた次の文Ⅰ～Ⅲについて，古いものから年代順に正しく配列したものを，以下の①～⑥のうちから一つ選べ。

Ⅰ　カニシカ王が中央アジアまで支配を広げた。
Ⅱ　アショーカ王により仏典結集が行われた。
Ⅲ　チャンドラグプタが北インドを統一した。　[　]

⑶南インドについて述べた次の文Ⅰ～Ⅲについて，古いものから年代順に正しく配列したものを，以下の①～⑥のうちから一つ選べ。

Ⅰ　デカン高原でサータヴァーハナ朝が栄えた。
Ⅱ　スリランカに上座仏教が伝わった。
Ⅲ　バクティ運動が盛んになった。　[　]

⑷グプタ朝以降のインドについて述べた次の文Ⅰ～Ⅲについて，古いものから年代順に正しく配列したものを，以下の①～⑥のうちから一つ選べ。

Ⅰ　チャンドラグプタ１世がグプタ朝を建国した。
Ⅱ　ナーランダー僧院が建立された。
Ⅲ　ヴァルダナ朝が成立した。　[　]

⑸東南アジアについて述べた次の文Ⅰ～Ⅲについて，古いものから年代順に正しく配列したものを，以下の①～⑥のうちから一つ選べ。

Ⅰ　ジャワ島にボロブドゥールが造営された。
Ⅱ　中国から稲作が伝播した。
Ⅲ　メコン川下流域に扶南が成立した。　[　]

⑹古代インドの宗教について述べた次の文Ⅰ～Ⅲについて，古いものから年代順に正しく配列したものを，以下の①～⑥のうちから一つ選べ。

Ⅰ　ヒンドゥー教が社会に定着するようになった。
Ⅱ　仏教が生まれた。
Ⅲ　バラモン教の聖典ヴェーダが編まれた。　[　]

⑺古代インドの文化について述べた次の文Ⅰ～Ⅲについて，古いものから年代順に正しく配列したものを，以下の①～⑥のうちから一つ選べ。

Ⅰ　ナーガールジュナが大乗仏教の教義を確立した。
Ⅱ　カーリダーサが『シャクンタラー』を著した。
Ⅲ　『ラーマーヤナ』が現在の形にまとめられた。　[　]

《選択肢》

①　Ⅰ－Ⅱ－Ⅲ　②　Ⅰ－Ⅲ－Ⅱ　③　Ⅱ－Ⅰ－Ⅲ
④　Ⅱ－Ⅲ－Ⅰ　⑤　Ⅲ－Ⅰ－Ⅱ　⑥　Ⅲ－Ⅱ－Ⅰ

第3章 東アジアと中央ユーラシア

▶▶要点整理

1 中国文明

(1) 東アジアの自然環境

1 東アジア…中国東部・北部ベトナム・朝鮮半島・日本列島・南西諸島・台湾島を合わせた地域をさす

a．中国の淮河以北…降水量が少なく畑作中心

b．中国の淮河以南…湿潤な気候で水稲耕作中心

(2) 黄河文明と長江文明

1 黄河文明

a．仰韶文化…黄河中流域，(❶　　　)土器が特徴

b．(❷　　　)文化…黄河下流域，黒陶が特徴

2 長江文明…河姆渡遺跡→稲籾や骨製道具が発見

(3) 殷王朝

1 現在確認される最古の王朝→河南省安陽市で殷墟が発掘→王は神権政治を行って農民を支配→占いの結果を(❸　　　)文字を用いて記録した

(4) 周王朝

1 前11世紀…殷を倒して成立，渭水盆地中心　都：(❹　　　)

2 (❺　　　)制度…一族・功臣や有力首長を諸侯に封じ，封土と農民を世襲的に支配

2 春秋・戦国時代の変動

(1) 春秋・戦国時代

1 春秋時代…周王の権威低下→有力諸侯が覇者となり，(❻　　　)を唱えて諸侯をまとめた

2 戦国時代…韓・魏・趙・斉・燕・楚・秦の七国（戦国の七雄）を中心に勢力争いが展開

3 社会・経済の変化…鉄製農具の使用や鉄製の犂を牛にひかせる牛耕農法が始まる→生産力増大

4 商工業の発達…刀貨・布貨などの(❼　　　)が流通

(2) 諸子百家の思想

1 戦乱と社会変動により各国は人材登用の必要性→諸子百家の活躍

おもな学派	代表的な人物	思想のおもな内容
儒家	(❽　　　)・孟子・荀子	家族道徳実践による「仁」を重視
墨家	墨子	無差別の愛（兼愛）を説く
道家	老子・荘子	(❾　　　)を説く
法家	商鞅・韓非・(❿　　　)	法治主義による富国強兵
縦横家	蘇秦・張儀	外交による合従・連衡を説く

3 中国古代帝国と東アジア

(1) 秦の中国統一

1 秦…戦国の諸国を併合し，前221年に中国統一→秦王の政は初めて皇帝の称号を使用（始皇帝）

2 秦の統治

a．(⓫　　　)制…全国を36郡に分け，官吏を派遣して統治

b．(⓬　　　)…農業・医薬・占い関係以外の書物を焼き，言論・思想を統制

3 秦の滅亡…急激な社会改革による農民の反発→前209年，(⓭　　　)の乱勃発→秦滅亡（前206年）

(2) 漢の発展

1 漢（前漢）の建国…劉邦が項羽に勝利し，長安を都に建国

2 初期の統治＝(⓮　　　)制…郡県制（中央や要地で実施）と封建制（地方で実施）を併用

3 武帝時代…中央集権体制確立→対外遠征で郡県制拡大

a．(⓯　　　)を大月氏に派遣→西域事情判明

b．(⓰　　　)・鉄・酒の専売…財政立て直しのため

c．均輸法（特産品の不足地転売），(⓱　　　)法（物価調整）の実施

d．官吏任用法＝(⓲　　　)…地方長官に官吏候補者を推薦させる制度

(3) 新と後漢

[1] 新…王莽は周代を理想とする復古政治→民衆の反発→(⓳　　　)の乱などの農民反乱で滅亡

[2] 後漢…劉秀（光武帝）が漢を復興（後漢），都：洛陽

[3] 西域経営…西域都護の（⓴　　　）がタリム盆地など西域を服属，部下の甘英を大秦国（ローマ）に派遣

[4] 後漢の衰退…2世紀半ば以降，宦官と官僚の対立激化→(㉑　　　)では宦官が官僚を弾圧
→地方では太平道（張角）が民衆の支持を集め拡大→184年，（㉒　　　）の乱勃発
→後漢滅亡（220年）

(4) 秦・漢時代の文化

儒学	前漢…董仲舒登用→五経博士の設置＝儒学の官学化 後漢…鄭玄により（㉓　　　）学（古典の字句解釈）が発達
歴史	前漢…司馬遷『(㉔　　　)』→伝説の時代から前漢武帝までの歴史記録（紀伝体） 後漢…『漢書』→前漢一代の歴史記録（紀伝体）
技術	後漢…(㉕　　　)→製紙法の改良

(5) 衛氏朝鮮と漢

[1] 前2世紀…戦国時代の燕に仕えていた衛満が衛氏朝鮮建国→前108年，前漢武帝が征服

(6) 日本列島の小国家と漢

[1] 縄文時代…日本列島に水田稲作が伝播

[2] 弥生時代…中国や朝鮮から金属器が伝播→小国家分立（前2～前1世紀頃）

4 中央ユーラシアの国家形成

(1) 草原とオアシスの世界

[1] 前1500年頃…遊牧民の間で騎馬開始

[2] 前9～前8世紀頃…騎馬遊牧民の社会形成→遊牧国家の形成

(2) スキタイと匈奴

[1] スキタイ…前7世紀頃，南ロシアの草原地帯に形成→動物文様に特色をもつ金属器文化

[2] 匈奴…前4世紀頃，モンゴル高原南部で活動→前3世紀末に（㉖　　　）のもとで強大化→分裂

(3) オアシスの道の都市と国家

[1] ソグディアナ地方…イラン系のソグド人がサマルカンドなどのオアシス都市に居住

[2] タリム盆地…前2世紀前半に匈奴の支配下→前漢武帝以降は漢の勢力下に

(4) モンゴル・チベット系諸民族の動向

[1] モンゴル高原…2世紀頃，（㉗　　　）が台頭し後漢に対抗→5世紀頃，柔然があらわれ北魏と対抗

[2] 青海・河西地方…チベット系の氐や羌が活動

(5) トルコ系諸民族の動向

[1] 突厥…6世紀半ばに強大化→柔然を滅ぼし，華北に進出→6世紀末に東西分裂

[2] ウイグル…突厥を破りモンゴル高原支配→8世紀半ば，安史の乱で唐を援助→(㉘　　　)により滅亡

(6) 吐蕃と南詔

[1] チベット…7世紀前半，（㉙　　　）が吐蕃建国→独特のチベット仏教，チベット文字を創始

[2] 雲南地方…7世紀半ば，唐とチベットの抗争を機に南詔が建国

5 胡漢融合帝国の誕生

(1) 胡漢融合帝国

[1] 4～5世紀，華北では遊牧民政権と漢人政権が抗争→北魏から唐までは胡漢融合政権が中国を支配

(2) 中国の分裂

[1] 三国時代…後漢滅亡後，魏・蜀・呉が中国を三分
a．魏…曹操の息子の曹丕が華北に建国　都：洛陽→官吏登用法として九品中正を採用
b．蜀…(㉚　　　）が四川に建国　都：成都
c．呉…孫権が江南に建国　都：建業
→魏が蜀を滅ぼす→魏の臣下の（㉛　　　）が晋（西晋）建国→280年，晋が呉を滅ぼし中国統一

[2] 五胡十六国時代…華北に匈奴・鮮卑・羯・氐・羌（五胡と総称）などの遊牧民が王朝を建てる

(3) 南北の対立

[1] 北朝…鮮卑の拓跋部が台頭し北魏を建国→(㉜　　　）帝のとき均田制や三長制実施

→６世紀前半に東魏・西魏に分裂→それぞれ北斉・北周に交替
[2] 南朝…西晋のあとをうけた東晋滅亡後，宋・斉・梁・陳の４王朝が興亡

(4) 魏晋南北朝の文化

宗教	仏教…クチャ出身の（㉝　　　）や鳩摩羅什が来朝→仏教の布教や仏典の漢訳 東晋時代の法顕が訪印，帰国後『（㉞　　　）』著す 雲崗・竜門・敦煌などに石窟寺院が造営される 道教…北魏の寇謙之が道教確立
文学	昭明太子『文選』 陶淵明『帰去来辞』 王羲之「蘭亭序」 顧愷之「女史箴図」

(5) 隋の中国統一
[1] 文帝（楊堅）…北周の外戚。581年，禅譲を受けて隋建国→589年，南朝の陳を滅ぼし中国統一
→均田制・租庸調制・府兵制実施，（㉟　　　）（学科試験による官吏任用法）を導入
[2] 煬帝…華北と江南を結ぶ（㊱　　　）完成→外征や大土木事業を繰り返して民衆不満→滅亡

(6) 唐の成立とその支配体制
[1] 高祖（李淵）…隋末の混乱に乗じて挙兵→唐建国（618年）
[2] 太宗（李世民）…唐の支配体制の基礎確立→「（㊲　　　）」
[3] 律令体制…隋の制度を継承，中央では三省・六部と御史台からなる官制を整備

(7) 唐の社会と経済
[1] 陸路…オアシスの道（シルクロード）貿易でソグド商人が活躍→長安・洛陽が繁栄
[2] 海路…ムスリム商人が往来→（㊳　　　）（海上貿易事務機関）設置→広州・揚州が繁栄

(8) 唐の文化

宗教	儒学…孔穎達『（㊴　　　）』→科挙のテキスト 仏教…（㊵　　　）『大唐西域記』 義浄『南海寄帰内法伝』 その他…ゾロアスター教（祆教）・マニ教・ネストリウス派キリスト教（景教）・ イスラーム（回教）伝来
文学	詩人…李白・杜甫・白居易（白楽天）　古文…韓愈・柳宗元　書道…顔真卿

(9) 唐と周辺民族
[1] 都護府…異民族統治の機関→服属民に対してその首長に自治を容認，羈縻政策で間接統治
[2] （㊶　　　）体制…周辺諸国の首長に爵位や官職を与えて臣従・朝貢を義務づけ

(10) 唐の変動と滅亡
[1] 周の成立…高宗の死後，皇后の（㊷　　　）が帝位に即き，周を建国→唐は一時断絶
[2] 開元の治…玄宗皇帝の時代，一時的に繁栄，文化も黄金期を現出
[3] 唐の衰退…８世紀半ば以降，安史の乱勃発，唐の律令体制が動揺→諸制度の変化
①府兵制→募兵制　②租庸調制→（㊸　　　）法　③均田制→荘園制（佃戸制）
[4] 唐の滅亡…節度使の朱全忠が唐を滅ぼす（907年）

(11) 朝鮮半島情勢の変化
[1] 三国時代…①高句麗（半島北部），②百済（半島南西部），③新羅（半島南東部）の三国が並立
→新羅が半島統一（676年）→（㊹　　　）制（新羅の氏族的身分制度）確立

(12) 日本列島の動向
[1] ３世紀には卑弥呼を女王とする邪馬台国，３世紀後半にヤマト政権が成立→中国の冊封を受ける

(13) ８～９世紀の日本と東アジア
[1] ８世紀初め…大宝律令が完成→奈良時代に（㊺　　　）文化が栄える
[2] 東アジア…７世紀末，中国東北部から朝鮮北部にかけて大祚栄が渤海を建国

〔解答〕 ❶彩文 ❷竜山 ❸甲骨 ❹鎬京 ❺封建 ❻尊王攘夷 ❼青銅貨幣 ❽孔子 ❾無為自然 ❿李斯 ⓫郡県 ⓬焚書坑儒 ⓭陳勝・呉広 ⓮郡国 ⓯張騫 ⓰塩 ⓱平準 ⓲郷挙里選 ⓳赤眉 ⓴班超 ㉑党錮の禁 ㉒黄巾 ㉓訓詁 ㉔史記 ㉕蔡倫 ㉖冒頓単于 ㉗鮮卑 ㉘キルギス ㉙ソンツェン＝ガンポ ㉚劉備 ㉛司馬炎 ㉜孝文 ㉝仏図澄 ㉞仏国記 ㉟科挙 ㊱大運河 ㊲貞観の治 ㊳市舶司 ㊴五経正義 ㊵玄奘 ㊶冊封 ㊷則天武后 ㊸両税 ㊹骨品 ㊺天平

問題演習

1 次に掲げる各文の正誤を判定し，正文なら○，誤文なら×を記しなさい。

【中国文明】

(1) 黄河中流域で栄えた仰韶文化は彩文土器を特徴とする。 [ ]
(2) 長江下流域では河姆渡遺跡が発掘され，稲籾や骨製道具が発見された。 [ ]
(3) 殷では王が神権政治を行い，占いの結果を甲骨文字で刻した。 [ ]
(4) 殷を倒した周は鎬京に都を定め，郡県制によって中国を支配した。 [ ]

【春秋・戦国時代の変動】

(5) 戦国時代は韓・魏・趙・斉・魯・楚・秦の七国を中心に勢力争いが展開された。 [ ]
(6) 春秋・戦国時代に鉄製農具の使用や牛耕農法により生産力が増大した。 [ ]
(7) 孔子を代表とする儒家は家族道徳実践による「仁」を重視した。 [ ]
(8) 李斯を代表とする道家は無為自然を説いた。 [ ]

【中国古代帝国と東アジア】

(9) 中国を統一した秦では焚書坑儒による思想統制を行った。 [ ]
(10) 前漢は当初，郡県制と郡国制を併用した封建制による統治を行った。 [ ]
(11) 武帝は財政を立て直すため，米・鉄・酒の専売を行った。 [ ]
(12) 後漢では西域都護に就任した班固の活躍で西域諸国を服属させた。 [ ]
(13) 太平道の張角が指導する黄巾の乱により後漢は滅亡に向かった。 [ ]

【中央ユーラシアの国家形成】

(14) スキタイは南ロシアの草原地帯で活躍し，動物文様を特色とする金属器文化を発展させた。 [ ]
(15) 匈奴は前3世紀末に冒頓単于のもとで強大化した。 [ ]
(16) 柔然は6世紀半ばに強大化し，突厥を滅ぼした。 [ ]
(17) 7世紀前半，ソンツェン＝ガンポが，吐蕃を建国した。 [ ]

【胡漢融合帝国の誕生】

(18) 三国時代には，江南の地において劉備が蜀を建国した。 [ ]
(19) 魏の臣下であった司馬光が魏の皇帝を廃して晋（西晋）を建国した。 [ ]
(20) 北魏では，太武帝のときに均田制や三長制を実施した。 [ ]
(21) 南朝とは，呉・宋・梁・陳の4王朝をさす。 [ ]
(22) 隋の文帝は，均田制・租庸調制・府兵制を実施し，科挙を導入した。 [ ]
(23) 隋の煬帝は江南と華北を結ぶ大運河を完成させた。 [ ]
(24) 太宗（李世民）の治世は「開元の治」と呼ばれた。 [ ]
(25) 唐では三省・六部と御史台からなる中央官制が整備された。 [ ]
(26) 儒学者の孔穎達によって『五経正義』が編纂され，科挙のテキストとなった。 [ ]
(27) 玄奘は陸路を往復して訪印し，帰国後に『南海寄帰内法伝』を著した。 [ ]
(28) 高宗の死後，皇后の則天武后が即位し，周を建国した。 [ ]
(29) 律令体制の崩壊にともない，募兵制から府兵制に転換した。 [ ]

2 次の各問の文Ⅰ～Ⅲについて，古いものから年代順に正しく配列したものを，一番下の選択肢①～⑥のうちから一つ選べ。

(1)古代中国について述べた次の文Ⅰ～Ⅲについて，古いものから年代順に正しく配列したものを，以下の①～⑥のうちから一つ選べ。

Ⅰ 秦が六国を併合し，中国を統一した。
Ⅱ 周が鎬京から洛邑に遷都した。
Ⅲ 王が神権政治をおこない，占いの結果を甲骨文字に刻した。 [ ]

(2)前漢時代の中国について述べた次の文Ⅰ～Ⅲについて，古いものから年代順に正しく配列したものを，以下の①～⑥のうちから一つ選べ。

Ⅰ 郡国制が施行された。
Ⅱ 董仲舒の提案により儒学が官学化された。
Ⅲ 呉楚七国の乱が起こった。 [ ]

(3)新と後漢について述べた次の文Ⅰ～Ⅲについて，古いものから年代順に正しく配列したものを，以下の①～⑥のうちから一つ選べ。

Ⅰ　赤眉の乱が起こった。

Ⅱ　班超が部下の甘英を大秦国に派遣した。

Ⅲ　黄巾の乱が起こった。 [　]

(4)魏晋南北朝時代について述べた次の文Ⅰ～Ⅲについて，古いものから年代順に正しく配列したものを，以下の①～⑥のうちから一つ選べ。

Ⅰ　法顕がインドを訪れた。

Ⅱ　孝文帝の時代に均田制が施行された。

Ⅲ　司馬炎が呉を滅ぼした。 [　]

(5)隋について述べた次の文Ⅰ～Ⅲについて，古いものから年代順に正しく配列したものを，以下の①～⑥のうちから一つ選べ。

Ⅰ　科挙の制度を導入した。

Ⅱ　北周から禅譲された。

Ⅲ　華北と江南を結ぶ大運河が完成した。 [　]

(6)唐について述べた次の文Ⅰ～Ⅲについて，古いものから年代順に正しく配列したものを，以下の①～⑥のうちから一つ選べ。

Ⅰ　両税法が施行された。

Ⅱ　則天武后により一時唐が中断した。

Ⅲ　「貞観の治」と呼ばれる治世を迎えた。 [　]

(7)儒学について述べた次の文Ⅰ～Ⅲについて，古いものから年代順に正しく配列したものを，以下の①～⑥のうちから一つ選べ。

Ⅰ　孔穎達が『五経正義』を編纂した。

Ⅱ　焚書坑儒がおこなわれた。

Ⅲ　鄭玄により訓詁学が発達した。 [　]

(8)中国の古典文学について述べた次の文Ⅰ～Ⅲについて，古いものから年代順に正しく配列したものを，以下の①～⑥のうちから一つ選べ。

Ⅰ　昭明太子により『文選』が編纂された。

Ⅱ　玄奘が『大唐西域記』を著した。

Ⅲ　司馬遷が『史記』を著した。 [　]

《選択肢》

①　Ⅰ－Ⅱ－Ⅲ　　②　Ⅰ－Ⅲ－Ⅱ　　③　Ⅱ－Ⅰ－Ⅲ

④　Ⅱ－Ⅲ－Ⅰ　　⑤　Ⅲ－Ⅰ－Ⅱ　　⑥　Ⅲ－Ⅱ－Ⅰ

第4章 西アジア・地中海周辺の変動とヨーロッパの形成 ▶▶要点整理

1 ビザンツ帝国とギリシア正教圏

(1) ビザンツ帝国の盛衰

1 395年のローマ帝国東西分裂後，首都コンスタンティノープルを中心に繁栄

a．ユスティニアヌス帝…①ローマ帝国の旧地中海領土を回復　②首都に（❶　　　）大聖堂建設
　③トリボニアヌスに命じて『ローマ法大全』を編纂させる

b．ヘラクレイオス１世…異民族の侵入を防ぐため，（❷　　　）制（テマ制）導入→中央集権体制強化

c．十字軍期…1204年第４回十字軍がコンスタンティノープル占領→1261年に回復

d．滅亡…（❸　　　）のメフメト２世がコンスタンティノープル占領，滅亡（1453年）

(2) ビザンツ帝国の社会と文化

1 支配体制…中央集権化

a．軍管区制（テマ制）（７世紀初頭～）…辺境地域の司令官に現地の管理を一任

b．（❹　　　）制（11世紀～）…軍事奉仕を条件に貴族に土地管理を委任

2 貨幣経済…（❺　　　）金貨（ノミスマ）発行

3 宗教…ギリシア正教が発展→７世紀には公用語もラテン語からギリシア語に
　→スラヴ人教化のためキリル文字作成

(3) ギリシア正教と正教諸国

1 スラヴ人…地域ごとに西スラヴ人，南スラヴ人，東スラヴ人に分化

a．セルビア人（南スラブ人）…７世紀にバルカン半島に定住，９世紀にギリシア正教に改宗

b．トルコ系ブルガール人…７世紀にブルガリア王国建国→ギリシア正教に改宗→南スラブ人と同化

c．ルーマニア…14世紀にワラキア公国・モルダヴィア公国が成立

2 ロシア（東スラブ人）…ノルマン人がキエフ公国建国

a．（❻　　　）…10世紀にビザンツ皇帝の妹と結婚→ギリシア正教に改宗

b．イヴァン３世…15世紀にモスクワ大公国としてモンゴルの支配から独立→ツァーリの称号使用

2 ラテン＝カトリック圏の形成と展開

(1) ヨーロッパの自然環境

1 ユーラシア大陸北西部に位置し，大小さまざまな河川や山脈に挟まれる

(2) ゲルマン人国家の成立

1 ゲルマン人…バルト海沿岸に原住→ケルト人を圧迫，ローマとはライン川・ドナウ川を国境に接する

2 ゲルマン人の移動…４世紀半ば中央アジアから侵入した遊牧民（❼　　　）人の圧迫→大移動開始

ゲルマン民族	動向
西ゴート人	410年に一時ローマを占領→（❽　　　）で建国
東ゴート人	テオドリック大王がオドアケルを倒してイタリア半島に建国
（❾　　　）人	ガリアからイベリア半島，北アフリカに移動し建国
アングル人・サクソン人	５世紀にブリタニア南部に移動 ６世紀末にはブリタニア各地に小王国が分立

(3) フランク王国

1 フランク人はガリア北部に建国→メロヴィング朝樹立

2 クローヴィスの改宗…496年，（❿　　　）派に改宗→ローマ教会と関係が好転

3 トゥール・ポワティエ間の戦い…732年，（⓫　　　）がウマイヤ朝を撃退

4 カロリング朝樹立…教皇の承認のもと，ピピンがカロリング朝樹立
　→ピピンはラヴェンナ地方を教皇に寄進→教皇領のはじまり

(4) 修道院とローマ教会

1 ローマ教会…（⓬　　　）は使徒ペテロの後継者→キリスト教会の首位の座を主張
　→ギリシア正教会と対立

2 修道院運動…４世紀頃，きびしい自然条件のもとで神に近づこうとする運動がおこる

a．529年頃，（⓭　　　）がモンテ＝カッシーノ修道院創建

b．教皇グレゴリウス１世はフランク王国に接近→ヨーロッパ各地に教会・修道院建設

[3] 東西教会の分離
a．726年，ビザンツ皇帝レオン３世が（⓮　　　）発布→ローマ＝カトリック教会は反発
b．1054年，東西教会が相互破門→ラテン＝カトリック圏とギリシア正教圏に分裂

(5) カール大帝

[1] カール大帝（シャルルマーニュ）の台頭
①アヴァール人撃退　②スペイン遠征でイベリア半島に支配拡大
③各地で在地の貴族を（⓯　　　）に任命し，巡察使を派遣して監督　④カロリング＝ルネサンス興す
[2] カールの戴冠（800年）…政治的保護者を求める教皇（⓰　　　）がカールに戴冠
→西ローマ帝国を理念的に復活→ラテン＝カトリック圏をまとめるキリスト教国家の出現

(6) フランク王国の分裂

[1] カール大帝の死後，帝国は子孫によって分裂
a．ヴェルダン条約（843年）…東西フランク王国と中部ロタール領に分断
b．（⓱　　　）条約（870年）…ロタールの死後，再分割→イタリア・フランス・ドイツの起源
[2] ドイツ…神聖ローマ帝国の成立
a．東フランク王国の王家断絶後，ザクセン家の（⓲　　　）が活躍→マジャール人撃退
b．962年，教皇は（⓲）をローマ皇帝として戴冠→神聖ローマ帝国の起源
[3] フランス…西フランク王国のパリ伯ユーグ＝カペーがカペー朝を開く

(7) ヴァイキングの拡大

[1] ヴァイキング…スカンディナヴィアを原住地とし，10世紀頃よりキリスト教受容
→デンマーク王国・ノルウェー王国・スウェーデン王国が成立
[2] イングランドの動向
a．イングランド南部のウェセックスが各小王国を統一
b．９世紀末，アルフレッド大王がヴァイキングの侵入を撃退→10世紀にイングランド王国成立
c．11世紀初頭，デンマーク王の（⓳　　　）がイングランドを征服
[3] ヴァイキングの移動
a．９世紀，ヴァイキングの一派のルーシが東スラヴ人の地に（⓴　　　）国建国
b．ルーシの一派が南下してキエフ公国成立

(8) ノルマン人の展開

[1] ノルマンディー公国…フランク王国へ向かったロロの一派がセーヌ河口に建国
→1066年，ノルマンディー公ウィリアム（ギヨーム）がイングランド征服し，ノルマン朝成立
[2] シチリア王国…ノルマン人の一派が南イタリアとシチリアを占領し建国（1130年）

(9) 封建社会の成立

[1] 封建制…ゲルマン人の従士制とローマ帝国の（㉑　　　）制度を結合させて主従関係を構築
[2] 構造…国王・聖俗諸侯・騎士が土地を媒介として封建的主従関係を結ぶ
a．君主は臣下に領地（封土）を与え，臣下は主君に（㉒　　　）を誓い，軍事奉仕の義務を負う
b．君主と臣下は双務的契約関係で成り立つ
c．臣下は複数の主君と同時に主従関係を結ぶことができる
[3] 荘園制…封建社会の基礎
a．（㉓　　　）地と農民保有地，森林や牧草地などの共同利用地から成り立つ
b．領主は国王の権力介入を拒む（㉔　　　）権をもつ
c．農奴は直営地で賦役（労働）を行い，保有地で生産された収穫物を貢納する義務を負う
d．農奴に移転の自由はなく，教会に（㉕　　　）税を納めなければならない

3 イスラーム圏の成立

(1) イスラーム以前のアラビア

[1] アラビア半島…オアシス都市が点在し，アラブ人が遊牧や農耕を営む→メッカには多神教のカーバ神殿

(2) イスラームの誕生

[1] （㉖　　　）…メッカのクライシュ族出身，神（アッラー）の啓示を受け自らを預言者と自覚
[2] ヒジュラ（聖遷）…メッカで迫害されたムハンマドは信者とともにメディナに移住（622年）→ウンマ樹立
→630年にメッカを征服→ムハンマドの死までに，アラビア半島の大部分を勢力下に

(3) イスラームの教え

[1] 聖典…『（㉗　　　）』→ムハンマドが受けた啓示をまとめたもの

[2] 六信五行…ムスリムの義務
a．六信…唯一神アッラー・諸経典・諸預言者・終末と来世・定命（運命）を信じること
b．五行…信仰告白・礼拝・断食・喜捨・巡礼
(4) アラブ人ムスリムの発展
[1] 正統カリフ時代…ムハンマドの死後，ウンマの合意で４人のカリフが順に指導者に就任
a．ビザンツ帝国からシリア・エジプト奪う
b．ニハーヴァンドの戦いに勝利→ササン朝を滅ぼす
[2] ウマイヤ朝…第４代カリフのアリーにシリア総督の（㉘　　　）が対抗
→アリーの暗殺後，（㉘）はダマスクスを中心にウマイヤ朝樹立
[3] 宗派の分裂…①スンナ派＝代々のカリフが正統　②（㉙　　　）派＝アリーとその子孫のみが正統
[4] ウマイヤ朝の拡大と統治…東は西北インドまで進出，西はイベリア半島の西ゴート王国を滅ぼす
→被征服民に（㉚　　　）（人頭税）とハラージュ（地租）を課して支配
(5) アッバース朝の成立
[1] ８世紀…反ウマイヤ朝運動拡大→アッバース朝成立（750年）
a．第２代マンスール…新都バグダード造営
b．第５代（㉛　　　）…最盛期，カール大帝とも交流したといわれる
[2] アッバース朝の統治…ムスリム間の平等を実現→「イスラーム帝国」樹立
(6) 国際交通網の発達
[1] イスラーム圏の拡大…中央アジア～北アフリカ・イベリア半島
→イスラーム都市には（㉜　　　）（礼拝堂），スーク（市場），キャラヴァンサライ（隊商宿）が併設
[2] バグダードの繁栄…最盛期には人口100万人をこえ，国際商業の中心地に
(7) イスラーム文化の成立
[1] 学問…外来の文化を受け容れつつ，アラビア語とイスラームが融合したイスラーム文化が成立
a．固有の学問…神学・法学・歴史学など
b．外来の学問…哲学・数学・医学など
c．文学…『（㉝　　　）（アラビアン＝ナイト）』の原型が９世紀ごろにうまれる

〔解答〕 ❶ハギア＝ソフィア　❷軍管区　❸オスマン帝国　❹プロノイア　❺ソリドゥス
❻ウラディミル１世　❼フン　❽イベリア半島　❾ヴァンダル　❿アタナシウス　⓫カール＝マルテル
⓬教皇　⓭ベネディクトゥス　⓮聖画像禁止令　⓯伯　⓰レオ３世　⓱メルセン　⓲オットー１世
⓳クヌート　⓴ノヴゴロド　㉑恩貸地　㉒忠誠　㉓領主直営　㉔不輸不入　㉕十分の一　㉖ムハンマド
㉗クルアーン（コーラン）　㉘ムアーウィヤ　㉙シーア　㉚ジズヤ　㉛ハールーン＝アッラシード
㉜モスク　㉝千夜一夜物語

知識問題編

第5章 イスラーム圏の拡大とヨーロッパ社会の変容　▶▶要点整理

1 イスラーム圏の多極化と展開
(1) 地方政権の分立
[1] ９世紀以降，アッバース朝カリフの権威低下→地方政権が自立
a．後ウマイヤ朝…756年，イベリア半島のコルドバ中心に建国→（❶　　　）の称号を採用し自立
b．サーマーン朝…875年，アム川流域に成立→トルキスタンに勢力拡大
c．カラ＝ハン朝…10世紀半ばごろイスラーム受容…サーマーン朝を滅ぼす
(2) シーア派国家の台頭
[1] ブワイフ朝…西北イランに成立→946年にバグダード入城，（❷　　　）制導入
[2] ファーティマ朝…909年，マグリブに建国→10世紀後半にエジプト征服→新都（❸　　　）建設
[3] 交易ルートの変化…インド洋と地中海の交易ルート→ペルシア湾ルートから紅海ルートへ中心が変化
(3) 西アジアのイスラーム国家
[1] セルジューク朝…11世紀前半，トゥグリル＝ベクの建国→1055年バグダード入城
a．アッバース朝カリフから（❹　　　）の称号認められる
b．宰相ニザーム＝アルムルクが各地にニザーミーヤ学院設立→スンナ派の学問を振興

② ホラズム＝シャー朝…11世紀末，トルコ系マムルークがアム川下流域で自立
③ イル＝ハン国…1258年，モンゴルの（❺　　　）がアッバース朝を滅ぼして建国
→第７代ガザン＝ハンのとき，イスラームを国教化

(4) エジプトのイスラーム国家
① アイユーブ朝…1169年，クルド人の（❻　　　）が建国→イェルサレムを奪回→第３回十字軍撃退
② マムルーク朝…1250年，マムルークがアイユーブ朝を滅ぼし建国→第６・７回十字軍撃退

(5) マグリブ・イベリア半島のイスラーム国家
① ムラービト朝…1056年，（❼　　　）人が建国→ガーナ王国征服
② ムワッヒド朝…1130年，（❼）人が建国→サハラ砂漠以南のイスラーム化の道ひらく
→イベリア半島に進出，キリスト教徒のレコンキスタ（再征服運動）に対抗
③ ナスル朝…イベリア半島最後のイスラーム王朝→1492年，スペインにより首都グラナダが陥落して滅亡

(6) インドのヒンドゥー社会とイスラーム
① ７～８世紀，インド洋交易の発展とともにムスリム商人も進出
② アフガニスタン…10世紀半ば，ガズナ朝成立→12世紀末，ゴール朝成立→北インドを支配
③ 奴隷王朝…ゴール朝のマムルークであった（❽　　　）がデリーに進出→デリー＝スルタン朝開始
〔デリー＝スルタン朝〕①奴隷王朝→②ハルジー朝→③トゥグルク朝→④サイイド朝→⑤ロディー朝

(7) アフリカのイスラーム化
① スーダン・エチオピア地方
a．クシュ王国（前10世紀～）…前８世紀半ばにエジプト征服，前６世紀半ばにメロエに遷都，ナイル川中上流域の交易で発展
b．アクスム王国（前２世紀～）…４世紀にクシュ王国滅ぼす→（❾　　　）派キリスト教受容
② 西アフリカ
a．ガーナ王国…セネガル川上流域，塩と金の貿易（塩金貿易）で繁栄
b．マリ王国（14世紀）・ソンガイ王国（15世紀後半）が繁栄…交易都市（❿　　　）が繁栄
③ 東アフリカ…12世紀頃インド洋沿岸ではマリンディ・キルワなど港市国家が繁栄
→（⓫　　　）文化が開花
④ 南アフリカ…（⓬　　　）王国（11世紀～15世紀，15世紀～19世紀）…金を産出，インド洋交易で繁栄

(8) イスラーム文化・学問の発展

文化・施設	アラベスク（装飾文様）　ミニアチュール（細密画） マドラサ（学院）　ワクフ（寄進行為）
文学・学問	イブン＝ハルドゥーン…『（⓭　　　）（世界史序説）』 （⓮　　　）…『大旅行記（三大陸周遊記）』 イブン＝シーナー…『医学典範』 イブン＝ルシュド…アリストテレス哲学の研究 ガザーリー…スーフィズムを理論化
ペルシア語の発展	（⓯　　　）…『シャー＝ナーメ』 ウマル＝ハイヤーム…『（⓰　　　）（四行詩集）』

2 ラテン＝カトリック圏の拡大

(1) 農業の変化と村落
① 11世紀頃，西ヨーロッパでは農業生産と人口が増大
a．水車・鉄製農具の普及・重量有輪犂の使用
b．三圃制農法の普及…耕地を三分し，年ごとに順に交代して地力を回復

(2) 商業と都市の発展
① 農業生産力の上昇→余剰生産物発生→（⓱　　　）で取引き
② 貨幣経済の浸透→遠隔地商業発達→商業圏の形成
a．地中海交易圏…北イタリアのヴェネツィア・ジェノヴァ→銀・毛織物と絹織物・奢侈品を取引き
→イタリア内陸部のミラノ・フィレンツェ→商業と毛織物工業で繁栄
b．北海・バルト海交易圏…北ドイツのハンブルク・リューベック→海産物・毛皮・穀物を取引き
→（⓲　　　）地方のガンやブリュージュは毛織物生産で繁栄

c．内陸商業圏…（⑲　　　）地方→大規模な定期市が開催

③ 自治都市…国王や諸侯から特許状を得て自治権を獲得

④ 都市同盟…都市が同盟を結び国王や諸侯の圧力に対抗

a．ロンバルディア同盟…北イタリア，ミラノ中心→神聖ローマ皇帝の南下に対抗

b．ハンザ同盟…北ドイツ，リューベック中心

⑤ 大富豪の出現…フィレンツェの（⑳　　　）家，アウクスブルクのフッガー家など

(3) 中世の都市社会

① 都市の中心は，信仰を担う教会や修道院，行政を担う市役所から成り立つ

a．商人ギルド…大商人らの相互扶助の組織→当初市政を独占

b．同職ギルド（ツンフト）…手工業者の組織→ツンフト闘争により市政に参加

(4) グレゴリウス改革と教皇

① 教会の世俗化・領主化が進展→教皇や修道院による改革運動の開始

a．クリュニー修道院…10世紀中頃から改革運動を展開，12世紀には，シトー修道会が大開墾運動

b．叙任権闘争…聖職者の叙任権を巡る教皇（㉑　　　）と神聖ローマ帝国ハインリヒ４世の争い
→カノッサの屈辱で皇帝は教皇に謝罪→（㉒　　　）協約（1122年）で妥協が成立，教皇の優越権確定

c．教皇権の絶頂期…インノケンティウス３世（13世紀はじめ）

(5) 十字軍とキリスト教圏の拡大

① セルジューク朝がアナトリアに進出し，ビザンツ帝国圧迫→教皇へ救援要請

② 教皇ウルバヌス２世はクレルモン教会会議で十字軍提唱

おもな十字軍	活動・結果
第１回	フランス諸侯中心，聖地回復し（㉓　　　）王国建国
第３回	英王・仏王・独帝が参加→アイユーブ朝のサラディンに敗北
第４回	ヴェネツィア商人が主導→コンスタンティノープル占領し，（㉔　　　）帝国樹立
第７回	仏王ルイ９世主導→マムルーク朝に敗れ聖地回復ならず

3 ラテン＝カトリック圏の動揺と秩序の変容

(1) 黒死病と社会の動揺

① 黒死病（ペスト）…1348～50年に大流行，ヨーロッパの人口の３分の１が失われたとされる

② 黒死病の影響…農村人口の減少→荘園領主による農奴の待遇改善→独立自営農民（㉕　　　）（英）の出現
→困窮した領主は封建反動→農民反乱勃発

a．ジャックリーの乱（フランス）

b．（㉖　　　）の乱（イギリス）

(2) 教皇権の動揺

① 十字軍の失敗→教皇権失墜

a．聖職者課税問題…仏王フィリップ４世と教皇ボニファティウス８世
→アナーニで国王は教皇を監禁（アナーニ事件）→教皇は屈辱死
→王は教皇庁を南仏の（㉗　　　）に移転

b．教会大分裂（大シスマ）…教皇と教皇庁がローマと（㉗）にそれぞれ併存

② 宗教改革の先駆…イングランドの（㉘　　　）やベーメンのフスが教会や教皇の権威を否定

③ 教会の立て直し…（㉙　　　）公会議（1414～18年）で教会大分裂を解消

(3) イングランドとフランス

① 十字軍の失敗→諸侯・領主が衰退→王権の伸長

② イギリス…プランタジネット朝（1154～1399年）

a．ヘンリ２世…元フランスアンジュー伯，フランスの西部を領有

b．リチャード１世…第３回十字軍でアイユーブ朝のサラディンと戦う

c．ジョン王…仏王フィリップ２世と争い仏内の英領喪失→1215年，大憲章（㉚　　　）承認

d．ヘンリ３世…大憲章無視→貴族（㉛　　　）の反乱

e．エドワード１世…模範議会招集（＝身分制議会）→14世紀半ば二院制成立

③ フランス…カペー朝（987～1328年）

a．フィリップ２世…イギリスのジョン王と争い領土回復→王権の拡大

b．ルイ9世…南仏の異端（㉜　　　）派（アルビジョワ派）を制圧
c．フィリップ4世…1302年，（㉝　　　）招集→王権の強化進展

(4) 百年戦争

[1]〔原因〕①フランスでカペー朝断絶→ヴァロワ朝建国→英王（㉞　　　）が王位継承権主張
②毛織物生産地フランドル地方やワインの産地ギュイエンヌ地方の支配権争い

[2] 当初イギリス優勢→シャルル7世の即位後，農民の娘（㉟　　　）が出現

[3] 1453年，イギリスはカレーを除く大陸領土を喪失

[4]〔結果〕フランスでは諸侯・騎士が没落→国王による中央集権化進展

[5]〔影響〕イギリスでランカスター家とヨーク家による（㊱　　　）戦争→ヘンリ7世がテューダー朝樹立

(5) 神聖ローマ帝国とイタリア

[1] 神聖ローマ帝国…13世紀半ばにシュタウフェン朝断絶→大空位時代（事実上の無皇帝時代）
→1356年，カール4世が（㊲　　　）発布→七選帝侯が皇帝を選出

[2] ハプスブルク家の台頭…1438年以降，神聖ローマ皇帝位を世襲

[3] イタリア…神聖ローマ皇帝のイタリア政策に対し，皇帝派（ギベリン）と教皇派（㊳　　　）に分裂

(6) バルト海とイベリア半島

[1] バルト海周辺…ドイツ騎士団の東方植民進展
a．1397年，デンマークを中心にスウェーデン，ノルウェーが（㊴　　　）連合を成立し対抗
b．1386年，ポーランド王国はリトアニア大公国と合併して（㊵　　　）朝樹立

[2] イベリア半島…8世紀以降，イスラーム教徒が進出
→キリスト教徒によるレコンキスタ（再征服運動）開始

[3] スペイン王国…1469年，カスティリャ王女とアラゴン王子が結婚→1479年スペイン王国成立

[4] レコンキスタ完了…1492年，スペイン王国がナスル朝の都グラナダを占領

(7) 二つのキリスト教圏と文化の伝播

[1] ラテン＝カトリック圏（西ヨーロッパ中心）とギリシア正教圏（東ヨーロッパ中心）

[2] カロリング＝ルネサンス…カール大帝期，ラテン語と古典文化の復興

[3] 12世紀ルネサンス…西ヨーロッパにイスラーム文化や古代ギリシア哲学が流入し，古典復興の動き

(8) スコラ学と大学，造形芸術と俗語文学

[1] ラテン＝カトリック圏…神学が最高の学問→キリスト教神学とアリストテレス哲学が融合→スコラ学発展
a．普遍論争…実在論（㊶　　　）と唯名論（アベラール）
b．トマス＝アクィナスが『（㊷　　　）』をあらわし，普遍論争を収拾

[2] 宗教建築・宗教美術の発達
a．ロマネスク様式…半円状アーチ，重厚な石壁・小窓が特徴→ピサ大聖堂など
b．（㊸　　　）様式…尖塔とステンドグラスによる窓が特徴→シャルトル大聖堂など

〔解答〕❶アミール　❷イクター　❸カイロ　❹スルタン　❺フラグ　❻サラディン（サラーフ＝アッディーン）
❼ベルベル　❽アイバク　❾コプト　❿トンブクトゥ　⓫スワヒリ　⓬モノモタパ　⓭歴史序説
⓮イブン＝バットゥータ　⓯フィルドゥーシー　⓰ルバイヤート　⓱定期市　⓲フランドル
⓳シャンパーニュ　⓴メディチ　㉑グレゴリウス7世　㉒ヴォルムス　㉓イェルサレム　㉔ラテン
㉕ヨーマン　㉖ワット＝タイラー　㉗アヴィニョン　㉘ウィクリフ　㉙コンスタンツ　㉚マグナ＝カルタ
㉛シモン＝ド＝モンフォール　㉜カタリ　㉝三部会　㉞エドワード3世　㉟ジャンヌ＝ダルク　㊱バラ
㊲金印勅書　㊳ゲルフ　㊴カルマル　㊵ヤギェウォ　㊶アンセルムス　㊷神学大全　㊸ゴシック

問題演習

1 次に掲げる各文の正誤を判定し，正文なら○，誤文なら×を記しなさい。

【ビザンツ帝国とギリシア正教圏】

(1) ユスティニアヌス帝はアウグスティヌスに命じて『ローマ法大全』を編纂させた。 [ ]
(2) ヘラクレイオス１世の治世に外敵の侵入を防ぐため，軍管区制がしかれた。 [ ]
(3) 第４回十字軍は，コンスタンティノープルを占領し，イェルサレム王国を建国した。 [ ]
(4) ビザンツ帝国ではソリドゥス金貨が発行された。 [ ]
(5) 11世紀以降，軍事奉仕を条件に貴族に土地管理を委任するテマ制が施行された。 [ ]
(6) キエフ公国のウラディミル１世はモンゴルの支配から独立し，ツァーリの称号を使用した。 [ ]

【ラテン＝カトリック圏の形成と展開】

(7) 西ゴート人は410年にローマを占領し，ローマを都として建国した。 [ ]
(8) ヴァンダル人はイベリア半島を経て北アフリカに移動し，建国した。 [ ]
(9) クローヴィスは496年にアタナシウス派に改宗した。 [ ]
(10) カール＝マルテルは，トゥール・ポワティエ間の戦いでアッバース朝を撃退した。 [ ]
(11) 529年，教皇グレゴリウス１世はモンテ＝カッシーノ修道院を創建した。 [ ]
(12) 726年，ビザンツ皇帝レオン３世は聖画像禁止令を発布した。 [ ]
(13) カール大帝は各地に伯を任命し，巡察使に監督させて統治を行った。 [ ]
(14) 800年，政治的保護者を求める教皇ウルバヌス２世は，カールにローマ皇帝の帝冠を授けた。 [ ]
(15) カール大帝の死後，フランク王国は843年のメルセン条約，870年のヴェルダン条約で分裂した。 [ ]
(16) 962年，ザクセン家のオットー１世が教皇より戴冠され，神聖ローマ帝国の起源となった。 [ ]
(17) ９世紀末，イングランドに侵入したヴァイキングをクヌートが撃退した。 [ ]
(18) ９世紀にはヴァイキングの一派ルーシがノヴゴロド国を建国した。 [ ]
(19) 封建制はローマ末期の従士制とゲルマン人社会の恩貸地制を起源とする。 [ ]
(20) 荘園内は領主直営地・農民保有地・共同利用地などから成り立つ。 [ ]
(21) 農奴は移転の自由は認められたが，教会に十分の一税を払わなければならなかった。 [ ]

【イスラーム圏の成立】

(22) メッカのクライシュ族出身のムハンマドは，神の啓示を受け自らを預言者と自覚した。 [ ]
(23) 630年，メッカで迫害されたムハンマドはメディナに移住した。これをヒジュラとよぶ。 [ ]
(24) ムスリムの義務とされる五行とは，信仰告白・礼拝・断食・聖戦・巡礼である。 [ ]
(25) 第４代正統カリフであるアリーの死後，ムアーウィヤがダマスクスを都にウマイヤ朝を建国した。 [ ]
(26) ムスリムのうち，アリーとその子孫のみをムハンマドの正統な後継者と考える人々をスンナ派という。 [ ]
(27) ウマイヤ朝支配下では非アラブ人ムスリムにハラージュ（人頭税）とジズヤ（地租）が課された。 [ ]
(28) アッバース朝はムスリム間の平等を実現したため「アラブ帝国」と呼ばれる。 [ ]
(29) アッバース朝第２代マンスールのときにバグダードが造営され，以後首都として栄えた。 [ ]
(30) イスラーム都市にはキャラヴァンサライと呼ばれる隊商宿が設けられた。 [ ]
(31) ９世紀ごろに『千夜一夜物語（アラビアン＝ナイト）』の原型がうまれた。 [ ]

2 次の各問の文Ⅰ～Ⅲについて，古いものから年代順に正しく配列したものを，一番下の選択肢①～⑥のうちから一つ選べ。

(1)ビザンツ帝国について述べた次の文Ⅰ～Ⅲについて，古いものから年代順に正しく配列したものを，以下の①～⑥のうちから一つ選べ。

Ⅰ　プロノイア制が施行された。
Ⅱ　軍管区制が始まった。
Ⅲ　オスマン帝国の侵攻を受けた。 [ ]

(2)フランク王国について述べた次の文Ⅰ～Ⅲについて，古いものから年代順に正しく配列したものを，以下の①～⑥のうちから一つ選べ。

Ⅰ　カロリング朝が樹立された。
Ⅱ　侵入してきたアヴァール人を撃退した。
Ⅲ　ピピンが教皇にラヴェンナ地方を寄進した。 [ ]

(3)教会と修道院について述べた次の文Ⅰ～Ⅲについて，古いものから年代順に正しく配列したものを，以下の①～⑥のうちから一つ選べ。

Ⅰ　イタリアにモンテ＝カッシーノ修道院が創建された。

Ⅱ　教皇がフランク王国のカールに戴冠した。

Ⅲ　カトリック教会とギリシア正教会が相互に破門した。　［　］

(4)ゲルマン人の移動について述べた次の文Ⅰ～Ⅲについて，古いものから年代順に正しく配列したものを，以下の①～⑥のうちから一つ選べ。

Ⅰ　イングランドでアングル人やサクソン人の小王国が分立した。

Ⅱ　中央アジアからヨーロッパにフン人が侵入した。

Ⅲ　西ゴート人が一時的にローマを占領した。　［　］

(5)ヴァイキングとノルマン人について述べた次の文Ⅰ～Ⅲについて，古いものから年代順に正しく配列したものを，以下の①～⑥のうちから一つ選べ。

Ⅰ　イングランドで分立していた小王国をウェセックスが統一した。

Ⅱ　ノルマンディー公ウィリアムの征服でノルマン朝が成立した。

Ⅲ　イタリアにノルマン＝シチリア王国が建国された。　［　］

(6)イスラーム圏の成立について述べた次の文Ⅰ～Ⅲについて，古いものから年代順に正しく配列したものを，以下の①～⑥のうちから一つ選べ。

Ⅰ　ニハーヴァンドの戦いでササン朝をやぶった。

Ⅱ　バグダードが造営された。

Ⅲ　ハールーン＝アッラシードがカール大帝と使節を交換した。　［　］

《選択肢》

① Ⅰ－Ⅱ－Ⅲ　② Ⅰ－Ⅲ－Ⅱ　③ Ⅱ－Ⅰ－Ⅲ

④ Ⅱ－Ⅲ－Ⅰ　⑤ Ⅲ－Ⅰ－Ⅱ　⑥ Ⅲ－Ⅱ－Ⅰ

3　次に掲げる各文の正誤を判定し，正文なら○，誤文なら×を記しなさい。

【イスラーム圏の多極化と展開】

(1)　後ウマイヤ朝はイベリア半島において，スルタンの称号を使用し自立した。　［　］

(2)　946年にバグダードに入城したブワイフ朝は，イクター制を創始した。　［　］

(3)　イスラーム世界の発展により交易ルートの中心が紅海ルートからペルシア湾ルートに変化した。　［　］

(4)　ニザーム＝アルムルクに率いられたセルジューク朝は1055年にバグダードに入城した。　［　］

(5)　モンゴルのフラグはアッバース朝を滅ぼし，イル＝ハン国を建国した。　［　］

(6)　アイユーブ朝のサラディンは，イェルサレムを奪回し，第3回十字軍を撃退した。　［　］

(7)　マグリブではベルベル人のムワッヒド朝，次いでムラービト朝が成立した。　［　］

(8)　1492年，スペイン王国によりナスル朝の都が陥落し，レコンキスタが完了した。　［　］

(9)　ガズナ朝のアイバクはデリーにおいて奴隷王朝を建国した。　［　］

(10)　奴隷王朝を含む，デリーに都をおいた4王朝をデリー＝スルタン朝とよぶ。　［　］

(11)　スーダン地方において，クシュ王国やアクスム王国が栄えた。　［　］

(12)　西アフリカでは，ガーナ王国がイスラーム国家として成立した。　［　］

(13)　ニジェール川流域のトンブクトゥは経済・文化の中心として繁栄した。　［　］

(14)　イブン＝バットゥータが『大旅行記（三大陸周遊記）』を残した。　［　］

(15)　ウマル＝ハイヤームは，ペルシア語で『シャー＝ナーメ』をあらわした。　［　］

【ラテン＝カトリック圏の拡大】

(16)　地中海交易圏ではヴェネツィア・ジェノヴァ・ハンブルクなどの都市が中心となった。　［　］

(17)　フランドル地方のガンやブリュージュは毛織物生産で繁栄した。　［　］

(18)　神聖ローマ皇帝の南下に対抗し，ミラノなどがロンバルディア同盟を結成した。　［　］

(19)　都市の市政は当初，同職ギルドが独占していた。　［　］

(20)　10世紀にはクリュニー修道院を中心に教会改革運動がすすめられた。　［　］

(21)　聖職叙任権をめぐり，教皇グレゴリウス7世と神聖ローマ皇帝フィリップ4世が対立した。　［　］

(22) 叙任権闘争は金印勅書が発布されたことで終結した。 [　]
(23) 教皇ウルバヌス２世はエフェソス公会議を開いて十字軍を提唱した。 [　]
(24) 第１回十字軍は聖地の奪回に成功し，イェルサレム王国を樹立した。 [　]
(25) ヴェネツィア商人が主導した第３回十字軍はコンスタンティノープルを占領しラテン帝国を樹立した。 [　]

【ラテン＝カトリック圏の動揺と秩序の変容】

(26) 黒死病による農村人口の減少により農奴の待遇が改善され，ドイツではヨーマンが出現した。 [　]
(27) 領主の封建反動により，イギリスではワット＝タイラーの乱が起こった。 [　]
(28) 教皇ボニファティウス８世とフランス国王ハインリヒ４世は聖職者への課税権をめぐり争った。 [　]
(29) フランス国王により教皇が監禁されるアナーニ事件がおこった。 [　]
(30) フランス国王は，南フランスのマルセイユにあらたに教皇庁をおいた。 [　]
(31) 教会はコンスタンツ公会議をひらいて大シスマの解消をはかった。 [　]
(32) リチャード１世は第３回十字軍でアイユーブ朝のサラディンに勝利した。 [　]
(33) ジョン王は貴族の反発にあい，大憲章（マグナ＝カルタ）を承認した。 [　]
(34) ヘンリ３世のとき，貴族のシモン＝ド＝モンフォールが反乱をおこした。 [　]
(35) ルイ９世は十字軍を指揮し，南フランスのネストリウス派を討伐した。 [　]
(36) フィリップ４世は1302年に二院制議会を召集し王権を強大化した。 [　]
(37) フランスでヴァロワ朝が樹立されると，イギリスのエドワード３世が王位継承権を主張した。 [　]
(38) 毛織物産地のフランドル地方の領有が百年戦争の一因となった。 [　]
(39) 百年戦争の結果，イギリスはボルドーを除く大陸領土を失った。 [　]
(40) カール４世は金印勅書を発布して七選帝侯を定めた。 [　]
(41) イタリアでは神聖ローマ皇帝の南下をめぐり皇帝派（ゲルフ）と教皇派（ギベリン）が対立した。 [　]
(42) ドイツ騎士団に対抗し，デンマーク・スウェーデン・フィンランドがカルマル連合を結成した。 [　]
(43) カスティリャ王子とアラゴン王女が結婚し，スペイン王国が成立した。 [　]
(44) 普遍論争ではアンセルムスは実在論を主張し，アベラールは唯名論を主張した。 [　]
(45) スコラ学を大成したトマス＝アクィナスは『神学大全』をあらわした。 [　]
(46) ピサ大聖堂を代表とするゴシック様式は，尖塔とステンドグラスの窓を特徴とする。 [　]

4 次の各問の文Ⅰ～Ⅲについて，古いものから年代順に正しく配列したものを，一番下の選択肢①～⑥のうちから一つ選べ。

(1)イスラームの地方政権について述べた次の文Ⅰ～Ⅲについて，古いものから年代順に正しく配列したものを，以下の①～⑥のうちから一つ選べ。
Ⅰ　マムルーク朝が十字軍を撃退した。
Ⅱ　ファーティマ朝が北アフリカに建国された。
Ⅲ　サーマーン朝がアム川流域で成立した。 [　]

(2)西アジアのイスラーム国家について述べた次の文Ⅰ～Ⅲについて，古いものから年代順に正しく配列したものを，以下の①～⑥のうちから一つ選べ。
Ⅰ　ブワイフ朝が大アミールの称号を与えられた。
Ⅱ　イル＝ハン国でイスラームが国教化された。
Ⅲ　アム川下流域でホラズム＝シャー朝が自立した。 [　]

(3)インドのイスラーム化について述べた次の文Ⅰ～Ⅲについて，古いものから年代順に正しく配列したものを，以下の①～⑥のうちから一つ選べ。
Ⅰ　ロディー朝がデリーを都として成立した。
Ⅱ　ゴール朝が北インドを支配した。
Ⅲ　ウマイヤ朝が北インドに進出した。 [　]

(4)アフリカのイスラーム化について述べた次の文Ⅰ～Ⅲについて，古いものから年代順に正しく配列したものを，以下の①～⑥のうちから一つ選べ。

Ⅰ　西アフリカでマリ王国が成立した。

Ⅱ　アクスム王国がコプト派キリスト教を受容した。

Ⅲ　モノモタパ王国がインド洋交易で繁栄した。　［　］

(5)教皇権の動揺について述べた次の文Ⅰ～Ⅲについて，古いものから年代順に正しく配列したものを，以下の①～⑥のうちから一つ選べ。

Ⅰ　大シスマが発生した。

Ⅱ　アナーニ事件がおこった。

Ⅲ　コンスタンツ公会議が開かれた。　［　］

(6)フランスの動向について述べた次の文Ⅰ～Ⅲについて，古いものから年代順に正しく配列したものを，以下の①～⑥のうちから一つ選べ。

Ⅰ　ルイ９世が第７回十字軍を主導した。

Ⅱ　フィリップ２世がジョン王から多くの領土を奪回した。

Ⅲ　フィリップ４世によりフランスで三部会が招集された。　［　］

(7)百年戦争とその影響について述べた次の文Ⅰ～Ⅲについて，古いものから年代順に正しく配列したものを，以下の①～⑥のうちから一つ選べ。

Ⅰ　イギリスでテューダー朝が成立した。

Ⅱ　フランスでジャンヌ＝ダルクが活躍した。

Ⅲ　フランスでヴァロワ朝が成立した。　［　］

(8)神聖ローマ帝国とイタリアについて述べた次の文Ⅰ～Ⅲについて，古いものから年代順に正しく配列したものを，以下の①～⑥のうちから一つ選べ。

Ⅰ　金印勅書が発布された。

Ⅱ　神聖ローマ帝国が大空位時代となった。

Ⅲ　ハプスブルク家が神聖ローマ皇帝位を世襲するようになった。　［　］

(9)バルト海とイベリア半島について述べた次の文Ⅰ～Ⅲについて，古いものから年代順に正しく配列したものを，以下の①～⑥のうちから一つ選べ。

Ⅰ　カルマル連合が成立した。

Ⅱ　レコンキスタが完了した。

Ⅲ　ポーランドがリトアニアと合併してヤギェウォ朝が成立した。　［　］

《選択肢》

①　Ⅰ－Ⅱ－Ⅲ　②　Ⅰ－Ⅲ－Ⅱ　③　Ⅱ－Ⅰ－Ⅲ

④　Ⅱ－Ⅲ－Ⅰ　⑤　Ⅲ－Ⅰ－Ⅱ　⑥　Ⅲ－Ⅱ－Ⅰ

知識問題編

第6章 中央ユーラシアと諸地域の交流・再編 ▶▶要点整理

1 中央ユーラシア諸民族と東アジアの変容

(1) トルコ系諸民族の動向と五代十国

1 トルキスタン文化圏の形成…ウイグル滅亡後，トルコ系の人々がタリム盆地～アラル海へ移動

2 五代十国時代…唐滅亡後，朱全忠が（❶　　　）建国
→華北で５王朝（（❶）・後唐・後晋・後漢・後周）興亡→華南・華中では節度使の自立で10国が興亡

(2) ユーラシア東部の変動

1 中国の周辺地域…唐の影響を受けつつ各民族が民族意識を高め自立
a．契丹（モンゴル高原）　b．（❷　　　）（朝鮮半島）　c．大理（雲南）　d．大越（ベトナム北部）

(3) 契丹（遼）と西夏

1 契丹（遼）…10世紀はじめ，耶律阿保機の建国
a．五代の後晋の建国を援助→（❸　　　）獲得
b．北宋を圧迫→（❹　　　）の盟（1004年）…宋が遼に毎年銀・絹を贈る
c．二重統治体制…農耕民は州県制，遊牧民は部族制でそれぞれ支配

2 西夏（大夏）…チベット系タングート族，李元昊の建国→宋に侵入し，宋は和親策

(4) 北宋の専制政治と形勢戸

1 北宋…960年，趙匡胤の建国　都：開封

2 （❺　　　）主義…節度使の武断政治を廃止し，文人官僚中心の政治→軍事力の弱体化
a．科挙に皇帝みずから審査する（❻　　　）を採用→皇帝専制政治の確立

3 新支配層…形勢戸（新興地主層）・士大夫（知識層）などが出現

4 王安石の新法…国家財政の立て直しと富国強兵をめざす→司馬光らの反対
①（❼　　　）法（農民に低利融資）　②（❽　　　）法（中小商人への低利融資）
③募役法　④均輸法　⑤保甲法　⑥保馬法

(5) 金と南宋の抗争

1 金…ツングース系女真（女直）の完顔阿骨打の建国→北宋と結び契丹を滅ぼす
a．靖康の変…1126～1127年，宋（北宋）の都開封を攻めおとし上皇と皇帝を連行
b．二重統治体制…女真人は（❾　　　）制，漢人は州県制で支配

2 南宋…高宗が江南に逃れて建国　都：臨安

3 和平派の秦檜と抗戦派の岳飛の対立→南宋は金と（❿　　　）を国境として和議を結ぶ

(6) 農業と手工業の発展

1 江南の開発…占城稲の導入や新田開発→「蘇湖（江浙）熟すれば天下足る」
→茶の栽培，喫茶の風習拡大→（⓫　　　）で陶磁器生産が発達

(7) 商業の発展と対外貿易

1 商業の発展…草子，市，鎮の発達→行（商人組合）・作（手工業組合）の組織
→従来の銅銭に加え，（⓬　　　）（北宋）・会子（南宋）などの紙幣の使用が始まる

2 都市の発展…臨安・明州（寧波）・泉州・広州などに市舶司が置かれ繁栄

(8) 朱子学と宋代の文化

1 朱子学（宋学）…北宋の周敦頤にはじまり，南宋の（⓭　　　）が大成
→四書（『論語』『孟子』『中庸』『大学』）を重視＝大義名分論・華夷の別を説く

2 仏教…禅宗→士大夫層に広まる　・浄土宗→民間に普及　・道教…王重陽が全真教おこす

3 歴史・文学…司馬光『（⓮　　　）』（編年体），欧陽脩・蘇軾が活躍

4 美術…院体画（宮廷中心），文人画（知識人中心），白磁・青磁

5 三大発明…火薬・羅針盤・木版印刷→イスラーム圏を通じてヨーロッパに伝播

(9) 高麗の成立と日本の武家社会

1 高麗…918年，王建の建国　都…開城　・朝鮮半島統一（936年）
a．（⓯　　　）…特権身分の官僚階級（文班・武班）
b．高麗青磁…独自の技法を用いた陶磁器
c．金属活字…世界最古の活字。豊臣秀吉の朝鮮出兵では戦利品として日本へ移送
d．高麗版大蔵経…一時焼失→13世紀に武臣政権がモンゴル撃退を祈願して再彫

2 日本…遣唐使廃止ののち，国風文化がつくられるも律令制は崩壊
a．武装した地方豪族の台頭→12世紀後半，源氏と平氏の争い

b．鎌倉幕府の成立…(⑯　　　)が開く→武家中心の社会へ

2 モンゴル帝国の成立

(1) トルコ人の拡大とイスラーム化

1 トルコ人はモンゴル高原の西から西方へ拡大，東トルキスタンの東部は14～15世紀までにイスラーム化

(2) モンゴル帝国の成立

1 大モンゴル国（モンゴル＝ウルス）…モンゴル高原でモンゴル部のテムジンが台頭
→諸部族を平定しクリルタイで（⑰　　　）として即位
→ナイマン，ホラズム＝シャー朝，西夏を滅ぼす→遠征途上で死去

(3) モンゴル帝国の拡大

1 チンギス＝ハン没後，子孫達が各地に領土拡大
a．オゴタイ＝ハン…第２代ハン，新都カラコルム建設→金滅ぼす（1234年）
b．(⑱　　　)の西征→ワールシュタットの戦いでドイツ・ポーランド軍撃破→キプチャク＝ハン国建国
c．フラグの西征→バグダードを占領し，アッバース朝滅ぼす（1258年）→(⑲　　　)国建国
d．中央アジア…チャガタイ＝ハン国建国

2 元の成立…第５代ハンに（⑳　　　）が即位し都を大都に置く。1271年，元と改称

(4) 元の中国支配

1 中央官制…中央＝中書省　地方＝行中書省

2 支配体制…モンゴル人が中核を担い，(㉑　　　)（中央・アジア出身）が重用された。漢人（旧金），南人（旧南宋）は従属的な立場であった

(5) 元と周辺の関係

1 フビライの遠征…〔成功〕南宋・高麗・パガン朝（その後撤退）・チベット・大理
〔失敗〕日本（元寇）・大越（陳朝）・チャンパー・ジャワ島

2 チベットから高僧パスパを招聘→パスパ文字を採用

(6) 元代の東西交流と文化

プラノ＝カルピニ	ローマ教皇インノケンティウス４世が派遣
ルブルック	フランス国王ルイ９世が派遣
(㉒　　　)	中国最初の大司教となりカトリックを布教
(㉓　　　)	ヴェネツィア商人→フビライに仕える　『世界の記述（東方見聞録）』
イブン＝バットゥータ	モロッコ出身の旅行家　『大旅行記（三大陸周遊記）』
その他の文化	天文学…郭守敬「(㉔　　　)」　歴史…ラシード＝アッディーン『集史』 元曲…『西廂記』『琵琶記』『漢宮秋』　絵画…ミニアチュール（細密画）

3 東南アジア諸国の再編

(1) 海域東南アジアの三極構造

1 10世紀後半以降，海上交易が活性化→大陸部，諸島部で港市国家が繁栄
a．チャンパー（ベトナム南部）　b．クディリ朝（ジャワ）　c．マジャパヒト朝（ジャワ）繁栄

(2) 平原国家の大建築時代

1 ビルマ…パガン朝→多数の仏寺や仏塔を建立

2 カンボジア…クメール王国（アンコール朝）→(㉕　　　)造営

3 タイ…アユタヤ朝→上座仏教の仏寺・仏塔を建立

(3) ベトナムの独立と変容

1 李朝…唐末の混乱に乗じ，10世紀に独立→儒教・科挙を受容→中国化すすめる

2 陳朝…モンゴルを３度撃退　・(㉖　　　)（字喃）作成→中国文化を受容しつつ独自の文化を形成

4 海域世界の展開と大交易圏の成立

(1) モンスーン航海の確立と発展

1 海の道…紀元前後から４世紀までにモンスーン航海が確立→港市国家の発展
a．７～８世紀…東南アジアの港市国家による朝貢貿易が中心，ペルシアやアラブからムスリム商人の（㉗　　　）船の来航が増えた

b．8～9世紀…唐・アッバース朝間で活況

→9世紀前半に開発されたジャンク船を用いた中国商人が活躍

[2] 10世紀後半に主要航路がペルシア湾ルートから（㉘　　　）ルートへ移行

(2) 二つの辺境-東地中海とアフリカ東岸

[1] 11～12世紀の十字軍の影響で北イタリア諸都市による（㉙　　　）貿易が発展

→銀・毛皮・木材・奴隷が西アジアへ　→香薬・絹・宝石などの奢侈品がヨーロッパへ

[2] 12世紀，バントゥー文化とイスラーム文化が融合したスワヒリ文化が成立

〔解答〕 ❶後梁　❷高麗　❸燕雲十六州　❹澶淵　❺文治　❻殿試　❼青苗　❽市易　❾猛安・謀克　❿淮河　⓫景徳鎮　⓬交子　⓭朱熹（朱子）　⓮資治通鑑　⓯両班　⓰源頼朝　⓱チンギス＝ハン　⓲バトゥ　⓳イル＝ハン　⓴フビライ　㉑色目人　㉒モンテ＝コルヴィノ　㉓マルコ＝ポーロ　㉔授時暦　㉕アンコール＝ワット　㉖チューノム　㉗ダウ　㉘紅海　㉙東方

問題演習

1 次に掲げる各文の正誤を判定し，正文なら○，誤文なら×を記しなさい。

【中央ユーラシア諸民族と東アジアの変容】

(1) 五代十国時代は，後梁・後唐・後晋・後周・後漢の順で興亡した。［　］

(2) 契丹は五代の後晋の建国を援助して燕雲十六州を獲得した。［　］

(3) 契丹に圧迫された北宋は，1004年に澶淵の盟を結んで毎年銀と絹を贈ることとなった。［　］

(4) 北宋を建国した趙匡胤は官僚を排除して節度使による武断政治を進めた。［　］

(5) 趙匡胤は，科挙において皇帝みずから審査をおこなう殿試を導入した。［　］

(6) 王安石の新法では，農民に低金利で貸し付けを行う市易法が実施された。［　］

(7) チベット系タングート族の完顔阿骨打によって金が建国された。［　］

(8) 金では猛安・謀克制と州県制による二重統治体制がしかれた。［　］

(9) 南宋と金は長江を国境と定めて南北に対峙した。［　］

(10) 宋代では，占城稲の導入や新田開発により「湖広熟すれば天下足る」という俗諺がうまれた。［　］

(11) 喫茶の風習が普及した宋代では，広州において多くの陶磁器が生産された。［　］

(12) 商業の発展にともない，高額取引きのための紙幣として南宋で会子が発行された。［　］

(13) 朱子学では，『大学』『中庸』『春秋』『孟子』の四書が重視された。［　］

(14) 司馬光は編年体で『資治通鑑』を編纂した。［　］

(15) 火薬・羅針盤・木版印刷の三大発明は，イスラーム圏を通じてヨーロッパに伝わった。［　］

【モンゴル帝国の成立】

(16) クリルタイで即位したチンギス＝ハンは，ナイマン，ホラズム＝シャー朝，金を滅ぼした。［　］

(17) バトゥの西征では，ワールシュタットの戦いでドイツ・ポーランド軍をやぶった。［　］

(18) フラグはアッバース朝を滅ぼし，南ロシアにイル＝ハン国を建てた。［　］

(19) 元では旧南宋の漢人や旧金の南人は従属的な立場に置かれた。［　］

(20) 元では，中央アジアや西アジアの人びとは色目人と呼ばれた。［　］

(21) フビライは大理の征服に成功したが，日本への遠征は失敗した。［　］

(22) フビライはパガン朝から高僧のパスパを招聘し，パスパ文字を作らせた。［　］

(23) ローマ教皇から大都に派遣されたプラノ＝カルピニは，中国で初めてカトリックを布教した。［　］

(24) ジェノヴァ出身のマルコ＝ポーロは，フビライに仕え，のちに『世界の記述』をあらわした。［　］

【東南アジア諸国の再編】

(25) 13世紀以降の東南アジアでは，ジャワのマジャパヒト朝が港市国家として繁栄した。［　］

(26) カンボジアではクメール人の王国がアンコール＝ワットを造営した。［　］

(27) タイでは14世紀に成立したスコータイ朝によって上座仏教の仏寺や仏塔が多数建築された。［　］

【海域世界の展開と大交易圏の成立】

(28) 11世紀～12世紀にみられた東方貿易では，銀・毛皮・木材などがヨーロッパにもたらされた。［　］

2 次の各問の文Ⅰ～Ⅲについて，古いものから年代順に正しく配列したものを，一番下の選択肢①～⑥のうちから一つ選べ。

(1)唐宋時代の中国の周辺地域の動向について述べた次の文Ⅰ～Ⅲについて，古いものから年代順に正しく配列したものを，以下の①～⑥のうちから一つ選べ。

Ⅰ　後晋が燕雲十六州を契丹に割譲した。
Ⅱ　契丹（遼）と北宋が澶淵の盟を結んだ。
Ⅲ　朝鮮半島に高麗が建国された。　[　]

(2)宋代の中国について述べた次の文Ⅰ～Ⅲについて，古いものから年代順に正しく配列したものを，以下の①～⑥のうちから一つ選べ。

Ⅰ　王安石の提案により青苗法が実施された。
Ⅱ　科挙に殿試が採用された。
Ⅲ　靖康の変が起こった。　[　]

(3)宋代の社会や文化について述べた次の文Ⅰ～Ⅲについて，古いものから年代順に正しく配列したものを，以下の①～⑥のうちから一つ選べ。

Ⅰ　朱熹が宋学を大成した。
Ⅱ　岳飛と秦檜が金への対策をめぐって争った。
Ⅲ　司馬光が『資治通鑑』を編纂した。　[　]

(4)モンゴルのハンの業績について述べた次の文Ⅰ～Ⅲについて，古いものから年代順に正しく配列したものを，以下の①～⑥のうちから一つ選べ。

Ⅰ　首都をカラコルムに定めた。
Ⅱ　チベットの高僧にパスパ文字を作らせた。
Ⅲ　千戸制が導入された。　[　]

(5)モンゴル帝国の拡大について述べた次の文Ⅰ～Ⅲについて，古いものから年代順に正しく配列したものを，以下の①～⑥のうちから一つ選べ。

Ⅰ　モンゴル軍が金を征服した。
Ⅱ　アッバース朝を滅ぼし，イラン地方を勢力下に置いた。
Ⅲ　南宋を滅亡させた。　[　]

(6)モンゴル・元の東西交流について述べた次の文Ⅰ～Ⅲについて，古いものから年代順に正しく配列したものを，以下の①～⑥のうちから一つ選べ。

Ⅰ　モンテ＝コルヴィノが大都の大司教に任命された。
Ⅱ　モロッコからイブン＝バットゥータが元を訪れた。
Ⅲ　フランス国王に派遣されたルブルックがモンゴルに来訪した。　[　]

(7)東南アジアの国家について述べた次の文Ⅰ～Ⅲについて，古いものから年代順に正しく配列したものを，以下の①～⑥のうちから一つ選べ。

Ⅰ　アユタヤ朝が成立した。
Ⅱ　パガン朝が成立した。
Ⅲ　カンボジアでアンコール朝が成立した。　[　]

(8)東南アジアの状況について述べた次の文Ⅰ～Ⅲについて，古いものから年代順に正しく配列したものを，以下の①～⑥のうちから一つ選べ。

Ⅰ　元の遠征を退けてマジャパヒト朝が成立した。
Ⅱ　貿易の主要航路がペルシア湾ルートから紅海ルートに移行した。
Ⅲ　唐とアッバース朝の間でジャンク船を用いた交易が盛んになった。　[　]

《選択肢》

① Ⅰ－Ⅱ－Ⅲ　② Ⅰ－Ⅲ－Ⅱ　③ Ⅱ－Ⅰ－Ⅲ
④ Ⅱ－Ⅲ－Ⅰ　⑤ Ⅲ－Ⅰ－Ⅱ　⑥ Ⅲ－Ⅱ－Ⅰ

第7章 大交易時代 ▶▶要点整理

1 明と東アジア

(1) 明の成立

1 朱元璋（洪武帝）…元末の（❶　　　）の乱の指導者として台頭，明を建国して大都を攻略

2 君主独裁体制の確立

a．中書省・宰相を廃止し，六部を皇帝に直属

b．里甲制…徴税・治安維持のため→村落毎に（❷　　　）（土地台帳）・賦役黄冊（租税台帳）作成

c．六諭…人民の守るべき教訓・徳目を制定

3 永楽帝（成祖）…（❸　　　）の役で第２代建文帝を倒し即位→北京へ遷都

①モンゴルへの親征　②ベトナムを一時併合　③内閣大学士の設置

(2) 大交易時代のはじまり

1 明の海禁政策…14世紀半ば以降倭寇らの活動→政府は民間での海上交易を制限

2 （❹　　　）の南海遠征…朝貢貿易の促進を目的に東南アジア・東アフリカ沿岸まで７回遠征

3 琉球・マラッカの台頭…中国・東アジア・東南アジアを結ぶ中継貿易で中心的役割

(3) 北虜南倭と明の滅亡

1 北虜…①オイラトのエセン＝ハンが土木の変で正統帝を捕虜にする

②タタールの（❺　　　）が明を圧迫

南倭…東シナ海・南シナ海沿海の民間商人が武装し，密貿易を展開（後期倭寇）

2 張居正の改革…農村社会の再建をはかるが，中央では東林派・非東林派の対立で政治混乱

3 明の滅亡…1644年，（❻　　　）の乱により北京陥落→明滅亡

(4) 明代の社会と経済

1 農業の発展…穀倉地帯が長江中流域に移動→「湖広熟すれば天下足る」

→長江下流域では綿織物業・生糸生産などの農村手工業が発達

2 商業の発達…山西商人・徽州（新安）商人が活躍→（❼　　　）・公所の設置

3 銀の流入…アメリカ銀（メキシコ銀）・日本銀が流入→（❽　　　）（地税・丁税を一括して銀納）実施

(5) 明代の文化

1 イエズス会宣教師の活動

①シャヴィエル（ザビエル）…日本にキリスト教布教　②（❾　　　）…『坤輿万国全図』『幾何原本』

③アダム＝シャール・（❿　　　）…『崇禎暦書』

2 編纂事業・儒学・実学・小説

a．編纂事業…永楽帝時代，『（⓫　　　）』『四書大全』『永楽大典』

b．儒学…王守仁（王陽明）が朱子学を批判し陽明学ひらく→知行合一を説く

c．実学…李時珍『本草綱目』，（❿）『農政全書』，宋応星『天工開物』

d．小説…四大奇書→『三国志演義』『水滸伝』『（⓬　　　）』『金瓶梅』

(6) 朝鮮（李朝）と日本

1 朝鮮王朝（李朝）…1392年，李成桂の建国　都：漢城（現ソウル）

a．第４代世宗…両班（特権身分の官僚階級）による中央集権体制の確立，（⓭　　　）（ハングル）制定

b．壬辰・丁酉倭乱…豊臣秀吉の朝鮮出兵（文禄・慶長の役）→李舜臣の水軍が撃退

2 日本…鎌倉幕府滅亡後，足利尊氏が室町幕府ひらく→明に冊封され（⓮　　　）貿易を展開

→16世紀後半，織田信長が室町幕府滅ぼす→羽柴（豊臣）秀吉が全国を平定

→1603年，徳川家康が江戸幕府ひらく→東南アジアに向けて（⓯　　　）貿易を展開

2 大交易時代の海域アジア

(1) アジア内交易にくいこむポルトガル

1 ポルトガル内の活動…インドのゴア到達（1510年）→マラッカ占領（1511年）→東アジア進出

a．平戸・長崎に来航…日本銀と生糸の交易

b．マカオ居住権獲得（1557年）

2 スペインの活動…フィリピンの（⓰　　　）占領（1571年）→アカプルコ貿易で繁栄

(2) 沸き返る交易世界

1 16世紀…東シナ海・南シナ海で倭寇が活発化（後期倭寇）→明は海禁を緩和

2 16世紀半ば…ポルトガル・スペインの進出でアジア地域に銀が大量流入→商工業が活性化

a．日本町…徳川家康の朱印船貿易で各地に建設→ベトナムの（⑰　　　），タイのアユタヤなど
b．中国人町…海禁の緩和で中国人の東南アジア進出
③ 東南アジア大陸部…タイのアユタヤ朝やビルマのタウングー朝が米などの交易により発展
④ ジャワ島・南インド…マタラム（ジャワ島），（⑱　　　）王国（南インド）が繁栄
(3) オランダの優勢
① オランダ東インド会社…ジャワ島の（⑲　　　）を根拠地にアジアで勢力拡大
a．東南アジア…マラッカ・スラウェシ島を占領→台湾占領
b．アフリカ・インド洋…（⑳　　　）植民地（南アフリカ）建設，スリランカ（インド洋）確保
(4) 大航海時代の終焉
① 「17世紀の危機」…ヨーロッパ・東アジアで気候の寒冷化，凶作，飢饉など→経済活動が縮小
② 銀の生産減少，「鎖国」による日本の貿易縮小→大航海時代は終焉へ

〔解答〕❶紅巾　❷魚鱗図冊　❸靖難　❹鄭和　❺アルタン＝ハン　❻李自成　❼会館　❽一条鞭法
❾マテオ＝リッチ　❿徐光啓　⓫五経大全　⓬西遊記　⓭訓民正音　⓮勘合　⓯朱印船　⓰マニラ
⓱ホイアン　⓲ヴィジャヤナガル　⓳バタヴィア　⓴ケープ

知識問題編

第8章 アジア諸地域の帝国　▶▶要点整理

1 中央ユーラシアと西アジアの帝国

(1) ティムール朝
① ティムール朝…1370年，西チャガタイ＝ハン国の軍人ティムールが建国　都：サマルカンド
→イラン・イラク併合→（❶　　　）の戦い（1402年）でオスマン軍やぶる
② トルコ＝イスラーム文化の発展
a．ペルシア語文学，トルコ語文学，ミニアチュール（細密画），天文学，医学の発達
b．第4代（❷　　　）…サマルカンド郊外に天文台建設
③ トルコ系遊牧ウズベクの侵入により滅亡
→遊牧ウズベクは分裂…①ブハラ＝ハン国　②ヒヴァ＝ハン国　③コーカンド＝ハン国
(2) サファヴィー朝
① サファヴィー朝…1501年，シーア派系神秘主義教団の教主（❸　　　）が建国　都：タブリーズ
→王の称号としてシャーを使用，十二イマーム派を国教に
② アッバース1世…第5代シャー
a．軍事改革により王権強化→オスマン帝国から領土回復
b．ホルムズ島からポルトガル人を駆逐
c．新都（❹　　　）を造営→「（❹）は世界の半分」と称されるほど繁栄
③ 18世紀前半…首都がアフガン人に占領され，帝国は分裂
(3) オスマン帝国の発展
① アナトリアの動向…ルーム＝セルジューク朝の進出でアナトリアはトルコ化・イスラーム化
→13世紀中頃に領内諸勢力が分立・衰退
② オスマン帝国の建国…オスマン＝ベイ（オスマン1世）が帝国の基礎築く
→バルカン半島に進出し，アドリアノープル占領・遷都
③ バヤジット1世…アンカラの戦い（1402年）でティムールに大敗→帝国は混乱期に
④ （❺　　　）…帝国の混乱期を再建→1453年，コンスタンティノープル，のちの（❻　　　）を占領し，ビザンツ帝国を滅ぼす。（❻）に遷都。
⑤ セリム1世…①サファヴィー朝破り優位確立
②1517年，（❼　　　）朝滅ぼし，メッカ・メディナの保護権獲得
⑥ （❽　　　）…オスマン帝国の最盛期
a．ハンガリーを征服し，第1次ウィーン包囲（1529年）で神聖ローマ帝国圧迫
b．（❾　　　）の海戦（1538年）…スペイン・ヴェネツィアの連合艦隊撃破
c．ポルトガルと争い，紅海と地中海を結ぶ海上交通路を掌握
⑦ （❽）の死後，レパントの海戦（1571年）でスペインなどの連合艦隊に敗北→再建

→17世紀末まで地中海で優位を保つ

(4) オスマン帝国の政治と文化

1 スルタンは（⑩　　　）（イスラーム法）を施行し，カーヌーン（世俗法）を体系化，またスンナ派の擁護者であった→ウラマー（法学者）に支えられ中央集権的統治機構を整備

a．デヴシルメ制…キリスト教徒の子弟を強制的にイスラーム教に改宗して教育する制度

b．（⑪　　　）…スルタン直属の近衛常備軍

c．ティマール制…騎士（シパーヒー）に土地の徴税権（ティマール）を与え統治

2 ミッレト…宗教別共同体→キリスト教徒やユダヤ教徒に自治を容認

3 （⑫　　　）…外国の商人に与えられた通商特権

4 トルコ＝イスラーム文化…イスタンブルを中心にオスマン帝国統治下で成熟

a．ハギア＝ソフィア大聖堂→アヤソフィアとしてモスクに改修

b．スレイマン（スレイマニエ）＝モスク…壮大なモスクで光塔（ミナレット）が特徴

c．トプカプ宮殿…スルタンの宮殿，日本や中国など世界各地から財宝が集積

2 南アジアの帝国

(1) ムガル帝国

1 ムガル帝国…1526年，ティムールの子孫（⑬　　　）が建国　都：デリー

2 第３代アクバル…アーグラーに遷都，中央集権体制を築く

a．（⑭　　　）制…貴族・官僚に位階に応じた数の騎馬と兵士を備えさせる

b．ジズヤ（人頭税）の廃止…イスラームとヒンドゥーの融和をはかり，ラージプート諸侯と和解

3 南インド…14世紀にデカン高原でヴィジャヤナガル王国が繁栄

→16世紀後半，イスラーム勢力により衰退

(2) ヨーロッパの商業的進出

1 ポルトガルの進出…1510年，インドのゴアを獲得

2 イギリスの進出…マドラス・ボンベイ・（⑮　　　）拠点

3 フランスの進出…（⑯　　　）・シャンデルナゴル拠点

4 オランダの進出…ポルトガルからスリランカの支配権奪う

(3) 帝国の衰退と地方の台頭

1 ヨーロッパ勢力の進出でムガル帝国に大量の金・銀が流入→貨幣経済進展

2 第５代シャー＝ジャハーン…アーグラーに王妃の墓廟（⑰　　　）建立

3 第６代（⑱　　　）…領土最大

a．ジズヤの復活→ヒンドゥー教徒の反乱開始

①マラーター王国（デカン高原）　②シク教徒（パンジャーブ地方）　③マイソール王国（南インド）

(4) インド＝イスラーム文化

1 イスラーム政権のもとでイスラーム文化と現地の文化が融合→インド＝イスラーム文化成立

a．シク教…（⑲　　　）が創始，カーストを否定し，偶像崇拝や苦行を禁じる

b．美術…イランから伝わったミニアチュール（細密画）がムガル宮廷でムガル絵画に発展

c．言語…ヒンディー語（共通語）・（⑳　　　）語（北インドの口語にペルシア語・アラビア語が融合）

3 東南アジア諸国の発展

(1) 大陸部諸国の発展

1 14～16世紀の東南アジア…現在の国家の原型が成立→ベトナム以外は上座仏教が主流に

2 タイ　①アユタヤ朝…17世紀には米の輸出で繁栄，日本やヨーロッパと交易

②（㉑　　　）朝…1782年成立，現在の王朝

3 ビルマ　①タウングー朝…パガン朝滅亡後のビルマを統一し，16世紀後半に最盛期

②（㉒　　　）朝…1752年成立，清の侵攻を撃退，タイのアユタヤ朝を滅ぼす

4 カンボジア…15世紀後半以降タイやベトナムに服属

5 ラオス…18世紀初めに３王国に分裂→諸外国の干渉を受ける

6 ベトナム…黎朝が明から独立を回復→南のチャンパーを圧迫

a．北部…鄭氏が実権にぎる

b．中・南部…阮氏が広南王国樹立し，国際交易で繁栄

→西山（タイソン）の反乱で黎朝・鄭氏・阮氏滅亡

(2) 諸島部と大交易時代

1 東南アジア諸島部は大交易時代にイスラーム化が進展
2 (㉓　　　)…東南アジア初のイスラーム国家としてイスラーム商業勢力と提携
→東南アジアの香薬・錫，中国の絹・陶磁器，インドの綿布を取引き
3 諸島部…(㉓) からイスラーム化が拡大し，イスラーム港市国家が成立
a．ジャワ島…バンテン王国・(㉔　　　) 王国 (17世紀半ばに最盛期)
b．スマトラ島…アチェ王国
4 1511年，ポルトガルがマラッカ占領→アチェ・バンテン・ジョホールなどと交易の支配めぐり抗争
5 17世紀後半，オランダがバンテン・マカッサルを征服→マラッカ海域の優位確立

4 清と東アジア

(1) 清の多文化支配と西北の秩序

1 後金の建国…1616年，建州女真の (㉕　　　) が後金建国
a．八旗創設…軍事・社会組織　b．ウイグル系モンゴル文字をもとに満洲文字制定
2 清の成立…第2代ホンタイジ (太宗)
a．1636年，国号を清と改称　b．内モンゴル・朝鮮王朝を服属
3 清の中国進出…第3代順治帝
a．明の将軍 (㉖　　　) は，明の滅亡を受け清に降伏
b．李自成の軍を破り北京入城・遷都
c．チベットからゲルク派の指導者ダライ＝ラマを招きチベット仏教を保護
4 17〜18世紀…清の最盛期
a．第4代 (㉗　　　) 帝…ロシアとネルチンスク条約 (1689年)→チベットを征服 (1720年)
b．第5代 (㉘　　　) 帝…ロシアとキャフタ条約 (1727年) 結びモンゴル北部の国境画定
c．第6代 (㉙　　　) 帝…ジュンガルを滅ぼし，回部と合わせ「新疆」と改称→清の最大領土
5 藩部…モンゴル・チベット・新疆・青海→(㉚　　　) の監督のもと，自治容認

(2) 清の東南における秩序

1 三藩の乱…清の中国入りに協力し，藩王となった漢人武将らの反乱→康熙帝が平定
2 台湾…明の遺臣の (㉛　　　) が台湾拠点に抵抗→康熙帝が鎮圧
3 清の統治機構…漢人懐柔策と強圧策を併用
a．中国伝統文化を尊重，科挙を実施，漢人学者は編纂事業で優遇
b．軍事面では (㉜　　　) (軍事・行政の最高機関) や緑営 (漢人による治安維持部隊) 創設
c．漢人男子には満洲人の髪型である (㉝　　　) を強制
d．文字の獄・禁書などの思想統制

(3) 清代の経済と社会

1 鄭氏台湾の降伏後，海禁政策を緩和→乾隆帝は貿易港を (㉞　　　) 一港に限定し，公行が貿易を独占
2 「新大陸」産作物の普及…サツマイモ・トウモロコシなど→人口増大→華僑の海外進出
3 (㉟　　　) 制…丁税を地税に繰り込み，事実上人頭税を廃止
4 地方社会…郷紳 (地方の権力者) の勢力拡大→各地で困窮した農民による抗租運動勃発

(4) 清代の東西文明交流

1 宣教師の活躍　①フェルビースト→砲術・暦法を紹介　②ブーヴェ→康熙帝に仕え，『(㊱　　　)』作製
③カスティリオーネ→西洋画法紹介・(㊲　　　) (皇帝の離宮) を設計
2 典礼問題…康熙帝はイエズス会宣教師のみ布教容認→雍正帝のときキリスト教布教全面禁止 (1724年)
→典礼問題を契機に中国への関心が高まりヨーロッパではシノワズリ (中国趣味) が流行

(5) 清代の文化

1 清朝による思想統制→漢人学者は中国古典の実証・研究へ

儒学 (考証学)	古典の究明…黄宗羲・顧炎武 (明末〜清初，共に清に仕えず) 銭大昕 (18世紀) が代表
文学	『紅楼夢』『儒林外史』『聊斎志異』
字典・事典	『康熙字典』『古今図書集成』『四庫全書』

(6) 日本と朝鮮の動向

1 江戸幕府…幕府と藩が全国の領地と人民を支配する幕藩体制を整備
a．(㊳　　　)…大名に対し，領地と江戸を定期的に往復させる制度

b．士農工商…江戸幕府時代の社会秩序

[2] 四つの口と対外関係…東南アジアの日本町衰退→「鎖国」政策へ

a．四つの口＝松前・対馬・長崎・薩摩を交易の窓口にアイヌ・朝鮮・中国・オランダ・琉球と交易

b．オランダ人…出島に居住して交易→江戸幕府に（㊴　　　）を提出し海外の情報を提供

c．朝鮮…（㊵　　　）を江戸に派遣，琉球も慶賀使を派遣

[3] 平和と秩序の整備…17世紀後半以降，社会の安定へ

a．元禄文化…大坂・京都を中心に町人文化が発達

b．（㊶　　　）の改革…第８代将軍徳川吉宗は旗本や民間から積極的に人材登用

c．寛政の改革…松平定信は農村の立て直しのため財政引き締めと倹約を推進

〔解答〕 ❶アンカラ ❷ウルグ＝ベク ❸イスマーイール１世 ❹イスファハーン ❺メフメト２世 ❻イスタンブル ❼マムルーク ❽スレイマン１世 ❾プレヴェザ ❿シャリーア ⓫イェニチェリ ⓬カピチュレーション ⓭バーブル ⓮マンサブダーリー ⓯カルカッタ ⓰ポンディシェリ ⓱タージ＝マハル ⓲アウラングゼーブ ⓳ナーナク ⓴ウルドゥー ㉑ラタナコーシン（バンコク） ㉒コンバウン ㉓マラッカ ㉔マタラム ㉕ヌルハチ ㉖呉三桂 ㉗康熙 ㉘雍正 ㉙乾隆 ㉚理藩院 ㉛鄭成功 ㉜軍機処 ㉝辮髪 ㉞広州 ㉟地丁銀 ㊱皇輿全覧図 ㊲円明園 ㊳参勤交代 ㊴オランダ風説書 ㊵朝鮮通信使 ㊶享保

問題演習

1 次に掲げる各文の正誤を判定し，正文なら○，誤文なら×を記しなさい。

【明と東アジア】

(1) 朱元璋は黄巾の乱の武将として頭角をあらわし，明を建国し，大都を攻略した。 [　]

(2) 洪武帝は農民統治のため，里甲制を制定し，六諭を定めた。 [　]

(3) 里甲制のもとで，各村落では土地台帳の賦役黄冊と租税台帳の魚鱗図冊が作成された。 [　]

(4) 永楽帝は靖康の役で第２代建文帝を倒したのち即位し，北京に遷都した。 [　]

(5) 明は15世紀半ば以降，民間の海上貿易を制限する海禁政策を実施した。 [　]

(6) 永楽帝は朝貢貿易促進のため，宦官の鄭和に７回におよぶ南海遠征を行わせた。 [　]

(7) オイラトのエセン＝ハンは，土木の変で正統帝を破り捕らえた。 [　]

(8) ジュンガルのアルタン＝ハンはたびたび国境を越えて明に侵入した。 [　]

(9) 李自成の乱によって1644年に北京が陥落して明は滅亡した。 [　]

(10) 江南における最大の穀倉地帯が長江下流域から長江中流域に移った。 [　]

(11) 商業の発達にともない，商人たちの互助の場として草市や鎮が設置された。 [　]

(12) アメリカ銀(メキシコ銀)や日本銀の大量流入で，地税と丁税を一括して銀で治める地丁銀制が始まった。 [　]

(13) イエズス会宣教師のマテオ＝リッチは『坤輿万国全図』を作製した。 [　]

(14) 永楽帝の時代に『五経正義』『四書大全』『永楽大典』が編纂された。 [　]

(15) 実学では李時珍が『農政全書』をあらわした。 [　]

(16) 16世紀，織田信長は鎌倉幕府を滅ぼした。 [　]

(17) 豊臣秀吉の朝鮮出兵に対し，朝鮮の李舜臣の水軍がこれを撃退した。 [　]

(18) 徳川家康が江戸幕府をひらくと，東南アジアとの勘合貿易を行った。 [　]

【大交易時代の海域アジア】

(19) アジアに進出したポルトガルはマニラを建設し，スペインはマカオに居住権を得て貿易を行った。 [　]

(20) 16世紀半ばには徳川家康による勘合貿易の影響で東南アジア各地に日本町がつくられた。 [　]

(21) 東南アジア大陸部ではタイのアユタヤ朝やビルマのタウングー朝が米の輸出などで栄えた。 [　]

(22) オランダ東インド会社はスマトラ島のバタヴィアを根拠地にアジアで商業圏を拡大した。 [　]

(23) オランダはアフリカ大陸の南端にケープ植民地を建設した。 [　]

2 次の各問の文Ⅰ～Ⅲについて，古いものから年代順に正しく配列したものを，一番下の選択肢①～⑥のうちから一つ選べ。

知識問題編

(1)明について述べた次の文Ⅰ～Ⅲについて，古いものから年代順に正しく配列したものを，以下の①～⑥のうちから一つ選べ。

Ⅰ　中書省が廃止され六部が皇帝に直属するようになった。

Ⅱ　土木の変がおこり皇帝が捕らえられた。

Ⅲ　永楽帝により内閣大学士が設置された。　［　］

(2)16～17世紀のアジアについて述べた次の文Ⅰ～Ⅲについて，古いものから年代順に正しく配列したものを，以下の①～⑥のうちから一つ選べ。

Ⅰ　日本で江戸幕府がひらかれた。

Ⅱ　スペインがマニラを占領した。

Ⅲ　明が滅亡した。　［　］

(3)ポルトガルのアジア進出について述べた次の文Ⅰ～Ⅲについて，古いものから年代順に正しく配列したものを，以下の①～⑥のうちから一つ選べ。

Ⅰ　マカオに居住権を獲得した。

Ⅱ　マラッカを占領した。

Ⅲ　インドのゴアを占領した。　［　］

(4)朝鮮と日本の動向について述べた次の文Ⅰ～Ⅲについて，古いものから年代順に正しく配列したものを，以下の①～⑥のうちから一つ選べ。

Ⅰ　日本で室町幕府が倒された。

Ⅱ　朝鮮で訓民正音（ハングル）が制定された。

Ⅲ　壬辰・丁酉の倭乱が起こった。　［　］

《選択肢》

①　Ⅰ－Ⅱ－Ⅲ　　②　Ⅰ－Ⅲ－Ⅱ　　③　Ⅱ－Ⅰ－Ⅲ

④　Ⅱ－Ⅲ－Ⅰ　　⑤　Ⅲ－Ⅰ－Ⅱ　　⑥　Ⅲ－Ⅱ－Ⅰ

3 次に掲げる各文の正誤を判定し，正文なら○，誤文なら×を記しなさい。

【中央ユーラシアと西アジアの帝国】

(1)　ティムールは，アンカラの戦いでオスマン帝国の軍に敗れた。　［　］

(2)　ティムール朝第４代のウルグ＝ベクは，サマルカンドに天文台を建設した。　［　］

(3)　ティムール朝はトルコ系のキルギスの侵入により滅亡した。　［　］

(4)　シーア派系神秘主義教団の教主イスマーイール１世がサファヴィー朝を建国した。　［　］

(5)　サファヴィー朝では王の称号としてスルタンが用いられた。　［　］

(6)　アッバース１世は新都タブリーズを建設し，イスファハーンから遷都した。　［　］

(7)　メフメト２世はコンスタンティノープルを陥落させビザンツ帝国を滅ぼした。　［　］

(8)　セリム１世はエジプトのアイユーブ朝を滅ぼし，メッカ・メディナの保護権を得た。　［　］

(9)　スレイマン１世はレパントの海戦に敗れ地中海の制海権を失った。　［　］

(10)　オスマン帝国ではティマール制でキリスト教徒の子弟を強制的にイスラーム教に改宗させた。　［　］

(11)　オスマン帝国ではスルタン直属の親衛隊としてイェニチェリが組織された。　［　］

(12)　オスマン帝国では異教徒の自治はいっさい認められなかった。　［　］

(13)　オスマン帝国が外国商人に与えた通商特権はカピチュレーションと呼ばれる。　［　］

(14)　イスタンブルのハギア＝ソフィア大聖堂は，キリスト教の聖堂からモスクに転用された。　［　］

【南アジアの帝国】

(15)　ティムールの子孫のアイバクがデリーを都にムガル帝国を建国した。　［　］

(16)　アクバルはジズヤを廃止して異教徒との融和をはかった。　［　］

(17)　南インドでは14世紀にヒンドゥー教国のマイソール王国が勢力を拡大した。　［　］

(18)　イギリスはマドラス・ボンベイ・カリカットをインドの拠点とした。　［　］

(19)　フランスはポンディシェリ・シャンデルナゴルをインドの拠点とした。　［　］

⒇ ムガル帝国第５代のシャー＝ジャハーンはデリーにタージ＝マハルを建立した。 [ ]
㉑ 厳格なスンナ派であったムガル帝国第６代のアウラングゼーブはジズヤを復活させた。 [ ]
㉒ 各地で反ムガル帝国勢力が現れ，デカン地方ではシク教徒が台頭した。 [ ]
㉓ 北インドの在地語にペルシア語・アラビア語が融合したウルドゥー語がうまれた。 [ ]
㉔ ナーナクが創始したシク教は，偶像崇拝や苦行を禁じカーストを否定した。 [ ]

【東南アジアの帝国】

㉕ タイでは1782年にコンバウン朝が成立し，現在まで続く王朝として存在している。 [ ]
㉖ ビルマではパガン朝滅亡後にタウングー朝が成立し，16世紀後半に最盛期を迎えた。 [ ]
㉗ ベトナムでは，黎朝が明から独立を達成したが，のちに西山の反乱で分裂・滅亡した。 [ ]
㉘ ジャワ島のバンテン王国は東南アジア初のイスラーム国家として栄えた。 [ ]
㉙ スマトラ島では，イスラーム港市国家としてアチェ王国が台頭した。 [ ]

【清と東アジア】

㉚ 後金を建国したヌルハチは，国号を清と改称し，八旗を創設した。 [ ]
㉛ 太宗ホンタイジは，内モンゴルや朝鮮王朝を服属させた。 [ ]
㉜ 順治帝のとき，清は呉三桂の先導で山海関を突破し，北京に入城した。 [ ]
㉝ 康熙帝はロシアとキャフタ条約を結んで東方地方の国境を画定した。 [ ]
㉞ 清では，モンゴルやチベットなどは藩部とされ，理藩院の監督の下自治は認められた。 [ ]
㉟ 台湾では明の遺臣である鄭成功が抵抗を続けていたが，康熙帝が鎮圧した。 [ ]
㊱ 清ではモンゴル人のみによる治安維持部隊として緑営が創設された。 [ ]
㊲ 清では伝統的な中国文化は規制され，学者は徹底的に弾圧された。 [ ]
㊳ 乾隆帝は泉州一港に貿易港を制限し，特許商人組合の公行に貿易を独占させた。 [ ]
㊴ 「新大陸」からサツマイモやトウモロコシが伝来し，人口増加の一因となった。 [ ]
㊵ イエズス会宣教師のカスティリオーネは，円明園の設計にたずさわった。 [ ]
㊶ 典礼問題をへて康熙帝はキリスト教の布教を全面的に禁止した。 [ ]
㊷ 清では考証学が盛んになったが，明末清初に活躍した黄宗羲や顧炎武がその先駆である。 [ ]
㊸ 清代には『金瓶梅』『儒林外史』『聊斎志異』などの文学作品があらわされた。 [ ]
㊹ 江戸幕府では幕藩体制を整備し，大名には参勤交代を義務づけた。 [ ]
㊺ 朝鮮は中国に朝貢しつつも，江戸に朝鮮通信使を派遣していた。 [ ]
㊻ 享保の改革では，松平定信が農村の立て直しと倹約をすすめた。 [ ]

4 次の各問の文Ⅰ～Ⅲについて，古いものから年代順に正しく配列したものを，一番下の選択肢①～⑥のうちから一つ選べ。

⑴ティムール朝について述べた次の文Ⅰ～Ⅲについて，古いものから年代順に正しく配列したものを，以下の①～⑥のうちから一つ選べ。

Ⅰ　サマルカンドに天文台が建設された。
Ⅱ　アンカラの戦いでオスマン帝国を破った。
Ⅲ　イラン・イラク地方を併合した。 [ ]

⑵オスマン帝国について述べた次の文Ⅰ～Ⅲについて，古いものから年代順に正しく配列したものを，以下の①～⑥のうちから一つ選べ。

Ⅰ　スレイマン（スレイマニエ）＝モスクが建てられた。
Ⅱ　アドリアノープルに遷都した。
Ⅲ　マムルーク朝を滅ぼした。 [ ]

⑶ムガル帝国について述べた次の文Ⅰ～Ⅲについて，古いものから年代順に正しく配列したものを，以下の①～⑥のうちから一つ選べ。

Ⅰ　マンサブダーリー制が制定された。
Ⅱ　タージ＝マハルが建立された。
Ⅲ　廃止されていたジズヤが復活した。 [ ]

(4)15～16世紀の東地中海域でおこった出来事について述べた次の文Ⅰ～Ⅲについて，古いものから年代順に正しく配列したものを，以下の①～⑥のうちから一つ選べ。
Ⅰ　レパントの海戦でオスマン帝国が敗れた。
Ⅱ　プレヴェザの海戦でスペインが敗れた。
Ⅲ　ビザンツ帝国が滅亡した。
［　］

(5)16～18世紀の東南アジアの王朝について述べた次の文Ⅰ～Ⅲについて，古いものから年代順に正しく配列したものを，以下の①～⑥のうちから一つ選べ。
Ⅰ　ビルマでコンバウン朝が成立した。
Ⅱ　タイでラタナコーシン朝が成立した。
Ⅲ　ジャワでマタラム王国が最盛期を迎えた。［　］

(6)清の皇帝の事績について述べた次の文Ⅰ～Ⅲについて，古いものから年代順に正しく配列したものを，以下の①～⑥のうちから一つ選べ。
Ⅰ　ジュンガル部を滅ぼした。
Ⅱ　キャフタ条約を結んだ。
Ⅲ　ネルチンスク条約を結んだ。［　］

(7)清代の制度・社会について述べた次の文Ⅰ～Ⅲについて，古いものから年代順に正しく配列したものを，以下の①～⑥のうちから一つ選べ。
Ⅰ　八旗が創設された。
Ⅱ　貿易港が広州一港に限定された。
Ⅲ　軍機処が設置された。［　］

(8)日本と朝鮮について述べた次の文Ⅰ～Ⅲについて，古いものから年代順に正しく配列したものを，以下の①～⑥のうちから一つ選べ。
Ⅰ　「鎖国」体制が完成した。
Ⅱ　朝鮮通信使が江戸に初めて派遣された。
Ⅲ　寛政の改革がおこった。［　］

《選択肢》
①　Ⅰ－Ⅱ－Ⅲ　②　Ⅰ－Ⅲ－Ⅱ　③　Ⅱ－Ⅰ－Ⅲ
④　Ⅱ－Ⅲ－Ⅰ　⑤　Ⅲ－Ⅰ－Ⅱ　⑥　Ⅲ－Ⅱ－Ⅰ

第9章 近世ヨーロッパの形成と展開 ▶▶要点整理

1 ヨーロッパの海外進出

(1) 大航海時代とインド航路開拓

1 大航海時代の要因

a．十字軍・(❶　　　)『世界の記述』→ヨーロッパ人の東方への関心を興起

b．オスマン帝国など，イスラーム勢力拡大に対する危機感

c．技術の発達…造船術・羅針盤・快速帆船→遠洋航海が可能に

2 ポルトガルのインド航路開拓

a．エンリケ航海王子…アフリカ西岸探検隊を送る

b．バルトロメウ＝ディアス…1488年，アフリカ南端の（❷　　　）に到達

c．(❸　　　)…1498年，インド西岸のカリカットに到達

(2) スペインの進出

1 西回りの航路と新大陸の発見

a．(❹　　　)…ジェノヴァ出身，西回りで航海→カリブ海のサンサルバドル島到達

b．バルボア…パナマ地峡を横断して太平洋発見

c．アメリゴ＝ヴェスプッチ…「新大陸」がアジアとは別の大陸であると主張→アメリカの呼称の起源

d．(❺　　　)…南アメリカ南端を経由し，フィリピン到達→部下が世界周航達成

(3) 南北アメリカ大陸の文明

1 〔特徴〕①先住民：インディオ（インディアン）　②青銅器文明（鉄器の使用なし）
③牛・馬など大型の家畜なし　④車輪が発明されず　⑤トウモロコシ・ジャガイモ栽培

(4) メソアメリカ文明圏の先住民文化

1 オルメカ文明…前1200年頃，メキシコ湾岸に成立

2 テオティワカン文明…１世紀頃，メキシコ高原に成立

3 アステカ王国…14世紀，アステカ人がテスココ湖上に首都（❻　　　）建設

4 マヤ文明…(❼　　　）半島に成立，３～９世紀に最盛期，ピラミッド建築，マヤ文字発明

(5) アンデス文明圏の先住民文化

1 チャビン文化…前800年頃，アンデス地方に成立

2 インカ帝国…15世紀頃発展，国王は太陽の子，駅伝制整備，文字をもたない→(❽　　　)（結縄）使用

(6) スペインのアメリカ支配

1 大航海時代の影響→スペインがアメリカ大陸進出

a．(❾　　　)…1521年，アステカ王国征服

b．ピサロ…1533年，インカ帝国征服

2 スペインの支配

a．エンコミエンダ制…先住民のキリスト教化を条件にスペイン国王が植民者に住民の統治を委託
→先住民を大農園や鉱山で酷使→先住民の人口激減→アフリカから黒人奴隷を輸入

b．(❿　　　）貿易…「新大陸」で産出した銀をフィリピンのマニラに運び，中国の絹・陶磁器などを入手

(7) アメリカの大農園

1 17世紀以降，(⓫　　　）制（奴隷制プランテーション）が拡大→西アフリカから大量の奴隷が供給

2 オランダ・イギリス・フランスがアメリカ大陸や西インド諸島にプランテーション形成

(8) ヨーロッパの変容

1 商業革命…商業の中心が地中海から大西洋沿岸の国々に移行

2 (⓬　　　）革命…アメリカ大陸からヨーロッパに銀流入，ヨーロッパの人口増加
→貨幣価値の下落・物価高騰→領主層没落

3 東欧…農場領主制（グーツヘルシャフト）が拡大→西欧に輸出する穀物を生産する大農場

2 ルネサンスと宗教改革

(1) ルネサンスと人文主義

1 14～16世紀，古代ギリシア・ローマの古典を再発見する文化運動が展開

2 人文主義…古典の研究を通じて，理性と感情の調和した人間性豊かな生き方を追究

(2) イタリアのルネサンス

人文主義	ダンテ『神曲』 ペトラルカ『叙情詩集』 ボッカチオ『デカメロン』 マキァヴェリ『君主論』
絵画	ジョット…ルネサンス様式を開始 ボッティチェリ「ヴィーナスの誕生」 (⓭)「最後の晩餐」「モナ＝リザ」 ラファエロ「聖母子像」 ミケランジェロ「最後の審判」
彫刻	「ダヴィデ像」(ドナテルロ作，1440年頃・ミケランジェロ作，1504年)
建築	ブルネレスキ…サンタ＝マリア大聖堂のドームを設計 ブラマンテ…サン＝ピエトロ大聖堂の設計

(3) 西ヨーロッパ諸国のルネサンス

1 16世紀以降，イタリア戦争などの影響でルネサンスの中心はイタリアから他の西欧諸国へ移行
a．ネーデルラント…人文主義：(⓮)『愚神礼讃』 絵画：ファン＝アイク兄弟，ブリューゲル
b．ドイツ…絵画：デューラー，ホルバイン「エラスムス像」
c．イングランド…文学：(⓯)『ユートピア』，シェークスピア『ハムレット』
d．フランス…文学：ラブレー『ガルガンチュアとパンタグリュエルの物語』，モンテーニュ『(⓰)』
e．スペイン…文学：セルバンテス『ドン＝キホーテ』

(4) 技術と科学の革新

1 三大発明…火薬・羅針盤・印刷術→中国からイスラーム経由で伝来
→15世紀半ば，グーテンベルクが活版印刷を実用化

2 天文学…天動説から地動説へ
a．コペルニクス…地動説の正しさを確信 b．ガリレイ…地動説を確信→教会が圧力・異端
c．(⓱)…惑星運行の法則発見

(5) ルターの宗教改革

1 〔契機〕教皇レオ10世がサン＝ピエトロ大聖堂の改築資金調達のため，贖宥状（免罪符）を販売
→ヴィッテンベルク大学神学教授のマルティン＝ルターが「(⓲)」で贖宥状を批判

2 ヴォルムス帝国議会…神聖ローマ皇帝カール５世はルターを召喚し，自説の撤回を要求

3 ドイツ農民戦争…ルターの教えに刺激され，ミュンツァーを指導者に農民反乱→諸侯により鎮圧

4 プロテスタント…カール５世の宗教政策に対し，ルター派諸侯が抗議→シュマルカルデン同盟結成
a．(⓳)の宗教和議…1555年，諸侯にルター派かカトリックかの選択権，個人に信仰の自由なし
b．領邦教会制…ルター派諸侯の教会制度→国家が教会や聖職者を管理下におく

(6) カルヴァンの宗教改革

1 スイスの改革…ツヴィングリがチューリヒで，(⓴)がジュネーヴで改革

2 (㉑)説…人が救われるかどうかは神によってあらかじめ定められている→結果的な蓄財容認
→カルヴァン派は西ヨーロッパの商工業者を中心に拡大

(7) カトリックの改革運動

1 トレント（トリエント）公会議…1545～63年，教皇の首位権確認，宗教裁判の強化，禁書目録制定など

2 イエズス会…1534年，ロヨラらが創設→カトリックを海外に布教

3 主権国家体制の成立

(1) イタリア戦争と主権国家体制

1 主権国家…内外の勢力から干渉されずに政治をおこなう権限をもつ国のこと

2 イタリア戦争…1494年フランス軍のイタリア侵入で開始→フランス王家とハプスブルク家の抗争に発展

3 絶対王政時代…16～18世紀に成立
a．官僚制と(㉒)を基盤とし，言語の統一による国家統合をめざす
b．政治思想…王権神授説→王権は神によって与えられた神聖不可侵の権利
c．経済政策…(㉓)主義→国内商工業の保護育成と貿易の振興を推進

(2) スペインの絶対王政

1 フェリペ２世の絶対王政
a．1559年，カトー＝カンブレジ条約でイタリア戦争終結
b．1580年，ポルトガルを併合し同君連合を形成→「太陽の沈まぬ帝国」と呼ばれた

(3) オランダの独立

1 オランダは商工業が発達し，カルヴァン派が普及→スペインのフェリペ２世がカトリックを強制
2 独立戦争開始…1568年，オラニエ公ウィレムが指導→北部７州は（㉔　　　）同盟結成
　a．1581年，ネーデルラント連邦共和国（オランダ）独立宣言
　b．1609年，スペインと休戦条約結び事実上の独立達成
3 1602年，東インド会社設立→17世紀半ばには（㉕　　　）が国際商業の中心に

(4) イングランドの宗教改革と絶対王政

1 テューダー朝の絶対王政
　a．ヘンリ８世…1534年，首長法（国王至上法）を定めイギリス国教会設立
　b．メアリ１世…フェリペ２世と結婚し，カトリック復活→国教徒弾圧
　c．エリザベス１世…1559年，統一法を制定してイギリス国教会確立

(5) ピューリタン革命

1 1603年，テューダー朝断絶→ステュアート朝成立
　a．ジェームズ１世…王権神授説を信奉し，ピューリタン（カルヴァン派）弾圧
　b．チャールズ１世…1628年に議会の提出した権利の請願を無視し，議会を解散
　　→スコットランドの反乱を契機に議会を招集したが対立→1642年，ピューリタン革命勃発
2 共和政…議会派のクロムウェルが内戦に勝利し，チャールズ１世を処刑→共和政樹立
　→1651年，（㉖　　　）制定→イギリス＝オランダ戦争勃発
3 王政復古…クロムウェルの独裁に不満が高まり，死後王政復古が実現
　a．チャールズ２世…カトリックを保護し，専制政治→議会は審査法・人身保護法制定
　b．ジェームズ２世…カトリックと専制政治の復活を図る→1688年名誉革命勃発
4 議会は王の娘メアリと夫のオランダ総督ウィレムを招聘→「権利の宣言」を承認し即位
　→メアリ２世とウィリアム３世は（㉗　　　）を制定→イギリス立憲王政が確立
5 ハノーヴァー朝…1714年，ハノーヴァー選帝侯ジョージ１世が即位→王はドイツに多く滞在
　→（㉘　　　）首相が責任内閣制はじめる→「王は君臨すれども統治せず」

(6) フランスの絶対王政

1 16世紀半ば以降，ユグノー（カルヴァン派）増大→1562年，ユグノー戦争勃発→ヴァロワ朝断絶
2 ブルボン朝…アンリ４世が即位→1598年，（㉙　　　）の王令を発してユグノー戦争終結
　a．ルイ13世…リシュリューを宰相に絶対王政の基礎確立→三十年戦争に新教側で介入
　b．ルイ14世…宰相マザランがフロンドの乱鎮圧→絶対王政強化→1661年以降は親政開始
　　→①コルベールを財務長官に重商主義強化　②ヴェルサイユ宮殿建築　③ナントの王令廃止

(7) 17世紀の危機と三十年戦争

1 17世紀の危機…気候の寒冷化・凶作・飢饉・疫病が頻発→ヨーロッパは経済不振に
2 三十年戦争（1618～1648年）〔背景〕アウクスブルクの宗教和議以降も続く新旧両諸侯の対立
　a．ハプスブルク家のカトリック政策に対するベーメン（ボヘミア）の新教徒の反乱が契機
　b．デンマーク・スウェーデン（国王（㉚　　　））・フランスが新教側で介入
　c．性格の変化…宗教戦争から主権国家同士の国際戦争へ変化
3 ウェストファリア条約…1648年，ヨーロッパの主権国家体制確立
　a．アウクスブルクの宗教和議の再確認，カルヴァン派の公認
　b．スイス・（㉛　　　）の独立が国際的に承認
　c．ドイツの領邦君主にほぼ完全な主権が認められる

(8) プロイセンとオーストリアの近代化

1 プロイセン…ドイツ騎士団とブランデンブルク選帝侯の（㉜　　　）家の合併で成立
　→1701年，スペイン継承戦争に参戦し王位を獲得
　a．フリードリヒ＝ヴィルヘルム１世…ユンカーを重用し絶対王政の基礎築く
　b．フリードリヒ２世（大王）…啓蒙専制君主として富国強兵に成功→「君主は国家第一の下僕」
　　→オーストリア継承戦争で鉱工業地帯の（㉝　　　）獲得
2 オーストリア…1740年，カール６世の娘マリア＝テレジアがハプスブルク家の家督を継承
　a．マリア＝テレジア…七年戦争でシュレジエン奪回を目指してフランスと同盟（＝外交革命）→敗北
　b．ヨーゼフ２世…啓蒙専制君主として宗教寛容令・農奴解放など実施→失敗

(9) ロシアの台頭

1 モスクワ大公国のイヴァン４世がツァーリを公称，専制君主として中央集権化進展→農奴制の基礎確立

a．コサックの首長（❸❹　　　）に命じてシベリア進出

[2] ロマノフ朝…1613年，ミハイル＝ロマノフの創始→専制政治と農奴制強化

a．ピョートル１世（大帝）…西欧化政策推進→①清と（❸❺　　　）条約

②北方戦争（1700～1721年）に勝利

b．エカチェリーナ２世…啓蒙専制君主→①プガチョフの農民反乱鎮圧　②日本に（❸❻　　　）派遣

(10) ポーランド分割

[1] ポーランド分割…ヤギェウォ朝断絶後，選挙王政→貴族間の抗争で弱体化

a．第１回（1772年）…ロシア・プロイセン・オーストリア

b．第２回（1793年）…ロシア・プロイセン→コシチューシコの抵抗

c．第３回（1795年）…ロシア・プロイセン・オーストリア→ポーランド消滅

4 激化する覇権競争

(1) 大西洋三角貿易

[1] ①西欧⇒西アフリカ…武器・綿製品・工業製品　②西アフリカ⇒「新大陸」…黒人奴隷

③「新大陸」⇒西欧…砂糖・タバコ・コーヒー

(2) イギリスとフランスの覇権競争

[1] 17世紀以降，重商主義政策強化→植民地獲得競争へ

a．イギリス…北米にヴァージニア植民地など建設，オランダからのちのニューヨーク獲得

b．フランス…カナダに（❸❼　　　）植民地建設

[2] 英仏植民地戦争…ヨーロッパと「新大陸」で連動

a．プラッシーの戦い（インド，1757年）…クライヴの活躍でイギリスが勝利

b．（❸❽　　　）戦争（北米）…イギリス圧勝→パリ条約（1763年）で北米からフランス排除

5 近世ヨーロッパの社会と文化

建築	バロック様式…（❸❾　　　）宮殿（フランス・ルイ14世） ロココ様式…サンスーシ宮殿（プロイセン・フリードリヒ２世）
演劇・音楽	悲劇作家…コルネイユ・ラシーヌ　喜劇作家…モリエール バロック音楽…バッハ・ヘンデル 古典派音楽…モーツァルト・ベートーヴェン
科学	（❹⓪　　　）…万有引力の法則発見　リンネ…植物学　ジェンナー…種痘法 ハーヴェー…血液循環原理発見　ラプラース…宇宙進化論
哲学	イギリス経験論…フランシス＝ベーコンが帰納法確立 大陸合理論…（❹❶　　　）が演繹法確立 ドイツ観念論…経験論と合理論を総合・批判→カントが基礎確立
政治思想	自然法思想…グロティウス『（❹❷　　　）』　ホッブズ『リヴァイアサン』 ロック『統治二論』 経済思想…ケネー（重農主義）　アダム＝スミス『諸国民の富』（古典派経済学）
啓蒙思想	百科全書派…ディドロ・ダランベール モンテスキュー『法の精神』（❹❸　　　）『哲学書簡』　ルソー『社会契約論』
文学	ミルトン『失楽園』　バンヤン『天路歴程』 デフォー『ロビンソン＝クルーソー』　スウィフト『ガリヴァー旅行記』

〔解答〕❶マルコ＝ポーロ　❷喜望峰　❸ヴァスコ＝ダ＝ガマ　❹コロンブス　❺マゼラン　❻テノチティトラン　❼ユカタン　❽キープ　❾コルテス　❿アカプルコ　⓫アシエンダ　⓬価格　⓭レオナルド＝ダ＝ヴィンチ　⓮エラスムス　⓯トマス＝モア　⓰随想録　⓱ケプラー　⓲95か条の論題　⓳アウクスブルク　⓴カルヴァン　㉑予定　㉒常備軍　㉓重商　㉔ユトレヒト　㉕アムステルダム　㉖航海法　㉗権利の章典　㉘ウォルポール　㉙ナント　㉚グスタフ＝アドルフ　㉛オランダ　㉜ホーエンツォレルン　㉝シュレジエン　㉞イェルマーク　㉟ネルチンスク　㊱ラクスマン　㊲ケベック　㊳フレンチ＝インディアン　㊴ヴェルサイユ　㊵ニュートン　㊶デカルト　㊷戦争と平和の法（または，海洋自由論）　㊸ヴォルテール

問題演習

1 次に掲げる各文の正誤を判定し，正文なら○，誤文なら×を記しなさい。

【ヨーロッパの海外進出】

⑴ ジェノヴァ出身のコロンブスは，西回り航路でインドをめざし，サンサルバドル島に到達した。 [ ]
⑵ マゼランはフィリピンに到達したあとスペインに帰国して世界周航を達成した。 [ ]
⑶ 古代アメリカでは鉄器による文明が発達し，牛や馬を家畜として使用していた。 [ ]
⑷ 文字の発明がされなかったインカ帝国では，キープと呼ばれる結縄を用いた。 [ ]
⑸ スペインは，先住民のキリスト教化を条件に住民の支配を委託するアシエンダ制を施行した。 [ ]
⑹ スペインはアカプルコ貿易によりアメリカ大陸産の銀をアジアにもたらした。 [ ]
⑺ 大航海時代の結果，商業革命がおこり，貿易の中心が大西洋沿岸から地中海に移行した。 [ ]
⑻ 東欧では西欧に向けた輸出用穀物を生産するため，グーツヘルシャフトが発達した。 [ ]

【ルネサンスと宗教改革】

⑼ ダンテはトスカナ語で『神曲』をあらわした。 [ ]
⑽ レオナルド＝ダ＝ヴィンチは，「最後の審判」「モナ＝リザ」を描いた。 [ ]
⑾ オランダのエラスムスは『愚神礼讃』をあらわし，教会の腐敗を批判した。 [ ]
⑿ イギリスのトマス＝モアは，『ドン＝キホーテ』をあらわし，囲い込みを批判した。 [ ]
⒀ ガリレイは天動説を確信したが，教会から圧力を受け異端とされた。 [ ]
⒁ ドイツのケプラーは惑星運行の法則を発見した。 [ ]
⒂ ヴィッテンベルク大学神学教授のルターは「95か条の論題」を発表し，贖宥状を批判した。 [ ]
⒃ アウクスブルクの宗教和議の結果，諸侯にはカトリックかカルヴァン派かの選択権が与えられた。 [ ]
⒄ フランス人のカルヴァンはスイスのチューリヒで改革をおこなった。 [ ]
⒅ カルヴァン派はおもに西欧の農民層に普及していった。 [ ]

【主権国家体制の成立】

⒆ ネーデルラントの北部７州はユトレヒト同盟を結成してスペインと戦った。 [ ]
⒇ オランダ独立戦争後，アントウェルペンが国際商業の中心となった。 [ ]
(21) ジェームズ１世が権利の請願を無視し議会を弾圧したことでピューリタン革命がおこった。 [ ]
(22) クロムウェル政権が航海法を制定すると，イギリス＝オランダ戦争が勃発した。 [ ]
(23) ハノーヴァー朝がおこると，ウォルポールが首相となり責任内閣制が始まった。 [ ]
(24) ユグノー戦争中，ルイ13世はナントの王令を発し，内戦を終わらせた。 [ ]
(25) ルイ14世の宰相マザランはフロンドの乱を鎮圧し，王権の強化に貢献した。 [ ]
(26) 三十年戦争では，フランスは旧教国として介入し，神聖ローマ帝国を破った。 [ ]
(27) ウェストファリア条約ではオランダとベルギーの独立が国際的に承認された。 [ ]
(28) プロイセンのフリードリヒ２世は，啓蒙専制君主として富国強兵に成功した。 [ ]
(29) オーストリアのマリア＝テレジアは七年戦争でシュレジエンの奪回に成功した。 [ ]

【激化する覇権競争】

(30) イギリスは，北米にヴァージニア植民地を建設し，インドではプラッシーの戦いに勝利した。 [ ]
(31) フレンチ＝インディアン戦争に敗れたフランスは，ユトレヒト条約で北米植民地を失った。 [ ]

【近世ヨーロッパの社会と文化】

(32) ルイ14世は繊細さを特徴とするロココ様式のヴェルサイユ宮殿を建設した。 [ ]
(33) 自然法の父とされるグロティウスは，『戦争と平和の法』をあらわした。 [ ]
(34) 啓蒙思想家であるヴォルテールは『哲学書簡』をあらわした。 [ ]

2 次の各問の文Ⅰ～Ⅲについて，古いものから年代順に正しく配列したものを，一番下の選択肢①～⑥のうちから一つ選べ。

⑴大航海時代について述べた次の文Ⅰ～Ⅲについて，古いものから年代順に正しく配列したものを，以下の①～⑥のうちから一つ選べ。

Ⅰ ピサロがインカ帝国を征服した。
Ⅱ ヴァスコ＝ダ＝ガマがインド西岸に到達した。
Ⅲ マゼランがフィリピンに到達した。 [ ]

⑵古代アメリカ文明について述べた次の文Ⅰ～Ⅲについて，古いものから年代順に正しく配列したものを，以下の①～⑥のうちから一つ選べ。

Ⅰ　アステカ王国がテノチティトランを建設した。

Ⅱ　アンデス地方にチャビン文化が成立した。

Ⅲ　メキシコ湾岸にオルメカ文明が成立した。　［　］

⑶ヨーロッパの宗教改革について述べた次の文Ⅰ～Ⅲについて，古いものから年代順に正しく配列したものを，以下の①～⑥のうちから一つ選べ。

Ⅰ　ドイツ農民戦争がおこった。

Ⅱ　アウクスブルクの宗教和議が結ばれた。

Ⅲ　第１回のトレント公会議がひらかれた。　［　］

⑷絶対王政期のヨーロッパについて述べた次の文Ⅰ～Ⅲについて，古いものから年代順に正しく配列したものを，以下の①～⑥のうちから一つ選べ。

Ⅰ　オランダがスペインからの事実上の独立を達成した。

Ⅱ　スペインがポルトガルを併合した。

Ⅲ　イギリスで権利の章典が制定された。　［　］

⑸プロイセン・オーストリア・ロシアについて述べた次の文Ⅰ～Ⅲについて，古いものから年代順に正しく配列したものを，以下の①～⑥のうちから一つ選べ。

Ⅰ　フリードリヒ２世はオーストリア継承戦争でシュレジエンを獲得した。

Ⅱ　プロイセン・オーストリア・ロシアによって３回目のポーランド分割がおこなわれた。

Ⅲ　ロシアは清とネルチンスク条約を結んだ。　［　］

⑹ヨーロッパで起こった戦争について述べた次の文Ⅰ～Ⅲについて，古いものから年代順に正しく配列したものを，以下の①～⑥のうちから一つ選べ。

Ⅰ　オランダ独立戦争が勃発した。

Ⅱ　スペイン継承戦争が勃発した。

Ⅲ　三十年戦争が勃発した。　［　］

⑺ヨーロッパ文化について述べた次の文Ⅰ～Ⅲについて，古いものから年代順に正しく配列したものを，以下の①～⑥のうちから一つ選べ。

Ⅰ　ヴェルサイユ宮殿に宮廷が置かれるようになった。

Ⅱ　ジェンナーが種痘法を発明した。

Ⅲ　ホッブズが『リヴァイアサン』を著した。　［　］

《選択肢》

①　Ⅰ－Ⅱ－Ⅲ　　②　Ⅰ－Ⅲ－Ⅱ　　③　Ⅱ－Ⅰ－Ⅲ

④　Ⅱ－Ⅲ－Ⅰ　　⑤　Ⅲ－Ⅰ－Ⅱ　　⑥　Ⅲ－Ⅱ－Ⅰ

第10章 産業革命と大西洋革命 ▶▶要点整理

1 イギリスの産業革命

(1) イギリスの産業革命

1 〔背景〕18世紀後半，(❶　　　)工業の機械化を中心に進行

a．資本の蓄積・市場の拡大…オランダ・フランスとの植民地競争に勝利→市場確保

b．労働力の存在…第２次囲い込み進展→土地を失った農民が工業労働者として都市に流入

(2) 機械の発明と交通革命

1 機械の発明

織機 紡績機	(❷　　　)…飛び梭　ハーグリーヴズ…ジェニー紡績機　アークライト…水力紡績機 カートライト…力織機　ホイットニー（米)…綿繰り機
蒸気機関	ニューコメン…蒸気機関の発明⇒（❸　　　)…蒸気機関を改良・実用化 スティーヴンソン…蒸気機関車の実用化　(❹　　　)（米)…蒸気船を実用化

2 交通革命…鉄道・蒸気船の発達により世界の一体化が促進

(3) 資本主義の進展と人々の生活の変容

1 資本主義社会…工場・機械を所有する産業資本家が経済を支配→労働者を雇って生産を行い利潤を追求

2 労働問題などの社会問題の発生

a．人口の都市集中…マンチェスター・リヴァプール・バーミンガムなど

b．労働問題の発生…機械の導入→子供・女性の利用→長時間・低賃金労働・熟練労働者の失業

c．公衆衛生の悪化…大気や水の汚染が深刻化→コレラ・結核など病気が頻発

3 労働運動…(❺　　　）運動（熟練労働者による機械打ち壊し)，労働組合の結成

(4) 各国の産業革命とパクス＝ブリタニカ

1 産業革命を先行したイギリスは「(❻　　　)」の地位を確立→各国に波及

2 パクス＝ブリタニカ…イギリスの圧倒的な工業生産力を背景とする覇権のもとで平和が実現

2 南北アメリカの革命

(1) 北アメリカ植民地とイギリスからの離反

1 北アメリカ東海岸でイギリスの13植民地成立→ヴァージニアで初の植民地議会開設

2 イギリスの重商主義政策…七年戦争以降，イギリス本国は財政難→植民地への課税政策強化

a．印紙法（1765年)…植民地側は「(❼　　　)」と反対→翌年撤廃

b　茶法（1773年)…東インド会社に「新大陸」での茶の独占販売権与える→ボストン茶会事件発生

(2) アメリカ独立戦争

1 大陸会議…フィラデルフィアで開催→植民地の代表が終結，本国に通商断絶を通達

2 独立戦争…1775年，レキシントン・コンコードの戦いで勃発→植民地側は（❽　　　）を司令官に任命

a．トマス＝ペイン…『コモン＝センス』で独立の正当性主張

b．独立宣言（1776年７月４日発表)…ジェファソン中心に起草，「生命・自由・幸福の追求」

c．(❾　　　）条約…1783年，イギリスはアメリカ合衆国の独立を承認

(3) アメリカ合衆国憲法

1 合衆国憲法…1787年，フィラデルフィアの憲法制定会議で採択

a．連邦主義…各州の自治権は認めるが，連邦政府が最も強大な権限をもつ

b．(❿　　　)…人民主権を基礎とし，立法・行政・司法の三権が独立

c．大統領制採用，議会は上院・下院の二院制→初代大統領：(❽)

(4) 合衆国の領土拡大とデモクラシー

1 アメリカ＝イギリス戦争（米英戦争）(1812〜1814年)…国民意識の高揚，経済的自立に成功

2 (⓫　　　）宣言…ラテンアメリカ諸国の独立に際し，米欧両大陸の相互不干渉主張

3 西漸運動…西部開拓による領土拡大

a．ミシシッピ以西のルイジアナ…ナポレオンから購入　b．フロリダ…1819年，スペインから買収

c．(⓬　　　)…アメリカ＝メキシコ戦争後獲得→ゴールドラッシュ発生

4 ジャクソン大統領…「(⓭　　　)（明白な天命)」を掲げてフロンティアの開拓推進

(5) ラテンアメリカ諸国の独立

1 アメリカ独立革命・フランス革命の影響→ラテンアメリカ諸国の独立

a．ハイチ…(⓮　　　)の指導，世界初の黒人共和国
b．ベネズエラ・コロンビア・ボリビア…(⓯　　　)の指導
c．アルゼンチン・チリ・ペルー…サン＝マルティンの指導

(6) 独立後のラテンアメリカ社会
1 (⓰　　　)(植民地生まれの白人)による，非白人(インディオ・メスティーソ・ムラート)支配堅持
2 経済的自立が困難→(⓱　　　)経済(単一作物の生産と輸出)

(7) メキシコの内戦
1 フアレス政権…自由主義的改革推進→保守派の反発(メキシコ内戦)→(⓲　　　)のメキシコ出兵
2 ディアス政権…フランス軍撤退後，ディアスによる長期独裁政権が成立

3 フランス革命とナポレオン帝政

(1) 旧体制の危機
1 旧体制(アンシャン＝レジーム)…第一身分：聖職者　第二身分：貴族　第三身分：平民
2 三部会招集…国王ルイ16世は特権身分へ課税企図→特権身分は三部会の招集を要求

(2) 1789年の断絶
1 国民議会…三部会の議決方法に反発した第三身分は国民議会創設→憲法制定を誓う(球戯場の誓い)
2 革命勃発…1789年7月，パリ市民が(⓳　　　)を襲撃→議会は「封建制の廃止」等を決議
3 人権宣言…「自由・(⓴　　　)・安全・圧政への抵抗」を自然権とし，「国民」を主権者と定める
→国王の抵抗→ヴェルサイユ行進で国王一家をパリに連行

(3) 立憲君主政から第一共和政へ
1 1791年憲法…立憲君主政・制限選挙制を定める→国民議会解散
2 立法議会…ジロンド派内閣主導→対オーストリア宣戦→(㉑　　　)事件で王権停止→立法議会解散

(4) 革命政府と恐怖政治
1 国民公会…男性普通選挙により招集，王政の廃止と共和政宣言→第一共和政成立
2 山岳派(ジャコバン派)の台頭…国王ルイ16世処刑→イギリス首相ピットが第1回対仏大同盟結成
3 山岳派(ジャコバン派)の政治…①共和暦(革命暦)の導入　②メートル法採用
③封建地代の無償廃止
4 恐怖政治…(㉒　　　)による反対派の処刑→テルミドール9日のクーデタで失脚

(5) 総裁政府と統領政府
1 総裁政府…5人総裁で権力の分散した不安定な政権→王党派の反乱，バブーフの陰謀
2 統領政府…ナポレオン＝ボナパルトが(㉓　　　)のクーデタで総裁政府打倒→事実上の独裁
→①フランス銀行設立，②民法典(ナポレオン法典)公布，③アミアン和約で平和を実現

(6) ナポレオン帝政とその崩壊
1 第一帝政…1804年，国民投票によりナポレオンは皇帝に即位(第一帝政)
2 ナポレオン戦争の開始…トラファアルガーの海戦でイギリスに敗北後，アウステルリッツの戦いに勝利
→(㉔　　　)同盟結成→神聖ローマ帝国消滅(1806年)
3 大陸封鎖令…1806年，イギリスの経済的打倒とフランス市場拡大が目的→失敗
4 ナポレオンの没落…スペイン反乱，ロシア遠征の失敗
→ライプツィヒの戦い(諸国民戦争)，(㉕　　　)の戦いに敗北
→セントヘレナ島へ流刑

(7) フランス革命の意義
1 国民国家の成立…国民を主権者とする国民国家が成立
→19世紀，自由主義・ナショナリズム(国民主義，民族主義)の時代へ
2 ナショナリズムの高揚…一体的な国民を創造する動きが活発化→プロイセン改革など

〔解答〕❶綿(木綿)　❷ジョン＝ケイ　❸ワット　❹フルトン　❺ラダイト　❻世界の工場
❼代表なくして課税なし　❽ワシントン　❾パリ　❿三権分立　⓫モンロー　⓬カリフォルニア
⓭マニフェスト＝デスティニー　⓮トゥサン＝ルヴェルチュール　⓯シモン＝ボリバル　⓰クリオーリョ
⓱モノカルチャー　⓲ナポレオン3世　⓳バスティーユ牢獄　⓴所有　㉑8月10日　㉒ロベスピエール
㉓ブリュメール18日　㉔ライン　㉕ワーテルロー

問題演習

1 次に掲げる各文の正誤を判定し，正文なら○，誤文なら×を記しなさい。

【イギリスの産業革命】

(1) イギリスでは食糧増産目的の第1次囲い込みがおこなわれ，土地を失った農民が都市に流入した。 [　]
(2) ジョン＝ケイの飛び梭の発明が綿工業に応用され，綿製品の生産が増大した。 [　]
(3) カートライトは水力を利用した水力紡績機を発明した。 [　]
(4) ワットが蒸気機関を初めて発明し，織機や紡績機などに応用した。 [　]
(5) 産業革命の結果，マンチェスター・リヴァプール・バーミンガムなどの大都市に人口が集中した。 [　]
(6) 機械の導入により職を失った熟練労働者たちはラダイト運動をおこした。 [　]
(7) 他国に先駆けて産業革命を成功させたイギリスは「世界の工場」の地位を確立した。 [　]

【南北アメリカの革命】

(8) 北米初のイギリス植民地としてジョージア植民地が建設され，植民地議会が創設された。 [　]
(9) イギリスが北米植民地で茶法を制定すると，植民地側は「代表なくして課税なし」と反発した。 [　]
(10) レキシントン・コンコードの戦いで独立戦争が勃発すると，ワシントンが総司令官に任命された。 [　]
(11) 1783年にロンドン条約が結ばれてアメリカ合衆国の独立が承認された。 [　]
(12) 合衆国憲法では連邦主義と三権分立の原則が定められた。 [　]
(13) ラテンアメリカの独立に際し，ジェファソン大統領は米欧両大陸の不干渉を主張した。 [　]
(14) アメリカはカリフォルニアを併合したのちアメリカ＝メキシコ戦争に勝利しテキサスを獲得した。 [　]
(15) ハイチはトゥサン＝ルヴェルチュールの指導で初の黒人共和国として独立した。 [　]
(16) ベネズエラ・コロンビア・ボリビアはサン＝マルティンの指導で独立を達成した。 [　]
(17) 独立後のラテンアメリカでは植民地生まれの白人であるメスティーソの支配が堅持された。 [　]
(18) ディアスの自由主義的改革に対する保守派の反発がおこり，メキシコは内戦に発展した。 [　]

【フランス革命とナポレオン帝政】

(19) パリ市民がバスティーユ牢獄を襲撃すると，議会は「封建制」の廃止を決議した。 [　]
(20) 人権宣言では「自由・所有・安全・圧政への抵抗」を自然権として主張した。 [　]
(21) 1791年に発布された憲法では立憲君主政と男性普通選挙が規定された。 [　]
(22) 立法議会の会期中にテルミドール9日のクーデタがおこり，国王の権力が停止した。 [　]
(23) 国民公会ではジロンド派が主導権を握り，ルイ16世を処刑した。 [　]
(24) 国民公会時代には共和暦が導入され，封建地代が無償で廃止された。 [　]
(25) 恐怖政治を行っていたロベスピエールは8月10日事件で失脚した。 [　]
(26) 総裁政府は5人の総裁を指導者とする分散的な政権であったため，バブーフの陰謀がおこった。 [　]
(27) ナポレオン＝ボナパルトは，ブリュメール18日のクーデタで総裁政府を打倒した。 [　]
(28) アウステルリッツの戦いののちティルジット条約が結ばれて神聖ローマ帝国は消滅した。 [　]
(29) ワーテルローの戦いに敗れて捕らえられたナポレオンは，セントヘレナ島へ流刑となった。 [　]

2 次の各問の文Ⅰ～Ⅲについて，古いものから年代順に正しく配列したものを，一番下の選択肢①～⑥のうちから一つ選べ。

(1)イギリス産業革命における機械の発明について述べた次の文Ⅰ～Ⅲについて，古いものから年代順に正しく配列したものを，以下の①～⑥のうちから一つ選べ。

Ⅰ　ハーグリーヴズがジェニー紡績機を発明した。
Ⅱ　アークライトが水力紡績機を発明した。
Ⅲ　カートライトが力織機を発明した。 [　]

(2)イギリスの北アメリカ植民地について述べた次の文Ⅰ～Ⅲについて，古いものから年代順に正しく配列したものを，以下の①～⑥のうちから一つ選べ。

Ⅰ　茶法が制定された。
Ⅱ　印紙法が制定された。
Ⅲ　ヴァージニア植民地が建設された。　［　］

(3)アメリカ独立戦争について述べた次の文Ⅰ～Ⅲについて，古いものから年代順に正しく配列したものを，以下の①～⑥のうちから一つ選べ。

Ⅰ　独立宣言が発表された。
Ⅱ　ワシントンが司令官に任命された。
Ⅲ　合衆国憲法が制定された。　［　］

(4)合衆国の領土拡大について述べた次の文Ⅰ～Ⅲについて，古いものから年代順に正しく配列したものを，以下の①～⑥のうちから一つ選べ。

Ⅰ　スペインからフロリダを買収した。
Ⅱ　アメリカ＝イギリス戦争がおこった。
Ⅲ　カリフォルニアでゴールドラッシュがおこった。　［　］

(5)フランス革命について述べた次の文Ⅰ～Ⅲについて，古いものから年代順に正しく配列したものを，以下の①～⑥のうちから一つ選べ。

Ⅰ　人権宣言が発表された。
Ⅱ　メートル法が採用された。
Ⅲ　ヴェルサイユ行進がおこなわれた。　［　］

(6)ナポレオンについて述べた次の文Ⅰ～Ⅲについて，古いものから年代順に正しく配列したものを，以下の①～⑥のうちから一つ選べ。

Ⅰ　大陸封鎖令を発表した。
Ⅱ　ナポレオン法典を公布した。
Ⅲ　国民投票で皇帝に即位した。　［　］

《選択肢》

①　Ⅰ－Ⅱ－Ⅲ　②　Ⅰ－Ⅲ－Ⅱ　③　Ⅱ－Ⅰ－Ⅲ
④　Ⅱ－Ⅲ－Ⅰ　⑤　Ⅲ－Ⅰ－Ⅱ　⑥　Ⅲ－Ⅱ－Ⅰ

第11章 近代ヨーロッパ・アメリカの国民国家 ▶▶要点整理

1 ウィーン体制と1848年の革命

(1) ウィーン体制

1 ウィーン会議…ナポレオン戦争後のヨーロッパ秩序再建が目的
〔主宰〕メッテルニヒ 〔基調〕(❶) 主義・勢力均衡→ナショナリズムと自由主義の抑圧

2 ウィーン議定書

フランスなど	フランス・スペイン・両シチリア王国でブルボン朝復活
ドイツ連邦	ドイツ連邦…35君主国と4自由都市，オーストリア盟主 オーストリア…北イタリア（ヴェネツィア・ロンバルディア）併合 プロイセン…ライン地方・ザクセン北部獲得
オランダ	立憲王国成立，南ネーデルラント（ベルギー）併合
ロシア	ポーランド王国支配，フィンランド獲得
イギリス	スリランカ・(❷)（旧オランダ領）獲得
スイス	永世中立国として承認

3 ウィーン体制維持の機関…神聖同盟（アレクサンドル1世提唱）・四国同盟（のちに五国同盟）

(2) ウィーン体制の動揺

1 ヨーロッパ各地でナリョナリズム運動が高揚
a．ドイツ…学生たちによるブルシェンシャフト運動
b．イタリア…(❸) の蜂起
c．スペイン…立憲革命
d．ロシア…青年士官らによる（❹ ）の蜂起

2 ギリシア独立…1830年，オスマン帝国からの独立が国際的に承認

(3) イギリスの自由主義改革

1 宗教的自由主義
①1828年，審査法廃止→②1829年，(❺) 法→国教徒以外も公職就任可能

2 政治的自由主義
a．第1回選挙法改正…1832年，腐敗選挙区の廃止，中産階級まで選挙権拡大
b．(❻) 運動…選挙権を得られなかった労働者たちは人民憲章を請願

3 経済的自由主義…産業資本家中心
①(❼) 法廃止（1846年） ②航海法廃止（1849年） ③奴隷制廃止→自由貿易の原則確立

(4) フランスの七月革命とその影響

1 七月革命（1830年）…国王シャルル10世は，国内不満を逸らすため（❽ ）出兵→パリ市民蜂起
〔影響〕ベルギーがオランダから独立

2 七月王政…オルレアン公（❾ ）が即位…銀行家など大資本家の支配

(5) 社会主義思想の誕生

1 資本主義社会の確立→資本家と労働者の対立顕在化→社会主義思想の誕生
a．空想的社会主義…オーウェン・サン＝シモン・フーリエ
b．科学的社会主義…(❿)『資本論』・エンゲルス『共産党宣言』((❿) と共著)

(6) フランスの二月革命

1 二月革命…1848年，選挙法改正の要求を政府が弾圧→パリ市民蜂起→第二共和政成立

2 臨時政府…社会主義者（⓫ ）入閣→国立作業場設置→4月の選挙で労働者惨敗→国立作業場閉鎖
→失望したパリの労働者が六月蜂起

3 第二帝政…ルイ＝ナポレオンが1851年クーデタで独裁権掌握→国民選挙で皇帝に即位（ナポレオン3世）

(7) 1848年革命（諸国民の春）

イタリア	サルデーニャ王国による統一運動，マッツィーニがローマ共和国樹立
オーストリア	三月革命…メッテルニヒ亡命→ウィーン体制崩壊
ハンガリー	マジャール人の民族運動（(⓬) 指導）
ドイツ	(⓭) 国民議会…ドイツ統一の方式を議論→統一失敗

(8) 1848年の意義

1 産業資本家（ブルジョワジー）と工場労働者（プロレタリアート）の対立表面化

2 ナショナリズムの高揚…民族独立や国民国家建設の動きが拡大

2 19世紀後半のヨーロッパとアメリカ

(1) イギリスの自由貿易帝国主義

1 ヴィクトリア女王時代…19世紀後半

a．二大政党による議会政治…保守党（旧トーリー党），自由党（旧ホイッグ党）

b．第２回選挙法改正（1867年）…都市労働者に選挙権拡大

c．第３回選挙法改正（1884年）…農業・鉱業労働者に選挙権拡大

2 （⓮　　　）内閣（保守党）…スエズ運河株式会社の株買収（1875年），インド帝国成立（1877年）

3 （⓯　　　）内閣（自由党）…第３回選挙法改正実施，エジプトを事実上保護国化（1882年）

(2) フランス第二帝政

1 ナポレオン３世の統治下でパリの都市大改造，クリミア戦争，第２次アヘン戦争（アロー戦争）などの外征に勝利→メキシコ出兵失敗→プロイセン＝フランス戦争（普仏戦争）に敗れ退位（1870年）

2 第三共和政…（⓰　　　）を首班とする臨時政府樹立→ドイツにアルザス・ロレーヌ割譲
→臨時政府に反対する労働者が（⓱　　　）樹立（1871年）→臨時政府により鎮圧

(3) イタリア王国の形成

1 サルデーニャ王国の統一運動　国王：ヴィットーリオ＝エマヌエーレ２世　首相：（⓲　　　）

2 イタリア統一戦争…対オーストリア→ナポレオン３世の援助でロンバルディア獲得

3 南イタリア併合…青年イタリア出身の（⓳　　　）が両シチリア王国を占領→国王に献上

4 イタリア王国成立…1861年，国王ヴィットーリオ＝エマヌエーレ２世
建国後，①ヴェネツィア併合（プロイセン＝オーストリア戦争（普墺戦争）に乗じ）
②教皇領占領（プロイセン＝フランス戦争に乗じ）

5 未回収のイタリア…南チロル・（⓴　　　）がオーストリア領にとどまる

(4) ドイツの統一

1 ドイツ関税同盟…1834年，リストの提唱→保護関税政策

2 プロイセンの統一…国王：ヴィルヘルム１世　首相：ビスマルク

a．（㉑　　　）政策…ビスマルクによる軍事力拡張政策→デンマーク戦争に勝利

b．プロイセン＝オーストリア戦争…1866年，オーストリアを破る

c．プロイセン＝フランス戦争…1870～71年，フランスのナポレオン３世破る

3 ドイツ帝国成立…1871年，ヴィルヘルム１世は（㉒　　　）で即位
①22の邦（君主国）と３自由都市からなる連邦制　②男性普通選挙による帝国議会

(5) オーストリアと民族問題

1 オーストリア＝ハンガリー帝国…普墺戦争に敗れたオーストリアはマジャール人に自治権付与
→多民族国家として民族問題が複雑化

(6) 東方問題とロシアの大改革

1 東方問題…オスマン帝国の衰退によって生じた，①領内諸民族の独立運動　②西欧列強の干渉

2 ロシアの南下政策…不凍港をもたないロシアは南下による領土拡大を目指す

a．ニコライ１世…エジプト＝トルコ戦争に介入→イギリスの干渉で南下失敗
→オスマン帝国領内のギリシア正教徒保護を口実にクリミア戦争開始（1853年）

b．アレクサンドル２世…クリミア戦争敗北→英仏の干渉（1856年のパリ条約）で黒海中立化
→南下後退→（㉓　　　）（1861年）…土地所有は有償，自由な労働力創出→ロシアの工業化進展

c．ナロードニキ運動…知識人たちによる農民の啓蒙運動→挫折→アレクサンドル２世暗殺

d．ロシア＝トルコ戦争（1877～1878年）…オスマン帝国に勝利し（㉔　　　）条約で南下前進

e．ベルリン会議…英墺の干渉とビスマルクの仲介→ベルリン条約でロシアの南下阻止

(7) 北欧諸国の動き

1 スウェーデン…19世紀後半から工業化進展

2 ノルウェー…1814年以降はスウェーデンと同君連合→1905年に分離独立

3 デンマーク…1848年革命で責任内閣制成立，議会政治を発達させ中立外交を展開

(8) アメリカの南北戦争と再建の時代

1 西漸運動による領土拡大→奴隷制をめぐり南部と北部の対立

a．北部…工業化進展・奴隷制反対・(㉕　　　)貿易主張・連邦主義
b．南部…綿花プランテーション・奴隷制主張・(㉖　　　)貿易主張・州権主義

[2] (㉗　　　)協定（1820年），カンザス・ネブラスカ法（1854年）で南北の妥協をはかる

[3] 南北戦争…1860年，共和党のリンカンが大統領当選→南部は分離，1861年，アメリカ連合国成立
a．(㉘　　　)法…1862年，西部農民の支持を得るため
b．奴隷解放宣言…1863年，国内外世論の支持を得るため→1865年，憲法修正第13条で明文化

[4] 戦後のアメリカ…1890年，フロンティアが消滅→世界一の工業国へ
a．奴隷解放…黒人はシェア＝クロッパー制度で貧困化
b．アラスカ買収…1867年，ロシアから
c．(㉙　　　)完成…1869年，中国やアイルランドからの移民を投入

3 19世紀のヨーロッパ・アメリカの社会と文化

（1）市民社会の文化

文学	古典主義…(㉚　　　)『若きウェルテルの悩み』　シラー『群盗』 ロマン主義…ユゴー『レ＝ミゼラブル』　バイロン『チャイルド＝ハロルドの遍歴』 写実主義…スタンダール『赤と黒』(㉛　　　)『罪と罰』 自然主義…ゾラ『居酒屋』　モーパッサン『女の一生』　イプセン『人形の家』
美術	古典主義…ダヴィド「ナポレオンの戴冠式」 ロマン主義…(㉜　　　)「キオス島の虐殺」「民衆を導く自由の女神」 写実主義…クールベ「石割り」　ミレー「落ち穂拾い」 印象派…マネ「草上の昼食」　モネ「印象・日の出」 後期印象派…ゴーガン「タヒチの女」(㉝　　　)「ひまわり」 彫刻…ロダン「考える人」
音楽	ロマン派…(㉞　　　)「未完成交響曲」　ショパン「革命」 国民楽派…チャイコフスキー「白鳥の湖」 印象派…ドビュッシー「月の光」

（2）人文科学・社会科学

[1] ドイツ観念論哲学…ヘーゲルの弁証法哲学で完成→マルクスが(㉟　　　)樹立
[2] イギリス功利主義…ベンサム「最大多数の最大幸福」
[3] 実証主義…(㊱　　　)（社会学の祖）
[4] 古典派経済学…マルサス「人口論」，リカードらが確立

（3）自然科学の発展と産業への応用

物理学	マイヤー・ヘルムホルツ…(㊲　　　)の法則発見 ファラデー…電磁気学　レントゲン…X線の発見　キュリー夫妻…ラジウム発見
生物学・医学	ダーウィン…『種の起源』で進化論提唱　(㊳　　　)…結核・コレラ菌発見 パストゥール…細菌学・病原菌の発見　メンデル…遺伝の法則
技術	(㊴　　　)…蓄音機・白熱電球発明　ダイムラー・ディーゼル…エンジンの発明 モールス…電信機の発明　ベル…電話機の発明　マルコーニ…無線電信の発明 ライト兄弟…動力飛行機による初飛行　(㊵　　　)…ダイナマイトの発明

〔解答〕❶正統　❷ケープ植民地　❸カルボナリ　❹デカブリスト　❺カトリック教徒解放　❻チャーティスト　❼穀物　❽アルジェリア　❾ルイ＝フィリップ　❿マルクス　⓫ルイ＝ブラン　⓬コッシュート　⓭フランクフルト　⓮ディズレーリ　⓯グラッドストン　⓰ティエール　⓱パリ＝コミューン　⓲カヴール　⓳ガリバルディ　⓴トリエステ　㉑鉄血　㉒ヴェルサイユ宮殿　㉓農奴解放令　㉔サン＝ステファノ　㉕保護　㉖自由　㉗ミズーリ　㉘ホームステッド　㉙大陸横断鉄道　㉚ゲーテ　㉛ドストエフスキー　㉜ドラクロワ　㉝ゴッホ　㉞シューベルト　㉟史的唯物論　㊱コント　㊲エネルギー保存　㊳コッホ　㊴エディソン　㊵ノーベル

問題演習

1 次に掲げる各文の正誤を判定し，正文なら○，誤文なら×を記しなさい。

【ウィーン体制と1848年の革命】

(1) メッテルニヒが主宰したウィーン会議は，正統主義と勢力均衡を原則とした。 [ ]
(2) ウィーン会議の結果，ドイツには神聖ローマ帝国が復活した。 [ ]
(3) ウィーン会議の結果，イギリスはケープ植民地とキプロス島を獲得した。 [ ]
(4) イタリアでは，デカブリストの蜂起がおこった。 [ ]
(5) イギリスでは，1828年に審査法が廃止され，1829年にカトリック教徒解放法が制定された。 [ ]
(6) 第1回選挙法改正の結果，選挙権を得られなかった労働者たちはブルシェンシャフト運動をおこした。 [ ]
(7) ブルボン朝のシャルル10世は国内不満をそらすためにアルジェリアに出兵した。 [ ]
(8) 七月革命の結果，オルレアン家のルイ＝ナポレオンが新たに王として即位した。 [ ]
(9) マルクスはエンゲルスとともに『共産党宣言』を発表した。 [ ]
(10) 二月革命後，社会主義者のルイ＝ブランが入閣し，国立作業場を設置した。 [ ]
(11) 二月革命の影響でハンガリーではコシチューシコが指導するマジャール人の民族運動がおこった。 [ ]
(12) フランクフルト国民議会でドイツ統一の方式が議論されたが，統一は実現しなかった。 [ ]

【19世紀後半のヨーロッパとアメリカ】

(13) ディズレーリ内閣の時代にイギリスはスエズ運河株の買収に成功した。 [ ]
(14) グラッドストン内閣のときに第2回選挙法改正がおこなわれ，都市の労働者に選挙権が拡大した。 [ ]
(15) フランスではティエールを首班とする臨時政府に対抗し，労働者たちがパリ＝コミューンを樹立した。 [ ]
(16) サルデーニャ王国のカヴールはフランスと同盟してオーストリアと戦った。 [ ]
(17) サルデーニャは，ヴェネツィアとロンバルディアを併合し，1861年にイタリア王国が成立した。 [ ]
(18) 青年イタリアのマッツィーニは両シチリア王国を占領し，王に献上した。 [ ]
(19) プロイセンは，ビスマルクによる鉄血政策で軍事力を強化し，デンマーク戦争に勝利した。 [ ]
(20) フランスを破ったプロイセンのヴィルヘルム1世は，ヴェルサイユ宮殿でドイツ皇帝に即位した。 [ ]
(21) ニコライ1世は，ギリシア正教徒の保護を口実にエジプト＝トルコ戦争をおこした。 [ ]
(22) クリミア戦争に敗れたアレクサンドル2世は農奴解放令を発布して近代化政策をすすめた。 [ ]
(23) ロシア＝トルコ戦争に勝利したロシアはパリ条約を結んで南下を前進させた。 [ ]
(24) ノルウェーはデンマークと同君連合を組んでいたが，1905年に分離独立した。 [ ]
(25) アメリカ合衆国では領土の拡大にともない南北の対立が表面化し，南部は自由貿易を，北部は保護貿易を主張した。 [ ]
(26) 奴隷制をめぐる南北の妥協を図るため，カンザス・ネブラスカ法に次いでミズーリ協定が妥結した。 [ ]
(27) 南北戦争は民主党のリンカン大統領率いる北部が勝利した。 [ ]
(28) アメリカは中国やアイルランドからの移民を投入して大陸横断鉄道を完成させた。 [ ]

【19世紀後半のヨーロッパ・アメリカの社会と文化】

(29) フランスロマン主義のユゴーは『チャイルド＝ハロルドの遍歴』をあらわした。 [ ]
(30) チャイコフスキーの「白鳥の湖」は国民楽派音楽の代表作である。 [ ]
(31) イギリス功利主義を代表するベンサムは「最大多数の最大幸福」をとなえた。 [ ]
(32) 物理学の分野ではレントゲンがX線を，キュリー夫妻がラジウムを発見した。 [ ]
(33) 細菌学の研究者でもあるパストゥールは，結核菌やコレラ菌を発見した。 [ ]

2 次の各問の文Ⅰ～Ⅲについて，古いものから年代順に正しく配列したものを，一番下の選択肢①～⑥のうちから一つ選べ。

(1)ウィーン体制について述べた次の文Ⅰ～Ⅲについて，古いものから年代順に正しく配列したものを，以下の①～⑥のうちから一つ選べ。

Ⅰ　ギリシア独立戦争が始まった。
Ⅱ　オランダが南ネーデルラントを併合した。
Ⅲ　フランスで七月革命がおこった。 [ ]

⑵イギリスの自由主義的改革について述べた次の文Ⅰ～Ⅲについて，古いものから年代順に正しく配列したものを，以下の①～⑥のうちから一つ選べ。

Ⅰ　審査法が廃止された。

Ⅱ　航海法が廃止された。

Ⅲ　穀物法が廃止された。　[　]

⑶ウィーン体制下のフランスについて述べた次の文Ⅰ～Ⅲについて，古いものから年代順に正しく配列したものを，以下の①～⑥のうちから一つ選べ。

Ⅰ　ルイ＝フィリップが即位した。

Ⅱ　第二共和政が成立した。

Ⅲ　アルジェリアに出兵した。　[　]

⑷イタリアとドイツについて述べた次の文Ⅰ～Ⅲについて，古いものから年代順に正しく配列したものを，以下の①～⑥のうちから一つ選べ。

Ⅰ　ドイツ帝国が成立した。

Ⅱ　イタリア王国が成立した。

Ⅲ　ドイツ関税同盟が発足した。　[　]

⑸19世紀のロシアについて述べた次の文Ⅰ～Ⅲについて，古いものから年代順に正しく配列したものを，以下の①～⑥のうちから一つ選べ。

Ⅰ　デカブリストが蜂起した。

Ⅱ　クリミア戦争が勃発した。

Ⅲ　ロシア＝トルコ戦争が勃発した。　[　]

⑹アメリカ合衆国の発展について述べた次の文Ⅰ～Ⅲについて，古いものから年代順に正しく配列したものを，以下の①～⑥のうちから一つ選べ。

Ⅰ　ロシアからアラスカを買収した。

Ⅱ　ミズーリ協定が結ばれた。

Ⅲ　南北戦争が勃発した。　[　]

《選択肢》

①　Ⅰ－Ⅱ－Ⅲ　②　Ⅰ－Ⅲ－Ⅱ　③　Ⅱ－Ⅰ－Ⅲ

④　Ⅱ－Ⅲ－Ⅰ　⑤　Ⅲ－Ⅰ－Ⅱ　⑥　Ⅲ－Ⅱ－Ⅰ

第12章 アジア諸地域の動揺 ▶▶要点整理

1 西アジアの変容

(1) オスマン帝国の動揺

1 18世紀半ば以降，アラビア半島でワッハーブ王国独立，ロシアがクリミア＝ハン国併合

2 エジプトの自立と東方問題…エジプト総督（❶　　　）は富国強兵と殖産興業推進

a．エジプト＝トルコ戦争…(❶) がエジプト・スーダンの世襲権獲得

b．東方問題…ロシアの南下政策とロシアの南下を阻止するイギリスなどの対立が表面化

(2) オスマン帝国の経済的な従属化

1 ヨーロッパ列強はカピチュレーションを利用し，オスマン帝国に経済的進出

2 エジプトのムハンマド＝アリーは近代化のため（❷　　　）運河建設を計画→1869年完成

→エジプト財政難→イギリス・フランスの財務管理下に

(3) オスマン帝国の改革

1 1826年，(❸　　　）軍団を解体，近代的な常備軍創設

2 西欧化改革（(❹　　　))…オスマン主義にもとづき，法治主義と近代国家をめざす

3 (❺　　　）憲法…1876年，大宰相ミドハト＝パシャが起草

→スルタンのアブデュルハミト2世はロシア＝トルコ戦争を口実に憲法停止（1878年）

(4) イラン・アフガニスタンの動向

1 イラン…18世紀末，カージャール朝成立　首都：テヘラン

a．(❻　　　）条約…ロシアに敗れ，治外法権承認・関税自主権喪失

b．バーブ教徒の乱…カージャール朝の専制に対する農民・商人などの蜂起

2 アフガニスタン…19世紀，ロシアとイギリスの勢力争い

→2度にわたるイギリスとの戦争（アフガン戦争）の末，イギリスが外交権獲得

2 南アジア・東南アジアの植民地化

(1) 西欧勢力の進出とインドの植民地化

1 西欧列強の南アジア・東南アジア進出

a．オランダ東インド会社…ジャワ島の（❼　　　）拠点→アジア各地に商館設置

b．イギリス東インド会社…マドラス・カルカッタに商館設置

c．フランス東インド会社…ポンディシェリに商館設置

2 ムガル帝国の衰退…アウラングゼーブ没後，各地に反ムガル帝国勢力拡大

3 イギリスとフランスのインドにおける勢力争い

a．カーナティック戦争…南インドで3回にわたる戦争→イギリス優勢

b．(❽　　　）の戦い…1757年，イギリスがインドからフランス勢力をほぼ駆逐

4 イギリスのインド征服

a．東部…1765年，ベンガル・ビハール・オリッサの徴税権獲得　b．南部…(❾　　　）戦争に勝利

c．西部…(❿　　　）戦争に勝利　d．北西部…シク戦争に勝利→イギリスのインド全域支配完成

(2) 植民地統治下のインド社会

1 東インド会社による徴税権獲得

a．(⓫　　　）制…旧来の地主の土地所有権を認める代わりに土地税徴収の義務を課す

b．ライーヤトワーリー制…耕作農民に土地所有権認める代わりに直接徴税する

2 インド社会の変化…イギリスの産業革命進展→インドは原料供給地・製品市場化

→インドは貿易赤字をアヘン・綿花の輸出，東南アジア・アフリカへの綿製品輸出で補完

3 東インド会社の変容…本国の産業資本家は東インド会社の特権に不満

a．1813年，東インド会社のインド貿易独占権廃止

b．1833年，東インド会社の中国を含むすべての貿易独占権廃止が決定→34年，商業活動停止

→東インド会社はインド統治機関となる

(3) インド大反乱とインド帝国の成立

1 インド大反乱…1857～59年，東インド会社のインド人傭兵（シパーヒー）の反乱

〔背景〕藩王国の取り潰し政策・植民地支配への不満　〔契機〕新式銃の弾薬包の問題

→シパーヒーはムガル皇帝を擁立→イギリスの鎮圧→ムガル帝国滅亡（1858年）

[2] 反乱後…イギリスは東インド会社を解散，本国による直接統治へ
a．インド省設置…インドではイギリス人総督と参事会が政庁を統轄
b．インド帝国…1877年，（⓬　　　）女王がインド皇帝に即位して成立
c．「分割統治」…強圧策を転換→インド人同士の対立を利用して統治

(4) 東南アジアの植民地化
[1] ヨーロッパ諸勢力は商業利益の拡大から植民地化に方針転換→資源開発を推進
[2] ジャワ島…オランダの支配
a．18世紀半ばに（⓭　　　）王国が滅亡→ジャワの大半がオランダの支配に
b．大規模反乱…オランダの支配に対する反乱→オランダ政庁は財政難に
c．（⓮　　　）制度…住民にコーヒー・サトウキビ・藍などを強制的に栽培させ安値で買い上げる
→農村で飢饉が頻発，原住民の伝統的社会崩壊
[3] マレー半島・ビルマ…イギリスが進出
a．海峡植民地…1826年，ペナン・マラッカ・（⓯　　　）で編成
b．連合マレー諸州…1895年，マレー半島の一部で結成→北ボルネオ領有
→ゴムのプランテーションや錫鉱山を開発
c．ビルマ…イギリスは3次にわたるイギリス＝ビルマ戦争に勝利→ビルマをインド帝国に併合
[4] フィリピン…17世紀以降，スペインの支配
a．政教一致政策…住民を強制的にカトリックに改宗
b．（⓰　　　）開港（1834年）…サトウキビ・マニラ麻・タバコなどの商品作物プランテーション拡大
[5] ベトナム・カンボジア・ラオス…1789年，黎朝が西山の乱で滅亡
a．阮朝…1802年，（⓱　　　）がフランス人宣教師ピニョーの援助で建国→清の制度を導入
b．フランスのインドシナ出兵…フランスはカトリック教徒への迫害を口実に出兵→支配
c．清仏戦争…1884年，清がベトナムの宗主権を主張しフランスと衝突→天津条約でフランス保護権承認
d．フランス領インドシナ連邦…1887年，ベトナムとカンボジアを合わせ成立→1899年にラオスを編入

(5) タイの情勢
[1] ラタナコーシン朝…1782年成立　首都：バンコク
a．ラーマ4世…欧米諸国と外交関係締結→チャオプラヤ川デルタ地帯の開発進展
b．ラーマ5世（チュラロンコン）…英仏との勢力均衡策，行政・司法改革を進め近代化に成功
→東南アジアで唯一列強による植民地化を回避

3 清の変容と模索

(1) 内外からの清朝の危機
[1] 清の動揺…18世紀末以降，山間部で（⓲　　　）教徒の乱が頻発，沿海部では海賊活動が活発化
[2] イギリス自由貿易主義の圧力〔背景〕イギリスの中国茶の輸入超過による赤字の拡大
a．アヘン貿易…茶の輸入による銀の流出に苦しんだイギリスは，インド産アヘンを中国に輸出
b．三角貿易…中国からイギリスへ茶，イギリスからインドへ綿製品，インドから中国へアヘンを輸出
→中国からアヘンの対価としての銀が流出
c．清の対策…清朝は（⓳　　　）を広州に派遣し，アヘン没収・廃棄
[3] アヘン戦争…1840～1842年，イギリスは清朝の強硬策による貿易の阻害を口実に武力で自由貿易企図
[4] 南京条約（1842年）…①（⓴　　　）・寧波・福州・厦門・広州の開港　②香港島の割譲
③賠償金支払い　④特定の商人を通じた貿易と徴税の廃止
[5] 不平等条約…虎門寨追加条約（43年，対英）・望厦条約（44年，対米）・黄埔条約（44年，対仏）
→①領事裁判権　②協定関税制度　③片務的最恵国待遇の承認
[6] 第2次アヘン戦争（アロー戦争）…1856年，イギリスは条約改定を企図し開戦→英仏が北京占領
[7] （㉑　　　）条約（1860年）…①外国使節の北京常駐　②天津など11港開港　③キリスト教布教の自由
④九竜半島南部をイギリスへ割譲　⑤外国人による関税の管理承認
→清は（㉒　　　）設立（初の外交事務官庁）
[8] ロシアの南下…清の動揺に乗じてシベリア方面から南下
a．（㉓　　　）条約…1858年，ロシアは黒竜江以北を獲得
b．（露清）北京条約…1860年，沿海州獲得→（㉔　　　）港建設＝太平洋進出の根拠地
c．中央アジア…ウズベク人の3ハン国併合→ロシア領トルキスタン形成
d．イリ条約…1881年，イリ事件を契機にイリ地方の清露の国境画定

(2) 内乱と秩序の再編

1 19世紀半ば，アヘン戦争敗北で社会不安増大，民衆生活圧迫

2 太平天国の乱…1851年，(㉕　　　) が上帝会（キリスト教的結社）を組織して挙兵

a．長江流域を北上し，南京を占領して首都に定める

b．郷勇（義勇軍）・常勝軍…曾国藩の湘軍，李鴻章の淮軍，常勝軍（外国軍）の活躍→太平天国鎮圧

3 同治中興…(㉖　　　) の実権掌握のもと外交関係が改善，安定期を迎える

4 洋務運動…漢人官僚を中心に「(㉗　　　)」を改革の支柱として富国強兵をはかる

a．軍事力の近代化…兵器工場の設立，西洋式軍事教育の導入

b．近代化事業…紡績会社・汽船会社設立，鉱山開発，電信敷設

c．結果…旧体制の延命策，制度・精神の改革できず→のちに日清戦争敗北で限界露呈

4 日本の開国と明治維新

(1) ゆらぐ幕藩体制

1 ロシアの開国要求

a．エカチェリーナ2世…1792年，(㉘　　　) を根室に派遣して通商を求める

b．(㉙　　　) が長崎に来航（1804年）し，幕府に通商を求める→幕府はロシアとの通商拒否

2 フェートン号事件…1808年，イギリス軍艦が長崎に侵入→1825年，異国船打払令発布

3 天保の改革（1841～43年）…老中の（㉚　　　）が幕政の刷新を試みる

a．上知令…江戸・大坂にある大名や幕臣の領地を直轄領とする→大名の反発で水野失脚

4 雄藩の成長…長州藩や薩摩藩は経済と洋式軍事工業を振興→幕末の政局の主導権を握る

(2) さまざまな学問の広がり

1 儒学と諸学問の発達…儒学に加え蘭学（杉田玄白ら），国学（本居宣長ら）が発展
→1790年，幕府は湯島聖堂を官学化，昌平坂学問所を整備→朱子学を正学とする

2 尊王攘夷論…平田篤胤らが尊王思想を説く

(3) ペリーの来航と開国

1 1890年代にフロンティアが消滅したアメリカが太平洋へ進出

2 ペリー来航…1853年，アメリカ東インド艦隊司令官のペリーが（㉛　　　）に来航→日本に開国迫る

3 日米和親条約…1854年，幕府は戦争回避を優先し，下田と箱館を開港

4 1856年，アメリカ総領事ハリスが下田に着任→幕府側は積極的な通商を模索

5 勅許問題

a．幕府側は堀田正睦が孝明天皇の同意（勅許）を求めて上京→天皇らが貿易開始に反対し失敗

b．(㉜　　　) 条約…1858年，井伊直弼が締結→有力大名らは抗議

c．安政の大獄…井伊は幕府に批判的な大名や武士を弾圧

(4) 開国の経済的・社会的影響

1 安政の五か国条約…幕府は日米修好通商条約と同様の条約をオランダ・ロシア・イギリス・フランスとも締結→神奈川（横浜）・兵庫（神戸）・長崎・箱館・新潟が開港

2 不平等条約…西洋諸国は，①片務的最恵国待遇，②領事裁判権，③協定関税制度を要求
〔主な輸出品〕生糸・茶・蚕卵紙・海産物 〔主な輸入品〕毛織物・綿織物など

3 (㉝　　　)…浮世絵などの日本文化が海外に紹介→ヨーロッパの印象派に影響

(5) 攘夷運動と幕末政局の混乱

1 桜田門外の変…1860年，井伊直弼が浪士らにより殺害→幕府は公武合体を画策するも効果なし
→尊王攘夷運動が高揚

2 政局の混乱

a．薩摩藩…(㉞　　　) が公武合体をめざし上京→幕政改革を要求

b．長州藩…当初，幕府との融和を模索→攘夷政策に方針転換

c．幕府の対応…一橋派の復権，参勤交代の緩和，軍備強化

3 八月十八日の政変（1863年）…薩摩藩と会津藩を中心に長州藩や攘夷派の公家を京都から追放
→翌年，長州藩は京都に攻めのぼるも敗北（禁門の変）

4 薩英戦争…1862年の（㉟　　　）事件の賠償をめぐる薩摩藩とイギリスの戦い

5 条約勅許…1865年，英仏蘭米の四か国の軍艦が兵庫沖に侵入し圧力→天皇は条約を容認
→イギリスは薩長両藩に接近，フランス公使ロッシュは幕府を支持し，財政的・軍事的援助

(6) 公議政体論と王政復古

1 薩長同盟…1866年，坂本龍馬らが仲介，薩摩藩は長州藩を支援→幕府は長州征討の動き

2 公議政体論…(㊱　　　)との交渉が行き詰まり，薩長両藩は幕府への対決姿勢を強化
→雄藩や知識人のあいだで主権国家の形成の気運が高揚

3 大政奉還…1867年10月，(㊱)は政権を朝廷に返還→天皇中心の新政府発足（王政復古の大号令）

(7) 明治維新と諸改革

1 明治維新…江戸幕府に代わった明治政府は天皇を中心とする国民国家の建設を模索
a．(㊲　　　)戦争…1868年１月，旧幕府軍と薩摩・長州の軍と交戦→江戸が無血開城
b．五か条の誓文…1868年３月，公議世論と開国和親の方針を決定

2 版籍奉還…1869年，藩主の地位を保障するかわりに版（土地）と籍（人民）を返上

3 (㊳　　　)…1871年，261あった藩が３府72県へ再編

4 身分制の廃止
a．四民平等…1869年，従来の身分制を廃止→華族・士族・平民の身分をこえた結婚・職業・居住を容認
b．解放令…1871年，えた・非人などの差別的な呼称を廃止し，職業などを平民と同様とする

5 地租改正→地租改正条例…1873年，地券を発行して土地の所有者を確定，地価の３％を地租とする

6 徴兵制…1872年の徴兵告諭，73年の徴兵令→(㊴　　　)歳以上の男性に徴兵検査→合格者は兵役に

(8) 殖産興業政策

1 政府は地租などの租税収入を近代産業の育成に注入
a．(㊵　　　)製糸場…1872年，生糸のモデル工場として群馬県に官営工場を設立
→お雇い外国人をまねいて技術指導をあおぐ
b．新貨条例…1871年，円・銭・厘の単位と相互の換算比率決定→国立銀行条例で兌換銀行券発行
c．郵便制度…1871年，前島密の建議で発足→東京－大坂間で電信が開通

(9) 文明開化と新しい思想

1 西洋をモデルとした文物や制度の導入
a．明六社…1873年，『学問のすゝめ』を刊行した(㊶　　　)らが設立
→自由・平等の思想や西洋の政治制度を紹介
b．鉄道…1872年，新橋－横浜間で開通

2 学制の公布…(㊷　　　)歳以上のすべての男女に初等教育を受けさせる方針を決定

(10) 近代的な国際関係

1 清…日清修好条規を結び，対等な国交を樹立→朝鮮をめぐって対立

2 朝鮮…国王高宗の父である大院君が権力を握る，日本との国交を拒否
a．征韓論…西郷隆盛らが武力による朝鮮の開国を主張→征韓派は辞職（明治六年の政変）
b．日朝修好条規…江華島事件で開国を迫り締結→清の宗主権を否定，日本に有利な不平等条約
c．甲申政変…日本との関係を重視する開化派の金玉均らによるクーデタ→清の介入で失敗

3 樺太・千島交換条約…樺太をロシア領，千島列島を日本領として国境を画定

(11) 条約改正

1 岩倉使節団…岩倉具視・木戸孝允・大久保利通・伊藤博文ら→条約改正の予備交渉

2 欧化政策…井上馨外相らが中心となり推進→欧米諸国と対等な文明国を目指す

3 領事裁判権撤廃…1894年，日英通商航海条約締結，陸奥宗光外相
→関税自主権の回復は1911年，小村寿太郎外相による

(12) 自由民権運動の高まり

1 自由民権運動
a．1874年，(㊸　　　)らが民撰議院設立建白書を政府に提出→立憲国家の樹立を目指す運動展開
b．民権運動の結社…立志社（1874年，高知），愛国社（1875年，大阪）
c．明治十四年の政変後，政府は国会開設を約束→自由党（1881年），立憲改進党（1882年）結成

(13) 立憲国家の成立

1 憲法制定
a．内閣制度…1885年，(㊹　　　)が初代内閣総理大臣に就任
b．大日本帝国憲法…1889年発布。プロイセン憲法の影響→「天皇大権」による君主権の強い憲法

〔解答〕 ❶ムハンマド＝アリー　❷スエズ　❸イェニチェリ　❹タンジマート　❺ミドハト（オスマン帝国）　❻トルコマンチャーイ　❼バタヴィア　❽プラッシー　❾マイソール　❿マラーター　⓫ザミーンダーリー　⓬ヴィクトリア　⓭マタラム　⓮政府（強制）栽培　⓯シンガポール　⓰マニラ　⓱阮福暎　⓲白蓮　⓳林則徐　⓴上海　㉑北京　㉒総理各国事務衙門　㉓アイグン　㉔ウラジオストク　㉕洪秀全　㉖西太后　㉗中体西用　㉘ラクスマン　㉙レザノフ　㉚水野忠邦　㉛浦賀　㉜日米修好通商　㉝ジャポニスム　㉞島津久光　㉟生麦　㊱徳川慶喜　㊲戊辰　㊳廃藩置県　㊴20　㊵富岡　㊶福沢諭吉　㊷6　㊸板垣退助（または，後藤象二郎）　㊹伊藤博文

問題演習

1 次に掲げる各文の正誤を判定し，正文なら○，誤文なら×を記しなさい。

【西アジアの変容】

(1) ムハンマド＝アリーはオスマン帝国との戦争の結果，エジプトとスーダンの世襲権を獲得した。 [ ]
(2) ヨーロッパ列強は通商特権であるミッレトの制度を利用し，オスマン帝国へ経済的に進出した。 [ ]
(3) スエズ運河を建設したエジプトは財政難となり，イギリスとロシアの財務管理下におかれた。 [ ]
(4) オスマン帝国はタンジマートの一環としてイェニチェリ軍団を解体した。 [ ]
(5) アブデュルハミト2世はロシア＝トルコ戦争を口実にミドハト憲法を停止した。 [ ]
(6) ロシアに敗れたイランのサファヴィー朝はトルコマンチャーイ条約を結んで治外法権を承認した。 [ ]
(7) 19世紀，アフガニスタンは2度にわたるイギリスとの戦争を経て，外交権を奪われた。 [ ]

【南アジア・東南アジアの植民地化】

(8) フランスはカーナティック戦争でイギリスに勝利し，一時的にインドでの優位を確立した。 [ ]
(9) イギリスはインド南部のシク教徒を制圧し，全インド支配を完成させた。 [ ]
(10) イギリスは，耕作農民に土地所有権を認めて直接徴税するライーヤトワーリー制を施行した。 [ ]
(11) 1813年にイギリス東インド会社の中国貿易独占権が廃止された。 [ ]
(12) シパーヒーたちはムガル帝国の皇帝を擁立して反乱をおこした。 [ ]
(13) インド帝国成立に際して，ヴィクトリア女王がインド皇帝に即位した。 [ ]
(14) オランダはジャワ島で政府栽培制度を実施し，コーヒー，サトウキビ，アヘンを栽培させた。 [ ]
(15) イギリスは，ペナン・マラッカ・シンガポールで海峡植民地を編成した。 [ ]
(16) フランスは，ベトナム・カンボジア・ラオスを合わせて1887年にインドシナ連邦を成立した。 [ ]

【清の変容と模索】

(17) アヘン貿易に対処するため，清は林則徐を広州に派遣し，アヘンを没収・廃棄した。 [ ]
(18) 南京条約を結んだ結果，清は総理各国事務衙門を設立した。 [ ]
(19) ロシアはアイグン条約を結んで沿海州を獲得し，ウラジオストク港を建設した。 [ ]
(20) 洪秀全はキリスト教的結社の上帝会を組織して反乱をおこし，太平天国を樹立した。 [ ]
(21) 洋務運動は漢人官僚を中心におこなわれ，「中体西用」をスローガンとした。 [ ]

【日本の開国と明治維新】

(22) 1804年，ロシアのラクスマンが長崎に来航し幕府に通商を求めた。 [ ]
(23) フェートン号事件を契機として幕府は異国船打払令を発した。 [ ]
(24) 幕府は日米修好通商条約を締結し，下田と箱館を開港した。 [ ]
(25) 安政の五か国条約では，アメリカと同様の条約をイギリス・フランス・オランダ・イタリアと結んだ。 [ ]
(26) ジャポニスムと呼ばれる浮世絵などの日本文化はヨーロッパの印象派に影響を与えた。 [ ]
(27) 徳川慶喜が大政奉還し，天皇中心の新政府が発足した。 [ ]
(28) 廃藩置県がおこなわれ，藩主は地位の保障と引き換えに土地と人民を返上した。 [ ]
(29) 地租改正条例では，所有する土地の地価の5％が地租とされた。 [ ]
(30) 生糸のモデル工場として群馬県に富岡製糸場が設立された。 [ ]
(31) 文明開化により，横浜－上野間で初の鉄道が開通した。 [ ]

2 次の各問の文Ⅰ～Ⅲについて，古いものから年代順に正しく配列したものを，一番下の選択肢①～⑥のうちから一つ選べ。

(1)オスマン帝国の改革と動揺について述べた次の文Ⅰ～Ⅲについて，古いものから年代順に正しく配列したものを，以下の①～⑥のうちから一つ選べ。
Ⅰ　オスマン帝国でミドハト憲法が制定された。
Ⅱ　オスマン帝国からワッハーブ王国が独立した。
Ⅲ　タンジマートが始まった。　［　］

(2)イラン・アフガニスタンの動向について述べた次の文Ⅰ～Ⅲについて，古いものから年代順に正しく配列したものを，以下の①～⑥のうちから一つ選べ。
Ⅰ　イランでバーブ教徒の乱が起こった。
Ⅱ　カージャール朝がロシアとトルコマンチャーイ条約を結んだ。
Ⅲ　アフガニスタンがイギリスの保護国となった。　［　］

(3)インドの植民地化について述べた次の文Ⅰ～Ⅲについて，古いものから年代順に正しく配列したものを，以下の①～⑥のうちから一つ選べ。
Ⅰ　イギリスがベンガル地方などの徴税権を獲得した。
Ⅱ　ムガル帝国が滅亡した。
Ⅲ　東インド会社のインド貿易独占権が廃止された。　［　］

(4)東南アジアの植民地化について述べた次の文Ⅰ～Ⅲについて，古いものから年代順に正しく配列したものを，以下の①～⑥のうちから一つ選べ。
Ⅰ　ベトナムの宗主権をめぐり清仏戦争がおこった。
Ⅱ　オランダが政府栽培制度を施行した。
Ⅲ　イギリスが海峡植民地を形成した。　［　］

(5)清の変容と危機について述べた次の文Ⅰ～Ⅲについて，古いものから年代順に正しく配列したものを，以下の①～⑥のうちから一つ選べ。
Ⅰ　北京条約が結ばれた。
Ⅱ　イリ条約が結ばれた。
Ⅲ　南京条約が結ばれた。　［　］

(6)ヨーロッパ列強の中国進出について述べた次の文Ⅰ～Ⅲについて，古いものから年代順に正しく配列したものを，以下の①～⑥のうちから一つ選べ。
Ⅰ　総理各国事務衙門が設置された。
Ⅱ　太平天国の乱が勃発した。
Ⅲ　ロシアが黒竜江以北を獲得した。　［　］

(7)日本の開国と明治維新について述べた次の文Ⅰ～Ⅲについて，古いものから年代順に正しく配列したものを，以下の①～⑥のうちから一つ選べ。
Ⅰ　桜田門外の変がおこった。
Ⅱ　アメリカ総領事のハリスが下田に着任した。
Ⅲ　薩英戦争がおこった。　［　］

《選択肢》
①　Ⅰ－Ⅱ－Ⅲ　②　Ⅰ－Ⅲ－Ⅱ　③　Ⅱ－Ⅰ－Ⅲ
④　Ⅱ－Ⅲ－Ⅰ　⑤　Ⅲ－Ⅰ－Ⅱ　⑥　Ⅲ－Ⅱ－Ⅰ

第13章 帝国主義と世界諸地域の抵抗 ▶▶要点整理

1 第2次産業革命と帝国主義

(1) 第2次産業革命

1 19世紀後半…電力・(❶　　　)を動力源として重化学工業などの分野で産業が急成長

a．巨額の資本が必要→独占資本が発達

b．移民の増加…不況が続き生活基盤を狭められた人々はヨーロッパからアメリカへ移住

(2) 帝国主義

1 列強は資源供給地・輸出市場としての植民地の重要性認識→植民地獲得競争へ
→1880年代以降，列強はアジア・アフリカに進出→「世界の一体化」へ

(3) 帝国主義時代の欧米列強の政治と社会

1 「(❷　　　)」…ヨーロッパは資本主義が発達し，文化も開花した繁栄の時代

2 イギリス帝国主義…自由貿易体制を基盤に植民地帝国を維持・拡大

a．自治領…白人植民地に自治権を付与→(❸　　　)(初の自治領)・オーストラリアなど

b．インド支配の強化…保守党のディズレーリがスエズ運河会社の株買収→「インドへの道」を確保

c．アフリカ政策…(❹　　　)が南アフリカ戦争指導→南アフリカ連邦成立

d．国内の労働運動…(❺　　　)を中心に労働代表委員会成立→1906年，労働党と改称

e．アイルランド問題…1914年，自由党がアイルランド自治法成立→大戦勃発で延期
→独立強硬派が大戦中に蜂起→(❻　　　)党が独立運動継続

3 フランス帝国主義…豊かな銀行資本を背景に対外進出拡大

a．フランス領インドシナ連邦成立（1887年），露仏同盟（1891～1894年），英仏協商（1904年）締結

b．国内問題…ブーランジェ事件で反共和政，(❼　　　)事件で反ユダヤの動き→政教分離法（1905年）

c．労働運動…1905年，フランス社会党結成

4 ドイツ帝国主義…ヴィルヘルム2世の「(❽　　　)」

a．パン＝ゲルマン主義…ドイツ内外のドイツ人を統合して大帝国建設を目指す動き

b．労働運動…(❾　　　)廃止→1912年，社会民主党が帝国議会第一党に

5 ロシア帝国主義…フランス資本の導入→工業化進展

a．シベリア鉄道建設…東アジア・中央アジア，バルカン方面への進出企図

b．諸政党成立…①社会民主労働党→(❿　　　)とメンシェヴィキに分裂
②社会革命党→ナロードニキの系統　③立憲民主党→資本家・自由主義者支持

c．第1次ロシア革命…日露戦争の戦況悪化→(⓫　　　)事件→ソヴィエト（評議会）の武装蜂起勃発

d．十月宣言…ニコライ2世は国会（ドゥーマ）の開設，市民的自由を容認→革命沈静化
→1906年，ストルイピンを首相に登用し反動政治→農村共同体（ミール）の解体

6 アメリカ帝国主義…19世紀末，世界一の工業国→独占資本が拡大・移民の増加による貧困問題の表面化

a．革新主義…資本家勢力を抑制し，労働者を保護

b．マッキンリー大統領…1898年，アメリカ＝スペイン戦争（米西戦争）に勝利
→フィリピン・プエルトリコなど獲得
→国務長官ジョン＝ヘイが（⓬　　　）通牒（1899・1900年）…中国進出企図

c．セオドア＝ローズヴェルト大統領…中米への武力干渉示唆（棍棒外交）→(⓭　　　)政策

d．ウィルソン大統領…「新しい自由」に基づき労働者保護，「宣教師外交」を展開

(4) 国際労働運動の展開

1 第2インターナショナル…1889年，ドイツ社会民主党中心にパリで結成→反帝国主義運動を組織

2 列強の世界再分割と列強体制の二分化

(1) アフリカの植民地化

1 ベルリン会議（1884～85年）…コンゴ問題を契機にアフリカ植民地化の原則を確認

2 イギリス…アフリカ縦断政策→ウラービー運動（エジプト），マフディー運動（スーダン）制圧
→南アフリカ戦争（ブール戦争）で（⓮　　　）共和国とオレンジ自由国を併合

3 フランス…アフリカ横断政策→(⓯　　　)事件（1898年）後，英仏協商成立（1904年）

4 ドイツ…モロッコ支配をめぐりフランスと対立→フランスがモロッコ保護国化

5 イタリア…エリトリア・ソマリランド獲得→イタリア＝トルコ戦争後（⓰　　　）獲得

6 独立維持国…(⓱　　　)帝国・リベリア共和国

(2) 太平洋地域の分割

1 イギリス…オーストラリア・ニュージーランド獲得→先住民（アボリジナル・マオリ）迫害

2 ドイツ…ビスマルク諸島・ミクロネシア・メラネシアの一部を獲得

3 アメリカ…アメリカ＝スペイン（米西）戦争でフィリピン・グアム獲得，（⓲　　　）併合（1898年）

(3) ラテン＝アメリカ諸国の従属と発展

1 独立後…軍人の支配・大土地所有の存続→貧富の差拡大

2 経済の対外的従属と南米の状況…中米はアメリカ合衆国の，南米はイギリスの経済的影響増大

a．ブラジル…英米の影響で奴隷制廃止（1888年）→1889年のクーデタで共和政確立

b．アルゼンチン…19世紀末，移民の流入や投資が急増→世界有数の農産物輸出国に成長

c．メキシコ…メキシコ革命（1910～17年）で（⓳　　　）独裁政権が崩壊→1917年，民主的憲法成立

(4) 列強体制の二分化

1 三国協商…露仏同盟（1891～94年），（⓴　　　）協商（1904年），（㉑　　　）協商（1907年）で成立

2 三国同盟…1882年，ドイツ・オーストリア・イタリアにより成立

3 アジア諸国の変革と民族運動

(1) 日清戦争

1 甲午農民戦争…1894年，朝鮮で民衆宗教の東学を信仰する農民が蜂起→日清両国が出兵
→日清戦争勃発→日本の勝利に終わる

2 下関条約…①朝鮮の独立承認　②台湾・遼東半島・澎湖諸島の割譲　③賠償金２億両
→ロシア・フランス・ドイツの干渉により，遼東半島は返還（三国干渉）

(2) 日清戦争後の日本

1 隈板内閣…憲政党を中心とした政党内閣　首相：大隈重信　内務大臣：板垣退助

2 山県有朋内閣

a．治安警察法…1900年公布，労働者や女性による政治運動を制限

b．軍部大臣現役武官制…軍部の権限を強化

(3) 列強の中国進出と清朝

1 戊戌の変法…日清戦争敗北後，光緒帝に登用された（㉒　　　）・梁啓超らが立憲君主政樹立を目指す

2 戊戌の政変…（㉓　　　）ら保守派のクーデタで「変法」は挫折

3 中国分割…①勢力圏・租借地　②鉄道敷設権・鉱山採掘権　③借款供与

国名	勢力圏	租借地
ロシア	東北地方	旅順・大連
イギリス	長江流域・広東東部	（㉔　　　）・九竜半島
フランス	広西省・広東西部	広州湾
ドイツ	（㉕　　　）省	膠州湾

4 義和団戦争…山東の宗教結社，義和団が蜂起→1900年北京入城→清朝は義和団を利用し列国に宣戦
→日露中心８か国共同出兵で鎮圧→（㉖　　　）で清は賠償金と外国軍隊の北京駐兵権承認

(4) 日露戦争と韓国併合

1 日清戦争後，朝鮮王朝は国号を（㉗　　　）と改称（1897年）

2 日英同盟…1902年，ロシアの極東での南下を警戒したイギリスと日本は同盟締結

3 日露戦争…1904年勃発→日本優勢も国力限界，ロシアは1905年革命勃発→（㉘　　　）条約で講和
→日本は韓国の指導・監督権，遼東半島南部租借権，東清鉄道南部の利権などを獲得

4 日露戦争後の日本の動き

a．日本は南満洲鉄道株式会社設立（1906年）→中国進出強化

b．日韓協約で（㉙　　　）を設置し韓国を保護国化→武装抗日闘争（義兵闘争）で抵抗→日本の鎮圧

c．日本の韓国併合（1910年）…ソウルに（㉚　　　）を設置→武断政治で支配

(5) 清朝の改革と辛亥革命

1 光緒新政…科挙廃止（1905年），国会開設公約，憲法大綱発表，新軍の整備（北洋軍の袁世凱が掌握）

2 革命運動の高まり…民族資本家・華僑・留学生中心

a．（㉛　　　）…1905年，孫文が東京で革命諸団体を結集→三民主義を提唱

3 辛亥革命…1911年，清の幹線鉄道国有化に対し四川暴動勃発→武昌の新軍が蜂起＝辛亥革命

④ 中華民国…1912年1月，臨時大総統に選ばれた孫文は南京で中華民国の成立を宣言
⑤ 清の滅亡…1912年2月，孫文と密約を交わした袁世凱により（㉜　　　）帝（溥儀）が退位→清朝滅亡
⑥ 辛亥革命の影響…①外モンゴル独立宣言（1911年），②チベット独立宣言（1913年）

(6) インドにおける民族運動の形成
① インド帝国成立後，イギリス中心の経済体制の下で産業発展→知識人・民族資本家成長
② インド国民会議…1885年発足，インド人エリート中心の対英協調機関
　a.（㉝　　　）分割令…1905年，イギリスは反英運動分断を目的に（㉝）州におけるヒンドゥー教徒とイスラーム教徒の居住地区分断→インド国民会議は反英的に
　b. カルカッタ大会…1906年，スワデーシ（国産品愛用）・（㉞　　　）（自治獲得）など4綱領決議
　c. 全インド＝ムスリム連盟…親英的なイスラーム教徒の組織，ヒンドゥー教徒に対抗
③ イギリスの懐柔策…ベンガル分割令の撤回（1911年），首都をカルカッタからデリーへ

(7) 東南アジアにおける民族運動の形成
① インドネシア…オランダの支配→「倫理政策」で現地人を懐柔→知識人らの民族的自覚高揚
　a.（㉟　　　）…反オランダの民族運動の中心→植民地政府の弾圧で崩壊
② フィリピン…19世紀後半以降，スペイン支配の批判と啓蒙活動が活発化→リサールらの活動
　a. フィリピン革命…（㊱　　　）はアメリカ＝スペイン戦争に乗じてフィリピン共和国樹立（1899年）
　b. フィリピン＝アメリカ戦争…アメリカがフィリピンの領有権を主張し侵攻→植民地統治開始
③ ベトナム…フランスの支配に対する抵抗運動
　a. 維新会…1904年，（㊲　　　）中心に立憲君主政の樹立をめざす
　b. ドンズー（東遊）運動…知識人らの日本への留学運動→日本とフランスが提携し挫折

(8) 西アジアの民族運動と立憲運動
① アフガーニーが帝国主義とイスラーム諸国の専制を批判→西アジアの民族運動に影響
　a. エジプト…（㊳　　　）運動→「エジプト人のためのエジプト」をとなえてイギリス支配に抵抗
　b. スーダン…マフディー運動→ムハンマド＝アフマドを中心としたイスラーム教徒の反英運動
　c. イラン…（㊴　　　）＝ボイコット運動→イギリスの（㊴）専売に抵抗
② 西アジアの立憲運動
　a. イラン立憲革命…1906年，国民議会創設，翌年に憲法公布→英露の干渉で挫折
　b.（㊵　　　）革命…1908年，アブデュルハミト2世退位，ミドハト憲法復活

(9) 日本の産業革命と社会問題
① 日清戦争後，金本位制に移行→官営（㊶　　　）製鉄所が設立→重工業が成長→財閥の台頭
② 社会・労働問題…1897年，労働組合期成会が結成，農村では政府が地方政良運動を提唱
③ 社会主義運動…1901年，日本初の社会主義政党として（㊷　　　）党が結成→解散→大逆事件（1910年）

〔解答〕 ❶石油　❷ベルエポック　❸カナダ　❹ジョゼフ＝チェンバレン　❺フェビアン協会　❻シン＝フェイン　❼ドレフュス　❽世界政策　❾社会主義者鎮圧法　❿ボリシェヴィキ　⓫血の日曜日　⓬門戸開放　⓭カリブ海　⓮トランスヴァール　⓯ファショダ　⓰リビア　⓱エチオピア　⓲ハワイ　⓳ディアス　⓴英仏　㉑英露　㉒康有為　㉓西太后　㉔威海衛　㉕山東　㉖北京議定書（辛丑和約）　㉗大韓帝国　㉘ポーツマス　㉙統監府　㉚朝鮮総督府　㉛中国同盟会　㉜宣統　㉝ベンガル　㉞スワラージ　㉟サレカット＝イスラム（イスラーム同盟）　㊱アギナルド　㊲ファン＝ボイ＝チャウ　㊳ウラービー　㊴タバコ　㊵青年トルコ人　㊶八幡　㊷社会民主

問題演習

1 次に掲げる各文の正誤を判定し，正文なら○，誤文なら×を記しなさい。

【第2次産業革命と帝国主義】

(1) イギリスは「インドへの道」を確保するため，グラッドストン内閣がスエズ運河株を買収した。［　］
(2) イギリスの労働代表委員会は，1906年に労働党に改称した。［　］
(3) フランスのブーランジェ事件ではユダヤ人の将校がスパイ容疑の冤罪をかけられた。［　］
(4) ドイツで社会主義者鎮圧法が廃止されると，後の選挙で社会民主党が第一党となった。［　］
(5) ロシアはフランスから資本を導入してシベリア鉄道の建設を開始した。［　］
(6) ロシアではナロードニキの流れをくむ立憲民主党が成立した。［　］

(7) セオドア＝ローズヴェルト大統領は中南米諸国に対しドル外交を展開した。 [ ]

(8) ウィルソン大統領は米西戦争に勝利し，フィリピンを植民地として獲得した。 [ ]

【列強の世界再分割と列強体制の二分化】

(9) ドイツはモロッコ事件でフランスに挑戦したが，最後はフランスがモロッコを保護国化した。 [ ]

(10) アフリカにおいて，20世紀初頭の時点で独立を維持できたのはリベリア共和国とエチオピア帝国のみだった。 [ ]

(11) アメリカはアメリカ＝スペイン戦争（米西戦争）に勝利した結果，フィリピン・グアム・ハワイをスペインから獲得した。 [ ]

(12) 1910年のメキシコ革命ではフアレスの独裁政権が倒された。 [ ]

【アジア諸国の変革と民族運動】

(13) 清朝では戊戌の変法により近代化が目指されたが，光緒帝らのクーデタにより挫折した。 [ ]

(14) 列強は中国に進出し，ロシアは旅順や大連を租借した。 [ ]

(15) 義和団戦争に敗れた清朝は，北京議定書で外国軍隊の北京駐兵権を承認した。 [ ]

(16) アメリカ大統領セオドア＝ローズヴェルトの仲介でポーツマス条約が結ばれた。 [ ]

(17) 韓国を併合した日本は，ソウルに統監府を設置して武断政治による支配を行った。 [ ]

(18) 孫文はハワイで革命諸団体の結集をはかり，中国同盟会を組織した。 [ ]

(19) 孫文と密約を交わした袁世凱により宣統帝溥儀は退位し，清朝は滅亡した。 [ ]

(20) インド国民会議カルカッタ大会では，国産品愛用を意味するスワデーシが決議された。 [ ]

(21) ベンガル分割令を撤回したイギリスは，インド帝国の首都をデリーからカルカッタに移した。 [ ]

(22) インドネシアでは，知識人らが日本へ留学するドンズー運動が進められた。 [ ]

(23) カージャール朝の専制に対するイラン立憲革命は，英露の干渉により挫折した。 [ ]

(24) スーダンでは，アフガーニーを指導者にマフディー運動がおこった。 [ ]

(25) 産業革命の進展により，1889年には東京と博多を結ぶ東海道線が開通した。 [ ]

(26) 地方改良運動の一環として天皇の名の下に個人主義や快楽追求を戒める戊申詔書が発布された。 [ ]

2 次の各問の文Ⅰ～Ⅲについて，古いものから年代順に正しく配列したものを，一番下の選択肢①～⑥のうちから一つ選べ。

(1)帝国主義時代の各国の国内の動向について述べた次の文Ⅰ～Ⅲについて，古いものから年代順に正しく配列したものを，以下の①～⑥のうちから一つ選べ。

Ⅰ　ロシアで血の日曜日事件がおこった。
Ⅱ　ドイツの議会で社会民主党が第一党となった。
Ⅲ　アメリカ国務長官が門戸開放通牒を発表した。 [ ]

(2)列強の世界分割について述べた次の文Ⅰ～Ⅲについて，古いものから年代順に正しく配列したものを，以下の①～⑥のうちから一つ選べ。

Ⅰ　アメリカ＝スペイン戦争が勃発した。
Ⅱ　ファショダ事件でイギリスとフランスが衝突した。
Ⅲ　アフリカ分割における利害調整のため，ベルリン会議が開かれた。 [ ]

(3)アジア諸国の変革について述べた次の文Ⅰ～Ⅲについて，古いものから年代順に正しく配列したものを，以下の①～⑥のうちから一つ選べ。

Ⅰ　青年トルコ人革命がおこった。
Ⅱ　日本が韓国を併合した。
Ⅲ　清朝で科挙が廃止された。 [ ]

《選択肢》

① Ⅰ－Ⅱ－Ⅲ　② Ⅰ－Ⅲ－Ⅱ　③ Ⅱ－Ⅰ－Ⅲ
④ Ⅱ－Ⅲ－Ⅰ　⑤ Ⅲ－Ⅰ－Ⅱ　⑥ Ⅲ－Ⅱ－Ⅰ

第14章 第一次世界大戦と諸地域の変容 ▶▶要点整理

1 第一次世界大戦

(1) 三国同盟と三国協商

1 三国同盟…1882年，ドイツ，オーストリア，イタリアが結成

2 三国協商…露仏同盟（1891～1894年），英仏協商（1904年），英露協商（1907年）の3国間の同盟で成立

(2) バルカン問題…バルカン半島は複雑な民族・宗教問題により不安定化→「ヨーロッパの火薬庫」

1 オーストリアによる（❶　　）の併合（1908年）→セルビアが反発

2 ロシア指導でバルカン同盟結成（1912年）→第2次バルカン戦争でブルガリア敗北→ドイツに接近

(3) 大戦の経過

1 （❷　　）事件（1914年6月28日）…セルビア系民族主義者がオーストリア帝位継承者夫妻を暗殺
→オーストリアはセルビアに宣戦布告，開戦

2 イギリスの参戦…ドイツによるベルギーの中立侵犯を理由にドイツに宣戦

3 イタリアの参戦…ロンドン秘密条約で「未回収のイタリア」の返還を約束され協商国側で参戦

4 戦局の転換…ドイツの（❸　　）作戦により，アメリカはドイツに宣戦→協商国側に有利な展開となる

(4) 総力戦と交戦国の社会

1 参戦各国内では女性や年少者を動員した総力戦体制がとられる→参戦各国で女性の地位向上

2 アメリカでは1918年にウィルソン大統領が（❹　　）を発表し，戦後の平和構想を国民に明言

3 各国は植民地の人々をも動員する総力戦に発展→戦後の民族運動に影響

(5) ドイツ革命と大戦の終結

1 ドイツはロシア革命で成立した新政権と（❺　　）条約を結び，西部戦線大攻勢をかけるも失敗

2 キール軍港の反乱を契機にドイツ革命勃発→ドイツ共和国政府が休戦条約に調印し第一次世界大戦終結

(6) ロシア革命

1 1917年2月（西暦3月），ペトログラードで労働者によるストライキ発生→各地に労働者や兵士の評議会（❻　　）が結成→皇帝ニコライ2世の退位によりロマノフ朝滅亡（二月革命）

2 十月革命…ロマノフ朝滅亡後，二重権力状態→スイスからボリシェヴィキの指導者（❼　　）帰国
a．「四月テーゼ」…戦争の即時停止と臨時政府の打倒を国民に表明
b．十月革命…1917年10月（西暦11月）→武装蜂起により臨時政府を打倒

(7) ソ連邦の成立

1 十月革命後，ソヴィエト政権は戦争の即時停止と講和をうたう「（❽　　）」や土地の私有権の廃止をうたう「土地に関する布告」を採択，憲法制定会議ののち権力を掌握

2 対ソ干渉戦争…諸外国のソヴィエト政権打倒の戦争→ソヴィエト側は（❾　　）主義をしいて対抗

3 内戦後，ソヴィエト政権は（❿　　）を採用→穀物販売の自由と中小企業の私営を承認
→1922年にソヴィエト社会主義共和国連邦（ソ連）の成立を宣言

4 レーニンは，ロシア共産党が各国共産党を指導する共産主義運動の中心組織として（⓫　　）を結成

5 レーニン死去後，一国社会主義論を唱える（⓬　　）が政敵トロツキーを追放し，権力を掌握
→第1次五か年計画（1928年～）で重工業強化，農業の集団化推進

(8) ロシア周辺の変動

1 ロシア革命の影響…ハンガリー→1919年に共産党政権誕生，ポーランド→1918年に独立を宣言。

2 アジアの外モンゴルではロシア赤軍がモンゴル人民党を支援し，1924年にモンゴル人民共和国が成立。

2 ヴェルサイユ体制と国際協調

(1) パリ講和会議と国際連盟

1 1919年，戦勝国と敗戦国の講和のためパリ講和会議が開かれ，戦勝国は敗戦国と条約を締結

対象（敗戦）国	条約名
ドイツ	（⓭　　）条約
オーストリア	サン＝ジェルマン条約
ハンガリー	トリアノン条約
ブルガリア	ヌイイ条約
オスマン帝国	セーヴル条約

[2] 国際連盟…国際平和維持のため1920年に発足→アメリカ合衆国は不参加を表明，当初ソ連・ドイツ除外

(2) 軍縮と平和

[1] 1921～22年…(⓮　　　) 会議→東アジア・太平洋地域の国際秩序を討議

a．九か国条約…中国の独立と主権尊重，日本の山東省権益の返還が決定

b．四か国条約…太平洋地域の現状と平和維持→(⓯　　　) 同盟の終了が宣言

[2] 米・英・日・仏・伊はワシントン海軍軍縮条約に調印，主力艦の戦艦保有率を決定

[3] 1925年…(⓰　　　) 条約→ドイツとフランス・ベルギーの国境維持と不可侵を約束

[4] 1928年…パリ不戦条約（ケロッグ・ブリアン条約）→戦争そのものを違法とする

(3) 戦勝国イギリスとフランス

[1] イギリス…1918年の第４回選挙法改正により，1924年に初の（⓱　　　）党内閣が誕生

[2] フランス…ドイツの賠償支払い遅延を理由にベルギーとともに（⓲　　　）工業地帯を占領

(4) イタリアのファシズム

[1] イタリアはヴェルサイユ体制への不満と戦後不況から（⓳　　　）率いるファシスト党が台頭

(5) ヴァイマル共和国

[1] 1919年…社会民主党政府に対し（⓴　　　）団が蜂起→失敗，その後議会でヴァイマル憲法が採択され，社会民主党のエーベルトを大統領とするヴァイマル共和国が発足

[2] 賠償問題…フランスのルール占領後，アメリカの（㉑　　　）案で賠償支払いが緩和

[3] ルール占領の混乱で（㉒　　　）率いるナチ党がミュンヘン一揆を起こす

(6) 東ヨーロッパの新興国家

[1] ドイツ帝国，オーストリア＝ハンガリー帝国，ロシア帝国の解体で新興国が成立→各国で独裁体制が樹立

(7) アメリカの大量消費社会

[1] 大戦中，連合国に多くの物資や借款を供与したアメリカは戦後，債務国から（㉓　　　）国へ

a．（㉔　　　）が自動車の量産に成功→大量生産・大量消費にもとづくアメリカ式生活様式を実現

b．ハリウッド映画やジャズなどの大衆文化が開花

[2] 社会的不寛容…白人至上主義のKKKによる差別運動，排日条項を含む（㉕　　　）法制定（1924年）

3 アジアのナショナリズムの台頭

(1) トルコ革命

[1] 第一次世界大戦の敗北後，オスマン帝国で（㉖　　　）が祖国解放の運動を開始

[2] 1923年，連合国とローザンヌ条約を締結し主権を回復→トルコ共和国樹立（首都：アンカラ）

(2) エジプトの動き

[1] 第一次世界大戦後（㉗　　　）党が独立運動を展開→1922年にエジプト王国として形式的な独立を達成

[2] 1936年，エジプト＝イギリス条約によって地位改善

(3) イギリス・フランスによる西アジア分割

[1] 第一次世界大戦中，オスマン帝国領のアラブ地域に関して秘密外交が展開

a．イギリスがアラブ人に対して戦後オスマン帝国からの独立を約束〈1915年，（㉘　　　）協定〉

b．イギリス・フランス・ロシアによる戦後のオスマン帝国領分割の取り決め〈1916年，（㉙　　　）協定〉

c．イギリスが戦後のパレスティナにおけるユダヤ人国家の建設を支持〈1917年，（㉚　　　）宣言〉

(4) イランの近代化

[1] 1925年，（㉛　　　）のクーデタ（1921年）によりカージャール朝が倒され，パフレヴィー朝が建国

(5) インドの独立運動

[1] インドは戦後の自治を見返りに戦争に協力→産業資本家や労働者が増大→戦後自治を要求

a．インド統治法（1919年）…州政治の一部をインド人に委譲するも中央権力はイギリスが掌握

b．（㉜　　　）法（1919年）…令状なしの逮捕，裁判抜きの投獄を規定

[2] 非暴力をかかげる国民会議派の（㉝　　　）は，非協力運動を展開→全インド＝ムスリム連盟も共闘

[3] 1929年，国民会議派ラホール大会→「完全独立」を意味する〈プールナ＝スワラージ〉が決議

(6) 東南アジアの独立運動

[1] オランダ領東インド…1927年，スカルノらによって（㉞　　　）党が組織され，独立運動を主導

[2] フランス領インドシナ…1930年，コミンテルンの指示を受けた（㉟　　　）がインドシナ共産党を設立

[3] ビルマ…(㊱　　　) 党が結成され，イギリスに対して独立運動を展開

[4] フィリピン…1934年，独立法の制定で独立準備政府が発足

(7) 第一次世界大戦と日本・中国

1 第一次世界大戦中の日本…日英同盟を理由に協商国側で参戦

a．中国におけるドイツ租借地を占領，二十一か条の要求の大部分を認めさせた（1915年）

b．政党内閣の成立…米騒動（1918年）などを契機に社会運動活発化→原敬内閣成立（1918年）

c．大正デモクラシー…民本主義の発達→美濃部達吉が天皇機関説，（㊲　　　）は植民地放棄を提唱

2 中国の動向…中央政府の権力が低下し，地方の軍事指導者たちが台頭（軍閥時代）

(8) 三・一運動と朝鮮

1 大戦中，ウィルソンが提起した十四か条の平和原則に触発され独立気運が高揚

a．1919年3月1日，「独立宣言書」が発表され，ソウル市内で示威活動が展開→朝鮮全土へ拡大

b．上海で（㊳　　　）政府が樹立され，独立運動の拠点となった

2 日本は朝鮮人地主や資本家を優遇し，朝鮮人の言論・集会の制限を緩和する政策を実施〈（㊴　　　）政治〉

(9) 大戦後の国際関係と中国社会

1 五・四運動…協商国側で参戦した中国は，戦後のパリ講和会議で二十一か条の要求の破棄や不平等条約の改正を訴えるも否認→1919年5月4日，（㊵　　　）で学生らによるデモが発生

a．民衆の圧力を受けた中国政府はヴェルサイユ条約への調印を拒否

b．ワシントン会議の九か国条約で（㊶　　　）省の利権が日本から返還

2 新文化運動…大戦中，民族資本家や労働者・学生の増加が背景→中国人の思想改造を試みる

a．陳独秀…雑誌『新青年』で儒教道徳を批判し，「民主と科学」を提唱

b．（㊷　　　）…口語による新しい文体を提唱（白話運動，文学革命）

c．魯迅…『狂人日記』『阿Q正伝』で封建的な中国社会を批判

d．李大釗…中国にマルクス主義を紹介→1921年，コミンテルンの指導で（㊸　　　）党が結成

(10) 中国の国民革命

1 1919年，孫文が（㊹　　　）党を組織→1923年，広州に政権を樹立→1924年，共産党員が個人の資格で国民党へ入党することを認める〈第1次（㊺　　　）〉

2 北伐（1926～28年）…孫文死去後，上海で大規模な反帝国主義運動（五・三〇運動）→国民党は広州に国民政府を樹立→（㊻　　　）率いる国民革命軍が北京軍閥の打倒と中国統一をめざし北伐

(11) 広がる日本の社会運動と普通選挙の実現

1 社会運動…労働者や農民が日本労働総同盟，日本農民組合設立

a．女性運動…平塚らいてうらが『青鞜』発刊→新婦人協会組織（1920年）

b．部落差別問題…（㊼　　　）（1922年設立）→「水平社宣言」を提唱し部落差別の撤廃を訴える

2 普通選挙法…1925年成立→25歳以上の男性に選挙権→市川房枝らが女性参政権を求める運動

3 治安維持法…「国体」の変革や私有財産の否定に関わる運動を取り締まる（1925年）

4 大衆の文化…1920年代，大衆雑誌『キング』『主婦の友』発刊，1925年，（㊽　　　）放送開始

(12) 政党内閣の時代

1 加藤高明内閣…第2次護憲運動により成立→以後，憲政会と立憲政友会の総裁が交互に政権担当

2 平和と軍縮…田中義一内閣→パリ不戦条約調印，浜口雄幸内閣→ロンドン（㊾　　　）条約に調印

(13) 日本の対中国政策

1 若槻礼次郎内閣…ワシントン体制下では外相の幣原喜重郎による協調外交

2 田中義一内閣…強硬外交に転換→北伐軍に対して三度の山東出兵→北伐軍の中国東北部への影響を恐れた関東軍が張作霖を爆殺→張作霖の子（㊿　　　）が国民政府へ合流

〔解答〕 ❶ボスニア・ヘルツェゴヴィナ ❷サライェヴォ ❸無制限潜水艦 ❹十四か条の平和原則 ❺ブレスト＝リトフスク ❻ソヴィエト ❼レーニン ❽平和に関する布告 ❾戦時共産 ❿新経済政策（ネップ） ⓫コミンテルン ⓬スターリン ⓭ヴェルサイユ ⓮ワシントン ⓯日英 ⓰ロカルノ ⓱労働 ⓲ルール ⓳ムッソリーニ ⓴スパルタクス ㉑ドーズ ㉒ヒトラー ㉓債権 ㉔フォード ㉕移民 ㉖ムスタファ＝ケマル ㉗ワフド ㉘フサイン＝マクマホン ㉙サイクス＝ピコ ㉚バルフォア ㉛レザー＝ハーン ㉜ローラット ㉝ガンディー ㉞インドネシア国民 ㉟ホー＝チ＝ミン ㊱タキン ㊲石橋湛山 ㊳大韓民国臨時 ㊴文化 ㊵北京 ㊶山東 ㊷胡適 ㊸中国共産 ㊹中国国民 ㊺国共合作 ㊻蔣介石 ㊼全国水平社 ㊽ラジオ ㊾海軍軍縮 ㊿張学良

問題演習

1 次に掲げる各文の正誤を判定し，正文なら○，誤文なら×を記しなさい。

【第一次世界大戦】

(1) 順に露仏同盟，英露協商，英仏協商が結ばれ，20世紀初頭に三国協商が成立した。 [　]
(2) 第２次バルカン戦争に敗れたブルガリアはロシアに接近した。 [　]
(3) セルビア系民族主義者がオーストリア帝位継承者夫妻を暗殺するサライェヴォ事件がおこった。 [　]
(4) ドイツがおこなった無制限潜水艦作戦が一因となりアメリカはドイツに宣戦布告した。 [　]
(5) アメリカ大統領ジャクソンは「十四か条の平和原則」を発表し，戦後の平和構想を表明した。 [　]
(6) ロシアの臨時政府は，立憲民主党のケレンスキーが主導した。 [　]
(7) ボリシェヴィキの指導者レーニンは，「四月テーゼ」で臨時政府の打倒を表明した。 [　]
(8) 対ソ干渉戦争がおこると，ソヴィエト政権は戦時共産主義をしいて国内統制をはかった。 [　]
(9) ロシア・ウクライナ・ベラルーシ・アルメニアによりソヴィエト社会主義共和国連邦が成立した。 [　]

【ヴェルサイユ体制と国際協調】

(10) 第一次世界大戦後，パリ講和会議が開かれ戦勝国とオーストリアはセーヴル条約を結んだ。 [　]
(11) 国際連盟発足後，アメリカは不参加を表明し，当初はドイツ・ソ連も参加を認められなかった。 [　]
(12) ワシントン会議で九か国条約が結ばれ，日本は中国でもっていた山東省の権益を返還した。 [　]
(13) ワシントン海軍軍縮条約では米・英・日・仏・ソによる主力艦保有率が定められた。 [　]
(14) フランスは，ドイツの賠償支払い遅延を理由にイギリスとともにルール占領をおこなった。 [　]
(15) ベルリンでのシン＝フェイン党の蜂起失敗後，エーベルトを大統領にヴァイマル共和国が成立した。 [　]
(16) ヴァイマル共和国成立後，アメリカの提案したドーズ案によりドイツの賠償支払いが緩和された。 [　]
(17) 第一次世界大戦後のアメリカの経済的立場は「債権国」から「債務国」へと転換した。 [　]

【アジアのナショナリズムの台頭】

(18) 連合国とローザンヌ条約を結び主権を回復したトルコはイスタンブルを首都に共和国を成立した。 [　]
(19) イギリスは，戦後のパレスティナにおけるユダヤ人国家樹立を支持するバルフォア宣言を出した。 [　]
(20) イギリス・フランス・ロシアは戦後，西アジアのオスマン帝国領を分割するサイクス＝ピコ協定を結んだ。 [　]
(21) インドは戦後の自治を見返りに第一次世界大戦に協力し，戦後すぐに大幅な自治が認められた。 [　]
(22) 国民会議派ラホール大会では，「完全独立」を意味する「スワデーシ」が決議された。 [　]
(23) 大戦間期のベトナムではファン＝ボイ＝チャウがインドシナ共産党を結成した。 [　]
(24) フィリピンでは，1930年代に独立準備政府が発足した。 [　]
(25) 第一世界大戦に参戦した日本は，浙江省にあるドイツの租借地を占領した。 [　]
(26) 民本主義が発達した日本では，美濃部達吉が天皇機関説を提唱した。 [　]
(27) パリ講和会議において中国代表団が訴えた二十一か条の要求の廃棄要求は棄却された。 [　]
(28) 中国の新文化運動では，李大釗によって白話運動が推進された。 [　]
(29) 孫文死去後，蔣介石率いる国民革命軍が軍閥打倒と日本排斥をめざし北伐をおこなった。 [　]
(30) 1925年，中国の上海でおこった大規模な反帝国主義の運動は「五・三〇」運動とよばれる。 [　]
(31) 1920年代半ばに日本で普通選挙法が成立し，25歳以上の男性に選挙権が与えられた。 [　]
(32) 大衆運動が盛んとなった日本では，全国水平社，次いで新婦人協会が組織された。 [　]
(33) 第２次護憲運動をうけ，原敬内閣が成立し，以後憲政会と立憲政友会が交互に政権を担った。 [　]
(34) 若槻礼次郎内閣は，中国の北伐軍に対して三度の山東出兵をおこなった。 [　]
(35) ワシントン体制下では幣原喜重郎外相による協調外交がすすめられた。 [　]

2 次の各問の文Ⅰ～Ⅲの出来事について，古いものから年代順に正しく配列したものを，一番下の選択肢①～⑥のうちから一つ選べ。

(1)第一次世界大戦前のヨーロッパ諸国の同盟について述べた次の文Ⅰ～Ⅲについて，古いものから年代順に正しく配列したものを，以下の①～⑥のうちから一つ選べ。

Ⅰ　バルカン同盟が結ばれた。
Ⅱ　露仏同盟が結ばれた。
Ⅲ　三国同盟が結ばれた。 [　]

(2)第一次世界大戦について述べた次の文Ⅰ～Ⅲについて，古いものから年代順に正しく配列したものを，以下の①～⑥のうちから一つ選べ。

Ⅰ　アメリカが参戦した。

Ⅱ　イタリアが参戦した。

Ⅲ　オーストリア皇位継承者夫妻が暗殺された。　[　]

(3)ロシア革命とその関連事項について述べた次の文Ⅰ～Ⅲについて，古いものから年代順に正しく配列したものを，以下の①～⑥のうちから一つ選べ。

Ⅰ　ロシア国内で二重権力状態がうまれた。

Ⅱ　新経済政策（ネップ）をすすめた。

Ⅲ　第一次世界大戦から離脱した。　[　]

(4)第一次世界大戦後の国際関係について述べた次の文Ⅰ～Ⅲについて，古いものから年代順に正しく配列したものを，以下の①～⑥のうちから一つ選べ。

Ⅰ　ケロッグとブリアンらによって，戦争そのものを違法とする条約が結ばれた。

Ⅱ　ドイツとフランス・ベルギーの国境維持と不可侵を約束する条約が結ばれた。

Ⅲ　アメリカ大統領の提唱により，東アジア・太平洋地域の国際秩序を討議する会議が開かれた。　[　]

(5)第一次世界大戦後の中国社会について述べた次の文Ⅰ～Ⅲについて，古いものから年代順に正しく配列したものを，以下の①～⑥のうちから一つ選べ。

Ⅰ　コミンテルンの指導で中国共産党が結成された。

Ⅱ　北京で学生らによる五・四運動がおこった。

Ⅲ　蔣介石率いる国民革命軍が軍閥の打倒と中国統一をめざし北伐を開始した。　[　]

(6)第一次世界大戦後のアジアの動向について述べた次の文Ⅰ～Ⅲについて，古いものから年代順に正しく配列したものを，以下の①～⑥のうちから一つ選べ。

Ⅰ　インドでローラット法が制定された。

Ⅱ　フィリピン独立法が制定された。

Ⅲ　トルコ共和国が成立した。　[　]

(7)第一次世界大戦後の日本について述べた次の文Ⅰ～Ⅲについて，古いものから年代順に正しく配列したものを，以下の①～⑥のうちから一つ選べ。

Ⅰ　ラジオ放送がはじまった。

Ⅱ　関東軍が張作霖を爆殺した。

Ⅲ　米騒動がおこった。　[　]

《選択肢》

① Ⅰ－Ⅱ－Ⅲ　② Ⅰ－Ⅲ－Ⅱ　③ Ⅱ－Ⅰ－Ⅲ

④ Ⅱ－Ⅲ－Ⅰ　⑤ Ⅲ－Ⅰ－Ⅱ　⑥ Ⅲ－Ⅱ－Ⅰ

第15章 第二次世界大戦と戦後の国際秩序 ▶▶要点整理

1 世界恐慌とファシズム

(1) 世界恐慌とその影響

[1] 世界恐慌…1929年10月24日，ニューヨークの（❶　　　）で株価の大暴落→世界恐慌発生

[2] フーヴァー＝モラトリアム…第一次世界大戦の賠償と戦債支払いの１年間停止を宣言→効果なし
→恐慌は世界に波及，各国で中間層が没落し政治が不安定化

(2) ニューディールと善隣外交

[1] アメリカではフーヴァーに代わり，民主党の（❷　　　）が大統領に当選→ニューディール政策実施
- a．全国産業復興法（NIRA）…政府による生産統制・価格規制
- b．農業調整法（AAA）…農民に補償金給付し，生産を制限
- c．（❸　　　）（TVA）…地域総合開発と失業救済事業
- d．（❹　　　）法…1935年制定，労働者の団結権・団体交渉権を保障→産業別組織会議（CIO）結成

[2] 善隣外交…ラテンアメリカ諸国への内政干渉政策を緩和→キューバの独立承認（1934年）

(3) ラテンアメリカのポピュリズム

[1] ラテンアメリカでは民衆の伝統や情緒に訴えた独裁政権が成立
- a．メキシコ…カルデナス大統領の土地改革，外国石油企業の国有化
- b．ブラジル…ヴァルガス大統領が工業化推進，労働者の福祉増進策

(4) ブロック経済

[1] 世界恐慌の対策として各国は排他的な特恵関税制度（ブロック）を構築
- a．イギリス…オタワ会議（イギリス連邦経済会議）で（❺　　　）＝ブロックの形成を決定
- b．アメリカ・フランス…それぞれドル＝ブロック，フラン＝ブロックを形成

(5) ナチ党の政権掌握

[1] 恐慌で600万人以上の失業者をだしたドイツでは，ヒトラー率いるナチ党が勢力拡大
→ヴェルサイユ体制の打破などをとなえ，（❻　　　）に支持拡大→1933年，ヒトラー内閣成立

[2] ナチ党の政権掌握
- a．（❼　　　）事件…1933年，ライバルの共産党を弾圧
- b．（❽　　　）法…政府に立法権を付与→ナチ党の一党独裁が成立
- c．ヒンデンブルク大統領の死去→ヒトラーが総統に就任…大統領と首相の権限を掌握

[3] ヒトラー政権の政治
- a．失業救済…アウトバーン・土木事業・軍需産業の拡大で失業救済
- b．親衛隊（SS），秘密警察（ゲシュタポ）による監視，言論・出版の自由を規制
- c．ユダヤ人やロマ，身体障害者などを迫害

(6) ドイツ・イタリアの対外侵略

[1] ドイツ…ヒトラー政権のもとで対外侵略激化
- a．1933年…10月，国際連盟からの脱退通告
- b．1935年…（❾　　　）併合，再軍備宣言→英独海軍協定締結
- c．1936年…仏ソ相互援助条約締結に反発→ロカルノ条約を破棄し（❿　　　）に進駐

[2] イタリア…ムッソリーニ政権のもとで対外膨張政策
- a．1935年…（⓫　　　）侵略→併合→国際連盟の経済制裁も効果なし
- b．1936年…スペイン内戦に介入→10月，ベルリン＝ローマ枢軸成立
- c．1937年…日独伊三国防共協定成立，12月，国際連盟脱退

(7) 反ファシズム人民戦線

[1] 人民戦線…ファシズムに対抗し，民主主義を守る→コミンテルン第７回大会で提唱
→①フランス…（⓬　　　）人民戦線政府成立，②スペイン…アサーニャ人民戦線政府成立

(8) スペイン内戦

[1] アサーニャ人民戦線政府に対し，フランコ将軍が反乱→各国の介入

[2] 各国の動き
①ドイツ・イタリア…フランコ支援　②ソ連・国際義勇軍…政府支援
③イギリス・フランス…不干渉政策

(9) スターリン独裁

[1] スターリンの独裁…反対派を逮捕・処刑

a．第２次五か年計画…1933年から，工業化と農業集団化を強化

b．スターリン憲法…1936年発布→全市民の平等な諸権利を規定

[2] 対外政策…国際連盟加入（1934年），フランス・チェコスロヴァキアと相互援助条約締結（1935年）

2 満洲事変と日中戦争

（1）満洲事変

[1] 日本の状況…世界恐慌の影響→昭和恐慌・農業恐慌，幣原外交に対する批判→国内不満増大

[2] 満洲事変…1931年９月，日本の関東軍が奉天（瀋陽）郊外の満鉄線路を爆破（（⓭　　　）事件）
→第２次若槻礼次郎内閣は不拡大方針を表明するも，関東軍は満洲の主要都市を占領

a．満洲国建国…1932年，清最後の皇帝，（⓮　　　）を執政として擁立（のちに皇帝に即位）

b．第１次上海事変…上海で日本軍と国民党軍が衝突

[3] 国際連盟は（⓯　　　）調査団を派遣し，満洲国不承認を決議→1933年，日本は国際連盟脱退

[4] 日本国内の動き…軍部の台頭

a．（⓰　　　）事件…日本国内で政党内閣に対する不満が高まり青年将校らによって犬養毅首相が射殺

b．二・二六事件…1936年，高橋是清らが皇道派青年将校により殺害→軍部の発言力強化

c．広田弘毅内閣…膨大な軍備拡張政策を開始

（2）蔣介石と国民政府

[1] 国民党の動向…蔣介石は日本との正面戦争を避け，共産党の攻撃を優先→（⓱　　　）改革で経済再建

[2] 共産党の動向…1931年，江西省瑞金を首都に（⓲　　　）樹立→国民党の攻撃により長征

（3）日中戦争

[1] 日本の動向…中国の国民政府と関係改善をはかるも，関東軍が冀東防共自治政府を組織し失敗

[2] 中国の動向…共産党の八・一宣言を蔣介石が無視→張学良が（⓳　　　）事件をおこし，蔣介石は承認

[3] 盧溝橋事件…1937年７月７日，（⓴　　　）郊外の盧溝橋で日中両軍が衝突→全面戦争へ（日中戦争）

a．第２次国共合作…1937年９月，国民党と共産党は抗日民族統一戦線を結成

b．南京事件…日本軍は国民政府の南京を攻略後，捕虜や民間人に対して大規模な虐殺行為を行う

c．親日政府…日本軍は南京に（㉑　　　）を首班とする親日政府を樹立して統治

[4] 戦時下の日本

a．国民精神総動員運動…メディアを組織し，国民には戦争の遂行に即した生活を要求

b．（㉒　　　）法…1938年，人とモノを戦争に向けて動員するしくみを構築→国民生活圧迫

3 第二次世界大戦

（1）ドイツの侵略

[1] ドイツの侵略と膨張

a．オーストリア併合…1938年３月→９月にはチェコスロヴァキアにズデーテン地方の併合要求

b．（㉓　　　）会談…1938年９月，ズデーテン問題討議→ドイツ・イタリア・イギリス・フランスが参加
→宥和政策…イギリス・フランスはヒトラーの反ソ的立場に期待し要求を承認

c．（㉔　　　）条約…1939年８月，ダンツィヒとポーランド回廊の要求をポーランドが拒否したため

[2] 第二次世界大戦開始…1939年９月１日，ドイツ軍がポーランドへ侵攻→英仏がドイツへ宣戦布告
→ソ連軍もポーランドへ侵攻→ソ連はフィンランド侵入，バルト３国併合

（2）ヨーロッパでの戦争

[1] ドイツの侵攻…デンマーク・ノルウェー占領（1940年４月）→オランダ・ベルギー占領（40年５月）
→パリ陥落（40年６月）→南フランスに対独協力のペタン内閣（㉕　　　）政府が成立

[2] イタリアの参戦…1940年６月，ドイツ側で参戦

[3] イギリス…（㉖　　　）が首相に就任（40年５月）→ドイツ軍のイギリス上陸阻止

[4] 独ソ戦…ドイツのバルカン半島侵略で独ソ関係悪化→1941年６月，独ソ戦開始

[5] アメリカの参戦…1941年12月，日本の攻撃を機にアメリカが参戦⇒枢軸国対連合国の構図完成

[6] 戦局の転換…当初，枢軸国側が優勢→連合国側の巻き返し

a．（㉗　　　）の戦い（1942～43年）…ソ連軍がドイツ軍撃退，反撃開始

b．シチリア上陸作戦…1943年，ムッソリーニが解任，バドリオ政権成立→イタリア無条件降伏

c．ノルマンディー上陸作戦…1944年６月，連合軍が北フランスに上陸→パリ解放（44年８月）

（3）ドイツの占領政策と抵抗運動

[1] ドイツの占領政策…占領地域で略奪や労働者の強制徴発実施

a．(㉘　　　)…占領地域のユダヤ人に対する組織的な迫害と虐殺

[2] ドイツに対する抵抗運動

a．フランス…(㉙　　　)がイギリスで自由フランス政府樹立

b．ユーゴスラヴィア…ティトーがパルチザン部隊を率いて抵抗

(4) アジア・太平洋での戦争

[1] 日本の近衛内閣による東亜新秩序建設声明に欧米諸国は反発→米英は(㉚　　　)ルートで中国を支援

a．日本は日独伊三国同盟(1940年9月)を締結し，(㉚)ルートの遮断を画策

b．日ソ中立条約…南進政策を進めるため北方の安全を確保

[2] 仏領インドシナ北部進駐→東南アジアに利権をもつ欧米諸国は反発→対日(㉛　　　)禁輸実施

[3] アジア・太平洋戦争

a．東条内閣成立…近衛文麿首相と陸軍大臣(㉜　　　)の対立により成立

b．日米交渉決裂…日本の支配を満洲事変以前へ戻すことを求めたハル・ノートを拒否

c．真珠湾攻撃…1941年12月，東条内閣は英領マラヤとハワイの真珠湾を攻撃→米英と開戦

[4] 戦争の展開…開戦直後，日本は東南アジア地域のほぼ全域を占領→戦局の転換

a．(㉝　　　)海戦…1942年6月，アメリカ軍に敗北→日本敗退の転機

b．インパール作戦…インド北東部に進出もイギリス軍の反攻で失敗

c．1945年，硫黄島陥落→アメリカ軍の沖縄上陸(45年4月)

(5) 日本の植民地支配と抗日闘争

[1] 日本の植民地支配

a．満洲国…重化学工業を進展，日本国内の農民を入植(満洲移民)

b．朝鮮・台湾…神社参拝や日本語の強制，日本式氏名に改めさせるなどの「(㉞　　　)政策」実施
→徴兵制施行，朝鮮人を軍需工場や炭坑などに動員，植民地・占領地の女性を「慰安婦」として戦場に送還

[2] (㉟　　　)…日本を盟主とする政治・経済・軍事ブロックの形成を目指す構想

[3] 抵抗運動…日本の支配に対して東南アジア各地で抗日運動展開

(6) 戦後構想と戦争の終結

[1] 大戦中の会談

年月	会談名	人物と内容
1941年8月	大西洋上会談	ローズヴェルト・チャーチル 戦後世界の平和構想→大西洋憲章で発表
1943年11月	(㊱　　　)会談	ローズヴェルト・チャーチル・蔣介石 対日処理の方針を協議
1943年11～12月	テヘラン会談	ローズヴェルト・チャーチル・スターリン 第二戦線問題(ノルマンディー上陸作戦)協議
1945年2月	(㊲　　　)会談	ローズヴェルト・チャーチル・スターリン ドイツ・東欧の戦後処理方針，ソ連の対日参戦を協議
1945年7～8月	ポツダム会談	トルーマン・チャーチル(アトリー)・スターリン ドイツ・日本の戦後処理方針，日本の無条件降伏を協議

[2] 大戦の終結

a．ヒトラー自殺…(㊳　　　)軍のベルリン侵入をうけ，ヒトラー自殺→ドイツ無条件降伏

b．ポツダム宣言…米・英・中が日本に無条件降伏を勧告→日本は受け容れず

c．原爆投下…広島(8月6日)，(㊴　　　)(8月9日)に原爆投下，ソ連の対日参戦(8月8日)
→日本政府はポツダム宣言の受諾を決定(8月14日)→日本，無条件降伏し戦争終結

4 戦後の変革と冷戦のはじまり

(1) 国際連合の成立

[1] 国際連合の発足

a．ダンバートン＝オークス会議(1944年8～10月)…国際連合憲章の原案作成

b．(㊵　　　)会議(1945年4～6月)…国際連合憲章を採択

c．1945年10月，国際連合発足→51か国が加盟(原加盟国)

2 安全保障理事会…武力制裁等，国際連合で最も強大な権限をもつ，総会に優越
→(㊶　　　) 権をもつ常任理事国（アメリカ・イギリス・フランス・ソ連・中国）

3 経済体制…ブレトン＝ウッズ体制構築→米ドルを基軸通貨とする金＝ドル本位制確立
a．(㊷　　　)（IMF）…安定した為替相場の構築を目的
b．国際復興開発銀行（世界銀行，IBRD）…戦後復興と発展途上国への開発と資金融資を目的
c．関税と貿易に関する一般協定（GATT）…自由貿易促進のための多国間のとりきめ

(2) 戦後改革
1 イギリス…(㊸　　　) 首相のもと重要産業の国有化，社会保障を整備→福祉国家構築
2 東ヨーロッパ…人民民主主義革命で王政の廃止，土地改革が進行
3 ソ連…第４次五か年計画で工業生産力を拡大→政治的統制強化

(3) 世界の中の日本占領
1 戦後日本…連合国軍最高司令官総司令部（GHQ）による占領　最高司令官：(㊹　　　)
a．民衆生活…戦災による物資の不足→闇市・戦争孤児の発生
b．極東国際軍事裁判（東京裁判）…Ａ級戦犯25名に有罪判決
2 日本国憲法…1946年11月公布，国民主権・(㊺　　　)・基本的人権の尊重がおもな原理
3 民主化進展…①財閥や地主の解体，②独占禁止法，③労働組合法，④教育基本法など

(4) 冷戦のはじまり
1 アメリカ陣営の強化（封じ込め政策）
a．トルーマン＝ドクトリン…1947年，アメリカがギリシア・トルコへ援助を約束
b．マーシャル＝プラン…アメリカはヨーロッパ経済復興援助計画を提示→西欧のみ受け入れ
c．(㊻　　　)（NATO）…1949年発足，西側最大の軍事機構
2 ソ連陣営の対抗
a．コミンフォルム…1947年，各国共産党間の連絡・調整機関
b．経済相互援助会議（コメコン）…1949年，東側陣営の経済的結束

(5) 脱植民地化のはじまり
1 第二次世界大戦後…列強の植民地とされていた地域が独立，東南アジアのインドネシア，ベトナムなど
a．インドネシア…スカルノの指導でオランダから独立（1949年）
b．ベトナム…ホー＝チ＝ミンを大統領にベトナム民主共和国独立（1945年９月）→インドシナ戦争勃発
2 パレスティナ…1948年，国連の支持でイスラエル建国→アラブ諸国が反発→第１次中東戦争勃発

(6) 中華人民共和国の成立と朝鮮戦争
1 中華人民共和国…1949年，(㊼　　　) を主席，周恩来を首相として成立
2 朝鮮半島…日本の敗戦後，米ソが朝鮮半島に進駐→北緯38度線を境に分割占領
a．北部…1948年，朝鮮民主主義人民共和国成立　首相：金日成
b．南部…1948年，大韓民国成立　大統領：李承晩
3 朝鮮戦争…1950年，北朝鮮が韓国に侵入し勃発→1953年，(㊽　　　) で休戦協定成立→分断固定化

(7) 朝鮮戦争期の日本の状況
1 日本占領政策の転換…日本政府は緊縮財政で１ドル＝(㊾　　　) 円の単一為替レートを設定（1949年）
2 朝鮮戦争期の日本…日本の米軍基地を国連軍の出動や補給の拠点として利用
a．特需景気…米軍による軍需物資の調達が日本経済を振興→デフレ脱却へ
b．警察予備隊…治安維持のためGHQの指示で創設→1954年に (㊿　　　) として改組
c．レッド＝パージ…共産党員やそれに同調する人物を解雇・追放
3 平和条約…吉田茂首相がサンフランシスコ平和条約に調印（1951年）→日本の主権回復などを実現
安保条約…日米安全保障条約，日米行政協定で日本における米軍の諸権利を承認

〔解答〕 ❶ウォール街　❷フランクリン＝ローズヴェルト　❸テネシー川流域開発公社　❹ワグナー　❺スターリング　❻中間層　❼国会議事堂放火　❽全権委任　❾ザール　❿ラインラント　⓫エチオピア　⓬ブルム　⓭柳条湖　⓮溥儀　⓯リットン　⓰五・一五　⓱幣制　⓲中華ソヴィエト共和国臨時政府　⓳西安　⓴北京　㉑汪兆銘　㉒国家総動員　㉓ミュンヘン　㉔独ソ不可侵　㉕ヴィシー　㉖チャーチル　㉗スターリングラード　㉘ホロコースト　㉙ド＝ゴール　㉚援蔣　㉛石油　㉜東条英機　㉝ミッドウェー　㉞皇民化　㉟大東亜共栄圏　㊱カイロ　㊲ヤルタ　㊳ソ連　㊴長崎　㊵サンフランシスコ　㊶拒否　㊷国際通貨基金　㊸アトリー　㊹マッカーサー　㊺平和主義（戦争放棄）　㊻北大西洋条約機構　㊼毛沢東　㊽板門店　㊾360　㊿自衛隊

問題演習

1 次に掲げる各文の正誤を判定し，正文なら○，誤文なら×を記しなさい。

【世界恐慌とファシズム】

(1) 1929年10月24日，ニューヨークのウォール街で株価が大暴落し，この恐慌は世界へ波及した。 [　]
(2) 世界恐慌後，民主党のフーヴァーが大統領に就任し，ニューディール政策をすすめた。 [　]
(3) ニューディール政策では地域総合開発と失業救済を目的とした全国産業復興法が制定された。 [　]
(4) アメリカは貿易振興のために善隣外交に転換し，その一環としてキューバの完全独立を承認した。 [　]
(5) イギリスはカナダで開かれたオタワ会議でスターリング＝ブロックの形成を決定した。 [　]
(6) ヒトラーは政府に立法権を付与する全権委任法を制定し，独裁体制を固めた。 [　]
(7) ヒンデンブルクの死後，ヒトラーはその地位を引き継ぎ大統領に就任した。 [　]
(8) 仏ソ相互援助条約が結ばれると，ヒトラーはロカルノ条約を破棄し，ラインラントに進駐した。 [　]
(9) ムッソリーニがアルジェリアに侵攻しこれを併合すると，国際連盟は経済制裁を実行した。 [　]
(10) スペイン内戦ではドイツ・イタリアはフランコを支持し，イギリス・フランスは政府を支持した。 [　]
(11) スターリン指導下のソ連は，1930年代になって国際連盟への加盟を認められた。 [　]

【満洲事変と日中戦争】

(12) 日本の関東軍は清朝最後の皇帝溥儀を新たに皇帝として即位させ満洲国を建国した。 [　]
(13) リットン調査団が派遣された結果，国際連盟が満洲国不承認を決議すると日本は国連を脱退した。 [　]
(14) 五・一五事件では，青年将校らによって犬養毅首相が殺害された。 [　]
(15) 毛沢東率いる共産党は，江西省の延安を首都に中華ソヴィエト共和国臨時政府を樹立した。 [　]
(16) 国民党と共産党が第２次国共合作を成立させた後，盧溝橋事件を契機に日中は全面戦争に至った。 [　]
(17) 日本軍は南京に汪兆銘を首班とする親日政府を発足させ，統治にあたった。 [　]

【第二次世界大戦】

(18) ミュンヘン会談では，イギリスとソ連は宥和政策によりドイツの要求を承認した。 [　]
(19) ヒトラーはダンツィヒとポーランド回廊併合の要求が拒否されると独ソ不可侵条約をむすんだ。 [　]
(20) 第二次世界大戦開始後，ソ連軍もポーランドに侵攻し，さらにオランダ・ベルギーへ侵攻した。 [　]
(21) ドイツがパリを占領すると，南フランスにはド＝ゴールを首班とするヴィシー政府が成立した。 [　]
(22) ソ連軍はスターリングラードの戦いでの勝利を機にドイツへの反攻を進めた。 [　]
(23) 連合軍がシチリアへ上陸した後，イタリアのムッソリーニ政権は無条件降伏した。 [　]
(24) ドイツ占領地域におけるユダヤ人に対する組織的な迫害や虐殺はポグロムと呼ばれる。 [　]
(25) イギリスに亡命したフランスのド＝ゴールは，自由フランス政府を樹立してレジスタンスを行った。 [　]
(26) 日本が仏領インドシナ北部に進駐すると，アメリカは日本への石油輸出を禁止した。 [　]
(27) 太平洋で行われたインパール作戦の失敗を機に日本軍は敗退に向かった。 [　]
(28) 朝鮮や台湾では現地人に神社参拝や日本語を強制するなどの「皇民化政策」がおこなわれた。 [　]
(29) 米・英・ソ連の首脳によりおこなわれたカイロ会談では対日処理の方針が協議された。 [　]
(30) アメリカ軍がベルリンに侵入したことを受け，ヒトラーは自殺した。 [　]

【戦後の変革と冷戦のはじまり】

(31) ダンバートン＝オークス会議で原案が作成された国際連合憲章はサンフランシスコ会議で採択された。 [　]
(32) 国連の安全保障理事会においては，米・英・仏・ソ連・中国の常任理事国に拒否権が与えられた。 [　]
(33) 戦後のイギリスではチャーチル首相のもとで重要産業の国有化や福祉国家の構築が目指された。 [　]
(34) 戦後日本はマッカーサーを最高司令官とする連合国軍最高司令官総司令部の施政下に置かれた。 [　]
(35) 1946年11月公布の日本国憲法では，国民主権や戦争の放棄が主な原理とされた。 [　]
(36) アメリカはマーシャル＝プランでギリシア・トルコへの経済・軍事援助を表明した。 [　]
(37) アメリカは1949年に西側最大の軍事同盟であるワルシャワ条約機構を結成した。 [　]
(38) ソ連陣営は経済的なつながりを強化するため，1949年にコミンフォルムを結成した。 [　]
(39) 1949年，毛沢東を主席，周恩来を首相として中華人民共和国が成立した。 [　]
(40) 1950年，韓国がアメリカの支援で北朝鮮に侵攻し，朝鮮戦争が勃発した。 [　]
(41) 日本では，共産党員やその同調者を解雇・追放するマッカーシズムがおこなわれた。 [　]

2 次の各問の文Ⅰ～Ⅲについて，古いものから年代順に正しく配列したものを，一番下の選択肢①～⑥のうちから一つ選べ。

知識問題編

(1)世界恐慌後のアメリカ合衆国について述べた次の文Ⅰ～Ⅲについて，古いものから年代順に正しく配列したものを，以下の①～⑥のうちから一つ選べ。

Ⅰ　キューバの完全独立を承認した。
Ⅱ　フーヴァー＝モラトリアムが発表された。
Ⅲ　ワグナー法が制定された。　［　］

(2)ファシズムの台頭について述べた次の文Ⅰ～Ⅲについて，古いものから年代順に正しく配列したものを，以下の①～⑥のうちから一つ選べ。

Ⅰ　ナチ党が選挙で初めて第一党となった。
Ⅱ　イタリアがエチオピアに侵攻した。
Ⅲ　フランコ将軍がスペイン内戦に勝利した。　［　］

(3)満洲事変と日中戦争について述べた次の文Ⅰ～Ⅲについて，古いものから年代順に正しく配列したものを，以下の①～⑥のうちから一つ選べ。

Ⅰ　日本国内で国家総動員法が制定された。
Ⅱ　日本が国際連盟脱退を通告した。
Ⅲ　中国共産党が瑞金を首都に中華ソヴィエト共和国臨時政府を樹立した。　［　］

(4)第二次世界大戦について述べた次の文Ⅰ～Ⅲについて，古いものから年代順に正しく配列したものを，以下の①～⑥のうちから一つ選べ。

Ⅰ　スターリングラードの戦いでドイツ軍が降伏した。
Ⅱ　ノルマンディー上陸作戦が決行され，連合軍がフランスに上陸した。
Ⅲ　日本軍がハワイの真珠湾を奇襲攻撃した。　［　］

(5)大戦中の戦時会談について述べた次の文Ⅰ～Ⅲについて，古いものから年代順に正しく配列したものを，以下の①～⑥のうちから一つ選べ。

Ⅰ　ポツダム会談で日本の無条件降伏が協議された。
Ⅱ　テヘラン会談で第二戦線問題が協議された。
Ⅲ　ヤルタ会談でソ連の対日参戦が協議された。　［　］

(6)冷戦のはじまりについて述べた次の文Ⅰ～Ⅲについて，古いものから年代順に正しく配列したものを，以下の①～⑥のうちから一つ選べ。

Ⅰ　北大西洋条約機構が発足した。
Ⅱ　アメリカがトルーマン＝ドクトリンを発表した。
Ⅲ　国際連合が発足した。　［　］

《選択肢》

①　Ⅰ－Ⅱ－Ⅲ　　②　Ⅰ－Ⅲ－Ⅱ　　③　Ⅱ－Ⅰ－Ⅲ
④　Ⅱ－Ⅲ－Ⅰ　　⑤　Ⅲ－Ⅰ－Ⅱ　　⑥　Ⅲ－Ⅱ－Ⅰ

第16章 冷戦と第三世界の台頭 ▶▶要点整理

1 冷戦の展開

(1) 軍事同盟の広がりと核兵器開発

1 集団安全保障体制の形成

a．アメリカ陣営の軍事同盟…①(❶　　　)（OAS，1948年）
②太平洋安全保障条約（ANZUS，1951年）
③東南アジア条約機構（SEATO，1954年）
④バグダード（中東）条約機構（METO，1955年）

b．ソ連陣営の軍事同盟…(❷　　　)（1955年），西ドイツのNATO加盟が契機

2 核兵器開発…アメリカが先行→各国の追随

a．原子爆弾の保有…ソ連（1949年），イギリス（52年），フランス（60年），中国（64年）

(2) 戦後のアメリカ社会

1 戦後のアメリカ…アイゼンハワー大統領就任（1953年）

a．「赤狩り」（マッカーシズム）…1950年代，左翼運動や共産主義者に対する排撃運動

b．大衆消費社会…「(❸　　　)」層の増大で豊かなアメリカ式生活様式が定着

c．軍産複合体の成長…軍部と軍需企業が癒着→国家政策に介入

(3) 西欧の経済復興

1 西欧の統合の動き…フランス外相シューマンの提案で開始

年月	会談名	おもな加盟国と内容
1952年	ヨーロッパ石炭鉄鋼共同体 (ECSC)	フランス・西ドイツ・イタリア・ベネルクス3国 石炭・鉄鋼資源の共同利用を目指す
1958年	(❹　　　) (EEC)	フランス・西ドイツ・イタリア・ベネルクス3国 加盟国間の関税引き下げ，資本・労働力移動の自由化
1958年	ヨーロッパ原子力共同体 (EURATOM)	フランス・西ドイツ・イタリア・ベネルクス3国 原子力資源の共同利用を目指す
1967年	ヨーロッパ共同体 (EC)	フランス・西ドイツ・イタリア・ベネルクス3国 上記3組織を統合
1960年	(❺　　　) (EFTA)	イギリス・スウェーデン・デンマークなど7か国 イギリスがEECに対抗して形成した共同市場

2 西ドイツ…(❻　　　)政権のもとでNATO加盟→「経済の奇跡」実現

3 フランス…ド＝ゴールが第五共和政発足→①(❼　　　)の独立承認，②核兵器保有，③NATOから脱退

(4) ソ連の「雪どけ」

1 スターリン批判…スターリン没後，1956年にフルシチョフがスターリン批判→「雪どけ」開始

2 東欧諸国の反ソ暴動…フルシチョフのスターリン批判→東欧諸国は自立の動き

a．ポーランド反ソ暴動（ポズナニ暴動）…ゴムウカを指導者に選出し自主的な解決に成功

b．ハンガリー反ソ暴動（ハンガリー事件）…(❽　　　)首相はワルシャワ条約機構からの脱退を表明
→ソ連軍の介入・鎮圧

3 西側との関係改善…日ソ共同宣言（1956年），フルシチョフ訪米→アイゼンハワーと会談（1959年）

4 冷戦の再燃…1961年，東ドイツが（❾　　　）構築→東西対立の象徴に

2 第三世界の台頭とキューバ危機

(1) アジア・アフリカ諸国の非同盟運動

1 第三世界の台頭…米ソ両陣営に属さず，非同盟主義主張

a．周恩来・ネルー会談…1954年，平和五原則を発表

b．(❿　　　)会議…1955年，インドネシアのバンドンで開催，29カ国の代表が参加→平和十原則採択

c．第1回非同盟諸国首脳会議…ユーゴスラヴィアのベオグラードで開催，25カ国が参加

2 第2次中東戦争…エジプト首相ナセルの（⓫　　　）宣言がきっかけで英・仏・イスラエルが侵攻
→国際世論の反発で3国撤退→エジプトはアラブ民族主義の指導的地位を獲得

(2) アフリカ諸国の独立と南北問題

1 アフリカ諸国の独立

a．1957年…ガーナ独立→(⓬　　　)の指導の下サハラ以南で最初の黒人共和国の独立

b．(⓭　　　)年…「アフリカの年」→17カ国が独立

c．アルジェリア独立…1962年，民族解放戦線の抵抗でフランスのド＝ゴールが独立承認

2 アフリカ統一機構（OAU）…1963年発足，アフリカ諸国の連帯と植民地主義の排除を目指す

3 独立後の問題…①経済的利権に固執する旧宗主国の干渉→コンゴ動乱など
②アパルトヘイト（人種隔離政策）など，人種差別が拡大

4 南北問題…豊かな先進国とアジア・アフリカの途上国間の経済格差が拡大

(3) ラテンアメリカ諸国の動向とキューバ革命

1 ラテンアメリカ諸国ではアメリカへの反発…アルゼンチンのペロン大統領，グアテマラ左翼政権成立など

2 キューバ革命…1959年，(⓮　　　)らにより親米バティスタ政権打倒→アメリカ企業から土地を接収

(4) キューバ危機と核不拡散体制の成立

1 キューバ革命でアメリカはキューバと断交→キューバ，ソ連に接近し社会主義宣言

2 キューバ危機…1962年，ソ連がキューバにミサイル基地建設→アメリカは海上封鎖→核戦争の危機
→ソ連がミサイル基地の撤去に合意→米ソ両国首脳間を結ぶ直通通信回線（ホットライン）敷設

3 軍縮の歩み…キューバ危機後，米ソは軍縮へ

a．(⓯　　　)条約…1963年，米・英・ソ→地下実験を除く核実験の禁止

b．核拡散防止条約（NPT）…1968年，現核保有国以外の新たな核保有を禁止

c．第1次戦略兵器制限交渉（SALT I）…1969～72年，米・ソによる各種ミサイル増産の凍結が合意

3 冷戦体制の動揺

(1) ベトナム戦争とインドシナ半島

1 ベトナム…インドシナ戦争後，ベトナム民主共和国と南ベトナム（ベトナム共和国・米支持）に分断

a．南ベトナムの独裁体制強化に対し，(⓰　　　)戦線が結成され北ベトナムの支援でゲリラ戦展開

b．アメリカは南ベトナムを支援し介入→ジョンソン政権は北ベトナムへ北爆断行

c．アメリカは国内外世論の批判を受け，(⓱　　　)政権がベトナム和平協定を結びベトナムから撤兵

2 ベトナム社会主義共和国成立…1975年サイゴン陥落→76年に南北統一

3 カンボジア…1970年以降，親米勢力と(⓲　　　)の指導する解放勢力による内戦→(⓲)勝利

4 ラオス…ラオス愛国戦線が内戦に勝利→1975年，ラオス人民民主共和国成立

(2) アメリカ合衆国とソ連の変容

1 公民権運動…キング牧師を指導者とする黒人差別の撤廃を掲げる運動→ジョンソンが(⓳　　　)成立

2 (⓴　　　)…1968年チェコスロヴァキアで，ドプチェクが指導する民主化運動が高揚→ソ連介入で挫折

(3) ヨーロッパでの緊張緩和

1 西ドイツ…ブラント首相の東方外交で東側との関係改善を推進

a．ポーランドと国境条約（オーデル＝ナイセ線）を結び国交正常化

b．東西ドイツ基本条約…1972年，東西ドイツが相互承認→東西ドイツ国連同時加盟

(4) 中ソ対立と文化大革命

1 中ソ対立…フルシチョフのスターリン批判で開始（1956年）→キューバ危機で公開論争に発展（63年）
→中ソ国境紛争…1969年，ダマンスキー島（珍宝島）で中ソ軍事衝突

2 大躍進政策…毛沢東は(㉑　　　)を柱に農業・工業の急速な発展を指導→数千万の餓死者を出し失敗
→毛沢東に代わり劉少奇・鄧小平が指導部に就任，集団化の緩和で経済復興

3 (㉒　　　)…指導権の奪還を目指す毛沢東は，紅衛兵を動員し劉少奇・鄧小平らを実権派として糾弾
→中国の社会・経済は混乱→76年の毛沢東死去後，「四人組」が華国鋒首相に逮捕され文化大革命終息

4 外交関係の改善

a．ニクソン訪中…1972年の米中関係正常化に合意→79年に国交正常化

b．日中平和友好条約…1972年の田中角栄首相訪中で国交正常化→78年，日中平和友好条約締結

5 文化大革命後の中国…鄧小平が復活，「(㉓　　　)」で改革開放政策推進

(5) 第三世界の開発独裁と東南・南アジアの自立化

1 開発独裁…強権支配のもとで工業化を強行→外国企業を誘致し，輸出指向型経済を推進

a．大韓民国…李承晩・朴正熙による独裁体制により経済成長実現→民主化運動弾圧（光州事件）

b．台湾…二・二八事件（1947年）以降，国民党政権の独裁で経済発展

c．インドネシア・フィリピン…インドネシアのスハルト，フィリピンのマルコスが開発独裁を実現
d．シンガポール…1965年にマレーシアから分離・独立→(㉔　　　)首相が開発独裁体制構築
e．インド…大戦後，国民会議派政権の指導で計画経済推進→71年，バングラデシュの独立を支援

[2] 東南アジア諸国連合…1967年，インドネシア・フィリピン・タイ・マレーシア・シンガポールが結成

(6) 日本の国際社会復帰と高度経済成長

[1] 朝鮮特需で経済復興
[2] 55年体制…1955年，自由民主党が結成され1993年まで政権を担当→野党第一党の社会党が対抗
[3] 国連加盟…1956年，鳩山一郎内閣が日ソ共同宣言に署名し，ソ連と国交回復→国連加盟実現
[4] 安保闘争…岸信介内閣が結んだ新安保条約に対し，条約批准に反対する運動が全国で拡大
[5] 高度経済成長…1950年代後半から70年代初頭まで平均約10%の経済成長達成
[6] 日本・アジア間の関係回復
a．対韓国…1965年，(㉕　　　)政権と日韓基本条約を結び国交回復
b．対中国…1972年，(㉖　　　)首相訪中→日中共同声明で国交回復→日中平和友好条約締結（78年）

〔解答〕❶米州機構　❷ワルシャワ条約機構　❸ホワイトカラー　❹ヨーロッパ経済共同体
❺ヨーロッパ自由貿易連合　❻アデナウアー　❼アルジェリア　❽ナジ＝イムレ　❾ベルリンの壁
❿アジア＝アフリカ（バンドン）　⓫スエズ運河国有化　⓬ンクルマ（エンクルマ）　⓭1960　⓮カストロ
⓯部分的核実験禁止　⓰南ベトナム解放民族　⓱ニクソン　⓲ポル＝ポト　⓳公民権法　⓴プラハの春
㉑人民公社　㉒文化大革命　㉓四つの現代化　㉔リー＝クアンユー　㉕朴正熙　㉖田中角栄

知識問題編

第17章 冷戦の終結と今日の世界 ▶▶要点整理

1 産業構造の変容

(1) 福祉国家と公害

[1] 1960年代以降，経済成長を背景に福祉国家的政策が主流に→西欧諸国・アメリカ合衆国・日本で推進
[2] (❶　　　)会議（1972年）…大気や土壌の汚染など，公害問題・環境を主題とする初の国際会議

(2) ドル＝ショックとオイル＝ショック

[1] ドル＝ショック…1971年，ニクソン大統領はドルの金兌換停止を発表→(❷　　　)体制崩壊
→国際経済体制は固定相場制から変動相場制へ移行→世界経済は合衆国・西欧・日本の三極構造へ
[2] 第1次オイル＝ショック…1973年の第4次中東戦争で石油輸出国機構およびアラブ諸国は石油戦略発動
→西側諸国で急激な物価高発生→西欧諸国やアメリカ合衆国の経済成長は減速

(3) 量から質へ

[1] 産業構造の転換…ハイテクノロジー産業の形成，省エネルギー化の追求
[2] 「(❸　　　)」…自由主義市場経済を信頼し政府の経済への介入を抑制→国営企業の民営化・規制緩和
①イギリス…サッチャー　②アメリカ…レーガン　③西ドイツ…コール　④日本…中曽根康弘

(4) 日本の経済大国化

[1] 国際的地位の向上…1980年，日本は世界のGNP総計の約1割の経済規模を実現→「経済大国」へ
a．中曽根康弘政権…電電公社，日本国有鉄道の民営化，間接税の導入，プラザ合意による円高の進行
b．軍事・外交…アメリカへの積極的な軍事協力による国際的地位の向上めざす
[2] (❹　　　)経済…1986年，政府は公定歩合の引き下げと金融緩和推進→地価・物価の高騰
a．日本の多国籍企業化進展→外国人労働者の流入
b．女性の労働力化，職場における男女平等の要求→男女雇用機会均等法制定（1985年）

(5) 中東の変容

[1] パレスティナ問題…第3・4次中東戦争でイスラエル占領地確保→エジプト＝イスラエル平和条約（1979年）
[2] イラン革命…パフレヴィー朝の国王の「白色革命」に対して地主や宗教界が反発
→シーア派の(❺　　　)を指導者とする革命勃発→イラン＝イスラーム共和国成立→第二次石油危機
[3] イラン＝イラク戦争…イラン革命の波及を恐れたイラクのフセインがイランを攻撃

(6) 開発途上国の工業化

[1] 新興工業経済地域（NIEs）…韓国・台湾・香港・シンガポール・ブラジル・メキシコなど
→外国企業を誘致し，工業製品を先進国に輸出する経済政策→開発途上国で高い経済成長率実現

② ベトナム…1986年から対外経済開放を進める刷新政策（ドイモイ）を実施
→1995年，ASEAN加盟

2 冷戦の終結

(1) デタントの終わりと「新冷戦」

① ソ連のアフリカ支援→エチオピア革命，モザンビーク・アンゴラ独立，ジンバブエ共和国成立
② アメリカの動き
a．カーター大統領…「人権外交」→エジプト＝イスラエル平和条約仲介（1979年）
b．（❻　　　）大統領…「強いアメリカ」提唱→軍拡，宇宙空間戦略防衛構想提唱
③ デタントの終焉…ソ連，アフガニスタンへ軍事侵攻（1979年）→米ソ緊張再燃→「新冷戦」へ

(2) ペレストロイカから東欧革命へ

① ソ連，ゴルバチョフ就任…チョルノービリ原発事故（1986年）を契機に（❼　　　）推進
a．「グラスノスチ」（情報公開）…言論・出版の自由を保障
b．共産党独裁を放棄，複数政党制へ移行，大統領制導入→みずから大統領に就任
② 新思考外交による緊張緩和
a．（❽　　　）（INF）全廃条約…1987年，ゴルバチョフとアメリカのレーガン大統領が調印
b．アフガニスタンから撤退（1989年）
③ 東欧の民主化容認…東欧革命勃発，東ドイツでホネカー書記長退陣→ベルリンの壁開放

(3) 中国の動向と民主化の広がり

① 社会主義市場経済化…人民公社の解体，農業生産の請負制，国営企業の独立採算化など
② （❾　　　）事件…1989年，民主化を求める学生・労働者の運動を共産党が武力鎮圧
③ 朝鮮の動向…韓国で盧泰愚大統領就任→韓ソ国交樹立（1990年），南北朝鮮国連同時加盟実現（91年）
④ 南アフリカ…デクラーク大統領がアパルトヘイト諸法撤廃→初の黒人大統領（❿　　　）就任（1994年）

(4) ソ連の崩壊と冷戦の終結

① 冷戦の終結…1989年，ブッシュ（父）大統領とゴルバチョフが（⓫　　　）会談にて冷戦の終結を宣言
→ドイツ東西統一（90年），米ソで戦略兵器削減条約調印（91年），ワルシャワ条約機構解体
② ソ連の崩壊…ペレストロイカの進展により連邦内で自立の動き
a．共産党保守派のクーデタ（1991年）失敗→ソ連共産党解散，バルト3国の独立
b．（⓬　　　）（CIS）…1991年12月，ロシア連邦を中心に11ヵ国で結成→ソ連消滅

3 今日の世界

(1) 多発する紛争・内戦

① （⓭　　　）戦争…イラクがクウェートに侵攻→1991年，米軍中心の多国籍軍が編成され，イラク攻撃
② ユーゴスラヴィア内戦…ユーゴスラヴィア連邦からの独立を巡る，スラヴ諸民族の内戦
a．ボスニア内戦（1992年）…セルビア人・クロアチア人・モスレム人の対立
b．コソヴォ紛争…セルビア共和国内アルバニア系住民の分離独立要求に対する弾圧
③ チェチェン紛争…ロシア連邦内のイスラーム系チェチェン共和国の分離独立を巡る紛争
④ ルワンダ内戦…ルワンダ国内のツチ人とフツ人による部族紛争
⑤ パレスティナ問題…イスラエルとパレスティナ人の対立→（⓮　　　）（1993年，米の仲介）締結
→対立は解消せず

(2) 東アジアの動向

① 中国…改革開放路線継続，香港返還（97年），マカオ返還（99年）→一国二制度で自治
② 韓国…1993年，文民出身の金泳三大統領就任，2000年，（⓯　　　）大統領が南北首脳会談実現
③ 台湾…2000年の総統選挙で陳水扁当選→初の国民党以外の総統

(3) 9.11と対テロ戦争

① 9.11同時多発テロ…2001年，イスラーム過激派組織によるテロ発生→アメリカはテロ支援国家を攻撃
→アフガニスタン紛争，イラク戦争など→アメリカは自国の利害を優先する動き（単独行動主義）

(4) 地域世界の変動

① 地域統合…域内貿易の自由化を促進
a．アメリカ大陸…北米自由貿易協定（NAFTA）→USMCA　南米南部共同市場（MERCOSUR）
b．ヨーロッパ…1992年，（⓰　　　）条約調印→93年，ヨーロッパ連合（EU）発足
c．アフリカ…2002年，アフリカ連合（AU）発足

② アジア通貨危機…1997年，タイの通貨暴落をきっかけにアジア各国で通貨下落
③ 世界金融危機…アメリカのサブプライムローン問題による金融市場の動揺→世界的に景気後退

(5) 多極化と国際協力
① グローバリゼーションによる経済格差の深化，移民の増加とそれに対する反発
② 国際的協力体制…(⑰　　　)(PKO)，非政府組織(NGO)や自治体の役割が増大

4 現代文明の諸相

(1) 科学技術の進歩と環境問題
① 科学技術の進歩…コンピュータ・インターネットの普及，人工知能(AI)の開発進展
② 環境問題…地球温暖化の危険性→1992年，リオデジャネイロで「(⑱　　　)」開催

(2) 現代思想・文化の動向
① 近代合理主義の発達…プラグマティズム(デューイ)，精神分析学(フロイト)など
② ポスト＝モダニズム，ポスト＝コロニアリズムなど文化多元主義の拡大

(3) 女性の平等化・ジェンダー
① 1960～70年代以降，欧米や日本で女性解放運動高揚，フェミニズム理論の活発化
② (⑲　　　)条約…1979年，国連総会で採択

〔解答〕 ❶国連人間環境　❷ブレトン＝ウッズ　❸小さな政府　❹バブル　❺ホメイニ　❻レーガン　❼ペレストロイカ　❽中距離核戦力　❾天安門　❿マンデラ　⓫マルタ　⓬独立国家共同体　⓭湾岸　⓮パレスティナ暫定自治協定　⓯金大中　⓰マーストリヒト　⓱国連平和維持活動　⓲地球サミット　⓳女性差別撤廃

問題演習

1 次に掲げる各文の正誤を判定し，正文なら○，誤文なら×を記しなさい。

【冷戦の展開】

(1) アメリカ・オーストラリア・ニュージーランドでSEATOが結成された。　[　]
(2) 西ドイツのNATO加盟を契機としてワルシャワ条約機構が結成された。　[　]
(3) 1950年代のアメリカでは，「赤狩り」と呼ばれる共産主義者の排撃運動が行われた。　[　]
(4) フランス外相シューマンの提案でヨーロッパ石炭鉄鋼共同体が設立された。　[　]
(5) フランス・西ドイツ・スペイン・ベネルクス3国でヨーロッパ共同体が組織された。　[　]
(6) ハンガリーの反ソ暴動はソ連軍の介入を受け，ナジ＝イムレは処刑された。　[　]
(7) 西ドイツがベルリンの壁を構築し，東西対立の象徴となった。　[　]

【第三世界の台頭とキューバ危機】

(8) インドネシアのバンドンで開催されたアジア＝アフリカ会議では平和五原則が採択された。　[　]
(9) エジプト首相ナセルのスエズ運河の国有化宣言をきっかけに第2次中東戦争が勃発した。　[　]
(10) 「アフリカの年」にはアフリカで17か国もの国が独立を達成した。　[　]
(11) キューバ危機の翌年，米・英・ソにより核拡散防止条約が結ばれた。　[　]

【冷戦体制の動揺】

(12) アメリカ大統領ニクソンは北ベトナムに対して北爆を断行した。　[　]
(13) カンボジアではポル＝ポトによる民主カンプチアが成立し，急進的共産主義の成立が目指された。　[　]
(14) キング牧師の指導する公民権運動の結果，ケネディ大統領は公民権法を制定した。　[　]
(15) 全欧安全保障協力会議でヘルシンキ宣言が採択され，主権尊重や武力不行使が提唱された。　[　]
(16) フルシチョフのスターリン批判で始まった中ソ対立は1963年には公開論争に発展した。　[　]
(17) 毛沢東は文化大革命を起こし，実権派とされる「四人組」を糾弾し，失脚に追い込んだ。　[　]
(18) 東南アジア諸国連合は，フィリピン・タイ・マレーシア・シンガポール・ラオスが原加盟国となった。　[　]
(19) 鳩山一郎内閣がソ連と国交回復したことで日本の国際連合加盟が実現した。　[　]
(20) 佐藤栄作首相が締結した新安保条約に対し，安保闘争が全国で拡大した。　[　]

【産業構造の変容】

(21) 中曽根康弘政権は「小さな政府」を志向し，国営企業の民営化を進めた。　[　]
(22) 日本では1980年代に男女雇用機会均等法が成立した。　[　]

(23) ホメイニを指導者とするイラン革命が起こった結果，第１次石油危機が発生した。 [ ]
(24) 韓国・台湾・香港は新興工業経済地域（NIEs）として高い経済成長率を実現した。 [ ]

【冷戦の終結】

(25) ゴルバチョフは「グラスノスチ」をとなえ，言論や出版の自由を保障した。 [ ]
(26) ゴルバチョフとレーガン大統領の間で第１次戦略兵器削減条約が調印された。 [ ]
(27) 天安門事件では民主化を求める学生や労働者を政府が武力で鎮圧した。 [ ]
(28) 南アフリカでは，マンデラが大統領に就任するとアパルトヘイト諸法が撤廃された。 [ ]
(29) クリントン米大統領とゴルバチョフがマルタ島で会談し，冷戦の終結が宣言された。 [ ]
(30) ロシア連邦などが独立国家共同体を設立したことでソ連邦は消滅した。 [ ]

【今日の世界】

(31) ヨーロッパではリスボン条約が調印された翌年にヨーロッパ連合（EU）が発足した。 [ ]
(32) アフリカ諸国は2002年にアフリカ統一機構（OAU）を発足させた。 [ ]
(33) 今日世界で起こっている紛争や飢餓，経済格差に対してPKOやNGOの役割が期待されている。 [ ]

【現代文明の諸相】

(34) 地球温暖化の進行が懸念されるなか，1992年にロサンゼルスで「地球サミット」が開かれた。 [ ]
(35) 社会における男女の平等化を目的に女性差別撤廃条約が国連総会で採択された。 [ ]

2 次の各問の文Ⅰ～Ⅲについて，古いものから年代順に正しく配列したものを，一番下の選択肢①～⑥のうちから一つ選べ。

(1)冷戦の展開について述べた次の文Ⅰ～Ⅲについて，古いものから年代順に正しく配列したものを，以下の①～⑥のうちから一つ選べ。
Ⅰ　ワルシャワ条約機構が結成された。
Ⅱ　フルシチョフがスターリン批判をおこなった。
Ⅲ　ベルリンの壁が構築された。 [ ]

(2)第三世界の台頭について述べた次の文Ⅰ～Ⅲについて，古いものから年代順に正しく配列したものを，以下の①～⑥のうちから一つ選べ。
Ⅰ　第１回非同盟諸国首脳会議が開催された。
Ⅱ　ンクルマ（エンクルマ）の指導でガーナが独立した。
Ⅲ　アルジェリアが独立した。 [ ]

(3)冷戦体制の動揺について述べた次の文Ⅰ～Ⅲについて，古いものから年代順に正しく配列したものを，以下の①～⑥のうちから一つ選べ。
Ⅰ　ベトナム戦争が終結し，南北が統一された。
Ⅱ　「プラハの春」と呼ばれる民主化運動がおこった。
Ⅲ　日中平和友好条約が結ばれた。 [ ]

(4)冷戦の終結について述べた次の文Ⅰ～Ⅲについて，古いものから年代順に正しく配列したものを，以下の①～⑥のうちから一つ選べ。
Ⅰ　独立国家共同体が成立した。
Ⅱ　中距離核戦力全廃条約が結ばれた。
Ⅲ　ソ連がアフガニスタンから撤退した。 [ ]

《選択肢》
① Ⅰ－Ⅱ－Ⅲ　② Ⅰ－Ⅲ－Ⅱ　③ Ⅱ－Ⅰ－Ⅲ
④ Ⅱ－Ⅲ－Ⅰ　⑤ Ⅲ－Ⅰ－Ⅱ　⑥ Ⅲ－Ⅱ－Ⅰ

例題解説①─統計資料問題

右のQRコードから解説動画を視聴

①統計資料問題とは…

統計資料（グラフや表など，数値を示した資料）から歴史的なできごとやその意味や特色，できごと相互の関係性などを読みとる問題。資料から得られる情報とすでに学んだ知識を関連付けて正解を出すことが求められる。

②統計資料を読み解くポイント（読み解きのコツ）

●選択肢の内容が資料のどの部分と対応しているかを一つ一つ照らし合わせて検討しよう。

●その際，基礎知識が問われているのか，資料から読み取った内容が問われているのかを選択肢のなかで峻別することが大切。

例題 1

次のグラフは，1450年から1960年にかけての植民地数の増減を示したものである。このグラフから読み取れる内容について述べた下の文aとbの正誤の組合せとして正しいものを，下の①～④のうちから一つ選べ。

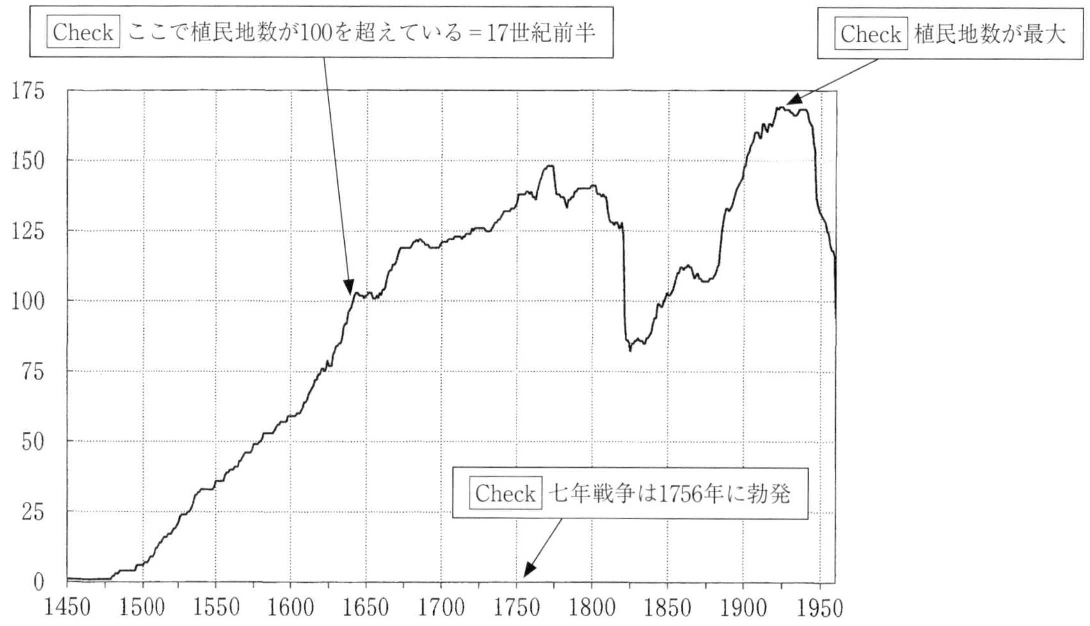

（縦軸は植民地数を，横軸は西暦を示す）

（A. Bergesen (ed.), *Studies of the Modern World-System* より作成）

a　16世紀に，植民地数が初めて100を超えた。

b　七年戦争の勃発から100年の間に，植民地数が最大となった。

①　a－正　　b－正

②　a－正　　b－誤

③　a－誤　　b－正

④　a－誤　　b－誤

（センター試験世界史A 2017年本試）

解 答　④　→くわしい解説は解答解説p. 92参照

Point
縦軸（植民地数）と横軸（年代）をよく見てa，bの文章の正誤を判断すること（＝読み取り）。またbで示される「七年戦争」の年代を覚えているか（＝知識）がカギとなる。

STEP① a…グラフの縦軸で植民地数が100となるところを見ると，西暦で1625～50年の間に位置する。よって，植民地数が100を超えたのは17世紀前半であり，aの文章は誤りであることがわかる。

STEP② b…七年戦争は1756～1763年に起こった。「七年戦争の勃発から100年の間」であるから，bの対象は西暦1756～1856年の間である。一方，「植民地数が最大となった」箇所をグラフで探してみると，1900～1925年の間にきている。よって，七年戦争勃発から100年の間には植民地数は最大となっていないのでbも誤りであることがわかる。

例題2

第2次産業革命に関して，下のグラフは，19世紀後半から，20世紀初頭にかけての世界の工業生産の国別割合を示したものである。最も適切な組合せを以下から選べ。

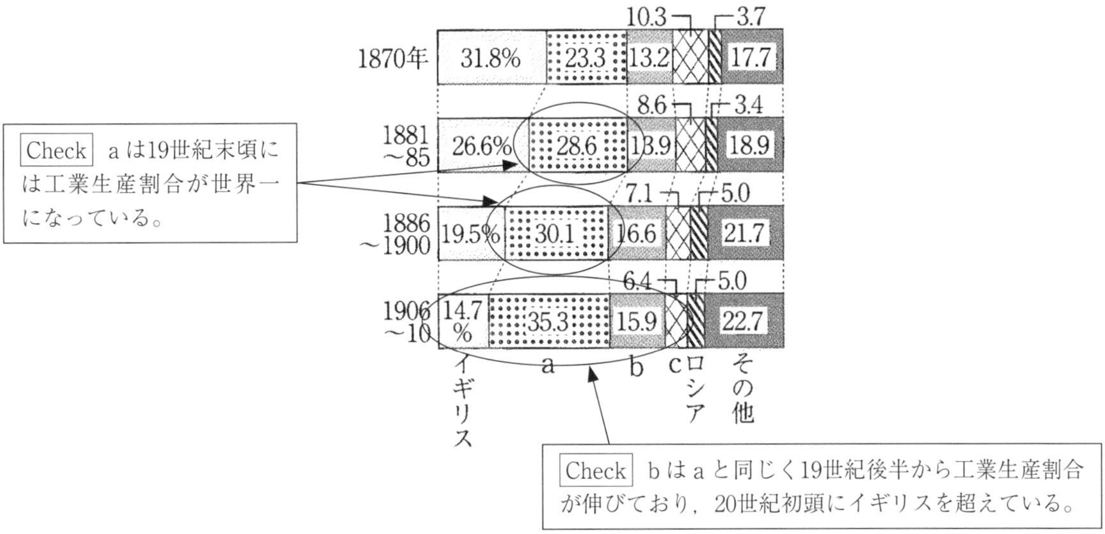

① a－ドイツ　b－アメリカ　c－フランス
② a－アメリカ　b－フランス　c－ドイツ
③ a－ドイツ　b－フランス　c－アメリカ
④ a－アメリカ　b－ドイツ　c－フランス

（大阪経済大学2022年改題）

解答 ④ →くわしい解説は解答解説p. 91～92参照

Point
一番左の列にイギリスの工業生産割合が出ており，19世紀後半以降は割合が低下し続けている。これに対しa・bは同世紀後半以降，工業生産割合が伸長しているが，これは第2次産業革命の影響であることを考える。

STEP① a…19世紀末頃からイギリスを抜いて「世界一の工業国」となっている。このことからaはアメリカだと判断できる。

STEP② b・c…aのアメリカと同様，重工業を中心とする第2次産業革命によって急速に工業生産力を伸ばしたのはドイツである。cは19世紀後半からの工業生産割合は低下しており，これはイギリスと同じく第1次産業革命を早くに進めたフランスである。よってbはドイツ，cはフランスと判断できる。

例題解説②―図版資料問題

①図版資料問題とは…

図版資料（地図や絵図，写真などの資料）から歴史的なできごとの起こった地域やそのときの情況など，具体的な情報を読みとる問題。資料から得られる情報とすでに学んだ知識を関連付けて正解を出すことが求められる。

②図版資料を読み解くポイント（読み解きのコツ）

- ●基本情報を把握する（地図ならどの王朝，どこの国の地図なのか。絵なら，作者はだれか，その絵画はどのような事情を背景に描かれているのか。写真なら写っている人物や状況を読みとる）。
- ●リード文や選択肢があれば，それらを丁寧に読んでヒントを探す。
- ●地図・絵画・写真にみられる情報を自分の有する知識と合わせて総合的に判断する。

例題 1

次のA～Eの各文章は，インドの王国・王朝に関するものである。これらを読んで，それぞれが何という王国・王朝にあてはまるか，その王国・王朝の名称を答えよ。また，下の地図①～④から，それぞれの王国・王朝の領域を示していると考えられるものを選び，その記号を答えよ。ただし，１つの王国・王朝については該当する地図がない。該当する地図がない王朝については「ない」と答えよ。

A．紀元前４世紀の終わりごろに成立した，インド初の統一王朝。チャンドラグプタ王がナンダ朝を倒して樹立した。

B．ガンジス川中流域に興ったインド最古の王国のひとつ。仏教やジャイナ教はこの王国で生まれた。

C．中国に「戒日王」と紹介された王が北インドを統一して作った。これが古代北インド最後の統一王朝となった。

D．4世紀ごろガンジス川中流域に興った王朝。中国で「超日王」と呼ばれる第３代の王の時に最盛期を迎え，サンスクリット文学などインド古典文明の成熟期を現出した。

E．中央アジアのアム川南岸に興り，もとは大月氏国に服属していたが，１世紀ごろ独立し，西北インドまでを支配した。カニシカ王の時に全盛となった。

STEP①　【選択肢の情報の整理】

A…紀元前４世紀の終わりごろに成立した，①インド初の統一王朝。②チャンドラグプタ王がナンダ朝を倒して樹立した。

⇒①，②の情報から，Aはマウリヤ朝であることがわかる。

B…ガンジス川中流域に興ったインド最古の王国のひとつ。①仏教やジャイナ教はこの王国で生まれた。

⇒①の情報から，Bはマガダ国であることがわかる。

C…中国に①「戒日王」と紹介された王が北インドを統一して作った。これが②古代北インド最後の統一王朝となった。

⇒①，②の情報から，Cはヴァルダナ朝であることがわかる。

D…４世紀ごろガンジス川中流域に興った王朝。中国で①「超日王」と呼ばれる第３代の王の時に最盛期を迎え，②サンスクリット文学などインド古典文明の成熟期を現出した。

⇒①，②の情報から，Dはグプタ朝であることがわかる。

E…中央アジアのアム川南岸に興り，①もとは大月氏国に服属していたが，１世紀ごろ独立し，西北インドまでを支配した。②カニシカ王の時に全盛となった。

⇒①，②の情報からEはクシャーナ朝であることがわかる。

A＝**マウリヤ朝**　B＝**マガダ国**　C＝**ヴァルダナ朝**　D＝**グプタ朝**　E＝**クシャーナ朝**

▟STEP② 【地図の読み取り】

Check	地図からどのようなことが分かるかを整理する

（斜線で示したところが領域。ただし，地図・領域はおおよそのものである）

①
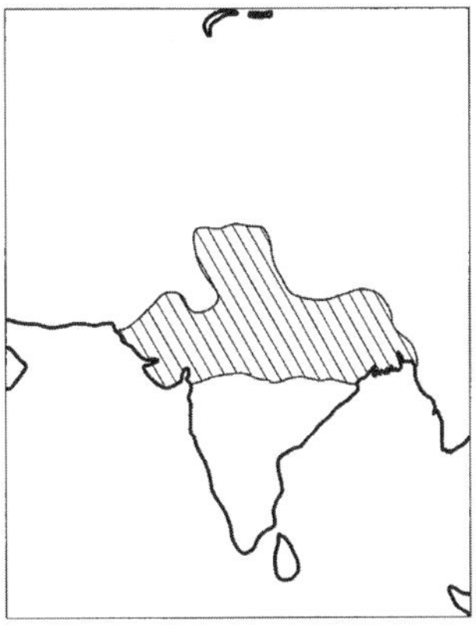

②
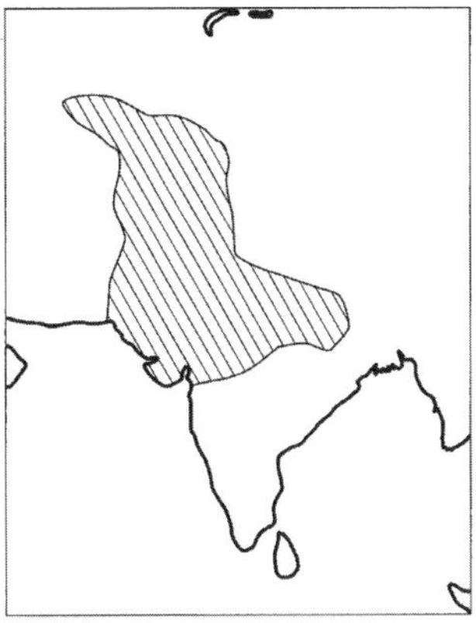

③
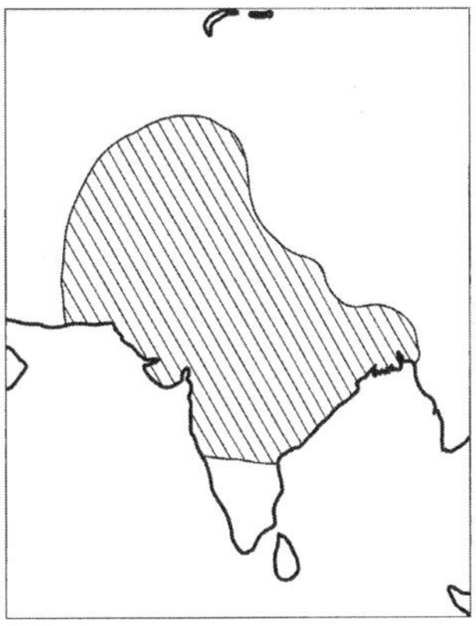

④
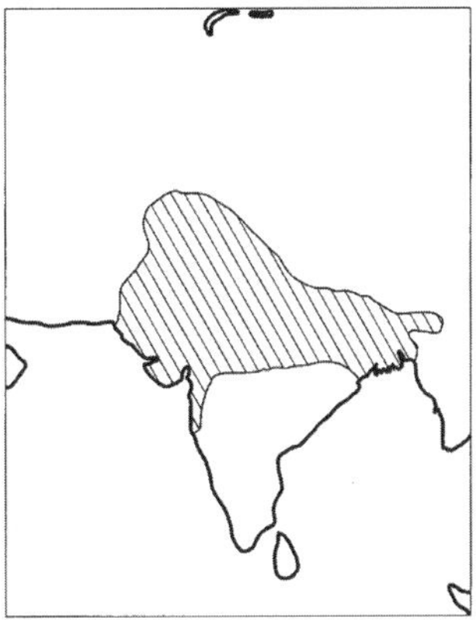

①の地図
・北インド中央部を支配
・デカン高原や南インドは含まず

②の地図
・インド西北部からバクトリア地方までを支配

③の地図
・北インドおよびデカン高原一帯までを支配
・４つの図の中で最も大きい領土を形成

④の地図
・北インド全域を支配
・北インドの支配であるが，①の王朝よりも広い

（岡山理科大学2018年）

解答
A＝マウリヤ朝・③　　B＝マガダ国・ない　　C＝ヴァルダナ朝・①　　D＝グプタ朝・④
E＝クシャーナ朝・②　→くわしい解説は解答解説p.53参照

Point
文字情報のヒントをとらえ，地図と組み合わせて判断する

▟STEP①　【選択肢の情報の整理】Ａ～Ｅの文章の中のヒントから王国・王朝を判断する。
▟STEP②　【地図の読み取り】①～④の地図を見てインドのどの範囲まで支配が及んでいるかを判断する。
▟STEP③　STEP①とSTEP②の情報を合わせ，組み合わせを考える。マガダ国は都市国家としてインド東北の一部地域のみの支配なので該当地図はない。

例題解説③—文献資料問題

①文献資料問題とは…

文字で書かれた資料（＝史料。新聞記事や論説，法や歴史書など）から，ある歴史的なできごとに対する具体的な人物のとらえ方や意見を読みとる問題。歴史的なできごとは立場によってとらえ方が異なることに注意して先入観なく読み解いていこう。

②文献資料を読み解くポイント（読み解きのコツ）

●基本情報を把握する（その史料の著者，著作物のタイトル，出版・発表された年代など）。

●筆者（制度）が具体的に何についてどう思っている（どう規定している）のかを丁寧に把握しよう。

例題 1

近世ヨーロッパにおける複数宗派の共存に関する次の**史料**を読み，問に答えなさい。

Check 時代は16世紀末

Check 第三条では，この国が元来カトリック信仰の国であること，それが何らかの事情（争乱）で中断されていたことがわかる

〔史料Ⅱ〕

第一条　(オ)一五八五年三月の始めより余が即位するまで，さらにこれに先立つ争乱の間に起こったすべての出来事に関する記憶は，双方とも，起こらなかったこととして消し去り，鎮めること。［後略］

第三条　余の王国と余に服する地域では，カトリックの礼拝が中断されていたすべての所，すべての土地で，いかなる混乱も妨害もなく平穏に自由に礼拝が行われるように，これを回復し再建するように命じる。（中略）

第六条　わが臣民の間に争乱や対立の原因をいっさい残さないように，(カ)いわゆる改革派［カルヴァン派］の者たちが，尋問されたり，迫害されたり，暴行されたり，自らの良心に反して宗教に関する強制を受けたりすることなく，余の王国と余に服する地域のいずれの都市にでも土地にでも住み，滞在することを許す。［後略］

第九条　一五九六年と一五九七年八月末までの間，改革派の礼拝が幾度も公に行われた，余に服する都市と土地には，これを禁じる裁定や判決があろうとも，引き続き改革派の礼拝を行うことを許す。

第九一条　（前略）この勅令は，余の法官，官職保有者，臣民たちによって遵守されるべき，確固たる不可侵の勅令であり，(キ)廃止することも，抵触することいっさいを斟酌（しんしゃく）することもないと，宣言する。

Check 第六条では，カルヴァン派との争乱であったこと，この第六条によりカルヴァン派の信仰が認められたことがわかる。

問7　**史料Ⅱ**を発布したフランスの国王は誰か。選択肢（①～⑤）から1つ選びなさい。

①　アンリ4世　　②　シャルル7世　　③　シャルル9世

④　ルイ13世　　⑤　ルイ14世

（上智大学2018年）

解答　①　→くわしい解説は解答解説p.71参照

Point

史料をよく読んでヒントを探そう。年号などのキーワードを見つけよう。

STEP①　Check の部分をみれば，(1)16世紀末の出来事であること，(2)カトリックを信仰する国であること（第三条），(3)カトリックとカルヴァン派の争乱が起こっていたこと（第六条）がわかる。

STEP②　上記のことから，**史料Ⅱ**は1562年にフランスで始まったユグノー戦争を解決に導いたナントの王令であることがわかる（発布は1598年）。ナントの王令はアンリ4世が発した。

例 題 2

次の**資料X・Y**を読み，あとの問いに答えよ。

資料X

世界で［い］のようにすばらしい都市は稀である。…［い］は，信徒たちの長ウスマーン閣下の時代にイスラームを受容した。…ティムール＝ベグが首都とした。ティムール＝ベグ以前に，彼ほどに強大な君主が［い］を首都としたことはなかった。
〔バーブル（間野英二訳）『バーブル＝ナーマ』（一部表記変更）〕

Check 両方の資料に「ティムール」のワードが出てくる

資料Y

ティムールがわれわれに最初の謁見を賜った宮殿のある庭園は，ディルクシャーと呼ばれていた。そしてその周辺の果樹園の中には，壁が絹かもしくはそれに似たような天幕が，数多く張られていた。…今までお話ししてきたこれらの殿下（ティムール）の果樹園，宮殿などは，［い］の町のすぐ近くにあり，そのかなたは広大な平原で，そこには河から分かれる多くの水路が耕地の間を貫流している。その平原で，最近，ティムールは自身のための帳幕を設営させた。
〔クラヴィホ（山田信夫訳）『ティムール帝国紀行』（一部表記変更）〕

問１　次の図①～④のうち，**資料X・Y**で述べられている都市［い］を描いたものを選びなさい。

①

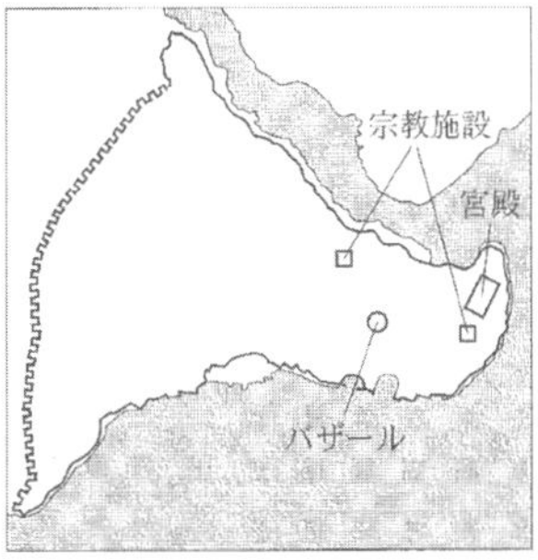

②

Check **資料Y**の「庭園」は②の図版にも見える

③

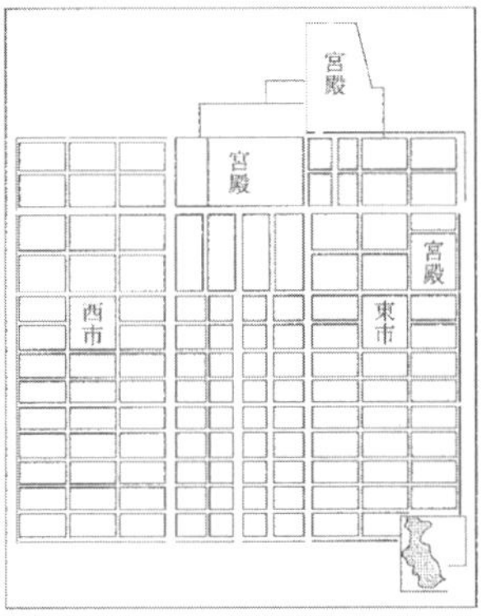

④

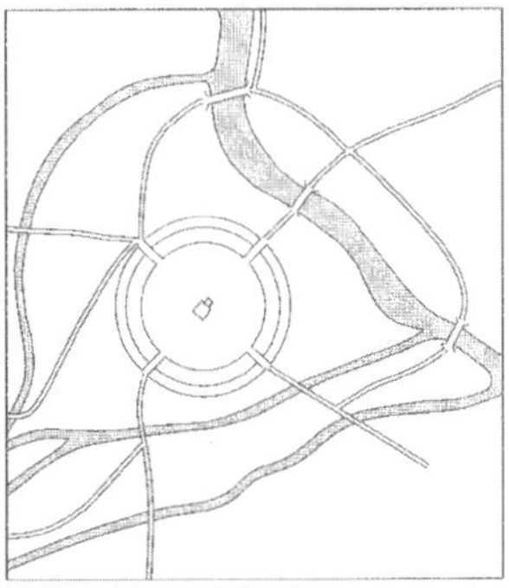

（東京大学2018年改題）

解 答　②　→くわしい解説は解答解説p.67参照

Point

資料の中身だけでなく，地図の方にも情報がちりばめられている。それらを丁寧にピックアップしていこう。

STEP①　**資料X・Y**に共通して出てくるのは「ティムール」であるから，答えはティムール朝の都サマルカンドであることがわかる。

STEP②　**資料Y**には庭園という語が見える。これは地図②に「園庭」があるものと合致する。さらに②には「天文台」が見えるが，これはティムール朝の第４代ウルグ＝ベクが造営したものであることは多くの教科書に記載があり，その知識があればより正解にたどり着きやすくなる。

1

高校の「歴史総合」の授業で，欧米諸国のアジア進出と日本の対応について，資料を基に追究した。次の文章A～Cを読み，後の問い（問1～9）に答えよ。

A　欧米諸国のアジア進出について，生徒と先生が話している。

先　生：16世紀に大航海時代を迎え，アジアへの進出を果たしたヨーロッパ諸国は，18世紀から19世紀にかけて産業革命を成功させ，積極的にアジアに進出してアジア諸国に開国を迫ります。それによって，それまでの中国を中心とした東アジアの朝貢体制は崩れていきました。一方で欧米諸国の進出に対してアジア諸国では反発する国もあれば，彼らの文明を受け容れて，近代化を進める国もありました。欧米諸国の圧力に対してアジアのどの国がどのような姿勢をとったのか，またそのような姿勢をとった結果について，みなさんが調べてきたことを発表して下さい。

吉　田：アジアに迫ったイギリスの動向について調べていたら次のような図版をみつけました。さらにこの図版のもとになった事件について調べてみたら，これはイギリスとその国の二国間だけの問題ではなく，ⓐ当時のイギリスにとって最も重要な植民地であったもう一つのアジアの国も関係していました。

先　生：そうですね。この事件は，そのイギリスの最も重要な植民地で生産される商品の流入が大きな問題となっていました。この絵に描かれた戦争の結果，それに敗れた国の市場が欧米諸国に開放されていきました。

吉　田：はい。当時先進的な文明を持つ欧米諸国に対してその国は反発した結果，武力によって開国させられましたが，一方，ⓑ当時の日本は欧米諸国の開国の要求を受け容れ，その先進的な文明を受け容れることによって近代化を進めていくことに成功したのですね。

先　生：そのとおりです。欧米の進出に反発するか順応するかが国の未来を左右しました。

問1　文章中に示されている図版として適当なもの**あ・い**と，後の年表中の**a～c**の時期のうち，図に描かれている出来事が起こった時期との組合せとして正しいものを，後の①～⑥のうちから一つ選べ。

図として適当なもの

あ

い

世界の出来事に関する年表

1814年	オーストリアの首都でヨーロッパの国際秩序を決める会議が開かれた。
↓	a
	オランダがジャワ島で政府（強制）栽培制度をはじめた。
	b
	アメリカで大陸横断鉄道が開通した。
	c
1884年	朝鮮で開化派の金玉均が日本の協力のもとクーデタをおこした。

①　あ－a　　②　あ－b　　③　あ－c　　④　い－a　　⑤　い－b　　⑥　い－c

問２　会話文の内容から推測した場合，下線部ⓐが指している国として最も適当なものを，次の①～⑥のうちから一つ選べ。

① フィリピン　② インドネシア　③ ベトナム
④ マレーシア　⑤ インド　⑥ ビルマ

問３　下線部ⓑについて述べた文として最も適当なものを，次の①～④のうちから一つ選べ。

① アメリカ東インド艦隊のペリーが浦賀を訪れた翌年，日本はアメリカと日米修好通商条約をむすび，下田と函館を開港した。
② アメリカと日米修好通商条約をむすんだ後，日本は同様の条約をオランダ・ロシア・イギリス・フランスともむすんだ。
③ 開港の結果，ヨーロッパ諸国との貿易が盛んとなり，日本からは毛織物や綿織物などの加工品が主な輸出品となった。
④ 1862年におこった生麦事件の賠償をめぐって，鹿児島の薩摩藩はイギリスの艦隊と戊辰戦争をおこした。

B　世界でおこった市民による革命運動と民主化について，絵を見ながら生徒と先生が話をしている。

先　生：いま私たち日本をはじめ，世界の多くの国は民主国家として存在していますが，その多くの国でもたった200年ほど前までは王や皇帝による専制的な支配がおこなわれていました。その中で市民たちが立ち上がり，運動や革命によって自分たちの権利を勝ち取ってきたのです。

まりこ：市民革命といえば，やっぱりフランス革命が有名ですよね。身分制社会の影響が強い中で，市民たちは王政を倒して近代国家を作り上げました。

よしお：僕はフランス革命といえばナポレオンが思い浮かびます。まさに時代の寵児として登場して，ヨーロッパを絶対王政の支配から解放しました。

先　生：たしかに，ナポレオンという人物を，絶対王政から人々を解放した英雄ととらえることもできるけども，一方では征服戦争によってヨーロッパを混乱させた奸雄と考える見方もあります。そこで，ナポレオンという人物がおこなったこの戦争をいかに評価すべきでしょうか。

まりこ：私は［　ア　］ことだと思います。結果的に彼は戦争に敗れて没落してしまったけれど，彼の行動がその後のヨーロッパ社会全体に大きく影響したと思います。

先　生：そうですね。ナポレオン没落後，ヨーロッパでは一度，絶対王政時代に戻そうとする反動的な動きが起こります。まさにフランスでも王政が復活するのですが，そこでⓐこの絵画が象徴する事件がおこるのです。これこそ，ナポレオンがヨーロッパに残していった遺産と言えるのではないでしょうか。こうしてヨーロッパでは国民意識が成長していきました。

よしお：なるほど，このあと［　イ　］年にはヨーロッパ各地で“諸国民の春”と呼ばれる革命が次々におこりますが，それらの革命も同様にナポレオンが残した遺産と言えるのですね。

まりこ：先生，今の話を聞いて思いついたのですが，ⓑナポレオン戦争時におけるヨーロッパ諸国民と日清戦争時における日本人には共通する部分がありますね。

先　生：たしかに，多様なとらえ方によってはそのように解釈することもできますね。

問4　前の文章中の空欄 ア に入れる文として最も適当なものを，次の①～④のうちから一つ選べ。

① ヨーロッパを支配するためには強力な軍事力が必要であることを示した
② フランス革命でうまれた自由主義・国民主義の精神をヨーロッパへ広めた
③ 国民国家を維持するためには国民を統治する有能なリーダーが必要であることをヨーロッパに示した
④ 真の民主主義を確立するためには革命をおこして王朝を打倒する必要があることをヨーロッパ諸国民に訴えた

問5　下線部ⓐに関連して，この絵画が象徴する歴史的事件**あ**・**い**と，この絵画を描いた画家の名前**X**～**Z**の組合せとして正しいものを，後の①～⑥のうちから一つ選べ。

この絵画が象徴する歴史的事件
あ　フランス七月革命
い　ギリシア独立戦争

絵画を描いた画家の名前
X　ゴヤ
Y　バイロン
Z　ドラクロワ

① あ－X　② あ－Y　③ あ－Z
④ い－X　⑤ い－Y　⑥ い－Z

問6　文章中の空欄 イ について，(1)および(2)の問いに答えよ。
(1)　文章中の空欄 イ に入る数字として正しいものを，次の①～④のうちから一つ選べ。

① 1830
② 1839
③ 1845
④ 1848

(2)　(1)で選んだ年におこった出来事について述べた文として最も適当なものを，次の①～⑥のうちから一つ選べ。

① オーストリアで革命がおこりタレーランがイギリスに亡命した。
② ドイツのベルリンで，ドイツの統一を議論する会議が開かれた。
③ ハンガリーではコシューシコが指導する民族運動がおこった。
④ セルビア人のベーメン（ボヘミア）ではスラヴ民族会議が開かれた。
⑤ イギリスで労働者によるチャーティスト運動の大集会が開かれた。
⑥ イタリアのサルデーニャ王国がオーストリアに宣戦し，領土の一部を回復した。

問7　下線部ⓑに関連して，ナポレオン戦争時のヨーロッパ諸国民と日清戦争時における日本人に共通すると考えられることとして最も適切なものを，次の①～④のうちから一つ選べ。

① 国王（天皇）のもとで戦う軍隊は常に圧倒的な力で侵略軍を打ち負かすということ。
② 王政（天皇制）を守るという意識が国民を団結させ戦争に勝利したということ。
③ 近代化改革に成功した国が大国をも圧倒する軍事力を有することを証明したこと。
④ 外国に支配される，もしくは外国軍と戦うことによって国民意識が高揚したこと。

C　次のグラフは，1899年から1911年までの日本における綿糸の生産高および輸出高と輸入高の推移を示したものである。

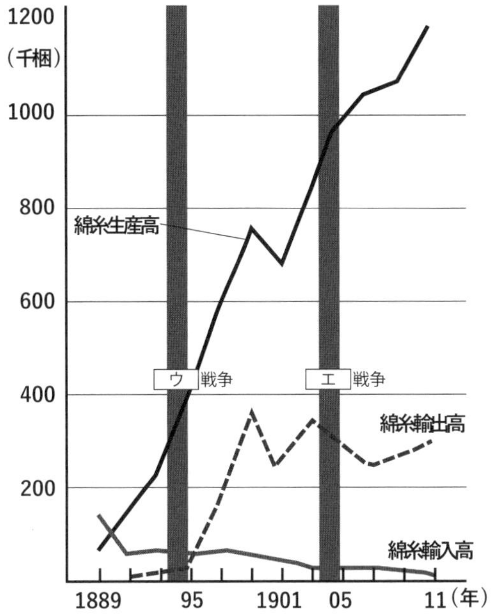

問8　上のグラフから読み取れる事柄と，そのときの日本を取り巻く出来事の状況を述べた文**あ**・**い**の正誤の組合せとして正しいものを，下の①～④のうちから一つ選べ。

あ　綿糸の輸出高が綿糸の輸入高を初めて上回ったころ，中国では科挙が廃止された。
い　綿糸の生産高が一時的に低下したころ，日本では自由民権運動が激化していた。

①　**あ**－正　　**い**－正
②　**あ**－正　　**い**－誤
③　**あ**－誤　　**い**－正
④　**あ**－誤　　**い**－誤

問9　上のグラフ中の空欄 ウ に入る語句**あ**・**い**と，その戦争について述べた文**a**～**c**の組合せとして正しいものを，後の①～⑥のうちから一つ選べ。

空欄 ウ に入る語句
あ　日清　　**い**　日露

ウ 戦争について述べた文
a　この戦争の直接のきっかけとなったのは清でおこった義和団事件であった。
b　この戦争の講和条約の日本側の全権は伊藤博文と陸奥宗光であった。
c　この戦争の後，日本はロシア・ドイツ・イギリスの三国による干渉を受けた。

①　**あ**－**a**　　②　**あ**－**b**　　③　**あ**－**c**
④　**い**－**a**　　⑤　**い**－**b**　　⑥　**い**－**c**

（本書オリジナル）

2

世界と日本における「大衆化」について述べた次の文章Ａ・Ｂを読み，後の問い（問１～８）に答えよ。

Ａ　あるクラスで，世界各国の大衆社会についての授業が行われている。

先　生：ⓐ第一次世界大戦が総力戦となったことで，参戦各国では国民の協力を必要としました。それゆえに大戦後，政治面では大衆の意向を無視することができなくなり，選挙権の拡大によって大衆が政治に参加するようになります。また，世界各国で女性の社会進出もすすみました。

福　場：第一次世界大戦に参加したヨーロッパの国では，男性の多くが出征していったために国内の働き手として多くの女性が活躍したのですよね。歴史総合の教科書で女性の働き手を募集する当時のヨーロッパのポスターを見たことがあります。

先　生：そうですね。ⓑ当時のヨーロッパではさまざまな分野で女性が就業しました。

渡　辺：だから大戦後のヨーロッパでは各国で女性の参政権が認められていくのですね。ヨーロッパで男女平等の普通選挙権を憲法ではじめて規定したのは［ア］でした。そのような事からも，当時その憲法は世界で最も民主的だと言われていましたね。

黒　川：日本も第一次世界大戦に参戦しましたが，日本の場合はどうだったのでしょうか。

先　生：日本の場合は，大戦に参加したとは言っても主要な戦場となったヨーロッパからはかなり離れていたこともあり，むしろ輸出が拡大して大戦景気と呼ばれる好景気がおとずれました。ところがその好景気は都市部の経済成長をうながしましたが，同時に物価の上昇ももたらし，都市部の労働者や農民の生活を困窮させることとなりました。それによってその後さまざまな立場から社会運動が展開されることになります。ではみなさん，ⓒ第一次世界大戦後の日本の社会運動について調べ，次回の授業までにまとめてきて下さい。

問１　下線部ⓐについて述べた文として最も適当なものを，次の①～④のうちから一つ選べ。

①　ギリシア系の青年がオーストリア皇位継承者夫妻を暗殺したサライェヴォ事件をきっかけに第一次世界大戦が勃発した。
②　アメリカは当初中立を保っていたが，ドイツによる無制限潜水艦作戦を理由として同盟国側で参戦した。
③　日本の寺内正毅内閣は中国に二十一か条の要求を突きつけ，山東省のドイツ権益の継承を受諾させた。
④　大戦中にロシアでは革命がおこり，レーニン率いるボリシェヴィキがソヴィエト政権を樹立した。

問２　下線部ⓑに関連して，下の資料は，ドイツにおける就業者数の推移（**資料１**）とドイツにおける産業別就業者数の変化（**資料２**）を示した表である。この２つの資料から読み取れる内容**ア**～**ウ**の正誤の組合せとして最も適切なものを，後の①～⑥のうちから一つ選べ。

資料１　(1914年6月=100)

年	月	女性	男性	総計
1916	12	108.1	60.5	77.3
1917	10	116.1	60.9	80.7
1918	10	116.8	60.2	80.1

資料２　(1917年10月時点　1914年6月=100)

	女性	男性	総計
製鉄・金属・機械	476.1	95.5	118.4
電機	480.5	84.0	145.1
化学	450.4	117.4	155.6
繊維	73.7	33.8	54.8
木材	117.9	51.7	61.6
食料品・嗜好品	101.6	52.8	75.3
被服	59.5	34.5	47.7
建築	279.3	56.1	62.3

２つの資料から読み取れる内容

ア　第一次世界大戦が始まる直前の女性就業者数に対し，戦争が終結に向かうにしたがってその率は減少傾向にある。

イ　第一次世界大戦が始まった当初に比べて，大戦終結の１年前には表中の全ての産業分野において，女性の就業者数は増加している。

ウ　女性が就業している産業の中でも，軍需に関わる分野への動員が多いと推測できる。

①　ア－正　イ－正　ウ－正　　②　ア－正　イ－正　ウ－誤
③　ア－正　イ－誤　ウ－誤　　④　ア－誤　イ－正　ウ－正
⑤　ア－誤　イ－誤　ウ－正　　⑥　ア－誤　イ－誤　ウ－誤

問３　文章中の空欄［ア］について，(1)および(2)の問いに答えよ。

(1)　文章中の空欄［ア］に入る国名として正しいものを，次の①～④のうちから一つ選べ。

①　ドイツ　　②　イタリア　　③　イギリス　　④　アメリカ

(2)　(1)で選んだ国で1920年代におこった出来事について述べた文として最も適当なものを，次の①～⑥のうちから一つ選べ。

①　同国初の労働党政権が誕生した。
②　第４回選挙法改正が行われ，都市の労働者に選挙権が与えられた。
③　移民法が制定され，アジア系の移民がほぼ全面的に禁止された。
④　隣国に工業地帯のルールが占領され，大インフレーションがおこった。
⑤　国際連盟を提唱して当初から参加し，主導的な地位を担った。
⑥　ファシスト党を率いた人物が首都に進軍するクーデタをおこし政権をにぎった。

問４　下線部ⓒに関連して，生徒たちがまとめた第一次世界大戦後の日本の社会運動についての次の**メモ**の正誤について述べた文として最も適切なものを，後の①～⑥のうちから一つ選べ。

福場さんのメモ

日本では学校教育が普及して，人々の読み書き能力が向上したことで大衆雑誌が発行部数をのばし，ラジオ放送やスポーツ中継などの娯楽も普及した。

渡辺さんのメモ

1925年には，それまでの財産による制限選挙を廃して普通選挙法が成立し，20歳以上の男性に選挙権が与えられた。

黒川さんのメモ

平塚らいてうや市川房枝などによる女性解放運動が展開され，1920年に新婦人協会がつくられて，女性参政権を要求した。

①　福場さんのみ正しい。
②　渡辺さんのみ正しい。
③　黒川さんのみ正しい。
④　福場さんと渡辺さんの二人のみが正しい。
⑤　福場さんと黒川さんの二人のみが正しい。
⑥　渡辺さんと黒川さんの二人のみが正しい。

B　あるクラスでは，第二次世界大戦後の大衆運動や民族運動について次の**資料**をもとに授業をおこなった。

資　料

「すべての人間は生まれながらにして平等である。造物主によって誰にもおかされない権利を付与されており，そのなかには生命，自由，および幸福の追求が含まれる。」この不滅の言葉は，1776年のアメリカ合衆国独立宣言にある。この語句を押し広げると，全世界のすべての民族は生まれながらにして平等であり，どの民族も生きる権利，幸福の権利，自由の権利をもつということを意味している。

先　生：これは第二次世界大戦後にアジアで独立を達成した［イ］の独立宣言です。みなさんは，この国について授業で学習したことを覚えていますか。

橋　本：はい。20世紀初頭に，この国から多くの留学生が日本にやってきましたよね。

先　生：よく覚えていたね。それには［　ウ　］が，日本への尊敬をうみ，大きな影響を与えているのだけれど，結局その運動は挫折し，日本との友好も途絶えてしまった。

井　上：皮肉なことにこの国は，その日本によって第二次世界大戦中に占領されてしまうのですね。

先　生：当時の日本は日中戦争の戦況が悪化するなかで「ⓐ大東亜共栄圏」構想を打ちたてて東南アジア諸国に進出するのだけれど，現実的にはそれは結局，日本が欧米に対抗して強引につくろうとした政治・経済・軍事ブロックと言えるだろう。

橋　本：そうした帝国主義的な支配であったからこそ，この宣言を出した人物はアメリカ独立宣言までさかのぼって人民主権の原則を訴えたのですね。

先　生：こうした動きが起こるのも日本が戦争に負けたからだね。そのあと日本も連合国に占領され，冷戦に巻き込まれていきますが，ⓑアジアにおける冷戦が日本の独立や安全保障にどう影響するのか，それを調べるのをみなさんの次の課題にしたいと思います。

問５　文章中の［イ］に入る国名と，その国の位置を示す次の図中のａ～ｃとの組合せとして正しいものを，後の①～⑥のうちから選べ。

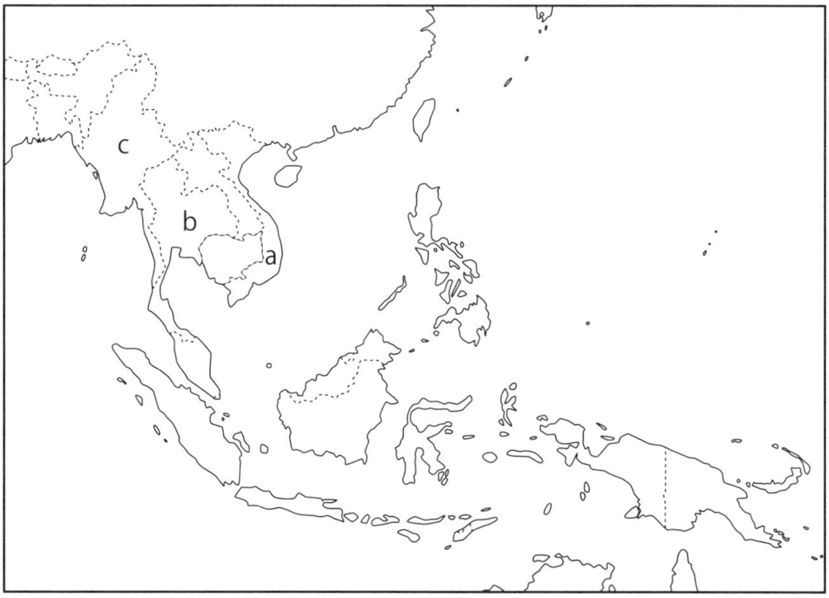

①　ベトナム－ａ　　②　ベトナム－ｂ　　③　ベトナム－ｃ
④　タイ－ａ　　⑤　タイ－ｂ　　⑥　タイ－ｃ

問6　前の文章中の空欄［ウ］に入れる文として最も適当なものを，次の①～④のうちから一つ選べ。

① 日清修好条規を結んで清と対等な関係を築いたこと

② 日朝修好条規を結んで日本のアジアでの優位を示したこと

③ 日清戦争で日本が勝利したこと

④ 日露戦争で日本が勝利したこと

問7　下線部ⓐに関連して，日本の「大東亜共栄圏」に組み込まれた東南アジアの国**あ**・**い**と，第一次世界大戦後から第二次世界大戦開始までにその国でおこった民族運動について述べた文**a**～**c**の組合せとして正しいものを，後の①～⑥のうちから一つ選べ。

大東亜共栄圏に組み込まれた国

あ　インド　　　**い**　ビルマ（ミャンマー）

第一次世界大戦後から第二次世界大戦開始までにその国でおこった民族運動

a　ガンディーらによる非暴力・不服従運動がおこなわれ，宗主国の支配に抵抗した。

b　スカルノの指導下で国民党が結成され，宗主国からの独立を要求した。

c　タキン党が結成され，アウン＝サンの指導で宗主国に対する独立運動を展開した。

① あ－a　　② あ－b　　③ あ－c

④ い－a　　⑤ い－b　　⑥ い－c

問8　下線部ⓑに関連して，橋本さんと井上さんは，アジアにおける冷戦について調べているうちに次のようなポスターを見つけた。このポスターが掲示される契機となった出来事として正しいものを，後の①～④のうちから一つ選べ。

① 中国で毛沢東率いる共産党が内戦に勝利し，中華人民共和国が成立した。

② ソ連がワルシャワ条約機構を結成し，中国や北朝鮮がこれに参加した。

③ 朝鮮民主主義人民共和国の軍隊が国境線を越えて大韓民国に侵入した。

④ 日本国内でレッド＝パージがおこなわれ，社会運動への弾圧が強まった。

（本書オリジナル）

3

歴史総合の授業で，世界のグローバル化について，班に分かれて興味のある分野を調べ，資料やグラフを基に探究した。それぞれの班の発表に関連した後の問い（問１～９）に答えよ。

A　１班は，冷戦期の米ソの軍拡競争について調べ，アメリカとソ連の軍事費支出の推移を示した次のグラフ（**グラフ１**）を見つけ，班のメンバーで気がついたことを話しあった。

（**グラフ１**）

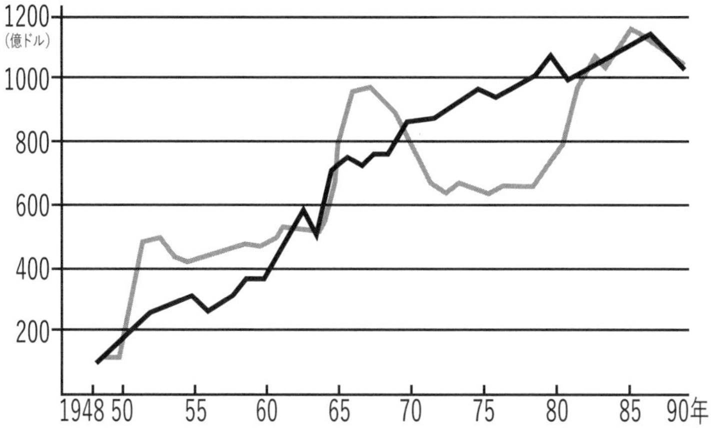

こうじ：このグラフでは，アメリカの軍事費が急激に増大するタイミングが３つあるけれども，一つ目のタイミングは，冷戦が始まってアメリカのトルーマン大統領がⓐ反共産主義の政策をすすめているときだからわかりやすいね。

こずえ：二つ目のタイミングは1965年ごろから始まってるわ。ちょうどこのころアメリカは［ア］に本格的な介入をおこなったのよね。これについては国内でも多くの批判がおこって，結局そのあとこれが一因となって［イ］に至り，ブレトン＝ウッズ経済体制が崩壊してしまったのよ。

たかし：そのあとしばらく軍事費の増大はみられないけれど，また1980年ごろを境に急激に増大しているよ。これはなぜなんだろう。

こうじ：それは［　ウ　］からだよ。これをきっかけに米ソは「新冷戦」にはいったと言われているんだ。

問１　下線部ⓐに関連して，この反共産主義政策の名称と，その政策の援助の対象となった地図中の国の位置**X**・**Y**の組合せとして正しいものを，後の①～⑥のうちから一つ選べ。

〔地図〕

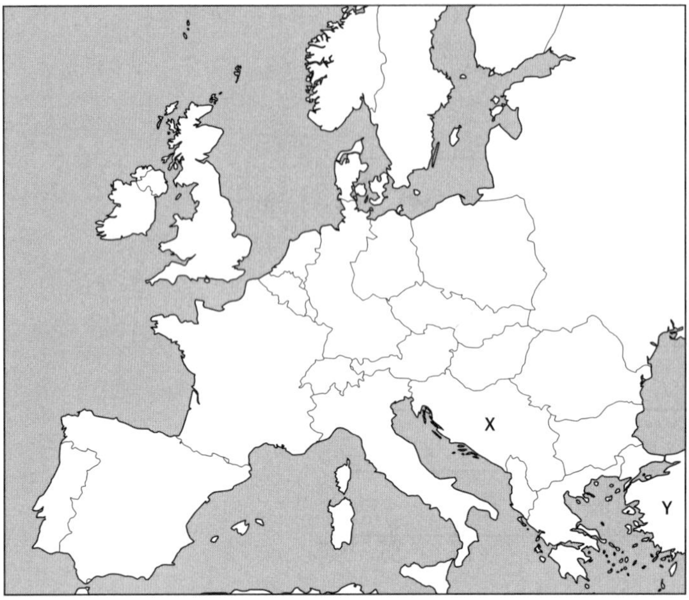

① フェアディール－**X**
② フェアディール－**Y**
③ 東方外交－**X**
④ 東方外交－**Y**
⑤ トルーマン＝ドクトリン－**X**
⑥ トルーマン＝ドクトリン－**Y**

問２　前の文章中の空欄［ア］に入る戦争に本格的な介入を始めたアメリカ大統領の時代におこった出来事**あ**・**い**と，空欄［イ］に入る事態を引き起こしたアメリカ大統領の時代におこった出来事**う**・**え**の組合せとして正しいものを，後の①～④のうちから一つ選べ。

［ア］に入る戦争に本格的な介入を始めたアメリカ大統領の時代におこった出来事
あ　ソ連がキューバにミサイル基地を建設した。
い　選挙や教育における人種差別を禁止する法律が成立した。

［イ］に入る事態を引き起こしたアメリカ大統領の時代におこった出来事
う　アメリカ大統領として初めて中華人民共和国を訪問した。
え　日本と日米相互協力および安全保障条約（新安保条約）を結んだ。

① **あ**・**う**　　② **あ**・**え**　　③ **い**・**う**　　④ **い**・**え**

問３　前の文章中の空欄［ウ］に入る文として最も適当なものを，次の①～④のうちから一つ選べ。
① ブレジネフ政権がアフガニスタンに軍事侵攻した
② ブレジネフ政権が「プラハの春」に対して軍事介入した
③ フルシチョフ政権がハンガリーの自由化運動を武力弾圧した
④ フルシチョフ政権が大陸間弾道弾を開発した

B　２班は,「脱植民地化とアジア諸国の連帯」というテーマで調べていくうち，次のような資料（**資料１～３**）をみつけ，それについて意見を出し合った。

資料１

第１回非同盟諸国首脳会議宣言
あらゆる形態の植民地主義・帝国主義と新植民地主義による支配を徹底的に排除することによってのみ，永続的な平和は達成される。…この会議は，冷戦を含めて戦争は不可避であるという見解を断固として拒絶する。なぜなら，そのような見解は無力感と絶望の双方を反映するものだからである。…参加国政府は，もはや人類史の過去の一時期のものとなった手段に訴えることなく，国際共同体は，自らのあり方を組織できるということへの揺るぎない信頼を確認する。

資料２

「平和十原則」〔バンドン精神〕
⑴基本的人権と国連憲章の尊重
⑵すべての国家の主権と領土の尊重
⑶すべての人種及び国家の平等の承認
⑷他国の内政不干渉
⑸国連憲章による個別・集団的自衛権の尊重
⑹大国の特定の利益のために集団防衛の取り決めを利用しないこと
⑺武力侵略の否定
⑻国際紛争の平和的手段による解決
⑼相互の利益と協力の増進
⑽正義と国際義務の尊重

資料３

アルジェリアの民族解放戦線の宣言
　何十年にもわたる闘争の末，民族運動は目的実現の最終局面に至った…
目的
１　イスラームの原則という枠組みのなかでの，主権をもち，民主的で，社会的なアルジェリア国家の回復
２　人種や宗教の区別のない，あらゆる基本的自由の尊重闘争の手段
　目的実現のためにあらゆる手段を用いる。…アルジェリアの問題を全世界の問題にするための外国での活動も。…闘争は長いが結果は確実である。…流血を広げないため，ⓑフランス当局と討議するために名誉ある場を設定することを提案する。

さとし：このⓒ３つの資料にみえる宣言を発信している国は，その多くが19世紀から欧米列強によって植民地とされてきた国だから，彼らの脱植民地への意思と平和への願いはとても強いものが伝わってくるね。
りえこ：そうね。確かに帝国主義や植民地主義に対する強い反発は伝わってくるわ。でもⓓ平和への願いという点では私は少し物足りないような気がするの。やっぱりそれは私が日本人であることが大きな理由かも知れないわね。
ひろし：僕もりえこさんと同じ意見だな。僕たち日本国民としては，その事を考えずに国際平和を語ることはできないと思うんだ。2022年２月に始まったウクライナ戦争も，まさにかつての日本と同じような危険に面していると思う。20世紀後半の「脱植民地化」について考えることは，それよりも大きな，いま僕たちの世代が面している国際問題を考える上でもとても有意義なものだよね。

問４　下線部ⓑに関連して，フランスは1950年代以降，今日のヨーロッパ連合（EU）につながるヨーロッパの経済的統合を主導してきたが，日本も1950年代から70年代にかけて「高度経済成長」といわれる経済の進展期をむかえた。日本の「高度経済成長」について最も適当なものを，次の①～④のうちから一つ選べ。

①　1960年代から70年代初頭にかけての日本の実質GNP（国民総生産）は，年によって変動はあるものの，およそ５～15％程度の経済成長率を維持していた。
②　ベトナム戦争勃発に際し，日本から出動する米軍が物資やサービスをドルで調達したことで発生した「特需景気」が高度経済成長が始まる背景となった。
③　鳩山一郎首相が，サンフランシスコ平和条約に調印したことを契機に国際連合加盟が実現し，各国との貿易が促進されたことが高度経済成長の一因となった。
④　この時期に韓国の李承晩政権と日韓基本条約を結び，およそ５億ドルの経済協力を約束した。

問５　下線部ⓒに関連して，**資料１～資料３**を，古い物から発信された順に正しく配列したものを，後の①～⑥のうちから一つ選べ。

①　**資料１－資料２－資料３**
②　**資料１－資料３－資料２**
③　**資料２－資料１－資料３**
④　**資料２－資料３－資料１**
⑤　**資料３－資料１－資料２**
⑥　**資料３－資料２－資料１**

問６　りえこさんが下線部ⓓのように考える理由は何か。その根拠となった**資料１～３**と，りえこさんがそのように考える理由として最も適当な文**Ｘ・Ｙ**との組合せとして正しいものを，後の①～⑥のうちから一つ選べ。

下線部ⓓのように考える理由
Ｘ　イスラームの立場からのみ言及しており，他の宗教には一切触れていないこと。
Ｙ　国際紛争の平和的解決を宣言する一方で，核兵器の廃絶に言及していないこと。

①　**資料１－Ｘ**	②　**資料２－Ｘ**	③　**資料３－Ｘ**
④　**資料１－Ｙ**	⑤　**資料２－Ｙ**	⑥　**資料３－Ｙ**

C　3班は，グローバルな問題の一つとして，今日「再生可能エネルギー」の実現が模索されていることから，ある資源に関するテーマで資料を準備し，考察を行った。次の文章は，その考察をまとめた**レポート**である。

レポート

主題【 エ 資源をめぐる国際社会の動向】

現代では，世界に供給される エ の価格がたびたび変動するが，そのことと世界情勢の変化にはどのような関連性があるのだろうか。

〔グラフ１〕 エ 価格の推移

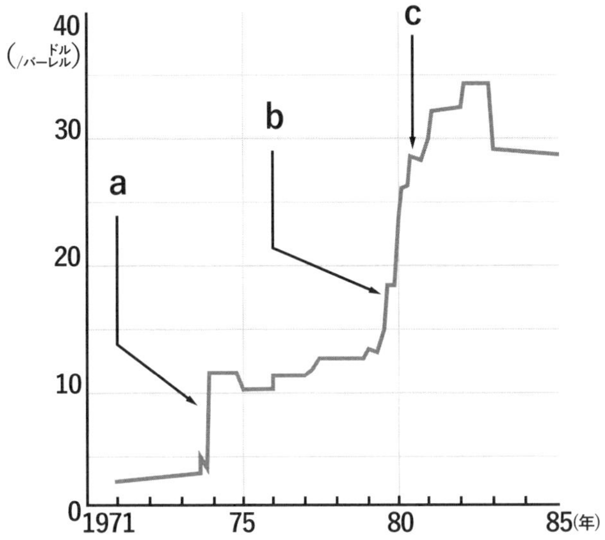

〔グラフ２〕 エ 生産量の国別割合

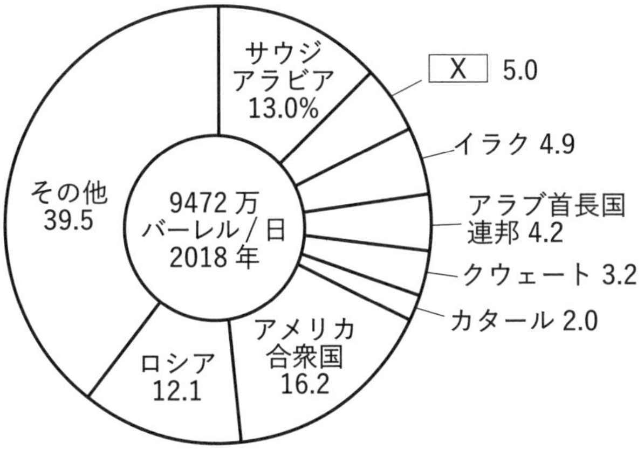

【まとめ】

○　 エ 価格は，1974年頃と1979年から1983年頃にかけて大きく高騰しているが，これは当時の世界情勢が影響していると考えられる。

○　 エ 価格の高騰は人々の生活への不安を煽り，当時の日本でも全国で物価高を恐れて生活必需品である紙製品などの買いだめがおこった。

○　このような事態をきっかけに，世界では，エネルギー資源を大量に消費する産業構造からの転換が求められるようになり，現在の「再生可能エネルギー」の模索につながった。

問7　レポートの内容を参考に，レポート中の空欄［エ］に入る資源**あ**～**う**と，〔**グラフ1**〕中の**a**または**c**の時期におこった出来事の組合わせとして正しいものを，後の①～⑥のうちから一つ選べ。

［エ］に入る資源

あ　アルミニウム　　**い**　原油　　**う**　石炭

aまたはcの時期におこった出来事

a　イスラエルがアラブ諸国を攻撃し，エジプトからシナイ半島などを奪った。
c　イラクのフセイン大統領が国境問題を口実に隣国に侵攻した。

① **あ－a**　　② **あ－c**
③ **い－a**　　④ **い－c**
⑤ **う－a**　　⑥ **う－c**

問8　〔**グラフ2**〕の空欄［X］に入る国では，〔**グラフ1**〕中の**b**の時期にある事件がおこり，［エ］価格に大きな影響を与えた。その事件について述べた文として最も適当なものを，次の①～④のうちから一つ選べ。

① カシミール地方の領有権をめぐって隣国と戦争が勃発した。
② シーア派の宗教指導者によって国王が追放された。
③ カセムによるクーデタで王政が廃止された。
④ 当時の首相がイギリス資本の会社の国有化を断行した。

問9　この3班のレポートをもとに，他班の生徒がこのレポートから読み取った内容をメモに書き留めた。次の**メモA～C**の内容の正誤の組合せとして正しいものを，後の①～⑥のうちから一つ選べ。

メモA

［エ］の生産量は，グラフ中の西アジア・アフリカの国の生産量を全て合わせてもアメリカとロシアの生産量には満たない。

メモB

［エ］価格の高騰は，世界中に影響を与えたが，当時日本は高度経済成長期であったため，その影響をほとんど受けなかった。

メモC

［エ］価格が高騰する際には，おおむね［エ］産出国を含む紛争や革命などがその引き金となっている。

① A－正　B－正　C－正　　② A－正　B－正　C－誤
③ A－正　B－誤　C－誤　　④ A－誤　B－正　C－正
⑤ A－誤　B－誤　C－正　　⑥ A－誤　B－誤　C－誤

（本書オリジナル）

4

歴史総合の授業で，「近代化と身体」という主題を設定し，各班で発表をまとめた。二つの班の発表について述べた次の文章A・Bを読み，後の問い（問1～8）に答えよ（資料には，省略したり，現代日本語に訳すなど改めたりしたところがある）。

A　山田さんの班は，日本の近代化を進めた人物の一人として，薩摩藩出身で初代文部大臣にもなった森有礼（1847－89）に注目した。そのなかで，1876年に清の李鴻章（1823－1901）との間でおこなわれた服装についての対談の史料が手に入った。山田さんはその会話の一部を要約したものを以下にまとめた。

> 李鴻章：近年，貴国でおこなわれていることはほとんど称賛すべきものばかりである。しかし，一つだけそうでないものがあるのは，貴国が旧来の服装を変えてヨーロッパ風を模倣したことである。
>
> 森有礼：その理由はとても簡単で，…そもそもわが国旧来の衣服のしきたりというものは，…ゆったりとして気持ちがよく，何もせずに，遊び暮らす人には非常に適しているが，多くの仕事にいそしむ人にはまったく適さない。昔ならともかく，今日の世の中には非常に不便である。このため，ふるいしきたりを改め新しい制度を用いたのであるが，わが国においてすくなからず役に立っている。
>
> 李鴻章：そもそも衣服のしきたりは，人に祖先の遺志を追憶させるものの一つであり，その子孫においては，これを尊重し，後世まで保存すべきことである。
>
> 森有礼：…今を去ること一千年前にも，我が祖先は貴国の服装に自分たちより優れたところがあるのを見て，これを採用した。何であれほかの善いところを模倣するのはわが国の美風といえる。
>
> 李鴻章：貴国の祖先が我が国の服装を採用したのは最も賢いことである。わが国の服は織るのにとても便利で，貴国内の産物でつくることができる。現在のヨーロッパの服装を模倣するような莫大で無駄な費用が不要である。
>
> 森有礼：そうであっても我々からみれば貴国の衣服は，洋服が便利であることに比べればその半分にも及ばない。頭髪は長くたれ，靴は大きくて粗く，ほとんどわが国の人民に適さない。このほかにも貴国のいろいろなことが我々に適しているとは思えない。しかし，洋服はそうではない。…勤労により富むことを望むがゆえに古きを捨て，新しきを導入し，現在，費用をかけているのは将来に無限の成果があることを期待しているからである。
>
> 李鴻章：しかし，閣下は貴国が旧来の衣服のしきたりを捨ててヨーロッパ風にならい，貴国の独立の精神をヨーロッパの支配に委ねたことに少しでも恥じることはないのか。
>
> 森有礼：少しも恥じることがないのみならず，我々はかえってこの変革を誇りに思う。決して他から強制されたわけではなく，わが国自身が好むところだからだ。とくにわが国は古くより，アジア・アメリカその他いずれの国であっても，長所があればわが国に導入することを望むのである。
>
> 李鴻章：わが国においては決してそのような変革をおこなうことはないだろう。ただし，ⓐ兵器・鉄道・電信その他の機械などは必需品であり，彼らの最も長じているところであるので，これを外国から導入せざるを得ない。

問1　山田さんらはこの会話を通して読み取ることができる李鴻章と森有礼それぞれの考え方を議論した。それぞれの考え方を説明した次の文**あ**・**い**の正誤の組合せとして正しいものを，後の①～④のうちから一つ選べ。

あ　森有礼は，日本では自国の発展のために他国のすぐれた文物を取り入れることは古くから行われてきたと考えている。

い　李鴻章は，伝統的な中国文明が本体であり，西洋文明は利用すべき技術にすぎないという考え方を否定している。

①　**あ**－正　**い**－正
②　**あ**－正　**い**－誤
③　**あ**－誤　**い**－正
④　**あ**－誤　**い**－誤

資料読解編

問２　下線部ⓐに関連して，兵器・鉄道・電信とその影響について述べた文として適当なものを，次の①～④のうちから一つ選べ。

① オスマン帝国では，伝統的軍隊を廃止して軍事的な西洋化を進める洋務運動が行われた。
② 長崎～上海，長崎～ウラジオストクに海底通信ケーブルが引かれた。
③ ロシアによるシベリア鉄道の建設発表により，アメリカと日本の間で条約改正交渉が進展した。
④ 南満洲鉄道の利権をめぐって，日本とイギリスの関係が悪化した。

問３　山田さんの班は，森有礼が初代文部大臣を務めたことに関連して，教育が近代化に与えた側面も探究しようと先生に相談した。先生は以下の**資料ア**・**資料イ**を示した。二人はこれらの資料に関して，共通して読み取れることとその背景について考えたことを以下の**メモ**にまとめた。二人は，さらに学習を深めるために後の**あ**・**い**の事柄から考えてみることにした。**あ**・**い**と，それぞれに関連する文**W**～**Z**との組合せとして正しいものを，後の①～④のうちから一つ選べ。

資料ア

アイヌ学校の開校式のようす（北海道大学附属図書館蔵，1880年頃）

資料イ

アメリカ国旗を前に「忠誠の誓い」を暗唱する生徒たち（1899年）

メモ

【２つの資料から読み取れること】
・国旗をかかげることで，国民意識や愛国心を養おうとしている。
【資料の背景】
・**資料ア**の背景として，日本はアイヌ民族への同化政策を進めていたことがあげられる。
・**資料イ**の背景として，アメリカでは移民の増加にともなって人々の不満が増加していたことがあげられる。

事柄

あ　1899年に北海道旧土人保護法が制定された。
い　1882年に中国人移民排斥法が制定された。

関連する文

W　このころすでに，樺太在住のアイヌ民族を北海道に移住させていた。
X　アイヌの社会的地位向上のため，謝花昇が民権運動を開始した。
Y　これ以降，産業革命の進展によって労働力需要も減退した。
Z　この法律が制定されたあとは中国人に代わって日本人の移民が増加した。

①	あ－W	い－Y	②	あ－W	い－Z
③	あ－X	い－Y	④	あ－X	い－Z

問4　森有礼は大日本帝国憲法の制定にも深くかかわった。山田さんは立憲主義に興味を持ち，立憲主義に関する大日本帝国憲法以外の３つの**史料**に注目した。**史料**について説明した文として**適当でないもの**を後の①～④のうちから一つ選べ。

史料１

…いかなる形態の政府であれ，政府がこれらの目的に反するようになったときには，人民には政府を改造または廃止し，新たな政府を樹立し，人民の安全と幸福をもたらす可能性が最も高いと思われる原理をその基盤とし，人民の安全と幸福をもたらす可能性が最も高いと思われる形の権力を組織する権利を有する…

史料２

第１条　人間は自由かつ権利において平等なものとしてうまれ，そうあり続ける。社会的区別は，共通の利益にのみもとづいて設けることができる。

第３条　あらゆる主権の根源は，本質的に国民にある。いかなる団体も，いかなる個人も，明白に国民に由来するものでない権限を行使することはできない。

史料３

ここに主権が国民に存することを宣言し，この憲法を確定する。そもそも国政は，国民の厳粛な信託によるものであつて，その権威は国民に由来し，その権力は国民の代表者がこれを行使し，その福利は国民がこれを享受する。これは人類普遍の原理であり，この憲法は，かかる原理に基くものである。

① **史料２**はイギリスで採択された宣言である。
② ここにかかげられている史料は，すべてが革命権について言及しているわけではない。
③ **史料１～３**のうち，最初に出されたのは**史料１**である。
④ ここにかかげられている史料には，19世紀に出されたものはない。

B　吉岡さんの班は，「近代化と身体」の主題への探究を深めるために，過去に行われたオリンピックに注目して，1948年までの大会と関連するメモを年表にまとめた。

開催年	開催地	開催国	メモ
1896	アテネ	ギリシャ	14カ国が参加　男子のみ
1900	パリ	フランス	万国博覧会の付属競技会として開催　女子も参加
1904	セントルイス	アメリカ	地元アメリカが圧倒的な成績をおさめた
1908	ロンドン	イギリス	X
1912	ストックホルム	スウェーデン	日本が初参加
1916	ベルリン	ドイツ	ⓑ第一次世界大戦のため中止
1920	アントワープ	ベルギー	日本が初めてメダルを獲得
1924	パリ	フランス	日本からはⓒ外交官も出場した
1928	アムステルダム	オランダ	聖火台が設置された　初の日本人女性選手出場
1932	ロサンゼルス	アメリカ	日本で試合の模様を伝えるラジオが放送された
1936	ベルリン	ドイツ	Y
1940	東京→ヘルシンキ	日本→フィンランド	第二次世界大戦のため中止
1944	ロンドン	イギリス	第二次世界大戦のため中止
1948	ロンドン	イギリス	ⓓ初参加の国が多いなかで，ある３国は不参加

問5　吉岡さんは，上の年表の空欄［X］，［Y］についてのメモを記した付箋を紛失してしまった。空欄［X］に入る文**あ・い**と，空欄［Y］に入る文**う・え**の組合せとして正しいものを，後の①～④のうちから一つ選べ。

［X］に入る文

あ　ニュージーランドがオーストラリアとの合同チームで出場した

い　ニューヨーク証券取引所でおこった株価の大暴落による恐慌で職を失った人たちがスタジアムに集まってデモをした

［Y］に入る文

う　このとき，継続されていた人種差別政策が一時凍結された

え　このとき，日本では政党内閣が続いていた

①　**あ・う**　　②　**あ・え**　　③　**い・う**　　④　**い・え**

問6　下線部ⓑに関連して，吉岡さんは各国の植民地の領有規模に関する表を得，この表について考えたことを班員で話し合い，**メモ**にまとめた。3人の**メモ**の正誤について述べた文として最も適当なものを，後の①～④のうちから一つ選べ。

表　　（面積単位：100万km^2　人口単位：100万人）

	植民地				本国（宗主国）	
	1876年		1914年		1914年	
	面積	人口	面積	人口	面積	人口
イギリス	22.5	251.9	33.5	393.5	0.3	46.5
ロシア	17.0	15.9	17.4	33.2	5.4	136.2
フランス	0.9	6.0	10.6	55.5	0.5	39.6
ドイツ	−	−	2.9	12.3	0.5	64.9
アメリカ	−	−	0.3	9.7	9.4	97.0
日本	−	−	0.3	19.2	0.4	53.0
6大国合計	40.4	273.8	65.0	523.4	16.5	437.2

嶋田さんのメモ

1876年の時点ではドイツ・アメリカ・日本は3国とも植民地を有していないが，いずれの国もすでに産業革命が進行しつつあった。

青山さんのメモ

表によると，アフリカ分割をめぐって協商を結んだ両国のうち，ロシアとイランでの勢力範囲を定めたある国のほうが植民地の面積は大きい。

桜田さんのメモ

1914年の時点で本国の面積が大きければ大きいほど，植民地の面積は小さいという関係が成り立つ。

①　嶋田さんのメモのみが正しい。
②　青山さんのメモのみが正しい。
③　桜田さんのメモのみが正しい。
④　全員のメモが正しい。

問7　下線部ⓒに関連して，吉岡さんはこの外交官は岡崎勝男（1897－1965）という人物であることをつきとめた。彼は1949年から1955年まで衆議院議員を務め，吉田茂内閣では外務大臣も務めた人物である。彼の衆議院議員在職中における日本や世界のできごととして適当なものを後の①～④から選べ。

①　日本軍が中国東北部での鉄道爆破事件を口実に軍事行動を開始した。
②　ソ連のミサイル基地建設計画によって，米ソ間の戦争が危惧された。
③　アメリカの水爆実験により，日本の漁船が被害を受けた。
④　日本はサンフランシスコ平和条約に調印し，すべての関係国との完全講和を実現した。

問8　下線部ⓓに関連して，吉岡さんの班ではこのことに関する仮説を**メモ**にまとめた。**メモ**中の空欄［ア］・［イ］に入る語句の組合せとして正しいものを，後の①～④のうちから一つ選べ。

メモ

> 第二次世界大戦後にイギリスから独立した［ア］，セイロンを含む多くの国が初参加する一方，ある3国は不参加だった。そのうちの2国は日本とドイツで，ともに連合軍の占領下であったため，招待されなかったのではないか。その一方，［イ］が不参加だったのは当時の国際情勢が関係しているかもしれない。

①　**ア**－ビルマ　　　**イ**－日本統治下にある韓国
②　**ア**－レバノン　　**イ**－社会主義国であるソ連
③　**ア**－ビルマ　　　**イ**－社会主義国であるソ連
④　**ア**－レバノン　　**イ**－日本統治下にある韓国

（本書オリジナル）

資料読解編

5

「歴史総合」の授業で，世界の諸地域における大衆化について，それぞれ主題を設定して各班で発表をまとめた。二つの班の発表について述べた次の文章Ａ・Ｂを読み，後の問い（問１～問８）に答えよ（資料には，省略したり，改めたりしたところがある）。

Ａ　たかしさんの班は，歴史上の女性の権利とその獲得のための運動に関心を持ち，これについて調べることにした。以下はその準備のためのたかしさんときよみさんとの会話である。

たかし：「女性の権利の獲得」といったとき，まず思い浮かぶのは女性参政権だね。
きよみ：確かに，参政権がわかりやすいかもしれないけれど，それ以外にも女性の権利は歴史的に男性に比べて抑圧されることが多かったよ。
たかし：確かにそうだね。ということは女性参政権を求める運動よりも前に，「女性の権利の獲得」をめざす運動というものも存在したのかな。
きよみ：たとえばオランプ＝ドゥ＝グージュの「女性の権利宣言」が有名ね。

資料１

女性の権利宣言

前文　母親・娘・姉妹たち，国民の女性代表者たちは，国民議会の構成員となることを要求する。そして，女性の諸権利に対する無知，忘却または軽視が，公の不幸と政府の腐敗の唯一の原因であることを考慮して，女性の譲り渡すことのできない神聖な自然的権利を，厳粛な宣言において提示することを決意した。…

第１条　女性は，自由なものとして生まれ，かつ，権利において男性と平等なものとして存在する。社会的差別は，共同の利益に基づくのでなければ，設けることができない。

第６条　法律は，一般意志の表明でなければならない。すべての女性市民と男性市民は，みずから，またはその代表者によって，その形成に参加する権利をもつ。法律はすべての者に対して同一でなければならない。…

第10条　…女性は，処刑台にのぼる権利をもつ。同時に，女性は，その意見の表明が法律によって定められた公の秩序を乱さない限りにおいて，演壇にのぼる権利をもたなければならない。

第11条　思想および意見の自由な伝達は，女性の最も貴重な権利の一つである。それは，この自由が，子どもと父親の嫡出関係を確保するからである。したがって，すべての女性市民は，法律によって定められた場合にその自由の濫用について責任を負うほかは，野蛮な偏見が真実を偽らせることのないように，自由に，自分が貴方の子の母親であるということができる。

第13条　公の武力の維持および行政の支出のための，女性と男性の租税の負担は平等である。女性は，すべての賦役とすべての役務に貢献する。したがって，女性は（男性と）同等に，地位・雇用・負担・位階・職業に参加しなければならない。

第17条　財産は，結婚していると否とにかかわらず，両性に属する。財産（権）は，そのいずれにとっても，不可侵かつ神聖な権利である。…

たかし：**資料１**がその女性の権利宣言だね。これを読むと，単に「男性と同等の権利を得る」という主張と同時に，ⓐ家父長制的な男性の支配を批判しているのがわかるね。
きよみ：まさにその意味で，グージュは女性解放運動の先駆けといわれるの。

問１　下線部ⓐについて，上記の資料の条文のうち，家父長制的な男性の支配を批判している条文として最も適当なものを，後の①～④のうちから一つ選べ。

①　第13条
②　第11条
③　第10条
④　第１条

問2　次にたかしさんは，日本における女性解放運動に関して，以下の**資料2**を見つけた。**資料2**は1911年に創刊されたある雑誌の「発刊の辞」である。

資料2

> 元始，女性は実に太陽であった。真正の人であった。
> 今，女性は月である。他に依っていき，他の光によって輝く，病人のような蒼白い顔である。
> さてここに『青鞜』は初声を上げた。
> 現代の日本の女性の頭脳と手によって始めてできた『青鞜』は初声を上げた。
> 女性のなすことは今はただ嘲りの笑を招くばかりである。
> 私はよく知っている，嘲りの笑の下に隠れたる或ものを。

(1)　**資料2**について，この雑誌の創刊に携わった人物**あ**・**い**と，その人物の説明**X**・**Y**の組合せとして正しいものを，後の①～④のうちから一つ選べ。

雑誌の創刊に携わった人物
あ　平塚らいてう
い　津田梅子

人物の説明
X　市川房枝らとともに新婦人協会を結成した。
Y　アメリカへ留学した後，女子英学塾を設立した。

①　あ－X　　②　あ－Y　　③　い－X　　④　い－Y

(2)　たかしさんは，「青鞜」の語源が18世紀なかばのロンドンでモンターギュ夫人のサロンに集まって議論した女性たちが履いていた「ブルーストッキング」に由来するものであることをつきとめた。18世紀なかばのできごととして適当なものを後の①～④から一つ選べ。

①　アジアで初めての共和国が成立した。
②　「代表なくして課税なし」として印紙法が撤回された。
③　社会問題を解決するため「科学的社会主義」が提唱された。
④　ある国の首相が富国強兵策を推進して「鉄血政策」を行った。

問3　きよみさんは，同じ班のよしえさんと「国際女性デー」に注目し，調べたことを**パネル1**にまとめた。また，女性参政権の実現した国と年代を表した**パネル2**も作成した。空欄［ア］に入る語句**あ**・**い**と，2つのパネルを比較して類推できる事柄**X**・**Y**との組合せとして正しいものを，後の①～④のうちから一つ選べ。

パネル1

◆国際女性デー関連年表
・1908年　ニューヨークで縫製労働者のストライキにおいて，女性が労働条件の改善を訴える
・1909年　アメリカで初めて記念行事を行う
・1910年　コペンハーゲンで開催された第2インターナショナルの「女性会議」で「女性の完全な政治的自由と平等，平和維持のために戦う日」に指定
・1917年　ロシアでの［ア］のあとにレーニン率いるソヴィエト政権が，女性に男性と平等な参政権を与えた

パネル2

◆主な女性参政権の実現
- 1893年　ニュージーランド
- 1906年　フィンランド
- 1915年　デンマーク
- 1917年　ロシア（ソヴィエト政権）
- 1919年　ドイツ・オランダ
- 1920年　アメリカ
- 1934年　トルコ
- 1944年　フランス
- 1945年　日本・イタリア

ア に入る語句
あ　血の日曜日事件　　　い　十月（十一月）革命

パネル1およびパネル2から類推できる事柄
X　資本主義諸国の多くが第一次世界大戦後に女性参政権を認めたのは，社会主義に対抗する意味もあった。
Y　第二次世界大戦の敗戦国は，戦後に至るまで女性参政権を付与しなかった。

① あ－X
② あ－Y
③ い－X
④ い－Y

B　たつやさんの班は，日本や世界の社会とメディアの関係に関心を持ち，さまざまな資料を入手した。

問4　たつやさんはまず，教育とメディアの関係に注目して，旧制中学校の生徒数と朝日新聞の発行部数をあらわした**資料3**のグラフを得た。たつやさんの班では，ここから考えたことを**メモ**にまとめた。3人の**メモ**の正誤について述べた文として最も適当なものを，後の①～④から選べ。

資料3

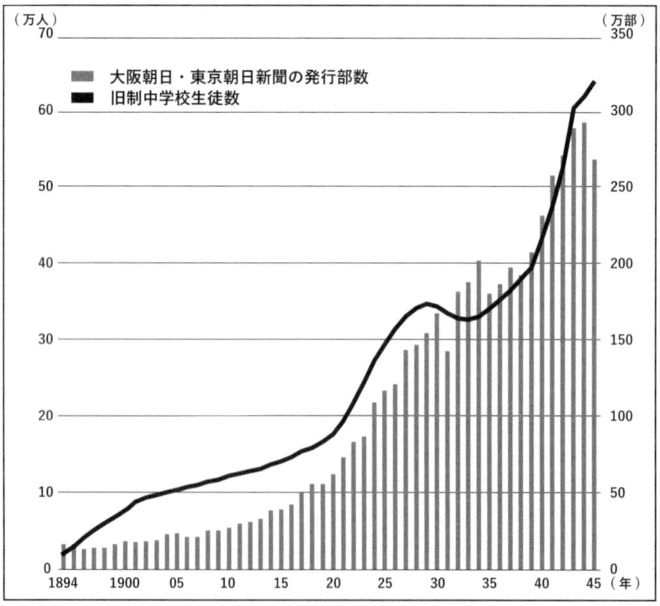

旧制中学校の生徒数と朝日新聞の発行部数

たつやさんのメモ

旧制中学校の生徒数がはじめて20万人を超える頃には，女性の地位向上を主張する団体や部落解放を訴える団体が結成されるなど，社会運動が展開された。

りきさんのメモ

旧制中学校の生徒数は一時的に減少することがあったが，これは北京郊外での日中両軍の衝突によって事実上の戦争が始まったことによる。

さゆりさんのメモ

この新聞の発行部数がはじめて100万部を超えた頃，アメリカでは世界恐慌への対策としてニューディール政策が推進された。

① たつやさんのメモのみが正しい。
② りきさんのメモのみが正しい。
③ さゆりさんのメモのみが正しい。
④ 全員のメモが正しい。

問５　たつやさんの班では，次に新聞と大衆運動，そしてナショナリズムとの関係に関心を持った。そしてアメリカへの日本人移民をめぐる問題に着目し，これに関する日米双方の新聞の報道のあり方を調べ，これを以下の**パネル３・４**にまとめた。このパネルを参考に，移民法成立の背景として考えられる事情について述べた文**あ・い**と，日本での影響として考えられる事情について述べた文**Ｘ・Ｙ**との組合せとして正しいものを，後の①～④のうちから一つ選べ。

パネル３

◆アメリカでの報道とその背景
・日本人移民は19世紀末頃から激増しており，当初は歓迎されていた
・白人の日本人労働者に対する反発から，現地の大衆紙の扇動もあり，サンフランシスコでは日本人学童が排斥された
・1924年には日本人の移民を事実上禁止する移民法が成立した
・アメリカにおける排外主義はその後もしばらく続いた

パネル４

◆日本での報道とその影響
・1924年，東京・大阪の主要新聞社19社はアメリカの反省をもとめる共同宣言を発表した
・さらに新聞では，米英に追随する外交路線の転換，中国との関係改善をもとめる主張がみられた
・美濃部達吉はこれに関連して「このような状況になったのは政府の罪でも外交官が悪いのでもない。つまるところ日本とアメリカの国力の差である」と述べている
・その後，日本ではアメリカ以外の移民先への移民が増加した

移民法成立の背景として考えられる事情
あ　日露戦争後の日本の躍進を警戒する風潮が広汎化していた。
い　ハワイやフィリピンをめぐって日米の対立が激化していた。

日本での影響として考えられる事情
Ｘ　日本は満洲に農民を入植させる満洲開拓移民を開始した。
Ｙ　日本政府は，英米との協調路線を継続したが，批判の声はあがらなかった。

① あ－X　② あ－Y
③ い－X　④ い－Y

問６　たつやさんの班は日本における普通選挙運動に関する言論に関心をもち，次の**資料４～資料６**の立場の異なる３つの資料を得た。これらの資料の内容や背景について述べた文として適当なものを後の①～④のうちから一つ選べ。

資料４

もし全国民がみな平等の能力をもって，平等の資格を有するのであれば，全国民に平等に選挙権を与えてすべての議員が等しく全国民から公選されるのが最も正当ですが，しかし実際は国民は決して平等ではありません。その家柄や財産，学識，経験，そして社会における人望などによって千差万別で，実際はきわめて不平等なのです。この実際上の不平等を無視して，全国民を平等なものとして扱い，平等に選挙権を与えたとしても，そこから公選された議員は決して適当な代表者とはいえないのです。

（美濃部達吉『憲法講話』，1912年）

資料５

現代立憲政治の運用にあたっては，実は…それほど高度な能力を選挙権者に求めているわけではない。では，どれほどの能力が必要かといえば，…選挙権者が，その権利を行使するにあたって，各候補者の言論を聞いて，そのなかのだれがより真理を含むかの判断をし，またかねてからの見聞にもとづいて各候補者の人格を比較して，そのなかのだれがより信頼できるかの判断を誤らなければよい。積極的に政治上の意見を立てる能力までは必要ないのである。つまりは，きわめて平凡な常識で足りる。これくらいのことなら，今日の国民ならだれでもできるだろう。…そうであるから，選挙制度は原則として必ず普通選挙であるべきだというのは，一目瞭然のことだ。

（吉野作造『普通選挙論』，1919年）

資料６

…しかし今回の選挙で一票を入れられるのは，みなさんのお父さん，恋人，お兄さん，お子さんや運転手，店員などすべて男性だけです。…いくらお母さんでも，学校の校長さんでも，院長さんでも，女ではだめです。
…もっとも，女が一票もったとして何にもならないではないかとおっしゃる方がいるかもしれません。しかし男と同様に女も一票もっているということになれば，第一に女の値打ちが上がります。女だというので男から馬鹿にされることが少なくなります。また，一票の手前，女自身もうっかりしていられなくなります。それに一票持っていると，現在女にとって不都合な法律…を改正することができやすくなります。…だからどうしても女も一票もつ必要があります。

（市川房枝「婦選運動十三年」，1932年）

① **資料４～６**はいずれもイギリスで女性参政権が与えられてから発表されている。
② **資料４～６**にみえる人物のなかには，女性参政権と治安維持法改正を求め，新婦人協会を組織した人物がいる。
③ **資料４**と**資料５**は，選挙権をもつために必要な能力についての考え方に差異がある。
④ **資料６**以外の資料は女性参政権を否定しているといえる。

問７　たつやさんはさらに選挙権の拡大に着目して学習を進め，次の1945年以前のある時期における選挙ポスター（**資料７**）と，1945年の衆議院議員選挙法の改正の際の附則（**資料８**）を得，班員全員でこの２つの資料からわかることを話しあった。空欄［イ］～［エ］に当てはまる語句の組合せとして正しいものを，後の①～④のうちから一つ選べ。

資料７　1945年以前のある時期の選挙ポスター

「労働者・小売商人・月給取の一票」

資料８　1945年法律第42号「衆議院議員選挙法」の改定の附則

「戸籍法ノ適用ヲ受ケザル者ノ選挙権及被選挙権ハ当分ノ内之ヲ停止ス」

たつや：まず**資料７**についてなのだけれど，これはいつの選挙のポスターだろうか。

り　き：候補者名の両脇にある文言から，この政党は［イ］政党みたいだね。だとすると少なくとも1925年の選挙法改正後であることはわかるんじゃないかな。

さゆり：なるほどね。ところで**資料８**についてはどうかな。私はこの戸籍法について調べてみたのだけれど，在日台湾人・朝鮮人には日本国籍は付与されたけれど，戸籍法では除外されたらしい。

たつや：この条文は1945年の衆議院議員選挙法改正で女性参政権が付与される一方，植民地出身者の選挙権は剥奪されたということなんだね。

り　き：この法律が制定されたのが［ウ］ということと，以前の［エ］という状況を比較して考えれば，1945年以前と以後では大日本帝国の「臣民」の範囲が恣意的に改変されていることがわかるね。

①　**イ**－資本家や地主など資産を有する人びとの利害を代表する
　ウ－大韓民国が成立する前
　エ－朝鮮や台湾にも徴兵令が敷かれた

②　**イ**－資産がなく労働賃金のみで生活する人びとの利害を代表する
　ウ－三・一独立運動の前
　エ－民族自決の原則が提唱された

③　**イ**－資本家や地主など資産を有する人びとの利害を代表する
　ウ－三・一独立運動の前
　エ－民族自決の原則が提唱された

④　**イ**－資産がなく労働賃金のみで生活する人びとの利害を代表する
　ウ－大韓民国が成立する前
　エ－朝鮮や台湾にも徴兵令が敷かれた

問８　たかしさんの班とたつやさんの班はそれぞれ中間発表を行い，お互いの班の関心に共通するものがあることから，今後，共同で探究作業にあたることとした。問１～問７でみた考察の内容をみて，共同で探究するための課題**あ**・**い**と，それぞれについて探究するために最も適当と考えられる資料**W**～**Z**との組合せとして正しいものを，後の①～④のうちから一つ選べ。

共同で探究するための課題

あ　マス・メディアが国民意識の高まりにどのように関与したか。

い　マス・メディアが平等主義の形成にどのように関与したか。

探究するために最も適当と考えられる資料

W　アメリカ合衆国におけるラジオの販売台数の推移を示した統計と，自動車の売上台数の推移を示した統計

X　植民地において宗主国が製作した映画の興行収入の推移を示した統計と本国で行われた新聞報道の内容

Y　社会運動を展開する団体の発起人や構成員に占める新聞関係者の割合

Z　社会運動を抑制するための法律の条文の変遷

①　あ－W　　い－Y
②　あ－W　　い－Z
③　あ－X　　い－Y
④　あ－X　　い－Z

（本書オリジナル）

6

歴史総合の授業で，世界の諸地域における感染症の流行とグローバル化をテーマに資料を基に追究した。次の文章Ａ～Ｃを読み，後の問い（問１～７）に答えよ（資料には，省略したり，改めたりしたところがある）。

Ａ　ある小説を読んだ生徒が，そのことについて先生と話をしている。

鈴　木：先日，フランス人のユーゴーが書いた『レ・ミゼラブル』を読みました。
先　生：1862年に刊行された，フランスを舞台にした人道や宿命がテーマの物語ですね。どうでしたか。
鈴　木：ストーリーはもちろん感動的で面白かったのですが，私はとくに彼の下水道の描写に感銘を受けました。下水道に流れる人の糞尿は農作物の肥料として最上級ですが，不潔な下水道は感染症の原因となる細菌がたくさんあって…
先　生：着眼点が素晴らしいですね。パリの下水道が見事に複眼的に描かれています。でも，この小説が発表されたときにはその下水道はきれいに整備されていたのですよ。
鈴　木：え，それはどうしてでしょうか。
先　生：1826年から1837年に，ある病気が大流行します。それによって，下水道の整備が始まったのです。
鈴　木：それは，コレラでしょうか。
先　生：その通り。インドのベンガル地方で発生したコレラはこの時は２回目の大流行だったのですが，その推定される感染経路がこの地図に記されています。

図１

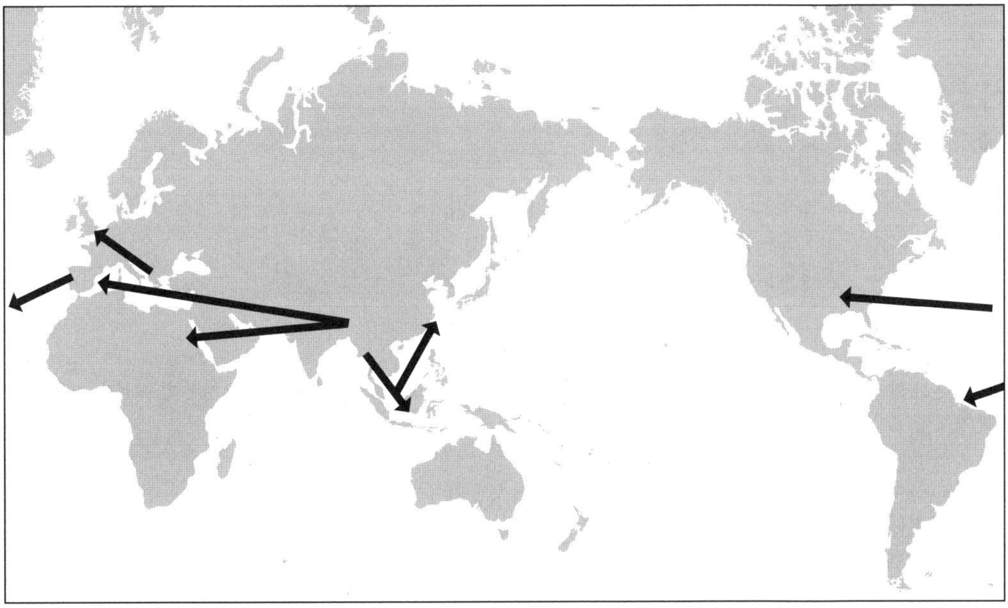

問１　鈴木さんはさっそく，**図１**のコピーを先生にもらって，山村さんや西岡さんとともに気づいたことを以下のメモにまとめた。３人のメモの正誤について述べた文として最も適当なものを，後の①～④のうちから一つ選べ。

鈴木さんのメモ

このときの大流行は東アジアにも至っているが，その背景の一つに三角貿易があると考えられる。

山村さんのメモ

このときの大流行はイギリスにも至っているが，それはイギリスがインドの植民地化をすすめていたからだろう。

西岡さんのメモ

このときの大流行はフランスの第三共和政の時期に起こった。

① 鈴木さんのメモのみが**誤っている**。
② 山村さんのメモのみが**誤っている**。
③ 西岡さんのメモのみが**誤っている**。
④ 全員のメモが**誤っている**。

問２ 山村さんは感染症対策として，検疫があることを知った。検疫とは，外国船などが入出国する際に積み荷などが有害物質や病原体などに汚染されていないかを確認することである。山村さんは近年のコロナ禍においても行われたこの検疫に関する歴史上の事件を調べて**カード１**にまとめた。そして，これと日本の条約改正交渉が関連することに気づき，それを**カード２**にまとめた。

カード１

◆ヘスペリア号事件（1879年）
・ドイツ船ヘスペリア号がコレラ流行地である清から直接日本に来航した
・ドイツ公使は独自の検査を行い，異常なしとして即時入国を求めた
・日本は検疫の規則を作成していたが，ヘスペリア号はこれに従わなかった
・結局ヘスペリア号は日本の検疫を受けることなく横浜への入港を強行した

カード２

◆不平等条約の改正にあたった外交担当者
1871～73年　岩倉具視→予備交渉失敗
1876～78年　寺島宗則→関税自主権回復を主眼，失敗
1882～87年　井上馨→領事裁判権撤廃を主眼，失敗　ⓐ厳しい批判
1888～89年　大隈重信→大審院に外国人判事任用を容認　ⓑ厳しい批判

(1) 山村さんは**カード１**の事件のあと日本にどのような影響があったのかを考察した。**カード１**・**カード２**から推察できる影響として正しいものの組合せを後の①～④から一つ選べ。

あ この事件が起きたことで，天皇を崇拝し，外国人を排斥する運動が激化した。
い この事件が起きたことで，関東地方のコレラの感染者数が激増した。
う 関税自主権を回復しなければ国民の生命や安全を守れないとして，条約改正要求が高まった。
え 領事裁判権を撤廃しなければ国民の生命や安全を守れないとして，条約改正要求が高まった。

① **あ・う**　② **あ・え**　③ **い・う**　④ **い・え**

(2) 下線部ⓐ，下線部ⓑに関連して，山村さんはこの二人の外交担当者が世論の強い批判を受けたことに注目し，それぞれどのような批判を受けたかを考察した。外交担当者に対する批判**あ**・**い**が当てはまる外交担当者**X**～**Z**の組合せとして正しいものを後の①～⑥から一つ選べ。

考えられる批判
あ 外国人判事を任用することは，憲法違反であるとする批判
い 鹿鳴館での舞踏会など，極端な欧化政策をとることに対する批判

批判の対象となった外交担当者

X　井上馨，大隈重信両者に共通する批判
Y　井上馨のみに対する批判
Z　大隈重信のみに対する批判

① あ－X　い－Y
② あ－X　い－Z
③ あ－Y　い－X
④ あ－Y　い－Z
⑤ あ－Z　い－X
⑥ あ－Z　い－Y

B　産業と感染症の関係について，生徒たちが話している。

吉　田：私たちの班は，産業化と感染症の関係についてまとめてみようよ。
春　原：そうだね，産業化がどのように進展したかという指標はどうする？
仙　谷：たとえば，日本であれば ⓒ産業革命の進展は繊維産業が中心であったから，そこに着目してみるのはどうかな。

問3　そこで吉田さんの班は，下線部ⓒに関連する資料として**資料1**と**資料2**を得た。**資料1**は生糸の生産量・輸出量，**資料2**は結核による死亡者数・死亡率を示している。この二つの資料から読み取れることについて述べた文として適当なものを，後の①～④のうちから一つ選べ。

資料1

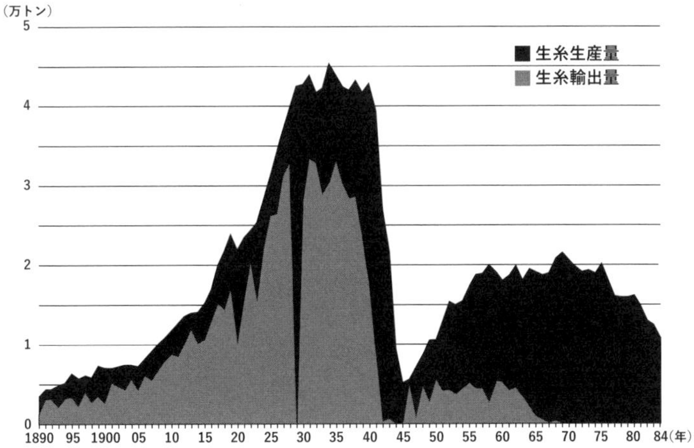

資料2

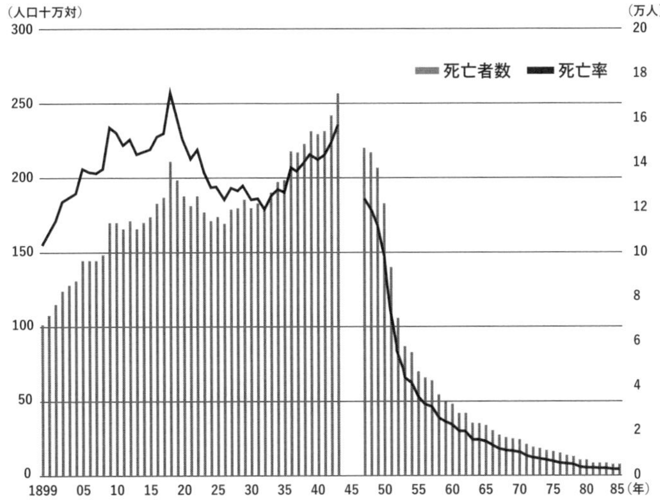

① 第二次世界大戦後の方が，結核での死亡率は高いが，これは高度経済成長期によって工業化が進展し，製糸業以外での死亡者が増えたことに由来すると考えられる。
② 生糸の生産量が減少すると結核での死亡者数は減少する傾向にあることから，恐慌などが起こって労働者が職を失ったことが読み取れる。
③ 1930年代に生糸の生産量と輸出量がともに増加傾向にあるのは，政府がおこなった金解禁によって好景気になったためである。
④ 19世紀末から1910年代にかけて結核の死亡者数が増加しているのは，製糸業などの産業革命の進展によって劣悪な労働環境で働く人々が増えたことが原因である。

C 国際情勢と感染症の流行について，生徒たちが話している。

西　田：近代になって，人やモノが地球規模で移動するようになって世界の一体化がすすんでくると，どうしても感染症の流行という負の側面も出てくるよね。
九　条：そうだね。特にⓓ植民地の拡大やⓔ世界規模での戦争などでは，そうした問題は無視できなかったようだ。
西　田：一方で，ⓕ感染症に人間が打ち勝った事例もあるよね。
九　条：歴史的にいろいろな国や地域で人々を苦しめてきた病気だけに，その当時の人たちは安堵しただろう。
西　田：その一方，ⓖ新たな感染症も登場している。やはり，私たちの生活習慣が変わったり産業が高度化したりすると，ウィルスや菌もまた変化していくのだろうね。

問4 下線部ⓓに関連して，19世紀に入ってもアフリカ大陸は周囲からうかがうことのできない「暗黒大陸」であった。これに関連して，19世紀のアフリカ大陸について述べた文**あ**・**い**の正誤の組合せとして正しいものを，後の①～④のうちから一つ選べ。

あ アフリカ大陸を北進するイギリスが東進するドイツと衝突する事件が起こった。
い ドイツのビスマルクが主催した国際会議で，列強はアフリカ分割に合意し，先占権を相互に認めた。

① **あ**－正 **い**－正　② **あ**－正 **い**－誤
③ **あ**－誤 **い**－正　④ **あ**－誤 **い**－誤

問５　下線部ⓔに関連して，**資料３**は，1918年に世界的に流行したインフルエンザ（第二波）の感染経路を推定したものである。**資料３**を参考にしながら，このインフルエンザについて述べた文として**適当でないもの**を，後の①～④のうちから一つ選べ。

資料３

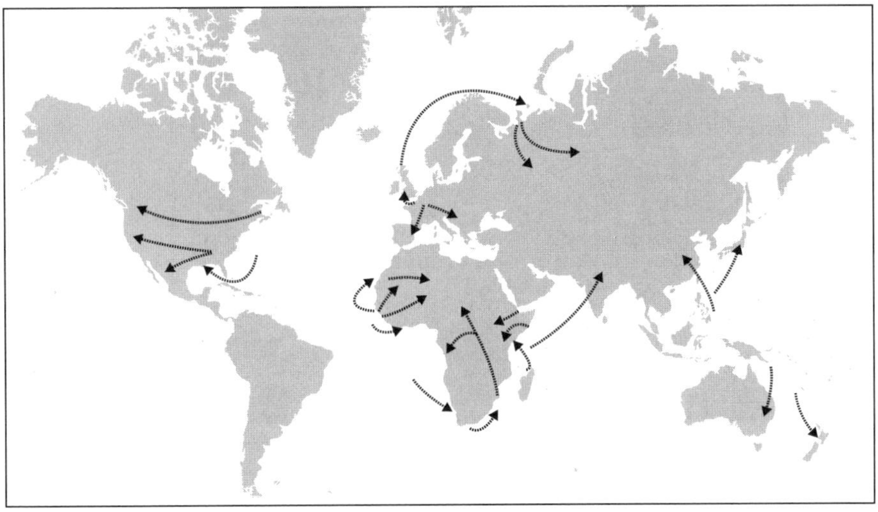

①　このインフルエンザが広まったある国では，国内に厭戦気分が蔓延し，出撃拒否をした水兵による反乱をきっかけに革命がおこった。
②　このインフルエンザは，当時行われていた戦争よりもはるかに多くの死者を出し，その数は5000万人ともいわれている。
③　このインフルエンザは，当時行われていた戦争が太平洋を中心として展開していたため，東アジアで爆発的に流行した。
④　このインフルエンザは，当時行われていた戦争で，植民地からも多くの人々が動員されていたこともあり，インドなどにも流行が広がった。

問６　下線部ⓕに関連して，1980年にWHOによって天然痘の根絶が宣言された。このころの国際情勢について述べた文として最も適当なものを後の①～④から一つ選べ。

①　独立が宣言されたある国とこれを認めない国との間での戦争で休戦協定が結ばれ，南北に分裂した。
②　国境問題の解決のため，革命の混乱に乗じてある国が侵攻して戦争が始まった。
③　ミサイル基地建設をめぐって２つの大国が一触即発の事態となったが，回避された。
④　ある国の水爆実験に批判が高まり，世界的な原水爆禁止運動が起こった。

資料読解編

問７　下線部ⓖに関連して，九条さんは2010年にハイチで起こったコレラの流行について調べ，以下のパネルにまとめた。

パネル

上の写真は2010年にハイチで起こった大地震のあとの様子を示しています。
この地震から９か月後，ハイチでコレラが大流行しました。この原因について，当初は地震によって多くの建物が倒壊するなどして衛生状態が悪化したためであるとされていました。
しかし，ハイチでは150年もの間，コレラの感染は確認されていませんでした。
このことから，地震のあとに現地の治安を維持するために派遣された［　ア　］が考えられました。
そして地震から６年が経過した2016年，これを派遣した機関の代表者は［　ア　］を認め，謝罪することとなりました。

パネル中の［　ア　］に当てはまる語句**あ**～**う**と，その内容に関連する文**X**・**Y**の組合せとして正しいものを，後の①～⑨のうちから一つ選べ。

［　ア　］に入れる語句

あ　国連憲章にもとづく正規の国連軍が図らずももち込んでしまったこと
い　国連平和維持活動（PKO）部隊が図らずももち込んでしまったこと
う　日本の警察予備隊が図らずももち込んでしまったこと

［　ア　］に関連する文

X　日本ではこれに協力する法律が宮沢喜一内閣のときに成立した
Y　ある戦争に伴う在日米軍の不足に伴って設置されたものである
Z　国際連合による集団安全保障の手段として軍事制裁を担う

①　あ－X　　②　あ－Y　　③　あ－Z
④　い－X　　⑤　い－Y　　⑥　い－Z
⑦　う－X　　⑧　う－Y　　⑨　う－Z

（本書オリジナル）

第2章 世界史探究

1 古代メソポタミアの最古の文字はウルク出土の絵文字であるが，やがて粘土板に金属や葦(あし)などの筆記具を押しつけて記したことにより独特の形の文字となった。下線部の文字の写真として正しいものを選びなさい。

①

②

③

④

（本書オリジナル）

2 次の文と写真を見て，問いに答えなさい。

写真Aに記される文字の発見は19世紀末といわれる。これは中国古代史を塗り替える大発見であった。この発見によって，それまで存在を疑われていた殷王朝が，歴史的実在となったからである。この文字は，写真Aのように［ア］に刻まれた文字で，その内容は多くが［イ］である。

写真A

問　文中の空欄［ア］と［イ］に入れる語句または文の組合せとして最も適当な書物を次の①～④から一つ選びなさい。

① ［ア］－陶器の欠片　［イ］－祭事や軍事・狩猟を占った文
② ［ア］－陶器の欠片　［イ］－王の政治の結果・軍事の戦果を記録した文
③ ［ア］－亀甲や獣骨　［イ］－祭事や軍事・狩猟を占った文
④ ［ア］－亀甲や獣骨　［イ］－王の政治の結果・軍事の戦果を記録した文

（本書オリジナル）

3 下線部の都市を示す下の地図中の**ア**または**イ**と，その国に関する説明の組合せとして正しいものを下の①～④から選びなさい。

古代アメリカ大陸では，紀元前から大陸の南北にさまざまな文明が作られた。その中でも14世紀にはテノチティトランを首都とする王国が作られた。

① **ア**－この国では神権政治が行われ，象形文字が使用されていた。
② **ア**－この国のチチェンイッツァにはピラミッド状の神殿が造営された。
③ **イ**－この国は文字を持たなかったため，キープと呼ばれる結縄が使用された。
④ **イ**－この国ではジャガーを崇拝しており，ピラミッド状の神殿が造られた。

（本書オリジナル）

4 前612年のアッシリア王国滅亡後に分立した４王国のうち世界で初めて金属貨幣を使用した王国の名称と，その王国の地図中の位置ＡまたはＢの組合せとして最も適当なものを，下の①～④の中から一つ選びなさい。

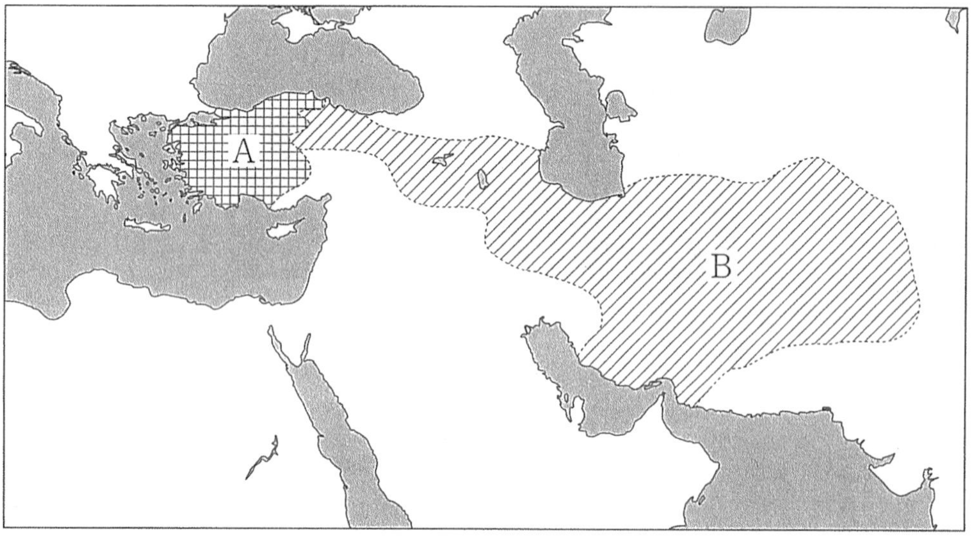

①　リディア－Ａ　　②　リディア－Ｂ　　③　メディア－Ａ　　④　メディア－Ｂ

（佛教大学2016年）

5 古来，人類は絶えず戦争を行なってきた。以下の戦争に関する史料（A）について，問１～５に答えなさい。解答は選択肢（①～⑤）からもっとも適切なものを１つ選びなさい。

（A）「初めのうちこそデロス同盟諸国は，独立自治を保ち共同の会議によってことを議決していたのであり，(ア)アテナイ［アテネ］はそうした条件下で同盟諸国の盟主の地位にあった。だが(イ)ペルシア戦争から(ウ)今回の戦争にいたるまでの間に，アテナイは次のような多くの出来事に，戦争においても政治的紛争解決においても，直面することとなった。すなわち，ペルシア人とアテナイ人との間に起こった紛争，アテナイ自身の同盟国の離叛，および(エ)ペロポネソス諸国がことあるごとにいつでも介入してきたことである。（後略）」

（歴史学研究会編『世界史史料』第１巻，岩波書店，2012年。［　］内は出題者による挿入である。）

問１　下線部(ア)に関して，**誤っている**記述はどれか。
① 民会は18歳以上の男性市民で構成された。
② テミストクレスは大艦隊を建造した。
③ イオニア植民市の反乱でミレトスを支援した。
④ 民衆裁判所の陪審員は輪番制であった。
⑤ クレイステネスはデーモスを制定した。

問２　下線部(イ)の戦いの場所として**誤っているもの**はどれか。

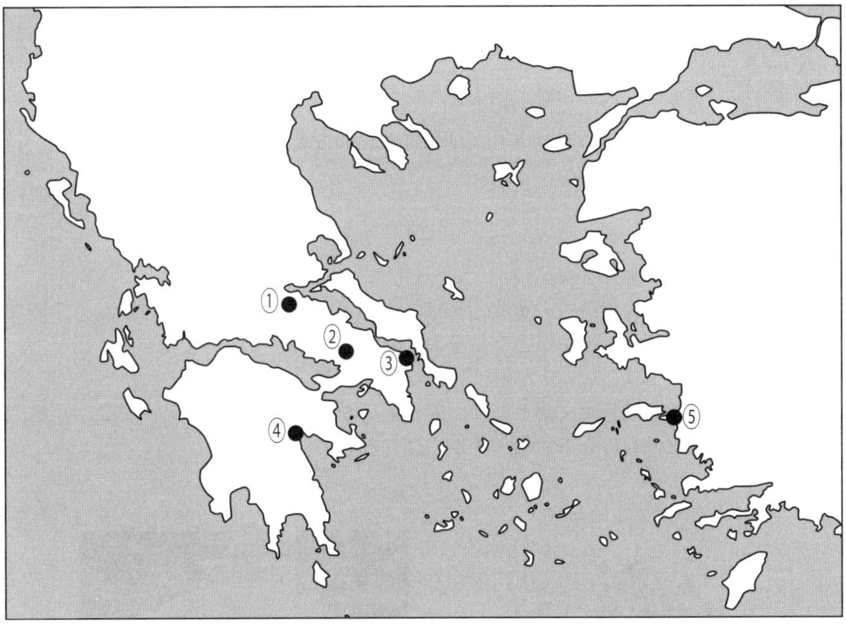

問３　下線部(ウ)の戦争が始まった年はいつか。
① 前490年　② 前479年　③ 前431年　④ 前338年　⑤ 前334年

資料読解編

問４　下線部(エ)に関連して，ペロポネソス同盟の盟主であったポリスの位置はどこか。

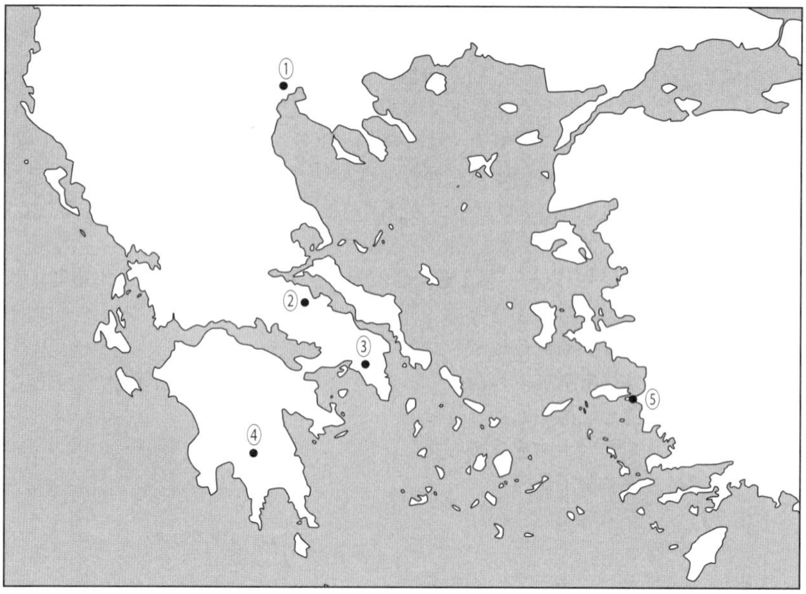

問５　問４のポリスについて，**誤っている**記述はどれか。

①　ドーリア人が建設した。
②　コリントス同盟（ヘラス同盟）に加わった。
③　このポリスでヘイロータイ（ヘロット）とは隷属農民のことである。
④　ファランクスを採用した。
⑤　テルモピレーの戦いで大敗した。　（上智大学2018年改題）

6　次の文章を読んで次の問いに答えよ。

現在判明しているユーラシア大陸最古の遊牧国家はスキタイである。スキタイは機動力に優れた騎兵を用いた高い軍事力を示す一方，ギリシア植民市と交易をおこなうなど独自の騎馬文化を生み出した。

下線部に関して，スキタイの残した文物として，最も適切なものアまたはイと，そこから推測されるスキタイの説明の組合せとして正しいものを下の①～④から選びなさい。

ア

イ

①　**ア**－黄金製品の交易で繁栄し，彼らが商用で用いた文字はアルファベットの起源となった。
②　**ア**－金属器を用いる文化をもち，それらは動物の文様を特徴としていた。
③　**イ**－石造技術に優れていた彼らは，各地に祭祀用の石造建築を残した。
④　**イ**－彼らは石版に文字を記録し，北方遊牧民最古とされる文字を残した。

（本書オリジナル）

7 次の文章を読んで，問いに答えなさい。

上の写真はイランに現存するある遺跡の一部である。ここはある古代王朝の都の１つであった。

問　この王朝遺跡の名称とその王朝に関する記述の組み合わせとして正しいものを下の①～④から選びなさい。

① アブシンベル－この王朝の王シャープール１世はローマの軍人皇帝を捕らえた。
② アブシンベル－この王朝の王ホスロー１世はオリエント全域を支配し，各国から特産品を集めた。
③ ペルセポリス－この都が造営される前はスサに都が置かれていた。
④ ペルセポリス－この都は東ローマ帝国のユスティニアヌス帝によって破壊された。

（本書オリジナル）

8 古代地中海世界においてギリシア人は海外に多くの植民市を建設したが，ギリシア人の植民市として，不適当なものは，つぎの地図上の都市（①～④）のうちどれか。

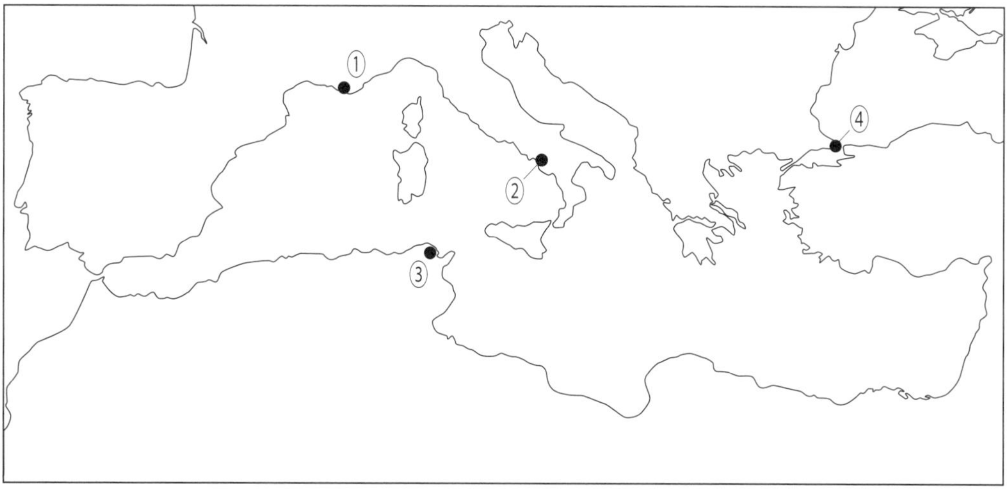

（本書オリジナル）

9 次の写真はアテネを代表する遺跡のひとつである。この遺跡について述べた文として**適切ではないもの**を，下の①～④の中から１つ選びなさい。

① 神殿はアクロポリスの上に建てられている。
② 麓のアゴラでは集会や政治が行われた。
③ ポリス市民はもっぱら城壁内で耕作をおこなった。
④ 神殿は戦時には城塞にもなった。

（本書オリジナル）

10 第１回ポエニ戦争後にローマで最初の属州とされた地の名称と，次の地図中の位置の組合せとして最も適当なものを，下の①～④の中から一つ選べ。

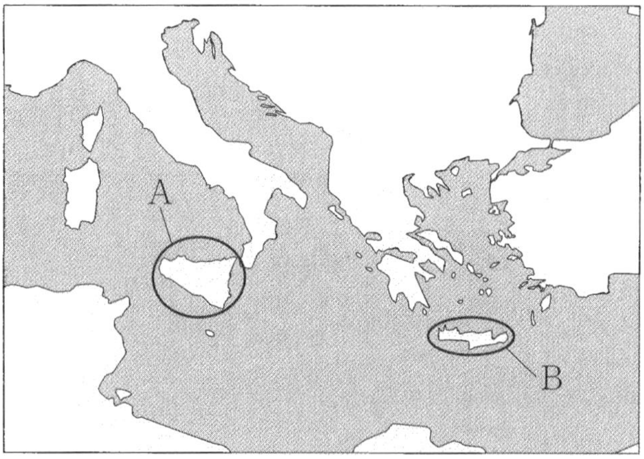

① シチリア島－A
② シチリア島－B
③ クレタ島－A
④ クレタ島－B

（佛教大学2018年）

11 次の文を読んで次の問いに答えよ。

ガウタマ=シッダールタの死後も彼に従っていた教団は布教を続け，特に仏典結集を行ったマウリヤ朝第3代の王アショーカなどの保護を受けたこともあり，その教えはインド各地へと広がった。2世紀中頃には，ガンダーラ地方に首都を定めていたクシャーナ朝も仏教を保護したが，この時代には，かつてのような出家者を中心とする初期仏教と異なり，在家の生活をも認め，慈悲の実践を強調する大乗仏教が盛んになってきた。

問　下線部のガンダーラ地方を示す地図中の位置**ア**または**イ**と，そこで生まれた美術の説明として正しいものを下の①～④のうちから選びなさい。

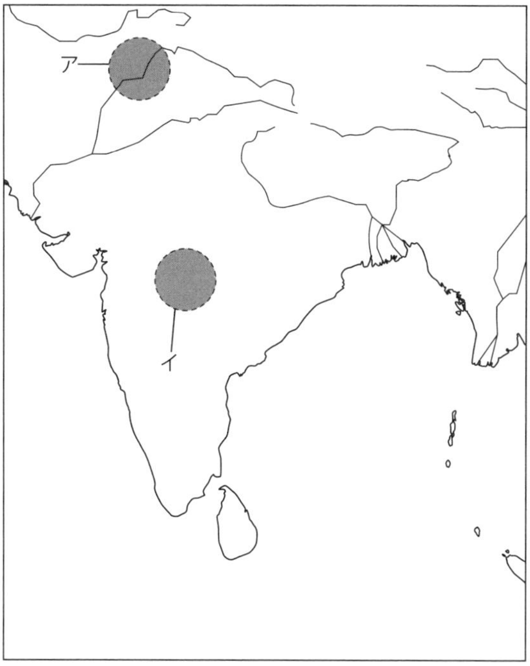

① **ア**－仏像のほか，水差しやガラス製品もつくられ，中国に影響を与えた。
② **ア**－ヘレニズム文化の影響を受けた仏像美術を中心としている。
③ **イ**－ヘレニズムの影響を廃した純インド的な仏教美術である。
④ **イ**－仏像のみならずインドでうまれたジャイナ教やヒンドゥー教などの寺院も造られた。

（本書オリジナル）

12 次のA～Eの各文章は，インドの王国・王朝に関するものである。これらを読んで，それぞれが何という王国・王朝にあてはまるか，その王国・王朝の名称を答えよ。また，下の地図①～④から，それぞれの王国・王朝の領域を示していると考えられるものを選び，その記号を答えよ。ただし，1つの王国・王朝については該当する地図がない。該当する地図がない王朝については「ない」と答えよ。

A　紀元前4世紀の終わりごろに成立した，インド初の統一王朝。チャンドラグプタ王がナンダ朝を倒して樹立した。

B　ガンジス川中流域に興ったインド最古の王国のひとつ。仏教やジャイナ教はこの王国で生まれた。

C　中国に「戒日王」と紹介された王が北インドを統一して作った。これが古代北インド最後の統一王朝となった。

D　4世紀ごろガンジス川中流域に興った王朝。中国で「超日王」と呼ばれる第3代の王の時に最盛期を迎え，サンスクリット文学などインド古典文明の成熟期を現出した。

E　中央アジアのアム川南岸に興り，もとは大月氏国に服属していたが，1世紀ごろ独立し，西北インドまでを支配した。カニシカ王の時に全盛となった。

（斜線で示したところが領域。ただし，地図・領域はおおよそのものである）

①
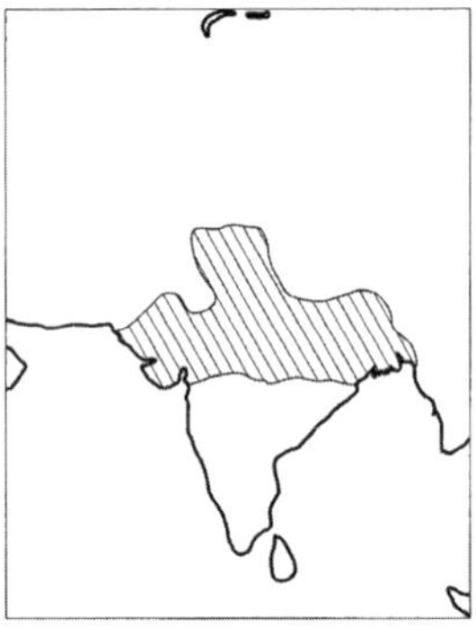

②

③
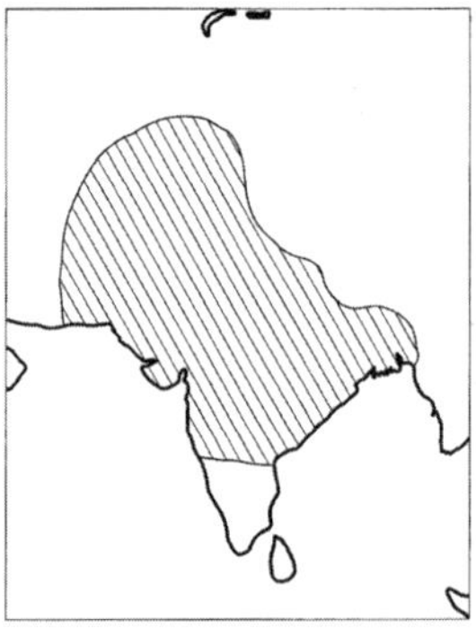

④
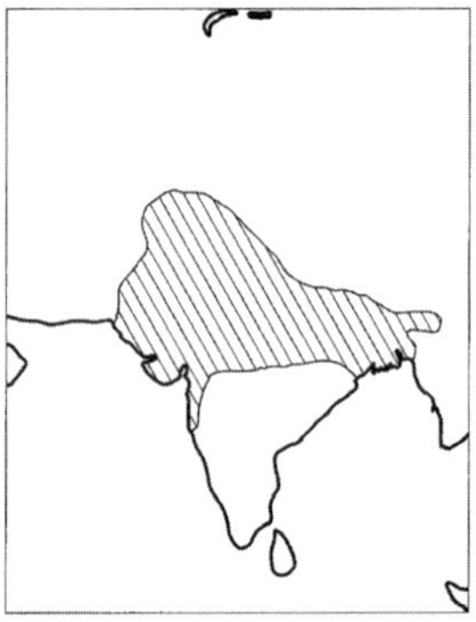

（岡山理科大学2018年）

13 次の資料は，日本人ジャーナリスト大庭柯公（おおばかこう）が19世紀以降のロシアにおける革命運動の展開について 1919年に論評した文章である。（引用文には，省略したり，改めたりしたところがある。）

「農民の覚醒」については，［ア］もこれに注意し，［イ］もまたこれに留意した。則（すなわ）ち［ア］はこれが覚醒を促すに努め，［イ］はこれが覚醒を防遏（ぼうあつ）(注)するに苦心した。そして歴代の露国［イ］は，農民覚醒の防遏手段として，ⓐその手先に僧侶を使い，学校はなるべく建てずに，能（あた）う限り寺を建てた。村里の児童を訓（おし）えるのには小学教師によらず，僧官によって百姓の子供に祈禱（きとう）を教えた。しかもその間，独り［ウ］があって，農奴解放を行ったことは，旧政治下の露国において，ともかくも驚異の事実であった。いわゆる農奴解放は，ほとんど声のみに了（おわ）ったかの観はあるが，しかし瞑々裡（めいめいり）に農民の理知に点火したことは確かであった。ⓑそこへ前世紀の半ば頃から盛んになった［ア］の事業は，ほとんど連続的に農民に対してその覚醒を促しつつあった。則ち［イ］は僧侶の力を借りて他力本願によることを強い，［ア］は彼らに覚醒を促して，自力によることを訓えた。

（注）防遏－防ぎとめること，防止。

問1　下線部ⓐに関連して，世界史における宗教と教育・政治との関係について述べた文として**誤っているものを**，次の①～④のうちから一つ選べ。

①　フランスでは，20世紀初めに政教分離法が成立した。
②　中世ヨーロッパの学問では，神学が重視された。
③　イスラーム世界では，マドラサが重要な教育機関となった。
④　隋や唐では，主に仏教の理解を問う科挙が整備された。

問2　上の資料中の空欄［ア］と［イ］に入れる語と，下線部ⓑの事業に際して用いられたスローガンとの組合せとして正しいものを，次の①～④のうちから一つ選べ。

	①	②	③	④
ア	官僚	革命家	官僚	革命家
イ	革命家	官僚	革命家	官僚
スローガン	「ヴ＝ナロード（人民の中へ）」	「ヴ＝ナロード（人民の中へ）」	「無併合・無償金・民族自決」	「無併合・無償金・民族自決」

問3　上の資料中の空欄［ウ］に入れる人物の名**あ**・**い**と，その人物の事績について述べた文**X**・**Y**との組合せとして正しいものを，下の①～④のうちから一つ選べ。

［ウ］に入れる人物の名
あ　エカチェリーナ２世
い　アレクサンドル２世

事績について述べた文
X　樺太・千島交換条約を締結した。
Y　クリミア半島を獲得した。

①　**あ－X**　　②　**あ－Y**　　③　**い－X**　　④　**い－Y**

（共通テスト世界史Ｂ2021年本試第１日程）

14　次の文章は，『史記』に見える始皇帝死亡時の逸話について，その概要をまとめたものである。

> 領土を視察する旅の途中で，皇帝は病に倒れる。彼は死の直前，長男の扶蘇(ふそ)を跡継ぎにすると決め，扶蘇に遺言を残すが，それを預かった近臣は大臣の［ア］と謀り，遺言を偽造して胡亥(こがい)という別の子を立てる。（『史記』）

だが近年発見された竹簡には，全く異なる逸話が記されていた。

> 領土を視察する旅の途中で，皇帝は病に倒れる。死を悟った彼は，誰を跡継ぎにすべきか家臣に問う。［ア］は胡亥を推薦し，皇帝はそれを承認する。
> （北京大学蔵西漢竹書「趙正書」）

『史記』は正史（正統なものと公認された紀伝体の歴史書）の祖とされるものの，そこに記された内容が，全て紛れもない事実だったとは限らない。司馬遷の時代，始皇帝の死をめぐっては幾つかの逸話が存在し，彼はその中の一つを「史実」として選択したのである。正史編纂(へんさん)の多くが国家事業だったのに対し，『史記』はあくまで司馬遷個人が著した書物であり，したがってⓐ素材となる資料の収集は司馬遷が独自に行ったもので，収集の範囲にはおのずと限界があった。

だが個人の著述であるがゆえに，『史記』には司馬遷自身の見識が込められており，形式化した後代の正史とは一線を画している。例えば，ⓑ中国では伝統的に商人が蔑視されるが，司馬遷は自由な経済活動を重んじ，著名な商人の列伝を『史記』の中に設けている。これは彼が生きた時代に行われていた政策への，司馬遷なりの批判の表明でもあった。

問1　上の文章中の空欄［ア］に入れる人物の名**あ〜う**と，その人物が統治のために重視したこと**X〜Z**との組合せとして正しいものを，下の①〜⑥のうちから一つ選べ。

［ア］に入れる人物の名

あ　孟　子
い　張　儀
う　李　斯

統治のために重視したこと

X　家族道徳を社会秩序の規範とすること
Y　血縁を越えて無差別に人を愛すること
Z　法律による秩序維持を通じて，人民を支配すること

①　あ－X　　②　い－Y　　③　う－Z
④　あ－Z　　⑤　い－X　　⑥　う－Y

問2　下線部ⓐの背景として，司馬遷の時には長年の戦乱に加えて，思想統制によって多くの記録が失われていたことも挙げられる。世界史上の思想統制について述べた文として最も適当なものを，次の①〜④のうちから一つ選べ。

①　始皇帝は，民間の書物を医薬・占い・農業関係のものも含めて焼き捨てるように命じた。
②　エフェソス公会議で教皇の至上権が再確認され，禁書目録を定めて異端弾圧が強化された。
③　ナチス体制下では，ゲシュタポにより国民生活が厳しく統制され，言論の自由が奪われた。
④　冷戦下のイギリスで，共産主義者を排除する運動が，マッカーシーによって盛んになった。

問3　下線部ⓑの，司馬遷による批判の対象となったと考えられる政策について述べた文として最も適当なものを，次の①〜④のうちから一つ選べ。

①　諸侯の権力を削減したため，それに抵抗する諸侯の反乱を招いた。
②　平準法を実施して，国家による物価の統制を図った。
③　董仲舒の提言を受け入れて，儒教を官学化した。
④　三長制を実施して，土地や農民の把握を図った。

（共通テスト世界史B 2021年本試第1日程）

15　ある大学のゼミで，学生たちが，「中国史の中の女性」というテーマで議論をしている。（引用文には，省略したり，改めたりしたところがある。）

藤　田：次の**資料**は，顔之推（がんしすい）が6世紀後半に著した『顔氏家訓（がんしかくん）』という書物の一節で，彼が見た分裂時代の女性の境遇について述べています。

資　料

> 南方の女性は，ほとんど社交をしない。婚姻を結んだ家同士なのに，十数年経っても互いに顔を合わせたことがなく，ただ使者を送って贈り物をし，挨拶を交わすだけで済ませるということさえある。
>
> これに対し，北方の習慣では，家はもっぱら女性によって維持される。彼女らは訴訟を起こして是非を争い，有力者の家を訪れては頼み込みをする。街路は彼女たちが乗った車であふれ，役所は着飾った彼女たちで混雑する。こうして彼女たちは息子に代わって官職を求め，夫のためにその不遇を訴える。これらは，平城に都が置かれていた時代からの習わしであろうか。

山　口：中国には，「牝鶏（めんどり）が朝（あした）に鳴く」ということわざがあり，女性が国や家の事に口出しするのは禁忌であったと聞きます。**資料**の後半に書かれているように，女性が活発な状況が現れた背景は，いったい何でしょうか。

藤　田：著者の推測に基づくなら，［ア］に由来すると考えられます。

中　村：あっ！　ひょっとして，この時代の北方の状況が，中国に女性皇帝が出現する背景となったのでしょ

うか。
教　授：中村さんがそのように考える根拠は何ですか。
中　村：ええと，それは[　イ　]からです。
教　授：ほう，よく知っていますね。
山　口：**資料**にあるような女性の活発さが，後に失われてしまうのはなぜでしょうか。
藤　田：ⓐこの時代以降の儒学の普及とともに，**資料**中の南方の女性のような振る舞いが模範的とされていったためと考えられます。

問1　文章中の空欄[　ア　]に入れる語句として最も適当なものを，次の①～④のうちから一つ選べ。
①　西晋を滅ぼした匈奴の風習
②　北魏を建国した鮮卑の風習
③　貴族が主導した六朝文化
④　隋による南北統一

問2　文章中の空欄[　イ　]に入れる文として最も適当なものを，次の①～④のうちから一つ選べ。
①　唐を建てた一族が，北朝の出身であった
②　唐で，政治の担い手が，古い家柄の貴族から科挙官僚へ移った
③　隋の大運河の完成によって，江南が華北に結び付けられた
④　北魏で，都が洛陽へと移され，漢化政策が実施された

問3　下線部ⓐについて述べた文として最も適当なものを，次の①～④のうちから一つ選べ。
①　世俗を超越した清談が流行した。
②　董仲舒の提案により，儒学が官学とされた。
③　寇謙之が教団を作り，仏教に対抗した。
④　『五経正義』が編纂（へんさん）された。

（共通テスト世界史Ｂ2023年本試）

資料読解編

16 正統カリフ時代～ウマイヤ朝時代にイスラーム勢力が征服した領土として**適当でないもの**を，次の地図中の①～④のうちから一つ選べ。

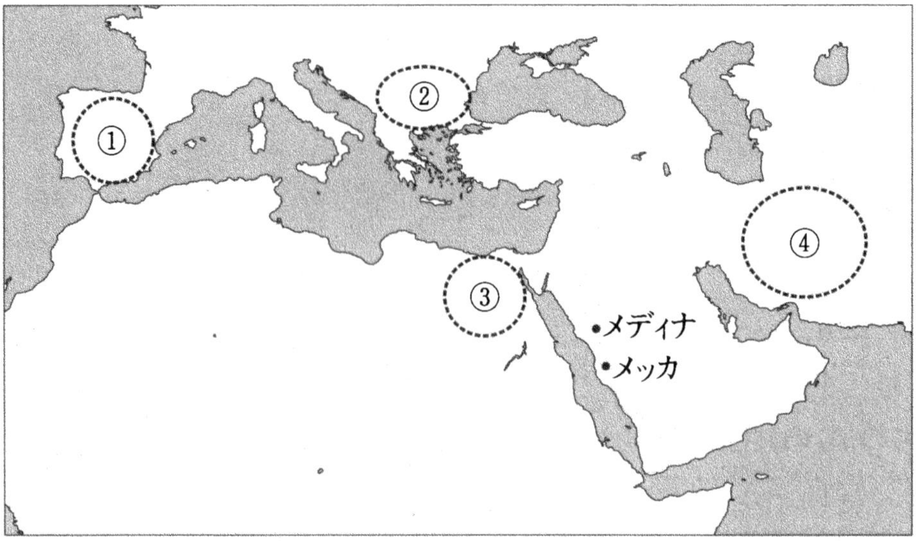

（中村学園大学2018年）

17 下の地図は新羅による朝鮮統一前の5世紀の朝鮮半島情勢を示している。その後，唐の第3代高宗は朝鮮半島情勢に介入し，ある国と手を結び，また別の国を滅ぼした。次の図中のどこにある国と結びどこを滅ぼしたのか。その説明として最も適切なものをあとの①～④から選びなさい。

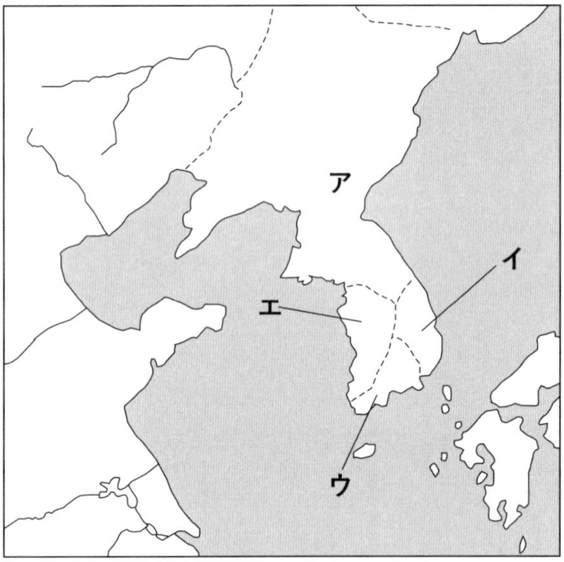

5世紀の朝鮮半島

① アの高句麗と結び，イの百済・エの新羅を滅ぼした。
② アの高句麗と結び，ウの新羅・エの百済を滅ぼした。
③ イの新羅と結び，ウの加羅・エの百済を滅ぼした。
④ イの新羅と結び，アの高句麗・エの百済を滅ぼした。

（本書オリジナル）

18 次の地図は魏晋南北朝時代の思想・宗教・文化の中心であった都市を示している。これらの都市について述べた文として正しいものを，下の①～④のうちから一つ選べ。

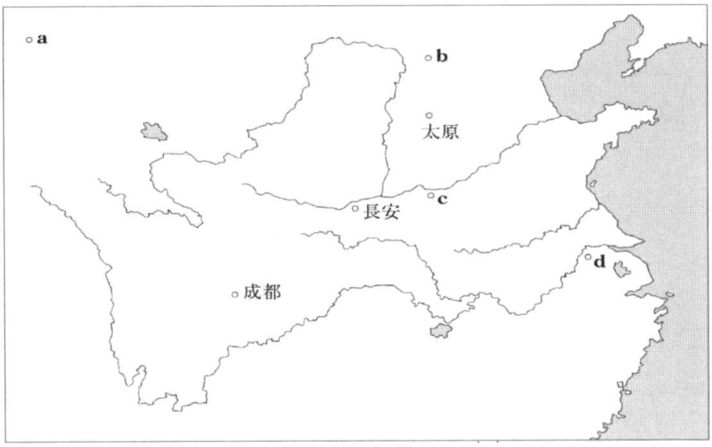

① aの都市は仏教伝来の窓口になり，ここに竜門の石窟が造られた。
② 北魏の孝文帝は，中国文化を取り入れるために，bの都市に遷都した。
③ cの都市では，書家として有名な王羲之が盛んに活動した。
④ dの都市を都とした梁の時代に，『文選』が編纂された。

（センター試験世界史B 2001年追試）

19 次の地図は8世紀半ばの唐とその周辺諸国の状況を示している。この地図に見られるa～dの国について述べた文として正しいものを，下の①～④のうちから一つ選べ。

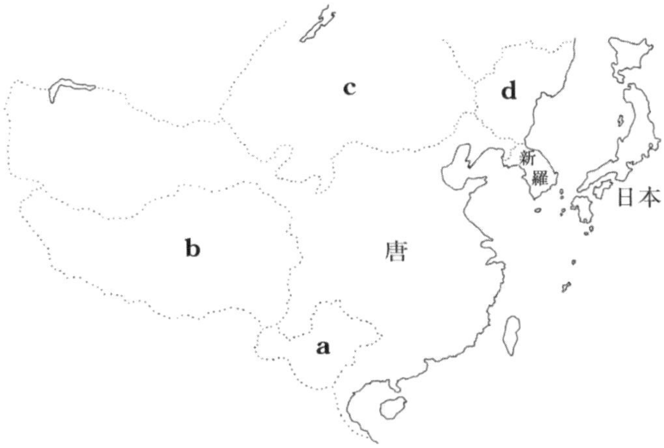

① aの国は，唐と激しく対立したため，仏教の導入を拒否した。
② bの国は，西方に進出してガズナ朝を滅ぼした。
③ cの国は，その後，キルギスに攻められて衰えた。
④ dの国は，骨品制と称される身分制度を施行した。

（センター試験世界史B 2000年追試）

20 アンコール＝ワットの建立された時期と，その場所を示す次の地図中の位置ａとｂの組合せとして正しいものを，下の①～④のうちから一つ選べ。

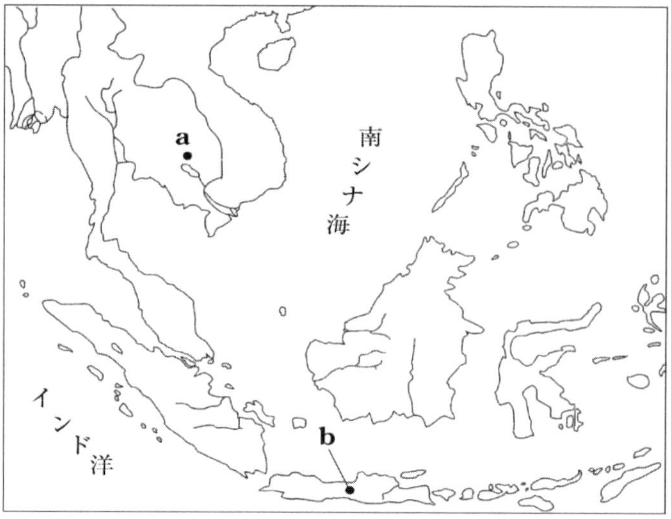

①　８世紀－ａ　　②　８世紀－ｂ
③　12世紀－ａ　　④　12世紀－ｂ

（センター試験世界史Ｂ2005年追試）

21 メッカへの巡礼者とされる山岡光太郎が巡礼の際に経由した都市について述べた次の文**ア**と**イ**と，その場所を示す次の地図中の位置ａ～ｃとの組合せとして正しいものを，以下の①～⑥のうちから一つ選べ。

ア－ムハンマドはこの町にヒジュラを行った。
イ－ウマイヤ朝の都として繁栄した。

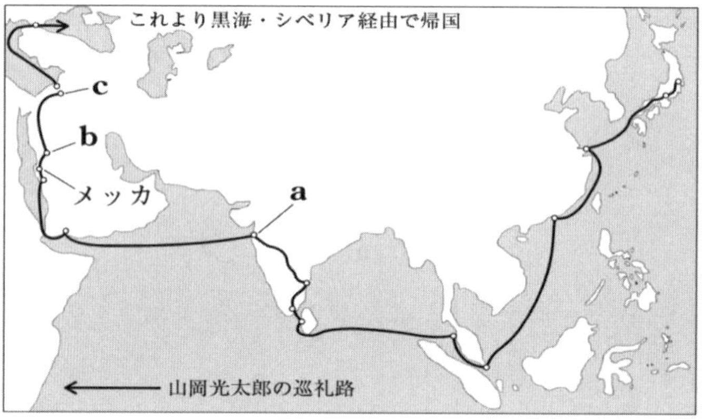

①　**ア**－ａ　**イ**－ｂ　　②　**ア**－ａ　**イ**－ｃ
③　**ア**－ｂ　**イ**－ａ　　④　**ア**－ｂ　**イ**－ｃ
⑤　**ア**－ｃ　**イ**－ａ　　⑥　**ア**－ｃ　**イ**－ｂ

（センター試験世界史Ｂ2007年本試）

22 カリカットについて，次の地図中の位置**ア～ウ**と，この都市について述べた以下の文aとbとの組合せとして正しいものを，下の①～⑥のうちから一つ選べ。

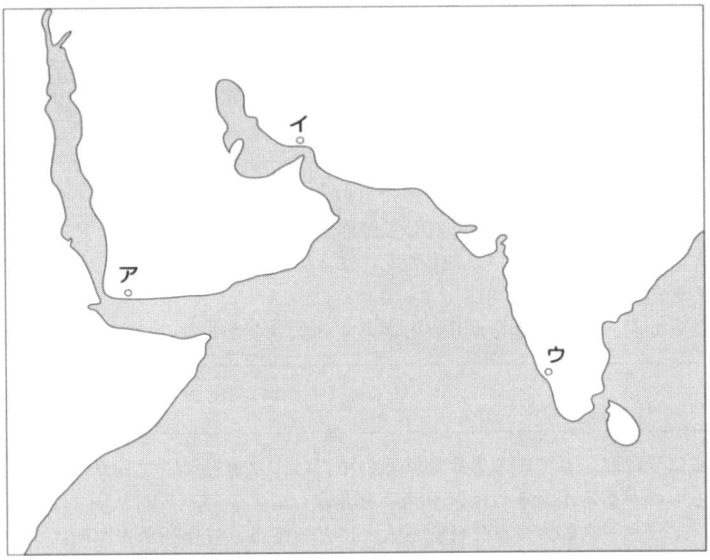

a　この都市を中心に，スワヒリ文化が形成された。
b　ダウと呼ばれる帆船が，この都市と他の都市を結ぶ交易で活躍した。

① **ア**－a　② **ア**－b　③ **イ**－a
④ **イ**－b　⑤ **ウ**－a　⑥ **ウ**－b

（センター試験世界史B2006年本試）

23 次のグラフは，隋・唐代の人口の推移を示したものである。グラフ中のaの時期について述べた文として，正しいものを選びなさい。

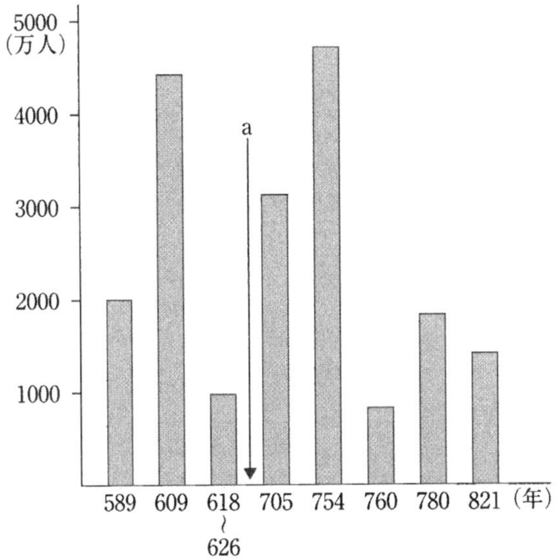

出典　梁方沖編『中国歴代戸口・田地田賦統計』

① 則天武后が，女帝として在位した。
② 黄河と長江を結ぶ大運河が完成した。
③ 太宗による「開元の治」と呼ばれる治世であった。
④ 玄宗が寵愛した楊貴妃の一族が実権を握った。

（産業能率大学2021年）

24 次の**資料１・２**は，ファーティマ朝のカリフについて，後の王朝の二人の歴史家がその正統性を論じた文章の概略である。

資料１

> 私はファーティマ朝のカリフをこの『カリフたちの歴史』では採り上げなかった。彼らがクライシュ族ではないため，ⓐカリフの資格がないからである。
> ある法官によると，彼らの王朝の開祖が北アフリカで王朝を建てた時，アリーの子孫であると自称したが，系譜学者たちは誰一人彼を知らなかったという。また伝えられるところによると，ファーティマ朝の支配者の一人が，［ア］の支配者に対して侮辱する手紙を送った時，［ア］の支配者は，「あなたは私たちウマイヤ家の系譜を知っていて，私たちのことを侮辱した。しかし，私たちはあなたたちのことなど知らない」と返答したという。
> このようなことから，私は彼らをカリフと認めず，記さなかったのである。

資料２

> 多くの歴史家に受け取られている愚かな情報の中には，ファーティマ朝カリフがアリーの子孫であることを否定するものがあるが，それは競争相手を非難してアッバース朝カリフに取り入る目的で作られたものである。アッバース朝カリフに仕える人々にとっては，ファーティマ朝にシリアやエジプトを奪われたまま奪還できない無能力を取り繕うのに好都合だったからである。
> しかし，アッバース朝カリフがファーティマ朝成立当初に地方総督へ送った手紙の中には，ファーティマ朝カリフの系譜について言及があり，その手紙が，彼らがアリーの子孫であるということをはっきりと証明している。

カリフは，中世のムスリムによって，イスラーム共同体の指導者としてただ一人がその地位に就くとみなされていた。しかし10世紀にファーティマ朝や［ア］の支配者もカリフを称し，複数のカリフが長期間並立したことで，ムスリムが従うべき正しい指導者は誰かという問題は，さらに複雑なものとなった。

資料１・２の著者を含め，スンナ派の学者たちは，カリフになるための資格に関して，ムスリムであることに加えて，７世紀初頭にメッカに住んでいたクライシュ族の子孫であることも必要な条件であると考えていた。ここで言及されているウマイヤ家もアリー家も，そしてアッバース家も，クライシュ族である。

問１　文章中の空欄［ア］の王朝が10世紀に支配していた半島の歴史について述べた文として最も適当なものを，次の①～④のうちから一つ選べ。

① トルコ系の人々が，この半島においてルーム＝セルジューク朝を建てた。
② ムラービト朝が，この半島における最後のイスラーム王朝となった。
③ ベルベル人によって建てられたムワッヒド朝が，この半島に進出した。
④ この半島で成立したワッハーブ王国が，ムハンマド＝アリーによって一度滅ぼされた。

問２　下線部ⓐの歴史について述べた文として最も適当なものを，次の①～④のうちから一つ選べ。

① 預言者ムハンマドが死亡すると，アブー＝バクルが初代カリフとなった。
② アブデュルハミト２世が，カリフ制を廃止した。
③ ブワイフ朝の君主はバグダードに入った後，カリフとして権力を握った。
④ サファヴィー朝が，アッバース朝（アッバース家）のカリフを擁立した。

問３　**資料１・２**を参考にしつつ，ファーティマ朝の歴史とそのカリフについて述べた文として最も適当なものを，次の①～④のうちから一つ選べ。

① ファーティマ朝はアッバース朝成立以前に成立した王朝であり，**資料１**は伝聞や逸話に基づいてそのカリフの正統性を否定している。
② ファーティマ朝はスンナ派の一派が建てた王朝であり，**資料１**と**資料２**はともに系譜を根拠としてその支配者がカリフであると認めている。
③ ファーティマ朝はカイロを首都としたが，**資料２**はシリアやエジプトを取り戻せないという無能力によってカリフの資格がないと判断している。

④ ファーティマ朝はアッバース朝の権威を否定していたが，**資料２**はアッバース朝カリフの手紙を証拠としてファーティマ朝のカリフをアリーの子孫だと認めている。

（共通テスト世界史Ｂ2023年本試）

25 10世紀のイスラーム世界に栄えた王朝の名と，その位置を示す地図中のＸまたはＹとの組合せとして最も適当なものを下の中から選びなさい。

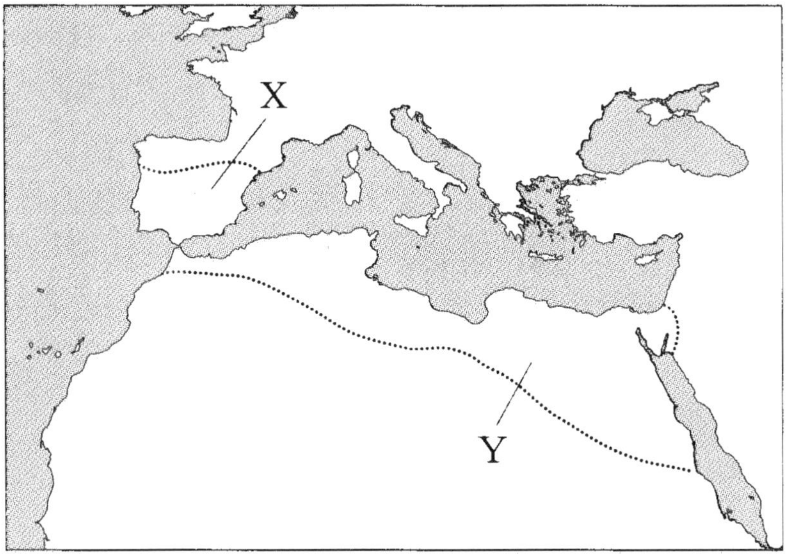

① ファーティマ朝－Ｘ　　② ファーティマ朝－Ｙ
③ ナスル朝－Ｘ　　④ ナスル朝－Ｙ

（京都外国語大学2018年）

26 下記の**史料（Ⅰ・Ⅱ）**を読み，後の問１～問７に答えなさい。解答は選択肢（①～④）から最も適切なものを１つ選びなさい。

（史料の出典は，歴史学研究会編『世界史史料』第５巻，岩波書店，2007年。〔　〕は出題者による補足）

（Ⅰ） 961年，(A)王はクリスマスをパヴィーアで祝い，そこから進軍して好意的に(B)ローマに迎え入れられた。そして，全ローマ人民と聖職者の歓呼の下，アルベリクスの息子である教皇ヨハネスによって，皇帝かつアウグストゥスへ任命され定められた。

問１ この史料は10世紀の出来事を記述しているが，同じ10世紀の出来事として**誤っているもの**はどれか。
① ウラディミル１世がギリシア正教に改宗した。
② 西ゴート王国が滅亡した。
③ カペー朝が成立した。
④ ロロがノルマンディー公に封じられた。

問２ 下線部(A)について，この王の名称はどれか。
① オットー１世　　② ユーグ・カペー　　③ カール大帝　　④ ピピン

問３ 下線部(A)の王またはこの王が統治した地域について述べた下記の文のうち，正しいものはどれか。
① 王はパンノニア周辺を拠点としたアヴァールを討ち，対外的権威を向上させた。
② 王はイタリアに介入するための遠征を積極的に行った。
③ 王の治世に東方植民が著しく進展し，人口の増加がみられた。
④ 王は聖職者の任命権を所持できず，教会の統制には失敗した。

問4　下線部(B)の都市とならんで総大司教座（総主教座）となる教会が置かれた都市として**誤っているもの**はどれか。

①　アレクサンドリア　②　アンティオキア　③　イェルサレム　④　エフェソス

（Ⅱ）　わが軍はベジエ〔南フランスの都市〕の城門に到達すると，使者としてこの町の司教ルノー・ド・モンペリエ師を市内へ送った。〔中略〕彼は住民に告げた。「われらは(C)異端者を駆逐すべくこの地に来た。正統信者がいるならば，異端者をわれらに引き渡すがよい。われらは異端者を知悉していて，その名簿がある〔中略〕」。司教が十字軍に代わって告げると，住民はことごとく拒絶した。〔中略〕ベジエの占拠と破壊ののち，わが軍はただちにカルカッソンヌ目指して進軍した。

問5　この史料が示す歴史的事象はどれか。

①　第4回十字軍　②　カノッサの屈辱　③　アルビジョワ十字軍　④　百年戦争

問6　下線部(C)について，古代・中世においてキリスト教異端とされた主張にあてはまらないのはどれか。

①　父なる神，子なるキリスト，聖霊の3者は同質である。
②　キリストは神性のみを持つ。
③　イエスの神性と人性は分離している。
④　世界は悪神と善神に支配されている。

問7　この史料が示す歴史的事象とほぼ同時期に起きた事柄はどれか。

①　フィリップ4世が三部会を開催した。
②　イヴァン3世が初めて「ツァーリ」の称号を使用した。
③　イサベルとフェルナンドがグラナダを陥落させた。
④　アッシジのフランチェスコが新たな修道会を結成し，伝道を行った。

（上智大学2019年改題）

27　下の図中のA～Dの都市に関する説明として最も適切なものをあとの①～④から選びなさい。

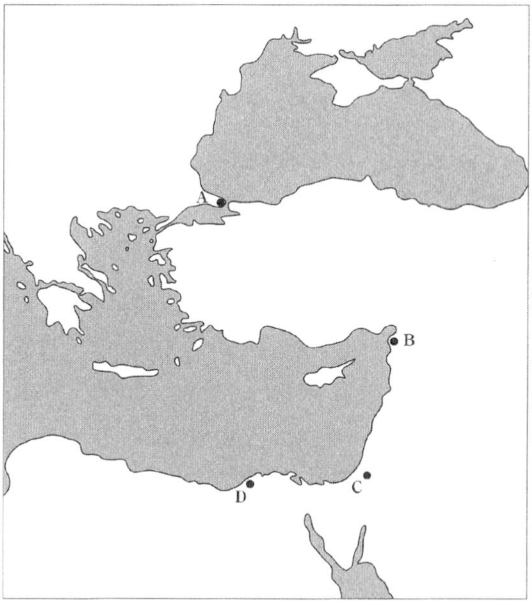

①　Aの都市はフェニキア人が建設した植民市が起源となっている。
②　Bの都市はキリスト教の総大司教座が置かれた五本山の一つである。
③　Cの都市はイスラーム聖地の一つとしてアッバース朝の都が置かれた場所である。
④　Dの都市は第1回十字軍によって占領された。

（本書オリジナル）

28 ヨーロッパの封建社会は11世紀ごろから安定し，農業生産力が向上すると商業が発展した。東西交通も発展し，遠隔地貿易で発展する都市も現れた。以下の地図上で，コロンブスの出身地でもあり，中世には独立した共和国としてヴェネツィアと商業覇権を争った都市の場所AまたはBとその名称の組合せとして適切なものをあとの①～④から選びなさい。

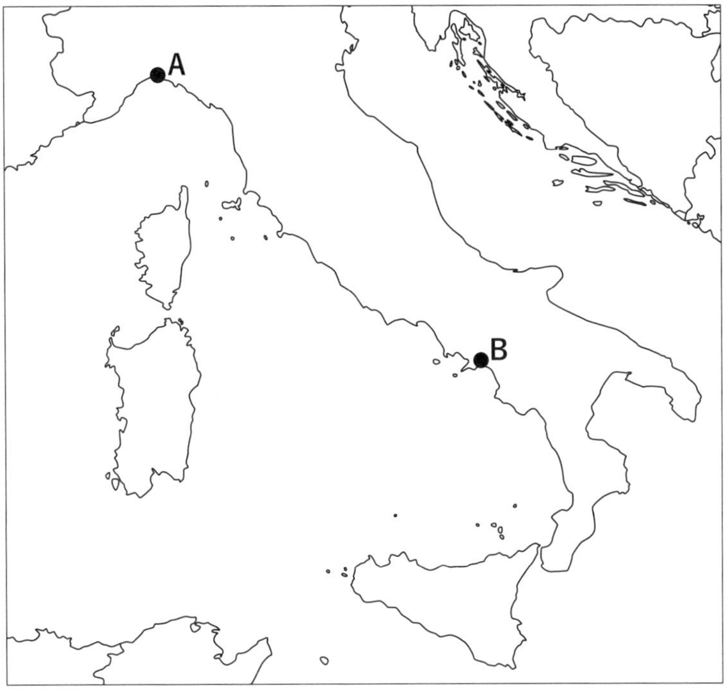

① A ジェノヴァ　② B ジェノヴァ　③ A ナポリ　④ B ナポリ

（本書オリジナル）

29 中世の大学に関連して，11世紀後半に設立され，法学の研究で有名な大学の位置を示した次の地図中のa・bと，その名称の組合せとして正しいものを，下の①～④のうちから一つ選べ。

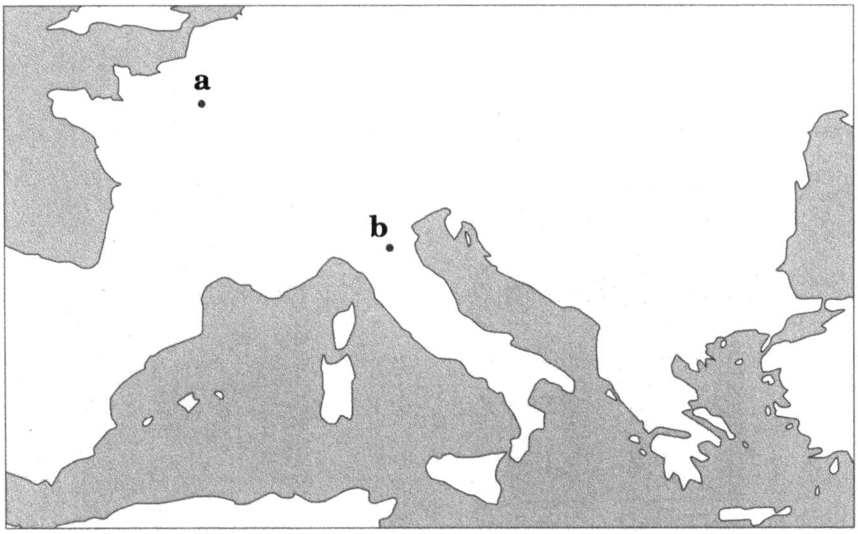

① a－サレルノ大学　② a－ボローニャ大学
③ b－サレルノ大学　④ b－ボローニャ大学

（中村学園大学2018年改題）

30 モンゴル帝国の拡大について，フラグが建国したハン国と，その位置を示す次の地図中のａまたはｂの組合せとして最も適当なものを，下の①～④のうちから一つ選びなさい。

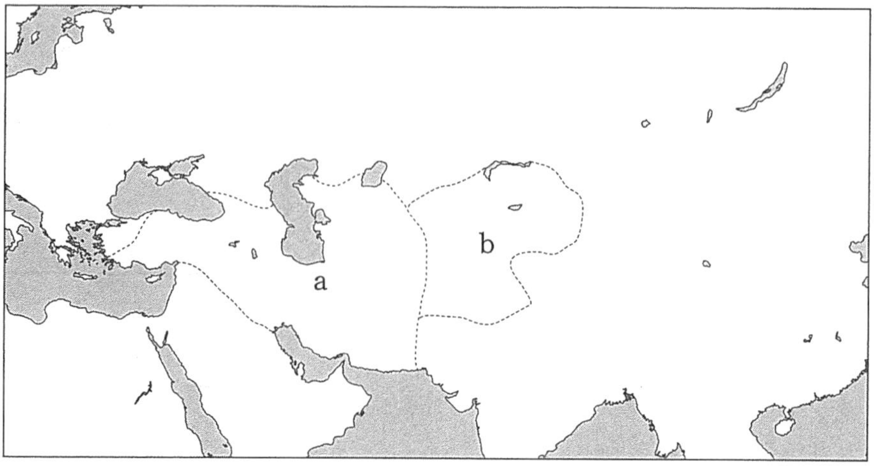

① イル＝ハン国－ａ	② イル＝ハン国－ｂ
③ チャガタイ＝ハン国－ａ	④ チャガタイ＝ハン国－ｂ

（畿央大学2016年改題）

31 モンゴル語を表記するために，フビライはチベット仏教の高僧パスパに命じて新たな文字を作成させた。パスパ文字は，（Ⅰ）チベット文字を原形としているが，（Ⅱ）チベット文字が横書きなのに対してパスパ文字は縦書きで記される。さらに，（Ⅲ）契丹文字や女真文字・西夏文字が漢字の影響を受けているのに対し，パスパ文字自体には漢字の影響はほとんど見られない。以上の（Ⅰ)～（Ⅲ）を踏まえた場合，パスパ文字は次の①～④のどれに当たると考えられるか。もっとも適切と思われるものを選びなさい。

①

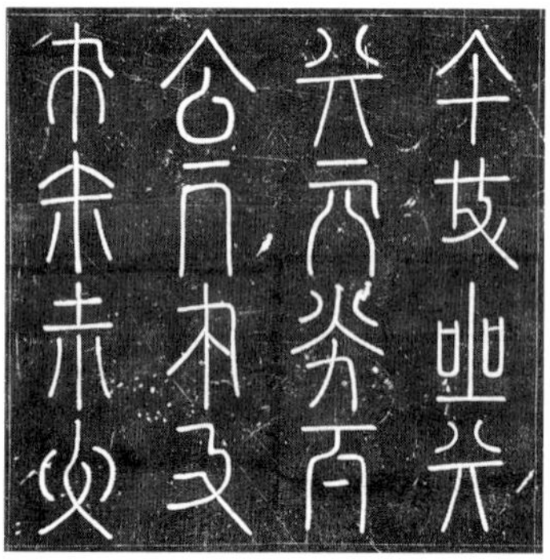

②

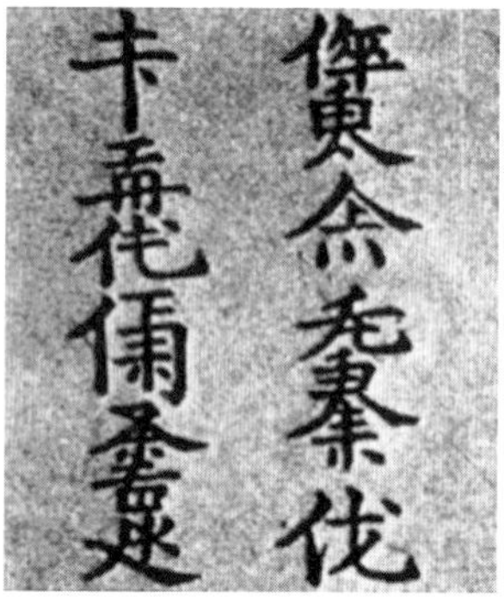

③

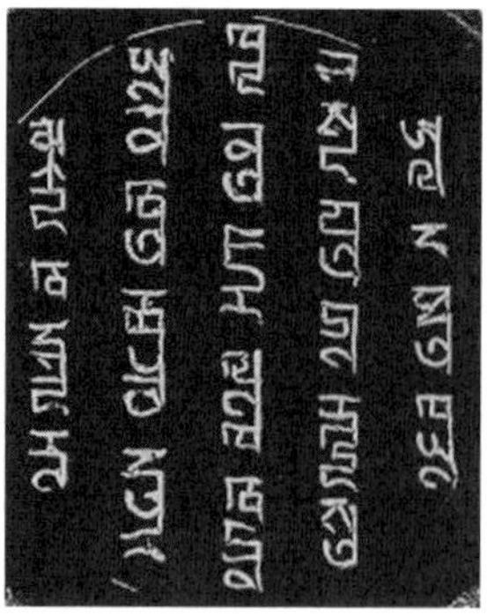

④

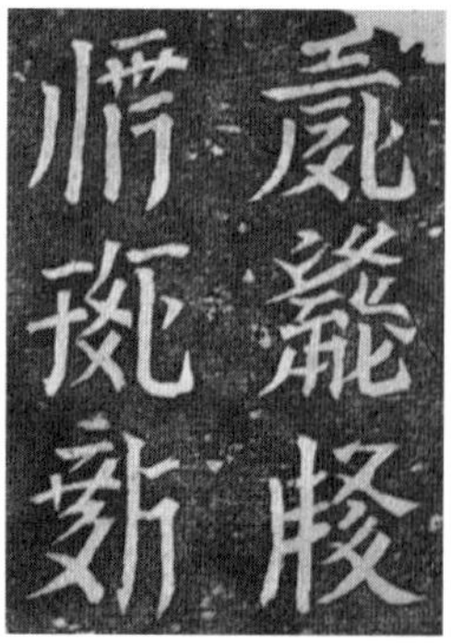

（本書オリジナル）

32 封建社会を背景とするイングランドの人口記録の推移を示す次のグラフについての記述として最も適切なものを，下の①～④のうちから一つ選びなさい。

イングランドの人口

※グラフの幅は人口推定値の上限と下限を示している。

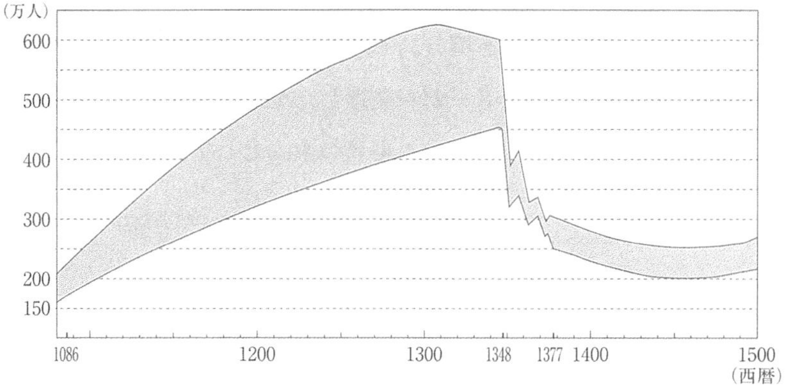

（ヨーロッパ中世史研究会編「西洋中世史料集」より）

① 12世紀に封建社会の成熟で多くの独立自営農民がうまれ，人口が増加した。
② 13世紀半ばに四輪作法が普及して農業生産が増大し，人口が増加した。
③ 14世紀半ばに流行した黒死病（ペスト）によって，人口が激減した。
④ 14世紀半ばのジャガイモの凶作で，餓死者が増えて人口が激減した。

（桜美林大学2020年）

33 14世紀以降の中央アジア・西アジアのイスラーム国家に関する次のA・Bの文を読み，あとの問いに答えなさい。

A　チャガタイ＝ハン国の分裂後，西チャガタイ＝ハン国からトルコ系軍人のティムールが（　1　）を都として国をたてた。彼は東チャガタイ＝ハン国とイル＝ハン国を征服し，南ロシアのキプチャク＝ハン国やインドのデリー＝スルタン朝に侵入するなどして勢力を広げ，西方でも小アジア半島に進出した。モンゴル帝国の後継者を自任していたティムールは東方の明へ遠征しようとして，その途上で病死した。

B　シーア派神秘主義教団の教主イスマーイール１世がサファヴィー朝をたて，（　2　）に都をおいた。この王朝はシーア派のなかの十二イマーム派を国教とし，スンナ派のオスマン朝と対立した。
　アッバース１世の時代がこの王朝の最盛期で，オスマン朝に奪われていた領土を奪回するとともに，ポルトガル人をホルムズ島から駆逐した。さらに新都（　3　）を造営し，「世界の半分」といわれるほどの繁栄を実現した。

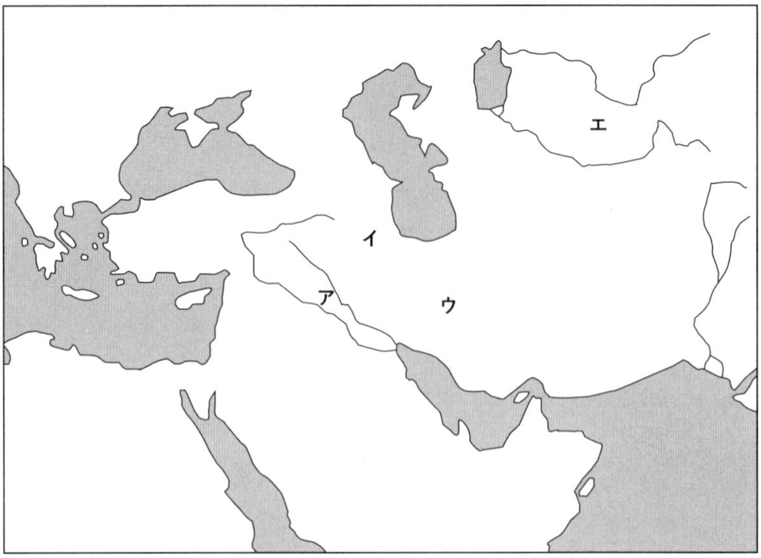

問　文中の空欄（　1　）～（　3　）にあてはまる語句とその場所ア～エの組合せとして適切なものを①～④からそれぞれ選びなさい。

① (1)：**ア**－バグダード　(2)：**ウ**－イスファハーン　(3)：**エ**－サマルカンド
② (1)：**ア**－バグダード　(2)：**イ**－タブリーズ　(3)：**イ**－イスファハーン
③ (1)：**エ**－サマルカンド　(2)：**ウ**－イスファハーン　(3)：**ア**－バグダード
④ (1)：**エ**－サマルカンド　(2)：**イ**－タブリーズ　(3)：**ウ**－イスファハーン

（本書オリジナル）

34 中国の職人がカラコルムに居住していた背景には，オゴタイ＝ハンが中国方面で対立していたある王朝を滅ぼして，彼らを移住させたことが挙げられる。その王朝の最大版図として最も適当なものを，次の①～④のうちから一つ選べ。

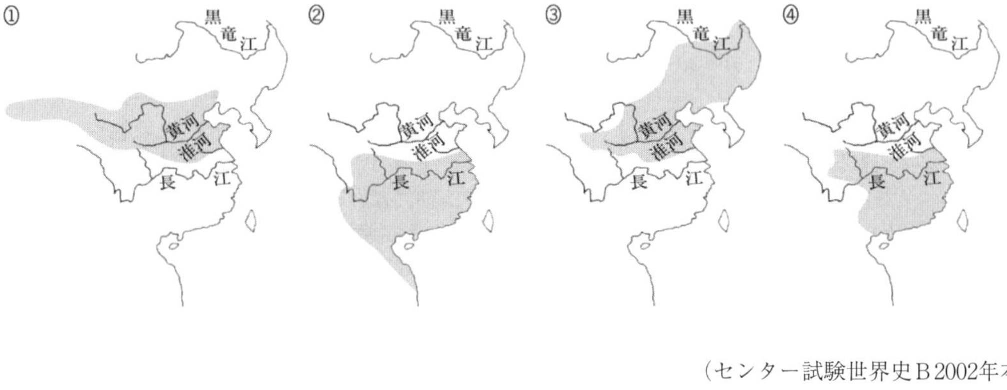

（センター試験世界史B2002年本試）

35 北ヨーロッパ商業圏を広く支配していたハンザ同盟について，以下の地図中のａ～ｃは，ハンザ同盟の主要な商館の所在地を示している。ａ～ｃを示す都市名の組合せとして適切なものを次の①～⑥の中から１つ選びなさい。

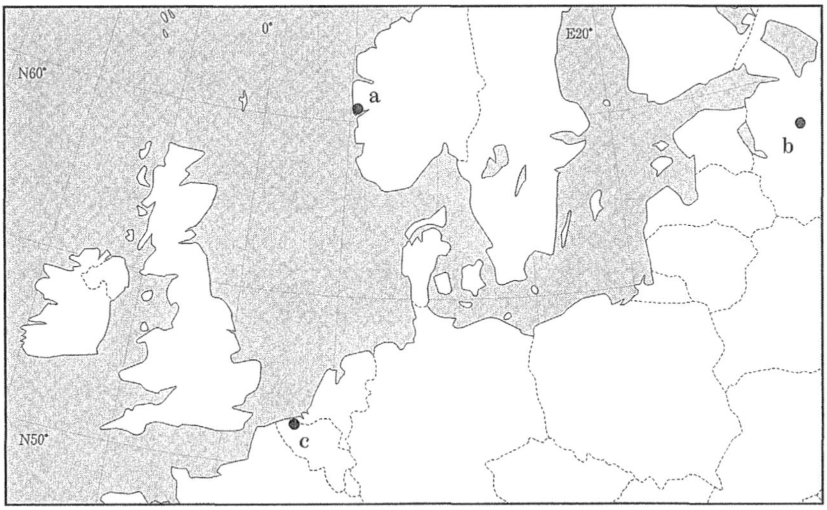

備考：国境線は現在のもの.

	①	②	③	④	⑤	⑥
a	ブリュージュ	ブリュージュ	ノヴゴロド	ノヴゴロド	ベルゲン	ベルゲン
b	ノヴゴロド	ベルゲン	ベルゲン	ブリュージュ	ブリュージュ	ノヴゴロド
c	ベルゲン	ノヴゴロド	ブリュージュ	ベルゲン	ノヴゴロド	ブリュージュ

（慶應義塾大学2016年）

36 次の**資料**は，９世紀にイラン北東部の都市ニーシャープールで生きた，ハサン＝ブン＝イーサーという人物の伝記記事の概略である。

資　料

ハサン＝ブン＝イーサーは，キリスト教を信仰する裕福な旧家の出身であったが，イスラーム教に改宗した。そして，イスラーム諸学の知識を求めて旅をし，各地の師に会って学んだ。彼は，信心深く敬虔（けいけん）で，学識の確かな者であった。ニーシャープールの法学者やハディース学者は，彼を高く評価してきた。

彼は，ヒジュラ暦239年シャウワール月（西暦854年３月頃）に，「預言者ムハンマドが，『ナルド（注）で遊ぶ者は，神と神の使徒（預言者）に背いている』と言った」というハディースを講じた。彼のハディースの講義には，１万２千人が出席した。

彼はヒジュラ暦240年（西暦855年頃）に死去した。

（注）ナルド－ボードゲームの一種。

上の**資料**から，ハサン＝ブン＝イーサーが［ア］として活躍し，特に［イ］の分野で評価されたことが読み取れる。

問１　前の文章中の空欄［ア］に入れる語**あ**・**い**と，空欄［イ］に入れる語句**X**・**Y**との組合せとして正しいものを，後の①～④のうちから一つ選べ。

［ア］に入れる語

あ　ウラマー

い　スーフィー

イ に入れる語句

X　神との一体感を求める神秘主義の研究と教育

Y　預言者ムハンマドの言葉や行為に関する伝承の研究と教育

① あ－X
② あ－Y
③ い－X
④ い－Y

（共通テスト世界史B 2022年本試）

37 次の地図中のA～Dに置かれていた都市と，その都市に関する出来事について述べた文として最も適切なものを，あとの①～④の中から**1つ**選べ。

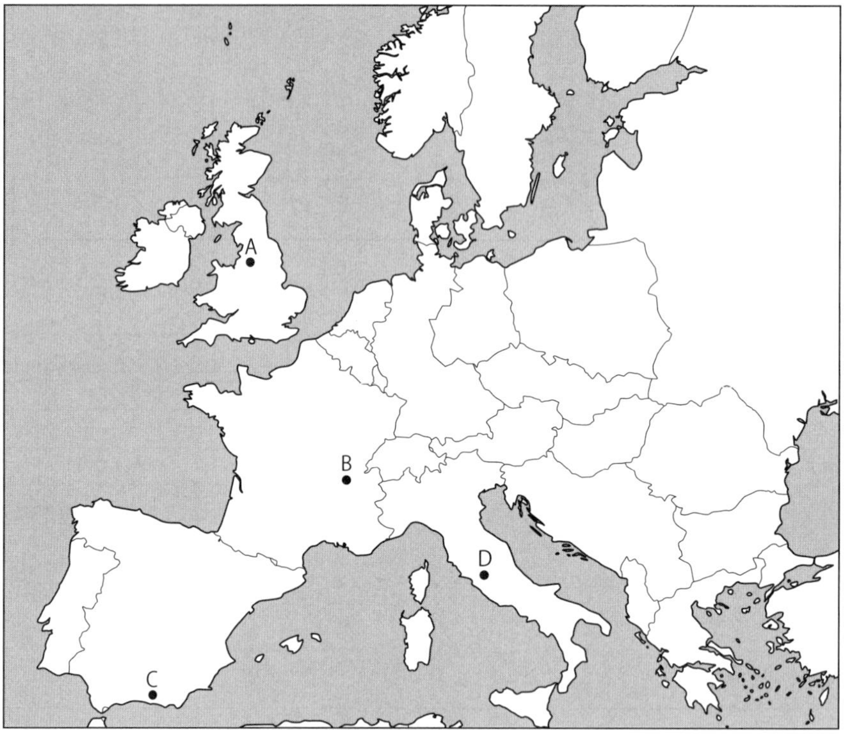

① Aの都市に作られた大学でウィクリフが教鞭をとった。
② Bの都市でアンリ4世によりユグノーの信仰を認める勅令が出された。
③ Cの都市はイベリア半島最後のイスラーム王朝の都が置かれた。
④ Dの都市はメディチ家の本拠地として金融業が栄えた。

（本書オリジナル）

38 次の文A～Eを読み，下の問い（問1～問6）に答えよ。

A　大理国は，10世紀の初めに（　1　）国が亡んだ後，建国された。
B　チャンパー王国のことを，中国では10世紀以降「（　2　）」と呼んだ。
C　パガン王国は，11世紀に(A)モン人の王国などを制圧して，版図を拡大した。
D　クメール王国の版図は，12世紀の最盛期には(B)マレー半島北部にまでおよんだ。
E　大越国では，13世紀に（　3　）から(C)陳朝へと王朝がかわった。

問1　空欄（　1　）～（　3　）に入る最適語を次の〔語群〕から選んで，番号で答えよ。

〔語群〕

① 胡　朝	② 占　城	③ 南　唐	④ 林　邑	⑤ 李　朝
⑥ 南　越	⑦ 扶　南	⑧ 黎　朝	⑨ 南　詔	

問２　下線部(A)に関連して，この国を制圧した後にパガン王国でも厚く保護されるようになった宗教で，現在も東南アジア大陸部の諸国で広く信仰されているのはどれか。次の①～④から一つ選んで，記号で答えよ。

①　大乗仏教　　②　ジャイナ教　　③　上座部仏教　　④　景　教

問３　下線部(B)について，14世紀末にこの半島の南西岸でおこった国はどれか，次の①～④から一つ選んで，記号で答えよ。

①　マラッカ王国　　②　マジャパヒト王国

③　シュリーヴィジャヤ王国　　④　アチェ王国

問４　下線部(C)の王朝の時に漢字をもとに作られた独自の文字を何というか。次の①～④から一つ選んで，記号で答えよ。

①　パスパ文字　　②　ハングル　　③　チュノム　　④　ワヤン

問５　文Ａ～Ｅの冒頭に見える波線を引いた国のうち，13世紀におこった元軍の侵攻が原因で滅んだ国を次の①～④から一つ選んで，記号で答えよ。

①　大理国　　②　チャンパー王国　　③　パガン朝

④　クメール王国　　⑤　大越国

問６　下の地図を見て，以下の問いに答えよ。

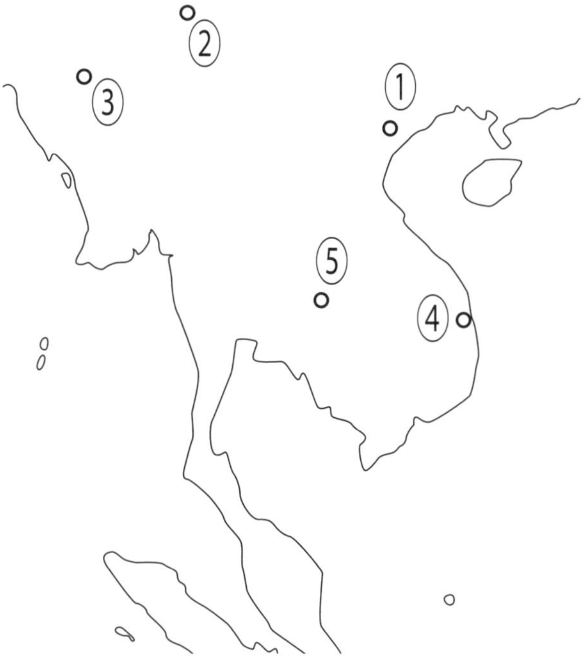

⑴　地図上の①～⑤は，文Ａ～Ｅの冒頭に見える国の首都であった都市である。正しい組合せを文章の記号と地図上の記号を用いて答えよ。〔解答例：Ｆ－⑥〕

⑵　地図上の都市①～⑤のうち，現在では同じ国に属している都市はどことどこか。該当する2つの都市を，記号で答えよ。

（東北学院大学2018年改題）

資料読解編

39 あるクラスで，20世紀の国際関係についての授業が行われている。

先　生：「欧州情勢は複雑怪奇」という言葉を聞いたことがありますか。この言葉は，独ソ不可侵条約が締結された時，日本の内閣が総辞職した際に出てきたものです。この条約は，世界中を驚かせました。なぜでしょうか。まずは，独ソ不可侵条約締結以前のヨーロッパで，どんなことが起こっていたかを考えてみましょう。

吉　川：はい。例えば，［　ア　］。

先　生：そのとおりです。この時代，ヨーロッパ情勢は大きく変化していました。そうしたなかで独ソ不可侵条約が締結されたことに，なぜ世界は驚いたのでしょうか。

吉　川：この条約は，それ以前に締結されていた日独伊三国防共協定と矛盾しているからだと思います。

先　生：そうですね。次の**略図**は，日独伊三国防共協定を示したものです。太線で描かれているのが，ユーラシア大陸です。

略　図

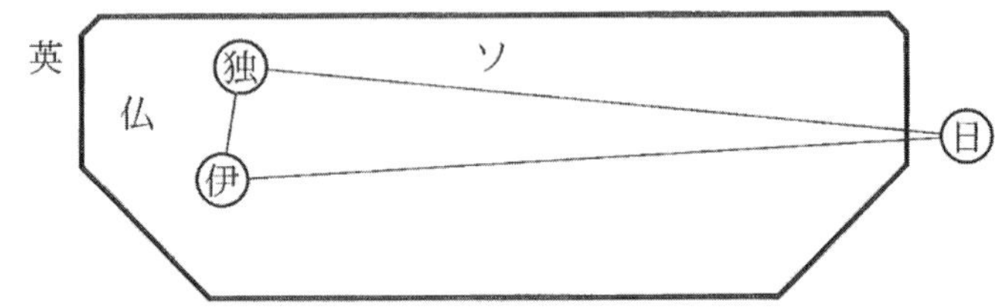

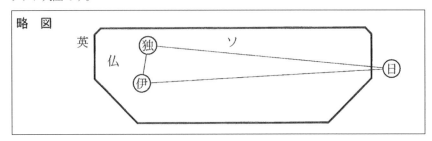

先　生：この状況で，なぜソ連はドイツとの条約締結を決断したのでしょう。ヒントは，次の**挿絵**です。

挿絵

先　生：これは何の場面か分かりますか。はい，森口さん。

森　口：ドイツが，［　イ　］のズデーテン地方の割譲を要求したことを契機に開かれたミュンヘン会談の挿絵です。この会談では，ソ連抜きで話し合いが行われた上，［　イ　］に救いの手は差し伸べられませんでした。

先　生：そのとおりです。この前の授業で習いましたね。［　ウ　］。

清　水：あ！　だからソ連は，イギリスやフランスが信用できなくなったんだ！

先　生：そう考えられますね。さらに，ⓐ対ソ干渉戦争を経験したソ連からすれば，英仏と○で囲んだ国々が手を結ぶ最悪の事態を避けたかったのでしょう。

清　水：様々な利害が絡んだ国際情勢においては，思想や主義よりも，国益や国の安全が優先されることがあるのですね。

問１　上の会話文中の［　ア　］に入れる文として正しいものを，次の①～④のうちから一つ選べ。

① イタリアでは，独裁体制の下で，議会制民主主義が否定されていました
② イギリスは，上院の反対で，国際連盟に参加しませんでした
③ ドイツでは，ベルリンの壁が開放されました
④ フランスでは，ド＝ゴールが大統領に就任しました

問２　上の会話文中の空欄［イ］に入れる語**あ**～**う**と，空欄［ウ］に入れる文**X**・**Y**との組合せとして正しいものを，下の①～⑥のうちから一つ選べ。

［イ］に入れる語
あ　ベルギー
い　チェコスロヴァキア
う　オーストリア

［ウ］に入れる文
X　この時イギリスは，初めて「光栄ある孤立」政策を捨てたのです
Y　この時のイギリスとフランスの姿勢は，宥和政策と呼ばれています

①　**あ**－**X**
②　**あ**－**Y**
③　**い**－**X**
④　**い**－**Y**
⑤　**う**－**X**
⑥　**う**－**Y**

問３　下線部ⓐの戦争を乗り切るために，ソヴィエト政権が採った政策について述べた文として正しいものを，次の①～④のうちから一つ選べ。
①　人民公社を解体した。
②　戦時共産主義を実施した。
③　第１次五か年計画を実施した。
④　親衛隊（SS）を組織した。　（共通テスト世界史Ｂ2021年本試第２日程）

40　次の13世紀頃の略地図を見て，以下の問い（問１～問10）に答えなさい。

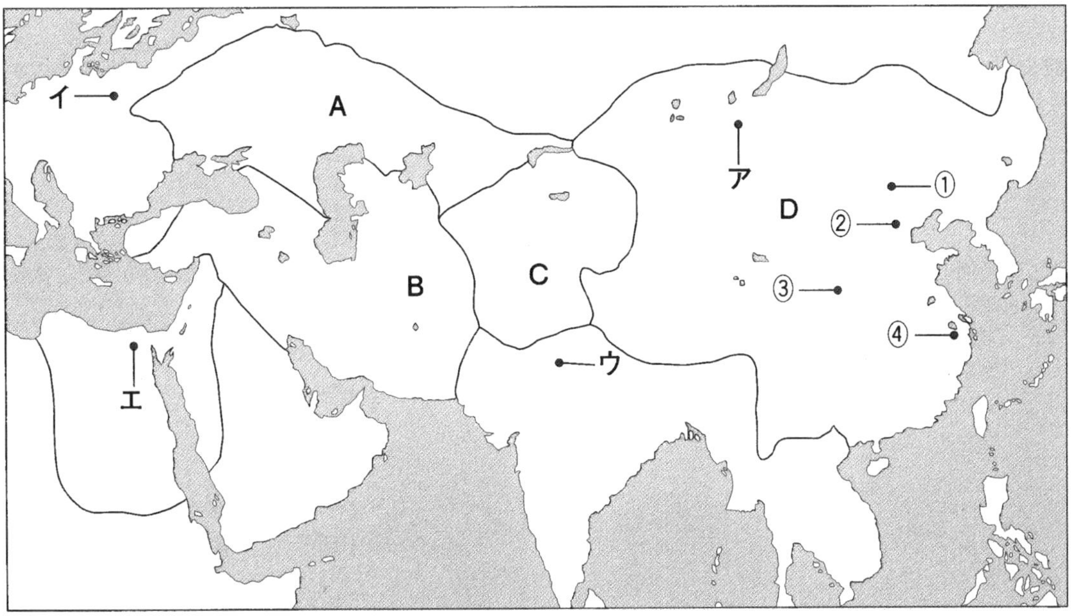

問１　チンギス＝ハンに関する説明として**適切でないもの**を，次の①～④の中から一つ選びなさい。
①　クリルタイにおいてハン位に推戴された。
②　支配下の遊牧民を千戸制のもとに組織した。
③　ホラズム＝シャー朝を攻撃した。
④　金を滅ぼした。

資料読解編

問２　地図上アにオゴタイが建設した都を，次の①～④の中から一つ選びなさい。
①　サマルカンド　　②　カラコルム　　③　イスファハーン　　④　サライ

問３　地図上イの戦いの説明として最も適切なものを，次の①～④の中から一つ選びなさい。
①　東欧に侵入したモンゴル軍を率いたのはフラグだった。
②　タラス河畔の戦いと呼ばれる。
③　モンゴル軍はドイツ・ポーランド軍を撃破した。
④　モンゴル軍はこの戦いに乗じてヴェネツィアまで侵攻した。

問４　地図上Ａの国に関する説明として**適切でないもの**を，次の①～④の中から一つ選びなさい。
①　ロシアにおけるこの国の支配は「タタールのくびき」と呼ばれた。
②　ジュチ系のハンの国だった。
③　ハンガリー王国は13世紀にこの国の支配下に入った。
④　15世紀後半にモスクワ大公イヴァン３世がこの国の支配から独立した。

問５　地図上ＢとＣの国名の組み合わせを，次の①～④の中から一つ選びなさい。
①　Ｂ－キプチャク＝ハン国　　Ｃ－イル＝ハン国
②　Ｂ－イル＝ハン国　　Ｃ－チャガタイ＝ハン国
③　Ｂ－イル＝ハン国　　Ｃ－キプチャク＝ハン国
④　Ｂ－キプチャク＝ハン国　　Ｃ－チャガタイ＝ハン国

問６　地図上Ｄの国の都である大都を，地図上①～④の中から一つ選びなさい。

問７　地図上Ｄの国に関する説明として適切なものを，次の①～③の中から一つ選びなさい。**適切なものがない場合**は⓪を選びなさい。
①　北宋を滅ぼし，朝鮮やチベットを属国とした。
②　日本・流求（瑠求）・チャンパー・ビルマ・ジャワにも遠征の軍を送った。
③　中央アジアや西アジア出身の色目人が重用された。

問８　モンゴル帝国に関する説明として適切なものを，次の①～③の中から一つ選びなさい。**適切なものがない場合**は⓪を選びなさい。
①　ジャムチと呼ばれる駅伝制が整えられた。
②　交子・会子と呼ばれる紙幣が政府から発行された。
③　海上交易も発展し，開封・泉州・杭州などの港市が繁栄した。

問９　地図上ウを都とし，1206年から1526年まで続いた諸王朝に関する説明として最も適切なものを，次の①～④の中から一つ選びなさい。
①　ガズナ朝の将軍アイバクがデリーで創始した王朝から始まった。
②　諸王朝ともイスラーム政権だった。
③　ムワッヒド朝もこの諸王朝の一つであった。
④　ブワイフ朝が地租の金納化などの経済改革を実施した。

問10　1250年にたてられ，地図上エを首都とした王朝を，次の①～④の中から一つ選びなさい。
①　セルジューク朝　　②　アイユーブ朝　　③　ムラービト朝　　④　マムルーク朝

（日本大学2018年）

41 次の資料は，『デカメロン』の一部である。

> 時は主の御生誕1348年のことでございました。イタリアのいかなる都市に比べてもこよなく高貴な都市国家フィレンツェにあの［ア］が発生いたしました。（中略）オリエントでは，鼻から血を出す者はまちがいなく死んだ由でした。しかしフィレンツェでは徴候が違います。発病当初は男も女も股の付け根や腋の下に腫物ができました。そのぐりぐりのあるものは並みの林檎くらいの大きさに，また中には鶏の卵ぐらいの大きさに腫れました。大小多少の違いはあるが，世間はそれをガヴォッチョロと呼びました。

この作品は，［ア］の病から避難した人々が都市郊外に集まり，10日間で100話語る形で構成されている。ⓐ修道士や商人の話などがあり，当時の社会に皮肉を込めつつ，滑稽に描いている。

問1　上の作品の作者の名**あ～う**と，この作品で描かれた時代の文化の特徴**S**・**T**との組合せとして正しいものを，下の①～⑥のうちから一つ選べ。

作者の名
あ　ペトラルカ
い　ボッカチオ
う　エラスムス

文化の特徴
S　ダーウィンの進化論の影響を受けている。
T　人文主義の思想が基調となっている。

①　あ－S　②　あ－T　③　い－S
④　い－T　⑤　う－S　⑥　う－T

問2　上の文章中の空欄［ア］は当時のヨーロッパに流行した病である。この病の名称**え**・**お**と病に関する説明**X**～**Z**との組合せとして正しいものを，下の①～⑥のうちから一つ選べ。

病の名称
え　コレラ
お　ペスト（黒死病）

病に関する説明
X　『デカメロン』によれば，この病で亡くなる徴候は，地域や性別を問わず同じ症状であった。
Y　西ヨーロッパでは，この病が一因となり，農民の人口が激減したため，農民の地位向上につながった。
Z　当時，アメリカ大陸からヨーロッパにもたらされた病である。

①　え－X　②　え－Y　③　え－Z
④　お－X　⑤　お－Y　⑥　お－Z

問3　下線部ⓐの活動の場となった修道院や修道会について述べた文として最も適当なものを，下の①～④のうちから一つ選べ。
①　インノケンティウス3世は，モンテ＝カッシーノ（モンテ＝カシノ）に修道院を作った。
②　シトー修道会（シトー派修道会，シトー会）は，森林の開墾に取り組んだ。
③　クローヴィスの下で，クリュニー修道院が中心となって改革運動が起こった。
④　ヘンリ3世は，修道院を解散し，その財産を没収した。

（共通テスト世界史B2021年本試第1日程）

42 次の**資料X・Y**を読み，あとの問いに答えよ。

資料X

世界で[い]のようにすばらしい都市は稀である。…[い]は，信徒たちの長ウスマーン閣下の時代にイスラームを受容した。…ティムール＝ベグが首都とした。ティムール＝ベグ以前に，彼ほどに強大な君主が[い]を首都としたことはなかった。

〔バーブル（間野英二訳）『バーブル＝ナーマ』（一部表記変更）〕

資料Y

ティムールがわれわれに最初の謁見を賜った宮殿のある庭園は，ディルクシャーと呼ばれていた。そしてその周辺の果樹園の中には，壁が絹かもしくはそれに似たような天幕が，数多く張られていた。…今までお話ししてきたこれらの殿下（ティムール）の果樹園，宮殿などは，[い]の町のすぐ近くにあり，そのかなたは広大な平原で，そこには河から分かれる多くの水路が耕地の間を貫流している。その平原で，最近，ティムールは自身のための帳幕を設営させた。

〔クラヴィホ（山田信夫訳）『ティムール帝国紀行』（一部表記変更）〕

問1　次の図①〜④のうち，**資料X・Y**で述べられている都市[い]を描いたものを選びなさい。

①

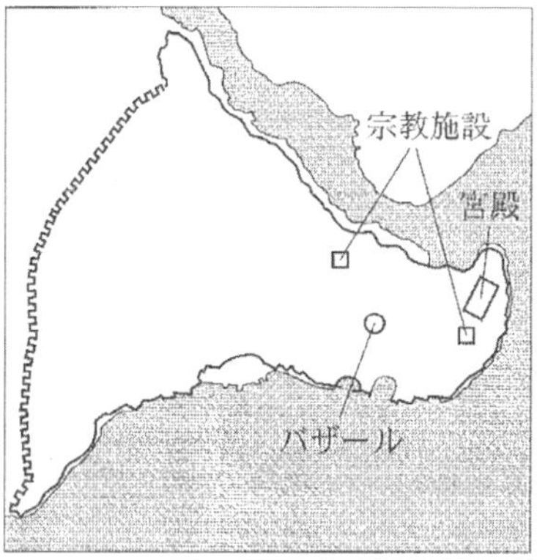

②

③

④

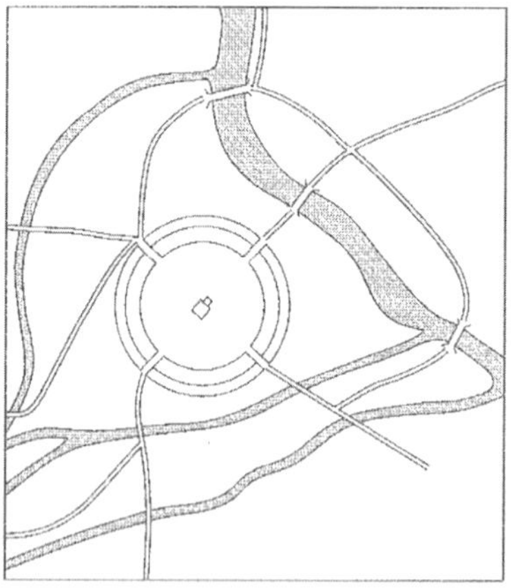

問2　**資料X**は，もと[い]の君主であった著者の自伝である。この著者が創設した王朝の宮廷で発達し，現在のパキスタンの国語となった言語の名称を次の①〜④から選びなさい。

①　ウルドゥー語　　②　タミル語　　③　タガログ語　　④　ペルシア語

（東京大学2018年改題）

43 大航海時代に関連して，地図中のA～Cの航路と大航海時代の探検家との組み合わせとして正しいものを次の中から１つ選びなさい。ただし，マゼラン（マガリャンイス）については，本人死後の部下の航路を含む。

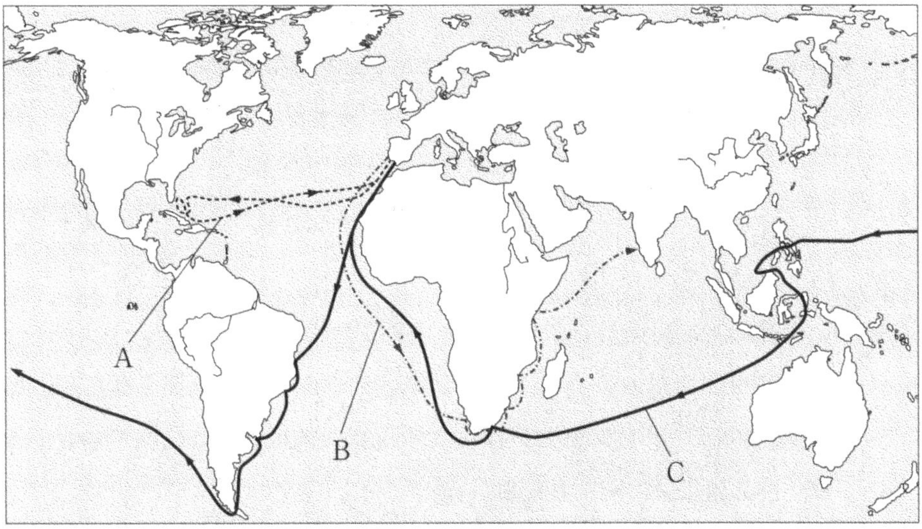

①	A－コロンブス	B－ヴァスコ＝ダ＝ガマ	C－マゼラン
②	A－コロンブス	B－マゼラン	C－ヴァスコ＝ダ＝ガマ
③	A－アメリゴ＝ヴェスプッチ	B－マゼラン	C－ヴァスコ＝ダ＝ガマ
④	A－アメリゴ＝ヴェスプッチ	B－ヴァスコ＝ダ＝ガマ	C－マゼラン

（神奈川大学2018年改題）

44 新航路に関連して，バルトロメウ＝ディアスのとった航路（寄港地は省略）を示したものとして正しいものを，次の地図中の①～④のうちから一つ選べ。

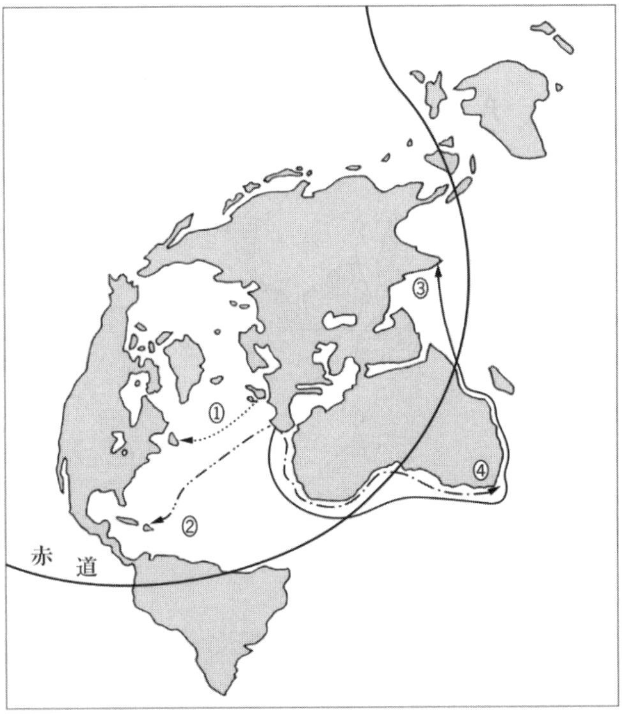

（センター試験世界史Ｂ2002年本試）

45 16世紀のポーランドについて，下の図は，現在のヨーロッパ諸国の国境線のうえに，16世紀のリトアニア＝ポーランド王国の領域を重ね合わせたものである。ソ連邦崩壊後のリトアニアとポーランドの版図の組合せとして正しいものを，次の中から一つ選びなさい。

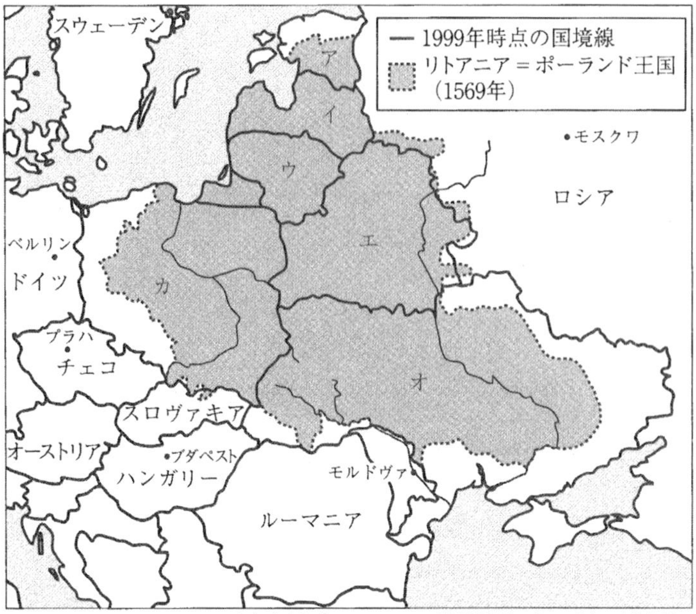

（小山哲『ワルシャワ連盟協約（一五七三年）』）

	リトアニア	ポーランド
①	ア	カ
②	イ	カ
③	ウ	カ
④	ア	オ
⑤	イ	オ
⑥	カ	エ

（龍谷大学2018年改題）

46 オランダ東インド会社に関して，東南アジアに築いた拠点の場所ＡまたはＢとその名前の組合せとして最も適切なものを，あとの①～④から一つ選べ。

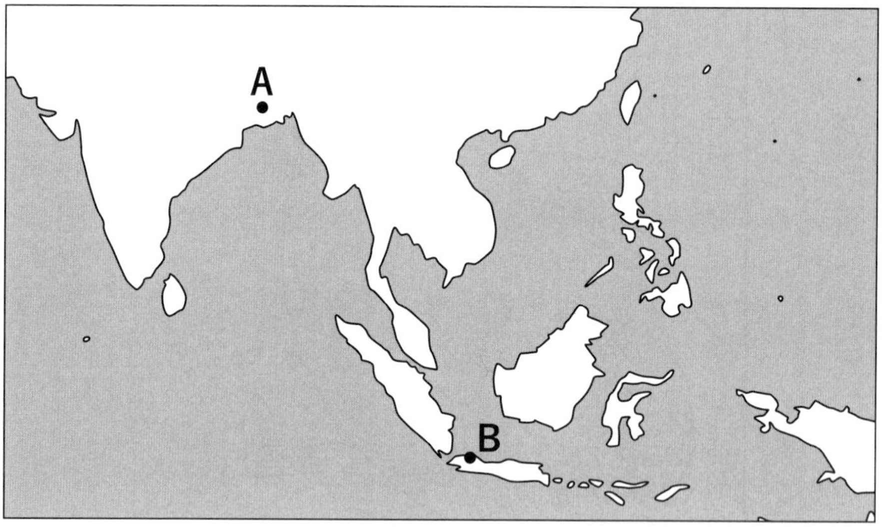

17世紀のアジア海域

① Ａ－カルカッタ　② Ｂ－カルカッタ　③ Ａ－バタヴィア　④ Ｂ－バタヴィア

（本書オリジナル）

47 近世ヨーロッパにおける複数宗派の共存に関する次の**史料（Ⅰ・Ⅱ）**を読み，問い（問１～問８）に答えなさい。（史料の出典は，歴史学研究会編『世界史史料』第５巻，岩波書店，2007年。［　］とルビは出題者が挿入。）

〔**史料Ⅰ**〕

第三条　第一項　一般的かつ無制限のアムネスティ［忘却］原則に応じて，いかなる種類であれ，いかなる前提であれ，(ア)ボヘミアとドイツの混乱，あるいは相互の諸同盟によって何らかの損害や不利益を蒙った，神聖ローマ帝国のすべての(イ)選帝侯，諸侯，等族は，……その領域，財貨，レーエン，陪臣の領地，自有地の所有について，(ウ)聖界および俗界の位階，諸自由，諸権利，諸特権と同様に，剥奪以前の状態を再び完全に享受するべきであり，また法に従い享受しうる。［後略］

第五条　帝国の両宗派〔カトリックとルター派〕の選帝侯，諸侯，等族の間に存在していた不平不満が大部分当該戦争の原因および動機であったので，彼らのために以下のことを協約し，調停する。

第八条　第一項　（前略）(エ)ローマ帝国のすべての選帝侯，諸侯，等族は，彼らの古き諸権利，諸優先権，諸自由，諸特権および領邦高権の自由な行使につき，教会および世俗の事柄において，また支配権限や国王大権やそれらの占有において，誰からも，いつ何時でも，いかなる口実によっても実際に妨害されえないこと，またそれが許されないことを，この条約により確定し，承認する。

問１　下線部(ア)について述べた次の文（**ア**，**イ**）の正誤の正しい組み合わせを，選択肢（①～④）から１つ選びなさい。

ア　三十年戦争は，ベーメン（ボヘミア）のプロテスタントが，ハプスブルク家のカトリック政策に反旗を翻したことをきっかけとした。
イ　三十年戦争に参戦したグスタフ＝アドルフはデンマークの国王であった。

①　**ア**－正　**イ**－正　②　**ア**－正　**イ**－誤
③　**ア**－誤　**イ**－正　④　**ア**－誤　**イ**－誤

問２　下線部(イ)に関連して，1356年の「金印勅書」で認められた選帝侯として**誤っているもの**を，選択肢（①～⑤）から１つ選びなさい。
①　ケルン　②　ザクセン　③　ドイツ騎士団
④　トリーア（トリール）　⑤　ベーメン王国

問３　下線部(ウ)に関連して，11～12世紀の叙任権闘争の説明として正しいものを選択肢（①～⑤）から１つ選びなさい。
①　教皇グレゴリウス７世は，皇帝による聖職叙任を認めた。
②　教皇ボニファティウス８世は，カノッサの屈辱の後に急死した。
③　北イタリアに設立されたクリュニー修道院は，教会改革運動の拠点となった。
④　教皇グレゴリウス７世は，聖職者の妻帯を禁じる改革をおこなった。
⑤　叙任権闘争を終息させたのは，カリアスの和約である。

問４　下線部(エ)における出来事を年代順に並べ替えた時に，二番目に来るものを選択肢（①～⑤）から１つ選びなさい。
①　ネストリウス派への異端宣告
②　キリスト教の公認
③　帝国の全自由人にローマ市民権付与
④　ディオクレティアヌス帝の即位
⑤　ネロ帝によるキリスト教徒の迫害

資料読解編

〔**史料Ⅱ**〕

第一条　(オ)一五八五年三月の始めより余が即位するまで，さらにこれに先立つ争乱の間に起こったすべての出来事に関する記憶は，双方とも，起こらなかったこととして消し去り，鎮めること。［後略］

第三条　余の王国と余に服する地域では，カトリックの礼拝が中断されていたすべての所，すべての土地で，いかなる混乱も妨害もなく平穏に自由に礼拝が行われるように，これを回復し再建するように命じる。（中略）

第六条　わが臣民の間に争乱や対立の原因をいっさい残さないように，(カ)いわゆる改革派［カルヴァン派］の者たちが，尋問されたり，迫害されたり，暴行されたり，自らの良心に反して宗教に関する強制を受けたりすることなく，余の王国と余に服する地域のいずれの都市にでも土地にでも住み，滞在することを許す。［後略］

第九条　一五九六年と一五九七年八月末までの間，改革派の礼拝が幾度も公に行われた，余に服する都市と土地には，これを禁じる裁定や判決があろうとも，引き続き改革派の礼拝を行うことを許す。

第九一条　（前略）この勅令は，余の法官，官職保有者，臣民たちによって遵守されるべき，確固たる不可侵の勅令であり，(キ)廃止することも，抵触することいっさいを斟酌（しんしゃく）することもないと，宣言する。

問５　下線部(オ)に最も近い時期に起こった出来事を選択肢（①～⑤）から１つ選びなさい。

①　オランダ独立宣言　　②　イギリス東インド会社の設立

③　トリエント公会議の開催　　④　パーニーパットの戦い

⑤　サファヴィー朝の成立

問６　下線部(カ)に関連して述べた次の文（**ア**，**イ**）の正誤について，正しい組み合わせを選択肢（①～④）から１つ選びなさい。

ア　カルヴァンは，魂の救済はあらかじめ神により決定されているという教義を説いた。

イ　この宗派は，司教制度を維持し，教会員のあいだから選んだ長老が彼を補佐した。

①　**ア**－正　**イ**－正

②　**ア**－正　**イ**－誤

③　**ア**－誤　**イ**－正

④　**ア**－誤　**イ**－誤

問７　**史料Ⅱ**を発布したフランスの国王は誰か。選択肢（①～⑤）から１つ選びなさい。

①　アンリ４世　　②　シャルル７世　　③シャルル９世

④　ルイ13世　　⑤　ルイ14世

問８　下線部(キ)に関連して，**史料Ⅱ**を廃止した国王の時代の戦争として正しいものを選択肢（①～⑤）から１つ選びなさい。

①　オーストリア継承戦争　　②　フレンチ＝インディアン戦争　　③　スペイン継承戦争

④　七年戦争　　⑤　レパントの海戦

（上智大学2018年）

48 ウェストファリア条約に関連する次の史料を読み，後の問いに答えよ。

第３条　第１項

一般的かつ無制限のアムネスティ原則に応じて，いかなる種類であれ，いかなる前提であれ，ボヘミアとドイツでの混乱，あるいは相互の諸同盟によって何等かの損害や不利益をこうむった，神聖ローマ帝国のすべての選帝侯，諸侯，等族は，……その領域，財貨，レーエン，陪臣の領地，自有地の所有について，聖界および俗界の位階，諸自由，諸権利，諸特権と同様に，剥奪以前の状態を再び完全に享受すべきであり，また法に従い享受しうる。戦争のあいだ正反対になされた諸変更は，すべてこれにより無効と宣言される。

第８条　第１項

(a)……帝国のすべての選帝侯，諸侯，等族は，彼らの古き諸権利，諸優先権，諸自由，諸特権および領邦特権の自由な行使につき，教会および世俗の事柄において，また支配権限や国王大権やそれらの占有において，誰からも，いつ何時でも，いかなる口実によっても実際に妨害されえないこと，またそれが許されないことを，この条約により確定し，承認する。

（歴史学研究会編『世界史史料集』第５巻，岩波書店，2007年，319～320頁を一部改変）

問　下線部(a)のような考えの基礎をつくった思想家とその主張の組合せとして最も適切なものを，次の中から一つ選べ。

① グロティウス－自然法にもとづく国家間関係　② ボシュエ－自然法にもとづく社会契約説

③ ボーダン－王権神授説　④ ホッブズ－人民の抵抗権

（東洋大学2019年改題）

49 以下の〔史料〕を読み，次の問い（問１～問２）に答えなさい。

〔**史料**〕ⓐキャラコ使用禁止法（1720年３月１日）

一　衣服・家財・その他におけるプリント・彩色・着色・染色されたキャラコの着用と使用は，明らかにこの王国の毛織物工業と絹織物工業にとって非常に有害になっており，貧民増加の原因になっている。（中略）主の紀元1722年12月25日以降，何人たりとも，プリント・彩色・着色・染色されたキャラコからなる衣装や衣服を，大ブリテンで使用あるいは着用することは非合法とされる。（後略）

二　（前略）前記1722年12月25日以降はいつでも，呉服商・反物商・室内装飾業者，その他の人々もしくは法人すべてが，プリント・彩色・着色・染色されたキャラコ，あるいはそれらを組み込み，一部に使ったベッド，イス，ソファ，カーテン，そのほかの家財や家具を販売する目的で，商い，流通させ，陳列した場合，前述の人々もしくは法人は，違反するたびに有罪を宣告され，大ブリテンの法定通貨により20ポンドを罰金として支払う。ただしⓑ輸出向けであったり，通常，輸出向け販売でなされるように，海外で一掃処分される場合には，この限りではない。（後略）

問１　下線部ⓐに関連して，この法律の制定年に最も近い時期にインドで起こった出来事を次から選びなさい。

① タージ＝マハルが建設された。

② アウラングゼーブが死亡した。

③ アクバルにより非イスラームへの人頭税が廃止された。

④ バーブルがパーニーパットの戦いでロディー朝に勝利した。

⑤ プラッシーの戦いが起こった。

問２　下線部ⓑに関連して，これはイギリス東インド会社の利益を守るためでもあったが，この会社について**誤っているもの**を次から選びなさい。

① 18世紀後半にムガル皇帝からベンガル地方の徴税権・司法権を獲得した。

② 東インド会社への茶の独占販売権の賦与によりボストン茶会事件が起こった。

③ 東インド会社がもたらしたインド綿布は奴隷貿易の代価にも用いられた。

④ 東インド会社はステュアート朝の時代に設立された。

⑤ 1830年代には東インド会社の中国貿易独占権が廃止された。

（中央大学2020年改題）

資料読解編

50 多くの人やモノが行き交う海に関連して，次の図は，17世紀から18世紀にかけての大西洋における交易関係を示したものである。図中の ア と イ に入れる最も適当な語の組合せとして正しいものを，以下の①～④のうちから一つ選べ。

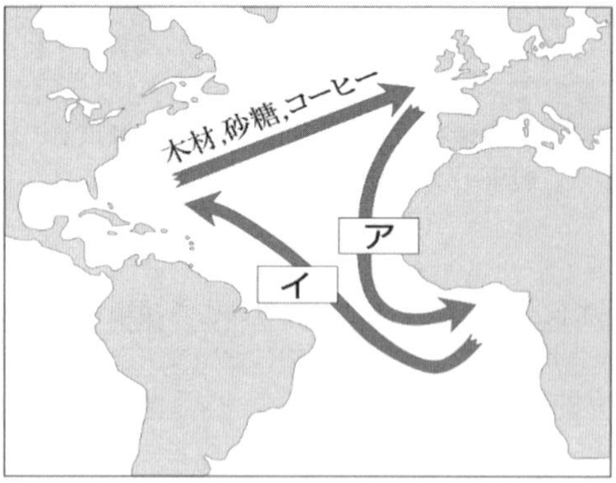

① ア－奴　隷　　イ－火器（銃）　　② ア－奴　隷　　イ－綿　花
③ ア－綿　花　　イ－奴　隷　　　　④ ア－火器（銃）　イ－奴　隷

（センター試験世界史Ｂ2004年追試）

51 16世紀の世界を示した次の地図について，以下の問い（問１～問15）に答えよ。なお，地図中のＡ～Ｇは国，あるいは王朝を，Ａ・Ｂは都市を示している。

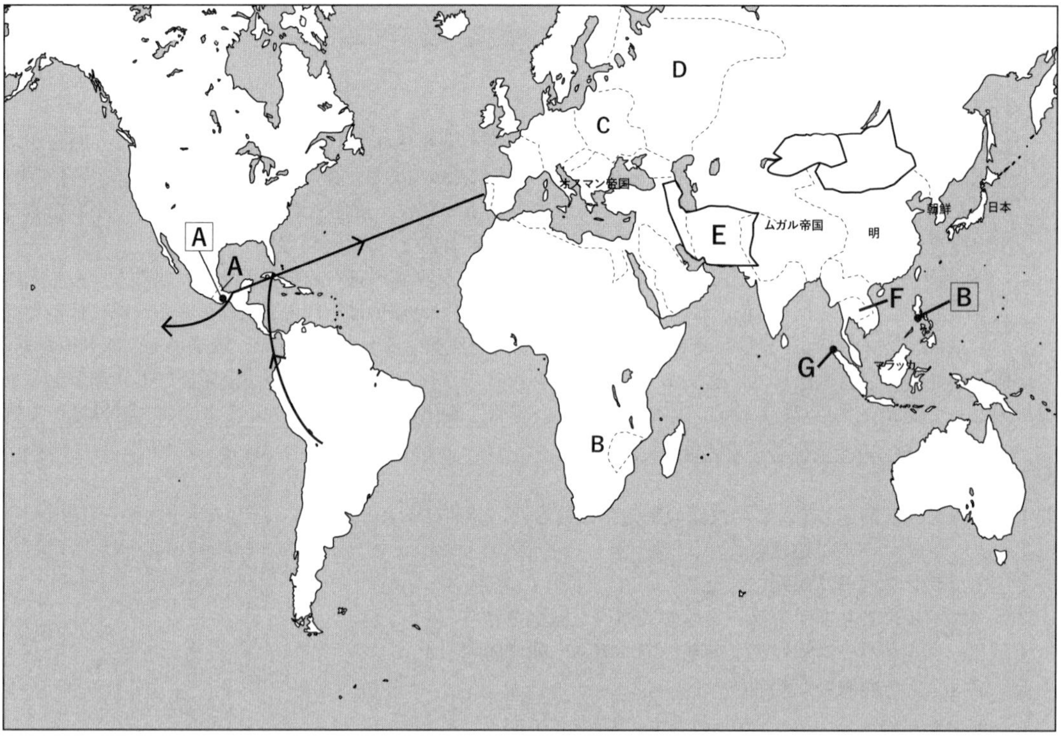

問１　大航海時代について述べた次の文ａとｂの正誤の組合せとして正しいものを，下の①～④のうちから一つ選び，記号で答えよ。

ａ　カボットがブラジルに漂着し，この地をポルトガル領と宣言した。
ｂ　マゼランはパナマ地峡を通り，太平洋を西進してフィリピンに到達した。

① ａ－正　　ｂ－正　　② ａ－正　　ｂ－誤
③ ａ－誤　　ｂ－正　　④ ａ－誤　　ｂ－誤

問２　地図中のAについて述べた文として正しいものを，次の①～④のうちから一つ選び，記号で答えよ。
①　ピラミッド状の神殿を建設し，テノチティトランを都とした。
②　独自の絵文字，二十進法による数の表記や暦法などの高度な文化をもった。
③　石造建築の技術にすぐれ，マチュ＝ピチュの遺跡をのこした。
④　スペインの征服者ピサロによって滅ぼされた。

問３　ポルトガルは15世紀末からキルワなど東アフリカ沿岸の港市を攻略し，地図中のBが産出する金を獲得したが，インド洋交易で栄えたBの国名を，次の①～④のうちから一つ選び，記号で答えよ。
①　ガーナ王国　②　カネム＝ボルヌー王国
③　アシャンティ王国　④　モノモタパ王国

問４　大航海時代によっておこったヨーロッパの変化について述べた文として**誤っているもの**を，次の①～④のうちから一つ選び，記号で答えよ。
①　価格革命によって，固定地代に依存する封建領主層が打撃を受けた。
②　エルベ川以東の地域が輸出用穀物の生産地となり，農奴解放が進んだ。
③　商業の中心が地中海から大西洋沿岸諸国に移る商業革命がおこった。
④　アメリカ大陸原産のジャガイモやトウモロコシなどが伝来し，人々の生活に影響を与えた。

問５　16世紀後半，スペインの全盛時代を築いた国王について述べた文として正しいものを，次の①～④のうちから一つ選び，記号で答えよ。
①　アルマダ海戦でイギリスの無敵艦隊に敗北した。
②　プレヴェザの海戦でオスマン帝国に勝利した。
③　ポルトガルを併合し，同君連合を形成した。
④　オランダ独立戦争を招き，南部フランドル地方の10州が独立を宣言した。

問６　宗教改革者カルヴァンについて述べた文として正しいものを，次の①～④のうちから一つ選び，記号で答えよ。
①　スイスのチューリヒに招かれ，神権政治を行った。
②　予定説を説き，教会組織として長老主義をとった。
③　『キリスト者の自由』を著した。
④　デンマークやスウェーデンはカルヴァン派の新教国となった。

問７　対抗宗教改革（反宗教改革）について述べた次の文章中の空欄［あ］・［い］に入れる語の組合せとして正しいものを，下の①～④のうちから一つ選び，記号で答えよ。

カトリック教会は体制の再建をはかり，1545年から［あ］で開かれた公会議で教皇の至上権を再確認し，禁書目録を制定した。また，1540年に教皇に認可されたイエズス会が行った布教活動は，明に［い］が派遣されたように，大航海時代の通商や植民活動を背景にアジアにも及んだ。

①　あ－コンスタンツ　い－カスティリオーネ
②　あ－コンスタンツ　い－マテオ＝リッチ
③　あ－トリエント　い－カスティリオーネ
④　あ－トリエント　い－マテオ＝リッチ

問８　地図中のCとDの国で16世紀におこった出来事について述べた次の文aとbの正誤の組合せとして正しいものを，下の①～④のうちから一つ選び，記号で答えよ。

a　Cの国では，ヤゲウォ（ヤゲロー）朝が断絶し，選挙で王を選ぶ選挙王制となった。
b　Dの国では，イヴァン４世が貴族の勢力をおさえ，中央集権化をはかった。

①　a－正　b－正　②　a－正　b－誤
③　a－誤　b－正　④　a－誤　b－誤

問9　地図中のEについて述べた文として正しいものを，次の①～④のうちから一つ選び，記号で答えよ。
① アルダシール1世がタブリーズを占領して建国した。
② シーア派のイスマーイール派を国教とした。
③ アンカラ（アンゴラ）の戦いでオスマン帝国を破った。
④ アッバース1世がホルムズ島からポルトガル勢力を駆逐した。

問10　ムガル帝国の第3代皇帝アクバルについて述べた文として正しいものを，次の①～④のうちから一つ選び，記号で答えよ。
① 最大領土を実現した。
② 人頭税（ジズヤ）を廃止した。
③ アグラにタージ＝マハルを造営した。
④ 官僚制度としてティマール制を定めた。

問11　地図中のFは14世紀半ばに成立し，16世紀以降はヨーロッパ諸国や中国・日本とも交易を行った。この王朝の名を，次の①～④のうちから一つ選び，記号で答えよ。
① アユタヤ朝　② スコータイ朝　③ パガン朝　④ タウングー朝

問12　地図中のGは15世紀末におこったイスラーム教国で，マラッカを占領したポルトガルに対抗し，ムスリム商人を受け入れて香辛料交易で繁栄した。この王国の名を，次の①～④のうちから一つ選び，記号で答えよ。
① バンテン王国　② ラホール王国　③ マタラム王国　④ アチェ王国

問13　スペインはメキシコ銀を地図中の［A］から［B］に運び，中国の絹や陶磁器と交換して大きな利益をあげた。この貿易でヨーロッパ商人が用いていた船の名を，次の①～④のうちから一つ選び，記号で答えよ。
① ダウ船　② ガレオン船　③ ジャンク船　④ 私拿捕船

問14　明について述べた次の文章中の空欄［う］・［え］に入れる語の組合せとして正しいものを，下の①～④のうちから一つ選び，記号で答えよ。

16世紀には中国の周辺で国際商業が活発となり，沿岸部や都市は商工業で繁栄した。一方，農村では多くの農民が没落し，村落行政制度の［う］が衰えて税収が悪化した。このため，万暦帝時代の初期に［え］は，全国的な検地を行うなど財政再建につとめた。

① う－三長制　え－王安石
② う－三長制　え－張居正
③ う－里甲制　え－王安石
④ う－里甲制　え－張居正

問15　16世紀から17世紀半ばの東アジア諸国について述べた文として**誤っているもの**を，次の①～④のうちから一つ選び，記号で答えよ。
① 石見銀山などで産出された大量の日本銀が中国に流入した。
② 江戸幕府を開いた徳川家康は朱印船貿易を推進した。
③ エセン＝ハンが明に侵入を繰り返し，一時北京を包囲した。
④ 壬辰・丁酉倭乱で，李舜臣は亀船（亀甲船）を使った水軍を指揮して日本軍に抵抗した。

（高知工科大学2018年改題）

52 アメリカ合衆国の国旗である星条旗について，図の星条旗には13個の星と13本のストライプがあしらわれており，アメリカ合衆国として独立した13の植民地を表している。この13植民地に含まれる植民地の名称として**誤っているもの**を，次の①～④のうちから一つ選べ。

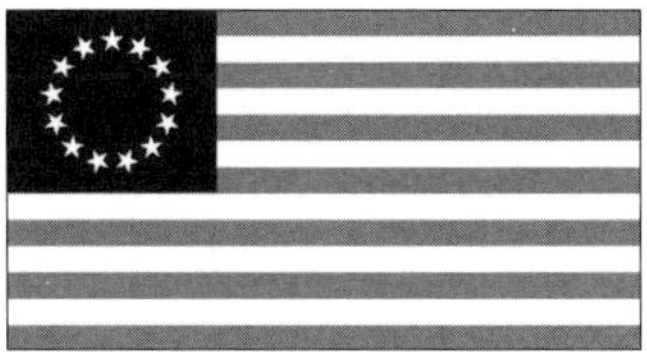

〈ベッツィ＝ロスが作ったとされる星条旗〉

① マサチューセッツ　② ニューヨーク
③ ヴァージニア　④ フロリダ

（センター試験世界史Ｂ2007年本試）

53 鉄道の旅客営業運転は，1830年，イギリスのリヴァプールとマンチェスターの間で始まったことに関連して，このリヴァプールとマンチェスターの間の鉄道の位置として正しいものを，次の地図中の①～④のうちから一つ選べ。

（センター試験世界史Ａ2004年本試）

54 以下のヨーロッパ史に関する史料Ａ～Ｅを読んで，問１～問15に答えなさい。ただし，引用各史料とも一部を改変した。

Ａ　ピエール＝デ＝ヴォー＝セルネー『アルビジョワの歴史』

「(1)わが軍はベジエの城門に到着すると，使者としてこの町の司教ルノー＝ド＝モンペリエ師を市内へと送った。年齢でも生活ぶりでも学識でも，尊敬されるべき人物である。彼は住民に告げた。『われらは異端者を駆逐すべくこの地に来た。正統信者がいるならば，異端者をわれらに引渡すがよい。われらは異端者を知悉(ちしつ)していて，その名簿がある。それができぬとあらば，正統信者は異端者とともに滅びることのないように，町を退去するがよい』。司教が十字軍に代わって告げると，住民はことごとく拒絶した。(2)神と教会に叛(そむ)き，死と手を携え，キリスト教徒として生きるより異端者として死ぬほうを選んだのである。（中略）町に侵入するや否や，彼らはいと幼き者からいと老いたる者に至るまで，住民のほぼ全部を殺戮した上，火を放った。（中略）(3)ベジエの占拠と破壊ののち，わが軍はただちにカルカッソンヌ目指して進軍した。」

（渡邊昌美訳，歴史学研究会編『世界史史料』第５巻，岩波書店，199～200頁より）

問１　下線部(1)に関連して，この軍隊派遣を提唱したのは誰か。もっとも適するものを次の①～⑤の中から一つ選びなさい。

①　ウルバヌス２世　②　インノケンティウス３世　③　ハインリヒ４世
④　グレゴリウス７世　⑤　レオン３世

問２　下線部(2)に関連して，この異端者の信仰やアルビジョワ十字軍についての説明として**誤っているもの**はどれか。もっとも適するものを次の①～④の中から一つ選びなさい。

①　善悪二神の存在と対立を確信し，現世を悪神に連なるものとして強く忌避した。
②　マニ教の影響を受けたとされ，カタリ派ともいわれた。
③　アルビジョワ派ともいわれ，トゥルーズなどの南仏において大領主から農民にまで広まった。
④　後に，カタリ派の異端討伐を口実にカペー朝の王領地拡大をはかったのはフィリップ４世であった。

問３　下線部(3)に関連して，十字軍によるベジエ攻撃があったとき，カペー朝の国王はこれにかかわらずに，王国内のイングランド王領地の大半を奪い返した。この時のイングランド王は誰か。もっとも適するものを次の①～⑤の中から一つ選びなさい。

①　ルイ９世　②　ヘンリ２世　③　ジョン王
④　エドワード３世　⑤　フィリップ６世

B　プラハ宣言（(4)1521年11月１日）

「私，シュトルベルクの(5)トーマス＝ミュンツァーは，全世界と全教会の前で，この文書が提示されえる限り，私が，神聖にして至高なるキリスト者の信仰について，さらに高次の教えを…獲得するために，…最高の熱意を傾注してきたことを，キリストおよび私を若い頃から知っているすべての選ばれた者たちとともに証言することができる，と言明する。(6)私は，私の全生涯を通じて，…いかなる修道士や坊主からも，信仰の正しい実践，さらに，神を畏れる霊において信仰を出現させる有益な試練…を教わることができなかった。たしかに私は，彼らから，彼らが…聖書から盗み取った単なる文字を聞いたことはある。…しかし，聖パウロは，人間の心は，神がインクではなく，自らの指で，自らの不動の意志と永遠の叡智を記入される紙か羊皮紙である，と書いている。この文書は，いかなる人間でもおよそ開かれた理性を持っているかぎり，読むことができるのである。」

（田中真造訳，歴史学研究会編『世界史史料』第５巻，岩波書店，222頁より）

問４　下線部(4)に関連して，この年までに宗教改革運動を展開していたルターについての説明として**誤っているもの**はどれか。もっとも適するものを，次の①～④の中から一つ選びなさい。

①　1517年，『95か条の論題』をヴィッテンベルクで発表した。
②　ザクセン選帝侯フリードリヒに保護されたが，『聖書』を否定した。
③　贖宥状を批判して，「人は信仰によってのみ義とされる」と主張した。
④　ドイツ農民戦争に対し，はじめ領主と農民の和解をすすめたが，蜂起が農奴制を否定するようになると，諸侯にこれの鎮圧を要求した。

問５　下線部(5)に関連して，トーマス＝ミュンツァーについての説明として正しいものはどれか。もっとも適するものを次の①～④の中から一つ選びなさい。

①　ルターの改革運動の不徹底性を批判し，社会改革をめざした。ドイツ農民戦争では指導者の一人となったが，諸侯軍に捕らえられて処刑された。
②　ヴォルムスの帝国議会に召喚され，福音主義思想の撤回を要求されたが，拒否したため帝国追放刑を受けた。
③　人の心の救済は神によってすでに決められているという教義を主張した。また，結果としての利潤の蓄積を認めたので，商工業者などに受け入れられた。
④　1523年には，チューリヒでも宗教改革運動を展開した。マールブルクでルターと会談したが，教義問題で一致せず決裂した。

問６　下線部(6)に関連して，彼がここで批判しているのはどれか。もっとも適するものを次の①～⑤の中から一つ選びなさい。

①　再洗礼派　②　王権神授説　③　予定説　④　地動説　⑤　カトリック

C　和平勅令（1598年４月）

「第１条　1585年３月の始めより(7)余が即位するまで，さらにこれに先立つ争乱の間に起こったすべての出来事に関する記憶は，双方とも，起こらなかったこととして消し去り，鎮めること。また，主席検察官であれ誰であれ，公にも私的にも，いかなる時，いかなる機会であろうと，これを陳述，起訴，訴追することは，いかなる裁判所であれ許されない。…第６条　わが臣民の間に(8)争乱や対立の原因をいっさい残さないように，いわゆる改革派の者たちが，尋問されたり，迫害されたり，暴行されたり，自らの良心に反して宗教に関する強制を受けたりすることなく，余の王国と余に服する地域のいずれの都市にでも土地にでも住み，滞在することを許す。彼らはまた，(9)この勅令に従い行動している限り，彼らが住もうと欲する家屋や土地で，宗教を理由として追及されることはない。」

（高澤紀恵訳，歴史学研究会編『世界史史料』第５巻，岩波書店，325頁より）

資料読解編

問７　下線部(7)に関連して，この国王が発布したナントの王令に至る宗教的・政治的対立において隠然たる動きを示した人物は誰か。もっとも適するものを次の①～⑤の中から一つ選びなさい。

①　アン女王　②　マリア＝テレジア　③　カトリーヌ＝ド＝メディシス
④　イサベル　⑤　マリー＝アントワネット

問８　下線部(8)に関連して，この中でカトリックと対立したカルヴァン派の人々はユグノーといわれて差別された。ネーデルラントでカルヴァン派の人々にあてられた俗称はどれか。もっとも適するものを次の①～⑤の中から一つ選びなさい。

①　ゴイセン　②　ヨーマン　③　シュラフタ　④　ジェントリ　⑤　ウィッグ

問９　下線部(9)に関連して，この勅令後のフランスの動きについての説明として正しいものはどれか。もっとも適するものを次の①～④の中から一つ選びなさい。

①　ルイ13世が召集した三部会以降，七月革命まで三部会は開催されなかった。
②　1648～53年，絶対王政の強化に反抗してユグノーがフロンドの乱を起こした。
③　ヨーロッパ最大の常備軍をもつルイ16世は，スペイン継承戦争にまで介入した。
④　ルイ14世は絶対王政強化のための宗教的統一をねらい，ナントの王令を廃止した。

D　(10)パウロ３世による認可（1540年）

「愛する息子たちイグナティウス＝デ＝ロヨラ，…フランシスコ＝シャビエルらは，人びとが敬神の念あつく信じているように，聖霊に突き動かされ，かなり以前から世界の各地から集まり，(11)団体を結成した。この世の誘惑を避けて，その団体において永遠に主なるキリストとわれわれ，およびわれわれの後継者に彼らの命を捧げ，褒め讃えるべきことに，すでに多くの年月を主のぶどう園で働いてきた。…イエスの名前で顕彰されるわれわれの会において，十字架の旗のもと神のために戦い，ただ主とその地上における代理人であるローマ教皇に仕えようとする者は，まず永遠の純潔を厳かに誓うべきである。ついで会員の一員であることを公にして，主に公的な説教，御言葉の司祭，霊的訓練，憐憫の業を通じて，さらには信者の告白を聞くことを通じて，キリスト教的生活と教義における霊性を高め，(12)信仰を広め，特に霊的な慰めを施すべきである。」

（森田安一訳，歴史学研究会編『世界史史料』第５巻，岩波書店，273頁より）

問10　下線部(10)に関連して，対抗宗教改革者であったこの教皇が1545年から開催した公会議はどれか。もっとも適するものを次の①～⑤の中から一つ選びなさい。

①　ラテラノ公会議　②　コンスタンツ公会議　③　ニケーア公会議
④　クレルモン公会議　⑤　トリエント公会議

問11　下線部(11)に関連して，この団体名はどれか。もっとも適するものを次の①～⑤の中から一つ選びなさい。

①　フランチェスコ会　②　イエズス会　③　ドミニコ会　④　シトー会
⑤　ベネディクト会

問12　下線部(12)に関連して，この布教の動きの中で，活動した人物についての説明として正しいものはどれか。もっとも適するものを次の①～④の中から一つ選びなさい。

①　マテオ＝リッチは，中国に渡り，キリスト教の教義を漢文で説いた『天主実義』を著すなど中国の伝統文化を尊重した伝道を行なった。

② ブーヴェはイタリア出身の宣教師で，実測にもとづく初の中国全図である『皇輿全覧図』を完成させた。
③ フェルビーストはベルギー出身の宣教師で，画技に長じ宮廷画家として多くの作品を残し西洋画法を中国に紹介した。
④ カスティリオーネはイタリア出身で，アダム＝シャールを補佐し，中国において洋暦の採用や大砲鋳造などに活躍した。

E ⒀アイルランド侵攻を正当化する⒁クロムウェルの宣言（1650年３月再印刷）
「われわれは，無法の反徒たちの力を破壊すべくやってきた。反徒どもは，イングランドの権威をないがしろにし，人間社会の敵として生きている。世間がすでに経験したことであるが，反徒どもの主義は，彼らに従わない人間すべてを滅ぼし屈従させようとするものである。われわれは神の御加護のもと，⒂イングランドの輝きと栄光を推進し維持すべくこの国［アイルランド］に来たが，この国でそうする権利をわれわれは疑いもなくもっているのである。」
（木畑洋一訳，歴史学研究会編『世界史史料』第５巻，岩波書店，348頁より）

問13 下線部⒀に関連して，アイルランドは，その後もイギリスの支配に抵抗した。アイルランド独立運動の指導者で，19世紀にアイルランドの分離独立をめざした人物は誰か。もっとも適するものを次の①～⑤の中から一つ選びなさい。
① コブデン ② ブライト ③ オコンネル ④ ルイ＝ブラン
⑤ カニング

問14 下線部⒁に関連して，クロムウェルが清教徒革命において属していたのはどの勢力か。もっとも適するものを次の①～⑤の中から一つ選びなさい。
① フイヤン派 ② 長老派 ③ 水平派 ④ 真正水平派
⑤ 独立派

問15 下線部⒂に関連して，クロムウェルはオランダに対しても厳しい姿勢で臨んだが，そうした対オランダ政策の説明として正しいものはどれか。もっとも適するものを次の①～④の中から一つ選びなさい。
① 航海法では，ヨーロッパからの商品は，フランスかその輸出国の船で運ばれることと規定した。
② ３次にわたる英蘭戦争で，イギリスはオランダに勝利しアムステルダムを獲得した。
③ オランダを抑え込んだイギリスは，大西洋上の三角貿易体制を独占した。
④ オランダ船の入港を禁止するために航海法を発布し，ヨーロッパ以外からの産物はすべて産出国の船によって運ばれることとした。
（専修大学2019年）

55 次の**史料**（**1～5**）はいずれも，近世ないし近代ヨーロッパの宗教と社会に関する重要な史料である。これらを読んで下記の問い（問１～問14）に答えなさい。

〔**史料1**〕（ **ア** ）およびそれと同類の教団，ならびに教団と類似する修道会は，ドイツ帝国の領土から追放される。それらの施設の設立は禁止される。現在存在している施設は，連邦参議院の定める一定期間以内に取り除かれねばならない。

〔**史料2**〕 真のキリスト教的寛容が宗教と国家に多大な利益をもたらすことを確信し，(A)余は以下の決定を下した。プロテスタントと（ **イ** ）の信徒に対し，その宗教の流儀に従った私的な礼拝行為を全面的に許可する。…ただし，公的な礼拝行為を行うことが出来るという特権は，今後もカトリックのみに許されうる。

〔**史料3**〕 すべての者は，おなじ条件のもとに創造されたのではない。ある者は，永遠の生命に，他のある者は，永遠の断罪に，（ **ウ** ）されている。したがって，人はだれでもこの目的のどちらかにむけて創造されており，つまり，いってみれば，生に対してか，死に対してか，そのいずれかだということだ。

〔**史料4**〕 (B)幾多の議会制定法により，ローマ・カトリックを奉じる陛下の臣民に対して，他の臣民には課せられない一定の拘束および制約が課せられてきた。このような拘束および制約は，今後撤廃されることが適切である。

〔史料5〕 現在もしくは今後，いわゆる改革派信仰を表明する者は誰でも，これに反するいかなる誓約があろうとも，(C)余の王国，余に服する地方，領地，所領における王，領主，都市のいかなる地位，要職，官職，公務であれ，これを保持し行使し，また差別されることなく受け入れられるものとする。

＊出題に際して，史料の訳の一部を変更した箇所がある。

問1 〔史料1〕の（ ア ）には，1534年に設立され，対抗宗教改革の主翼を担った修道会があてはまる。その名称を，次の①～④から選びなさい。

① ベネディクト会 ② ドミニコ会
③ イエズス会 ④ フランチェスコ会

問2 〔史料1〕は，建国後間もないドイツ帝国で生じた，カトリック教会をめぐる紛糾の際に発せられた法律である。この紛糾を何というか，次の①～④から選びなさい。

① フス戦争 ② 社会主義闘争 ③ 文化闘争 ④ アウスグライヒ

問3 〔史料2〕は，オーストリア（ハプスブルク君主国）の君主である下線部(A)が発布した宗教寛容令の一節である。この君主とは誰か，次の①～④から選びなさい。

① ヨーゼフ2世 ② フランツ2世
③ カール6世 ④ マリア＝テレジア

問4 〔史料2〕の（ イ ）には，ハプスブルク君主国のおもに東部や南部で信じられていたキリスト教の別宗派があてはまる。その名称を，次の①～④から選びなさい。

① アルメニア教会 ② ギリシア正教会 ③ ルター派教会 ④ コプト教会

問5 〔史料3〕は『キリスト教綱要』の一節である。この著作を著した人物は誰か。次の①～④から選びなさい。

① ルター ② ツヴィングリ ③ カルヴァン ④ ミュンツァー

問6 〔史料3〕の（ ウ ）には，この宗派に特徴的な教説を表す言葉があてはまる。その名称を，次の①～④から選びなさい。

① 予定 ② 決定 ③ 制約 ④ 拘束

問7 〔史料3〕の著者が宗教改革とともに一種の神権政治を行ったのはどこか。下の地図のａ～ｈからその所在地として適切な場所を選び，次の①～⑧から選びなさい。

① a ② b ③ c ④ d
⑤ e ⑥ f ⑦ g ⑧ h

問8 〔史料4〕の下線部(B)には，イギリス国教会の信者以外の者が公職につくことを禁じた，1673年の法律が含まれる。この法律が制定された時のイングランド国王は誰か。

① ジェームズ1世 ② ジェームズ2世
③ チャールズ1世 ④ チャールズ2世

問9 〔史料4〕の成立によってはじめて議席を得た，アイルランド独立運動の指導的政治家は誰か。

① コブデン ② オコンネル ③ ノックス ④ ブライト

問10 〔史料4〕の背景には，人間の社会活動にできるだけ規制を加えず，社会の安定と発展を図る考え方があったといわれる。この考え方と関わって，アダム＝スミスに代表される経済学を何というか。

① 古典派 ② 自然派
③ 近代派 ④ 長老派

問11 〔史料5〕は，ブルボン朝の初代国王である下線部(C)が発布した王令の一節である。この君主とは誰か。

① フィリップ6世 ② アンリ4世 ③ シャルル7世 ④ ルイ9世

問12 〔史料５〕の発布により，半世紀近くにもおよんだフランスの宗教内乱が終息した。この宗教内乱のことを何というか。
① 三十年戦争　　② シュマルカルデン戦争
③ ファルツ戦争　　④ ユグノー戦争

問13 〔史料５〕の王令が発布された場所はどこか。下の地図のａ～ｈからその所在地として適切な場所を選び，次の①～⑧から選びなさい。

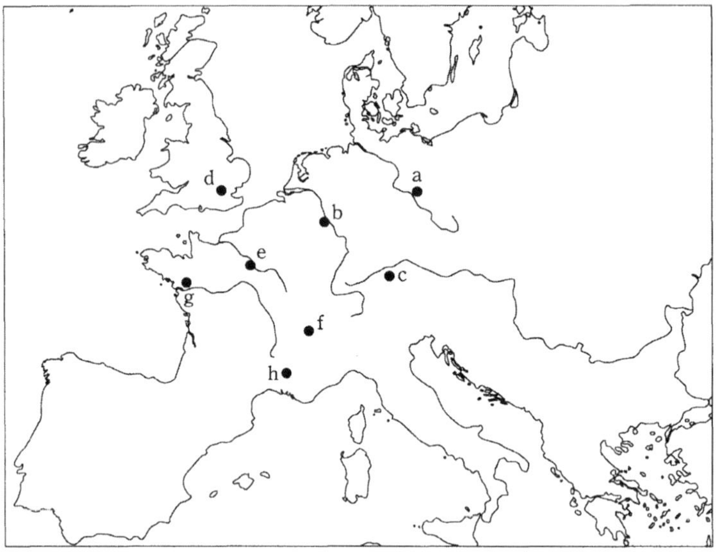

① a　② b　③ c　④ d
⑤ e　⑥ f　⑦ g　⑧ h

問14 史料１～５を古い順に配列したとき，正しく並んでいるものはどれか。次の①～⑥から選びなさい。
① 史料１→史料３→史料４→史料２→史料５
② 史料１→史料４→史料２→史料５→史料３
③ 史料３→史料４→史料５→史料２→史料１
④ 史料３→史料５→史料２→史料４→史料１
⑤ 史料５→史料２→史料４→史料１→史料３
⑥ 史料５→史料１→史料３→史料２→史料４

（中央大学2016年）

56 近代の民主主義は，「市民革命」を通して確立した。しかし，同じく「市民革命」といっても，その性格には違いがある。その違いは，各革命で作成された重要文書を見比べてみるとよくわかる。
下記のⅠ，Ⅱ，Ⅲの三つの文書（抜粋）を読んで，下の問い（問１～問４）に答えよ。

Ⅰ （1689年12月16日制定）
（ a ）は，（ a ）の権限により，（ b ）の承認なしに法律を停止し，また法律の執行を停止し得る権利があると称しているが，そのようなことは違法である。
（ a ）の権限により，法律を無視し，また法律の執行をしない権限があると称し，最近このような権限を僭取し行使したが，そのようなことは違法である。
大権に名を借り，（ b ）の承認なしに，みとめ，もしくはみとむべき期間よりも長い期間，またはみとめ，またみとむべき様態と異なった様態で，（ a ）の使用に供するために（ c ）を徴収することは，違法である。
平時において，（ b ）の承認なくして国内で（ d ）を徴集してこれを維持することは，法に反する。
議員の選挙は（ e ）でなければならない。

また，いっさいの不平を救済するため，また法律を修正し，強化し，保全するため，（　b　）はしばしば開かれなければならない。

（田中英夫訳『人権宣言集』岩波文庫，1957年，82～83頁，岩井淳・田中訳改訂引用，『世界史史料6』岩波書店，2008年，4～5頁。出題にあたり，訳文の一部を修正しています。）

Ⅱ（1776年7月4日発表）

われわれは以下の原理は自明のことと考える。まず，人間はすべて（　f　）に創造されており，創造主から不可譲の諸権利をあたえられており，それらのなかには（　g　），（　e　），（　h　）追求の権利がある。次に，これらの権利を保障するためにこそ，政府が人間のあいだで組織されるのであり，公正なる権力は被治者の同意に由来するものである。さらに，(ア)いかなる形態の政府であれ，この目的をそこなうものとなった場合は，政府を改変，廃止して，国民の安全と（　h　）とを達成する可能性を最も大きくするとの原則に従い，しかるべく機構をととのえた権力を組織して新しい政府を樹立するのが，（　i　）の権利である。・・・（中略）・・・大ブリテンの現国王がしてきたことは，うちつづく違法行為と権利侵害の歴史であり，すべて直接に絶対的な専制を当該植民地に打ち立てることを目指していた。これを証明するために，事実を世界の公平な人々に知らせよう。

（金井光太朗訳，『世界史史料7』岩波書店，2008年，160～162頁）

Ⅲ（1789年8月26日採択）

第1条　人間は（　e　）で権利において（　f　）なものとして生まれ，かつ生きつづける。社会的区別は，共同の利益にもとづいてのみ設けることができる。

第2条　あらゆる政治的結合の目的は，人間の持つ絶対に取り消し不可能な自然権を保全することにある。これらの権利とは，（　e　），（　j　），安全，および圧政への抵抗である。

第3条　すべての主権の権限は，本質的に（　i　）のうちに存する。いかなる団体も，またいかなる個人も，明示的にその根源から発してはいない権限を行使することはできない。

第17条　（　j　）は，神聖かつ不可侵の権利であり，したがって，合法的に確認された公的必要性からそれが明白に要求されるときであっても，かつ予め正当な補償金が払われるという条件でなければ，いかなる者もその権利を剥奪されえない。

（田中正人訳，瓜生洋一引用『世界史史料6』岩波書店，2008年，29～30頁）

問1　資料中の（　a　）～（　j　）に入れる適切な言葉を，下の語群から選べ。

① 王	② 神	③ 議会	④ 教会
⑤ 金銭	⑥ 幸福	⑦ 国民	⑧ 国家
⑨ 裁判	⑩ 参政権	⑪ 志願兵	⑫ 社会権
⑬ 自由	⑭ 首相	⑮ 常備軍	⑯ 所有権
⑰ 生命	⑱ 大統領	⑲ 平等	⑳ 友愛

問2　Ⅰ，Ⅱ，Ⅲの文書の名称（通称）の組合わせとして正しいものを，次の①～⑥から選べ。

①	Ⅰ 権利章典	Ⅱ 独立宣言	Ⅲ 人権宣言
②	Ⅰ 権利章典	Ⅱ 人権宣言	Ⅲ 独立宣言
③	Ⅰ 独立宣言	Ⅱ 人権宣言	Ⅲ 権利章典
④	Ⅰ 独立宣言	Ⅱ 権利章典	Ⅲ 人権宣言
⑤	Ⅰ 人権宣言	Ⅱ 独立宣言	Ⅲ 権利章典
⑥	Ⅰ 人権宣言	Ⅱ 権利章典	Ⅲ 独立宣言

問3　下線部(ア)は抵抗権（革命権）と呼ばれているが，このような考え方の基礎をつくった『統治二論』の作者として正しいものを，次の①～④から選べ。

①　ルソー　　②　モンテスキュー　　③　ロック　　④　ヴォルテール

問4　Ⅲの文書の背景には啓蒙思想があるが，この文書と同年『第三身分とはなにか』と題する小冊子を著し，第三身分の権利を主張した人物として正しいものを，次の①～④から選べ。

①　ロベスピエール　　②　サン＝シモン　　③　コシューシコ　　④　シェイエス

（甲南大学2016年）

57 次の文章を読んで，次の問いに答えなさい。

18世紀後半，アメリカとフランスで起こった革命を通じて，成文憲法が国制の基本文書として地位を確立した。アメリカ合衆国は1783年のパリ条約によって正式に独立するが，州の力が強く，政府は対外的脅威や国内の混乱に対処できなかった。連邦派と呼ばれる政治勢力は，中央政府の権限を強化するために合衆国憲法の制定を行なおうとした。だが，反対派の意見も強く，1788年に合衆国憲法が発効した時，成立した憲法は両者の妥協としての性格を持った。

問　下線部の時点におけるアメリカ合衆国の領土を表した図として，正しいものはどれか。図の灰色部分がアメリカ合衆国の領土を表す。

①

②

③

④

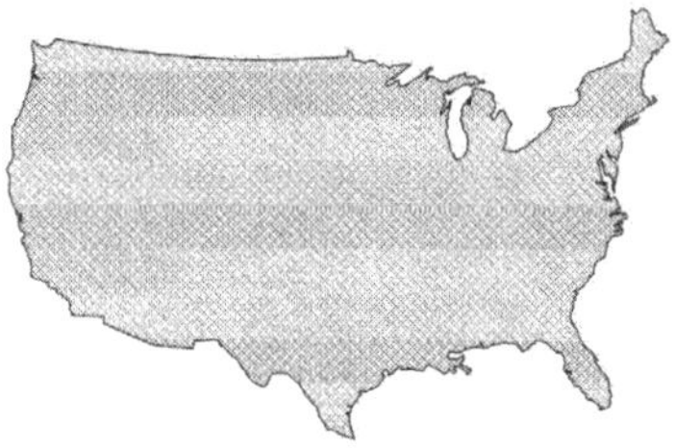

（福岡大学2016年改題）

58 次のグラフは，清における登録人口の推移を示したものである。このグラフから，1730年から1741年にかけて登録人口が急速に増大していることが読み取れるが，その一因について述べた文として正しいものを，下の①～④のうちから一つ選びなさい。

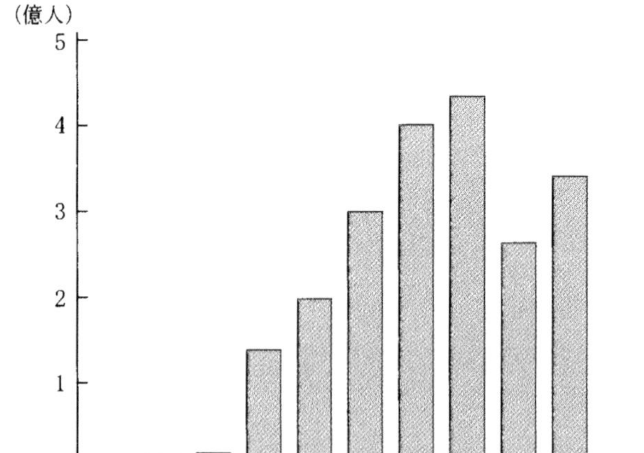

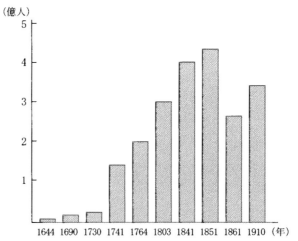

①　人頭税を実質的に廃止する一条鞭法が普及した。
②　人頭税を実質的に廃止する地丁銀制が普及した。
③　人頭税や土地税を一括して銀で徴収する一条鞭法が普及した。
④　土地税と人頭税をともに実質的に廃止する地丁銀制が普及した。

（昭和女子大学2022年）

59 次のA～Fの文章は，17世紀～19世紀のイギリスの歴史にかかわる史料の抜粋である。よく読んで下記の問いに答えなさい。

A　前国王……は政務を放棄し，そのため王位は空位となったので，……オレンジ公殿下は……ウェストミンスターに召集され開会される議会に，彼らを代表して出席する権限を有すべき人々を選出するよう伝えられた。……平時において，議会の承認なくして国内で常備軍を徴集してこれを維持することは，法に反する。……議員の選挙は自由でなければならない。

B　イングランドとスコットランドの二王国は……一つの王国に統合される。……この条約の発効により，スコットランドは貿易規制や関税……に関する法に服し，合同後のスコットランドでイングランドと同様に施行される。

C　謹んで至尊なる陛下に次のことを嘆願し奉る。すなわち，今後何人も，議会制定法による一般的同意なしには，いかなる贈与，貸付，上納金，税金，その他同種の負担をしたり，またはそれに応じたりするよう強要されないこと。

D　総督から女王陛下へ奏上いたします。インド女帝としての女王陛下の称号は，本日正午，デリー平原にて，最上の威厳と荘厳さをもって宣言されました。

E　現行のまたは将来のあらゆる法において，万人が平等に規制される。……法は平等であると同様に，善なるものでなければならない。法は人民の安全と福祉を破壊することが明らかなものであってはならない。

F　われわれは，無法の反徒たちの力を破壊すべくやってきた。反徒どもは，イングランドの権威をないがしろにし，人間社会の敵として生きている。……われわれは神のご加護のもと，イングランドの輝きと栄光を推進し維持すべくこの国に来たが，この国でそうする権利をわれわれは疑いもなく持っているのである。

〔歴史学研究会編『世界史史料』第5巻・第6巻所収，一部改〕

問　A～Fの史料は，それぞれ次の①～⑥のどれに当たるか，番号で答えなさい。

① 権利の請願（1628年）
② 水平派（平等派）の人民協約（1647年）
③ クロムウェルの宣言（1650年）
④ 権利の章典（1689年）
⑤ イングランドとスコットランドの合同条約（1707年）
⑥ リットン卿の電報（1877年）

（名古屋大学2017年）

60 ナショナリズムに関連して，「未回収のイタリア」に含まれる地域の名と，その位置を示す次の地図中のaまたはbとの組合せとして正しいものを，下の①～④のうちから一つ選べ。

① 南チロル（南ティロル）－a
② 南チロル（南ティロル）－b
③ トリエステ－a
④ トリエステ－b

（センター試験世界史B 2012年本試）

61 次のグラフは，イングランドの人口の年齢別構成を示したものである。このグラフについて述べた文ａとｂの正誤の組合せとして正しいものを，下の①～④のうちから一つ選べ。

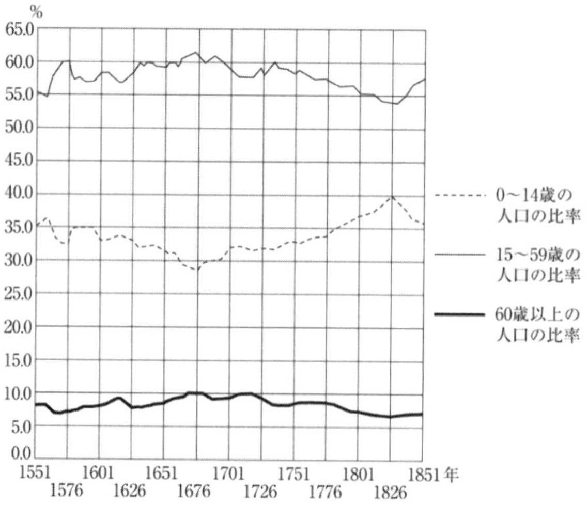

1551年から1851年までのイングランドの人口の年齢別構成

ａ　14歳以下の人口の比率が，15歳から59歳の人口の比率に最も接近するのは，イギリスで第１回選挙法改正があった世紀の前半である。

ｂ　14歳以下の人口の比率が，60歳以上の人口の比率に最も接近するのは，イギリスで王政復古があった世紀の後半である。

①　ａ－正　　ｂ－正　　②　ａ－正　　ｂ－誤
③　ａ－誤　　ｂ－正　　④　ａ－誤　　ｂ－誤

（センター試験世界史Ａ2005年追試）

62 ベンガルの地域の位置を示す次の地図中のａまたはｂと，その地域におけるイギリスの植民地拡大について述べた下の文アまたはイとの組合せとして正しいものを，下の①～④のうちから一つ選べ。

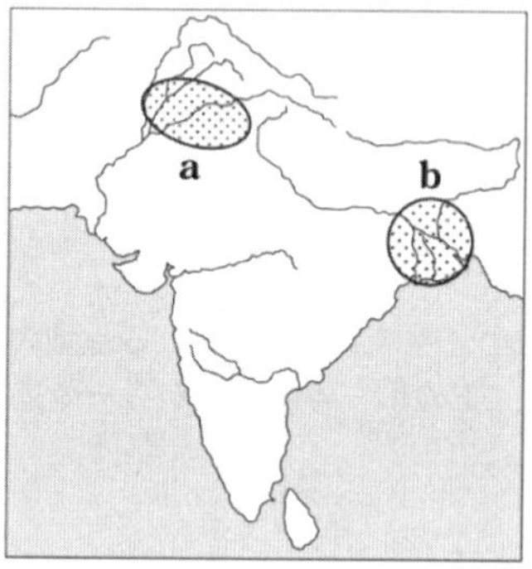

ア　プラッシーの戦いで勝利し，イギリス領インドの基礎を築いた。
イ　シク教徒の勢力を破り，支配地域を拡大した。

①　ａ－ア　　②　ａ－イ　　③　ｂ－ア　　④　ｂ－イ

（センター試験世界史Ｂ2013年本試）

63 次のグラフは1630年から1799年にかけて，オランダ・イギリス・フランスの３か国において，アジアに航海するために艤装（ぎそう）（航海に必要な装備を施すこと）された船舶の数を表したものである。このグラフから読み取れる内容について述べた下の文ａとｂの正誤の組合せとして正しいものを，下の①～④のうちから一つ選べ。

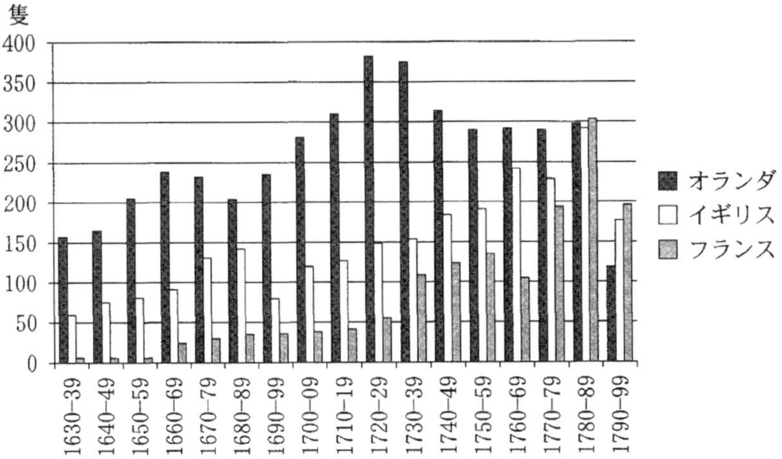

３か国のアジア向けの艤装船舶数の推移

（羽田正『東インド会社とアジアの海』より作成）

ａ　オランダの船舶数がピークを迎えたのは，七年戦争終結後である。
ｂ　フランスの東インド会社が再建される以前，同国の船舶数は，常にイギリスの半分以下である。

①　ａ－正　　ｂ－正　　②　ａ－正　　ｂ－誤
③　ａ－誤　　ｂ－正　　④　ａ－誤　　ｂ－誤

（センター試験世界史Ｂ2016年本試）

64 キャッシュレス決済が普及しつつある今日だが，貨幣は経済の言わば血液として，これまで重要な役割を果たしてきた。世界史上の貨幣について述べた次の文章を読み，下の問いに答えよ。

次の**グラフ１**は，1750年から1821年にかけてのイギリスにおける金貨鋳造量の推移を示したものである。

グラフ１　（単位：万ポンド）

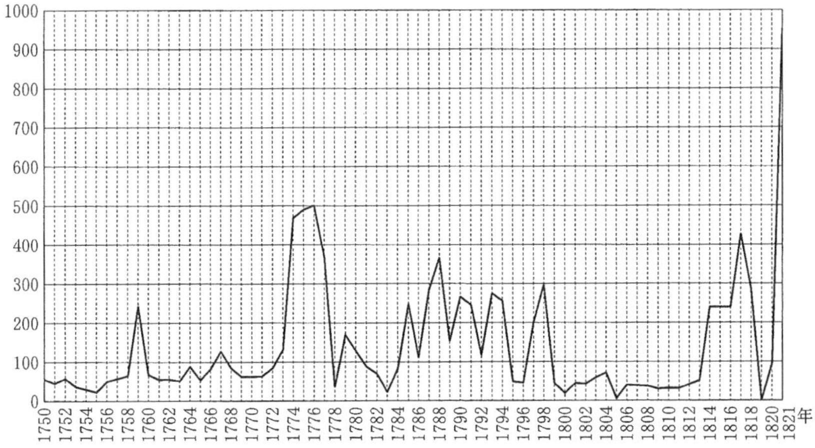

（B. R. ミッチェル編『イギリス歴史統計』より，欠損値を適宜補って作成）

上の**グラフ１**を見て，金貨鋳造量が急増し，初めて500万ポンドに達する前に起こった出来事について述べた文として正しいものを，次の①～④のうちから一つ選べ。

資料読解編

① イダルゴの蜂起を経て，メキシコがスペインから独立した。
② 茶法制定への抗議として，ボストン茶会事件が起こった。
③ ロシアとカージャール朝との間で，トルコマンチャーイ条約が結ばれた。
④ アレクサンドル１世の提唱によって，神聖同盟が結成された。

（共通テスト世界史Ｂ2021年本試第１日程）

65 次のグラフはアイルランドにおける人口の推移を示したものである。1841年から1851年にかけて人口が激減した理由について述べた文として，正しいものを選びなさい。

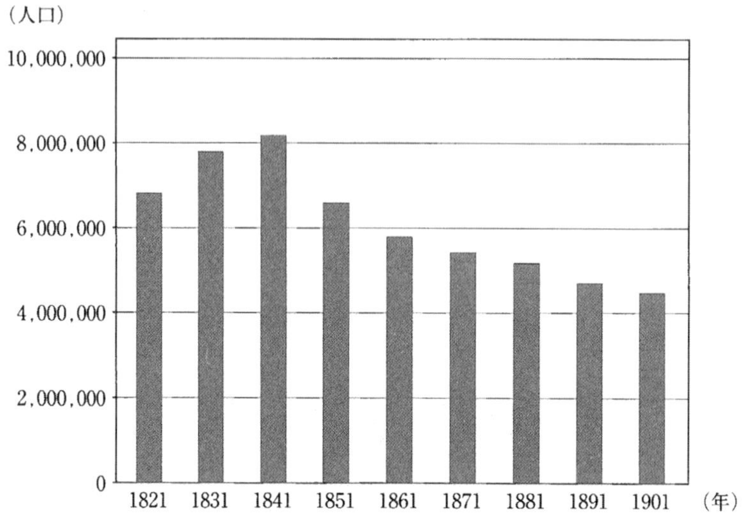

① 穀物法の制定でアイルランドの農作物価格が下落して，アイルランド小作人の移民が増えたため。
② クロムウェルがアイルランドの反乱を鎮圧・粛正したため。
③ 主食のジャガイモの不作により，大量の餓死者が出たため。
④ イースター蜂起の失敗で，他国への亡命者が増えたため。

（産業能率大学2020年）

66 ウィーン体制期のフランスに関する次の史料を読んで，以下の問い（問１～問３）に答えよ。

「(ア)反動的で寡頭的な政府が，パリの民衆の英雄的行動によって覆された。この政府は血の痕を残して逃げ去り，この流血の痕跡ゆえに二度と戻ってくることは許されぬのである。民衆の血が(イ)七月と同様に流れた。しかし今度は，この高潔なる血は裏切られることはないであろう。この血は，この偉大にして献身的な民衆の権利と進歩と意志とにふさわしい。(ウ)国民的人民的政府を獲得したのだから。」

〔「フランス人民への臨時政府の宣言」歴史学研究会編『世界史史料６』岩波書店，2007年)〕

問１ 下線部(ア)についての説明として，**誤っているもの**を，次のなかから一つ選び番号で答えよ。
① 自由主義者のルイ＝フィリップが国王であった。
② 大ブルジョワが支配層であった。
③ ギゾー内閣は，選挙法改正運動を推進した。
④ 制限選挙制度をしいていた。

問２ 下線部(イ)の影響は，ヨーロッパ各地に波及したが，さまざまな運動についての説明として，**誤っているもの**を，次のなかから一つ選び番号で答えよ。
① 独立革命が起き，ベルギー王国が成立した。
② マッツィーニのもとで青年イタリアが組織された。
③ ポーランドで独立運動が起きた。
④ ギリシアが独立した。

問3　下線部(ウ)に参加した社会主義者として，最も適切なものを，次のなかから一つ選び番号で答えよ。

①　プルードン　　②　サン＝シモン　　③　フーリエ　　④　ルイ＝ブラン

（日本福祉大学2019年）

67 次の史料を読んで，あとの問いに答えなさい。

次の〔**史料A**〕は，1856年に締結されたパリ条約の一部である。

〔**史料A**〕

第七条　連合王国女王，（　**ア**　）皇帝，フランス皇帝，プロイセン国王，全ロシア皇帝ならびにサルデーニャ国王は，オスマン帝国にヨーロッパ公法とヨーロッパ協調体制への参加を許すことを宣する。これら諸君主は，オスマン帝国の独立と領土的統一とを尊重することを，おのおの約束し，その約束を厳守することを共に保障し，その結果として，この取り決めへの背馳につながるいかなる行為をも共通の関心事とみなす。

第九条　オスマン帝国スルタンは，臣下の幸福を常に思いやる中で，勅令を発し，臣下が置かれている条件を宗教や人種の別なく改善する方針をとるとともに，帝国内のキリスト教徒に対する寛大な思いやりを示し，この点に関する自らの思いをさらに示す証として，自らの意志から自然に発したこの勅令を，本条約締約者に伝えることを決定した。

次の〔**史料B**〕は，〔**史料A**〕の中で言及されている，オスマン帝国において発せられた勅令の一部である。この勅令は，（　**イ**　）勅令とよばれる。

〔**史料B**〕

宗派，言語または人種を理由にして，朕〔スルタン〕の高貴なる政権の臣民の諸集団に属するある集団を別の集団よりも貶めることを含意するあらゆる表現，用語，区別は，公文書の中から永久に削除される。
（中略）

ムスリム住民とキリスト教徒および他の非ムスリム臣民との間で，またはキリスト教徒臣民と他の非ムスリム諸宗派に属する者たち同士の間で，商業あるいは犯罪に関連して生ずるあらゆる訴訟は，〔諸宗派〕混合の裁判所にもちこまれ，訴訟の審理のために開かれる法廷は公開される。

問1　空欄（　**ア**　）に入る語句として正しいものを，次の①～④から一つ選びなさい。

①　スウェーデン　　②　デンマーク　　③　スペイン　　④　オーストリア

問2　空欄（　**イ**　）に入る語句として正しいものを，次の①～④から一つ選びなさい

①　ギュルハネ　　②　タンジマート　　③　トプカプ　　④　ミドハト

（本書オリジナル）

68 アメリカ＝スペイン戦争に関連して，この戦争の結果，アメリカ合衆国がスペインから獲得した領土と，その所在地を示した次の地図中の位置aまたはbとの組合せとして正しいものを選びなさい。

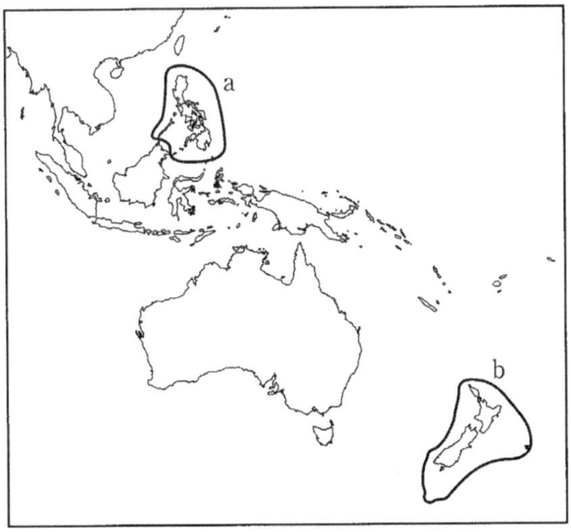

① フィリピン－a　② フィリピン－b
③ ニュージーランド－a　④ ニュージーランド－b

（産業能率大学2018年改題）

69 アヘン戦争の端緒となった広州におけるアヘンの没収と廃棄を行った人の名と，広州の位置を示す次の地図中のaまたはbとの組合せとして正しいものを，下の①～④のうちから一つ選べ。

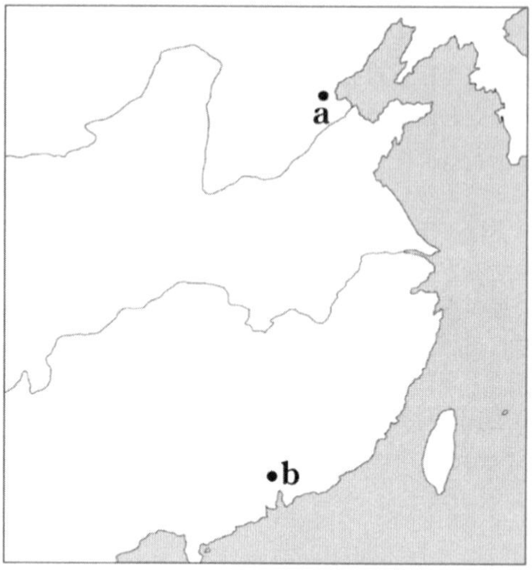

① 袁世凱－a　② 袁世凱－b
③ 林則徐－a　④ 林則徐－b

（センター試験世界史A2007年追試）

70 列強の中国分割に関連して，フランスの租借地を示す次の地図中のaまたはbと，その名称の組合せとして最も適当なものを，下の①～④のうちから一つ選びなさい。

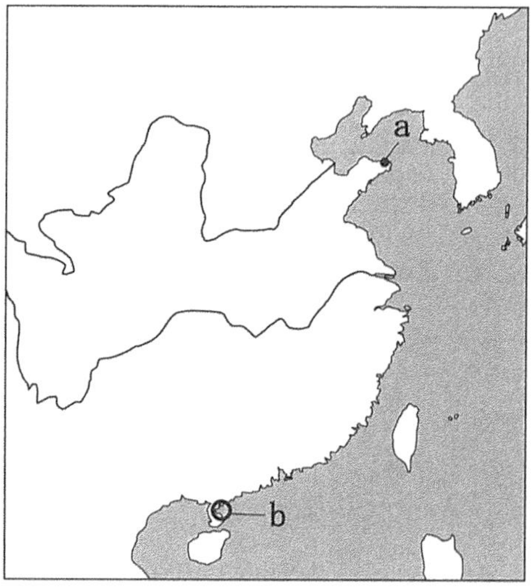

① a－威海衛　② a－広州湾　③ b－威海衛　④ b－広州湾

（畿央大学2018年改題）

71 あるクラスで，鉄道の歴史に関する主題学習を行っている。

先　生：19世紀の鉄道の歴史に関係する統計資料を用意しました。**表**を見て気付いたことを発表してください。

表　鉄道営業キロ数　（単位：km）

年	イギリス	フランス	ドイツ	ロシア	インド	アルジェリア
1830	157	31	0	0	0	0
1840	2,390	410	469	(注2) 27	0	0
1850	9,797	2,915	5,856	501	(注3) 32	0
1860	14,603	9,167	11,089	1,626	1,341	(注4) 49
1870	(注1) 21,558	15,544	18,876	10,731	7,634	265
1880	25,060	23,089	33,838	22,865	14,666	1,310
1890	27,827	33,280	42,869	30,596	26,208	3,042
1900	30,079	38,109	51,678	53,234	39,531	3,587

（B.R.ミッチェル編『マクミラン世界歴史統計』，
T.Banerjee, *Internal Market of India, 1834-1900*より作成）
注記号を付けた数値については，（注1）1871年，（注2）1838年，（注3）1853年，（注4）1862年のデータを使用。なお，ドイツの鉄道には，オーストリアの鉄道を含まない。アルジェリアの鉄道には，チュニジアの鉄道を含む。

豊　田：ドイツとロシアの鉄道営業は，1830年にはまだ始まっていません。

岡　田：やがてそのロシアの鉄道営業キロ数が，**表**中の他のどの国よりも大きくなります。ロシアは，その頃までに［　ア　］います。

先　生：ドイツの鉄道建設は，ドイツ関税同盟の発足と同じ頃に始まります。当時のドイツには，［　イ　］という関税同盟と同様の役割を，鉄道に期待した人もいました。
では，**表**から言えることを，**パネル**にまとめてください。

問1　上の会話文中の空欄［　ア　］に入れる語句**あ**・**い**と，空欄［　イ　］に入れる文**X**・**Y**との組合せとして正しいものを，下の①～④のうちから一つ選べ。

［　ア　］**に入れる語句**

あ　シベリア鉄道の建設を開始して

い　東清鉄道の一部の利権を日本から譲渡されて

［　イ　］**に入れる文**

X　諸邦の分立状態からの統一を促進する

Y　植民地などを含めた排他的な経済圏を作る

①　あ－X

②　あ－Y

③　い－X

④　い－Y

問２　生徒たちがまとめた次の**パネル**の正誤について述べた文として最も適当なものを，下の①～④のうちから一つ選べ。

豊田さんのパネル

表中のイギリス植民地における鉄道営業キロ数が，1900年にはイギリス国内の鉄道営業キロ数を上回っていた。

岡田さんのパネル

七月王政下のフランスにおいて，鉄道営業キロ数がイギリスの３分の１以下，ドイツの２分の１以下の年が表中にある。

早瀬さんのパネル

オスマン帝国の支配下に入る前から，アルジェリアでは鉄道が建設されていた。

①　豊田さんのみ正しい。
②　豊田さんと岡田さんの二人が正しい。
③　三人とも正しい。
④　三人とも間違っている。　（共通テスト世界史Ｂ2021年本試第２日程）

72　次の**グラフ１・２**は，1840年から1900年までの二つの国，イギリスと［ア］の貿易収支の推移を示したものである。また，下の文章は，イギリスの貿易収支についての解説である。なお，［ア］の通貨単位はαとした。次の問い（問１～問２）に答えよ。

グラフ１　イギリスの貿易収支　（単位：100 万ポンド）

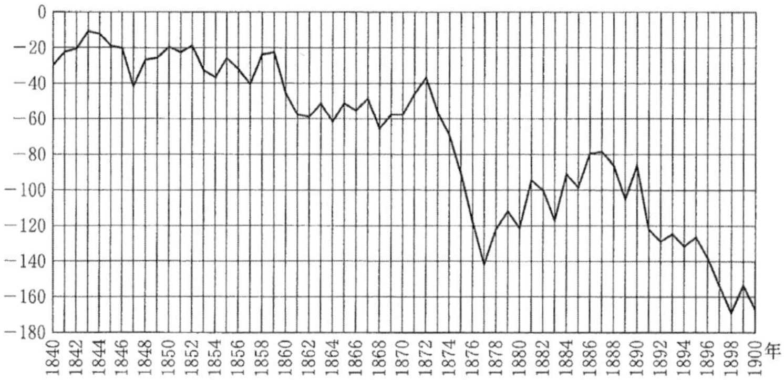

（B. R. ミッチェル編『マクミラン世界歴史統計』より作成）

グラフ２　［ア］の貿易収支　（単位：100 万α）

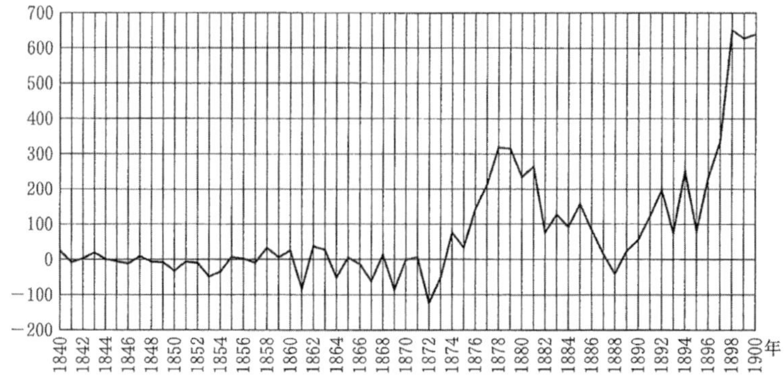

（B. R. ミッチェル編『マクミラン世界歴史統計』より作成）

イギリスは19世紀の代表的な先進工業国の一つであるが，1840年から1900年の間の貿易収支は赤字であった。ⓐイギリスは確かに世界に大量の工業製品を輸出したが，他方で世界から大量の原料や食料などを輸入していたためである。一時的に赤字幅が縮小することもあったが，1873年の恐慌をきっかけとした世界的不況に際して，その赤字は大幅に拡大し，以降も黒字化とは程遠い状態が続いた。そのような状況を更に悪化させたのが ア の台頭であった。 ア は，国を二分する内戦の開始から10年余りは1億αほどの貿易赤字を計上することもあったが，それ以降は工業が急速に発展し，イギリスとは対照的に貿易収支は黒字となった。

問1　上の**グラフ1**から読み取れる事柄**あ**と**い**の正誤の組合せとして正しいものを，下の①～④のうちから一つ選べ。

あ　貿易赤字が初めて6000万ポンドに達したのは，イギリスで穀物法が廃止された後である。
い　貿易赤字が初めて6000万ポンドに達したのは，イギリスが南京条約を結ぶ前である。

① **あ**－正　**い**－正　② **あ**－正　**い**－誤
③ **あ**－誤　**い**－正　④ **あ**－誤　**い**－誤

問2　上の文章中の空欄 ア に入れる国**う**・**え**と，次の**グラフ3**から読み取れる事柄**X**・**Y**との組合せとして正しいものを，下の①～④のうちから一つ選べ。

グラフ3　 ア のイギリスとの輸出入額の推移　(単位：100万α)

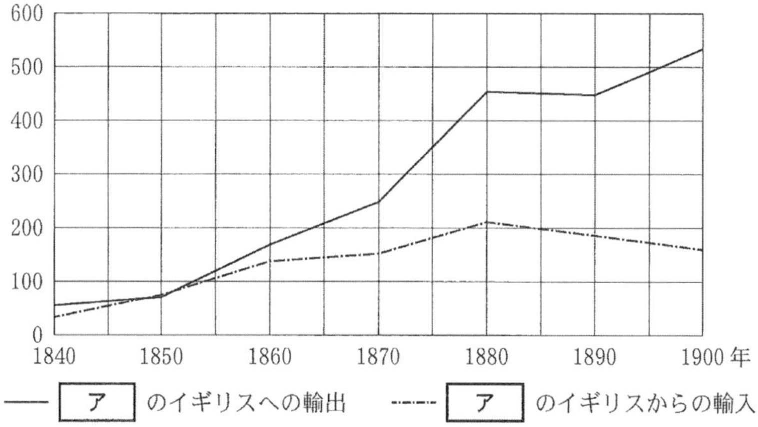

(B. R. ミッチェル編『マクミラン世界歴史統計』より作成)

ア に入れる国
う　アメリカ合衆国　　**え**　ロシア

グラフ3から読み取れる事柄
X　 ア からイギリスへの輸出額が10倍近く増加する一方で，イギリスから ア への輸出額の伸びは5倍程度にとどまった。
Y　イギリスから ア への輸出額が10倍近く増加する一方で， ア からイギリスへの輸出額の伸びは5倍程度にとどまった。

① **う**－**X**　② **う**－**Y**　③ **え**－**X**　④ **え**－**Y**

(共通テスト世界史A2021年本試第1日程)

資料読解編

73 島はしばしば諸国間の勢力争いの場となってきたことに関連して，次の地図中の島ａ～ｄをめぐる領有関係について述べた文として最も適当なものを，下の①～④のうちから一つ選べ。

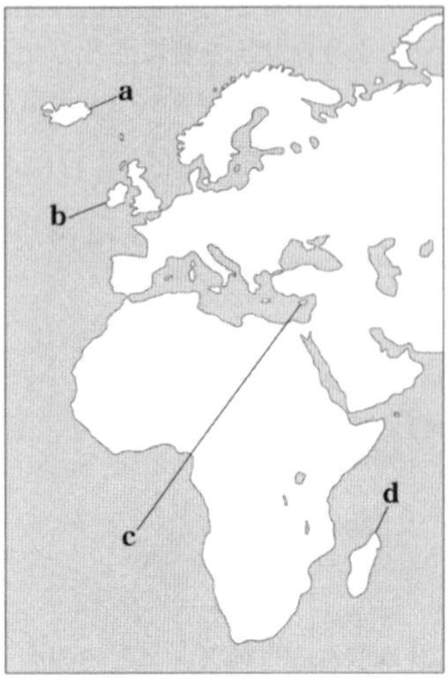

① クロムウェルは，ａを征服した。
② トラヤヌス帝時代，ローマ帝国はｂを獲得した。
③ ベルリン条約により，ドイツはｃの統治権（行政権）を獲得した。
④ フランスは，ｄを植民地とした。

（センター試験世界史Ｂ2008年本試）

74 定期航空路の路線図の例として，イギリスのインペリアル＝エアウェイズ社の路線図（図参照）を挙げることができる。この図で，同社の路線が通じている地域ａ～ｄとイギリスとの関係を述べた文として正しいものを，下の①～④のうちから一つ選べ。

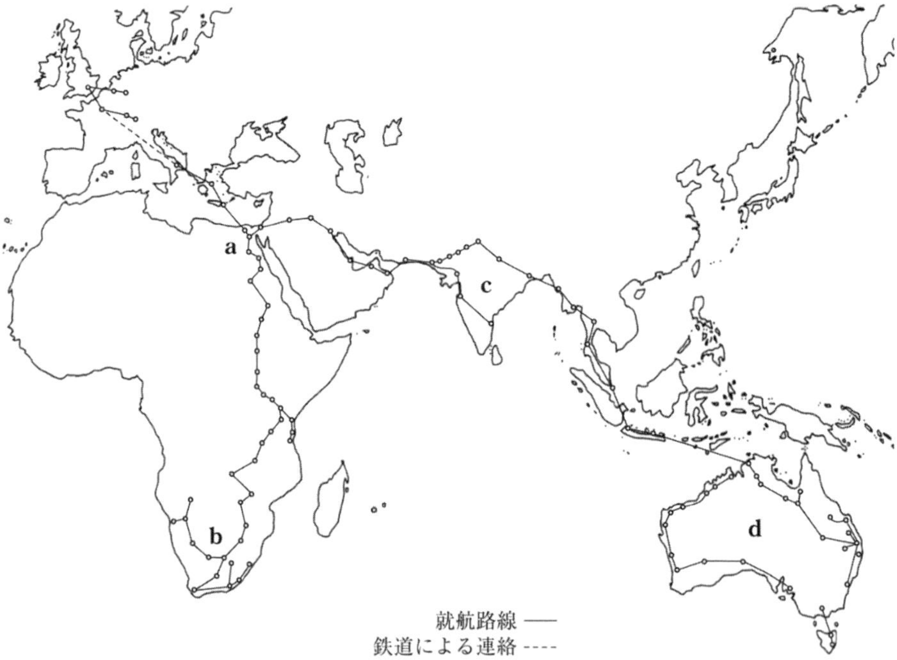

① イギリスは，スエズ運河会社の株式をフランスから買収してａに対する権益を拡大した。
② ファショダ事件の後に，イギリスはｂで侵略戦争を起こした。
③ イギリスは，新インド統治法（1935年）でｃの独立を約束した。
④ 第一次世界大戦後に，イギリスはｄを自治領とした。

（センター試験世界史Ｂ2002年本試）

75 次の**史料**を読んで，あとの問い（問１～問４）に答えなさい。

〔**史料Ａ**〕

第一条

フランス国は清帝国と国境を接する安南国諸地方の秩序を回復・維持することを誓約する。このためフランス国は公共の安寧を乱す匪賊や無法者たちを掃討あるいは排除し，それらが再び組織されないよう，必要な手段をとるものとする。しかしながら，フランスの軍隊はいかなる場合においても，清国とトンキンを隔てる国境を越えることはない。フランス国はあらゆる侵略に対してこの国境を尊重し，保全することを誓約する。

清国はトンキンとの国境に隣接する諸地方に逃亡する匪賊を掃討あるいは排除することを誓約する。(中略)

第二条

清国はフランス国が取り組む〔ベトナム〕平定の事業を妨害するおそれのある行為を何らなさないことを決定したうえで，今日から将来にわたって，フランス国と安南国の間で直接に締結された，もしくは締結される条約・協約・協定を尊重することを誓約する。

（　ア　）年，清朝の全権（　イ　）とフランス全権パトノートルとの間で締結されたこの（　ウ　）の結果，ベトナムにおけるフランス支配権確立は決定的なものとなった。さらに，フランスは1887年，ベトナムと同様に保護国としていた（　エ　）をも加えた連合体を発足させた。

問１　空欄（　ア　）に入る年号として正しいものを，次の①～④から一つ選びなさい。
　①　1842　　②　1869　　③　1881　　④　1885

問２　空欄（　イ　）に入る語句として正しいものを，次の①～④から一つ選びなさい。
　①　袁世凱　　②　李鴻章　　③　孫文　　④　林則徐

問３　空欄（　ウ　）に入る語句として正しいものを，次の①～④から一つ選びなさい。
　①　北京条約　　②　南京条約　　③　天津条約　　④　ユエ条約

問４　空欄（　エ　）に入る語句として正しいものを，次の①～④から一つ選びなさい。
　①　カンボジア　　②　ラオス　　③　ビルマ　　④　タイ

（本書オリジナル）

76 次の**史料１～３**は，近代期中国（清朝中国）の外交に関係する史料である。この間，列強の東アジア進出にともなう幾度かの過程を経て，その外交は大きな転換を余儀なくされ，清朝中国は世界史に包摂されていった。以下，**史料１～３**を読み，下の問い（問１～問４）に答えよ。

史料１

一，今後，大皇帝は次のことをお許しになった。イギリスの人民が一族郎党を連れて沿海の広州，福州，厦門（アモイ），寧波（ニンポー），［(1)］などの五港に寄居し，妨げられることなく貿易通商をおこなうこと。英国君主が，領事や管理者などといった官を派遣し，五港の城邑に居住し，商業貿易事宜に関連する業務をおこない，当該地方の地方官と公文を往来しながら，イギリス人たちに以下に示すルールに従って，貨物にかかる税金をしっかりと納付させること。(以下省略)

史料２

私〔ディーデリヒス〕はここに身分・性・年齢の別なく，全住民に従来どおり平穏に生業を営み，不穏な動きをする者たちによって広められる悪意ある噂によって煽動されることのないように要求する。日清戦争においては中国を庇護する〔三国〕干渉によって示したように，［(2)］はつねに中国の良き友人であった。(e)〔膠州湾の〕占拠は決して中国に敵対する行為としてみなされるものではなく，それによって逆に［(2)］と中国との間の友好的な関係の維持を容易にするものである。(以下省略)

史料３

(f)総理各国事務衙門の慶親王奕劻（えききょう）等が，イギリスが香港と中国との境界を拡張するための取り決めを結びたいと望んでいることに鑑み，人員を派遣して交渉，署名することにつき，上奏する。イギリスと［(3)］は互いに猜疑心が強く，［(3)］が旅順・大連を租借すると，イギリスは中国の渤海湾上に租借地を得て軍艦の停泊港にして［(3)］を牽制しようとした。(中略) フランスに対する［(4)］租借の件が妥結すると，イギリスのマクドナルド公使が総理衙門にやってきて，香港の後背地にあたる九竜山地方へと境界を広げて香港を保護しようという考えの下に交渉をはじめようとした。わたしたちは再三論駁したが，マクドナルド公使が言うには，イギリスの議会の本意は浙江の舟山(しゅうざん)および福建一帯で港を占領して利権を保持しようというものであったものを，同公使が中国の難局を察して，もともとイギリスに割譲されていた香港の境界を広げることで事態を収束させようとしているのだという。(以下省略)

(『世界史史料』 9より。一部改変)

問1　文章中の空欄［(1)］・［(4)］に入る適切な地名を，次の①～④から一つ選べ。

［(1)］に入る地名

①　天津　　②　上海
③　南京　　④　泉州

［(4)］に入る地名

①　威海衛　　②　福建省
③　広州湾　　④　膠州湾

問2　［(1)］の地名に該当する場所を地図上の記号①～⑦のうちから1つ選べ。

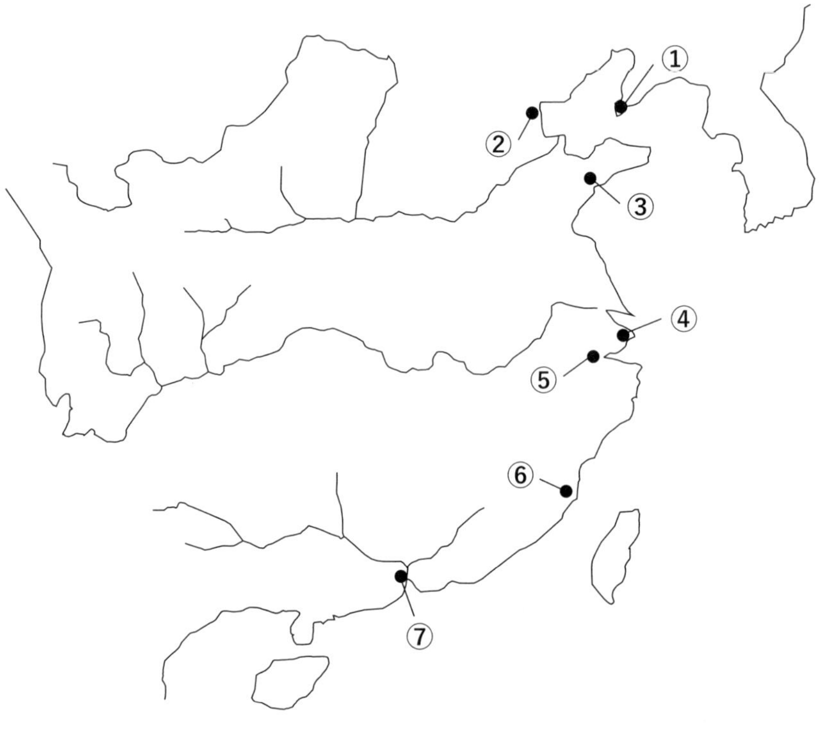

問3　文章中の空欄［(2)］に入る国名を，次の①～④から一つ選べ。

①　ドイツ　　②　アメリカ合衆国
③　ロシア　　④　日本

問4　文章中の空欄［(3)］に入る国名を，次の①～④から一つ選べ。

①　ドイツ　　②　アメリカ合衆国
③　ロシア　　④　日本

(東京学芸大学2020年改題)

77 次の資料は，1885年1月8日付で東南アジアのある国の国王宛に提出された「在西欧の王族・官吏11名の国政改革に関する意見具申書」からの抜粋である（ただし，一部を適宜改めた）。これを読んで，問1〜問2に答えなさい。

われわれは国王も廷臣たちも，愛国心をもって改革を考え，危機を脱しようとされていることは十分に承知している。しかし，考えておられる改革程度では，植民地化の危機を防ぐことはできないと思う。……わが国より遥かに強国であるトルコ，中国でさえ危険に直面しているのだ。……すでに，（ a ）と（ b ）は協調して，……（ a ）は（ b ）がカンボジアを取ることを認め，（ a ）はマラヤを奪いつつある。わが国が（ a ），（ b ）両国と友好関係を維持し，従来の制度を守っているだけでは，日々細るだけである。……列強との友好条約も独立の助けとはならない。清国は……，現に（ b ）に攻撃されている。……西洋がアジアの国に同一権利を認めるとは思われない。（ c ）は多大な利益と引き換えに，領事裁判権廃止を求めて条約改正に奔走した。……わが国が同様の権利を得るためには，（ c ）のように国制を整え，人民を開化し，西洋人の信用を得なければならない。A <u>文明化こそがわが国を防衛できる道である。</u>

〔資料出所〕 歴史学研究会編『世界史史料9』

問1 上の文中の(a)〜(c)に入る適切な語を，①〜⑧から選びなさい。

① アメリカ合衆国　② イギリス　③ オランダ　④ ドイツ
⑤ 日本　⑥ フランス　⑦ ベトナム　⑧ ロシア

問2 下線部Aに関連して，この国の近現代史に関する次の文章の中から，誤りを含む文章を1つ選びなさい。

① 19世紀後半に入ると，イギリスとのバウリング条約をはじめとして，欧米諸国との間に不平等な修好通商条約をむすんだ。

② 19世紀後半から20世紀初頭にかけて，チャクリ改革が推進され，諸侯を廃し，非自由民を解放して，中央集権的な近代国家の確立につとめた。

③ 1930年代に入ると，国王の専制に対して批判が起り，若手の軍人や官僚によるクーデタによって共和政に移行した。

④ 第二次世界大戦後は，インドネシア・マレーシア・フィリピン・シンガポールとともにASEANを結成し，APECにも発足当時から参加した。

（慶應義塾大学2019年）

78 第一次世界大戦直前のバルカン半島を表わした下の地図で，①〜⑤の組合せが正しいものはどれか。

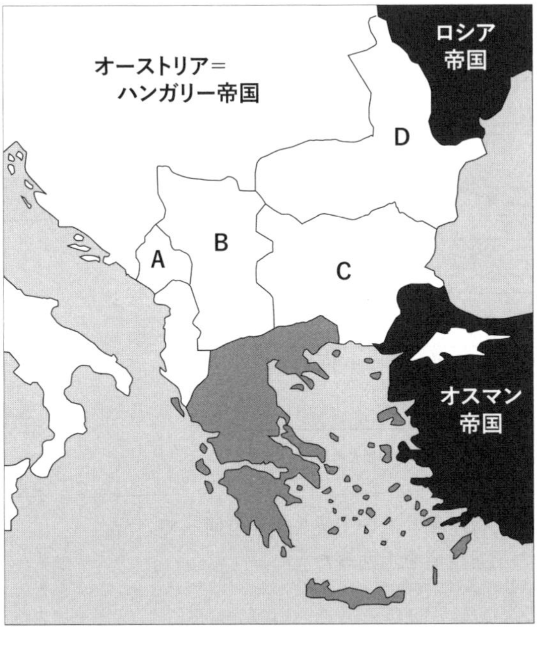

① A ボスニア・ヘルツェゴヴィナ
　B セルビア
　C ブルガリア
　D ルーマニア

② A モンテネグロ
　B セルビア
　C ブルガリア
　D ルーマニア

③ A モンテネグロ
　B ボスニア・ヘルツェゴヴィナ
　C ギリシア
　D ブルガリア

④ A アルバニア
　B セルビア
　C ギリシア
　D ルーマニア

⑤ A ボスニア・ヘルツェゴヴィナ
　B セルビア
　C ギリシア
　D ブルガリア

（福岡大学2018年改題）

資料読解編

79 第２次産業革命に関して，下のグラフは，19世紀後半から，20世紀初頭にかけての世界の工業生産の国別割合を示したものである。最も適切な組合せを以下から選べ。

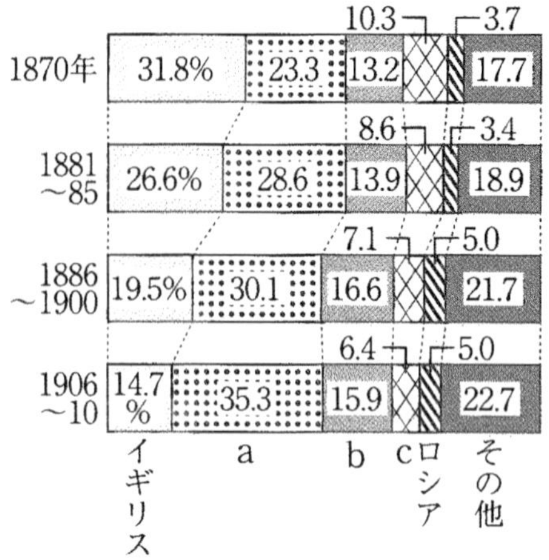

① a－ドイツ　　b－アメリカ　　c－フランス
② a－アメリカ　b－フランス　　c－ドイツ
③ a－ドイツ　　b－フランス　　c－アメリカ
④ a－アメリカ　b－ドイツ　　　c－フランス

（大阪経済大学2022年改題）

80 19世紀半ばから20世紀初頭の世界の工業生産における各国比率の推移を示す次のグラフについて述べた文Ｘ・Ｙの正誤の組合せとして最も適切なものを，下の①～④のうちから一つ選びなさい。

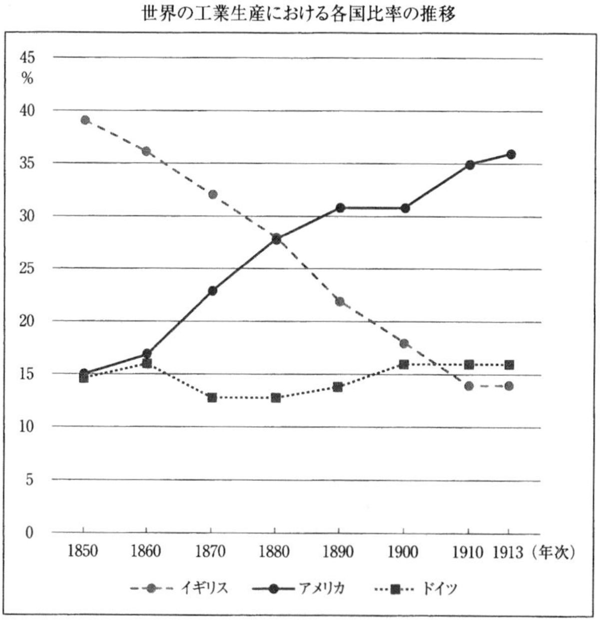

（河野健二・飯沼二郎編『世界資本主義の歴史構造』より作成）

Ｘ　アメリカ合衆国は，フロンティアが消滅したときにはイギリスの工業生産を上回っていた。
Ｙ　ヴィルヘルム２世の治世に，ドイツがイギリスの工業生産を上回った。

① Ｘ－正　Ｙ－正　② Ｘ－正　Ｙ－誤
③ Ｘ－誤　Ｙ－正　④ Ｘ－誤　Ｙ－誤

（桜美林大学2022年）

81 次のグラフは，1450年から1960年にかけての植民地数の増減を示したものである。このグラフから読み取れる内容について述べた下の文ａとｂの正誤の組合せとして正しいものを，下の①～④のうちから一つ選べ。

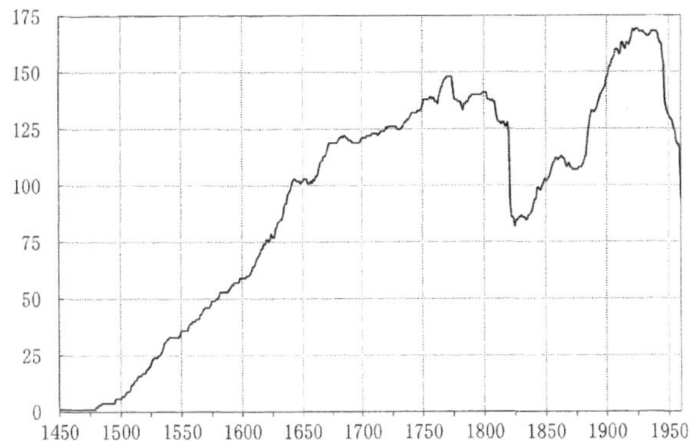

（縦軸は植民地数を，横軸は西暦を示す）
(A. Bergesen (ed.), *Studies of the Modern World-System* より作成)

ａ　16世紀に，植民地数が初めて100を超えた。
ｂ　七年戦争の勃発から100年の間に，植民地数が最大となった。

①　ａ－正　　ｂ－正
②　ａ－正　　ｂ－誤
③　ａ－誤　　ｂ－正
④　ａ－誤　　ｂ－誤

（センター試験世界史Ａ2017年本試）

82 次の**資料ａ～ｃ**は，19世紀後半の日本と中国・朝鮮の関係にかかわる条約の一部である（必要に応じて表現を改めた）。**資料ａ～ｃ**が締結された時期を，下の年表中の空欄①～⑥の中からそれぞれ選びなさい。（重複使用不可）

〔**資料ａ**〕
将来朝鮮国若(も)し変乱重大の事件ありて日中両国あるいは一国兵を派するを要するときは，応(まさ)に先(ま)ず互に行(こう)文知照(ぶんちしょう)すべし

〔**資料ｂ**〕
朝鮮国は自主の邦にして，日本国と平等の権を保有せり，嗣後(しご)両国和親の実を表せんと欲するには，彼此(ひし)互に同等の礼儀を以て相接待し，毫(ごう)も侵越猜嫌(しんえつさいけん)する事あるべからず。（中略）
朝鮮国政府は（中略）日本人民の往来通商するを准聴(じゅんちょう)すべし

〔**資料ｃ**〕
日本暦七月二十三日，朝鮮暦六月九日の変は朝鮮の兇徒(きょうと)日本公使館を侵襲し，職員多く難に罹(かか)り，朝鮮国聘(へい)する所の日本陸軍教師亦惨害(またさんがい)せらる

〔資料出所〕『日本外交年表並主要文書』上巻

| ① |
日本清修好条規が締結された。

| ② |
日本政府が，琉球漂流民殺害事件を口実に台湾に出兵した。

| ③ |
沖縄県が設置された。

| ④ |
金玉均らがクーデタをおこした。

| ⑤ |
東学を奉じる全琫準らが蜂起した。

| ⑥ |

（慶應義塾大学2021年改題）

83 次の図は，第一次世界大戦までのヨーロッパ諸国における軍事費の推移を示している。図中のａ～ｄに該当する国の名の組合せとして正しいものを，下の①～④のうちから一つ選べ。

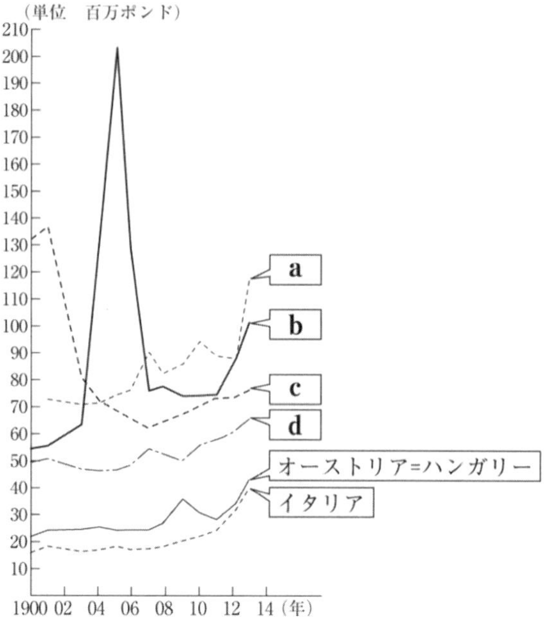

①	ａ－イギリス	ｂ－ロシア	ｃ－フランス	ｄ－ドイツ
②	ａ－ロシア	ｂ－イギリス	ｃ－ドイツ	ｄ－フランス
③	ａ－ドイツ	ｂ－ロシア	ｃ－イギリス	ｄ－フランス
④	ａ－フランス	ｂ－ドイツ	ｃ－イギリス	ｄ－ロシア

（センター試験世界史Ｂ2000年本試）

84 次の文を読み，下の設問に答えよ。

次の文章は，ソ連の作家ショーロフ（1905～1984）が書いた小説『静かなるドン』の一節である。

> やがて，ペトログラードでの大事件についての噂は，コサックたちの耳にも達し始めた。司令部の伝令たちの話によると，臨時政府はアメリカへ逃亡したが，ケレンスキーは水兵たちにつかまって，丸坊主にされた上にタールを塗られ，大通りで晒し者にされたということだった。その後，臨時政府が転覆してボリシェヴィキの手に政権が移ったことについての公報が入ってくると，コサックたちは用心深く黙り込んだ。

この小説で語られている1917年ロシアのペトログラードでの出来事の名として正しいものを，次の①～④のうちから一つ選べ。

① デカブリストの乱　　② 血の日曜日事件
③ 二月（三月）革命　　④ 十月（十一月）革命

（センター試験世界史Ｂ2003年追試）

85 下の写真で壇上にいるのはロシア革命で活躍した人物である。この人物とその業績について述べた以下の短文の組合せのうち，最も適切なものを選びなさい。

① 人物－スターリン　業績－第１次五カ年計画を始めた。
② 人物－スターリン　業績－全権としてブレスト＝リトフスク条約を結んだ
③ 人物－レーニン　業績－第一次世界大戦で軍を率いて活躍した。
④ 人物－レーニン　業績－新経済政策（ネップ）を始めた。

（本書オリジナル）

86 次の文章を読み，次の問い（問１～問２）に答えよ。

《史料》

第１条　人間は自由で権利において平等なものとして生まれ，かつ生きつづける。社会的区別は共同の利益にもとづいてのみ設けることができる。

第２条　あらゆる政治的結合の目的は，人間のもつ絶対に取り消し不可能な自然権を保全することにある。これらの権利とは，自由，所有権，安全，および圧政への抵抗である。

第３条　すべて主権の根源は，本質的に国民のうちに存する。いかなる団体も，またいかなる個人も，明示的にその根源から発してはいない権限を行使することはできない。

第４条　自由は，他人に害を与えないすべてのことをなしうることに存する。したがって，各人の自然権の行使には，社会の他の構成員にこの同じ自然権の享受を保証する以外の限界がない。これらの限界は法によってのみ定めることができる。

第５条　法は，社会に有害な行動しか禁止する権利を有さない。法によって禁止されていないことはすべて妨げることはできないし，また，いかなる者も法が命じてはいないことを強制されえない。

第６条　法は，一般意志の表現である。市民はすべて，自分自身で，あるいはその代表者をつうじて，その形成に協力する権利をもつ。法は，保護するのであれ，あるいは処罰するのであれ，万人にたいして同一でなければならない。市民はすべて，法の目からは平等であるがゆえに，その能力に応じて，かつその徳性ならびに才能以外のいかなる差別も設けることなく，等しくあらゆる公的な顕職，地位，そして職務に就くことができる。

第10条　いかなる者も，その主義主張について，たとえそれが宗教的なものであっても，その表明が法によって確立された公共の秩序を乱さないのであれば，その表明を妨げられてはならない。

第17条　所有権は，神聖かつ不可侵の権利であり，したがって，合法的に確認された公的必要性からそれが明白に要求されるときであって，かつ予め正当な補償金が払われるという条件でなければ，いかなる者もその権利を剥奪されえない。

出典：河野健二編『資料　フランス革命』。

《解説文》

この文章は，その内容の革新性から「旧体制（アンシャン＝レジーム）の死亡宣告書」とも呼ばれる，1789

年８月26日に採択されたフランスの［ 1 ］の抜粋である。近代市民社会の原理を主張したとされるこの文章は，第１条で人間は生まれながらにして自由で平等であることが述べられているが，これはそれ以前の社会の構成原理を根本的に否定するものであった。後にアンシャン＝レジームと呼ばれる，革命以前の社会は［ 2 ］に立脚しており，生まれや所属する団体により，個人の自由が制限されていた。たとえば，貴族の家に生まれれば，それだけですでに多くの特権を得ることとなり，それは平民よりもより大きな自由を得ていることを示していた。このような状況にたいして，［ 1 ］が主張するのが自由権で，革命が築く新しい社会では，すべての人間は生まれながらにして自由であり，人は法律で禁止される他人に害を与える行為以外のあらゆる事ができた（第１条，第４条）。

この自由のひとつの柱が思想の自由を含む政治活動の自由だが，もうひとつの重要な柱が経済活動の自由であった。革命以前には都市に［ 3 ］が存在しており，そこに所属して修行をし，親方資格を得ないと商工業活動に従事できなかった。また，コルベールが特権会社を設立して独占権を与え，［ 4 ］を推進したように，政府による経済統制により商品の生産と流通の自由が制限されていた。この状況にたいして，18世紀半ばより，A あらゆる人が平等に経済活動に従事することが経済の拡大や国庫の増大につながるとの考えが現れた。イギリスとの国際競争での劣勢が明らかになるなか，経済的自由主義は革命を推進する人びとの主張となり，革命の過程で［ 3 ］も解体された。第17条で述べられる所有権の神聖不可侵は，この自由な経済活動の前提である。財産の所有権が保護され，商品の所有者が対等な立場で自由に商品交換ができることが，経済活動の自由の前提だからである。

第１条で示されている平等は，人は生まれや信条などにより差別されてはならないということであり，それも［ 2 ］の原理を否定するものであった。しかし，ここでの「権利において」というのは機会を均等にするということであり，結果として生ずる不平等は問題とされなかった。第６条の後半から考えると，「個人の能力や徳性および才能による差別」，すなわち結果の不平等は容認されることとなり，それがこの時期の自由主義のもうひとつの特徴であった。

そのため，革命後の社会では「能力」や「富」によって個人の価値がはかられるようになった。その一つの例がB フランスの七月王政で典型的な［ 5 ］であり，チャーティスト運動がおこったイギリスなど，他の諸国でも同様の制度が存在していた。

また，フランス革命を経て成立したヨーロッパ近代には，自由な市場経済と民主主義の実現を目指す自由主義改革が各国で実施され，諸個人の自由を最大限に尊重することが目指された。そのためには，国家による社会への介入は個人の私有財産を守ること，すなわち治安維持や安全保障（外交・戦争）などの最小限にとどめるべきであるとする，［ 6 ］という国家観が主流となった。

だが，まったくの自由競争は社会に様々な弊害をもたらすこととなり，19世紀後半から新たな対応がなされていった。弊害の一つがC 巨大化した企業による市場の独占であり，新規参入の排除や議会への圧力，企業による価格決定などにより，かえって自由な競争を阻害し，消費者の利益が損なわれる傾向が生じた。そのため，アメリカでは19世紀末より，［ 7 ］法が制定されていった。また，自由競争の過熱による周期的な恐慌の発生も問題となった。この最大の例がD 1929年のウォール街での株価大暴落に端を発した世界大恐慌であった。これに対応するために，アメリカでの［ 8 ］など，国家による積極的な経済介入が実施されるが，この政策は同時期に，イギリスの経済学者ケインズにより理論化された。

もうひとつの弊害が，社会的格差の拡大である。機会の均等のみを保証する平等においては，貧困は本人の問題（能力や努力の不足）であり，それを救済する必要はなかった。［ 1 ］がもたらした19世紀の古典的自由主義は，結果として社会的強者に有利な社会をもたらしたのである。

この状況にたいして，結果における平等を求めようとする動きが生じた。その典型的なものが，自由主義の弊害に反対してより公正・平等な社会の実現を目指す社会主義であり，そのなかでもマルクスは，人民が産業を共有することにより，搾取や階級のない社会の実現を主張した。

いっぽう，社会主義の台頭に危機感を覚えた既存の政党は，労働者を保護する政策などを採用していった。ドイツ帝国の宰相ビスマルクが，1878年に社会主義者鎮圧法を出す一方で，疾病，災害，養老などに対応する先進的な［ 9 ］制度を導入していったことは，当時の保守政権のありかたをよく示している。

だが，労働者を中心とした下層階級への配慮は，社会主義への対抗という単純なものではなかった。当初，［ 1 ］で謳われた本来の自由主義は，個人を［ 2 ］のくびきから解放し，人間が尊厳を持って生きていく社会を作ることを目的としていた。しかし，19世紀の過程で格差の拡大や貧困の構造化が発生すると，人間の尊厳が傷つけられる人びとが大量に発生した。そのため，過度の自由によりかえって各個人の自由が損なわれる状況に対応するために，尊厳が失われている人びとに対して，国家による富の再配分を行うべきであるという考えが生まれてきた。こうして，世紀転換期より従来の自由権に加え，［ 10 ］という新たな人権が生まれたのである。

問１　文中の［　　］に入る最も適当な語句を下記の語群から選べ。

［語群］

あ　反トラスト	い　権利章典
う　請願権	え　制限選挙
お　ニューフロンティア	か　警察国家
き　身分制	く　功利主義
け　変動相場	こ　社会権
さ　コムーネ	し　ホームステッド
す　大憲章	せ　人権宣言
そ　ギルド	た　カンザス・ネブラスカ
ち　従士制	つ　ファシズム
て　重商主義	と　主権国家
な　普通選挙	に　抵抗権
ぬ　社会保険	ね　農奴制
の　絶対主義	は　ナショナリズム
ひ　ニューディール	ふ　奴隷制
へ　市参事会	ほ　フェアディール
ま　資本主義	み　夜警国家

問２　文中の下線部Ａ～Ｄに関して，下記の設問に答えよ。

Ａ『諸国民の富』により，この考えを体系化したイギリス人は誰か。次の①～④から選べ。

①　バイロン　　②　ケネー
③　ホッブズ　　④　アダム＝スミス

Ｂ　この時期のフランス国王は誰か。。次の①～④から選べ。

①　ルイ18世　　②　ルイ＝フィリップ
③　シャルル10世　　④　ルイ＝ナポレオン

Ｃ　1870年にスタンダード石油会社を創設し，「石油王」として石油精製業を支配した人物は誰か。次の①～④から選べ。

①　カーネギー　　③　ロック＝フェラー
④　ダイムラー　　⑤　クルップ

Ｄ　この時のアメリカ大統領は誰か。次の①～④から選べ。

①　フランクリン＝ローズヴェルト　　②　クーリッジ
③　セオドア＝ローズヴェルト　　④　フーヴァー

（駒澤大学2017年改題）

資料読解編

87 以下の文章は，19世紀から20世紀の東アジアにおける事件に関する史料を日本語に直したものである（作問のため，文章には修正を加えている）。これらの文章を読んで，次の問い（問１～問11）に答えなさい。

A　そもそも講和会議が開かれたとき，私たちが期待したのは，世界には正義があり，人道があり，公理があるということではなかったか。青島を返還し，密約や軍事協定，その他の不平等条約を廃棄することは公理であり，正義である。（中略）（　**イ**　）は一片の通告によって，(a)我が国から二十一カ条の大事な権利を奪った。

B　(b)清朝の皇帝は状況を見て，ついに退位を協議しました。（中略）私は，民衆の幸福をはかることを自分の任務としてきました。皇帝も退位し，専制政治は除去されたので，ここで，南北の勢力が心を一つにし，政治が安定すれば，新たな政府は，短いあいだに諸外国の承認を得ることが出来るでしょう。(c)そこで，私は，ここに，職を辞して引退いたします。

C　これまで各国とのあいだの事件は，各省の総督巡撫から報告があると，（　**ロ**　）がそれをとりまとめて処理してきたが，（　**ハ**　）に総理各国事務衙門を設け，各国との交渉に責任をもたせることにする。軍隊からの報告も多くなり，外国関係の仕事も増えているからである。（中略）道光帝の時代に外国との通商が始まったとき，広州，福州，厦門，（　**ニ**　），上海の５港を管轄する大臣を置いた。現在，新たな条約によって，開港場は，奉天の牛荘や（　**ホ**　）の天津はじめ多くの地域に広がっている。そこで，天津にも新たに大臣を置くことにする。

D　(d)このたび，日本はわが東三省でほしいままに軍事行動を行い，多くの重要な地域を占領した。このような行いは，国際的にもまったく例のないことである。（中略）(e)私は，国際連盟の参加国，不戦条約の締結国は，日本の条約破棄の暴行に対して，必ず相応の制裁を行わねばならないと信じる。

E　科挙の弊害はふるくから多くの人が述べてきた。そこで，今回，命令によって，科挙の制度を次第に停止し，10年ののちに，すべての官僚を学堂の出身者から採用することが示され，新政の基礎とされようとしている。

問１　AからEの文章をふるい時代のできごとの順に並び替えたとき，正しく配列されているものを，次の①～⑥から選びなさい。
①　A→D→C→E→B　②　A→C→D→E→B　③　C→E→B→A→D
④　C→E→D→B→A　⑤　E→C→B→A→D　⑥　E→D→C→B→A

問２　（　**イ**　）に入る国名として，もっとも適切なものを，次の①～⑤から選びなさい。
①　イギリス　②　ドイツ　③　ロシア　④　アメリカ合衆国　⑤　日本

問３　下線部(a)のときの中国の国家元首として，もっとも適切なものを，次の①～⑤から選びなさい。
①　蔣介石　②　袁世凱　③　宋教仁　④　孫文　⑤　溥儀

問４　下線部(b)の皇帝として，もっとも適切なものを，次の①～⑤から選びなさい。
①　乾隆帝　②　雍正帝　③　咸豊帝　④　宣統帝　⑤　光緒帝

問５　下線部(c)の人物として，もっとも適切なものを，次の①～⑤から選びなさい。
①　李鴻章　②　孫文　③　梁啓超　④　宋教仁　⑤　袁世凱

問６　（　**ロ**　）に入る用語として，もっとも適切なものを，次の①～⑤から選びなさい。
①　内閣　②　戸部　③　海関　④　軍機処　⑤　兵部

問７　（　**ハ**　）に入る地名として，もっとも適切なものを，次の①～⑤から選びなさい。
①　北京　②　南京　③　マカオ　④　香港　⑤　上海

問８　（　ニ　）に入る地名として，もっとも適切なものを，次の①～⑤から選びなさい。
　①　泉州　　②　大連　　③　青島　　④　寧波　　⑤　開封

問９　（　ホ　）に入る地名として，もっとも適切なものを，次の①～⑤から選びなさい。
　①　山西　　②　直隷　　③　山東　　④　遼寧　　⑤　福建

問10　下線部(d)に関係する内容として，もっとも適切なものを，次の①～④から選びなさい。
　①　満洲国とモンゴル人民共和国の国境紛争に発展し，日本とソ連もそれに介入した。
　②　南京の陥落後，国民政府の臨時首都となった武漢も陥落した。
　③　柳条湖事件に端を発し，翌年には満洲国が建国された。
　④　盧溝橋付近で起きた軍事的な衝突を契機に，中国と日本の全面戦争につながった。

問11　下線部(e)の「私」に該当する人物として，もっとも適切なものを，次の①～⑤から選びなさい。
　①　鄧小平　　②　張作霖　　③　李大釗　　④　蔣介石　　⑤　宋子文

（青山学院大学2018年改題）

88　帝国主義の時代における教育や人材養成について述べた次の文章を読み，下の問い（問１～問３）に答えよ。

　イギリス人のⓐ植民地官僚には，赴任した地域の歴史やⓑ文化に関する著作を残した人物が数多く存在する。中国沿海部のイギリス統治下にあった各地で勤務したレジナルド＝ジョンストンも，このような植民地官僚の一人である。彼は19世紀末に香港に着任したが，当時の香港は，中国の主要な中継港として，またⓒ中国人移民の主な出航地として，めざましい発展を遂げていた。やがてジョンストンは中国社会に深く通じるようになり，後には清朝最後の皇帝だった人物の家庭教師を務め，その日々を綴（つづ）った著作を彼に捧げている。

問１　下線部ⓐについて述べた文として正しいものを，次の①～④のうちから一つ選べ。
　①　メキシコは，オランダの統治下に置かれた。
　②　カンボジアは，イギリスの保護国となった。
　③　ベルギーが，ナイジェリアを植民地とした。
　④　フランスが，タヒチを獲得した。

問２　下線部ⓑについて述べた文として**誤っているもの**を，次の①～④のうちから一つ選べ。
　①　古代エジプトで，太陽暦が用いられた。
　②　殷代の中国で，甲骨文字が用いられた。
　③　北アメリカで，スワヒリと呼ばれる文化（スワヒリ文化）が生まれた。
　④　18世紀のヨーロッパで，啓蒙思想が広がった。

問３　下線部ⓒに関連して，次のグラフは，1840年から1940年にかけての中国からアメリカ合衆国への移民者数と，アメリカ合衆国における金の生産量の推移を示したものである。このグラフから読み取れる内容について述べた下の文ａとｂの正誤の組合せとして正しいものを，下の①～④のうちから一つ選べ。

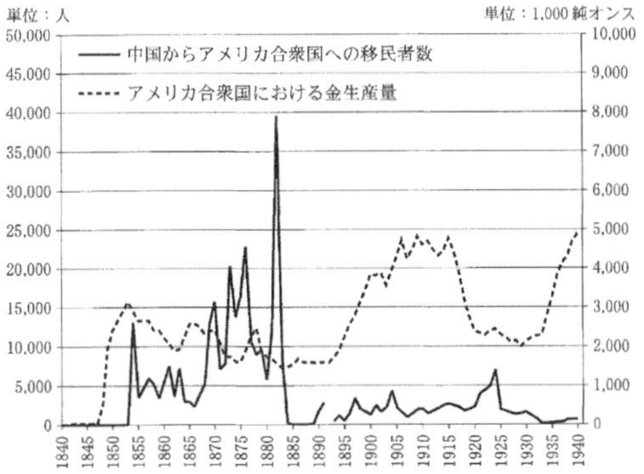

（1892年の移民者数は，参照した資料では欠落している）
（合衆国商務省編『新装版　アメリカ歴史統計』より作成）

ａ　移民者数が最初に２万人を超えたのは，カリフォルニアで金鉱が発見される前である。
ｂ　清朝が滅亡した後は，移民者数が１万人を超えることはなかった。

①　ａ－正　　ｂ－正
②　ａ－正　　ｂ－誤
③　ａ－誤　　ｂ－正
④　ａ－誤　　ｂ－誤

（センター試験世界史Ａ2018年本試改題）

89 国際関係について述べた次の文章を読み，下の問い（問１～問３）に答えよ。

北米大陸において，約6,000キロメートルにわたって国境を接する<u>ⓐアメリカ合衆国</u>とカナダの間では，19世紀後半以降，経済関係を強化する試みがたびたび検討された。ただ，このような試みは20世紀前半まで，わずかな時期を除いて推進されることはなかった。イギリスから<u>ⓑ独立</u>したアメリカと経済関係を強めることは，国王に対する裏切りであるという意見が植民地カナダでは根強かったためである。しかし，大恐慌の発生に至ってカナダは輸出市場の拡大を目指し，アメリカと通商協定を締結した。これ以降，カナダは<u>ⓒイギリスとの経済関係</u>を維持しつつも，北米自由貿易圏の形成に向けて歩みを進めていくこととなった。

問１　下線部ⓐの経済について述べた文として最も適当なものを，次の①～④のうちから一つ選べ。
① 第一次世界大戦の影響で，債権国から債務国に転じた。
② 革新主義の影響で，企業の独占が推進された。
③ テネシー川流域開発公社（TVA）の設立で，雇用の拡大が図られた。
④ アメリカ＝イギリス戦争（米英戦争）の影響で，工業化が抑制された。

問２　下線部ⓑについて述べた文として正しいものを，次の①～④のうちから一つ選べ。
① モザンビークが，イタリアから独立した。
② ギリシアが，オーストリアから独立した。
③ 黎朝は，明軍を破って独立した。
④ シンガポールは，インドネシアから独立した。

問３　下線部ⓒに関連して，次の文章は，1920年代から30年代にかけてのイギリスの経済政策について述べたものである。また下のグラフは，その時期のドイツとカナダからのイギリスの輸入額を示したものである。文章中の空欄［ア］に入れる語と，グラフ中のカナダを示す折れ線ａまたはｂとの組合せとして正しいものを，下の①～④のうちから一つ選べ。

世界恐慌に直面したイギリスは，［ア］を開いて，経済ブロックの形成を推進した。これによって，ブロック加盟国との貿易が活発化する一方，列強間の経済的対立は激化し，後の世界大戦の一因ともなった。

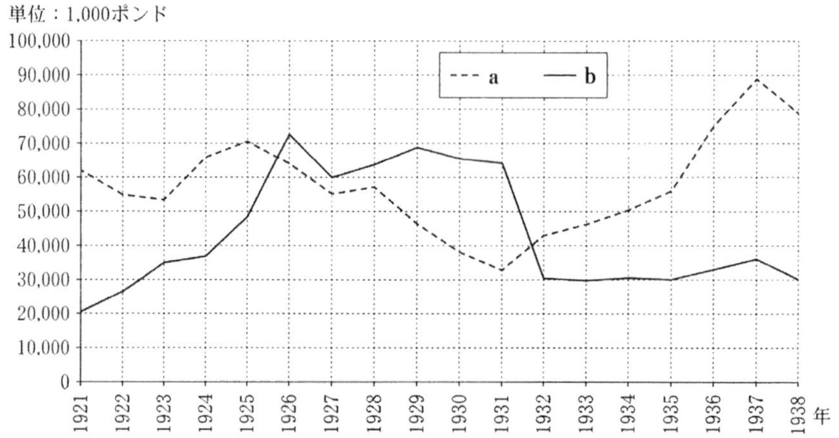

（*Statistical Abstract for the United Kingdom, 1911-1925, 1924-1938* より作成）

① イギリス連邦経済会議（オタワ連邦会議）－ａ
② イギリス連邦経済会議（オタワ連邦会議）－ｂ
③ ダンバートン＝オークス会議－ａ
④ ダンバートン＝オークス会議－ｂ

（センター試験世界史Ｂ2019年本試改題）

90 次の文章を読んで，以下の問い（問１～問11）に答えなさい。

第一次世界大戦は，1914年，オーストリア帝位継承者夫妻がセルビア人の青年によって暗殺された$_{a}$サライェヴォ事件が発端となり始まった。

第一次世界大戦はさまざまな性格を持っているが，そのひとつに世界的な広がりがある。$_{b}$ヨーロッパ戦線には，植民地からの兵士も多く動員された。例えば，イギリスは，ヨーロッパに$_{c}$インド兵や$_{d}$西インド諸島からの黒人兵を送り込んだ。また，$_{e}$オーストラリアやニュージーランドからも多数の兵が動員され，前線で戦った。ヨーロッパだけでなく植民地そのものも戦場となり，アフリカの黒人は，アフリカでの戦闘に動員された。

さらに，同盟国側・連合国側ともに，中立勢力を味方に引き入れるため，さまざまな秘密条約を結んだ。もっともよく知られているのは，$_{f}$パレスチナをめぐるイギリスの中東外交である。イギリスは，1915年$_{g}$フサイン＝マクマホン協定でアラブ人にオスマン帝国からの独立を約束した。他方で，バルフォア宣言によって，$_{h}$ユダヤ人のパレスチナ復帰運動を支援する姿勢を示すことで，アラブとユダヤ双方から協力を得ようとした。さらに，$_{i}$連合国間でオスマン帝国領の配分を取り決めるなど，相互に矛盾する取り決めを行っていた。

第一次世界大戦の結果，オスマン帝国は，敗戦国としてセーヴル条約を締結し，列強による国土分割の危機に陥った。ギリシア軍がエーゲ海沿岸を占領すると，ムスタファ・ケマルを中心に抵抗運動が組織され，ギリシア軍を撃退した。連合国とは，最終的に1923年にローザンヌ条約が結ばれ，新国境が定められた。そして，アンカラを首都とする$_{j}$トルコ共和国が樹立された。

カージャール朝のイランは，大戦中は中立を宣言していたが，レザー・ハーンがクーデターにより実権を握り，パフレヴィー朝を創始した。

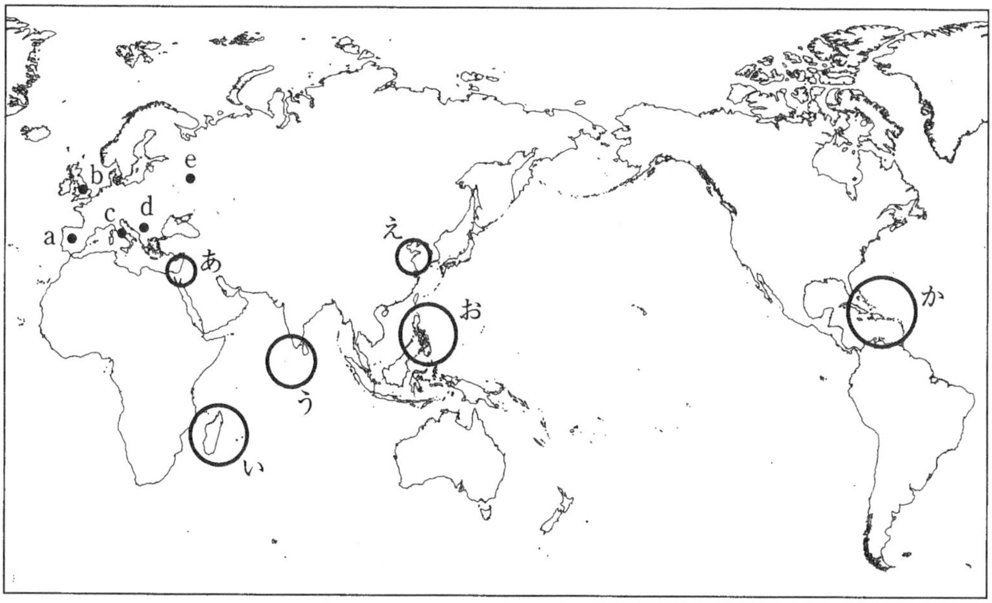

地図

問１　下線部ａについて，サライェヴォ事件の起こったサライェヴォのおおよその位置としてもっとも適切なものを，地図中のａ～ｅの中から一つ選びなさい。

①　a　②　b　③　c　④　d　⑤　e

問２　下線部ａについて，サライェヴォ事件が起こった要因として考えられるものとしてもっとも適切なものを一つ選びなさい。

①　コミンフォルムからユーゴスラヴィアが除名された。
②　ロシアで社会主義政権が成立した。
③　オーストリアによって，ボスニア＝ヘルツェゴヴィナが併合された。
④　コソヴォの分離独立要求をセルビア政府が弾圧した。

問３　下線部ｂについて，ヨーロッパ戦線の展開について述べた次の文ａ～ｃが，年代の古いものから順に正しく配列されているものを一つ選びなさい。

ａ　タンネンベルクの戦いでドイツが勝利した。
ｂ　ドイツが無制限潜水艦作戦を行った。
ｃ　マルヌの戦いにより，ドイツ軍の進撃が食い止められた。

①　ａ→ｂ→ｃ　　②　ａ→ｃ→ｂ　　③　ｂ→ａ→ｃ　　④　ｂ→ｃ→ａ
⑤　ｃ→ａ→ｂ　　⑥　ｃ→ｂ→ａ

問４　下線部ｃについて，第一次世界大戦後のインドについて述べた文としてもっとも適切なものを一つ選びなさい。
①　ヴィクトリアがインド皇帝となった。
②　植民地支配のため雇用した傭兵が反乱を起こした。
③　東インド会社軍がベンガル軍を破った。
④　反英運動を弾圧するため，ローラット法が制定された。

問５　下線部ｄについて，西インド諸島のおおよその位置としてもっとも適切なものを，地図中の **あ～か** の中から一つ選びなさい。
①　あ　　②　い　　③　う　　④　え　　⑤　お　　⑥　か

問６　下線部ｅについて，オーストラリアが流刑植民地となり，イギリスからの入植がはじまった時期としてもっとも適切なものを年表中のａ～ｄの中から一つ選びなさい。

ａ	
1600年	イギリスが東インド会社を設立した。
ｂ	
1649年	クロムウェルがアイルランドに侵攻した。
ｃ	
1776年	アメリカ合衆国がイギリスからの独立を宣言した。
ｄ	

①　ａ　　②　ｂ　　③　ｃ　　④　ｄ

問７　下線部ｆについて，パレスチナのおおよその位置としてもっとも適切なものを，地図中の **あ～か** の中から一つ選びなさい。
①　あ　　②　い　　③　う　　④　え　　⑤　お　　⑥　か

問８　下線部ｇについて，この協定の影響を受けて中東地域で起こったことについて述べた文としてもっとも適切なものを，次の①～④のうちから一つ選べ。
①　全インド＝ムスリム連盟が成立した。
②　タキン党が台頭した。
③　サレカット＝イスラム（イスラーム同盟）が生まれた。
④　イラク王国が成立した。

問９　下線部ｈについて，この運動はなんと呼ばれるか。もっとも適切なものを一つ選びなさい。
①　レコンキスタ　　②　シオニズム　　③　ディアスポラ　　④　シノイキスモス

問10　下線部ｉについて，この協定について述べた次の文ａとｂの正誤の組合せとして適切なものを一つ選びなさい。

ａ　イギリス・フランス・ロシアが第一次世界大戦後のオスマン帝国領の配分を取り決めた。
ｂ　この協定の内容は，ソ連の崩壊によって，明らかとなった。

①　ａ－正　　ｂ－正
②　ａ－正　　ｂ－誤
③　ａ－誤　　ｂ－正
④　ａ－誤　　ｂ－誤

問11　下線部ｊに関連して，第一次世界大戦の開戦時に共和政であった国としてもっとも適切なものを一つ選びなさい。
①　イギリス　　②　フランス　　③　オランダ　　④　日本
⑤　ロシア　　⑥　インド　　⑦　スペイン　　⑧　ギリシア

（青山学院大学2018年改題）

91　世界史の授業で，イギリス人作家ジョージ＝オーウェル（1903～1950年）の小説『1984年』を紹介し，討論をした。配付された資料と，生徒からの質問票とを次に示す。

作品の概要

世界大戦中に実用化された核兵器は，再び核戦争を引き起こすこととなり，その結果，世界は「オセアニア」，「ユーラシア」及び「イースタシア」の３大国に再編された。「オセアニア」では，社会が国家によって統制され，双方向のテレビ装置や隠しマイクによって，市民は常に監視されている。

ⓐ「オセアニア」の真理省に勤める主人公は，歴史記録を改ざんする仕事をしていた。文書や記録が改ざんされた結果，過去の歴史や「オセアニア」成立の過程についての自分の記憶と，公式の歴史とが一致しないことを，主人公は意識しながらも，何が正しい歴史であるのか分からない状態だった。

主人公は古い新聞記事や禁書とされた著述を読むことによって，「オセアニア」の体制に疑問を抱くようになり，同じ考えを持つ同志とつながりを持つようになった。ところが，主人公は密告によって逮捕され，愛情省で拷問を受けることになる。その結果，主人公は信念を打ち砕かれ，「オセアニア」を支配する「党」の思想を心から愛するようになる。

作家の経歴

オーウェルは，1937年，トロツキーの影響を受けた組織の一員としてスペイン内戦に従軍した。この組織は，ソ連からの援助を受けた共産党と対立し，弾圧された。作者晩年の作品である『1984年』には，オーウェル自身の生きた時代についての政治的アイロニー（皮肉）や歴史観が反映されている。

柿田さん質問票：社会主義のために戦った作者が，抑圧体制に対する批判を込めた作品を書いたのですね。その背景は何でしょうか。

栗林さん質問票：真理省が担当していたような歴史資料の改ざん（下線部ⓐ）は，実際に行われたことがあるのでしょうか。

問１　上の**柿田さん質問票**に対する答えとして最も適当なものを，次の①～④のうちから一つ選べ。
①　ソ連で，スターリンによる粛清が行われた。
②　中華人民共和国で，文化大革命が起こった。
③　資本主義陣営の中に，「開発独裁」の国が出現した。
④　朝鮮民主主義人民共和国で，最高指導者の地位が世襲された。

問２　上の**栗林さん質問票**について，先生は次のような話をした。18世紀の中国の朝廷は，大規模な図書編纂（へんさん）事業を行った。その際に，改ざんが組織的に行われた。対象となった書籍の一つに，遼（契丹）から宋への亡命者の手紙が載っていた。この手紙の一節について，改ざん前後の文章を下に示す。（引用文には，省略したり，改めたりしたところがある。）

この編纂された図書の名称と，この手紙の波線部を改ざんした意図について 述べた文との組合せとして正しいものを，次の①～⑥のうちから一つ選べ。

改ざん前の文章

私の一族はもともと漢人で，祖先より以来，皆仕官して，皮衣（かわごろも）を着て禄（ろく）を食（は）み，家系をつないでおりますが，中国古代の堯（ぎょう）王の遺風をいささかも忘れておりません。左前の服を脱ぎたいと思うものの，その志を遂げずにいます。聖人たる皇帝の境域に帰順すれば，漢人の衣裳（いしょう）を着て，平素からの志を遂げることができましょう。

改ざん後の文章

私の一族はもともと漢人で，祖先より以来，皆仕官して，遼朝の禄を食み，家系をつないでおりますが，中国古代の堯王の遺風をいささかも忘れておりません。中国に身を投じたいと思うものの，その志を遂げずにいます。聖人たる皇帝の境域に帰順すれば，先祖の墳墓に参り，平素からの志を遂げることができましょう。

① 四庫全書－中国が外国と盟約を結んでいたことを隠蔽するため
② 四庫全書－漢人が異なる風俗を強制された事実を想起するのを避けるため
③ 永楽大典－宋と遼との間で，習俗が違っていたことを隠蔽するため
④ 永楽大典－漢人が異なる風俗を強制された事実を想起するのを避けるため
⑤ 資治通鑑－中国が外国と盟約を結んでいたことを隠蔽するため
⑥ 資治通鑑－宋と遼との間で，習俗が違っていたことを隠蔽するため

（共通テスト世界史Ｂ2021年本試第１日程）

92 あるクラスで，世界の人口の推移についての授業が行われている。

先　生：今日は，人口から歴史を考えてみましょう。次の**表**は，およそ400万 km^2 の面積がある，東南アジア，インド，中国本土，ヨーロッパの人口の推移を示しています。どのようなことが読み取れますか。

表　（括弧内は人口密度，単位：人/km^2）

	面積	1700年	1800年	1850年	1900年
東南アジア	408万 km^2	2,400万人 （6）	3,150万人 （8）	4,200万人 (10)	8,300万人 (20)
インド	422万 km^2	16,000万人 (38)	18,500万人 (44)	22,500万人 (53)	28,000万人 (66)
中国本土	400万 km^2	15,000万人 (38)	32,000万人 (80)	42,000万人 (105)	45,000万人 (113)
ヨーロッパ	422万 km^2	9,225万人 (22)	13,575万人 (32)	19,050万人 (45)	27,100万人 (64)

（坪内良博『東南アジア人口民族誌』より作成）

西　田：どの地域も，人口が増加していますね。
先　生：そうですね。気候の安定や食糧生産の増大，医療の進歩など様々な理由によって，人口が増えたと考えられています。
東　山：ところで，現在の東南アジアは人口が多いのですが，この**表**の時期は他の地域に比べて，随分少ないですね。何か，特別な理由があるのでしょうか。
先　生：伝染病の流行や風土病，さらに食糧事情などが影響したと考えられています。日本と比較してみましょう。現在の日本の面積は約37.8万 km^2 で，東南アジアのおよそ11分の１なのですが，1700年の東

南アジアの人口は2,400万人，日本は2,800万人強で，日本の方が少し多いくらいです。

北　野：面積は日本より広いのに，意外です。ところで，1850年の日本の人口はどのくらいですか。

先　生：3,071万人くらいと推定されています。東南アジアの人口が，日本を上回ります。この間の日本の人口増加は，緩やかです。

南　部：人口密度が高いか，低いかによって，社会の仕組みが違ってきますか。

先　生：19世紀以前の東南アジアには，未開墾地が比較的多く存在し，権力者には，土地を領有するよりも，人を影響下に置く方がはるかに重要でした。人がいると，農業生産もはかどるし，交易も進展させることができます。東南アジアで領域支配が確立するのは，19世紀後半以降，植民地体制が成立してからです。

問1　前の**表**を参照して，各地域の人口の動きについて説明している文として最も適当なものを，次の①～④のうちから一つ選べ。

① マラッカ王国が繁栄していた1850年の東南アジアの人口は，1800年よりも増加している。
② インドでは，ヴィクトリア女王がインド皇帝に即位した19世紀前半に人口増加が見られた。
③ 中国本土では，トウモロコシやサツマイモの栽培の普及が人口増加を支え，1800年の人口が1700年の2倍を超えている。
④ 18世紀後半以降のヨーロッパでは，産業革命の進展に伴って人口が増加し，1900年のヨーロッパの人口は，同じ年のインドの人口を超えている。

問2　前の文章から読み取れる事柄**あ**・**い**と，日本と東南アジアとの関係の歴史について述べた文**X**・**Y**との組合せとして正しいものを，後の①～④のうちから一つ選べ。

文章から読み取れる事柄

あ　1850年の東南アジアの人口密度は，同じ時期の日本と比べて低い。
い　1850年の東南アジアの人口密度は，同じ時期の日本と比べて高い。

日本と東南アジアとの関係の歴史について述べた文

X　第二次世界大戦中にドイツがフランスに侵攻する前に，日本軍がフランス領インドシナ北部に進駐した。
Y　朱印船が東南アジアに来航し，日本町（日本人町）ができた。

①　**あ－X**　　②　**あ－Y**　　③　**い－X**　　④　**い－Y**

（共通テスト世界史B 2022年本試）

93　次のグラフは，1914年当時の列強の海外植民地領有面積を示したものである。**ア**～**ウ**の国の組合せとして正しいものを選び，番号で答えなさい。

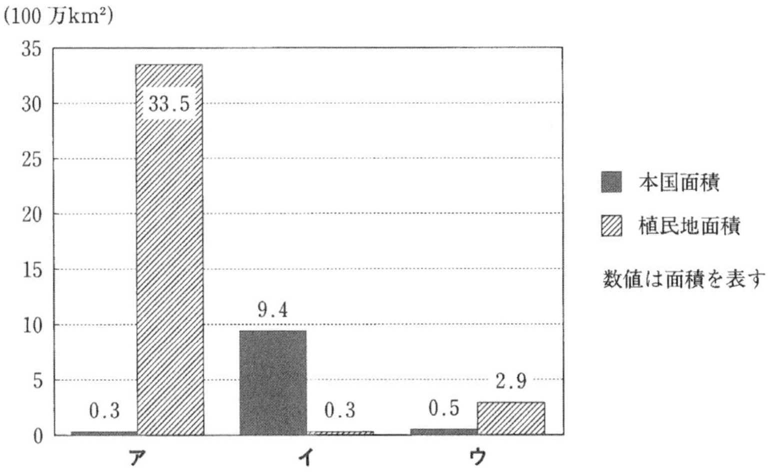

①	ア　アメリカ合衆国	イ　イギリス	ウ　ドイツ
②	ア　アメリカ合衆国	イ　ドイツ	ウ　イギリス
③	ア　イギリス	イ　ドイツ	ウ　アメリカ合衆国
④	ア　イギリス	イ　アメリカ合衆国	ウ　ドイツ
⑤	ア　ドイツ	イ　イギリス	ウ　アメリカ合衆国
⑥	ア　ドイツ	イ　アメリカ合衆国	ウ　イギリス

（産業能率大学2017年）

94 1923年にフランスが占領したルールの適切な位置**ア**または**イ**と，フランスとともにルール占領を行った国の組合せとして最も適切なものを下の①～④から一つ選べ。

ヴェルサイユ体制下のヨーロッパ

① 場所－**ア**　共同出兵した国－ベルギー　② 場所－**ア**　共同出兵した国－オランダ
③ 場所－**イ**　共同出兵した国－ベルギー　④ 場所－**イ**　共同出兵した国－オランダ

（本書オリジナル）

95 次の略地図を参考にあとの問いに答えなさい。

略地図A

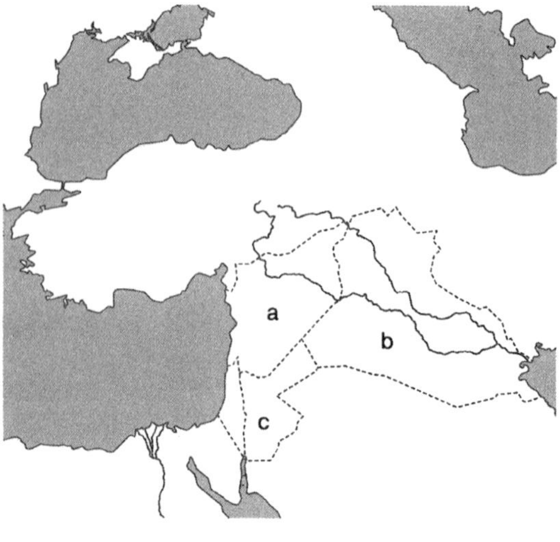

問　第一次世界大戦後の委任統治領について，委任統治を行った国，統治領名，**略地図A**中の位置がすべて正しく組み合わせてあるものを，次の①～④の中から１つ選びなさい。

	委任統治を行った国	統治領名	**略地図A**中の位置
①	フランス	－ トランスヨルダン	－ a
②	フランス	－ シリア	－ b
③	イギリス	－ イラク	－ b
④	イギリス	－ シリア	－ c

（日本大学2018年改題）

96　中国共産党は，1927年の上海クーデタで ⓐ ある政党の指導者に弾圧されて以降，本拠地を転々と移しながら農村を基盤に勢力を伸張させ，最終的に中華人民共和国を成立に導いた。その頃，**グラフ**に見られるように，中国の人口の約90％が農村に居住していた。その後農村人口の割合は徐々に下がっていったが，［ア］に初めて80％まで低下してからは，おおむね80％台前半で維持された。ただ，［イ］の後に，四つの現代化や改革・開放政策が開始されるようになると，農村人口の割合が再度低下するようになった。そして，2011年に農村人口の割合はついに50％を下回った。農村から都市への移住者が増えたことも，そのような変化が生じた理由の一つである。

グラフ　中国における都市・農村人口の割合（1949-2011 年）

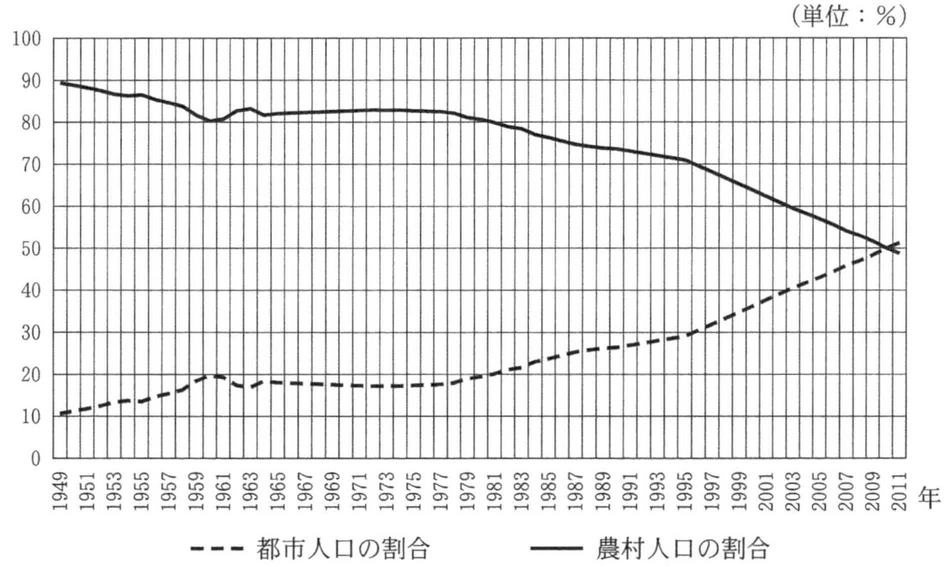

（若林敬子・聶海松編『中国人口問題の年譜と統計』より作成）

問１　前の文章中の空欄［ア］と［イ］に入れる語句の組合せとして正しいものを，次の①～④のうちから一つ選べ。

① **ア**－朝鮮戦争の休戦前　　**イ**－文化大革命の終結
② **ア**－朝鮮戦争の休戦前　　**イ**－香港の中国への返還
③ **ア**－大躍進政策の開始後　　**イ**－文化大革命の終結
④ **ア**－大躍進政策の開始後　　**イ**－香港の中国への返還

問２　中国共産党と同様，下線部ⓐの政党もたびたび本拠地を移動させている。そのうち1930年代後半に行われた移動の経路と，本拠地を移動させなければならなかった背景との組合せとして正しいものを，次の①～④のうちから一つ選べ。

① 南京から重慶へ－中国共産党との争いに敗れたため
② 南京から重慶へ－日本軍によって圧迫されたため
③ 中国大陸から台湾へ－中国共産党との争いに敗れたため
④ 中国大陸から台湾へ－日本軍によって圧迫されたため

（共通テスト世界史A 2022年本試）

97 都市を攻撃対象とする空襲に関連して，次の図について述べた下の文中の空欄［ア］と［イ］に入れる都市と人の名との組合せとして正しいものを，下の①～④のうちから一つ選べ。

この絵は，［ア］という都市がスペイン内戦の時にドイツ軍に空襲されたことを題材にして，1937年に［イ］が描いた作品である。

① **ア**－ゲルニカ　**イ**－ピカソ　② **ア**－ゲルニカ　**イ**－ゴヤ
③ **ア**－マドリード　**イ**－ピカソ　④ **ア**－マドリード　**イ**－ゴヤ

（センター試験世界史Ａ2007年本試改題）

98 次の史料は，トルコ共和国において発行された『官報』の記事である。オスマン帝国は第一次世界大戦でアラブ地域を含む多くの国土を失い，その後の混乱を経て1922年に滅亡，1923年にトルコ共和国が建国される。この記事は，建国まもないトルコ共和国における，ある政策について伝えている。

カリフ制廃止と，オスマン王家のトルコ共和国国外への追放にかんする法
第一条　カリフは廃位された。……
第二条　廃位されたカリフと，消滅したスルタンに属するオスマン王家のすべての男女と女婿は，トルコ共和国の国内に滞在する権利を永遠に失う。この王家に属する女性から生まれた者も，本条の規定に属する。
（トルコ共和国『官報』第68号，1924年より）　※設問の都合上，いずれも一部を改変した。

問１　史料にみえる政策を，反対を押し切って断行した中心人物はだれか。以下の選択肢より，一つ選びなさい。

① ミドハト＝パシャ　② ムスタファ＝レシト＝パシャ
③ ムスタファ＝ケマル　④ イブン＝サウード

問２　史料が発行された時期のトルコ共和国では，その後の国のあり方を定めるさまざまな政策が実施された。これらの政策にあてはまるものを，以下の選択肢より，三つ選びなさい。

① 文字改革　② ローラット法の制定　③ 政教分離
④ ミドハト憲法の発布　⑤ ローザンヌ条約の締結　⑥ クルド民族の独立承認
⑦ タバコ・ボイコット運動

（九州大学2016年改題）

99 報道写真に関連して，20世紀に開かれた首脳会談の際に撮影された次の写真ａ・ｂと下の文**ア～ウ**との組合せとして正しいものを，下の①～⑥のうちから一つ選べ。

写真ａ

写真ｂ

ア　この会談で，東アジアと太平洋の戦後処理に関するカイロ宣言が発表された。
イ　この会談で，イギリスとフランスは，宥和政策に基づいて，ドイツの要求を受け入れた。
ウ　この会談で，戦後のドイツの分割占領管理などが決定された。

①　ａ－**ア**　ｂ－**イ**　②　ａ－**ア**　ｂ－**ウ**　③　ａ－**イ**　ｂ－**ア**
④　ａ－**イ**　ｂ－**ウ**　⑤　ａ－**ウ**　ｂ－**ア**　⑥　ａ－**ウ**　ｂ－**イ**

（センター試験世界史Ａ2006年本試）

100 次の史料は，1947年のトルーマン＝ドクトリンの一部である。史料中の空欄［ａ］にあてはまる国名として正しいものを選び，番号で答えなさい。

私が議会の合同会議に出席するのは，今日の世界が深刻な状況に直面しているためである。（中略）アメリカ合衆国は，［ａ］政府から財政的経済的援助を得たいという差し迫った要請を受け取った。……［ａ］の国家としての存立そのものが，今日，数千の武装した分子のテロ活動によって脅かされている。これらの分子は共産主義者に指導されており，北部国境地帯で……抵抗している。（中略）

［ａ］の隣国であるトルコもまた，われわれが注意を向けるに値する。独立した，健全な経済をもつ国家として，トルコの将来は，自由を愛する世界の諸国民にとって，［ａ］の将来に劣らず重要である……。（後略）

①　フランス　②ポーランド　③　ギリシア　④　スペイン

（産業能率大学2016年）

資料読解編

101 次の史料は，第二次世界大戦後のソ連による勢力拡大を非難した演説の一部である。この演説をおこなった人物の名前と，文中の空欄［ア］に入る語句の組合せとして最も適切なものを，下の①～④のうちから一つ選びなさい。

さて，われわれの全般的な戦略概念を実現させる方法についてはまだ模索中とはいえ，私はそれを語るためにここまではるばるやってきて最も大切なことをお話しするのであり，ようやく問題の核心に到達した。戦争の確かなる防止も，世界機構の継続的な発展も，私が，英語を話す国の人々の友愛の連合と呼ぶものなくしては，手に入れることは出来ないであろう。つまりそれは，英連邦および帝国，アメリカの間の，特別な関係を意味する。（　略　）

バルト海のシュテッティンからアドリア海の［ア］まで，ヨーロッパ大陸をまたぐ鉄のカーテンが降りてしまった。その線の向こう側に，中・東欧の古き諸国の首都が並んでいる。……

（歴史学研究会編『世界史史料11』より）

① 人物－チャーチル　　**ア**－ヴェネツィア
② 人物－アトリー　　**ア**－トリエステ
③ 人物－チャーチル　　**ア**－トリエステ
④ 人物－アトリー　　**ア**－ヴェネツィア

（桜美林大学2019年）

102 第二次世界大戦後に撮影された次の写真ａ・ｂについて述べた下の文章を読み，空欄［ア］と［イ］に入れる国の名の組合せとして正しいものを，下の①～④のうちから一つ選べ。

写真ａ

写真ｂ

写真ａは［ア］がベルリン封鎖をした際に撮影されたものである。その約10年後，写真ｂのカストロが［イ］革命を成功させると，［ア］と［イ］との間に協力関係が結ばれ，その後，［ア］とアメリカ合衆国との緊張がさらに高まった。

① **ア**－ソ　連　　**イ**－アルジェリア　　② **ア**－ソ　連　　**イ**－キューバ
③ **ア**－イギリス　　**イ**－アルジェリア　　④ **ア**－イギリス　　**イ**－キューバ

（センター試験世界史Ａ2006年本試）

103 数次の中東戦争のうち，次の図のような難民が発生することになった戦争について述べた文として正しいものを，下の①～④のうちから一つ選べ。ただし，斜線部はこの戦争直後のイスラエルの支配地域を示す。

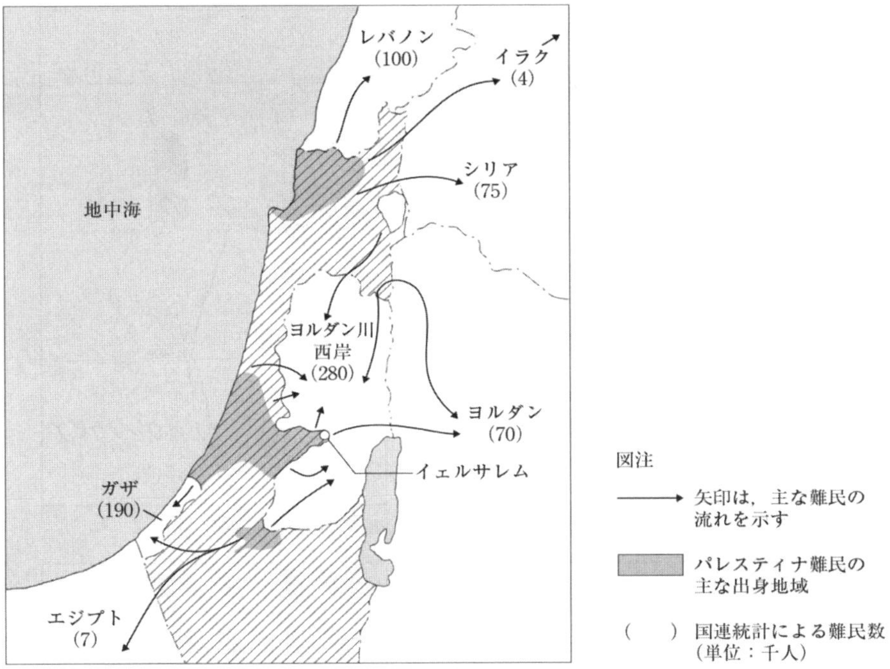

① この戦争の最中に，アラブ産油国は石油戦略を発動した。
② スエズ運河の国有化を宣言したエジプトに対し，アメリカ合衆国がイスラエルとともに侵攻した。
③ ユダヤ人は，パレスティナに建国し，反対するアラブ諸国と戦争になった。
④ イスラエルは，アラブ諸国を先制攻撃し，シナイ半島やシリア，ヨルダンの一部を占領した。

(センター試験世界史B2003年本試)

104 第３次中東戦争に関し，この時にイスラエルが占領したものの，後に返還された地域を示した地図として正しいものを，次の①～④の中から一つ選びなさい。

①
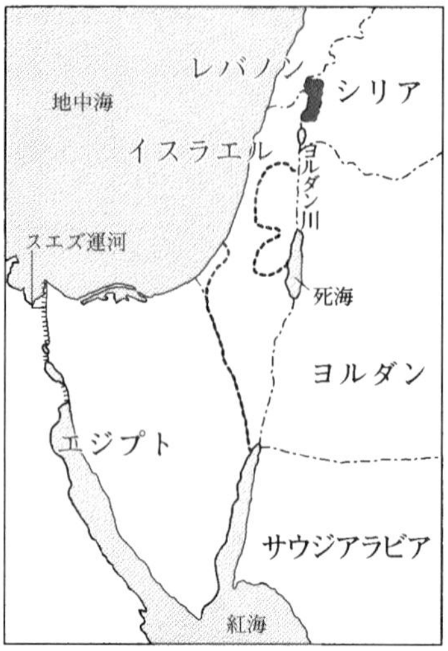

②
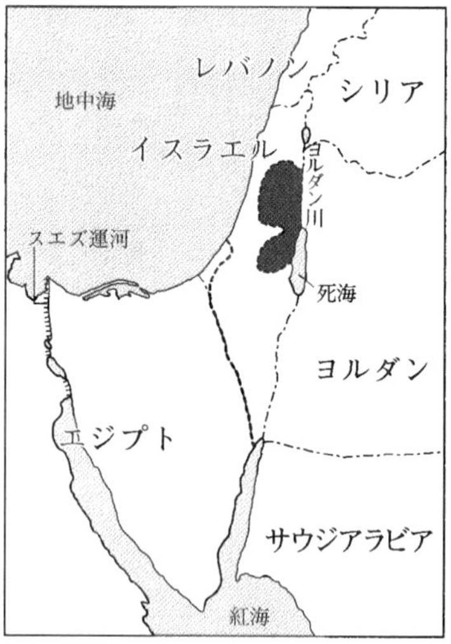

③
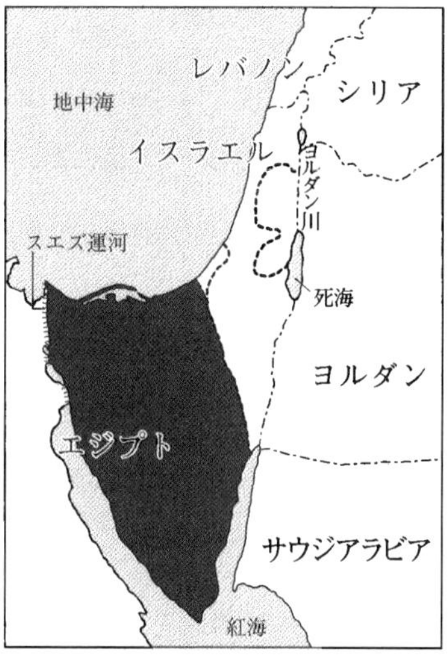

④
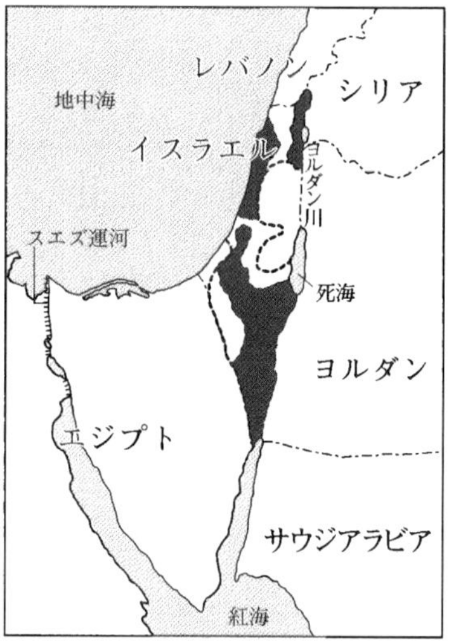

（名古屋学芸大学2016年改題）

105 1980年代以降に民主化運動によって失脚した大統領の名と，その国の首都の位置を示す次の地図中のａまたはｂの組合せとして正しいものを，下の①～④のうちから一つ選べ。

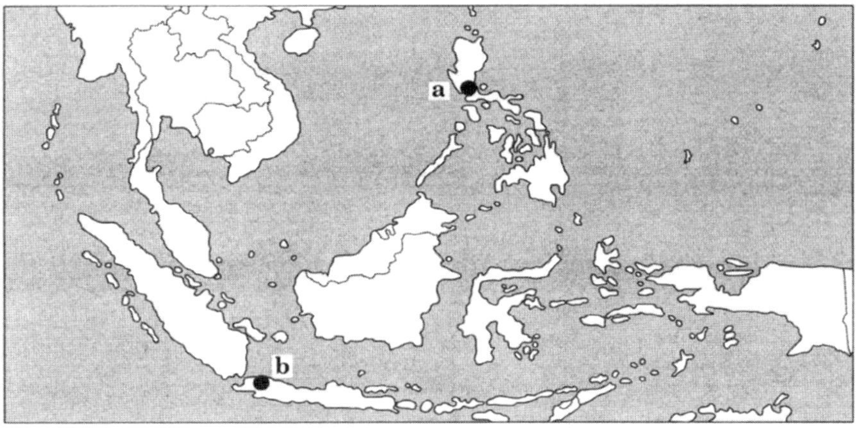

① マルコス－ａ　　② マルコス－ｂ
③ スカルノ－ａ　　④ スカルノ－ｂ

（センター試験世界史Ａ2010年追試）

106 次のグラフは，アメリカ合衆国への移民数の推移を示したものである。グラフ中のａの時期について述べた文として，正しいものを選びなさい。

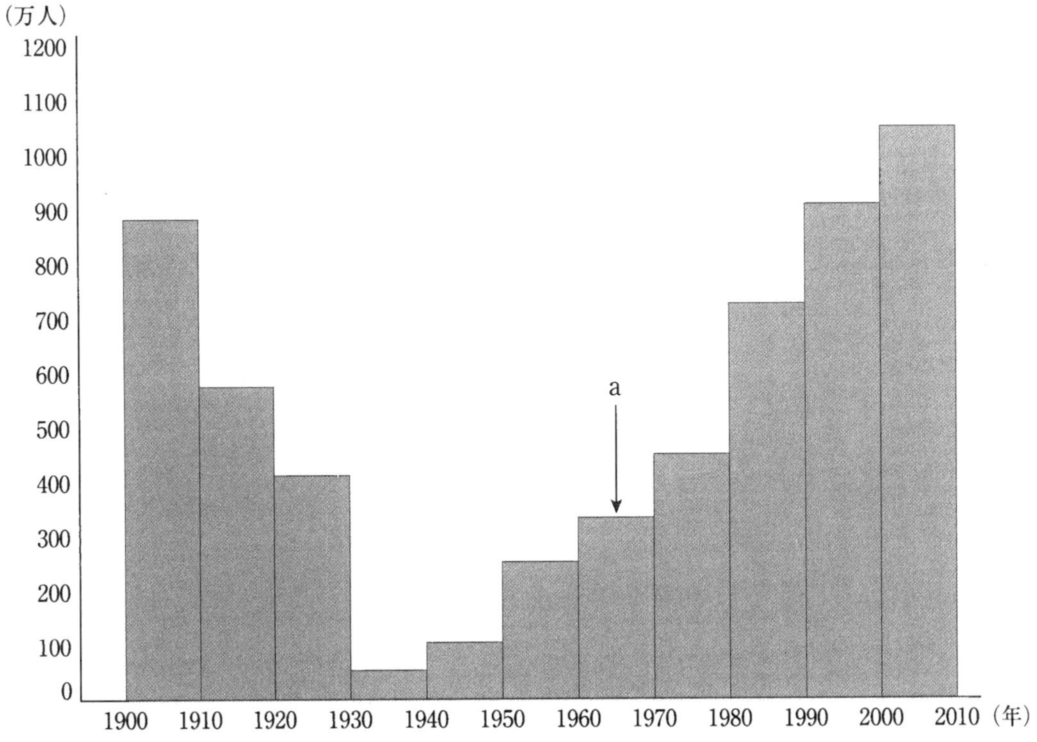

① クーリッジ大統領の時期に成立した移民法では，日本人移民が多く排斥されることになった。
② この時期にトルーマン大統領のもとで，公立学校における人種隔離を違憲とするブラウン判決がでた。
③ この時期にケネディ大統領の後を継いだジョンソン大統領が，公民権法を成立させた。
④ レーガン政権期のこの時期にアフリカ系アメリカ人に対する警察の暴力が大きな社会問題となり，ブラック・ライヴズ・マター運動が高まった。

（産業能率大学2022年）

107 次の文章は中国の政策と人口変動について述べたものである。また下のグラフは，1949年から1999年までの中国における死亡率を千分率（‰）で示したものである。文章中の空欄［ア］と［イ］に入れる語の組合せとして正しいものを，下の①～④のうちから一つ選べ。

中華人民共和国成立後，ソ連の支援を受けて進められた［ア］終了までは，死亡率が減少し続けた。しかし，［イ］が実施されると，一時期死亡率は25‰を超えた。

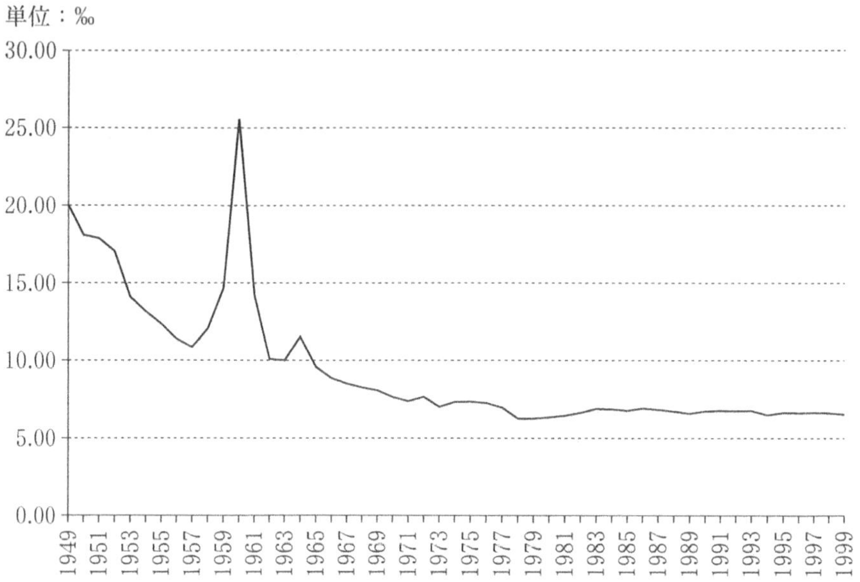

（若林敬子・聶海松編『中国人口問題の年譜と統計―1949～2012年―』より作成）

① ア－第１次五か年計画　　イ－文化大革命
② ア－第１次五か年計画　　イ－大躍進政策（大躍進運動）
③ ア－改革・開放政策　　イ－文化大革命
④ ア－改革・開放政策　　イ－大躍進政策（大躍進運動）

（センター試験世界史Ａ2020年本試）

108 インドとパキスタンに関して，両国の対立を背景に1971年に独立を遂げた国の名称（Ⅰ）と地図上の場所（Ⅱ）の正しい組合せを，下の①～⑥から一つ選べ。

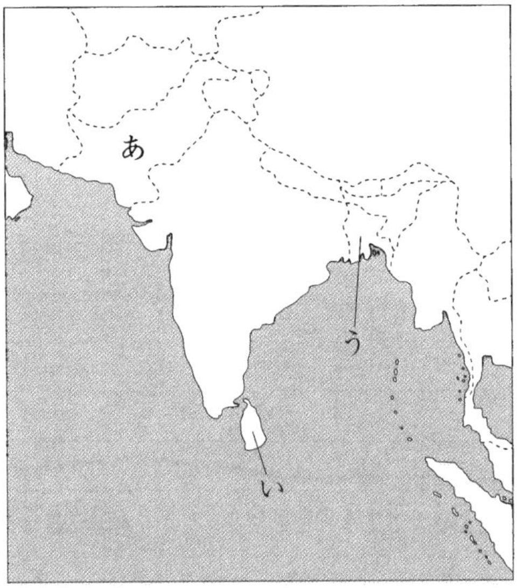

20世紀後半の南アジア

① Ⅰ－バングラデシュ　Ⅱ－あ
② Ⅰ－バングラデシュ　Ⅱ－い
③ Ⅰ－バングラデシュ　Ⅱ－う
④ Ⅰ－スリランカ　Ⅱ－あ
⑤ Ⅰ－スリランカ　Ⅱ－い
⑥ Ⅰ－スリランカ　Ⅱ－う

（東京都市大学2018年改題）

109 次のグラフは，日本・韓国・中国・タイ・インド・アメリカ合衆国の1995年から2014年までの実質経済成長率の推移を示している。このグラフの国(a)と(b)の組合せとして正しいものを，下の①～④の中から一つ選びなさい。

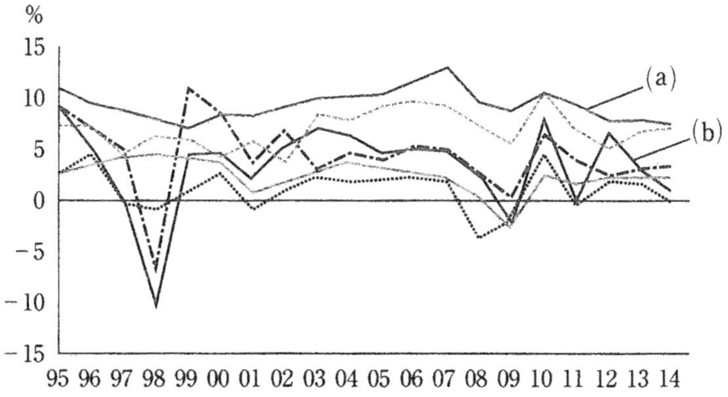

① (a)－韓国　(b)－タイ
② (a)－韓国　(b)－日本
③ (a)－中国　(b)－タイ
④ (a)－中国　(b)－日本

（中央大学2022年）

110 次のグラフは1990年から2018年にかけてのヨーロッパ連合（EU）加盟国のうち４ヵ国の国内総生産（GDP）の推移を示したものである。ヨーロッパ連合（EU）と，このグラフから読み取れる内容について述べた次の文aとbの正誤の組合せとして正しいものを，下の①～④のうちから一つ選びなさい。

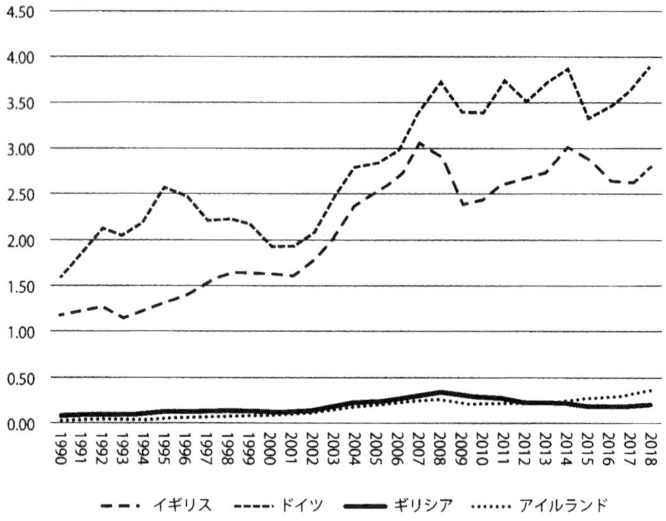

（縦軸は兆米ドル，横軸は西暦を示す）
（IMF World Economic Outlook Databases より作成）

a　マーストリヒト条約によりヨーロッパ連合（EU）が成立し，すべての加盟国で共通通貨ユーロを使用するようになった。

b　加盟国内でGDPの高い国と低い国との間の経済格差がめだつようになっている。

①　a－正　　b－正
②　a－正　　b－誤
③　a－誤　　b－正
④　a－誤　　b－誤

（昭和女子大学2021年）

111 イラクの歴史を示した次の年表の空欄［ア］と［イ］に入れる国の名とその位置を示す地図中のa～cとの組合せとして正しいものを，下の①～⑥のうちから一つ選べ。

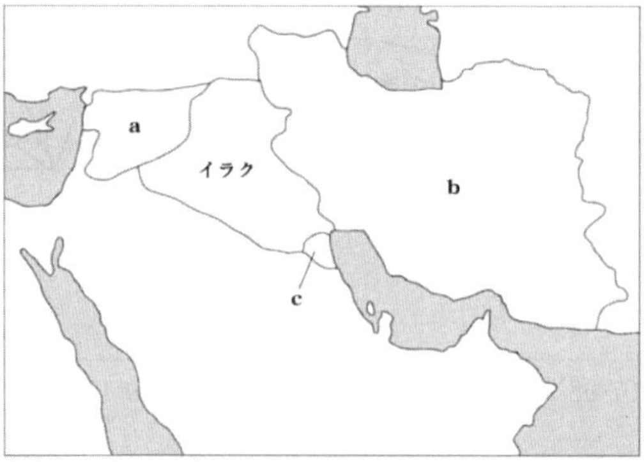

1932年　イギリス委任統治から独立
1967年　第３次中東戦争に参加
1980年　［ア］との戦争を開始（～88年）
1990年　［イ］へ侵攻
1991年　湾岸戦争

① **ア**－イラン－a　　　　**イ**－クウェート－b
② **ア**－イラン－b　　　　**イ**－クウェート－c
③ **ア**－イラン－c　　　　**イ**－クウェート－a
④ **ア**－クウェート－a　　**イ**－イラン－b
⑤ **ア**－クウェート－b　　**イ**－イラン－c
⑥ **ア**－クウェート－c　　**イ**－イラン－a

（センター試験世界史Ｂ2005年本試）

112 つぎの文を読んで，下の問いに答えよ。

中国の最高指導者を「政策決定について最終決定権を行使する人物」と定義すると，秦から清の時代までは皇帝がそれにあたる。そして現在は共産党・国家機関・軍のトップ，すなわち党総書記・国家主席・党中央軍事委員会主席を兼ねるものが，最高指導者となっている。

1976年に毛沢東が亡くなると，華国鋒が文化大革命推進派を追放し，党・政府・軍のトップを兼ねて最高指導者となったが，すぐに鄧小平が華国鋒を追い落とし，以降は鄧小平を中心とした新指導部がつくられた。鄧小平は軍のトップの座についただけでほかのポストは腹心の部下にゆずったが，実質上の最高指導者であった。党主席には胡耀邦が就任したが，82年からこの職は「総書記」と改名された。また同年に国家主席職が復活した。このときの国家主席は名誉職にすぎなかったが，その権限は後に追加されていくことになる。このように形のうえでは党・国家・軍のトップが分立するという体制が続いた。しかし89年，学生による民主化要求運動に対する武力弾圧，すなわち天安門事件がおこると，民主化に理解を示す幹部は失脚し，党総書記・国家主席・党中央軍事委員会主席は，すべて江沢民が兼任するようになった。この事件で中国政府は国際社会から大いに批判を浴びることになるが，その後，安定した政権のもとで鄧小平の路線を進め，中国は急速な経済成長をとげることになった。

問　下線部に関連して，つぎの各国の国内総生産（GDP）を示すグラフ（①～④）のうち，中国に該当するものはどれか。

各国のGDP　（名目・2015年）

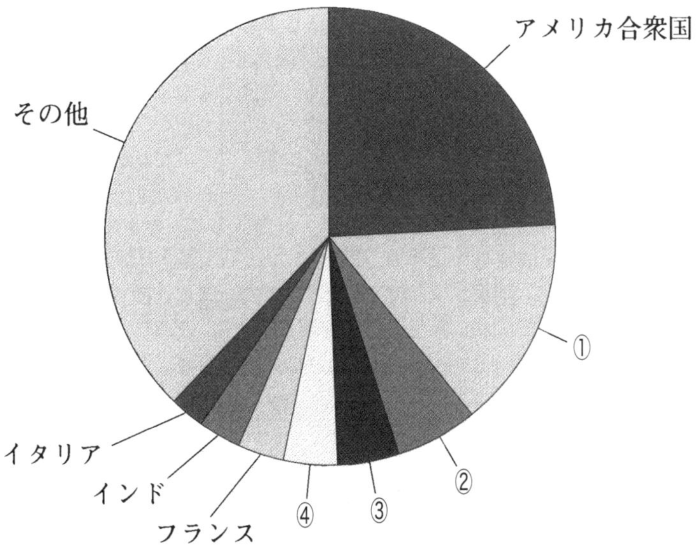

（本書オリジナル）

113 次の文章を読んで，以下の問い（問１～問３）に答えなさい。

下の文は，石川達三の小説『蒼氓』（1935年）からの抜粋である。この小説は，神戸の国立海外移民収容所に集まった人々の1930年３月における数日間を描いている。Ⓐ人々は移民としてブラジルに渡り，主にコーヒー栽培農園での労働に従事する予定になっていた。石川自身，1930年にブラジルへ移民として渡航した経験がある。抜粋部分に登場する主な人物は以下の二名である。

勝田：長野出身の地主。コーヒー農園の状況を堀内に尋ねようとしている。
堀内：岡山出身。コーヒー農園に入植済み。一時帰国中で，再びブラジルに渡ろうとしている。

なお，登場人物の会話では，「　」の直前に，誰の発言かを（　）内に補足した。その他，必要な説明を（　）で補った。

（以下は海外移民収容所における勝田と堀内の会話である）
（勝田）「Ⓑ珈琲園の請負農夫賃銀が下って問題になりましたね，あれはどんなもんです？」
（堀内）「なあに」相手は憮然とした調子で言った。「働き居る者あ食えんことあ有りませんわえ。日本と違うてなあ……日本じゃ働えても食えん言うとりますけんのう」
（勝田）「そうするとやっぱり日本よりゃあ良い訳ですなあ」と勝田さんは膝をゆすって悦んだ。
（堀内）「そうですなあ，まあ，暢気なだけ，ええでひょうかなあ」堀内さんは考え考え言った。

労働が暢気なのだ，と勝田さんは思った。暢気に働いていれば食って行ける。土地は肥沃だし気候は良いし物価は安い！　これこそ地上の楽園である様に思った。然し堀内さんはそう言う意味で言ったのではなかった。

（以下は堀内に関する記述である。）
珈琲園の労働は日本の農業に劣らず苦しい。変化にも乏しい。移民達は誰一人本当のブラジルを知ってはいない。空想だ。（中略）Ⓒブラジルには数百千町歩の大地主の簡素な邸を取り巻いて二十軒三十軒の淳朴な農奴にも似た農民の家がある。部落の百人百五十人は全部顔見知りで，他との交通が少ないから十日以上も知らない顔を見ない事もある。法律の有りや無しや，政府の有りや無しやにも無関心に，都では政権争奪の革命が五年ごと十年ごとに起るのに，知る人もなく語る者もない。野飼いの牛は夕方になると沼地から鳴きながら戻って来るし鶏は裏のバナナの下で眠る。関心事は珈琲の稔りと子供の成長とだけである。桃花源の物語りにも似た悠々たる生活は，昨日と今日との間に何の区別もなく，昨年と一昨年との間に何の変化も無い。堀内さんはこれを指してブラジルの方がいいと言ったのであった。彼は珈琲園に四年間働いた。世界のことは愚か日本の事さえも年に一度か二度か風の便りに聞くばかりで，言わば何一つ知らずに，日の出から日没まで汗だくになって働いた。今から思えばそれが楽しかったのだ。彼が（一九二九年）十一月に日本に帰ってからは，岡山県の山の中の弟の家にいたのに，どれだけ多くの事を知らねばならなかったか。（中略）（一九三〇年）一月二十一日には議会は解散された。二月二十日には総選挙。その繁雑さの後には選挙違反，それから工場のストライキと共産党事件の裁判と，次はⒹ軍縮会議だ。次々と起ってくる是等のめまぐるしい事件を日毎に知らされるだけでも彼は身も心もさむざむとする様に思い，母国の終焉を見るように悲しかった。むしろ何も見ず何も知らないに限ると思った。彼は今は日本に何の未練もなく，むしろ逃げる様な気持で出発の日を待っているのであった。

〔出典：石川達三『蒼氓』新潮社，1969年。引用の際には改変し一部表記を改めた〕

問１　下線部Ⓐに関連し，19世紀中葉から20世紀前半にかけては，日本のみならず世界各地から多くの移民が遠隔地に赴き，農園や鉱山などで労働に従事した事実があった。この点を説明した下記の文中の空欄［　1　］から［　4　］に入る**最も適切な**語句を下の①～④からそれぞれ選びなさい。ただし，同じ番号には同じ語句が入る。

(1)　イギリスが統治したインドではアッサム地方などで，19世紀中葉より［　1　］の栽培が集中的に行われるようになり，本国へ輸出された。また，インド亜大陸から海峡を挟んだところに位置する［　2　］でも，19世紀後半より［　1　］が本格的に栽培されるようになり，その労働力の多くは，同じ宗主国イギリスが統治するインドから移入された。なお［　1　］は，いわゆるアジア三角貿易では中国からイギリスに輸出された。

(2) ブラジルを原産地とする[3]の樹から採取される樹液は，加工法の進展や自転車・自動車の普及により，19世紀中葉以降に急速に経済的価値を高めた。ペナン，マラッカ，[4]を「海峡植民地」として統合して領有し，マレー半島を支配下に組み込みつつあったイギリスは，この[3]の樹をブラジルから持ち出して半島に植樹し，インドから招来した労働者により集中的な栽培を行わせた。

[1]　① 綿花　② アヘン　③ 藍　④ 茶

[2]　① スリランカ　② バングラデシュ　③ ビルマ　④ パキスタン

[3]　① コーヒー　② ゴム　③ サトウキビ　④ ヤシ

[4]　① ラホール　② ジョホール　③ シンガポール　④ セイロン

問２　ブラジルのコーヒー農園に関連して，以下の問いに答えなさい。

(1) 下線部Ⓑは，ブラジルのコーヒー農園における請負農夫（農園経営者と賃金などの契約を結び農作業を請け負った労働者）の賃金の低下を述べたものである。それに関連して，**グラフ１～グラフ３**の内容を総括した文ａ・ｂ・ｃの正誤の組合せとして正しいものをあとの①～⑥から選びなさい。

グラフ１：ブラジルからのコーヒー輸出（金額）

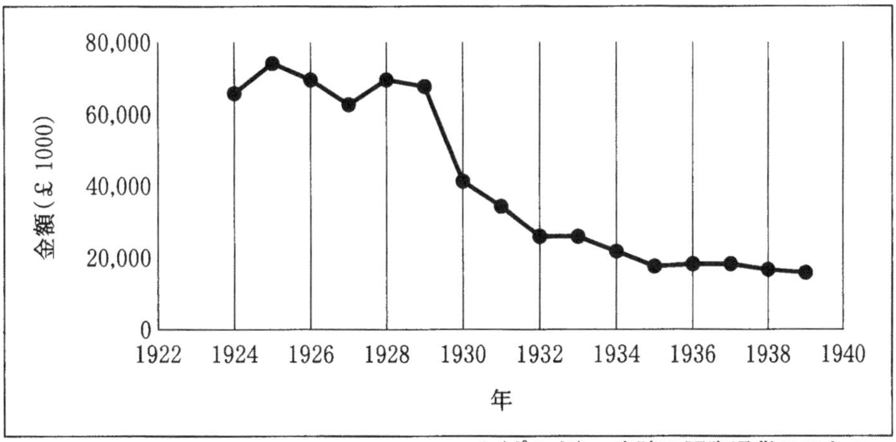

£（ポンド）：当時の国際通貨のひとつ。

グラフ２：ブラジルからのコーヒー輸出（数量）

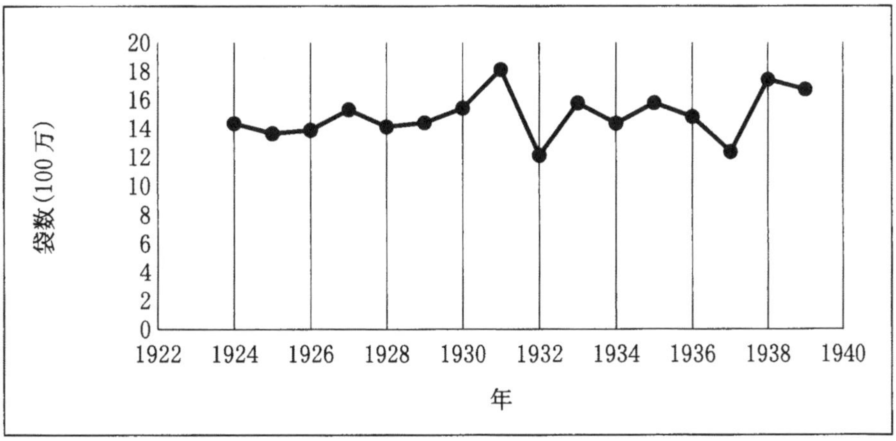

グラフ3：ニューヨーク市場（アメリカ）におけるコーヒー豆（ブラジル産サントス4号種）の価格

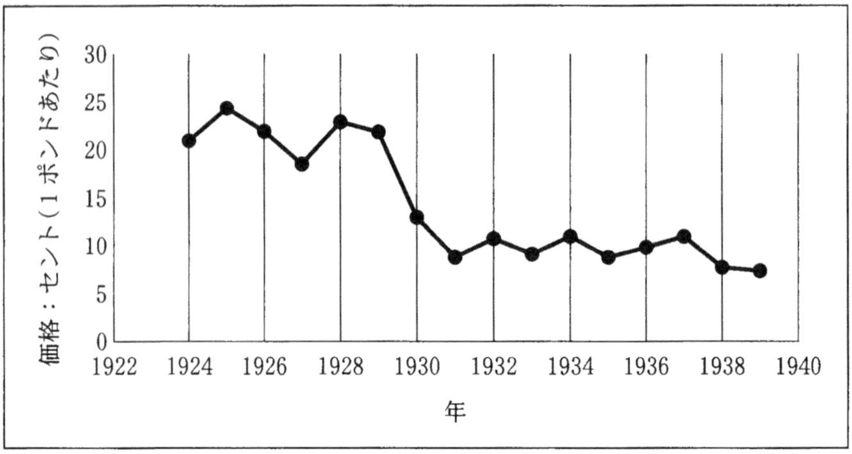

ポンド：重量単位。1ポンドは約454グラム。

出典：Francisco Vidal Luna & Herbert S. Klein, *The Economic and Social History of Brazil since* 1889, Cambridge, 2014所収のデータを改変して掲載。

a　ブラジルのコーヒーの輸出金額の下落とともに，その輸出量も低迷していった。
b　ブラジルのコーヒーの輸出金額の下落は，アメリカのコーヒーの豆の価格の下落と連動している。
c　グラフに見えるコーヒー価格の下落は，世界恐慌が影響していると考えられる。

① a－正　b－正　c－誤
② a－正　b－誤　c－正
③ a－正　b－誤　c－誤
④ a－誤　b－正　c－誤
⑤ a－誤　b－誤　c－正
⑥ a－誤　b－正　c－正

(2)　下線部Ⓒで描写されているような大農場は，ラテンアメリカ地域の旧スペイン領でも多く見られた。これについて述べた下の文の空欄［1］と［2］に入る語句の組合せとして正しいものを，ア～エの中から1つ選び，その記号を書きなさい。ただし，同じ番号には同じ語句が入る。

植民地で生まれた［1］は［2］と呼ばれ，大農場を営む地主層が多かった。［2］は宗主国スペインからの独立運動の担い手ともなった。

① 1：白　人　2：ムラート　② 1：白　人　2：クリオーリョ
③ 1：先住民　2：ムラート　④ 1：先住民　2：クリオーリョ

問３　下線部Ⓓの「軍縮会議」は1930年に行われたロンドン会議を指すと考えられる。

(1)　1930年のロンドン会議について説明した次の文章と表の空欄［1］から［3］に入る国名の組合せとして正しいものを，後の①～⑥から選びなさい。また，同じ番号には同じ国名が入る。

ロンドン会議（1930年）は，列強諸国が，海軍の補助艦の保有制限を決めるべく臨んだ会議であった。1921～22年のワシントン会議で主力艦の保有トン数比率を定めたのに続き，補助艦の保有トン数比率を定めたのである。保有トン数比率を国別に見ると以下の表のようになり，第一次大戦の戦勝国［1］や［2］が優先的な保有を認められたことや，その中にアジアの新興国［3］も含まれていたことが確認できる。

	1	2	3	フランス	イタリア
ワシントン会議(主力艦の保有比率)	5	5	3	1.67	1.67
ロンドン会議(補助艦の保有比率，概数)	10	10	7	取り決めなし	取り決めなし

①　1－アメリカ　　2－ソ連　　3－日本
②　1－アメリカ　　2－ソ連　　3－中国
③　1－アメリカ　　2－イギリス　　3－台湾
④　1－アメリカ　　2－イギリス　　3－フィリピン
⑤　1－イギリス　　2－アメリカ　　3－日本
⑥　1－イギリス　　2－アメリカ　　3－中国

(2)　ロンドン会議ののち，ドイツはヴェルサイユ条約で課されていた軍備制限を形がい化していった。それに関連する事項を示す以下の**ア**～**エ**を，古いものから新しいものへと配列したものとして正しいものをあとの①～④から選びなさい。

ア　ドイツが国際連盟から脱退した。
イ　ドイツが再軍備宣言を行った。
ウ　ドイツがラインラントに進駐した。
エ　ドイツでナチ党が国会選挙（総選挙）で初めて第一党となった。

①　**ア→エ→イ→ウ**
②　**ア→イ→エ→ウ**
③　**エ→イ→ア→ウ**
④　**エ→ア→イ→ウ**

（神戸市外国語大学2021年）

114　戦争や軍隊について述べた次の文章を読み，下の問い（問１～問３）に答えよ。

プロイセンの軍人カール＝フォン＝クラウゼヴィッツ（1780～1831年）は，若い頃から実戦経験を積み，プロイセンが屈辱的なⓐ講和条約を結んだ戦争で捕虜になったこともある。彼は，宮廷のⓑ女官を務めた上級貴族出身のマリーとの結婚で社会的立場を固め，プロイセンの軍制改革を主導して名声を獲得したものの，志半ばで病没した。「戦争は，政治的手段とは異なる手段をもって継続される政治である」という言葉で有名なクラウゼヴィッツの『戦争論』は，彼の死後に妻の尽力によって出版され，その後のⓒドイツを含むヨーロッパの軍人たちの戦争観に少なからぬ影響を与えた。

問１　下線部ⓐに関連して，和議や条約について述べた文として正しいものを，次の①～④のうちから一つ選べ。

①　アウクスブルクの和議（アウクスブルクの宗教和議）により，カルヴァン派が容認された。
②　アイグン条約により，清はロシアから領土を獲得した。
③　サン＝ステファノ条約により，オスマン帝国はバルカン半島に勢力をのばした。
④　下関条約により，日本は多額の賠償金を獲得した。

問２　下線部ⓑに関連して，世界史上の女性について述べた文として正しいものを，次の①～④のうちから一つ選べ。

①　マリ＝アントワネットは，ルイ16世の王妃になった。
②　ジャンヌ＝ダルクは，バラ戦争（ばら戦争）で活躍した。
③　シャネル（ココ＝シャネル）は，18世紀に女性服をデザインした。
④　アキノ（コラソン＝アキノ）は，ラオスで政権を担った。

問３　下線部ⓒに関連して，次のグラフは，1850年から1912年までのフランス，イギリス，ドイツ（プロイセン）の３か国における，20歳から44歳までの男性人口に占める軍人の割合を示したものである。このグラフから読み取れる内容について述べた下の文ａとｂの正誤の組合せとして正しいものを，下の①～④のうちから一つ選べ。

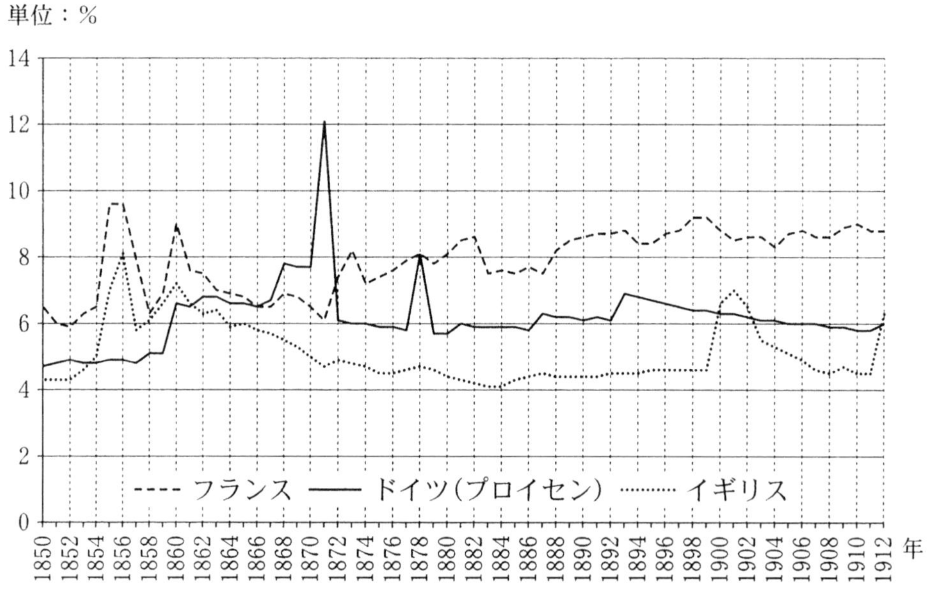

(ペーター・フローラ編，竹岡敬温監訳『ヨーロッパ歴史統計　国家・経済・社会 1815-1975』(上)より作成)

ａ　南アフリカ戦争中，イギリスの軍人の割合は，ドイツ（プロイセン）の軍人の割合を超えた。
ｂ　プロイセン＝フランス（普仏）戦争中，ドイツ（プロイセン）とフランスの軍人の割合は，ともに８％に達した。

①　ａ－正　　ｂ－正　　②　ａ－正　　ｂ－誤
③　ａ－誤　　ｂ－正　　④　ａ－誤　　ｂ－誤

（センター試験世界史Ａ2019年本試改題）

115 次の文章を読み，あとの問い（問１～問９）に答えなさい。

法務省の統計によると，2018年末時点で日本には273万人余りの外国人が居住し，2017年末にくらべて約17万人（6.6%）増となる過去最高を記録した。2019年４月の改正入管法施行をうけて，日本国内の在留外国人は今後も一層の増加が見込まれる。以下は2018年末時点におけるその構成比を国籍・地域別で示したものである。

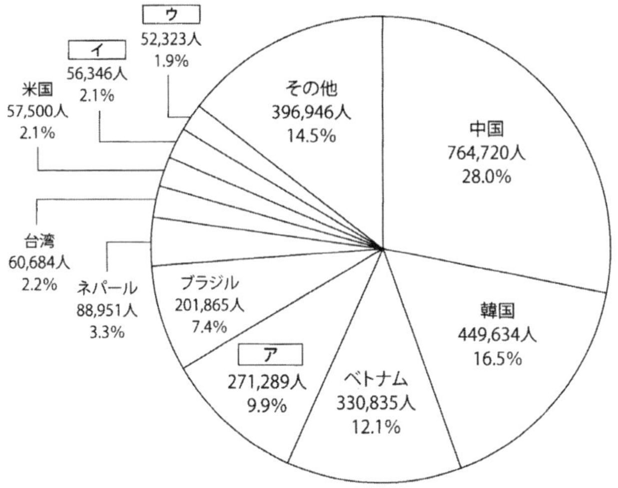

図１　在留外国人の構成比（国籍・地域別，2018年末時点，法務省統計より）

在留外国人の出身国のうち中国，韓国に続いて多いのがベトナムである。ベトナムの後には同じ東南アジアの国である［ ア ］が続き，さらに，［ イ ］と［ ウ ］もいずれも東南アジアの国である。かつて，これら東南アジアの国々は［ ウ ］を除いて，ほとんどが西洋列強国の植民地支配下におかれた。典型的な例は［ イ ］である。この国は大小多数の島々からなり，総人口・面積ともに東南アジア最大の規模である。これは旧宗主国オランダの支配領域をほぼ継承した結果である。［ ア ］も旧宗主国スペインの支配領域とほぼ重なる。これら東南アジア諸国のなかで，ここでは日本との関係が急速に深まるベトナムの近現代について，その歩みをふりかえってみよう。

1802年，ベトナム史上最後の独立王朝となる阮朝が(a)阮福暎によってたてられた。彼は清朝によってベトナム（越南）国王に封ぜられ，中国風の行政制度の導入に務めた。しかし，後継の皇帝たちは西洋諸国に対する警戒からキリスト教への弾圧をおこない，ヨーロッパ人宣教師やベトナム人信者の処刑が相次いだ。これに対してフランスは1858年，布教の自由を求めて軍事介入をおこなった。

フランスはベトナム南部を奪った後（1867年），さらに北部へと進出し，フエ（ユエ）条約により北部と中部を支配下においた（1883年）。他方，阮朝は宗主国である清朝に対して援軍を求め，清朝がそれに応じたため，清仏戦争がおこった（1884～85年）。この戦争を終わらせるため結ばれたのが［ エ ］条約である。この条約の結果，清朝はベトナムに対するフランスの保護権を承認した。ベトナムの攻略に成功したフランスは，1863年以来保護国としてきたカンボジアとあわせて，1887年にフランス領インドシナ連邦を成立させ，1899年には(b)ラオスも編入した。

フランスの植民地支配に対して独立に動いたのが(c)ファン＝ボイ＝チャウである。彼は，明治維新後に急速な近代化を果たした日本に赴いて独立の支援を求めたほか，留学生を多数派遣して新しい学問や技術を学ばせようとした（ドンズー運動）。しかし，彼らのほとんどはフランスの要請を受けた日本の当局から弾圧を受けて国外退去の処分となった。

フランスによる取り締まりはその後も続いたが，ホー＝チ＝ミンが1930年にベトナム共産党を設立すると，農村部を中心に共産主義者による抵抗・独立運動が次第に広がりをみせるようになった。彼は太平洋戦争における日本の敗戦直後，民衆蜂起を指導し，ベトナム民主共和国の独立を宣言した。しかし，フランスはこれを認めず，阮朝最後の皇帝バオダイを立て，ベトナム国を発足させる一方，ベトナム民主共和国と戦闘状態に突入した（インドシナ戦争）。

1954年，フランスはディエンビエンフーで大敗し，ベトナム民主共和国と［ オ ］休戦協定を結んでインドシナからの撤退が決定した。フランスによるベトナムの植民地支配はついに終わりを迎えたのである。しかし，協定の関係国間で利害がぶつかり，ベトナムの国土は北緯17度線を境界に南北に分断されることとなった。東南アジアにおける共産主義勢力の拡大を阻止すべく，アメリカ合衆国は南部にあらたに樹立されたベトナム共和国を強力に支援した。

1960年，南ベトナムの解放をめざす南ベトナム解放民族戦線が結成され，ベトナム民主共和国と連携してゲリラ戦を展開した。これに対してアメリカは本格的な軍事援助を開始し，地上兵力の投入もなされ，その数は50万人を超えた（(d)ベトナム戦争）。泥沼化する戦争の終結を目指し，1973年にベトナム和平協定が成立したことで，米軍は南ベトナムから撤退することとなった。後ろ盾を失ったベトナム共和国政府はたちまち瓦解し，1975年に民主共和国軍と解放戦線によって南北の統一が果たされ，翌1976年にはベトナム社会主義共和国が成立した。

統一後のベトナムは南部の急激な社会主義化による混乱や(e)カンボジアへの介入で経済活動が低迷し，中国との関係悪化などにより難民問題も発生するなど国際的批判を浴びた。しかし，1986年にドイモイ（刷新）政策が導入されたことで，西側諸国との関係改善が図られるとともに市場経済への移行も進んだ。1995年には(f)東南アジア諸国連合（ASEAN）に加盟し，2007年には世界貿易機関（WTO）への加盟も果たした。

日本は統一後のベトナムに対して主に経済を通して結びつきを強めてきたが，物だけでなく人の移動も盛んとなる今日，ベトナムの歴史についていま少し知見を深めておく必要があるだろう。

問１　空欄［ア］－［イ］－［ウ］に入る語句の組合せとして正しいものを，次の①～④のうちから一つ選びなさい。

①　ア－タイ　イ－フィリピン　ウ－インドネシア
②　ア－インドネシア　イ－フィリピン　ウ－タイ
③　ア－タイ　イ－インドネシア　ウ－フィリピン
④　ア－フィリピン　イ－インドネシア　ウ－タイ

問２　下線部(a)に関して述べた文として正しいものを，次の①～④のうちから一つ選びなさい。

①　亡命先であるビルマから戻って自らの王朝をたてた。
②　その兄弟とともに西山（タイソン）の乱をおこし，黎朝を打倒して自らの王朝をたてた。
③　キリスト教宣教師のピニョーをつうじてフランスから支援を得ようとした。
④　国内の混乱に乗じて攻め込んできたイギリスを撃退し，ベトナムの独立を守った。

問３　空欄［エ］に入る語句として正しいものを，次の①～④のうちから一つ選びなさい。

①　南京　②　天津　③　サイゴン　④　北京

問４　下線部(b)に関して述べた文として**誤っているもの**を，次の①～④のうちから一つ選びなさい。

①　ラオ人が14世紀にたてたラーンサーン王国に始まる。
②　今日の住民の大多数はイスラーム教徒である。
③　18世紀以降，タイ（シャム）やベトナムの干渉を受けることになった。
④　フランス領インドシナ連邦に組み込まれたのはメコン川以東である。

問５　下線部(c)に関して述べた文として**誤っているもの**を，次の①～④のうちから一つ選びなさい。

①　独立を勝ち取るために，運動を始めた当初から阮朝の打倒と共和制の樹立を目指した。
②　1904年に反フランスの秘密結社（維新会）を結成した。
③　日露戦争における日本の対ロシア勝利に鼓舞された。
④　1912年，中国の広東で秘密結社のベトナム光復会を組織した。

問６　空欄［オ］に入る語句として正しいものを，次の①～④のうちから一つ選びなさい。

①　パリ　②　ベルリン　③　ロンドン　④　ジュネーヴ

問７　下線部(d)に関して述べた文として正しいものを，次の①～④のうちから一つ選びなさい。

①　ベトナム民主共和国と南ベトナム解放民族戦線は国内での問題解決を目指し，ソ連と中国からの支援を断った。
②　1965年，ベトナム共和国を支援するためアメリカ合衆国のケネディ政権は北ベトナムへの空爆を決定した。
③　アメリカ合衆国のニクソン政権は地上兵力をベトナム共和国政府軍にゆだねることにした。
④　ベトナム民主共和国と南ベトナム解放民族戦線がベトナム共和国の首都であったフエを占領したことで戦争は終結した。

問８　下線部(e)に関して述べた文として正しいものを，次の①～④のうちから一つ選びなさい。
① 1970年にクーデタがおこり，シハヌーク国王はアメリカ合衆国へ亡命した。
② 1975年に成立した親中派のポル＝ポト政権は，農業を基盤とする共産主義社会の建設を強行した。
③ 1978年末，ベトナムはシハヌークを元首とするカンボジア人民共和国を樹立させた。
④ 1993年の総選挙によって新憲法が採択され，ポル＝ポトが再び政権の座についた。

問９　下線部(f)に関して，1967年の発足時における加盟国に**含まれない国**を，次の①～④のうちから一つ選びなさい。
① マレーシア　② シンガポール　③ タイ　④ ミャンマー

（昭和女子大学2020年改題）

116 下の円グラフは，2019年10月末の厚生労働省による外国人雇用状況のデータである。これを見ながら大学教員と２人の学生の会話を読み，下記の問い（問１～問11）に答えよ。

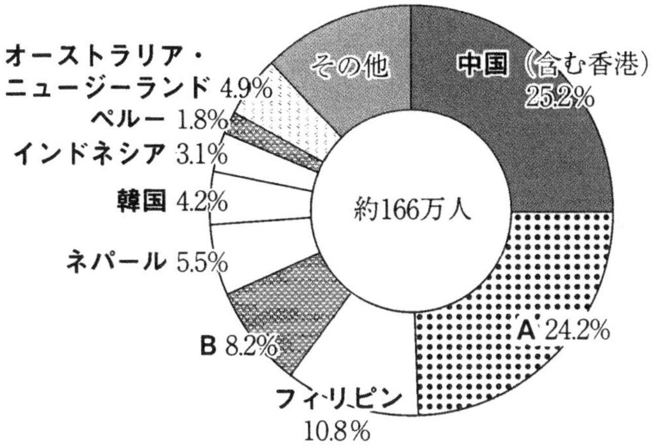

教　員：日本政府は少子高齢化社会によって労働人口が不足することに対して，外国人労働者の受け入れ政策を行なっています。新型コロナウイルス感染症流行前の国別での雇用状況では，このグラフのようにやはりお隣の中国が一番多いですね。全体を見て何か考えたことや質問はありませんか？

学生ａ：第２位と第４位の国がＡ・Ｂと記号になっていますが，日米関係から言ってＡはアメリカじゃないかと思うんですが。

学生ｂ：いや，違うと思うよ。Ａ・Ｂ以外の国を見わたすと上位にはアジアの国ばかりだし，アルバイト先で一緒に働いている人も中国とインドネシアの留学生だから，ＡもＢもアジアの国じゃないかな。

教　員：Ａはアジアの国だけど，Ｂはアジアの国ではありません。第二次世界大戦後にアジア諸国が独立していく中で，(ア)Ａは日本軍の降伏後フランスとの独立戦争に入り，フランス撤退後はアメリカとの凄惨（せいさん）な戦争を乗り越えてきた苦難の歴史を持っている国だよ。

学生ａ：それならＡの国は分かりました。でも，なぜアメリカがアジアのフランス植民地の独立戦争に介入してくるのですか？　アメリカは自国の植民地であった［ａ］に対しては，1946年に独立を認めていたと思いますが。

教　員：いい質問ですね。アメリカは第二次世界大戦後に［ｂ］が始まると，世界各地で積極的な関与や軍事介入を行っていきました。表の数字は，アメリカが世界各地に対して行った軍事援助予算の配分比率です。1954年にジュネーヴ休戦協定が結ばれていますが，55年にアメリカのアジア向け軍事援助は増加していますね。なぜだか分かりますか。

西暦	ヨーロッパ向け	アジア向け
1953年	74.2%	12.8%
1955年	34.8%	48.9%

（岩崎育夫『アジア近現代史』中公新書）

学生ｂ：アメリカがＡの国と本格的な戦争に入ったからじゃないのですか？

教　員：もう一度，年表を調べてごらん。

学生ｂ：あっ，アメリカがＡの国と本格的な戦争に入った年は［ c ］年でした。じゃあ1955年のアメリカの軍事援助の増加理由は，［ d ］に向けたものだったのですね。アジアの国々の国家建設にもアメリカがこんなに大きく関わっているのですか？

教　員：GHQによる占領から独立を回復した(イ)サンフランシスコ平和条約の締結までに，日本がたどった道程を思い起こしてみて下さい。アメリカの影響の大きさがわかるでしょう。

学生ｂ：確かにそうですね。でも，アメリカのアジア政策が共産主義の拡大を阻止するためのものならば，(ウ)アメリカが中国との国交を樹立した［ e ］年頃は，アメリカの政策に変化があったのですか？

教　員：おっ，鋭い質問ですね。歴史事実を時系列の中に置いてお互いの関係や他の出来事とのつながりを考えてみる見方は，とてもいいですね。歴史は暗記物じゃないということが，大学で学んで分かってきましたね。

教　員：米中の国交が樹立された［ e ］年以降，アメリカのアジア政策は少なくとも軍事介入ではなく経済による援助が中心になりました。

学生ａ：Ａの国がアメリカじゃないとすると，今，こんなにアジア各国から日本で働く外国人労働者が増えているのに，私たちは(エ)アジア諸国のことをあまり学校で習ってきていないように思います。大学ではアジア理解を進める学びをしないといけませんね。

学生ｂ：ところで，Ｂの国がアジアじゃないのなら，これがアメリカですか？

教　員：この円グラフは何を示しているグラフなのか，それを思い起こしてください。現在の日本の外国人労働者問題を理解するためのもう一つの視点が，Ｂの国なのです。日本政府は1989（平成元）年の出入国管理法の改正で，日系人の就労についてはハードルを下げました。だから(オ)日本からの移民が多いＢの国やペルーが，アジア諸国と共にこのグラフに現れてきているんだよ。

問１　空欄［ a ］に入る語句として最も適切なものを，次の①～④の中から**１つ**選べ。

①　マレーシア　　②　フィリピン　　③　パナマ　　④　ベネズエラ

問２　空欄［ b ］に入る語句として最も適切なものを，次の①～④の中から**１つ**選べ。

①　冷戦　　②　文化大革命　　③　帝国主義　　④　大恐慌

問３　空欄［ c ］に入る年号として最も適切なものを，次の①～④の中から**１つ**選べ。

①　1962　　②　1965　　③　1969　　④　1973

問４　空欄［ d ］に入る語句として最も適切なものを，次の①～④の中から**１つ**選べ。

①　シンガポールの独立援助　　②　インドネシアでのスハルト政権の成立

③　ベトナム共和国の建国　　④　ASEANの結成

問５　空欄［ e ］に入る年号として最も適切なものを，次の①～④の中から**１つ**選べ。

①　1972　　②　1976　　③　1979　　④　1984

問６　下線部(ア)について，アメリカとの戦争の後，Ａの国の状況として**適切でないもの**を，次の①～④の中から**１つ**選べ。

①　南部では船で国外へ脱出しようとした人々が難民となった。

②　アメリカ軍の撤退後も戦いはすぐに終らなかった。

③　統一後のＡは首都をハノイとしたが，経済的には南部の方が豊かであった。

④　1986年以降に農業の集団化や国営企業への管理を強めた改革を行った。

問７　下線部(イ)について，この条約のための講和会議に参加していない国として**最も適切でないもの**を，次の①～④の中から**１つ**選べ。

①　中国　　②　インド　　③　ソ連　　④　ビルマ

問８　下線部(ウ)に関連して，キッシンジャーを派遣し，米中和解を進めたアメリカ大統領として最も適切なものを，次の①～④の中から**１つ**選べ。

①　ジョンソン　　②　ニクソン　　③　フォード　　④　カーター

問9　下線部(エ)について，日本と東南アジア地域との歴史的な関係を示す事項として**適切でないもの**を，次の①～④の中から**1つ**選べ。

①　朱印船貿易による日本町の建設　　②　日露戦争の影響
③　長崎の出島での通商　　④　太平洋戦争での占領

問10　下線部(オ)について，日本からの移民先は初期にはハワイやアメリカ・カナダであったが，1924年の新移民法制定に向かうアメリカ世論の流れによって，日本側が移住先を南米に変更した結果である。1920年前後の日米関係を表す事項として最も適切なものを，次の①～④の中から**1つ**選べ。

①　ワシントン会議の開催　　②　パナマ運河の開通
③　アメリカによるハワイ併合　　④　武器貸与法の成立

問11　下線部(オ)について，この国の説明として波線部が**適切でないもの**を，次の①～④の中から**1つ**選べ。

①　カブラルの漂着地であるこの国は，トルデシリャス条約に基づいてポルトガル領と認められた。
②　シモン＝ボリバルが，この国の独立を達成した。
③　日本からの移民の多くは，サンパウロ州のコーヒー農場での労働者など農業移民であった。
④　ヨーロッパ向けコーヒーを栽培するこの国は，18世紀にはモノカルチャー経済となっていった。

（神戸学院大学2022年改題）

資料読解編

117　次の文章は，歴史家マルク＝ブロックが著した『歴史のための弁明―歴史家の仕事』の一節である。ブロックは，自分の村の歴史を書きたいという研究者の訪問を受けた際，そのような研究者にいつもどのように助言するかを，次のように述べている。（引用文には，省略したり，改めたりしたところがある。）

農村共同体が文書資料を保有しているのは，珍しいことです。あったとしても，それは古い時代のものではありません。反対に領主所領は，比較的よく組織され継続性もありますから，概して文書資料を長く保存しています。それゆえ，1789年以前の，非常に古い時代に関して，あなたがその利用を期待できる主な文書資料は，領主所領からもたらされるでしょう。

とすれば，次にあなたがはっきりさせるべき肝心な最初の問題は，1789年当時，村の領主は何者であったか，ということになります。三つの可能性が考えられます。まず，領主の所領が教会に属していた場合。次に，革命下に亡命した俗人に属していた場合。そして，俗人だけれども，反対に決して亡命しなかった者に属していた場合です。

最も望ましいのは，第1の場合です。資料がより良い状態で，まとまって長く保管されている可能性が高いだけではありません。1790年以降，聖職者市民法の適用によって，一連の文書は領地と同様に，没収されたに違いないでしょう。その後どこかの公文書保管所に預けられた資料は，今日までほとんど手つかずのまま，研究者が利用できる形で保存されていることが合理的に期待できます。

亡命した者に属していたという第2の場合も，悪くありません。その場合もまた，資料は押収され，別の場所に保管されたに違いありません。せいぜい，嫌われた体制の遺物として，意図的に破壊されたことが危惧される程度でしょう。

残るは最後の可能性です。これは，極めて厄介です。実際，旧貴族たちはフランスを去らなかったし，公安委員会が定めた法によって咎（とが）められることもなかったので，彼らが財産を奪われることはなかったのです。恐らく領主の権利は失ったでしょう。それは普遍的に廃止されたのですから。しかし個人的な所有物の全部，したがって経済活動関連の書類については，彼らは保有し続けました。ただ，現在の保持者にはあなたにそれを見せる義務は全くないのです。

問1　上の文章中で，ブロックが，訪問した研究者に助言する際に，前提としたと思われる歴史上の出来事**あ**・**い**と，文書資料についてのブロックの説明**X**～**Z**との組合せとして正しいものを，下の①～⑥のうちから一つ選べ。

前提としたと思われる歴史上の出来事
あ　国民議会が，教会財産を没収（国有化）した。
い　総裁政府が共和政の成立を宣言し，国王が処刑された。

文書資料についてのブロックの説明

X　村の歴史を書くために利用できる主な資料は，村の領主の資料ではなく，農村共同体の資料である。

Y　資料がよりよく保管されている可能性があるのは，村を支配していた領主が教会である場合ではなく，俗人である場合である。

Z　研究者が利用できる形で資料が保管されている可能性がより高いのは，村を支配していた俗人領主が，亡命しなかった場合ではなく，亡命した場合である。

①　あ－X　　②　あ－Y　　③　あ－Z
④　い－X　　⑤　い－Y　　⑥　い－Z

問２　上の文章中で，ブロックが言う「嫌われた体制」の特徴について述べた文として最も適当なものを，次の①～④のうちから一つ選べ。

①　産業資本家の社会的地位が高かった。
②　征服された先住民が，ヘイロータイとされた。
③　強制栽培制度が実施されていた。
④　貴族が，第二身分とされていた。

（共通テスト世界史Ｂ2021年本試第１日程）

118　次の略地図中の世界遺産を擁するヨーロッパの諸都市ａ～ｊに関する問い（問１～問10）に答えなさい。

略地図

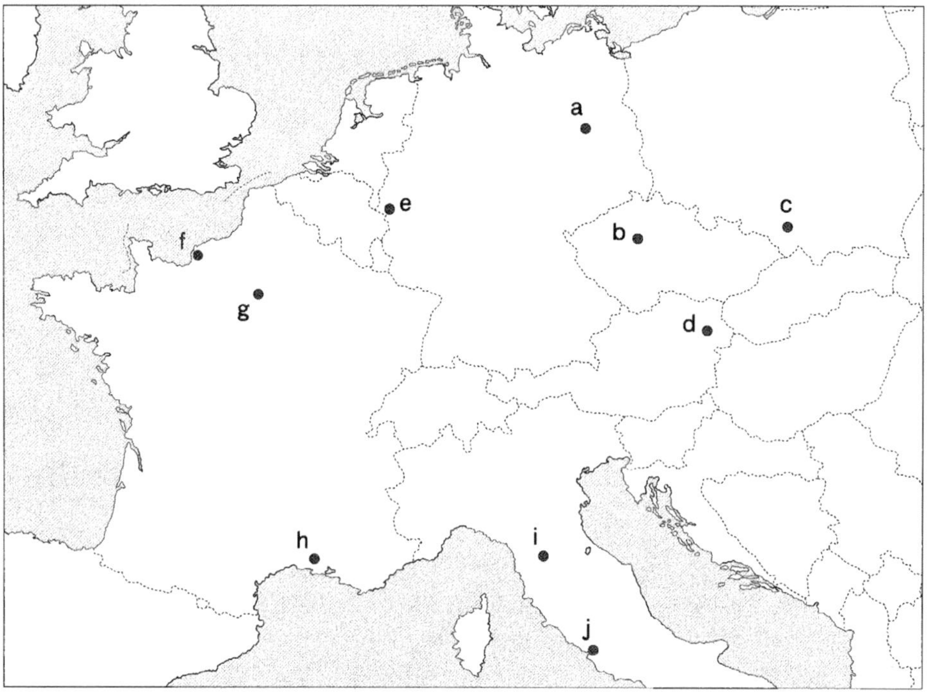

問１　ａの都市には，ロココ様式を代表するサンスーシ宮殿が建っている。ロココ美術を代表する画家として最も適切な人物を，次の①～④の中から１つ選びなさい。

①　ワトー　　②　ルーベンス　　③　セザンヌ　　④　ブリューゲル

問２　ｂの都市は，フスが教授をつとめた大学や様々な歴史的建造物が残る街として知られている。この都市に関する説明として最も適切なものを，次の①～④の中から１つ選びなさい。

①　ヨーロッパ最古の大学が建てられた。
②　1848年革命時，コッシュートを中心にした民族運動がおこった。
③　ダイナマイトを発明したノーベルは，この都市に生誕した。
④　1960年代後半，ドプチェクを中心にした民主化運動がおこった。

問3　cの都市にはアウシュヴィッツ強制収容所があり，ここでナチ党によるホロコーストがおこなわれた。ヒトラーの率いるナチ党の政策に関する説明として最も適切なものを，次の①～④の中から1つ選びなさい。

① 農業調整法で農産物の価格を引き上げ農民の生活を安定させ，全国産業復興法では工業製品の価格協定を公認した。

② アウトバーン建設など大規模な土木工事をおこなって，失業者を急速に減らした。

③ 集団農場・国営農場建設を強行した。

④ レンテンマルクを発行してインフレーションを克服した。

問4　dの都市にあるシェーンブルン宮殿に関する説明として最も適切なものを，次の①～④の中から1つ選びなさい。

① フランス革命とナポレオンによる一連の戦争の戦後処理のため，国際会議が開催された場所である。

② 第1回万国博覧会が開催された場所である。

③ ナイティンゲールの看護活動に刺激されたデュナンが，赤十字条約を締結した場所である。

④ 第一次世界大戦後，連合国代表が集まり講和会議が開催された場所である。

問5　世界遺産となっている大聖堂があるeの都市は，カロリング＝ルネサンスの中心地として知られている。この地にあったカール大帝の宮廷にまねかれた学者として最も適切な人物を，次の①～④の中から1つ選びなさい。

① アルクイン　② トマス＝アクィナス

③ ロジャー＝ベーコン　④ アンセルムス

問6　fは，第二次世界大戦のノルマンディー上陸で街が破壊されたが，戦後再建されたことで有名な都市である。ノルマンディー上陸に関する説明として最も適切なものを，次の①～④の中から1つ選びなさい。

① ローズヴェルト・チャーチル・スターリンが開いたヤルタ会談で，上陸実行が約束された。

② 後にアメリカ大統領となる，トルーマンが上陸を指揮した。

③ 上陸の後，ド＝ゴールがパリで臨時政府を組織した。

④ 連合軍が上陸した年に，ドイツは無条件降伏した。

問7　gの都市にそびえるノートルダム大聖堂を舞台にした著作『ノートルダム＝ド＝パリ』や，『レ＝ミゼラブル』などで知られる，19世紀のロマン主義を代表する作家を，次の①～④の中から1つ選びなさい。

① ゲーテ　② ヴィクトル＝ユゴー　③ バルザック　④ ゾラ

問8　hの都市は，古代から中世にかけての遺跡が多く残されていることで有名だが，画家ゴッホが滞在して作品の多くを完成させた街としても知られている。この街でゴッホとともに共同生活を送ったゴーガンの作品を，次の①～④の中から1つ選びなさい。

① 「タヒチの女」　② 「種まく人」

③ 「ムーラン＝ド＝ラ＝ギャレット」　④ 「民衆を導く自由の女神」

問9　iの都市にはサンタ＝マリア大聖堂があり，イタリア＝ルネサンスの中心地となった。この都市名として最も適切なものを，次の①～④の中から1つ選びなさい。

① ミラノ　② ヴェネツィア　③ フィレンツェ　④ ナポリ

問10　jの市内には，世界最小の独立国ヴァチカン市国がある。ヴァチカン宮殿には，システィナ礼拝堂が付属している。この礼拝堂のミケランジェロによる壁画を，次の①～④の中から1つ選びなさい。

① 「ヴィーナスの誕生」　② 「最後の晩餐」

③ 「最後の審判」　④ 「四人の使徒」

（日本大学2018年改題）

2025年度大学入学共通テスト試作問題「歴史総合，世界史探究」

第１問 歴史総合の授業で，世界の諸地域における人々の接触と他者認識について，資料を基に追究した。次の文章Ａ～Ｃを読み，後の問い（**問１～８**）に答えよ。（資料には，省略したり，改めたりしたところがある。）

Ａ 19世紀のアジア諸国と欧米諸国との接触について，生徒と先生が話をしている。

先 生：19世紀はアジア諸国と欧米諸国との接触が進んだ時期であり，アジア諸国の人々と欧米諸国の人々との間で，相互に反発が生じることがありました。例えば日本の開港場の一つであった横浜の近郊では，薩摩藩の行列と馬に乗ったイギリス人の一行との間に，**図**に描かれているような出来事が発生しています。それでは，この出来事に関連する他の資料を図書館で探してみましょう。

（この後，図書館に移動して調査する。）

高 橋：横浜の外国人居留地で発行されていた英字新聞の中に，この出来事を受けて書かれた論説記事を見つけました。

（ここで，高橋がⓐ英字新聞の論説記事を提示する。）

中 村：この記事は，現地の慣習や法律に従わなかったイギリス人の行動を正当化しているように見えます。また，この出来事が，イギリス側でも，日本に対する反発を生んだのだと分かります。

先 生：そのとおりですね。一方で，アジア諸国が欧米諸国の技術を受容した側面も大事です。ⓑ19世紀のアジア諸国では，日本と同じく欧米の技術を導入して近代化政策を進める国が現れました。

問１ 文章中の**図**として適当なもの**あ**・**い**と，後の**年表**中の**ａ**～**ｃ**の時期のうち，**図**に描かれている出来事が起こった時期との組合せとして正しいものを，後の①～⑥のうちから一つ選べ。

図として適切なもの

あ

い

日本の対外関係に関する年表

1825年	異国船を撃退するよう命じる法令が出された。
	a
	上記法令を撤回し，異国船への燃料や食料の支給を認めた。
	b
	イギリス艦隊が鹿児島湾に来て，薩摩藩と交戦した。
	c
1871年	清との間に対等な条約が締結された。

① **あ**－a ② **あ**－b ③ **あ**－c
④ **い**－a ⑤ **い**－b ⑥ **い**－c

問２　下線部ⓐに示された記事の内容を会話文から推測する場合，記事の内容として最も適当なものを，次の①～④のうちから一つ選べ。

① イギリス人は，日本の慣習に従って身分の高い武士に対しては平伏すべきである。
② イギリス人は，日本においてもイギリスの法により保護されるべきである。
③ イギリス人は，日本の許可なく居留地の外に出るべきではない。
④ イギリス人は，日本が独自に関税率を決定することを認めるべきではない。

問３　下線部ⓑについて述べた文として最も適当なものを，次の①～④のうちから一つ選べ。

① ある国では，計画経済の建て直しと情報公開を基軸として，自由化と民主化を目指す改革が進められた。
② ある国では，「四つの現代化」を目標に掲げ，市場経済を導入した改革・開放政策が行われた。
③ ある国では，儒教に基づく伝統的な制度を維持しつつ，西洋式の兵器工場や造船所を整備する改革が進められた。
④ ある国では，労働者に団結権が認められるとともに，失業者対策と地域開発を兼ねて，ダム建設などの大規模な公共事業が行われた。

B　戦争の際のナショナリズムや他者のイメージについて，絵を見ながら生徒と先生が話をしている。

先　生：以前の授業では，一つの国民あるいは民族から成る国家を建設する動きをナショナリズムという用語で説明しました。それは異なる言葉や生活様式を持つ人々を均質な国民として統合しようとする動きと言えますね。
まさき：島国として地理的なまとまりが強い日本には，わざわざナショナリズムによって国民を統合するような動きは見られないですよね。
ゆうこ：そんなことはないでしょう。日本は，昔も今も一つの民族による国家だと思う人はいるかもしれませんが，そうではなく，異なった言語や文化を持った人々によって構成されていたのです。近代において，そういった人々を，ナショナリズムによって統合していった歴史があったはずです。
まさき：その際，抑圧の側面も存在したと考えてよいのでしょうか。
先　生：そのとおりです。さて今回は，20世紀の戦争に目を向けてみましょう。そこでは，敵対する他者が戯画化されて，表現されることがよくあります。次の絵を見てください。これは第一次世界大戦が始まった際に，フランスのある新聞に掲載された絵です。解説には，フランスを含む５つの国の「文明戦士がドイツとオーストリアというモンスターに立ち向かう」と書かれています。５つの国には，フランスのほかに［ア］などが当てはまると考えられますね。どちらも，三国協商を構成した国です。
ゆうこ：交戦相手を怪物として描いてその恐ろしさを強調することで，敵に対する国民の憎悪をかきたてて団結させようとしているのですね。
まさき：このように敵対意識を表現することや，他の国と比べて自国を良いものだと考えることで自国への愛着を促すこと，これらもナショナリズムと言えるのでしょうか。
先　生：そのとおりです。ほかにも，植民地支配からの独立を目指す動きもナショナリズムに基づいていると言えます。
ゆうこ：ⓒナショナリズムには多様な現れ方があるのですね。

問４　文章中の空欄［ア］について，(1)及び(2)の問いに答えよ。

(1)　文章中の空欄［ア］に入る国の名として正しいものを，次の①～⑥のうちから一つ選べ。**なお，正しいものは複数あるが，解答は一つでよい。**

① アメリカ合衆国　② イギリス　③ イタリア
④ チェコスロヴァキア　⑤ 日本　⑥ ロシア

(2)　(1)で選んだ国について述べた文として最も適当なものを，次の①～⑥のうちから一つ選べ。

① 血の日曜日事件が起こった。　② サルデーニャ王国を中心として統一された。
③ 奴隷解放宣言が出された。　④ ズデーテン地方を割譲した。
⑤ チャーティスト運動が起こった。　⑥ 中国に対して，二十一か条の要求を行った。

問５　下線部ⓒに関連して，ナショナリズムの現れ方として考えられること**あ**・**い**と，その事例として最も適当な歴史的出来事**X**～**Z**との組合せとして正しいものを，後の①～⑥のうちから一つ選べ。

ナショナリズムの現れ方として考えられること

あ　国内で支配的位置にある多数派の民族が，少数派の民族を同化しようとすること。
い　外国による植民地支配から脱して，自治や独立を勝ち取ろうとすること。

歴史的出来事

X　ロシアとの戦争が迫る情勢の中で，幸徳秋水が非戦論を唱えた。
Y　明治期の日本政府が，北海道旧土人保護法を制定した。
Z　ガンディーの指導で，非暴力・不服従運動が行われた。

① あ－X　い－Y　② あ－X　い－Z
③ あ－Y　い－X　④ あ－Y　い－Z
⑤ あ－Z　い－X　⑥ あ－Z　い－Y

C　1970年に開催された日本万国博覧会（大阪万博）について，生徒たちが，万博に関わる当時の新聞記事（社説）を探して，記事から**抜き書き**を作成した。

社説の抜き書き

・万博に参加した77か国のうち，初参加のアジア・アフリカなどの発展途上国が25か国に上っていた。
・アジア・アフリカなどの発展途上国のパビリオン（展示館）では，一次産品の農産物・地下資源や民芸品・貝殻などが展示されていた。
・こうした発展途上国のパビリオンからは，GNP（国民総生産：国の経済規模を表す指標の一つ）は低くとも，自然と人間が関わり合う生活の中に，工業文明の尺度では測れない固有の文化の価値体系を知り得た。
・高度工業文明とGNP至上主義の中で，「物心両面の公害」に苦しめられている今日の日本人にとって，発展途上国のパビリオンから知り得た文化と風土の多様性こそ，人間の尊厳と，人間を囲む自然の回復を考える手掛かりである。

（『読売新聞』1970年９月13日朝刊（社説）より作成）

問６　センリさんのグループは，社説が発展途上国のパビリオンの特徴に注目しながら，同時代の日本の状況を顧みていることに気付いた。その上で，当時の世界情勢で社説が触れていないことについても，議論してみようと考えた。社説が踏まえている当時の日本の状況について述べた文**あ**・**い**と，当時の世界情勢で**社説が触れていないこと**について述べた文**X**・**Y**との組合せとして正しいものを，後の①～④のうちから一つ選べ。

社説が踏まえている当時の日本の状況

あ　第１次石油危機（オイル＝ショック）により，激しいインフレが起こっていた。
い　環境汚染による健康被害が問題となり，その対策のための基本的な法律が作られた。

当時の世界情勢で社説が触れていないこと

X　アジアでは，開発独裁の下で工業化を進めていた国や地域があった。

Y　アラブ諸国では，インターネットを通じた民主化運動が広がり，独裁政権が倒された国があった。

①　あ－X　　②　あ－Y　　③　い－X　　④　い－Y

問７　センリさんのグループでは，発展途上国が万博に積極的に参加した背景について調べ，**メモ**にまとめた。**メモ**中の空欄［イ］・［ウ］に入る語句の組合せとして正しいものを，後の①～④のうちから一つ選べ。

メ　モ

1960年に［イ］で17か国が独立を果たすなど，1960年代には独立国の誕生が相次いだ。新たに独立した国々の中には［ウ］する国もあるなど，発展途上国は国際社会において存在感を高めていた。

①　**イ**－アフリカ　　**ウ**－非同盟諸国首脳会議に参加

②　**イ**－アフリカ　　**ウ**－国際連盟に加盟

③　**イ**－東南アジア　　**ウ**－非同盟諸国首脳会議に参加

④　**イ**－東南アジア　　**ウ**－国際連盟に加盟

問８　ユメさんのグループは，万博後の発展途上国と日本の関係について，政府開発援助（ODA）から考えることとし，日本のODAの地域別配分割合の推移を示す**グラフ**を作成し，そこから考えたことを**メモ**にまとめた。３人の**メモ**の正誤について述べた文として最も適当なものを，後の①～④のうちから一つ選べ。

グラフ　日本の２国間ODAの地域別配分割合の推移

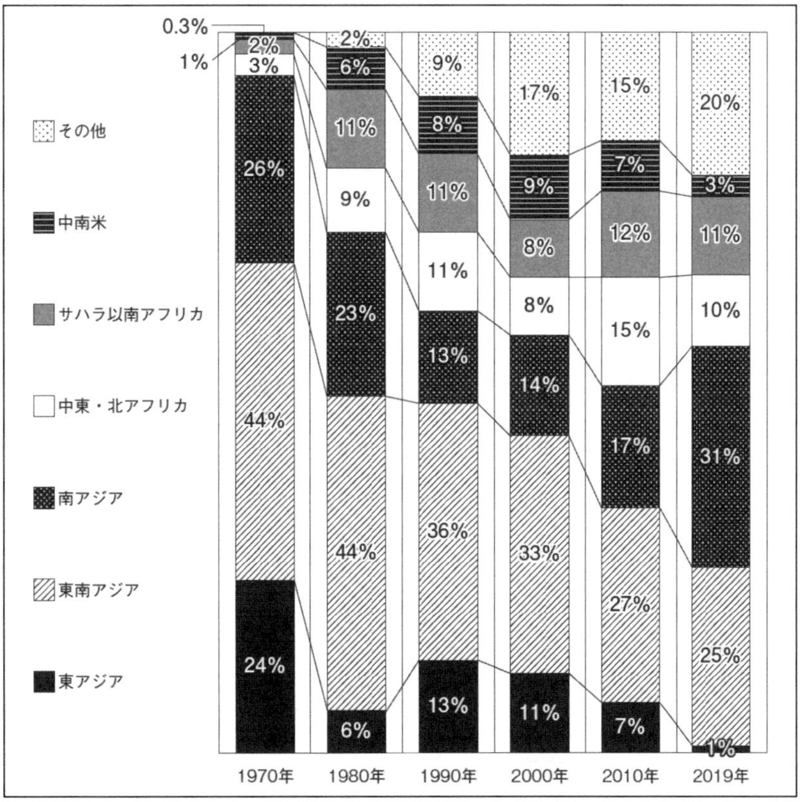

（外務省国際協力局「2020年版開発協力参考資料集」より作成）

（注）四捨五入のため，合計は必ずしも100％にならない。

ユメさんのメモ

1970年に東アジアの割合が24%に達していたのは，中華人民共和国への援助が開始されていたためである。

テルさんのメモ

2010年までは，どの年についても，東南アジアの割合が最も大きかった。東南アジアの中には，日本が賠償を行った国々が含まれていた。

アインさんのメモ

1970年から2019年にかけて，南アジアの割合は一貫して減少し，日本の援助先としての重要性が，他地域と比べて低下している。

① ユメさんのメモのみが正しい。
② テルさんのメモのみが正しい。
③ アインさんのメモのみが正しい。
④ 全員のメモが正しい。

第2問 世界史探究の授業で，世界史上の都市を取り上げて班別学習を行い，各班で興味を持った都市について，資料を基に探究した。それぞれの班の発表に関連した後の問い（**問1～4**）に答えよ。（資料には，省略したり，改めたりしたところがある。）

問1 1班は，オスマン帝国時代のイスタンブルに興味を持ち，17世紀の各宗教・宗派の宗教施設の分布を示した**図1**を基に，**メモ1**を作った。**メモ1**中の空欄 ア に入る文**あ**・**い**と，空欄 イ に入る文**X**・**Y**との組合せとして正しいものを，後の①～④のうちから一つ選べ。

図1

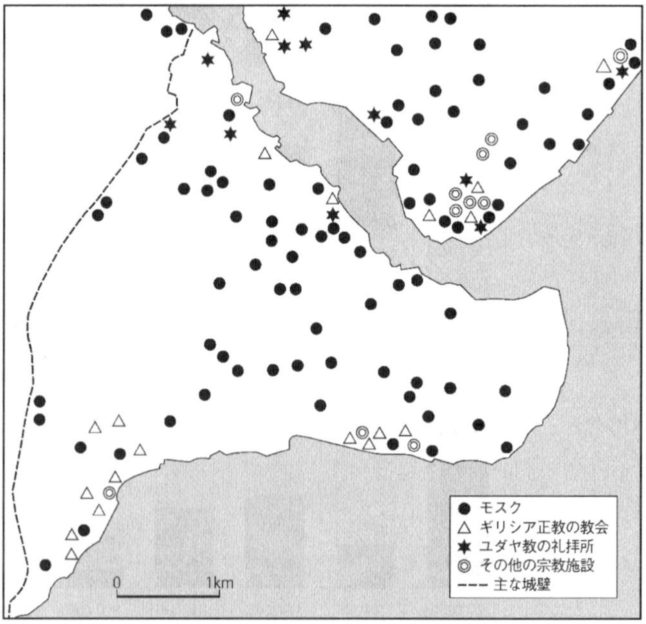

メモ1

図1の時代のオスマン帝国は，非ムスリム臣民を庇護民（ズィンミー，ジンミー）として遇して，ア 。イスタンブルにおいては，住民は，それぞれの宗教施設の近隣に居住していたと考えられるので，**図1**の宗教施設の分布から， イ ことが推測される。

ア に入る文
あ　人頭税の支払いと引き換えに，一定の自治を認めた
い　人頭税を廃止し，ムスリムと平等に扱った

イ に入る文
X　キリスト教徒とユダヤ教徒が，分散して居住していた
Y　キリスト教徒とユダヤ教徒が，それぞれ同じ教徒だけで一箇所に集中して居住していた

①　あ－X　　②　あ－Y　　③　い－X　　④　い－Y

問２　２班は，北京に興味を持ち，清代の北京の地図である**図２**と，18世紀に北京を訪れた宣教師の記録である**資料**とを見つけ，**メモ２**を付けた**パネル**を作った。この**パネル**について，**パネル**中の空欄 ウ ・ エ に当てはまると考えられる**資料**中の語句の組合せ**あ**・**い**と，そのように考える理由として最も適当な文**X**～**Z**との組合せとして正しいものを，後の①～⑥のうちから一つ選べ。

パネル

図２

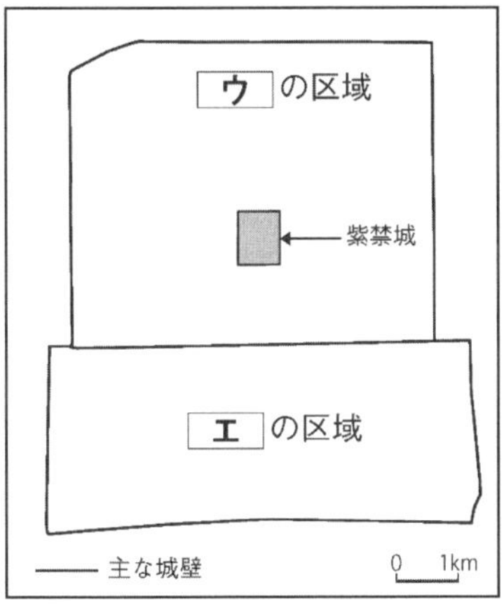

資料

北京は二つの区別された区域からなっていた。一つは韃靼（だったん）人の区域，もう一つは漢人の区域であった。韃靼人の区域には，韃靼人たちと，韃靼人ではないが，韃靼人の軍隊を構成する八つの部隊に登録された者たちとが住んでいた。漢人の区域は，漢人だけが住んでいた。

メモ２
・**図２**中の「紫禁城」は，皇帝の宮殿区画を指している。
・**資料**中の「韃靼人」は，清を建てた民族を指していると思われる。

ウ ・ エ に当てはまる語句の組合せ
あ　ウ－漢人　　エ－韃靼人
い　ウ－韃靼人　　エ－漢人

そのように考える理由
X　この王朝は，漢人の服装や言語を採用する積極的な漢化政策を採ったので，彼らを皇帝の近くに置いたと考えられる。
Y　この王朝は，皇帝と同じ民族を中心とした軍事組織を重用したので，彼らを皇帝の近くに置いたと考えられる。
Z　この王朝は，奴隷軍人を軍隊の主力として重用したので，彼らを皇帝の近くに置いたと考えられる。

①　あ－X　　②　あ－Y　　③　あ－Z
④　い－X　　⑤　い－Y　　⑥　い－Z

問３　３班は，南アフリカ共和国の都市ケープタウンに興味を持ち，1991年のケープタウンにおける使用言語の分布を示した**図３**と，それぞれの言語話者の構成を示した**表**を見つけて，**メモ３**を作った。**図３**，**表**，及び**メモ３**から読み取れる事柄や，歴史的背景として考えられる事柄を述べた後の文**あ**～**え**について，正しいものの組合せを，後の①～④のうちから一つ選べ。

図３

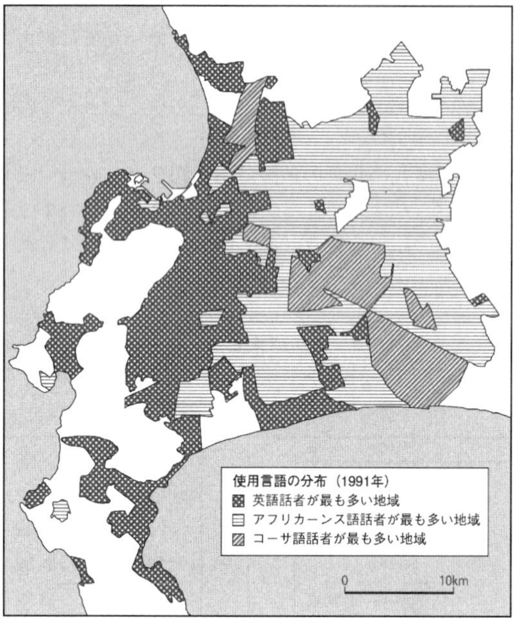

表　それぞれの言語話者の構成（1991年）

	英語話者	アフリカーンス語話者	コーサ語話者
白人	49.9%	19.7%	0.02%
黒人	0.5%	0.2%	99.80%
カラード	46.3%	79.6%	0.10%
インド人	3.3%	0.5%	0.10%
計（注）	100%	100%	100%

（I. J. van der Merwe, The Urban Geolinguistics of Cape Town, GeoJournal 31-4, 1993より作成）
（注）四捨五入のため，合計は必ずしも100%にならない。

メモ３

・アフリカーンス語は，オランダ語に現地語が混合してできた言語である。
・コーサ語は，アフリカ南部の言語の一つである。
・カラードは，「有色」という意味で，初期の白人移民と奴隷や先住民などとが混血して形成された集団である。
・アパルトヘイト期のケープタウンでは，法律によって，白人，黒人，カラード，インド人の４つの集団ごとに居住区が指定されていた。

あ　英語話者が最も多い地域は，18世紀までに**図３**に見られる範囲に広がっていたと考えられる。
い　英語話者の中には，アパルトヘイトによる隔離の対象になっていた人々が含まれていると考えられる。
う　アフリカーンス語話者のほとんどが白人であり，コーサ語話者のほとんどが黒人である。
え　コーサ語話者が最も多い地域は，英語話者及びアフリカーンス語話者が最も多い地域よりも狭い。

①　**あ・う**　　②　**あ・え**　　③　**い・う**　　④　**い・え**

問4　各班の発表後，先生が，日露戦争前にロシアが作成した大連の都市計画を表した**図4**とその**説明**を示した。それを基にして，生徒の渡辺さんと菊池さんが，**図4**の大連の特徴について**図1**～**図3**と比較し，分類を試みた。**図4**の大連をどのように分類するかについて述べた文として最も適当なものを，後の①～④のうちから一つ選べ。

図4

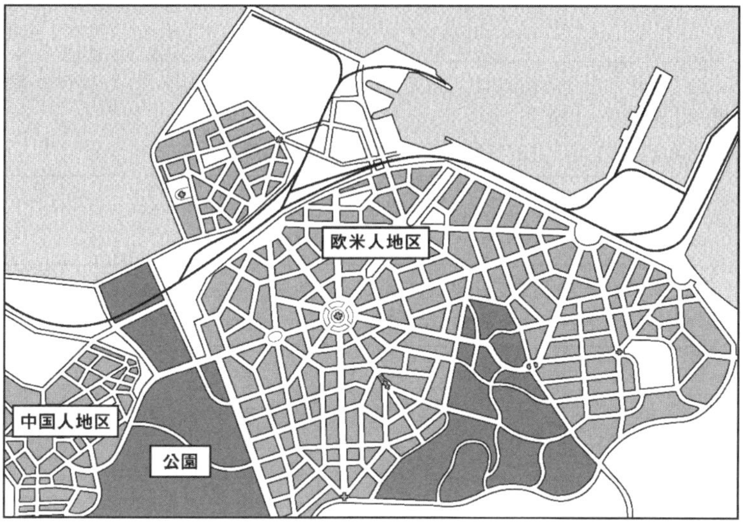

説明

大連は，パリの都市計画を模範にして，大きな広場から放射状に大通りが延びるよう設計された。広場のある中心部には欧米人の居住区が，公園を挟んで中国人居住区が，それぞれ設けられる予定だった。

渡辺さんによる分類

あ　イスタンブル　　　　**い**　北京，ケープタウン

菊池さんによる分類

う　イスタンブル，北京　　　　**え**　ケープタウン

①　渡辺さんは，住民ごとに居住地域が区分されていたかどうかで分類しているので，大連は**あ**に入る。
②　渡辺さんは，住民ごとに居住地域が区分されていたかどうかで分類しているので，大連は**い**に入る。
③　菊池さんは，王朝の首都と列強の国外拠点とに分類しているので，大連は**う**に入る。
④　菊池さんは，王朝の首都と列強の国外拠点とに分類しているので，大連はいずれにも該当しない。

第3問　世界史探究の授業で，地図を利用しながら，外交や貿易などによって発生する人の移動と，移動ルートの選択とについて，意見を出し合いながら考察した。それぞれの授業における考察に関連した次の文章A・Bを読み，後の問い（**問1～5**）に答えよ。（資料には，省略したり，改めたりしたところがある。）

A　ある日の授業では，先生が，1123年に高麗に派遣された宋の使節員が記した見聞録に基づき，宋の使節がたどった海上航路を資料として示した（**図1**）。その上で，移動ルートの特徴と背景について，生徒が意見を出し合った。

あつし：宋の都から高麗の都へ向かうには，北回りで陸路をたどった方が近くて簡単そうに見えます。しかし宋の使節は，遠回りをして，中国南部の明州から船を出し，東シナ海を渡ったわけですね。

すみれ：当初から両国の使者が陸路で行き来することはなかったようですが，それはⓐ<u>建国以来の宋の北方情勢が関連しているのではないでしょうか</u>。

スンヒ：宋の都と明州は大運河で結ばれていたので，大量の荷物を運ぶ外交使節にとっては内陸水運を利用する方が好都合だったかもしれません。

すみれ：以前の授業で，大運河は［イ］の時代に完成し，その工事の負担が［イ］の滅亡の一因になったと学びました。しかし大運河自体は，その後の時代にも利用されていたのですね。

みのる：当時，宋の使節が高麗に向かう航海で使用した船に関して，宋側の記録である**資料１**と**資料２**を見つけました。海上交通の安全性や安定性は，どのような人々が運航を担っていたかが重要であると思います。

資料１

従来，朝廷が高麗に使者を送る際には，出立日に先立ち，福建・両浙（注）の長官に委託して，現地の商人の商船を募集して雇い入れてきた。 （注）両浙：おおむね現在の浙江省と江蘇省南部に相当する地域。

資料２

皇帝より詔があり，「高麗王の逝去を弔問する使節の船を運行した船主・船頭であった商人に対し，褒美としてそれぞれ下級の官職を与える」とのことであった。

先　生：皆さんよい着眼点ですね。様々な要因が重なり合って利用ルートが決まっていくと考えられそうです。

図１

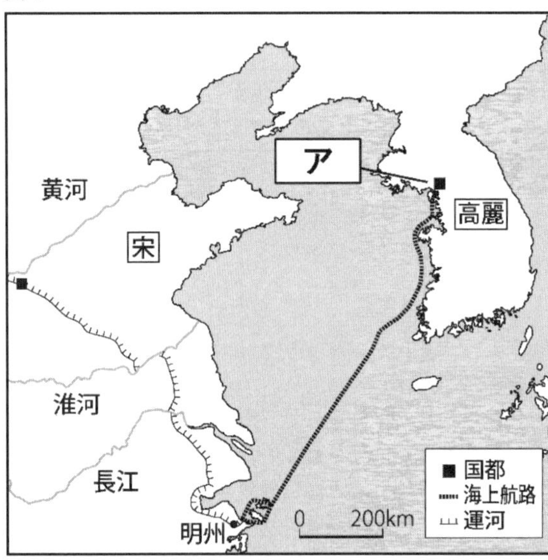

問１　**図１**中の［ア］に入る都市の名**あ**～**う**と，文章中の空欄［イ］に入る王朝について述べた文**X**・**Y**との組合せとして正しいものを，後の①～⑥のうちから一つ選べ。

［ア］に入る都市の名

あ　漢城　　　**い**　開城　　　**う**　開封

［イ］に入る王朝について述べた文

X　土地税，人頭税，労役などを一括して銀で納める税制を導入した。

Y　地方に置かれた推薦担当官が人材を推薦する制度を廃止し，試験による人材選抜方式を創設した。

①　あ－X　　②　あ－Y　　③　い－X
④　い－Y　　⑤　う－X　　⑥　う－Y

問２　すみれさんが下線部ⓐのように考えた根拠として最も適当なものを，次の①～④のうちから一つ選べ。
① 宋と高麗の間の地域は，スキタイの活動範囲に入っていた。
② 宋と高麗の間の地域には，フラグの率いる遠征軍が侵入していた。
③ 宋と高麗の間の地域では，契丹（キタイ）が勢力を広げていた。
④ 宋と高麗の間の地域には，西夏の支配が及んでいた。

問３　**資料１・２**を踏まえ，宋が高麗に使節を送る際，船舶がどのように運航されていたかについて述べた文として最も適当なものを，次の①～④のうちから一つ選べ。
① 貿易商人の中には倭寇として知られる者もいたため，彼らの護衛を受けて使節が派遣されたと考えられる。
② 皇帝直属の軍隊が強化されたため，その軍船と軍人が使節の派遣に利用されたと考えられる。
③ 軍艦の漕ぎ手として活躍していた都市国家の下層市民が，使節の船にも動員されていたと考えられる。
④ 民間商人の海外渡航が広く許され，彼らの貿易活動が活性化していたので，航海に習熟した商船とその船乗りが使節の派遣に利用されたと考えられる。

B　別の日の授業では，生徒と先生が，ヨーロッパの人々がアジアを目指す試みについての資料を基に，15世紀末から16世紀中頃のイングランド商人によるアジア航路の開拓について話をしている。

先　生：イングランドは15世紀の末から，既にあるルートを使わずにアジアを目指そうとしました。なぜそのような航路の開拓を試みたのでしょうか。
みのる：当時，ヨーロッパの諸勢力は，地中海東岸を経由する貿易を通して，アジアの物産を手に入れていました。その後，アジアとの直接貿易を目指し，喜望峰経由でのアジア航路を開拓したと，先日の授業で学びました。
あつし：こうしたアジア航路の開拓に後れを取ったイングランドにとっては，いずれの航路の利用も既存の諸勢力から阻まれていたため，新規の航路開拓を行う必要があったのではないでしょうか。
先　生：そうですね。このような時期に，ⓑ地理学者たちは，イングランド商人たちに様々な地理情報を提供していました。次の**図２**は，1538年にネーデルラントのメルカトルが作成した世界地図の一部を抜粋したもので，**記録**は，イタリアのヨヴィウスという人物によるものです。

図２

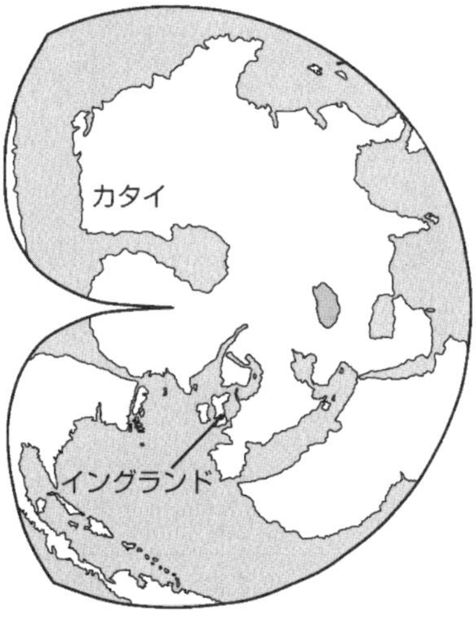

記録

北極海から右岸に沿って航行すると，（中略）船はカタイ（注）に到達する。 （注）カタイ：現在の中国北部に相当すると考えられる地域。

すみれ：なるほど。このような情報があったのなら，一見突飛に思われるルートが考案されたことにもうなずけますね。
先　生：宋の使節もイングランド商人も，当時の国際環境のなか，様々な事情の下で航路を考案し，選択していたことが分かります。

実戦演習編

問４　下線部ⓑに関連して，新航路開拓の背景には，地理学的知識の発展が大きく寄与していたことが知られている。そのことに関して述べた文Ⅰ～Ⅲについて，古いものから年代順に正しく配列したものを，後の①～⑥のうちから一つ選べ。

Ⅰ　ある人物は，中国で初めて，アメリカ大陸や大西洋を含む世界地図を作成した。
Ⅱ　ある人物は，本格的に極地探検が競われるなか，初めて北極点に到達した。
Ⅲ　ある人物は，地球球体説に基づいて，大西洋を西に向かうことでアジアへ到達できると主張した。

①　Ⅰ－Ⅱ－Ⅲ　　②　Ⅰ－Ⅲ－Ⅱ　　③　Ⅱ－Ⅰ－Ⅲ
④　Ⅱ－Ⅲ－Ⅰ　　⑤　Ⅲ－Ⅰ－Ⅱ　　⑥　Ⅲ－Ⅱ－Ⅰ

問５　前の会話文と**図２**及び**記録**を参考にしつつ，イングランド商人による既知のルート利用を阻んだ国**あ**・**い**と，次の図中に示した**Ｘ**～**Ｚ**のうち，1550年代のイングランド商人たちが試みた新ルートとして最も適当なものとの組合せとして正しいものを，後の①～⑥のうちから一つ選べ。

阻んだ国
あ　ポルトガル　　**い**　セルジューク朝

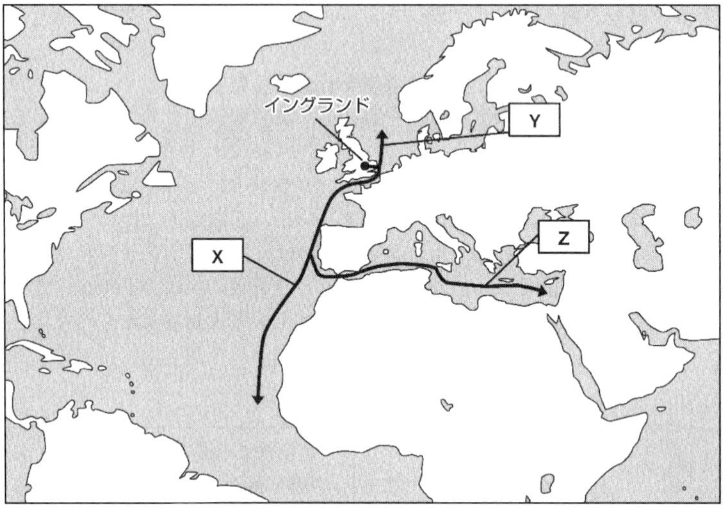

①　**あ－Ｘ**　　②　**あ－Ｙ**　　③　**あ－Ｚ**
④　**い－Ｘ**　　⑤　**い－Ｙ**　　⑥　**い－Ｚ**

第４問　世界の諸地域における国家と宗教の関係に関する資料について述べた次の文章**Ａ**～**Ｃ**を読み，後の問い（**問１～８**）に答えよ。（資料には，省略したり，改めたりしたところがある。）

Ａ　次の**資料１**は，ローマ帝国において，告発されたキリスト教徒への対応をめぐり属州総督と皇帝との間で交わされた書簡である。

資料１

（皇帝に宛てた属州総督の書簡）「私はキリスト教徒裁判には全く関わったことがありませんでした。したがって何が，どの程度罰せられるのか，あるいは審問されるのが常なのか，私は知りません。（中略）私は急いであなたに相談することにしました。なぜならば特に裁判を受ける人々が多数に及ぶため，私にはこれが相談に値することであるように思われたからです」
（皇帝の回答）「キリスト教徒として訴えられた者たちの件を審理するに当たり，君はなすべきことを正しく行った。なぜならば，これに関しては，いわば確定した形式を持つようなあるものを，一般に制定することはできないからである。彼らは捜索されるべきではない。（中略）署名なしに提出された告発状は，いかなる犯罪についても受理されるべきではない」

この書簡のやり取りは，ローマ帝国の最大版図を達成した ア の時代のものである。告発されたキリスト教徒への対応に苦慮した属州総督は，彼らの行状を調査した上で，皇帝に対応策を問い合わせた。この**資料1**に見られるような皇帝の姿勢もあってキリスト教徒は次第にその数を増し，４世紀末には，ⓐ当時ローマ帝国内で見られた他の宗教を抑えて，事実上，国教の地位を獲得した。その結果，ⓑローマ帝国による地中海支配の終焉（しゅうえん）後も，キリスト教はヨーロッパを中心に大きな影響を持ち続けることになった。

問１　文章中の空欄 ア に入る皇帝の名**あ・い**と，**資料１**から読み取れる皇帝のキリスト教徒に対する姿勢**X・Y**との組合せとして正しいものを，後の①～④のうちから一つ選べ。

皇帝の名

あ　アウグストゥス　　　**い**　トラヤヌス帝

資料１から読み取れる皇帝の姿勢

X　皇帝は，キリスト教徒に対する告発を抑制しようとしている。
Y　皇帝は，キリスト教徒を徹底的に弾圧するよう命じている。

①　あ－X　　②　あ－Y　　③　い－X　　④　い－Y

問２　下線部ⓐのいずれかについて述べた文として最も適当なものを，次の①～④のうちから一つ選べ。

①　ゾロアスター教・仏教・キリスト教の要素を融合した。
②　ナーナクが創始した。
③　ボロブドゥール寺院を造営した。
④　六信五行が義務とされた。

問３　下線部ⓑについて議論する場合，異なる見方**あ・い**と，それぞれの根拠となり得る出来事として最も適当な文**W～Z**との組合せとして正しいものを，後の①～④のうちから一つ選べ。

異なる見方

あ　ローマ帝国による地中海地域の統一は，ゲルマン人の大移動で終焉を迎えた。
い　ローマ帝国による地中海地域の統一は，イスラームの勢力拡大で終焉を迎えた。

それぞれの根拠となり得る出来事

W　タキトゥスが，『ゲルマニア』を著した。
X　オドアケルが，西ローマ皇帝を廃位した。
Y　イスラーム勢力が，西ゴート王国を滅ぼした。
Z　イスラーム勢力が，ニハーヴァンドの戦いで勝利した。

①　あ－W　　い－Y
②　あ－W　　い－Z
③　あ－X　　い－Y
④　あ－X　　い－Z

B　次の**資料2**は，中国にある仏教石窟の写真である。

資料2

この仏教石窟は，5世紀の末，華北を支配した北魏の文成帝の時代に造られたものである。北魏では，5世紀中頃に廃仏が断行されたが，文成帝は廃仏を停止し，仏教を復興させた。その際，皇帝を崇拝の対象とするため，文成帝は，北魏の歴代皇帝になぞらえた巨大な石仏群を造らせた。これは政治的には，［　イ　］ことにつながった。

その頃，江南を支配していた南朝では，いくつかの王朝が興亡を繰り返すなかで，門閥貴族が主体となって文化が栄えた。ⓒ南朝の文化は，その後も中国文化の基層となった。

問4　文章中の空欄［　イ　］に入る文として最も適当なものと，それに相当する世界史上の事例との組合せとして正しいものを，後の①～⑥のうちから一つ選べ。

［　イ　］に入る文

あ　立憲君主政を樹立する

い　宗教を利用して君主権力を強化する

世界史上の事例

X　イラン革命を経て，ホメイニ（ホメイニー）が最高指導者となった。

Y　イングランドで，ウィリアム3世とメアリ2世が即位した。

Z　インカ帝国では，皇帝は太陽の化身とされた。

①　あ－X　　②　あ－Y　　③　あ－Z

④　い－X　　⑤　い－Y　　⑥　い－Z

問5　下線部ⓒについて述べた文として最も適当なものを，次の①～④のうちから一つ選べ。

①　自然現象を，神話的解釈ではなく，合理的な思考で理解しようとする思想が発展した。

②　旧来の倫理・道徳を批判する，白話を用いた文学作品が登場した。

③　天文学や医学など諸学問が発達し，数学の分野ではゼロの概念が生み出された。

④　対句を駆使する華麗な文体の文章が流行し，詩文集が編纂（へんさん）された。

C　次の**資料3**は，フランス第三共和政期の国家と宗教の関係を描いた風刺画である。

フランスでは，18世紀末の革命で非キリスト教化の動きが見られたが，その後もカトリック教会は影響力を持ち続けた。ナポレオンが宗教協約を結び，ローマ教皇と和解したことは，その要因の一つである。それ以降も，政治体制の転換とともに，国家による宗教の扱いは変化した。そして改めて共和政が敷かれたこの時期に，ⓓ国家と宗教の新たな関係の構築が模索された。ドレフュス事件は，その重要な契機であった。この事件の過程で，教皇を至上の権力とみなす一部のカトリック勢力が，共和派の政治家たちから問題視されたのである。この風刺画は，そうした時代状況を映し出している。風刺画の中央左には，斧を振りかざす共和派の政治家エミール＝コンブが描かれている。ⓔ『哲学書簡』の著者として知られる人物によって上空から光で照らされたコンブは，カトリック教会（左手前の冠をかぶった人物）とフランス（腰をかがめている女性）との錯綜した関係を表すロープを一刀両断しようとしている。こうした展開を経て，フランスでは，1905年に政治と宗教の分離に関する法律が定められた。

資料３

問６　下線部ⓓに関連して，次の**資料４・５**は，世界史上の国家と宗教の関係についての資料である。前の文章中の**宗教協約**の成立時期を含めて，これらの出来事が古いものから年代順に正しく配列されているものを，後の①～⑥のうちから一つ選べ。

資料４

ローマ皇帝並びに神聖なる帝国の選帝侯，諸侯らは，帝国のいかなる身分の者に対しても，アウクスブルク信仰告白のゆえに，また，その教義，宗教，信仰のゆえに，迫害をしてはならない。多くの自由都市と帝国都市において，旧教とルター派が以前から行われているので，今後もそのことはこれらの都市において維持されるべきである。

資料５

イタリア政府は，現在既に設定されている，ヴァチカン地区における教皇庁の所有権及び排他的かつ絶対的な権限と裁判権を，同庁の付属物や施設とともに承認する。また，本条約の目的とそこに定められた条項に基づき，ヴァチカン市国が創出される。

①　**資料４－資料５－宗教協約**　　②　**資料４－宗教協約－資料５**
③　**資料５－資料４－宗教協約**　　④　**資料５－宗教協約－資料４**
⑤　**宗教協約－資料－資料５**　　⑥　**宗教協約－資料５－資料４**

問７　下線部ⓔの人物が風刺画に描かれている理由について述べた文として最も適当なものを，次の①～④のうちから一つ選べ。

① この人物が，キリスト教信仰を論理的に体系化しようとした，中世ヨーロッパの学問を代表する一人であるから。

② この人物が，禁欲的な修行によって神との一体感を求めようとした，中世に盛んになった宗教思想を代表する一人であるから。

③ この人物が，理性を重んじて古い偏見や権威を打破しようとした，18世紀に隆盛した思想を代表する一人であるから。

④ この人物が，人間心理の中の無意識に着目した，19世紀後半に登場した学問を代表する一人であるから。

問８　前の文章中の1905年に定められたフランスの法律と類似する原則は，他の地域や時代においても見られた。そのような事例について述べた文として最も適当なものを，次の①～④のうちから一つ選べ。

① イングランドで，国王至上法が定められた。

② ムスタファ＝ケマルが，カリフ制を廃止した。

③ インドで，ベンガル分割令が出された。

④ アルタン＝ハンが，チベット仏教に帰依した。

第５問　世界史探究の授業で，「ア」という主題を設定し，資料を基に生徒が追究して，その内容をレポートにまとめた。次の文章Ａ～Ｃを読み，後の問い（**問１～７**）に答えよ。（資料には，省略したり，改めたりしたところがある。）

Ａ　牧さんの班は，中世ヨーロッパで起こった，ある農民反乱に関する二つの年代記を基に，主題を踏まえて考察を行った。次の文章は，その考察をまとめた**レポート**である。

レポート

○一つ目の年代記：（農民反乱の指導者の演説）「農民も貴族も存在せず，全ての人々が一つになるまでは，この国で世の中がうまくいくことはないだろう。領主と呼ばれる彼ら貴族は，いかなる点を根拠に，我々の同類ではなく偉大な支配者であるということになっているのか。アダムが耕し，イヴが紡いだ時，誰が領主であったか。彼らが恵まれた状態を維持できているのは，我々と我々の労働のおかげにほかならない。我々は隷農と呼ばれており，一瞬でも彼らへの奉仕を怠れば打ち叩かれる。国王の下へ行こう！彼に我々の隷属状態を示し，事態が変更されることを望んでいると伝えよう」

○二つ目の年代記：「農民反乱の指導者は国王の面前に現れ，民衆は彼らが望むような証書を得るまでは解散しないと告げた。民衆の希望とは，いかなる領主も領主権を保持しないこと，唯一の領主権は国王のものだけであること，イングランドの教会の動産は聖職者の手に置かれず，教区民の間で分配されること，全国にただ一人の司教しか置かれず，高位聖職者たちの保有地は全て国庫に没収され民衆の間で分配されること，であった。農民反乱の指導者はさらに，この国には以後いかなる隷農身分もなく全て自由人であり，その身分は均一であることを求めた」

○まとめ：これらの年代記に出てくる「隷農」は，当時［イ］。この農民反乱は，［ウ］と考えられる

問１　文章中の空欄［イ］に入る文として最も適当なものを，次の①～④のうちから一つ選べ。

① 領主直営地で，賦役に従事していた

② プランテーションで，サトウキビの栽培に従事していた

③ 租・調・庸を課されていた

④ 高率の小作料を納めるシェアクロッパーであった

問２　**レポート**で扱っている農民反乱の名として適当なもの**あ**・**い**と，文章中の空欄［ウ］に入る文として適当なもの**Ｘ**・**Ｙ**との組合せとして正しいものを，後の①～④のうちから一つ選べ。

農民反乱の名

あ　ワット＝タイラーの乱　　　　**い**　プガチョフの乱

ウ に入る文

X　君主政の廃止を要求している

Y　身分制度の改変を要求している

①　あ－X　　②　あ－Y　　③　い－X　　④　い－Y

B　佐々木さんの班は，近代アジアの女性に関する資料を基に，主題を踏まえて考察を行った。次の文章は，その考察をまとめた**レポート**である。

レポート

> カルティニ（1879～1904年）は，ジャワ島中部で貴族の家庭に生まれ育った女性である。現地のヨーロッパ人小学校で学んだ後に，書籍や雑誌を通じて思索を深めていった。彼女は，ジャワや宗主国で発行された **エ** 語雑誌への記事執筆や文通などを通じて，女性の地位向上などジャワ社会の変革を目指して活動したが，その道のりは平坦（へいたん）なものではなかった。次に引用する手紙からは，彼女の思想の持つ複雑さと重層性を読み取ることができる。
>
> 雑誌社が何度も私の書簡を掲載させてくれと頼んできたのも，なぜかと言えば，宣伝のためですよ。生粋の東洋の娘，“本物のジャワ人少女”からの手紙，ヨーロッパ文明になじみつつある東洋人の考えがヨーロッパ語の一つで書かれてあるなんて，ああ，なんて彼らにとって魅力的ではありませんか。
>
> この皮肉に満ちた一節は，彼女が，自身の言論活動が宗主国の人々からどのように認識されていたのかを自覚していることと，それに対する彼女の強い嫌悪感とを示している。にもかかわらず，カルティニが **エ** 語での言論活動を続けたのは，彼女が生きた時代に見られた植民地支配の変化によって，彼女の言論活動が可能になったことを認識しており，これを続けることが，女性の地位向上などを達成するのに最良だと考えたからであろう。
>
> 私たちはここから，様々な制約や困難に直面しながらも，よりよい方法を見つけ出して最大限に利用しようとする彼女のしたたかさを学ぶことができる。

問3　文章中の空欄 **エ** に入る言語を推測する根拠となる事柄について述べた文として最も適当なものを，次の①～④のうちから一つ選べ。

①　多くの中国系労働者が，東南アジアに流入していた。

②　インドネシアでは，イスラーム教徒が最大多数だった。

③　ヨーロッパの宮廷では，フランス語が広く用いられていた。

④　ジャワ島は，オランダが支配していた。

問4　**レポート**を参考にしつつ，カルティニの言論活動を可能とした植民地支配の変化**あ**・**い**と，カルティニが宗主国の人々の認識に嫌悪感を抱いた背景**X**・**Y**との組合せとして正しいものを，後の①～④のうちから一つ選べ。

植民地支配の変化

あ　宗主国が，植民地住民の福祉や教育を重視するようになった。

い　宗主国が，植民地での重化学工業の発展を重視するようになった。

カルティニが嫌悪感を抱いた背景

X　宗主国の人々が，支配地域における人々の文明化を責務と考えていたこと。

Y　宗主国の人々が，農業の集団化や工業の国有化によって，社会主義の実現を目指したこと。

①　あ－X　　②　あ－Y　　③　い－X　　④　い－Y

実戦演習編

C　サンチェスさんの班は，1960年代のアメリカ合衆国で盛り上がりを見せた反戦運動に着目し，**表**や**グラフ**などの資料を準備して，主題を踏まえて考察を行った。次の文章は，その考察をまとめた**レポート**である。

レポート

【探究における課題】

当時のアメリカ合衆国において［オ］で行われた戦争に対する反対運動に参加した人々の意見は，政治にどのような影響を与えたのだろうか。

表　［オ］への米軍派遣に対する支持率の推移　（単位：％）

世論調査時期	1965年8月	1966年9月	1967年10月	1968年8月	1969年9月	1970年5月	1971年5月
賛成	61	48	44	35	32	36	28
反対	24	35	46	53	58	56	61

（Gallup, November 17, 2000の記事より作成）

グラフ　［オ］での米軍の年間死傷者数　（単位：人）

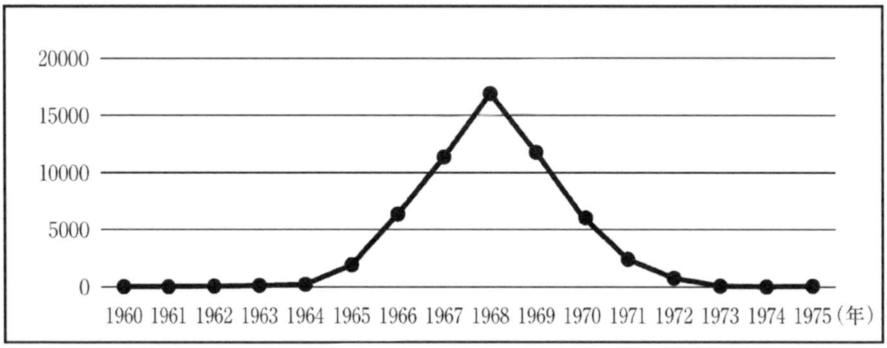

（Military Records, The U. S. National Archives and Records Administrationより作成）

【まとめ】

○戦争の激化や長期化により米軍の死傷者が増加したことと，この戦争への米軍派遣に対する支持率の推移とは，一定の関連があると考えられる。

○平和を希求する世論や，この戦争に対する国際的な非難の高まりなどを背景に，その後，アメリカ合衆国はパリで和平協定を結び，この戦争から撤退することとなった。

○ⓐ<u>同じ時期のアメリカ合衆国では，市民が世論の形成を通じて社会の変革を促しており</u>，それも［オ］反戦運動の盛り上がりに影響したと考えられる。

問５　次の図中に示した**a**～**d**のうち，文章中の空欄の［オ］地域の位置として最も適当なものを，後の①～④のうちから一つ選べ。

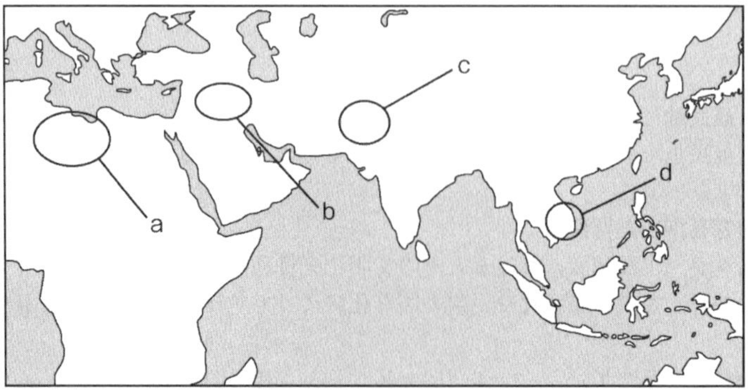

① a　　② b　　③ c　　④ d

問6　**レポート**を基に判断できる内容**あ・い**と，下線部ⓐの事例として最も適当なもの**X・Y**との組合せとして正しいものを，後の①～④のうちから一つ選べ。

レポートを基に判断できる内容

あ　米軍の年間死傷者数が10000人を超えてから，北爆が開始された。

い　世論調査で反対が賛成を初めて上回った時期より後に，米軍の年間死傷者数がピークに達している。

下線部ⓐの事例

X　黒人差別に反対する公民権運動が起こった。

Y　女性参政権を求める運動が起こった。

① あ－X　　② あ－Y　　③ い－X　　④ い－Y

問7　三つの**レポート**の内容を参考に，**第5問**冒頭の空欄［ア］に入る主題として適当なもの**あ・い**と，その主題をさらに追究するための世界史上の出来事として最も適当なもの**X～Z**との組合せとして正しいものを，後の①～⑥のうちから一つ選べ。

［ア］に入る主題

あ　世界史上において，反乱や動乱，運動などに関わった人々は，どのような社会を望んだのだろうか

い　世界史上において，君主や統治者は，どのような意図で，様々な改革を行ったのだろうか

主題をさらに追究するための世界史上の出来事

X　フランスとオーストリアが，従来の外交政策を転換した外交革命

Y　秦の始皇帝が行った，度量衡の統一

Z　「独立万歳」を叫ぶ民衆のデモが，朝鮮全土に広がった運動

① あ－X　　② あ－Y　　③ あ－Z

④ い－X　　⑤ い－Y　　⑥ い－Z

実戦演習編

●表紙写真

ゲッティイメージズ

●写真提供・協力

法政大学大原社会問題研究所　共同通信社　ユニフォトプレス

AFLO C.P.C © 2023 - Succession Pablo Picasso - BCF (JAPAN)

表紙デザイン
エッジ・デザインオフィス

本文基本デザイン
株式会社Vision

QRコードは㈱デンソーウェーブ
の登録商標です。

2025実戦攻略
歴史総合，世界史探究
大学入学共通テスト問題集

2024年4月10日　初版第1刷発行

●編　者——実教出版編修部

●発行者——小田良次

●印刷所——図書印刷株式会社

●発行所——実教出版株式会社

〒102-8377
東京都千代田区五番町5
電話〈営業〉 (03) 3238-7777
〈編修〉 (03) 3238-7753
〈総務〉 (03) 3238-7700
https://www.jikkyo.co.jp/

002402024②　ISBN 978-4-407-36323-4

2025 実戦攻略

大学入学共通テスト問題集

歴史総合，世界史探究

解答編

実教出版

知識問題編　問題演習

第1章　西アジアと地中海世界

1

【地球の誕生と生命の進化】

(1)（×）ビッグバンにより宇宙が誕生したのは今から約137億年前である。約46億年前には地球が誕生した。

(2)（○）

【農耕・牧畜のはじまり】

(3)（×）約1万年前に氷期が終了し，狩猟・採集の獲得経済から農耕牧畜の生産経済へ変化した。

(4)（×）新石器時代になると磨製石器が使われ始め，土器や金属器が発明された。

(5)（○）

(6)（○）

【オリエント文明】

(7)（○）

(8)（×）紀元前3000年頃，シュメール人がウル・ウルクなどの都市を建設した。

(9)（×）紀元前2350年頃，アッカド人の王が統一国家を建設した。

(10)（○）

(11)（×）古代エジプトでは，ノモスと呼ばれる集落が形成された。

(12)（○）

(13)（×）新王国のアメンホテプ4世はアトンを唯一神として信仰を強制した。

(14)（×）紀元前17世紀にアナトリア中部に国家を形成したヒッタイトははやくから鉄製の武器を用いた。

(15)（×）フェニキア人はシドンやティルスを中心に地中海貿易で活躍した。

(16)（○）

(17)（×）ユダヤ教はヤハウェ信仰や選民思想を特徴とし，『旧約聖書』を聖典とする。

【オリエントの統一】

(18)（×）アッシリアは紀元前8世紀頃にニネヴェを首都とし，紀元前7世紀前半にオリエントを統一した。

(19)（×）アッシリア滅亡後，小アジアにはリディア王国がイラン高原にはメディア王国が独立した。

(20)（○）

(21)（×）アケメネス朝では善神アフラ＝マズダと悪神アーリマンの二元論によるゾロアスター教が信仰された。

(22)（○）

【ギリシア文明】

(23)（×）クレタ文明は，クレタ島のクノッソスを中心に栄えた。

(24)（×）クレタ文明は，城壁の無い宮殿や海洋動物の壁画を特徴とする（ミケーネ文明では巨石城塞が築かれた）。

(25)（○）

(26)（×）ギリシア人たちは自民族をヘレネス，異民族をバルバロイと呼んで区別した。

(27)（×）アテネでは，紀元前594年にソロンが債務奴隷を禁止した。

(28)（○）

(29)（○）

(30)（○）

(31)（×）ペルシア戦争中，ペルシアの再来に備えてアテネを中心にデロス同盟が作られた。

(32)（×）アテネ民主政が完成すると，全ての官職が抽選で選ばれるようになった。
→将軍職以外の公職が抽選で選ばれるようになった。

(33)（○）

【ヘレニズム時代】

(34)（×）東方遠征を開始したアレクサンドロスは，紀元前331年のアルベラの戦いでアケメネス朝を破った。

(35)（×）アレクサンドロス大王の死後，西アジアにはセレウコス朝シリアが成立した。

【ローマ帝国】

(36)（○）

(37)（○）

(38)（×）ローマはフェニキア人植民市のカルタゴと西地中海の覇権を巡りポエニ戦争を行った。

(39)（○）

(40)（×）「内乱の1世紀」では，属州がローマ市民権を求めて同盟市戦争を起こした。
→イタリア半島内同盟市がローマ市民権を求めて同盟市戦争を起こした。

(41)（×）第1回三頭政治は，カエサル，ポンペイウス，クラッススによって進められた。

(42)（○）

(43)（×）五賢帝のトラヤヌス帝の時代にローマは最大領土を実現した。

(44)（○）

(45)（○）

(46)（×）軍人皇帝時代の混乱を収拾したディオクレティアヌス帝は，四帝分治制を始めた。

(47)（×）コンスタンティヌス帝は，コンスタンティノープルへ遷都した（改名前のビザンティウム

／ビザンティオンでも可)。

(48)（×）コンスタンティヌス帝はミラノ勅令を発してキリスト教を公認した。

(49)（×）コンスタンティヌス帝はニケーア公会議を招集し，アタナシウス派を正統教義とした。

(50)（○）

(51)（×）エフェソス公会議では，三位一体説を主張するネストリウス派が異端となった。
→ネストリウス派はイエスの神性と人性の分離を主張した。

(52)（○）

(53)（×）東ローマ帝国は6世紀に隆盛を迎えたが，まもなくササン朝によって滅亡した。
→東ローマ帝国は1453年にオスマン帝国によって滅ぼされた。

【西アジアの国々と諸宗教】

(54)（×）アレクサンドロス大王の死後，西アジアはセレウコス朝が支配を広げた。

(55)（×）セレウコス朝の支配からギリシア系のバクトリアとイラン系のパルティアが独立した。

(56)（○）

(57)（×）シャープール1世は，ローマと抗争し軍人皇帝ウァレリアヌスを捕らえた。

(58)（×）ササン朝はニハーヴァンドの戦いでイスラーム勢力に敗れ，その後まもなく滅亡した。

2 年代整序

(1) 正解－⑥

Ⅰ－メソポタミアのシュメール人王朝を征服したアムル人はバビロンを都に古バビロニア王国を建設した。紀元前18世紀頃，ハンムラビ王は全メソポタミアを征服し，同害復讐を原則とするハンムラビ法典をつくった。

Ⅱ－紀元前24世紀頃，アッカド人のサルゴン1世はシュメール人の都市国家を征服して統一国家を成立し，「四海の王」とも呼ばれた。

Ⅲ－古代メソポタミアでは，紀元前28世紀頃までにシュメール人によってウル・ウルク・ラガシュなどの都市国家が建設された。彼らの都市にはジッグラト（聖塔）が建てられ，さまざまな神が祀られた。

(2) 正解－④

Ⅰ－古代エジプトにおいて，古王国の時代にメンフィスに置かれた都は，次の中王国ではテーベに置かれた。中王国の末期にナイルデルタに流入したヒクソスを退けて成立した新王国は，紀元前14世紀頃，アメンホテプ4世（イクナートン）のもとでテーベからアマルナに遷都した。この新首都ではアマルナ美術が発達した。

Ⅱ－古代エジプト王国においてピラミッドが多く造られたのは古王国時代（紀元前27～紀元前22世紀）である。

Ⅲ－中王国末期の紀元前17世紀頃，シリア方面からセム語系のヒクソスが侵入した。ヒクソスはそれまでエジプトには存在しなかった馬や戦車の技術をもたらした。

(3) 正解－①

Ⅰ－紀元前17世紀から紀元前14世紀頃，アナトリアのハットゥシャを都にヒッタイトが台頭した。ヒッタイトはオリエントでは早い時期から鉄製武器を使用したとされ，メソポタミアの古バビロニア王国を滅ぼした。

Ⅱ－アッシリアはもともとメソポタミア北部のミタンニ王国に服属していたが，そこから自立して勢力を拡大した。オリエント各地を征服し，最後はエジプトを征服して紀元前7世紀前半に初めてオリエントを統一した。統一後のアッシリアはアッシュルバニパル王の時に最盛期を迎え，首都ニネヴェには大図書館がつくられた。

Ⅲ－アッシリア滅亡後，オリエントにはエジプト，メディア（イラン地方），リディア（小アジア），新バビロニア（メソポタミア）の4王国が分立した。新バビロニアのネブカドネザル2世は紀元前586年に地中海東岸のユダ王国を滅ぼし，その住民をバビロンへ強制移住させた（バビロン捕囚）。

(4) 正解－⑥

Ⅰ－紀元前334年に始まったアレクサンドロス大王の東方遠征の目的はアケメネス朝を滅ぼすことであった。アケメネス朝のダレイオス3世は紀元前333年のイッソスの戦い，次いで紀元前331年のアルベラの戦いに敗れ逃亡し，最後は逃亡先で暗殺された。これによりアケメネス朝は紀元前330年に滅亡した。

Ⅱ－アケメネス朝の最盛期を築いたダレイオス1世（在位紀元前522～紀元前486年）はイラン高原南部に新都ペルセポリスを建設した。ペルセポリスは外国使節との面会や祭式儀礼などで利用された。ペルセポリスへの遷都後もスサは行政府として機能した。

Ⅲ－アッシリア滅亡後のイラン地方を支配していたメディアから自立したキュロス2世は，小アジアのリディアを征服し，紀元前538年に新バビロニアを滅ぼし，バビロンに強制移住させられていたユダヤ人を解放した。

参考 アケメネス朝の概要

アケメネス朝ペルシア
都：スサ，ペルセポリス
①キュロス２世
・リディア征服（紀元前547年）→新バビロニアを滅ぼし，ユダヤ人解放
②カンビュセス２世
・エジプトを征服し→全オリエント統一
③ダレイオス１世…全盛期
・新都ペルセポリス建設
・中央集権制→全土を20州に分割，サトラップを任命して統治→監察官（“王の目”・“王の耳”）が巡察→王の道（スサ～サルディス）
④ダレイオス３世
・アレクサンドロス大王の東方遠征→イッソスの戦い，アルベラの戦いに敗北→ダレイオス３世が暗殺され滅亡（紀元前330年）

(5) 正解－⑥
Ⅰ－ヘレニズム時代とは，アレクサンドロス大王の東方遠征からプトレマイオス朝の滅亡までをいう。プトレマイオス朝は，ローマの軍人アントニウスと組んだ女王クレオパトラが前31年にアクティウムの海戦でオクタウィアヌスに敗れ，翌前30年に滅亡した。
Ⅱ－セレウコス朝はアレクサンドロス大王死後に，ディアドコイ国家の一つとしてシリアに勢力を拡大したが，前64年（または前63年）にローマのポンペイウスに敗れ滅亡した。
Ⅲ－アレクサンドロスは父王フィリッポス２世の後継者となり，フィリッポス２世の暗殺後，即位した。アレクサンドロスは支配下のギリシア人を動員し前334年，アケメネス朝の打倒を掲げて東方遠征を行った。

(6) 正解－③
Ⅰ－アケメネス朝に支配されていた小アジアのギリシア人植民市ミレトスが反乱を起こすと，同じイオニア人ポリスであったアテネが支援した。これを機にアケメネス朝が遠征軍を起こしペルシア戦争が勃発した。前490年，マラトンの戦いでアテネ軍が勝利した。
Ⅱ－アテネでは当初，貴族政治が行われていたが，平民の発言権が高まるとやがて貴族と平民の対立が露わになった。両者の調停者となったソロンは前594年に改革を進め，①債務奴隷の禁止，②負債の帳消し，③財産政治を行ったが，貴族と平民のどちらからも大きな支持は得られず失脚した。
Ⅲ－ペルシア戦争に勝利しデロス同盟の盟主として勢力を拡大するアテネに対抗し，スパルタはペロポネソス半島の諸ポリスを結集してペロポネソス同盟を結成した。前431年，両者によるペロポネソス戦争が勃発した。

(7) 正解－⑤
Ⅰ－リキニウス＝セクスティウス法が制定されたのは前367年。①コンスルの一人は平民から選出されること，②公有地の占有制限（一人500ユゲラ）が決められた。
Ⅱ－ホルテンシウス法が制定されたのは前287年。平民会の決議が元老院の承認なしに国法となることが定められた。これにより貴族と平民の法的平等が達成された。
Ⅲ－十二表法はローマ最古の成文法である。前５世紀半ばに制定された。

参考 古代ローマの身分闘争の展開

古代ローマの身分闘争
平民（プレブス＝重装歩兵）が参政権要求
①護民官設置（紀元前494年）
・平民保護のための官職，平民会で選出
→元老院やコンスルの決議に対する拒否権
②十二表法（紀元前450年頃）
・ローマ最古の成文法，慣習法の成文化
③リキニウス＝セクスティウス法（紀元前367年）
(1)コンスルの１名は平民から選出
(2)公有地の占有制限
④ホルテンシウス法（紀元前287年）
・平民会決議が元老院の承認を経ずに国法となる
→貴族と平民の法的平等達成

(8) 正解－②
Ⅰ－古代ローマ帝国の最大領土を実現したのは五賢帝時代のトラヤヌス帝（在位98～117年）。ダキアやブリタニア，メソポタミアの一部まで併合した。
Ⅱ－キリスト教が国教化されたのは，専制君主テオドシウス帝時代の392年である。キリスト教はその成立期から，ネロ帝やディオクレティアヌス帝などによりたびたび大きな迫害を受けてきたが，コンスタンティヌス帝の時代，313年にミラノ勅令が出されて公認され，テオドシウス帝はキリスト教以外の宗教信仰を禁止し，これをもってキリスト教はローマ帝国の国教の地位を得た。
Ⅲ－ローマ市民権は同盟市戦争後にイタリア半島内には行き渡っていたが，属州には与えら

れていなかった。カラカラ帝は212年にアントニヌス勅令を発布し，帝国領内の全自由民に対しローマ市民権を与えた。

(9) 正解－①

Ⅰ－アケメネス朝の滅亡は前330年である。アケメネス朝滅亡後，オリエントはアレクサンドロスが支配したが大王の死後，帝国はディアドコイ（後継者）らによって分割された。西アジアにはセレウコス朝が成立したが，イランでは前248年頃にイラン系遊牧民のパルティアが独立した。

Ⅱ－パルティアが衰退すると，224年にササン朝が起こりパルティアを滅ぼした。3世紀の王シャープール1世は軍人皇帝時代のローマと争い，エデッサの戦いでローマを破って軍人皇帝ウァレリアヌスを捕らえた。

Ⅲ－ホスロー1世はササン朝における6世紀の王で，西は東ローマ帝国のユスティニアヌス帝と抗争し，東は突厥と結び，エフタルを滅ぼした。

参考 パルティアとササン朝

パルティア王国（紀元前248頃～後224年）

・カスピ海東南，イラン系遊牧民の建国

①アルサケス…建国者。セレウコス朝から独立

②ミトラダテス1世…首都クテシフォン建設

・シルクロードの東西交易で繁栄

・ローマ帝国がセレウコス朝征服（紀元前63年頃）

→パルティアはローマと抗争・衰退

⬇

ササン朝ペルシア（224～651年）

都：クテシフォン

①アルダシール1世…パルティアを滅ぼし建国

②シャープール1世（3世紀）

・軍人皇帝ウァレリアヌス帝を捕らえる

・クシャーナ朝を撃破

③ホスロー1世（6世紀）

・東ローマ皇帝ユスティニアヌス帝と対立

・突厥と結びエフタルを滅ぼす

⬇

・ニハーヴァンドの戦い（642年）

→イスラーム勢力に敗北→滅亡（651年）

第2章 南アジアと東南アジア

1

【インダス文明】

(1)（×）インダス文明の遺跡モエンジョ＝ダーロは，インダス川の下流のシンド地方にある。
→ハラッパーはパンジャーブ地方にある。

(2)（○）

(3)（×）アーリヤ人は前1500年頃ガンジス川に進出し，前1000年頃パンジャーブ地方に移動した。
→前1500年頃パンジャーブ地方に進出し，前1000年頃ガンジス川流域に移動した。

(4)（×）カースト制においては司祭階級のバラモンが最上位とされた。

【インド古典文化の形成】

(5)（○）

(6)（○）

(7)（×）ヴァルダマーナが開いたジャイナ教は，おもにヴァイシャに支持された。

(8)（×）前317年頃，チャンドラグプタによってマウリヤ朝が開かれた。

(9)（○）

(10)（○）

(11)（×）クシャーナ朝は大月氏から独立して成立し，都はプルシャプラにおかれた。

(12)（○）

(13)（×）ナーガールジュナ（竜樹）によって大乗仏教の教えが体系化された。

(14)（×）モンスーンを利用した東西交易により，インドから西方へ香辛料などがもたらされた。

(15)（○）

(16)（×）スリランカにはアーリヤ系のシンハラ人が進出し，上座仏教の中心地となった。

(17)（○）

(18)（×）ヴァルナごとの義務や生活規範をまとめた『マヌ法典』が成立した。

(19)（○）

(20)（○）

(21)（○）

(22)（×）南インドでは，10世紀にアユタヤ朝が成立し，海上交易で繁栄した。
→アユタヤ朝はタイの王朝である。

(23)（×）南インドでは，ヒンドゥー教の神に対する絶対的帰依を説くバクティ運動が盛んとなった。

(24)（×）ヴァルダナ朝崩壊後，諸勢力はラージプート（クシャトリヤの子孫）を称して抗争した。
→ガンディーは不可触民を神の子（ハリジャン）と呼んだ。

(25)（○）

【古代の東南アジアと海のシルクロード】

(26)（○）

(27)（×）1世紀にはメコン川下流域に扶南が成立した。

(28)（×）扶南のオケオ遺跡から東西交易の様子がうかがえる遺物が出土した。

(29)（×）エーヤーワディー川下流域にはピュー人の国が成立した。

(30)（×）チャオプラヤー川中下流域でモン人がつくった真臘が台頭した。

→真臘は，クメール人がメコン川中下流域でつくった国。

(31)（×）カンボジア内陸部にはクメール人がドヴァーラヴァティーを建国した。

→ドヴァーラヴァティーはモン人がタイのチャオプラヤー川下流域につくった国。

(32)（○）

(33)（×）ジャワ島に成立したシャイレーンドラ朝は大乗仏教寺院のボロブドゥールを造営した。

2 年代整序

(1) 正解－③

Ⅰ－インド＝ヨーロッパ語族のアーリヤ人は，前1500年頃，カイバル峠を越えてインドに進出した。その後アーリヤ人は前1000年頃にガンジス川流域に移動し，鉄製農具を用いるようになった。鉄製農具を使用し始めたことで，生産力が増大し，階層がうまれた。このようにしてカースト制とバラモン教が生まれた。

Ⅱ－インダス川流域では前2600年頃にインダス文明が生まれた。インダス文明はドラヴィダ人が築いたとされ，印章などに刻んだインダス文字が使用された（未解読）。この文明の遺跡からは，道路や下水道の設備が整備され，沐浴場や穀物倉などの施設も備えられていたことが分かっているが，一方で強大な王権はなかったと考えられている。代表的な遺跡は他にもパンジャーブ地方のハラッパーやインド西部のドーラーヴィーラーなどがある。

Ⅲ－前334年に東方遠征を始めたアレクサンドロスは，前330年にアケメネス朝を滅ぼし，インダス川流域まで勢力を拡大した。インドからの帰途，前323年にバビロンで死去した。従ってアレクサンドロスがインダス川流域までやってきたのは前4世紀である。

参考 インダス文明

インダス文明（紀元前2600～紀元前1800年頃）

《特徴》

・道路や下水道が整備され，沐浴場や穀物倉を備えた煉瓦づくりの都市遺跡

・宮殿や陵墓は未発見⇒強大な王権は存在しない

・担い手：ドラヴィダ人　・青銅器文明

・インダス文字（象形文字）使用→印章に刻まれた

《代表的な遺跡》

①モエンジョ＝ダーロ（モヘンジョ＝ダロ）
→インダス川下流のシンド地方

②ハラッパー…中流のパンジャーブ地方

③ドーラーヴィーラー…インド西部

(2) 正解－⑥

Ⅰ－カニシカ王はクシャーナ朝（1～3世紀）最盛期の王。仏教を保護して第四回仏典結集を行った。2世紀半ばには中央アジアにまで勢力を拡大した。

Ⅱ－アショーカ王はマウリヤ朝（前317頃～前180年頃）の最盛期の王。仏教を保護し，前3世紀半ば頃第三回仏典結集を行った。さらにセイロン島へ布教した。また，国内的にはダルマ（法）を石柱碑や磨崖碑に刻み各地に建立した。

Ⅲ－チャンドラグプタはマウリヤ朝の建国者。前4世紀後半，アレクサンドロス大王のインダス川侵入によるアーリヤ人社会の混乱に乗じて各地を征服し，マガダ国のナンダ朝を打倒してインド初の統一王朝を樹立した。

参考 マウリヤ朝とクシャーナ朝

マウリヤ朝（紀元前317年頃～紀元前180年頃）

都：パータリプトラ

・アレクサンドロス東方遠征後の混乱
→①チャンドラグプタがインド初の統一
②アショーカ王…最盛期

・仏教保護し各地に仏塔（ストゥーパ）建立

・第三回仏典結集→セイロン島布教

・ダルマ（法）による統治
→石柱碑・磨崖碑に刻み各地に建立

・アショーカ王の死後衰退⇒小国分立

クシャーナ朝（1～3世紀）

・大月氏から独立して建国，イラン系

都：プルシャプラ

①カニシカ王…最盛期

・仏教を保護して各地に仏塔建立

・第四回仏典結集

〔ガンダーラ美術〕

・ギリシア・ヘレニズム文化の影響を受け，ガンダーラ美術（仏教美術）発達

・中央アジア⇒中国（雲崗・竜門）⇒日本へ影響

《特徴》…クシャーナ文化＝国際色豊か

(3)　正解－③

Ⅰ－デカン高原でサータヴァーハナ朝（アーンドラ朝）が栄えたのは前1～後3世紀。北インドを支配したクシャーナ朝とほぼ同時代である。サータヴァーハナ朝ではパクス＝ロマーナ時代のローマと盛んな交易が行われ，その様子はギリシア人航海者が残した『エリュトゥラー海案内記』に記されている。また，大乗仏教の教えを確立したナーガールジュナ（竜樹）が生まれたのもこの王朝である。

Ⅱ－スリランカに上座仏教が伝わったのはマウリヤ朝のアショーカ王の時代で前3世紀半ばである。上座仏教はさらにビルマに伝わり，タイ，カンボジアなどインドシナ半島大陸部に伝わっていった。

Ⅲ－バクティ運動は6世紀以降，南インドで発生した運動で，ヒンドゥー教の神であるヴィシュヌ神やシヴァ神に対する絶対的帰依・信仰を歌や踊りをともなった行為で表現し解脱を目指すもの。また仏教やジャイナ教をも攻撃し，それに伴いインドにおけるヒンドゥー教の優位が確立した。これはイスラーム神秘主義（スーフィズム）と共通する。

(4)　正解－①

Ⅰ－グプタ朝は320年頃，チャンドラグプタ1世によって建国された。都はパータリプトラ。チャンドラグプタ2世の時に最盛期を迎えた。

Ⅱ－ナーランダー僧院は5世紀に建立され，仏教教義の研究が盛んに行われた。7世紀には中国から唐僧の玄奘や義浄も来訪している。

Ⅲ－ヴァルダナ朝は606年にハルシャ＝ヴァルダナによって建国された。都はカナウジ。しかし，王の死後間もなく国は衰退し，インドは“クシャトリヤの子孫”を名乗る有力者たちが抗争を繰り返すラージプート時代となった。

参考 グプタ朝とヴァルダナ朝

グプタ朝（320年頃～550年頃）
都：パータリプトラ
①チャンドラグプタ1世…建国
②チャンドラグプタ2世（超日王）
・最盛期，北インド全域を統一
⬇
・エフタルの侵入で衰退・滅亡⇒分裂
【文化】
《特徴》グプタ文化＝純インド的文化
・サンスクリット文学
　カーリダーサ『シャクンタラー』など
・アジャンター石窟寺院…純インド的仏教美術
・エローラ石窟寺院…仏教・ヒンドゥー教・ジャイナ教の寺院を含む石窟群
・ナーランダー僧院…仏教教義の研究盛ん
　→中国僧の玄奘・義浄が学ぶ

ヴァルダナ朝（606～647年）
①ハルシャ＝ヴァルダナ（戒日王）…建国者
都：カナウジ
・王の死後，衰退・分裂
⬇
ラージプート時代（8～13世紀）
※ラージプート＝クシャトリヤの子孫を意味

(5)　正解－④

Ⅰ－ジャワ島にボロブドゥールを造営したのはシャイレーンドラ朝（8世紀中頃～9世紀中頃）である。内部空間を持たない造りで，大乗仏教の遺跡として残されている。

Ⅱ－中国から稲作が伝播したのは前2000年紀。中国ではすでに長江流域の新石器文化である河姆渡遺跡（前5000～前3000年頃）で稲作の跡が確認されており，それが伝わったと考えられる。中国からは他にも青銅器文化や鉄器文化も伝わり，特にベトナム北部では銅鼓を特徴とするドンソン文化が生まれた。

Ⅲ－メコン川下流域に扶南が成立したのは1世紀頃。東南アジアでは紀元前には国家は成立せず，扶南が東南アジア初の本格的国家となった。また，扶南の港の遺跡オケオからはローマ金貨や漢鏡，ヒンドゥー教のヴィシュヌ神の神像などが出土しており，扶南が海外の様々な国と交易を行っていたことが分かっている。

(6)　正解－⑥

Ⅰ－ヒンドゥー教がインド社会に定着するようになったのはグプタ朝時代（4世紀以降）である。もともとインドでは仏教も盛んであったが，仏教は主に王族の保護を受けており，グプタ朝の衰退にともない，王族の保護を失った。また商業の不振がさらに仏教離れを加速させ，代わりにバラモン教に土着信仰が融合したヒンドゥー教が社会に定着していった。

Ⅱ－アーリヤ人社会ではバラモン教が普及していたが，都市国家の発展とともに国家繁栄を担うクシャトリヤやヴァイシャは次第にバラモン教やカースト制度に不満を抱き始めた。前5世紀頃，シャカ族の王子ガウタマ＝シッダールタは悟りを開き，仏教が成立した。仏教はジャイナ教とともにマガダ国で生まれたとされる。

Ⅲ－アーリヤ人は自然現象に神性を認めて崇拝した。その讃歌集がバラモン教の聖典『ヴェーダ』であり，前６世紀までに各種の『ヴェーダ』がまとめられた。それらのうち最も古いものを『リグ＝ヴェーダ』という。

(7)　正解－②

Ⅰ－ナーガールジュナ（竜樹）はサータヴァーハナ朝の生まれで，２～３世紀頃に大乗仏教の教義を確立したとされる。

Ⅱ－カーリダーサが活躍したのはグプタ朝の時代で，５世紀頃『シャクンタラー』を著した。同書はサンスクリット文学の代表作の一つである。

Ⅲ－『ラーマーヤナ』は『マハーバーラタ』とともにサンスクリット文学の代表作であると同時にヒンドゥー教の聖典ともされる。３～４世紀頃に現在の形にまとめられたとされる。カンボジアのアンコール＝ワットの回廊の壁画にはこれらの物語が描写され，ジャワ文化の影絵芝居（ワヤン）でもこれらを題材にした作品がつくられている。

第3章　東アジアと中央ユーラシア

1

【中国文明】

(1)（○）

(2)（○）

(3)（○）

(4)（×）殷を倒した周は鎬京に都を定め，封建制によって中国を支配した。

【春秋・戦国時代の変動】

(5)（×）戦国時代は韓・魏・趙・斉・燕・楚・秦の七国を中心に勢力争いが展開された。

(6)（○）

(7)（○）

(8)（×）老子や荘子を代表とする道家は無為自然を説いた。

【中国古代帝国と東アジア】

(9)（○）

(10)（×）前漢は当初，郡県制と封建制を併用した郡国制による統治を行った。

(11)（×）武帝は財政を立て直すため，塩・鉄・酒の専売を行った。

(12)（×）後漢では西域都護に就任した班超の活躍で西域諸国を服属させた。

(13)（○）

【中央ユーラシアの国家形成】

(14)（○）

(15)（○）

(16)（×）柔然は６世紀半ばに強大化し，突厥を滅ぼした。

→柔然と突厥が逆になっている。

(17)（○）

【胡漢融合帝国の誕生】

(18)（×）三国時代には，四川の地において劉備が蜀を建国した。

(19)（×）魏の臣下であった司馬炎が魏の皇帝を廃して晋（西晋）を建国した。

(20)（×）北魏では，孝文帝のときに均田制や三長制を実施した。

(21)（×）南朝とは，斉・宋・梁・陳の４王朝をさす。

→興亡の順番は宋→斉→梁→陳

(22)（○）

(23)（○）

(24)（×）太宗（李世民）の治世は「貞観の治」と呼ばれた。

(25)（○）

(26)（○）

(27)（×）玄奘は陸路を往復して訪印し，帰国後に『大唐西域記』を著した。

(28)（○）

(29)（×）律令体制の崩壊にともない，募兵制から府兵制に転換した。

→府兵制と募兵制が逆になっている。

2　年代整序

(1)　正解－⑥

Ⅰ－秦は，秦王政の時代の紀元前221年に，六国の最後の斉を滅ぼして中国を統一した。中国統一後，始皇帝となった政は，郡県制を全国に施行し，度量衡や車軌などの統一事業を進め，また焚書坑儒などの思想統制を行った。

Ⅱ－紀元前11世紀に周の武王が殷の紂王を倒すと，初め鎬京を都に建国した。しかし，犬戎など周辺異民族の活動などにより，異民族の侵入を受けやすい鎬京が危険となったため，紀元前770年に東方の洛邑に遷都した。

Ⅲ－王の占いによる神権政治が行われていたのは殷の時代（紀元前16世紀頃～紀元前11世紀頃）である。王は占いの結果を獣骨や亀甲に記録させた。これが甲骨文字であり，漢字の原型となった。

参考 秦の統治

秦（紀元前221［統一］～紀元前206年）
①秦王孝公…法家の商鞅を起用→富国強兵
②始皇帝（秦王政）…他の六国を滅ぼし中国統一
都：咸陽
・法家の李斯を登用…丞相に就任
　→思想統制（焚書坑儒）…農業・医薬・占い除く
・中央集権化…郡県制
【内容】全国を36郡に分け，官吏を派遣し統治
・新たな郡の設置（桂林郡・象郡・南海郡）
・貨幣（半両銭）・文字・度量衡の統一
〔外征〕…蒙恬将軍の匈奴征討，万里の長城修築
⬇
〔滅亡〕…中央集権化（諸侯不満），外征や土木工事（民衆不満）
・陳勝・呉広の乱（紀元前209～紀元前208年）
　→「王侯将相いづくんぞ種あらんや」
　→項羽と劉邦の台頭→滅亡（紀元前206年）

(2)　正解－②
Ⅰ－劉邦は項羽を打倒して漢を樹立し皇帝に即位すると（高祖，在位紀元前202～紀元前195年），新たな地方支配制度として郡国制を採用した。これは中央や要地は郡県制で支配し，地方では封建制による支配を併せて行ったものである。
Ⅱ－漢は当初，秦の諸制度を引き継いで法治主義的な統治を進めていたが，第七代武帝（在位紀元前141～紀元前87年）の頃，儒学者の董仲舒の建言を受け容れて儒学を官学化した。このとき儒学の経典である五経（『詩経』『書経』『易経』『礼記』『春秋』を指す）を専門に講義する官職，五経博士を設置した。
Ⅲ－漢では郡県制と封建制の併用による郡国制が施行されていたが，地方の諸侯には皇帝の同姓諸侯（一族）が多く任命され，やがて皇帝権を無視するような者も現れ始めた。これに対して第六代景帝が大臣の献策のもと，諸侯の領土没収などの強硬策にでると，諸侯らは結託し，紀元前154年に呉楚七国の乱を起こした。天下の大半が叛いたこの反乱は，半年以内に鎮圧されたものの，以後漢は実質的な郡県制へと戻っていった。

参考 前漢の統治

前漢（紀元前202～後８年）
①高祖（劉邦）…都：長安
・郡国制…【内容】郡県制と封建制の併用
・匈奴（冒頓単于）に敗北して和親策
②景帝（第六代）
・呉楚七国の乱（紀元前154年）
　→領土削減に対する諸侯の反乱→鎮圧
③武帝（第七代）
・郡県制確立
・儒学の官学化（董仲舒の建言）
　→五経博士の設置
〔対外政策〕
・張騫を大月氏に派遣（匈奴挟撃が目的）
　→西域事情判明
・「汗血馬」求め李広利をフェルガナへ派遣
〔対外遠征〕
【西】：衛青，霍去病に命じ匈奴遠征
　→敦煌郡など河西４郡設置
　※〔敦煌郡・酒泉郡・張掖郡・武威郡〕
【東】：衛氏朝鮮征服
　→楽浪郡など朝鮮４郡設置
　※〔楽浪郡・真番郡・臨屯郡・玄菟郡〕
【南】：南越征服
　→南海郡など９郡設置
　※〔南海郡，日南郡，交趾郡など〕
〔内政〕
・遠征による財政難→均輸法，平準法実施
・塩，鉄，酒の専売（大臣桑弘羊の献策）
・五銖銭の制定
・官吏任用制度…郷挙里選（武帝）
【内容】
地方の有徳者をその土地の役人が中央に推薦
・土地制…限田策（哀帝）
　→豪族の大土地所有の制限→失敗

(3)　正解－①
Ⅰ－前漢は後８年に大臣の王莽に皇帝位を奪われ滅亡した。王莽は新を建国し周の政治制度に倣った復古主義的な政策を進めたため，豪族や農民らの反発を招き最後は赤眉の乱（18～27年）によって滅亡した。この中から台頭し，最後は反乱を鎮圧した前漢帝室の一族劉秀（光武帝）が漢を復興し後漢を起こした。
Ⅱ－班超は後漢の西域都護である。後漢では西域経営に力が注がれた。彼は97年に部下の甘英を大秦国（ローマ）に派遣し交流を求めようとしたが，西行途中の西アジアでパルティアに阻まれローマ到達はならなかった。なお，

ローマからも大秦王安敦の使者を名乗る者が日南郡を訪れたことが『後漢書』に記されている。

Ⅲ－黄巾の乱は後漢末の184年に起こった。後漢末は豪族の台頭や宦官・官僚の権力争いにより皇帝権は弱体化し，政府の統治は天下に行き渡らなくなっていた。太平道の指導者張角は信者を集めて漢の打倒を掲げ黄巾の乱を起こした。反乱は鎮圧されたが，これらの反乱鎮圧で力をつけた豪族や軍事集団が台頭し，中国は群雄割拠の時代となった。

参考 新と後漢の統治

新（8年～23年）
①王莽…前漢の大臣，皇帝位を奪い建国
・『周礼』に基づく周の政治理想
・土地国有化などの復古主義→豪族の反発
・赤眉の乱（18～27年）…山東中心の農民反乱
→新滅亡
後漢（25～220年）
①光武帝（劉秀）…漢復興　都：洛陽
・赤眉の乱を鎮圧し中国統一
・「漢委奴国王印」…倭の奴国の王に贈与
・徴姉妹の反乱…ベトナム北部で後漢の光武帝の支配に対する反乱
〔西域経営〕
・班超…西域都護として，西域約50ヵ国を服属させる→部下の甘英を大秦国に派遣
・大秦王安敦の使者が日南郡に到着
〔後漢滅亡の原因〕
(1)豪族の成長…大土地所有の進行→郷挙里選で官僚も独占→皇帝権力低下
(2)宦官・外戚（皇后の実家）・官僚の対立激化
→党錮の禁（宦官が官僚を弾圧）
(3)農民の没落→太平道，五斗米道，成立
〔滅亡〕
・黄巾の乱（184年）…太平道の張角が指導
→漢王朝弱体化
→魏の文帝により滅亡（220年）

(4)　正解－⑤

Ⅰ－東晋の僧・法顕は399年に中国を出発し，陸路でグプタ朝のチャンドラグプタ２世（超日王）統治下のインドを訪れた。海路で帰国したのち，旅の記録を『仏国記』に残した。

Ⅱ－北魏の孝文帝の時代に豪族の大土地所有を抑えるため，485年に均田制を施行した。人民に国有地を貸与し，税を課した。これとともに三長制によって村落制度を整備した。ただし，北魏の均田制は奴婢や耕牛にも給田されるものであったため結果として豪族有利な制度となっていた。また，均田制は西魏で始められた府兵制や隋・唐で行われた租庸調制と合わせて成り立つものであることを覚えておこう。

Ⅲ－後漢が滅亡したあとの中国では三国時代が始まった。華北を支配したのが曹操・曹丕親子が建国した魏，江南には孫権が呉を建国，四川には劉備が蜀を建国した。こうして三国鼎立の時代が始まったが，まず蜀が263年に魏によって滅ぼされた。しかし，その後魏の将軍司馬炎がクーデタを起こし，魏の皇帝を廃位して晋（西晋）を樹立。280年に呉を滅ぼして中国を統一した。

参考 三国時代と西晋・北魏

三国時代（220～280年）
①魏（220～265年）…曹操の子，曹丕が後漢の皇帝から禅譲受け建国　都：洛陽
②蜀（221～263年）…劉備の建国　都：成都
・諸葛亮の活躍
③呉（222～280年）…孫権の建国　都：建業
⬇
・魏が蜀を滅ぼす→魏の将軍司馬炎が国を奪い晋を建国＝西晋成立（265年）
晋（**西晋**，265～316年）　都：洛陽
①司馬炎，呉を征服して中国統一（280年）
・占田・課田法・戸調式の制定
・八王の乱（290～306年）…司馬炎死後の諸侯の内乱
・永嘉の乱（311～316年）…匈奴の反乱→西晋滅亡
→一族が江南に逃れ東晋建国

(5)　正解－③

Ⅰ－隋を建国した文帝（楊堅）はそれまで行われてきた官吏任用の推薦制度である九品中正法を改め，587年頃学科試験による科挙を採用した。このとき始められた科挙は，唐・宋にも継承され，北宋では皇帝の面前での試験として殿試が設けられて完成した。しかし，元の時代に一時廃止となった。間もなく再開されたが，清の1905年に光緒新政の一環として廃止された。

Ⅱ－北周の外戚であった楊堅は，581年に北周の皇帝より禅譲を受け，隋を建国した。589年には南朝の陳を征服し，長らく分裂状態にあった南北中国を統一した。

Ⅲ－文帝の時代に南北を結ぶ大運河の建設が始められた。次の煬帝の治世（604～618年）に完成した。これにより江南の穀倉地域の杭州と都の大興城が結ばれた。

参考 隋の統治

隋（581年～618年）
①文帝（北周の外戚・楊堅）の建国（581年）
・陳を征服し，中国統一（589年）
・都：大興城（長安）　・科挙制始める
・均田制，租庸調制，府兵制実施
・突厥を圧迫→突厥東西分裂（583年）
②煬帝
・大運河開通…政治の華北と穀倉の江南連結
・高句麗遠征…３度失敗
・大工事＋遠征→農民に重税→反乱・滅亡（618年）

(6)　正解－⑥

Ⅰ－宰相楊炎により両税法が施行されたのは780年。８世紀以降，唐では豪族の大土地所有が進み，均田制は機能しなくなっていた。それにともない，租庸調制や府兵制も機能不全となり政策の転換が求められた。均田制は荘園制（佃戸制）に，府兵制は募兵制に，租庸調制は両税法に変わった。これにより唐の律令体制は崩壊した。

Ⅱ－第三代高宗の皇后であった則天武后は，夫の死後，皇帝の息子を廃して自ら皇帝に即位した（在位690～705年）。国号は唐から周に改められた。彼女の治世では科挙官僚が積極的に採用されたと言われる。また，唐を復興した中宗も韋后に毒殺された。これを「武韋の禍」と呼ぶ。

Ⅲ－「貞観の治」とは第二代太宗（李世民）の治世（626～649年）を指す。第六代玄宗（在位712～756年）の「開元の治」と混同しないようにしよう。

参考 唐の統治と律令体制

唐（618～907年）
①高祖（李淵）…建国（618年）　都：長安
②太宗（李世民）…クーデタ（玄武門の変）で即位
→隋末の反乱を平定し統一完成
〔内政〕…国力の充実＝貞観の治（７世紀前半）
〔外征〕…東突厥を服属→「天可汗」の称号
③高宗…第三代
〔内政〕『五経正義』（孔穎達の編纂）の完成
〔外征〕唐の最大領土現出
(1)新羅と結び，百済・高句麗を滅ぼす
(2)西突厥を征討
⬇
【武韋の禍】…則天武后（高宗の皇后）自ら即位（690～705年）⇒国号を周とする（武周）
→科挙官僚を採用…政治・経済・文化の繁栄
→中宗が唐復興→韋后が中宗を毒殺（710年）
⬇
④玄宗（在位712～756年）…「武韋の禍」の混乱を収拾し，繁栄の時代
・「開元の治」
→治世の後半は楊貴妃を寵愛，政治混乱
・タラス河畔の戦い…アッバース朝に敗北
・安史の乱（755～763年）…節度使の安禄山・史思明の反乱→玄宗，逃亡中に退位
⬇
〔滅亡〕…節度使の朱全忠，唐を滅ぼす（907年）

(7)　正解－④

Ⅰ－孔穎達が『五経正義』を編纂したのは唐の時代（618～907年）である。太宗の命令で編纂が始まり，次の高宗の時代に完成した。『五経正義』は科挙の基準書となった。

Ⅱ－焚書坑儒が行われたのは秦の時代（前221～前206年）。中国を統一し即位した始皇帝は，思想統制を図り，丞相李斯の献策により農業・医薬・占いを除く書物を焼却し儒学者を弾圧した。

Ⅲ－鄭玄により訓詁学が発達したのは後漢の時代（25～220年）である。後漢では古典の字句解釈を重んじる訓詁学が発達した。

(8)　正解－⑤

Ⅰ－『文選』は南朝・梁（502～557年）の昭明太子の編纂。古今の名文・詩文を集め，四六駢儷体の美文などもおさめられている。

Ⅱ－玄奘は唐（618～907年）の僧である。629年に中国を出発した玄奘は陸路でインドを訪れてヴァルダナ朝のハルシャ＝ヴァルダナの保護を受け，ナーランダー僧院で学んだ。陸路で帰国し，旅行記『大唐西域記』を残した。

Ⅲ－司馬遷は前漢（紀元前202～後８年）の第七代武帝に仕官した。『史記』は伝説の時代から前漢武帝時代までの歴史記録である。本紀（皇帝の事績）と列伝（重要人物の伝記）などから構成される紀伝体で叙述されており，これが歴代の中国正史の記述の定式となった。

参考 インドを訪れた中国僧侶

法顕（東晋）	玄奘（唐）	義浄（唐）
399年出発	629年出発	671年出発
グプタ朝に来訪	ヴァルダナ朝に来訪	ヴァルダナ朝後来訪
『仏国記』	『大唐西域記』	『南海寄帰内法伝』
陸⇒海	陸路往復（陸⇒陸）	海路往復（海⇒海）

第4章 西アジア・地中海周辺の変動とヨーロッパの形成

第5章 イスラーム圏の拡大とヨーロッパ社会の変容

1

【ビザンツ帝国とギリシア正教圏】

(1)（×）ユスティニアヌス帝はトリボニアヌスに命じて『ローマ法大全』を編纂させた。

(2)（○）

(3)（×）第4回十字軍は，コンスタンティノープルを占領し，ラテン帝国を建国した。

(4)（○）

(5)（×）11世紀以降，軍事奉仕を条件に貴族に土地管理を委任するプロノイア制が施行された。

(6)（×）モスクワ大公国のイヴァン3世はモンゴルの支配から独立し，ツァーリの称号を使用した。

【ラテン＝カトリック圏の形成と展開】

(7)（×）西ゴート人は410年にローマを占領し，ローマを都として建国した。

→西ゴート人は410年にローマを略奪したあと，ガリア南部からイベリア半島に移動して建国した。

(8)（○）

(9)（○）

(10)（×）カール＝マルテルは，トゥール・ポワティエ間の戦いでウマイヤ朝を撃退した。

(11)（×）529年，ベネディクトゥスはモンテ＝カッシーノ修道院を創建した。

(12)（○）

(13)（○）

(14)（×）800年，政治的保護者を求める教皇レオ3世は，カールにローマ皇帝の帝冠を授けた。

(15)（×）カール大帝の死後，フランク王国は843年のメルセン条約，870年のヴェルダン条約で分裂した。

→メルセン条約とヴェルダン条約が逆になっている。

(16)（○）

(17)（×）9世紀末，イングランドに侵入したヴァイキングをアルフレッド大王が撃退した。

(18)（○）

(19)（×）封建制はローマ末期の従士制とゲルマン人社会の恩貸地制を起源とする。

→従士制と恩貸地制が逆になっている。

(20)（○）

(21)（×）農奴は移転の自由は認められたが，教会に十分の一税を払わなければならなかった。

→農奴は移転の自由は認められなかった。

【イスラーム圏の成立】

(22)（○）

(23)（×）622年，メッカで迫害されたムハンマドはメディナに移住した。これをヒジュラとよぶ。

(24)（×）ムスリムの義務とされる五行とは，信仰告白・礼拝・断食・喜捨・巡礼である。

(25)（○）

(26)（×）ムスリムのうち，アリーとその子孫のみをムハンマドの正統な後継者と考える人々をシーア派という。

(27)（×）ウマイヤ朝支配下では非アラブ人ムスリムにジズヤ（人頭税）とハラージュ（地租）が課された。

(28)（×）アッバース朝はムスリム間の平等を実現したため「イスラーム帝国」と呼ばれる。

(29)（○）

(30)（○）

(31)（○）

2 年代整序

(1) 正解－③

Ⅰ－プロノイア制は11世紀後半以降始まった。地方の有力者に土地所有権・徴税権を認める代わりに軍事奉仕を課すというもので，軍管区制に代わり施行された。

Ⅱ－軍管区制（テマ制）は7世紀，ヘラクレイオス1世の時代に始まったとされる。外民族からの防衛力を強化するため，帝国をいくつかの軍管区に分け，各軍団司令官に行政権を与えた。この軍管区制は，兵士に土地を分与して軍役を課す屯田兵制を基盤としている。

Ⅲ－1300年頃，アナトリア北西部にオスマン帝国が成立し，14世紀に入ってからはたびたびその侵攻をうけた。最後は1453年にオスマン帝国のメフメト2世により滅ぼされた。このときビザンツ帝国で古典を研究していた学者たちがイタリアへ移住し，ルネサンスが開花するきっかけとなった。

(2) 正解－②

Ⅰ－フランク王国はメロヴィング朝のクローヴィスが481年に建国したが，次第に国の宮宰職を務めるカロリング家が台頭した。カロリング家のカール＝マルテルは732年にトゥール・ポワティエ間の戦いでヨーロッパへの侵入をはかったウマイヤ朝を撃退したことで名声を高め，その息子ピピンのときに教皇支持のもと，751年にカロリング朝を樹立した。

Ⅱ－8世紀後半に即位したピピンの息子シャルルマーニュ（カール大帝）は東から進出したアジア系のアヴァール人を撃退し，北部のザクセン人も平定した。さらにスペインに遠征し，後ウマイヤ朝とも戦った。そして800年，ローマ教皇レオ3世よりローマ皇帝の帝冠を授けられた（カールの戴冠）。

Ⅲ－教皇の支持によりカロリング朝を樹立したピピンは，イタリア半島北部のランゴバルド王国を討伐し，756年，奪ったラヴェンナ地方を教皇に寄進した。これが教皇領の始まりとされる。教皇領は1929年に当時のイタリア政府（ムッソリーニ政権）と教皇庁が結んだラテラノ条約でヴァチカン市国となった。

参考 フランク王国の発展

メロヴィング朝（481～751年）
①クローヴィス…全フランク族を統一し，建国
・アタナシウス派へ改宗
②カール＝マルテル…
・メロヴィング家の宮宰として活躍
→カロリング家の台頭
・トゥール・ポワティエ間の戦い（732年）でウマイヤ朝撃退
③ピピン…**カロリング朝**（751～987年）樹立
・ピピンの寄進（756年）…ランゴバルドを討ち，ラヴェンナ地方を寄進⇒「教皇領」となる
④カール大帝（シャルルマーニュ）
〔外征〕
(1)ランゴバルド王国を征服
(2)スペイン遠征（後ウマイヤ朝）
(3)アヴァール人撃退（アジア系遊牧民）
(4)ザクセン人征服
〔内政〕
・伯領制…地方の長官として「伯」を置き，軍事・行政・司法を委任→「巡察使」が監督
・カロリング＝ルネサンス…古典文化の復興
→アルクインをアーヘンに招く
・カールの戴冠（800年）…教皇レオ3世がローマ皇帝の帝冠授与
【カール戴冠の意義】
①政治的…西ローマ帝国の復興
②文化的…ローマ，キリスト教，ゲルマン文化の3要素の融合
③宗教的…ローマ教会が東ローマ皇帝から自立

(3) 正解－①

Ⅰ－イタリアにモンテ＝カッシーノ修道院が創建されたのは529年頃。修道士のベネディクトゥスによりヨーロッパ最古の修道院として建てられた。“祈り・働け”をモットーとする厳しい戒律と“清貧・純潔・服従”を旨とする会則がつくられた。

Ⅱ－西ローマ帝国の滅亡以降，ローマ教会は政治的にも軍事的にも東ローマ（ビザンツ）皇帝の保護を受けていたが，コンスタンティノープル教会の大司教の任命権を巡る問題や，同国で発布された聖画像禁止令（726年）により対立を深め，東ローマ皇帝からの自立の道を模索していた教皇レオ3世は，東ローマ皇帝に代わる新しい保護者としてフランク王国のカールに白羽の矢を立て，800年，カールに授冠した。

Ⅲ－聖画像禁止令やカールの戴冠により，対立が決定的となった西のローマ教会と東のローマ教会は1054年，相互に破門し合った（東西教会の分離）。以後，西はローマ＝カトリックに，東はギリシア正教会（東方教会）として完全に分離した。

(4) 正解－④

Ⅰ－フン人のヨーロッパ進出を契機にゲルマン人の大移動が始まった。ゲルマニア北西部に原住していたアングル人やサクソン人は，イングランドに移動し，先住のケルト人を圧迫して449年に七王国（ヘプターキー）をつくった。

Ⅱ－匈奴の一派ともされるフン人がヨーロッパへ侵入したのは4世紀後半。アッティラに率いられたフン人はパンノニアに大帝国を築き，西ヨーロッパにも侵入したが，451年にフランク族や西ローマ帝国の軍隊に敗れ帰還した。なお，帰国の際にイタリア半島進出を試みたが，教皇レオ1世の説得により撤退した。

Ⅲ－フン族に圧迫された西ゴート族がドナウ川を渡ったことでゲルマン人の大移動は始まった。アラリック王に率いられた西ゴート族は410年にイタリアに入りローマを占領・略奪を行った。その後はイベリア半島に移動し，建

国。トレドを都とした。

(5) 正解－①

Ⅰ－ゲルマン人の移動後，イングランドでは七王国が分立していたが，829年にウェセックスの王エグバートがそれらを統一した。

Ⅱ－ロロに率いられたノルマン人は，北フランスにノルマンディー公国を建国した。ロロを継いだノルマンディー公ギヨーム（ウィリアム）は，イングランドに上陸してヘイスティングズの戦いでアングロ＝サクソン人の王朝を破り，1066年，北フランスとイングランドを合わせノルマン朝を樹立した。これは「ノルマン＝コンクェスト」と呼ばれる。

Ⅲ－ノルマン人の一派がシチリア島・南イタリアに上陸し，1130年にルッジェーロ２世を初代国王とするシチリア王国を建国した。

参考 イングランドの状況とノルマン人の移動

イングランドの状況

①ウェセックス王エグバート
・七王国統一（829年）→イングランド王国建国
②アルフレッド大王…デーン人の侵入撃退（９世紀）
③クヌート（デーン人）侵入・支配（1016年）
・イギリス＋デンマーク・ノルウェーの支配
・クヌート死後，アングロ＝サクソン系王朝復活

【ノルマン征服】
④ノルマンディー公ギヨーム（ウィリアム）の侵入
・ヘイスティングズの戦い…アングロ＝サクソン人撃破
・ノルマン朝開く（ウィリアム１世，1066年）

ノルマン人（ヴァイキング）の移動

・原住地…スカンディナヴィア半島，ユトランド半島
→８世紀以降，ヨーロッパ各地やアイスランド・グリーンランド・北アメリカに進出
①ノルマンディー公国…ノルマンの首長ロロ
・北フランスに建国
②ノヴゴロド国…ルーシ族のリューリク
・ロシアに建国
③キエフ公国…ノヴゴロドの一派が南下
・ドニプロ川流域に建国
④シチリア王国…ルッジェーロ２世
・南イタリア・シチリア島に建国

(6) 正解－①

Ⅰ－ニハーヴァンドの戦いは642年，正統カリフ時代の第２代ウマルの時代に行われた。ウマルの時代にイスラームはビザンツ帝国からシリア・エジプトを獲得するなど，勢力を拡大した。ササン朝はこの戦いに敗れて衰退は決定的となり，651年に滅亡した。

Ⅱ－バグダードが造営されたのはアッバース朝の第２代マンスールの時代。762～766年，ティグリス側西岸に円形都市として造営された。現在でもイラクの首都となっている。

Ⅲ－ハールーン＝アッラシード（在位786～809年）はアッバース朝の最盛期のカリフである。カール大帝と交流していたことでも知られる。また，アラビア文学の説話集『アラビアン＝ナイト（千夜一夜物語)』にも登場する。

参考 アッバース朝の君主

アッバース朝（750～1258年）

・ホラーサーン地方拠点にウマイヤ朝打倒
①アブー＝アルアッバース…建国
・タラス河畔の戦い（751年）で唐軍撃破
→製紙法の西伝
②マンスール（２代)…都：バグダード造営
③ハールーン＝アッラシード（５代)…全盛期
・カリフ権神授説…専制君主化
④マームーン（７代)…都に「知恵の館」設立
→ギリシア語文献をアラビア語に翻訳
〔衰退・滅亡〕９世紀以降衰退→各地に諸王朝分立
→モンゴルのフラグにより滅亡（1258年）

3

【イスラーム圏の多極化と展開】

(1)（×）後ウマイヤ朝はイベリア半島において，アミールの称号を使用し自立した。

(2)（○）

(3)（×）イスラーム世界の発展により交易ルートの中心が紅海ルートからペルシア湾ルートに変化した。
→紅海ルートとペルシア湾ルートが逆になっている。

(4)（×）トゥグリル＝ベクに率いられたセルジューク朝は1055年にバグダードに入城した。

(5)（○）

(6)（○）

(7)（×）マグリブではベルベル人のムワッヒド朝，次いでムラービト朝が成立した。
→ムワッヒド朝とムラービト朝が逆になっている。

(8)（○）

(9) (×) ゴール朝のアイバクはデリーにおいて奴隷王朝を建国した。
(10) (×) 奴隷王朝を含む，デリーに都をおいた5王朝をデリー＝スルタン朝とよぶ。
(11) (○)
(12) (×) 西アフリカでは，ガーナ王国がイスラーム国家として成立した。
→ガーナ王国はイスラーム国家ではない。
(13) (○)
(14) (○)
(15) (×) ウマル＝ハイヤームは，ペルシア語で『ルバイヤート（四行詩集）』をあらわした。

【ラテン＝カトリック圏の拡大】

(16) (×) 地中海交易圏ではヴェネツィア・ジェノヴァ・フィレンツェなどの都市が中心となった。
→ミラノ・コンスタンティノープル・ピサなども可。ハンブルクは北方商業圏の都市。
(17) (○)
(18) (○)
(19) (×) 都市の市政は当初，商人ギルドが独占していた。
(20) (○)
(21) (×) 聖職叙任権をめぐり，教皇グレゴリウス7世と神聖ローマ皇帝ハインリヒ4世が対立した。
(22) (×) 叙任権闘争は金印勅書が発布されたことで終結した。
→叙任権闘争はヴォルムス協約で終結した。
(23) (×) 教皇ウルバヌス2世はクレルモン教会会議を開いて十字軍を提唱した。
(24) (○)
(25) (×) ヴェネツィア商人が主導した第4回十字軍はコンスタンティノープルを占領しラテン帝国を樹立した。

【ラテン＝カトリック圏の動揺と秩序の変容】

(26) (×) 黒死病による農村人口の減少により農奴の待遇が改善され，イギリスではヨーマンが出現した。
(27) (○)
(28) (×) 教皇ボニファティウス8世とフランス国王フィリップ4世は聖職者への課税権をめぐり争った。
(29) (○)
(30) (×) フランス国王は，南フランスのアヴィニョンにあらたに教皇庁をおいた。
(31) (○)
(32) (×) リチャード1世は第3回十字軍でアイユーブ朝のサラディンに敗北した。
(33) (○)
(34) (○)
(35) (×) ルイ9世は十字軍を指揮し，南フランスのカタリ派（アルビジョワ派）を討伐した。
(36) (×) フィリップ4世は1302年に三部会を召集し王権を強大化した。
(37) (○)
(38) (○)
(39) (×) 百年戦争の結果，イギリスはカレーを除く大陸領土を失った。
(40) (○)
(41) (×) イタリアでは神聖ローマ皇帝の南下をめぐり皇帝派（ゲルフ）と教皇派（ギベリン）が対立した。
→ゲルフとギベリンが逆になっている。
(42) (×) ドイツ騎士団に対抗し，デンマーク・スウェーデン・ノルウェーがカルマル連合を結成した。
(43) (×) カスティリャ王子とアラゴン王女が結婚し，スペイン王国が成立した。
→カスティリャ王女とアラゴン王子が結婚した。
(44) (○)
(45) (○)
(46) (×) ピサ大聖堂を代表とするゴシック様式は，尖塔とステンドグラスの窓を特徴とする。
→ゴシック様式聖堂の代表は，アミアン大聖堂，シャルトル大聖堂，ノートルダム大聖堂，ケルン大聖堂など。ピサ大聖堂はロマネスク様式の聖堂

4 年代整序

(1) 正解－⑥

Ⅰ－マムルーク朝は第6・7回十字軍と戦った。第6・7回十字軍はともにフランスのルイ9世が主導していたが，第7回十字軍でルイ9世は病死。最後は1291年にマムルーク朝が十字軍最後の拠点アッコンを陥落させ，十字軍は終結した。

Ⅱ－ファーティマ朝は909年，北アフリカのチュニジアに建国され，その後エジプトに移動してカイロを建設した。この王朝ではシーア派（イスマーイール派）が信仰され，カイロにはイスラーム最古の大学とも言われるアズハル学院が創建された。

Ⅲ－サーマーン朝は中央アジア初のイラン系王朝として875年に建国された。都は現在のウズベキスタンの都市でもあるブハラ。10世紀末にトルコ系のカラハン朝に倒された。

参考 エジプトの主なイスラーム王朝

①**ファーティマ朝**（909～1171年）…シーア派
・チュニジアに建国➡エジプト征服　都：カイロ
・カリフ自称　・アズハル学院建設（972年）
②**アイユーブ朝**（1169～1250年）
・サラディン…建国
・イェルサレムを奪回→第３回十字軍撃退
③**マムルーク朝**（1250～1517年）
・マムルーク（トルコ系軍人奴隷）建国
・第６・７回十字軍撃退
・カーリミー商人を保護→地中海・インド洋交易の仲介で利益拡大
・バイバルス…フラグのモンゴル軍撃退
・オスマン帝国のセリム１世により滅亡

(2)　正解－②

Ⅰ－ブワイフ朝はイラン系シーア派の軍事政権として成立。946年にアッバース朝の首都バグダードを占領し，アッバース朝カリフから大アミールの称号を得た。しかし，1055年にトゥグリル＝ベクがバグダードで実権を握ると，その後滅亡した。

Ⅱ－イル＝ハン国は，1258年にモンゴルのフラグがアッバース朝を滅ぼし，その跡地に建設したモンゴル人国家である。首都はイランのタブリーズに置かれた。しかしこの地には多くのイスラーム教徒が住むため，ガザン＝ハン（在位1295～1304年）の時代にイスラームを国教化した。

Ⅲ－中央アジアのアム川流域で1077年にホラズム＝シャー朝が自立した。北インドに侵入し，ゴール朝を衰退に向かわせたが，最後はモンゴルのチンギス＝ハンの遠征軍に敗れ滅亡した。

(3)　正解－⑥

Ⅰ－ロディー朝はデリー＝スルタン朝最後の王朝として，1451年に成立した。奴隷王朝から始まるデリー＝スルタン朝は，トルコ系王朝として続いたが，ロディー朝だけはアフガン系の王朝であった。1526年，アフガニスタンのカーブルから侵入したバーブルにパーニーパットの戦いで敗れ滅亡した。

Ⅱ－アフガニスタンのイスラーム王朝としてガズナ朝（962～1186年）が北インドに進出していたが，それを打倒し，ゴール朝が支配を広げた。ゴール朝は12世紀後半に北インドまで支配を広げインドのイスラーム化の道を開いた。

Ⅲ－ウマイヤ朝は西はイベリア半島まで支配を拡大し，711年にはイベリア半島の西ゴート王国を滅ぼした。一方，東では８世紀初めにイスラームとして初めてインドに進出した。

参考 インドのイスラーム化

インドのイスラーム化
①ウマイヤ朝（８世紀）…インドに最初に侵入
②ガズナ朝（962～1186年，トルコ系）
・アルプテギンがアフガニスタンに建国
・３代マフムード…西北インドに侵入
　→インドのイスラーム化の道開く
・ゴール朝により滅亡
③ゴール朝（1148頃～1215年，イラン系）
・アフガニスタンから北インド支配
・ホラズム＝シャー朝により滅亡
④ホラズム＝シャー朝（1077～1231年）
・ゴール朝を滅ぼしアフガニスタン支配
⑤奴隷王朝…アイバクの建国（1206年）
都：デリー→インド最初のイスラーム王朝
－デリー＝スルタン朝開始－
(1)奴隷王朝→(2)ハルジー朝→(3)トゥグルク朝→(4)サイイド朝→(5)ロディー朝

(4)　正解－③

Ⅰ－西アフリカにマリ王国が成立したのは1240年。ガーナ王国がマグリブのムラービト朝に滅ぼされたことで西アフリカのイスラーム化が進んだため，マリ王国の支配階級はイスラーム教徒であった。最盛期のマンサ＝ムーサ王は，メッカ巡礼を行った。

Ⅱ－４世紀頃，エチオピアのアクスム王国はコプト派キリスト教を受容した。コプト派は，451年のカルケドン公会議で異端となった，イエスの神性のみを認める宗派である。

Ⅲ－モノモタパ王国は，11～19世紀にかけてアフリカ南部に存在した国である。とくに15世紀以降はインド洋貿易で金や象牙を輸出する一方，綿布を輸入して繁栄した。

参考 十字軍の主な動き

【招集】クレルモン教会会議（1095年）
・教皇ウルバヌス２世が十字軍提唱
[**第１回**]（1096～1099年）…フランス諸侯中心
　→イェルサレム王国建設
[**第３回**]（1189～1192年）
・アイユーブ朝のサラディン，イェルサレム奪回
　→英王：リチャード１世，仏王：フィリップ２世，独帝：フリードリヒ１世参加

→リチャード1世のみサラディンと戦うも聖地奪回ならず
[第4回]（1202～1204年）
・教皇インノケンティウス3世提唱（1202年）
→ヴェネツィア商人主導→コンスタンティノープル占領→ラテン帝国建設（1204年）
[第5回]（1228～1229年）
・独帝：フリードリヒ2世主導
→イスラーム側との交渉でイェルサレム奪回
[第6回]（1248～1254年）…仏王：ルイ9世中心
・エジプト攻撃
[第7回]（1270年）…仏王：ルイ9世中心
・チュニジアのチュニス攻撃
→マムルーク朝により撃退
・アッコン陥落（1291年）⇒十字軍終了

(5) 正解－③
Ⅰ－フランスにおける聖職者の課税権を巡り，国王フィリップ4世と教皇ボニファティウス8世が対立し，国王はアナーニで教皇を捕らえた。釈放後，教皇は憤死したものの，国王は教皇庁を南フランスのアヴィニョンに移転し，王の監視下に置いた。これに対し，ローマに新たに教皇庁が設けられ，教皇が擁立されたため，1378年，カトリック界は大シスマと呼ばれる事態に発展した。この分裂は1414年のコンスタンツ公会議で解消された。
Ⅱ－聖職者への課税権をめぐり教皇ボニファティウス8世と対立したフィリップ4世は，1302年に三部会を招集して議会の支持を得た。翌1303年にアナーニで教皇を捕らえた。
Ⅲ－大シスマ解消のため，神聖ローマ皇帝ジギスムントによって1414年にコンスタンツ公会議が開かれ，ローマ教皇を正統とすることが決められた。

(6) 正解－③
Ⅰ－これらはいずれもカペー朝の時代である。ルイ9世は1270年に第7回十字軍を主導したが，チュニジアで病にかかり病死した。
Ⅱ－フィリップ2世（在位1180～1223年）は第3回十字軍に参加する一方，イギリス王ジョンと争って在仏英領の大部分を奪回した。
Ⅲ－フィリップ4世は課税権を巡って対立する教皇に対抗するため，1302年に三部会を招集し議会の支持を獲得した。

(7) 正解－⑥
Ⅰ－イギリス国内では百年戦争中から王位継承問題がおこっていたが，1453年に百年戦争が終結すると，その結果に不満をもった諸侯たちが参加しバラ戦争がおこった。最後はランカスター家のヘンリ7世がヨーク家の女性と結婚することで1485年にテューダー朝を樹立した。
Ⅱ－百年戦争は当初イギリスが優勢であったが，天啓を受けたとされる農民の少女ジャンヌ＝ダルクが現れ，フランス軍を率いて1429年に戦略的要地であるオルレアンを解放した。これを機にフランスの反撃が始まった。
Ⅲ－1328年，カペー朝はフィリップ4世を継ぐべき男子がいなくなり，断絶した。これにともないフィリップ6世がヴァロワ朝を創始すると，イギリス王エドワード3世が王位継承権を主張して対抗し，百年戦争が勃発した。

参考 英仏百年戦争の経過

英・仏百年戦争（1339～1453年）
〔経済的原因〕
毛織物生産地フランドルの支配権争い
→英：羊毛輸出先　仏：王領化目指す
〔王位継承問題〕
カペー朝断絶→ヴァロワ朝へ移行（フィリップ6世）
→英王エドワード3世，王位継承権主張
〔経過〕
①クレシーの戦い（1346年）
・イギリスの長弓隊がフランス軍に大勝
②ポワティエの戦い（1356年）
・エドワード黒太子の活躍⇒イギリス優勢
③ジャンヌ＝ダルク（仏）がオルレアン解放
→フランス，シャルル7世反撃へ
〔終結〕…イギリスの敗北（1453年）
→イギリスはカレーを除く大陸領失う

(8) 正解－③
Ⅰ－神聖ローマ帝国では1256～73年まで，実質的に皇帝が不在の「大空位時代」が続いていた。（Ⅱ）これは皇帝の選出が難航するためであるが，このような状況を打開するために，ルクセンブルク家のカール4世は1356年に金印勅書を発布し，皇帝選出権をもつ七選帝侯を定めた。七選帝侯とは，聖界のマインツ大司教，ケルン大司教，トリーア大司教および俗界のファルツ伯，ザクセン公，ブランデンブルク辺境伯，ベーメン王である。
Ⅲ－金印勅書発布以降，特権を与えられた選帝侯の地位が向上したことでドイツの分裂状態はかえって促進されていた。1438年からはハプスブルク家が皇帝位を世襲するようになった。

(9)　正解－⑤

Ⅰ－北欧のデンマーク，ノルウェー，スウェーデンはバルト海に勢力をもつハンザ同盟に対抗するため，デンマーク摂政マルグレーテを中心に1397年にカルマル連合を成立させ，同君連合を結成した。カルマル連合は1523年にスウェーデンが離脱して解散した。

Ⅱ－８世紀にイスラーム教徒がイベリア半島に進出し，711年には西ゴート王国が滅亡した。ここからキリスト教徒によるレコンキスタ（再征服運動）が始まった。その後半に運動の中心となったのがカスティリャ王国とアラゴン王国で，カスティリャ王女イサベルとアラゴン王子フェルナンドは1469年に結婚し，スペイン王国を成立させた。1492年にナスル朝の都グラナダを陥落させ，レコンキスタは完了した。

Ⅲ－1386年，バルト海進出を阻止するドイツ騎士団に対抗するため，リトアニア大公ヤギェウォとポーランド王女ヤドヴィガが結婚し，リトアニア＝ポーランド王国（ヤギェウォ朝）を樹立した。1410年にはタンネンベルクの戦いでドイツ騎士団を破った。

第6章　中央ユーラシアと諸地域の交流・再編

1

【中央ユーラシア諸民族と東アジアの変容】

(1)（×）五代十国時代は，後梁・後唐・後晋・後周・後漢の順で興亡した。
→後梁・後唐・後晋・後漢・後周の順に興亡した。

(2)（〇）

(3)（〇）

(4)（×）北宋を建国した趙匡胤は官僚を排除して節度使による武断政治を進めた。
→趙匡胤は官僚中心の文治主義を進めた。

(5)（〇）

(6)（×）王安石の新法では，農民に低金利で貸し付けを行う青苗法が実施された。

(7)（×）ツングース系女真族の完顔阿骨打によって金が建国された。

(8)（〇）

(9)（×）南宋と金は淮河を国境と定めて南北に対峙した。

(10)（×）宋代では，占城稲の導入や新田開発により「江浙（蘇湖）熟すれば天下足る」という俗諺がうまれた。

(11)（×）喫茶の風習が普及した宋代では，景徳鎮において多くの陶磁器が生産された。

(12)（〇）

(13)（×）朱子学では，『大学』『中庸』『論語』『孟子』の四書が重視された。

(14)（〇）

(15)（〇）

【モンゴル帝国の成立】

(16)（×）クリルタイで即位したチンギス＝ハンは，ナイマン，ホラズム＝シャー朝，西夏を滅ぼした。

(17)（〇）

(18)（×）フラグはアッバース朝を滅ぼし，イラン地方にイル＝ハン国を建てた。

(19)（×）元では旧南宋の漢人や旧金の南人は従属的な立場に置かれた。
→漢人と南人が逆になっている。

(20)（〇）

(21)（〇）

(22)（×）フビライはチベットから高僧のパスパを招聘し，パスパ文字を作らせた。

(23)（×）ローマ教皇から大都に派遣されたモンテ＝コルヴィノは，中国で初めてカトリックを布教した。

(24)（×）ヴェネツィア出身のマルコ＝ポーロは，フビライに仕え，のちに『世界の記述』をあらわした。
→『世界の記述』はマルコ＝ポーロの自著ではなく，他者が口述筆記したものである。

【東南アジア諸国の再編】

(25)（〇）

(26)（〇）

(27)（×）タイでは14世紀に成立したアユタヤ朝によって上座仏教の仏寺や仏塔が多数建築された。

【海域世界の展開と大交易圏の成立】

(28)（×）11世紀～12世紀にみられた東方貿易では，銀・毛皮・木材などがヨーロッパにもたらされた。
→東方貿易では，香辛料や絹織物，宝石などが取引きされた。

2　年代整序

(1)　正解－⑤

Ⅰ－五代の後晋は建国援助の見返りとして936年に契丹に燕雲十六州を割譲した。同地を獲得した契丹はこの地を華北進出の根拠地とした。

Ⅱ－契丹は北宋と1004年に澶淵の盟を結び，毎年，銀や絹を贈ることを認めさせた。このほか，国境地帯で平和的な交易を行うこと，北宋の真宗を兄とし，契丹の聖宗を弟とする関係を結ぶことなどが決められた。

Ⅲ－朝鮮半島では，王建が918年に高麗を建国し，新羅を滅ぼして半島を統一した。都は開城に置かれた。また，高麗では両班による国家運営が始まった。

(2) 正解－③

Ⅰ－王安石は財政改革を行うため1070年頃から青苗法などの新法を断行した。しかしこれらの諸改革は，地主や大商人の既得権益を損なうものであったために有力者の反対にあい挫折した。

Ⅱ－科挙は従来，地方での州試と中央での省試が課されていたが，不正が横行したため，975年に北宋の趙匡胤は，最後に皇帝の面前で試験を行う殿試を設けた。

Ⅲ－北宋は金と同盟を組んで遼を滅ぼしたが，その後北宋が金との盟約に違反したため，金は南下して都開封を占領。上皇の徽宗と皇帝の欽宗を北方へ連行した。これが靖康の変（1126～27年）である。

参考 北宋の統治

北宋（960～1127年）

①太祖・趙匡胤（在位960～976年）…建国
　都：開封
②第2代太宗（在位976～997年）
・江南を征服し，中国の主要部を統一
〔文治主義〕…文人官僚中心の政治
・禁軍…皇帝親衛軍の強化→都の警備
・科挙の確立…州試（地方)→省試（中央)→殿試　※殿試＝皇帝自ら行う最終試験
〔新支配層の形成〕
(1)形勢戸…新興地主層，荘園所有
(2)士大夫…科挙出身の官僚，知識人層
(3)官戸…官僚を輩出した家
〔文治主義の弊害〕
・軍事力低下＋人件費増大
・澶淵の盟（1004年)…遼と和親策
(1)宋は遼に毎年銀と絹を贈る
(2)宋（真宗）を兄，遼（聖宗）を弟の関係とする
(3)国境地帯で平和的な交易を行う
・慶暦の和約（1044年)…西夏と和親策
→銀・絹・茶を贈る
【王安石の新法】(11世紀後半)…神宗の宰相
〔目的〕国家財政の再建
(1)青苗法…農民に低利貸し付け
(2)市易法…中小商人に融資
(3)募役法…労役免除の代わりに免疫銭徴収
(4)保甲法（兵農一致） (5)保馬法 (6)均輸法
〔党争の激化〕
・新法に対する，旧法党（地主・大商人の反対）
→王安石失脚→新旧両法党対立→宋の衰退
・靖康の変…金が開封占領→徽宗（上皇）と欽宗（皇帝）を連行→北宋滅亡（1127年）

(3) 正解－⑥

Ⅰ－朱子学（宋学）は，北宋の周敦頤に始まり，12世紀後半に南宋の朱熹（朱子）が大成した。

Ⅱ－靖康の変で北宋が滅亡すると，高宗が江南で即位して南宋を樹立した。南宋が建国されると，12世紀前半には金への対応をめぐって主戦派の岳飛と和平派の秦檜が争った。結局南宋は金と和平することとなった。

Ⅲ－北宋の司馬光は11世紀後半に歴代王朝の歴史を編年体でまとめた『資治通鑑』を編纂した。

(4) 正解－⑤

Ⅰ－モンゴル帝国ではチンギス＝ハンの時代には特定の首都をもたなかったが，第2代オゴタイ＝ハン（在位1229～41年）のときに首都カラコルムを建設した。

Ⅱ－元ではそれまで，モンゴル語を表記する文字を持たなかったため，公文書用の文字としてウイグル文字を使用していたが，フビライ＝ハン（在位1260～94年）はチベット仏教の高僧パスパに命じてパスパ文字を作らせた。

Ⅲ－1206年，モンゴル諸部族を統合し，クリルタイでハンに即位したチンギス（在位1206～27年）は，軍事・行政組織として千戸制を導入した。

(5) 正解－①

Ⅰ－モンゴル軍が金を征服したのはオゴタイ＝ハンの時代の1234年である。

Ⅱ－第4代モンケは弟のフラグに命じて西征させ，1258年にアッバース朝を滅ぼした。フラグはイラン地方にイル＝ハン国を建国した。

Ⅲ－フビライは1276年に南宋を滅ぼして中国を統一した。

参考 モンゴルの征服活動

モンゴル帝国（1206年～）

①チンギス＝ハン…本名：テムジン
・モンゴル高原の諸部族を平定
　→クリルタイ（部族会議）で即位
　→大モンゴル国（モンゴル帝国）建国（1206

年）
・中央集権体制…千戸制＝モンゴル諸部族を千戸ごとの集団に分け，軍事・行政の単位とする
【外征】…ナイマン➡ホラズム＝シャー朝➡西夏征服（1227年）➡帰途，死去
②第２代オゴタイ＝ハン　都：カラコルム建設
【外征】…金征服（1234年）
・バトゥ西征…ワールシュタットの戦い（1241年）
➡ドイツ・ポーランド軍破る
③第３代グユク＝ハン
・修道士のプラノ＝カルピニと面会
④第４代モンケ＝ハン
・修道士のルブルックと面会
【外征】
(1)弟フビライの南方遠征…大理征服，高麗服属
(2)弟フラグの西征…バグダード占領➡アッバース朝滅亡➡イル＝ハン国建国（1258年）

(6)　正解－⑤
Ⅰ－フランチェスコ会修道士のモンテ＝コルヴィノは大都を訪れ，1307年に大司教となった。それまで中国にはキリスト教として景教が伝わっていたが，これにより中国で初めてカトリックが布教された。
Ⅱ－モロッコ出身の旅行家イブン＝バットゥータは14世紀前半に元を訪れた。彼の旅の記録は後に『大旅行記（三大陸周遊記）』として残された。
Ⅲ－フランス国王ルイ９世は当時ヨーロッパで十字軍（第６・７回）を主導しており，イスラームを挟撃するためルブルックをモンゴルに派遣した。ルブルックは1254年にカラコルムの南郊でモンケ＝ハンと面会を果たしている。

参考 モンゴル帝国の東西交流

モンゴル時代の東西交流
①プラノ＝カルピニ（13世紀，フランチェスコ会）
・カラコルム着
・インノケンティウス４世の派遣
・モンゴルへの視察と布教が目的
②ルブルック（13世紀，フランチェスコ会）
・カラコルム着
・仏王ルイ９世の派遣➡モンケ＝ハンと面会
・十字軍への参戦要請と布教が目的
③マルコ＝ポーロ（13世紀）…大都着
・ヴェネツィア商人
・通商路開拓のため父に従い訪元
・フビライに仕える
・泉州（ザイトン）から海路帰国➡イランに上陸して陸路イタリアへ
・帰国後，『世界の記述』（『東方見聞録』）を残す
④モンテ＝コルヴィノ（13～14世紀，フランチェスコ会）
・大都の大司教となる
・中国初のカトリック布教
⑤イブン＝バットゥータ（14世紀）
・海路で元へ
・モロッコ出身の旅行家
・『三大陸周遊記（大旅行記）』
⑥イスラーム文化流入
・郭守敬が授時暦作成➡日本の貞享暦へ影響

(7)　正解－⑥
Ⅰ－アユタヤ朝はスコータイ朝に次ぐタイの王朝として1351年に成立。東西を結ぶ海上交易の中継地として栄え，米や鹿革の輸出で栄えた。
Ⅱ－パガン朝はビルマ最初の統一王朝として1044年に成立した。上座仏教を受容し，ビルマ文字を制定した。元の度重なる遠征により衰退・滅亡した。
Ⅲ－カンボジアでは扶南を滅ぼしたクメール人が真臘を建国したが，やがて分裂し，802年頃にアンコール朝として再統一された。
(8)　正解－⑥
Ⅰ－ジャワ島は元の使者をシンガサリ朝が追い返したことでフビライの遠征を招いたが，シンガサリ朝滅亡後に遠征軍が到来すると，遺族がこれと交渉し遠征軍を退けることに成功した。こうして1293年にマジャパヒト朝が成立した。
Ⅱ－貿易の航路がペルシア湾ルートから紅海ルートに移行したのは10世紀後半である。
Ⅲ－唐（618～907年）とアッバース朝（750～1258年）の間でジャンク船を用いた交易が盛んとなったのは８～９世紀である。

第7章 大交易時代

第8章 アジア諸地域の帝国

1

【明と東アジア】

(1) (×) 朱元璋は紅巾の乱の武将として頭角をあらわし，明を建国し，大都を攻略した。

(2) (〇)

(3) (×) 里甲制のもとで，各村落では土地台帳の魚鱗図冊と租税台帳の賦役黄冊が作成された。

(4) (×) 永楽帝は靖難の役で第２代建文帝を倒したのち即位し，北京に遷都した。

(5) (×) 明は15世紀半ば以降，民間の海上貿易を制限する海禁政策を実施した。
➡明は建国（1368年）直後から海禁を実施している。

(6) (〇)

(7) (〇)

(8) (×) タタールのアルタン＝ハンはたびたび国境を越えて明に侵入した。

(9) (〇)

(10) (〇)

(11) (×) 商業の発達にともない，商人たちの互助の場として会館や公所が設置された。

(12) (×) メキシコ銀や日本銀の大量流入で，地税と丁税を一括して銀で納める一条鞭法が始まった。

(13) (〇)

(14) (×) 永楽帝の時代に『五経大全』『四書大全』『永楽大典』が編纂された。

(15) (×) 実学では徐光啓が『農政全書』をあらわした。
➡李時珍があらわしたのは『本草綱目』。

(16) (×) 16世紀，織田信長は室町幕府を滅ぼした。

(17) (〇)

(18) (×) 江戸幕府をひらいた徳川家康は，東南アジアとの朱印船貿易を行った。

【大交易時代の海域アジア】

(19) (×) アジアに進出したポルトガルはマニラを建設し，スペインはマカオに居住権を得て貿易を行った。
➡ポルトガルとスペインが逆になっている。

(20) (×) 16世紀半ばには徳川家康による朱印船貿易の影響で東南アジア各地に日本町がつくられた。

(21) (〇)

(22) (×) オランダ東インド会社はジャワ島のバタヴィアを根拠地にアジアで商業圏を拡大した。

(23) (〇)

2 年代整序

(1) 正解－②

Ⅰ－1368年，朱元璋により明が成立すると，朱元璋は皇帝独裁体制の強化に努めた。その一環として1380年にそれまで行政の最高機関であった中書省とその長官の丞相を廃止し，六部を皇帝の直属とした。

Ⅱ－北虜南倭により明は衰退する。1449年，オイラトのエセン＝ハンは北京郊外の土木堡で正統帝を捕らえ，モンゴルへ連行した。それ以後，タタール部のアルタン＝ハンが毎年明に侵入するようになった。

Ⅲ－1402年，靖難の役により第２代建文帝を打倒した永楽帝が即位すると，皇帝の補佐機関として内閣大学士を設置した。

参考 明の統治

明（1368～1644年）

①太祖・洪武帝（朱元璋）…建国（1368年）
・都：金陵（現・南京）…江南中心の初の統一王朝

【洪武帝の政策】…君主独裁体制の確立
・中書省廃止＋丞相廃止，六部の皇帝直属（行政）
・衛所制（兵制）
・里甲制…村落制度（１里110戸）
　➡徴税・治安維持が目的
・魚鱗図冊（土地台帳）
・賦役黄冊（戸籍・租税台帳）
・思想…朱子学の官学化
・六諭（教訓）で民衆教化…里内の里老人による
・一世一元の制…皇帝一人につき，一つだけの元号を用いる
・海禁政策…〈基盤〉中華思想（漢民族の優越思想）
　〈貿易〉朝貢貿易（恩恵的貿易形態）

②永楽帝（1402～24年）
・靖難の役で第２代建文帝倒す
・北京に遷都

【永楽帝の政策】
・内閣大学士設置　・５回のモンゴル親征
・ヴェトナムを一時支配　・紫禁城の建設
・鄭和の南海遠征（1405年～）
〈目的〉朝貢貿易の促進　〈結果〉華僑進出のもと
⬇

【明の衰退・滅亡】
(1)北虜
・オイラト（瓦剌）のエセン＝ハンが土木の変（1449年）で正統帝連行→タタール（韃靼）のアルタン＝ハンが毎年明に侵入
(2)南倭
・前期倭寇（14世紀）→日本人中心
・後期倭寇（16世紀）→中国人の密貿易商中心
(3)滅亡
・李自成の乱→北京占領→明滅亡（1644年）

(2)　正解－③
Ⅰ－日本では1600年の関ヶ原の戦いに勝利した徳川家康が，1603年に江戸幕府を開いた。
Ⅱ－スペインはカルロス１世の時代にマゼランを援助したことでフィリピンに到達し，ここをスペイン領とすると，フェリペ２世の時代の1571年にマニラを建設してアジア貿易の拠点とした。
Ⅲ－明は1644年に農民反乱軍の李自成に首都北京を占領され滅亡した。
(3)　正解－⑥
Ⅰ－ポルトガルは明の倭寇対策に協力したことで明から1557年にマカオ居住権を与えられ，東アジアでの貿易の拠点とした。
Ⅱ－ポルトガルのアルブケルケは1511年にマラッカを占領し，滅ぼした。
Ⅲ－ポルトガルがインドのゴアを占領したのは1510年。後に占領・獲得したマラッカ，マカオ，平戸と合わせて４大商業拠点となった。
(4)　正解－③
Ⅰ－日本で織田信長により室町幕府が倒されたのは1573年である。
Ⅱ－朝鮮は長らく中国の支配または属国であったことから，文字は漢字を用いていたが，朝鮮王朝の世宗は1446年に訓民正音（ハングル）を制定した。これにより朝鮮民族の民族意識が高揚した。
Ⅲ－豊臣秀吉の朝鮮出兵を壬辰・丁酉の倭乱という。壬辰倭乱は1592～93年，丁酉倭乱は1597～98年。日本ではそれぞれ文禄・慶長の役という。

3

【中央ユーラシアと西アジアの帝国】
(1)（×）ティムールは，アンカラの戦いでオスマン帝国の軍に敗れた。
→ティムールはオスマン帝国の軍を破った。
(2)（○）
(3)（×）ティムール朝はトルコ系の遊牧ウズベクの侵入により滅亡した。
(4)（○）
(5)（×）サファヴィー朝では王の称号としてシャーが用いられた。
(6)（×）アッバース１世は新都タブリーズを建設し，イスファハーンから遷都した。
→タブリーズとイスファハーンが逆になっている。
(7)（○）
(8)（×）セリム１世はエジプトのマムルーク朝を滅ぼし，メッカ・メディナの保護権を得た。
(9)（×）スレイマン１世はレパントの海戦に敗れ地中海の制海権を失った。
→レパントの海戦に敗れたのはスレイマン１世ではなくセリム２世。また，これ以降もオスマン帝国は地中海での優位を保った。
(10)（×）オスマン帝国ではデヴシルメ制でキリスト教徒の子弟を強制的にイスラーム教に改宗させた。
(11)（○）
(12)（×）オスマン帝国では異教徒の自治はいっさい認められなかった。
→オスマン帝国ではミッレトの制度により異教徒の自治は認められた。
(13)（○）
(14)（○）
【南アジアの帝国】
(15)（×）ティムールの子孫のバーブルがデリーを都にムガル帝国を建国した。
(16)（○）
(17)（×）南インドでは14世紀にヒンドゥー教国のヴィジャヤナガル王国が勢力を拡大した。
(18)（×）イギリスはマドラス・ボンベイ・カルカッタをインドの拠点とした。
(19)（○）
(20)（×）ムガル帝国第５代のシャー＝ジャハーンはアグラにタージ＝マハルを建立した。
(21)（○）
(22)（×）各地で反ムガル帝国勢力が現れ，パンジャーブ地方ではシク教徒が台頭した。
(23)（○）
(24)（○）
【東南アジアの帝国】
(25)（×）タイでは1782年にラタナコーシン（バンコク）朝が成立し，現在まで続く王朝として存在している。
(26)（○）
(27)（○）
(28)（×）ジャワ島のバンテン王国は東南アジア初

のイスラーム国家として栄えた。
→東南アジア初のイスラーム国家はマラッカ王国である。

(29)（○）

【清と東アジア】

(30)（×）後金を建国したヌルハチは，国号を清と改称し，八旗を創設した。
→国号を清と改称したのは第2代のホンタイジ（太宗）。

(31)（○）

(32)（○）

(33)（×）康熙帝はロシアとネルチンスク条約を結んで東方地方の国境を画定した。

(34)（○）

(35)（○）

(36)（×）清では漢人のみによる治安維持部隊として緑営が創設された。

(37)（×）清では伝統的な中国文化は規制され，学者は徹底的に弾圧された。
→清では学者は編纂事業などにあてられ優遇された。

(38)（×）乾隆帝は広州一港に貿易港を制限し，特許商人組合の公行に貿易を独占させた。

(39)（○）

(40)（○）

(41)（×）典礼問題をへて雍正帝はキリスト教の布教を全面的に禁止した。

(42)（○）

(43)（×）清代には『金瓶梅』『儒林外史』『聊斎志異』などの文学作品があらわされた。
→『金瓶梅』は明末の口語小説。

(44)（○）

(45)（○）

(46)（×）享保の改革では，徳川吉宗が農村の立て直しと倹約をすすめた。

4 年代整序

(1) 正解－⑥

Ⅰ－サマルカンドに天文台を建設したのは第4代のウルグ＝ベク。学芸・文芸を好む彼は1420年頃に天文台を建設したとされる。

Ⅱ－ティムールは1402年にアンカラの戦いでオスマン帝国のバヤジット1世を破り捕らえた。

Ⅲ－14世紀後半にチャガタイ＝ハン国から自立したティムールは，14世紀末までに中央アジアのチャガタイ＝ハン国，イランのイル＝ハン国を併合し，イラン・イラク地方を併合した。

参考 ティムール朝の統治

ティムール朝（1370～1507年）

①ティムール…建国　都：サマルカンド
・西チャガタイ＝ハン国の混乱に乗じ台頭

〔発展〕
・チャガタイ＝ハン国統合
・イル＝ハン国併合
・トゥグルク朝へ侵攻（1398年）
・アンカラの戦い（1402年）でオスマン帝国破る
・明への遠征途中ティムール病死

②第3代シャー＝ルフ
・アフガニスタン西部のヘラートに遷都

③第4代ウルグ＝ベク
・サマルカンドに天文台建設
・死後衰退

〔滅亡〕
・遊牧ウズベクにより滅亡（1507年）
→後遊牧ウズベクは分裂　(1)ブハラ＝ハン国　(2)ヒヴァ＝ハン国　(3)コーカンド＝ハン国建設

(2) 正解－④

Ⅰ－スレイマン（スレイマニエ）＝モスクはイスタンブルに建てられたミナレット（光塔）を特徴とするモスクである。スレイマン1世が建築家のミマーリ＝シナンに命じて造らせ，1557年に完成した。

Ⅱ－アドリアノープルに遷都したのはムラト1世の時代の1366年である。オスマン帝国はアナトリア北西部に興ったが，ムラト1世はビザンツ帝国からこの地を奪うとこの地に遷都した。

Ⅲ－セリム1世は1517年にマムルーク朝を滅ぼし，メッカ・メディナ両聖地の保護権を獲得した。

参考 オスマン帝国の統治

オスマン帝国（1300年頃～1922年）

①建国…オスマン1世
・小アジア北西部に建国→バルカン半島進出

〔発展〕
②ムラト1世…アドリアノープル占領・遷都→コソヴォの戦い（1389年）で勝利→暗殺
③バヤジット1世…ニコポリスの戦い（1396年）→ヨーロッパ連合軍撃破
・アンカラの戦い（1402年）でティムールに大敗→スルタンは捕らえられ死亡，帝国は混乱期へ
④メフメト2世…コンスタンティノープル占領

(1453年)→ビザンツ帝国滅亡
・遷都，後にイスタンブルと呼ばれる
・クリム＝ハン国服属
⑤セリム１世…サファヴィー朝撃破（1514年）
・マムルーク朝征服（1517年)→メッカ・メディナの保護権獲得
⑥スレイマン１世…最盛期
・モハーチの戦い（1526年）でハンガリー征服
→第１次ウィーン包囲（1529年）
・サファヴィー朝からイラク南部を奪う
・プレヴェザの海戦（1538年）でスペイン・ヴェネツィア・ローマ教皇の連合艦隊に勝利
・仏王フランソワ１世と結び独帝カール５世圧迫
・国内の法や行政制度を整備
→「立法者（カーヌーニー）」と呼ばれる
・スレイマン＝モスクの建設（建築家ミマーリ＝シナン)→ミナレット（光塔）が特徴

(3)　正解－①
Ⅰ－マンサブダーリー制は16世紀後半に第３代アクバルが定めた制度。臣下の序列をつける位階制度で，位階（マンサブ）に見合った数の兵士と軍馬をそろえさせるものである。
Ⅱ－タージ＝マハルを建立したのは第５代シャー＝ジャハーン。17世紀前半の皇帝である。タージ＝マハルはインド＝イスラーム文化を代表する建造物で，シャー＝ジャハーンが愛妃ムムターズ＝マハルの墓廟としてアグラに造営した。晩年は息子アウラングゼーブによってアグラ城に幽閉された。
Ⅲ－1658年に即位したアウラングゼーブは，厳格なイスラーム教徒であったことから，アクバルが廃止したジズヤを復活し，ヒンドゥー教徒の反発を招いた。以後ムガル帝国は衰退することとなる。

参考 ムガル帝国の統治

ムガル帝国（1526～1858年）
①バーブル（ティムールの子孫）…建国
・アフガニスタンのカーブル拠点に北インド進出
→パーニーパットの戦いでロディー朝破る
都：デリー
②第３代アクバル（在位1556～1605年）
・アグラに遷都
・ラージプート族と融和
・ジズヤ廃止⇒ヒンドゥー教徒との融和をはかる
・マンサブダーリー制…臣下の序列をつける（階級）制度
③第５代シャー＝ジャハーン（在位1628～58年）
・タージ＝マハル建設
・ヴィジャヤナガル王国と抗争
④第６代アウラングゼーブ（在位1658～1707年）
・領土最大
・厳格なスンナ派
・ジズヤ復活⇒ヒンドゥー教徒を弾圧
→反ムガル帝国勢力台頭

(4)　正解－⑥
Ⅰ－1571年，ギリシア西岸のレパント沖でオスマン帝国の艦隊が，フェリペ２世統治下のスペインやヴェネツィア・ローマ教皇などの連合艦隊に敗れた。オスマン帝国側の君主はセリム２世であった。
Ⅱ－1538年におこなわれたプレヴェザの海戦では，オスマン帝国艦隊がスペイン・ヴェネツィア・ローマ教皇の連合艦隊を破った。なお，この時のオスマン帝国のスルタンはスレイマン１世，スペイン王はカルロス１世である。
Ⅲ－1453年，メフメト２世率いるオスマン帝国軍がビザンツ帝国の首都コンスタンティノープルを陥落させ，ビザンツ帝国が滅亡した。
(5)　正解－⑤
Ⅰ－ビルマでコンバウン朝が成立したのは1752年。
Ⅱ－タイでラタナコーシン朝が成立したのは1782年。
Ⅲ－ジャワでマタラム王国が最盛期を迎えたのは17世紀なかばである。
(6)　正解－⑥
Ⅰ－ジュンガル部は現在の新疆ウイグル族自治区北部にあたる地域。清は乾隆帝時代の1758年にジュンガル部を滅ぼし，回部と合わせて「新疆」と改称した。
Ⅱ－キャフタ条約は1727年に雍正帝がロシアと結んだ国境条約で，外モンゴルとシベリア間の国境を画定した。
Ⅲ－ネルチンスク条約は，1689年に清の康熙帝とロシアのピョートル１世の間で結ばれた条約で，アルグン川とスタノヴォイ山脈を国境として画定した。
(7)　正解－②
Ⅰ－八旗を創設したのはヌルハチ。17世紀前半に清の軍事・行政組織として定めた。
Ⅱ－1757年，乾隆帝は貿易港を広州一港に限定し，特許商人組合の公行に貿易を独占させ，朝貢貿易の維持を図った。

Ⅲ－1730年，雍正帝は軍機処を設置して，八旗に代わる軍事・行政の最高機関とした。

参考 清の統治

清（1616～1912年）ツングース系女真族
①ヌルハチ（太祖）…建州女真の首長，後金建国
都：瀋陽（盛京）
・八旗創設
②ホンタイジ（太宗）…（在位1626～43年）
・内モンゴルのチャハル部征服
・国号を清に，民族名を満洲族に改称
・朝鮮王朝を属国化
③順治帝（在位1643～61年）
・明の遺臣・呉三桂の先導で山海関突破
→北京占領
・李自成の乱平定
→呉三桂らを三藩（藩王）に封じる
・緑営創設
④康熙帝（在位1661～1722年）
・呉三桂らが起こした三藩の乱を鎮圧
・台湾…明の遺臣・鄭成功が台湾を拠点に反抗
→康熙帝は遷界令で対抗
→鄭氏を倒し台湾平定→中国統一完成
・海禁政策を緩和，海関設置
・ネルチンスク条約（1689年）
→ロシアのピョートル１世との国境画定
⑤雍正帝…キャフタ条約（1727年）
→露清間でモンゴルの国境画定
⑥乾隆帝…ジュンガル部，回部平定
→「新疆」と改称
・領土最大
・貿易港を広州一港に限定（1757年）

(8) 正解－③

Ⅰ－日本で「鎖国」体制が完成したのは17世紀半ば頃である。

Ⅱ－朝鮮通信使が江戸に初めて派遣されたのは1607年である。

Ⅲ－寛政の改革が始められたのは1787年である。

第9章 近世ヨーロッパの形成と展開

1

【ヨーロッパの海外進出】

(1)（○）

(2)（×）マゼランはフィリピンに到達したあとスペインに帰国し世界周航を達成した。
→マゼランはフィリピンで戦死している。彼の部下たちが世界周航を達成した。

(3)（×）古代アメリカでは鉄器による文明が発達し，牛や馬を家畜として使用していた。
→古代アメリカ文明は青銅器文明であり，鉄器は使用されなかった。また，牛や馬などの大型の家畜もいなかった。

(4)（○）

(5)（×）スペインは，先住民のキリスト教化を条件に住民の支配を委託するエンコミエンダ制を施行した。

(6)（○）

(7)（×）大航海時代の結果，商業革命がおこり，貿易の中心が大西洋から地中海に移行した。
→大西洋と地中海が逆になっている。

(8)（○）

【ルネサンスと宗教改革】

(9)（○）

(10)（×）レオナルド＝ダ＝ヴィンチは，『最後の晩餐』『モナ＝リザ』を描いた。
→『最後の審判』はミケランジェロの作品である。

(11)（○）

(12)（×）イギリスのトマス＝モアは，『ユートピア』をあらわし，囲い込みを批判した。

(13)（×）ガリレイは地動説を確信したが，教会から圧力を受け異端とされた。

(14)（○）

(15)（○）

(16)（×）アウクスブルクの宗教和議の結果，諸侯にはカトリックかルター派かの選択権が与えられた。

(17)（×）フランス人のカルヴァンはスイスのジュネーヴで改革をおこなった。

(18)（×）カルヴァン派はおもに西欧の商工業者層に普及していった。

【主権国家体制の成立】

(19)（○）

(20)（×）オランダ独立戦争後，首都アムステルダムが国際商業の中心となった。

(21)（×）チャールズ１世が権利の請願を無視し議会を弾圧したことでピューリタン革命がおこった。

(22)（○）

(23)（○）

(24)（×）ユグノー戦争中，アンリ４世はナントの王令を発し，内戦を終わらせた。

(25)（○）

(26)（×）三十年戦争では，フランスは旧教国として介入し，神聖ローマ帝国を破った。

→フランスは旧教国であるが，新教側で参戦した。

(27)（×）ウェストファリア条約ではオランダとスイスの独立が国際的に承認された。

(28)（○）

(29)（×）オーストリアのマリア＝テレジアは七年戦争でシュレジエンの奪回に成功した。

→マリア＝テレジアはシュレジエンを奪回できなかった。

【激化する覇権競争】

(30)（○）

(31)（×）フレンチ＝インディアン戦争に敗れたフランスは，パリ条約で北米植民地を失った。

【近世ヨーロッパの社会と文化】

(32)（×）ルイ14世は繊細さを特徴とするロココ様式のヴェルサイユ宮殿を建設した。

→ヴェルサイユ宮殿は豪華壮麗なバロック様式で建設された。

(33)（○）

(34)（○）

2 年代整序

(1) 正解－④

Ⅰ－スペイン人のピサロは1533年にインカ帝国を征服した。同じくスペイン人のコルテスは1521年にアステカ王国を征服しているが，混同しないようにしておこう。彼らによって「新大陸」がスペインの植民地になると，スペインは多くの植民者を送り込んでエンコミエンダ制やアシエンダ制による植民活動を進めた。

Ⅱ－ヴァスコ＝ダ＝ガマがインドのカリカットに到達したのは1498年。アフリカを東周りで進み，アフリカ東岸の都市マリンディでムスリムの水先案内人を得，インド洋を渡った。

Ⅲ－スペインに亡命していたポルトガルのマゼランはスペイン国王カルロス１世の命でセビリャ港を出港し，マゼラン海峡を発見して太平洋に進出した。1521年にフィリピンのマクタン島（現在のセブ島）に到達したが，現地の住民との戦闘の末戦死した。

(2) 正解－⑥

Ⅰ－アステカ王国がテスココ湖上に首都テノチティトランを建設したのは14世紀である。

Ⅱ－アンデス地方にチャビン文化が成立したのは紀元前1000年頃である。

Ⅲ－メキシコ湾岸には紀元前1200年頃までにオルメカ文明が成立した。

(3) 正解－②

Ⅰ－ドイツではルターが1517年に「95か条の論題」を発表し，宗教改革を起こすと，これに同調した農民指導者ミュンツァーが1524年にドイツ農民戦争を起こした。ルターは当初この反乱に同情的であったが，農民の要求が農奴制廃止などの社会変革に変わると，諸侯に鎮圧を要請した。

Ⅱ－神聖ローマ皇帝カール５世は教皇の支持を得るためルター派を否認していたが，フランスとのイタリア戦争やオスマン帝国の圧迫により，ルター派諸侯の援助を得るため，一度はシュパイアー帝国議会でルター派を黙認した。しかし，イタリア戦争が講和したためカール５世は再びルター派を禁止した。これに対してルター派諸侯はシュマルカルデン同盟を結んで対抗。1555年のアウクスブルクの宗教和議で講和となった。この和議では諸侯・領主に対してルター派かカトリックかの選択権が与えられたものの，個人に信仰の自由は認められなかった。

Ⅲ－第１回トレント（トリエント）公会議は1545～47年，宗教改革に対抗して巻き返しを図るカトリック側が開いたものである。教皇パウルス３世は教皇の至上権とカトリック教義を再確認し，禁書目録などを制定した。

(4) 正解－③

Ⅰ－1568年に始まったオランダ独立戦争では，1581年にユトレヒト同盟がネーデルラント連邦共和国の独立を宣言し，1609年にスペインとの間で休戦条約が結ばれた。これをもって「事実上の独立」とされる。1648年のウェストファリア条約で独立は国際的に承認された。

Ⅱ－スペインのフェリペ２世は，1580年にポルトガルを併合した。もともと「新大陸」に植民地を持っていたスペインが，アジアに植民地を多く持つポルトガルを併合したことで「太陽の沈まぬ帝国」を形成した。

Ⅲ－1603年にステュアート朝が成立すると，国王らによる専制政治が続いた。1642年の内乱からピューリタン革命が起こり，一時共和政となったが，1660年には王政復古が行われ，ステュアート朝が復活した。即位したチャールズ２世と次王でその弟のジェームズ２世はカトリックを復活・保護したため，名誉革命が勃発した。この革命に際して議会は「権利の宣言」を提出し，新王のウィリアム３世とメアリ２世はそれを承認して即位した。即位後の1689年に「権利の章典」として制定され，イギリスは立憲王政が確立した。

参考 オランダ独立戦争の流れ

オランダの独立（スペインから）
〔原因〕…商工業発達，カルヴァン派普及
→フェリペ２世圧政（旧教強制）
〔開始〕オランダ独立戦争（1568～1609年）
・オラニエ公ウィレム指導
〔戦争の経過〕
①本国（スペイン）の懐柔策…南部10州➡脱落
②北部７州➡ユトレヒト同盟結成（英支援）
③ネーデルラント連邦共和国独立宣言（1581年）
→アントウェルペン破壊（1585年）
④休戦条約（1609年）で事実上独立
⑤ウェストファリア条約（1648年）で国際承認
〔独立後〕
⑴北部＝オランダ・ゴイセン・中継貿易
⑵南部＝ベルギー（1830年独立）・カトリック・毛織物業
〔オランダの繁栄（17世紀前半）〕
・アムステルダムは国際商業の中心

⑸　正解－⑤

Ⅰ－オーストリア継承戦争はマリア＝テレジアの家督相続をめぐり1740年に勃発した。この戦争でオーストリアに反対したプロイセンは，フリードリヒ２世の活躍により，1748年に結ばれたアーヘン条約においてシュレジエンを獲得した。

Ⅱ－プロイセン・オーストリア・ロシアが1795年に第３回ポーランド分割を行い，ポーランドは消滅した。

Ⅲ－清とロシアがネルチンスク条約を結んだのは1689年である（解説p.25参照）。

参考 ポーランド分割

ポーランド分割
〔背景〕ヤギェウォ朝断絶→選挙王政→貴族の抗争→国力弱体化
①第１回（1772年）
普：フリードリヒ２世
露：エカチェリーナ２世
墺：ヨーゼフ２世
②第２回（1793年）
・普＋露→フランス革命の混乱利用
→コシューシコの抵抗
③第３回（1795年）…普＋露＋墺
→ポーランド消滅

⑹　正解－②

Ⅰ－オランダ独立戦争の勃発は1568年。カルヴァン派が普及していたオランダに対して宗主国のフェリペ２世がカトリックを強制したことが反乱の契機となった。

Ⅱ－スペイン継承戦争の勃発は1701年。スペイン・ハプスブルク家の断絶に際し，フランスのルイ14世が自身の孫フェリペ５世を即位させたことが原因となった。ユトレヒト条約の結果，フェリペ５世の即位は認められたが，フランスとスペインの併合は禁止され，また，多くの海外領土を失った。

Ⅲ－三十年戦争の勃発は1618年。アウクスブルクの宗教和議で個人の信仰の自由が認められていなかったことが原因で，ハプスブルク領内のベーメン（ボヘミア）の新教徒がカトリック政策に反発したことから始まった。宗教戦争から始まったこの戦争は，旧教国フランスが新教国側で参戦したことで性格を変化させ，最後は1648年のウェストファリア条約で終結した。

参考 三十年戦争の展開

三十年戦争（1618～1648年）
〔原因〕
アウクスブルクの宗教和議の不備，新旧両諸侯の対立
〔契機〕
ハプスブルク家のフェルディナント２世に対するベーメン（ボヘミア）の新教徒の反乱
〔経過〕
①デンマーク介入（新教徒援助）
→皇帝側の傭兵隊長ヴァレンシュタインに敗北
②スウェーデン王グスタフ＝アドルフ，新教側で介入→活躍後，戦死
③旧教国フランス（リシュリュー），ハプスブルク家に対抗して新教側で介入
⬇
④ウェストファリア条約（1648年）
・ヨーロッパの主権国家体制確立

⑺　正解－⑤

Ⅰ－フランスにおいてヴェルサイユ宮殿に宮廷が置かれるようになったのは1682年である。

Ⅱ－ジェンナーが種痘法を発明したのは1796年である。

Ⅲ－ホッブズが『リヴァイアサン』をあらわしたのは1651年である。

第10章 産業革命と大西洋革命

1

【イギリスの産業革命】

(1)（×）イギリスでは食糧増産目的の第2次囲い込みがおこなわれ，土地を失った農民が都市に流入した。

(2)（○）

(3)（×）カートライトは水力を利用した水力紡績機を発明した。

→カートライトは力織機を発明した。水力紡績機を発明したのはアークライト。

(4)（×）ワットが蒸気機関を初めて発明し，織機や紡績機などに応用した。

→蒸気機関を発明したのはニューコメン。

(5)（○）

(6)（○）

(7)（○）

【南北アメリカの革命】

(8)（×）北米初のイギリス植民地としてジョージア植民地が建設され，植民地議会が創設された。

→初の植民地はヴァージニア植民地。ジョージア植民地は北米最後の植民地。

(9)（×）イギリスが北米植民地で印紙法を制定すると，植民地側は「代表なくして課税なし」と反発した。

(10)（○）

(11)（×）1783年にパリ条約が結ばれてアメリカ合衆国の独立が承認された。

(12)（○）

(13)（×）ラテンアメリカの独立に際し，モンロー大統領は米欧両大陸の不干渉を主張した。

(14)（×）アメリカはカリフォルニアを併合したのちアメリカ＝メキシコ戦争に勝利しテキサスを獲得した。

→カリフォルニアとテキサスが逆になっている。

(15)（○）

(16)（×）ベネズエラ・コロンビア・ボリビアはシモン＝ボリバルの指導で独立を達成した。

(17)（×）独立後のラテンアメリカでは植民地生まれの白人であるクリオーリョの支配が堅持された。

(18)（×）フアレスの自由主義的改革に対する保守派の反発がおこり，メキシコは内戦に発展した。

【フランス革命とナポレオン帝政】

(19)（○）

(20)（○）

(21)（×）1791年に発布された憲法では立憲君主政と制限選挙が規定された。

(22)（×）立法議会の会期中に8月10日事件がおこり，国王の権力が停止した。

(23)（×）国民公会では山岳派（ジャコバン派）が主導権を握り，ルイ16世を処刑した。

(24)（○）

(25)（×）恐怖政治を行っていたロベスピエールはテルミドール9日のクーデタで失脚した。

(26)（○）

(27)（○）

(28)（×）アウステルリッツの戦いののちライン同盟が結成されて神聖ローマ帝国は消滅した。

(29)（○）

2 年代整序

(1) 正解－①

Ⅰ－ハーグリーヴズがジェニー紡績機を発明したのは1764年頃である。

Ⅱ－アークライトが水力紡績機を発明したのは1769年である。

Ⅲ－カートライトが力織機を発明したのは1785年である。

(2) 正解－⑥

Ⅰ－イギリス政府は1773年に茶法を制定し，東インド会社に「新大陸」での茶の独占販売権を与えた。これが「新大陸」の商人の反発を買い，ボストン湾に停泊していた東インド会社の船を「新大陸」の商人が襲撃するボストン茶会事件が起こった。

Ⅱ－1765年に印紙法が制定されると植民地側は「代表なくして課税なし」と訴え反対した。それによりこの法は翌年撤廃された。

Ⅲ－イギリス初の植民地としてヴァージニア植民地が建設されたのは1607年である。

(3) 正解－③

Ⅰ－トマス＝ジェファソンらが起草したアメリカ独立宣言は，フィラデルフィアで開催された第2回大陸会議で採択され，1776年に発表された。

Ⅱ－1775年にレキシントン・コンコードの戦いで独立戦争が始まると，同年に開かれた第2回大陸会議でワシントンが総司令官に任命された。

Ⅲ－1783年のパリ条約でアメリカの独立が達成されると，憲法制定会議を経て1787年にアメリカ合衆国憲法が成立した。

参考 アメリカ独立戦争の流れ

独立戦争の始まり

・レキシントンの戦い（1775年）

・コンコードの戦い（1775年）

⬇

〔第２回大陸会議〕
・ワシントンを総司令官に任命
・トマス＝ペイン『コモン＝センス』
　→独立気運の高揚
・独立宣言（1776年７月４日）
　→トマス＝ジェファソンらが起草・採択
　→ロックの思想的影響＝抵抗権肯定
・アメリカ連合規約（1777年発布）
　→“アメリカ初の憲法”

戦争の転換
・サラトガの戦い（1777年）
　→アメリカ軍がイギリス軍に勝利
　→仏との同盟成立（1778年）
・仏，西の参戦（駐仏大使フランクリン活躍）
・武装中立同盟（露，エカチェリーナ２世提唱）

⬇

独立戦争の終結
・ヨークタウンの戦い（1781年）…独立軍の勝利
・パリ条約（1783年）
①アメリカの独立
②ミシシッピ以東のルイジアナ割譲
・憲法制定会議（フィラデルフィア）
　→合衆国憲法制定（1787年）…「三権分立」の原則

(4)　正解－③
Ⅰ－スペインからフロリダを買収したのは1819年である。
Ⅱ－アメリカ＝イギリス戦争（米英戦争）がおこったのは1812年である。
Ⅲ－カリフォルニアでゴールドラッシュがおこったのは1848年である。

(5)　正解－②
Ⅰ－1789年８月，国民議会は人権宣言を発表し，封建的特権の廃止を決めた。フランス人権宣言は第17条に見える私有財産の不可侵を特徴とする。
Ⅱ－メートル法が採用されたのは1799年である。
Ⅲ－1789年10月，人権宣言に抵抗したルイ16世を，民衆はヴェルサイユ宮殿からパリ中心部のテュイルリー宮殿に移送した。

(6)　正解－④
Ⅰ－ナポレオンはイギリス経済の打倒とフランス市場の拡大を目的に1806年，ベルリンにおいて大陸封鎖令を発した。しかし，これは逆にイギリス市場を失った大陸諸国の経済を圧迫することとなり，ナポレオンに対する反発が高まった。
Ⅱ－統領政府を樹立し第一統領となったナポレオンは1804年３月，私有財産の不可侵など，フランス革命の成果を盛り込んだフランス民法典（ナポレオン法典）を公布し国民の支持を高めた。
Ⅲ－フランス民法典などの公布で支持を集めたナポレオンは1804年５月に国民投票を行い，ナポレオン１世として即位した。

第11章　近代ヨーロッパ・アメリカの国民国家

1

【ウィーン体制と1848年の革命】
(1)（〇）
(2)（×）ウィーン会議の結果，ドイツには神聖ローマ帝国が復活した。
　→ドイツにはドイツ連邦が成立した。
(3)（×）ウィーン会議の結果，イギリスはケープ植民地とスリランカを獲得した。
(4)（×）イタリアでは，デカブリストの蜂起がおこった。
　→イタリアではカルボナリの蜂起がおこった。デカブリストの蜂起はロシアでおこった。
(5)（〇）
(6)（×）第１回選挙法改正の結果，選挙権を得られなかった労働者たちはチャーティスト運動をおこした。
(7)（〇）
(8)（×）七月革命の結果，オルレアン家のルイ＝フィリップが新たに王として即位した。
(9)（〇）
(10)（〇）
(11)（×）二月革命の影響でハンガリーではコッシュートが指導するマジャール人の民族運動がおこった。
(12)（〇）

【19世紀後半のヨーロッパとアメリカ】
(13)（〇）
(14)（×）グラッドストン内閣のときに第２回選挙法改正がおこなわれ，都市の労働者に選挙権が拡大した。
　→第２回選挙法改正はダービー保守党のときにおこなわれた。グラッドストン内閣は第３回選挙法改正をおこなった。
(15)（〇）
(16)（〇）
(17)（×）サルデーニャは，ヴェネツィアとロンバルディアを併合し，1861年にイタリア王国が成立した。

→ヴェネツィアは1866年に勃発したプロイセン＝オーストリア戦争に乗じて併合された。

⒅（×）青年イタリア出身のガリバルディは両シチリア王国を占領し，王に献上した。

⒆（○）

⒇（○）

(21)（×）ニコライ1世は，ギリシア正教徒の保護を口実にクリミア戦争をおこした。

(22)（○）

(23)（×）ロシア＝トルコ戦争に勝利したロシアはサン＝ステファノ条約を結んで南下を前進させた。

(24)（×）ノルウェーはスウェーデンと同君連合を組んでいたが，1905年に分離独立した。

(25)（○）

(26)（×）アメリカ合衆国では，奴隷制をめぐる南北の妥協を図るため，カンザス・ネブラスカ法に次いでミズーリ協定が妥結した。

→カンザス・ネブラスカ法とミズーリ協定が逆になっている。

(27)（×）南北戦争は共和党のリンカン大統領率いる北部が勝利した。

(28)（○）

【19世紀後半のヨーロッパ・アメリカの社会と文化】

(29)（×）フランスロマン主義のユゴーは『チャイルド＝ハロルドの遍歴』をあらわした。

→『チャイルド＝ハロルドの遍歴』はイギリスの詩人バイロンの作品である。ユゴーの代表作は『レ＝ミゼラブル』である。

(30)（○）

(31)（○）

(32)（○）

(33)（×）細菌学の研究者でもあるコッホは，結核菌やコレラ菌を発見した。

2 年代整序

(1) 正解－③

Ⅰ－ギリシア独立戦争が始まったのは1821年。オスマン帝国からの独立を目指すギリシアに対し，イギリス・フランス・ロシアがこれを支援し，1829年にアドリアノープル条約が結ばれトルコからの独立を達成した。なお，この独立戦争には，イギリスの詩人バイロンも義勇兵として参加した。

Ⅱ－オランダが南ネーデルラントを併合したのは1815年のウィーン議定書によるものである。一方，オランダはケープ植民地とスリランカ（セイロン島）をイギリスに割譲した。

Ⅲ－フランスで七月革命が起こったのは1830年。シャルル10世のブルボン復古王政の保守的な政策に対し，パリで革命が起こった。また，この革命の影響でオランダからベルギーが独立した。

(2) 正解－②

Ⅰ－イギリスで審査法が廃止されたのは1828年である。

Ⅱ－航海法が廃止されたのは1849年である。自由貿易を求める産業資本家たちの圧力によって廃止された。

Ⅲ－コブデンらが結成した反穀物法同盟の尽力により穀物法が廃止されたのは1846年である。

参考 イギリスの自由主義改革

イギリスの改革　－産業資本家中心－

宗教的自由主義

〔背景〕アイルランド併合（1801年）

・大ブリテン＝アイルランド連合王国成立

・審査法（1673年，公職就任者を国教徒に限定）でアイルランドは宗教的差別

・審査法廃止（1828年，カトリックを除く非国教徒に公職解放）

・カトリック教徒解放法（1829年，オコンネルの努力，カトリックにも公職解放）

政治的自由主義

〔背景〕産業革命→都市に人口集中⇒腐敗選挙区

・第1回選挙法改正（1832年）…グレイ内閣

〔内容〕

⑴腐敗選挙区の廃止　⑵産業資本家に選挙権

⬇

・団結禁止法廃止（1824年）

・チャーティスト運動（1837年頃～）…人民憲章

経済的自由主義

・穀物法…地主保護法

→（ナポレオン戦争後の穀物価格下落防止）

→コブデン，ブライトら反穀物法同盟結成

→穀物法廃止（1846年）

・航海法廃止（1849年）→自由貿易主義の確立

→イギリス，世界政策へ

(3) 正解－⑤

Ⅰ－1830年7月の革命によってブルボン家のシャルル10世が亡命するとオルレアン家のルイ＝フィリップが即位し七月王政が始まった。

Ⅱ－大資本家やブルジョワの支配する七月王政に対し1848年2月に再びパリで革命が起こり，ルイ＝フィリップは退位して第二共和政が始まった。

Ⅲ－ブルボン復古王政のシャルル10世は1830年5月に国民の不満をそらすためにアルジェリアへ出兵した。

参考 フランス七月革命と二月革命

七月革命

〔背景〕ブルボン復古王政の反動政治
・ルイ18世→シャルル10世
・貴族，聖職者保護，亡命貴族に補償金
・アルジェリア出兵（1830年５月）　・議会解散
・七月革命（1830年）パリ市民蜂起
　→シャルル10世，英に亡命
　→ルイ＝フィリップ（オルレアン家）即位

七月王政開始

・銀行家など大資本家の支配
・フランス産業革命進展
〈影響〉ベルギー独立（1830年，オランダより）

⬇

二月革命

〔背景〕七月王政＝大資本家支配
・中小資本家・労働者勢力増大
　→選挙法改正要求（改革宴会）
　→ギゾー内閣の弾圧→二月革命（1848年）
　→ルイ＝フィリップ，英に亡命

⬇

・第二共和政（1848～52年）…臨時政府成立
　→社会主義者ルイ＝ブラン入閣
　→国立作業場設置（失業救済のため）
・四月総選挙で社会主義者完敗（農民不支持）
　→国立作業場廃止
　→六月蜂起（労働者による）の鎮圧
　→政府は保守化
・ルイ＝ナポレオン，大統領に当選（1848年12月）
・1851年クーデタ→独裁権掌握
　→国民投票でナポレオン３世となる

⬇

第二帝政開始

(4) 正解－⑥

Ⅰ－ヴィルヘルム１世を国王とし，ビスマルクを宰相とするプロイセンは，1866年にプロイセン＝オーストリア戦争に勝利してオーストリアを排除し，1870～71年のプロイセン＝フランス戦争でナポレオン３世を打倒して勝利した後，1871年にドイツ帝国を成立させた。

Ⅱ－1849年にサルデーニャ国王に即位したヴィットーリオ＝エマヌエーレ２世は，カヴールを宰相に任じ，イタリア統一戦争でオーストリアと戦い，さらに中部イタリアを併合した。青年イタリア出身のガリバルディが南イタリアを占領して王に献上すると，1861年にイタリア王国が成立した。

Ⅲ－ドイツ関税同盟は，保護貿易による国内産業の育成を主張するフリードリヒ＝リストの提唱により，1834年に結成された。

(5) 正解－①

Ⅰ－デカブリストの乱が起こったのは1825年。ナポレオン戦争に参加して西ヨーロッパまで遠征したことで自国の遅れを自覚した青年貴族将校らによって起こされた。しかし，ニコライ１世によって鎮圧された。

Ⅱ－1853年，南下政策を進めるロシアは，トルコ領内のギリシア正教徒の保護を口実にオスマン帝国と開戦した。オスマン帝国をイギリス・フランス・サルデーニャ王国が支援したためロシアは敗北。1856年にパリ条約が結ばれて黒海の中立化が決められた。これにより自国の後進性を自覚した皇帝アレクサンドル２世は，農奴解放などの近代化に着手した。

Ⅲ－1877年，トルコ領内のボスニア・ヘルツェゴヴィナの反乱をトルコが弾圧に入ると，ロシアは再びトルコ領内のギリシア正教徒保護を口実に開戦した。この戦争に勝利したロシアは，サン＝ステファノ条約を結び，ルーマニア・セルビア・モンテネグロを独立させ，ブルガリアを保護下に置いた。

(6) 正解－④

Ⅰ－アメリカ合衆国は1867年にロシアからアラスカを買収した。

Ⅱ－1820年，ミズーリ協定によって南北境界線の妥協ラインが決められ，北緯36度30分以北に奴隷州を作らないこととなった。

Ⅲ－1860年の大統領選挙で共和党のリンカンが当選したことで，南部諸州は分離し，ジェファソン＝デヴィスを大統領，都をリッチモンドに置いてアメリカ連合国を結成した。これを機に1861年に南北戦争が勃発した。

第12章 アジア諸地域の動揺

1

【西アジアの変容】

(1)（○）

(2)（×）ヨーロッパ列強は通商特権であるカピチュレーションの制度を利用し，オスマン帝国へ経済的に進出した。

(3)（×）スエズ運河を建設したエジプトは財政難

となり，イギリスとフランスの財務管理下におかれた。

(4)（×）オスマン帝国はタンジマートの一環としてイェニチェリ軍団を解体した。

→タンジマートの開始は1839年，イェニチェリ軍団の解体は1826年である。

(5)（○）

(6)（×）ロシアに敗れたイランのカージャール朝はトルコマンチャーイ条約を結んで治外法権を承認した。

(7)（○）

【南アジア・東南アジアの植民地化】

(8)（×）フランスはカーナティック戦争でイギリスに勝利し，一時的にインドでの優位を確立した。

→カーナティック戦争に勝利したのはイギリスである。

(9)（×）イギリスはパンジャーブ地方のシク教徒を制圧し，全インド支配を完成させた。

(10)（○）

(11)（×）1833年にイギリス東インド会社の中国貿易独占権が廃止された。

(12)（○）

(13)（○）

(14)（×）オランダはジャワ島で政府（強制）栽培制度を実施し，コーヒー，サトウキビ，アヘンを栽培させた。

→政府（強制）栽培制度ではコーヒー，サトウキビ，藍（インディゴ）などを栽培させた。アヘンはイギリスがインドで生産させた。

(15)（○）

(16)（×）フランスは，ベトナム・カンボジア・ラオスを合わせて1887年にインドシナ連邦を成立した。

→ラオスをインドシナ連邦に併合したのは1899年である。

【清の変容と模索】

(17)（○）

(18)（×）南京条約を結んだ結果，清は総理各国事務衙門を設立した。

→総理各国事務衙門は北京条約締結後に設置された。なお，総理各国事務衙門の設置は北京条約の内容には含まれない。

(19)（×）ロシアは北京条約を結んで沿海州を獲得し，ウラジオストク港を建設した。

(20)（○）

(21)（○）

【日本の開国と明治維新】

(22)（×）1804年，ロシアのレザノフが長崎に来航し幕府に通商を求めた。

(23)（○）

(24)（×）幕府は日米和親条約を締結し，下田と箱館を開港した。

(25)（×）安政の五か国条約では，アメリカと同様の条約をイギリス・フランス・オランダ・ロシアと結んだ。

(26)（○）

(27)（○）

(28)（×）版籍奉還がおこなわれ，藩主は地位の保証と引き換えに土地と人民を返上した。

(29)（×）地租改正条例では，所有する土地の地価の３％が地租とされた。

(30)（○）

(31)（×）文明開化により，横浜－新橋間で初の鉄道が開通した。

2 年代整序

(1)正解－④

Ⅰ－17世紀末にオスマン帝国の衰退が始まると，列強は帝国への干渉を強めた。オスマン帝国では，改革運動が行われ，1876年にアジア初の憲法であるミドハト憲法が制定された。

Ⅱ－オスマン帝国からの最初の独立としてアラビア半島のワッハーブ王国が1744年頃に独立を達成した。

Ⅲ－オスマン帝国は1839年に，アブデュルメジト１世のギュルハネ勅令によりタンジマートを実施した。

参考 オスマン帝国の改革

オスマン帝国の改革

①セリム３世（在位1789～1807年）
・西欧式軍隊（ニザーム＝ジェディット）新設
・西欧諸国へ常駐大使を派遣
→イェニチェリの反発で廃位，暗殺

②マフムト２世（在位1808～39年）
・アーヤーン（地方名士）を統制下に置く
・イェニチェリの全廃（1826年）を断行
→軍事・行政の西欧化

③アブデュルメジト１世（在位1839～61年）
・タンジマート（1839年～）開始
〔内容〕上からの近代化（西欧化）
〔結果〕西欧の内政干渉・経済進出招く
⬇
ミドハト憲法（1876年）
・宰相：ミドハト＝パシャの制定
・アジア最初の憲法

④アブデュルハミト２世（在位1876～1909年）

・露土戦争勃発を口実に憲法停止→専制政治
⇒専制政治に抵抗する「統一と進歩委員会」が設立される
⬇
⑤青年トルコ人革命（1908年）
・憲法復活求める「青年トルコ人」が蜂起
→アブデュルハミト2世退位
→ミドハト憲法復活，立憲君主政成立
→革命の混乱に乗じ，墺がボスニア・ヘルツェゴヴィナ併合，ブルガリアが独立

(2) 正解－③
Ⅰ－イランでは1848年にカージャール朝の専制政治と列強の進出に対するバーブ教徒の乱が起こった。
Ⅱ－カージャール朝は南下を図るロシアとの戦争に敗れ，1828年にトルコマンチャーイ条約を結び，アルメニアを割譲し，治外法権を認めることとなった。
Ⅲ－中央アジアのウズベク人の国を併合して南下を図るロシアに対抗し，イギリスは1878年に第2次アフガン戦争を起こしてこれに勝利し，1880年にアフガニスタンを保護国化した。
(3) 正解－②
Ⅰ－イギリス東インド会社は，1757年にプラッシーの戦いでフランスとベンガル太守の軍に勝利し，ベンガル・ビハール・オデッサ地方の徴税権（ディーワーニー）を獲得した。
Ⅱ－1857年にイギリス東インド会社のインド人傭兵がインド大反乱を起こした。彼らはムガル皇帝バハードゥル＝シャー2世を擁立して抵抗した。イギリスは翌1858年にムガル皇帝を退位させ，ムガル帝国は滅亡した。しかし，東インド会社も反乱を引き起こした責任を問われて解散となり，インドはイギリス本国が直接統治することとなった。
Ⅲ－東インド会社は1813年にインド貿易の独占権を廃止され，1833年には中国貿易の独占権をも廃止され，インド統治機関となった。
(4) 正解－⑥
Ⅰ－フランスは，ナポレオン3世が1858年にインドシナ出兵を行ってベトナム植民地化の先鞭をつけると，第三共和政期には仏越戦争によってベトナムを保護国化した。これに対し清朝が宗主権を主張し，1884年に清仏戦争が起こった。結果，フランスが勝利し，フランスの保護権が承認された。
Ⅱ－オランダがインドネシアで政府栽培制度を始めたのは1830年。コーヒー・サトウキビ・藍などを住民に強制的に栽培させ安値で買い上げた。
Ⅲ－イギリスは1826年にペナン・マラッカ・シンガポールを合わせ，海峡植民地とした。

参考 フランスのベトナム進出

フランスのベトナム進出
①ナポレオン3世
・インドシナ出兵…（仏越戦争，1858～62年）
・宣教師殺害事件口実
・サイゴン条約（1862年）…コーチシナ東部獲得
・カンボジア保護国化（1863年）
→全コーチシナ併合
⬇
・劉永福（黒旗軍）の抵抗
→鎮圧後トンキン，アンナン占領
・フエ条約（1883年）でベトナム保護国化
⬇
清仏戦争（1884～85年）
・清が宗主権主張→開戦→清敗北
→天津条約（1885年）
〔内容〕
清はベトナムの宗主権放棄，仏の保護権承認
⬇
インドシナ連邦成立（1887年）
ベトナムとカンボジア　総督府：ハノイ
・ラオス保護国化→連邦に編入（1899年）
⬇
〔反フランスの民族運動〕
・ファン＝ボイ＝チャウが維新会結成
→ドンズー（東遊）運動（知識人の日本留学）
→日仏協約で挫折
→ファン＝ボイ＝チャウは広州へ亡命

(5) 正解－⑤
Ⅰ－清は1856年に始まった第2次アヘン戦争（アロー戦争）に敗れ，1860年にはイギリスとフランスと北京条約を結び，さらにそれを仲介したロシアとも北京条約を締結し，沿海州をロシアに割譲した。
Ⅱ－清は1881年にペテルブルクにてイリ条約に調印し，イスラーム教徒の多いイリ地方の国境をロシアと画定した。
Ⅲ－1840年に始まったアヘン戦争に敗れた清朝は，イギリス・フランスと1842年に南京条約を結び，香港の割譲，上海など5港の開港や公行の廃止などを承認した。
(6) 正解－④
Ⅰ－1860年の北京条約で外国公使の北京駐在が

決められたことで，それに対応するための外交事務官庁として同年に総理各国事務衙門を設置した。

Ⅱ－洪秀全はキリスト教的宗教結社の上帝会を創設し，民衆たちの信望を集めた。彼は1851年に滅満興漢を掲げ太平天国の乱を起こした。

Ⅲ－ロシアの東シベリア総督ムラヴィヨフは，1858年に清とアイグン条約を結び，黒竜江以北を獲得した。

(7) 正解－③

Ⅰ－桜田門外の変で大老井伊直弼が殺害されたのは1860年である。

Ⅱ－アメリカ総領事のハリスは1856年に下田に着任した。

Ⅲ－生麦事件をきっかけとして1863年に薩英戦争が起こった。

第13章 帝国主義と世界諸地域の抵抗

1

【第2次産業革命と帝国主義】

(1)（×）イギリスは「インドへの道」を確保するため，ディズレーリ内閣がスエズ運河株を買収した。

(2)（○）

(3)（×）フランスのドレフュス事件ではユダヤ人の将校がスパイ容疑の冤罪をかけられた。

(4)（○）

(5)（○）

(6)（×）ロシアではナロードニキの流れをくむ社会革命党が成立した。

(7)（×）セオドア＝ローズヴェルト大統領は中南米諸国に対し棍棒外交を展開した。
→ドル外交を展開したのはタフト大統領

(8)（×）マッキンリー大統領は米西戦争に勝利し，フィリピンを植民地として獲得した。

【列強の世界再分割と列強体制の二分化】

(9)（○）

(10)（○）

(11)（×）アメリカはアメリカ＝スペイン戦争（米西戦争）に勝利した結果，フィリピン・グアム・ハワイをスペインから獲得した。
→ハワイの併合は米西戦争の結果ではない。

(12)（×）1910年のメキシコ革命ではディアスの独裁政権が倒された。

【アジア諸国の変革と民族運動】

(13)（×）清朝では戊戌の変法により近代化が目指されたが，西太后らのクーデタにより挫折した。

(14)（○）

(15)（○）

(16)（○）

(17)（×）韓国を併合した日本は，ソウルに朝鮮総督府を設置して武断政治による支配を行った。

(18)（×）孫文は東京で革命諸団体の結集をはかり，中国同盟会を組織した。

(19)（○）

(20)（○）

(21)（×）ベンガル分割令を撤回したイギリスは，インド帝国の首都をカルカッタからデリーに移した。

(22)（×）ベトナムでは，知識人らが日本へ留学するドンズー運動が進められた。

(23)（○）

(24)（×）スーダンでは，ムハンマド＝アフマドを指導者にマフディー運動がおこった。

(25)（×）産業革命の進展により，1889年には東京と神戸を結ぶ東海道線が開通した。

(26)（○）

2 年代整序

(1) 正解－⑤

Ⅰ－1905年，ロシアでは日露戦争で戦況が不利になったことで，国民生活が苦しくなると，首都ペテルブルクで民衆が「パンと平和」を求めて蜂起した。これに対して宮殿の軍隊は人々を銃撃した。これを「血の日曜日事件」という。

Ⅱ－ドイツ帝国成立後，ビスマルクは社会主義者鎮圧法を制定し，社会主義を弾圧していたが，1888年にヴィルヘルム2世が皇帝に即位すると，ビスマルクは辞職し，皇帝は社会主義者鎮圧法も廃止した。これによってドイツ社会民主党は1912年に第一党となった。

Ⅲ－ヨーロッパ列強が中国への進出を強める中，米西戦争などで出遅れたアメリカ合衆国は，1899年と1900年に国務長官のジョン＝ヘイが「門戸開放・機会均等・領土保全」の三原則を唱えて門戸開放通牒を発表し，中国への割り込みを図った。

(2) 正解－⑤

Ⅰ－スペインの植民地であったキューバが反乱をおこすと，アメリカはそれを援助した。それが契機となり，1898年4月にアメリカ＝スペイン戦争が勃発した。勝利したアメリカは，フィリピン，グアム，プエルトリコを獲得し，キューバを保護国化した。

Ⅱ－アルジェリア・チュニジアからアフリカ横断政策を進めるフランスと，エジプトからアフリカ縦断政策を進めるイギリスは1898年9月にスーダンのファショダで衝突した。そこでフランスが妥協し，後に両国は1904年に英仏協商を結んだ。

Ⅲ－アフリカ分割の方法を議論するためにドイツのビスマルクの主宰で1884年から翌年にかけてベルリン会議が開かれた。その結果，先占権と実効支配の原則が定められた。

(3) 正解－⑤

Ⅰ－ミドハト憲法の復活を求めトルコでは1908年に青年トルコ人革命が起こった。その結果，スルタンのアブデュルハミト2世は廃位され，ミドハト憲法は復活した。しかし，この革命の混乱に乗じ，オーストリアがボスニア＝ヘルツェゴヴィナを併合し，ブルガリアがトルコから独立した。

Ⅱ－日本は高宗を退位させて1910年に韓国を併合し，朝鮮総督府を置いて武断政治を行った。

Ⅲ－20世紀初頭の清では光緒新政と呼ばれる近代化改革が行われ，憲法大綱が発表され，洋式陸軍などの創設も進められた。また，1905年には長らく中国皇帝の専制政治を支えてきた科挙が廃止された。

参考 日本の韓国併合の流れ

日本の韓国併合
- 朝鮮王朝，国号を**大韓帝国**と改称（1897年）
  国王：高宗
- 第2次日韓協約（1905年）

〔内容〕
- 統監府設置→外交権奪う（韓国保護国化）
- 初代統監：伊藤博文

⬇

- ハーグ密使事件→第3次日韓協約（1907年）
  →高宗退位させ内政権掌握，軍も解散

⬇

- 反日義兵闘争激化
  →安重根がハルビンで伊藤博文暗殺（1909年）
- **韓国併合**（1910年）…ソウルに朝鮮総督府設置
- 初代総督：寺内正毅…武断政治で支配

第14章 第一次世界大戦と諸地域の変容

1

【第一次世界大戦】

(1)（×）順に露仏同盟，英露協商，英仏協商が結ばれ，20世紀初頭に三国協商が成立した。
→結ばれた順に露仏同盟（1891～94年），英仏協商（1904年），英露協商（1907年）である。

(2)（×）第2次バルカン戦争に敗れたブルガリアはドイツに接近した。

(3)（○）

(4)（○）

(5)（×）アメリカ大統領ウィルソンは「十四か条の平和原則」を発表し戦後の平和構想を表明した。

(6)（×）ロシアの臨時政府は，社会革命党のケレンスキーが主導した。

(7)（○）

(8)（○）

(9)（×）ロシア・ウクライナ・ベラルーシ・ザカフカースによりソヴィエト社会主義共和国連邦が成立した。

【ヴェルサイユ体制と国際協調】

(10)（×）第一次世界大戦後，パリ講和会議が開かれ戦勝国とオーストリアはサン＝ジェルマン条約を結んだ。
→セーヴル条約はオスマン帝国との講和条約である。

(11)（○）

(12)（○）

(13)（×）ワシントン海軍軍縮条約では米・英・日・仏・伊による主力艦保有率が定められた。

(14)（×）フランスは，ドイツの賠償支払い遅延を理由にベルギーとともにルール占領をおこなった。

(15)（×）ベルリンでのスパルタクス団の蜂起失敗後，エーベルトを大統領にヴァイマル共和国が成立した。

(16)（○）

(17)（×）第一次世界大戦後のアメリカの経済的立場は「債務国」から「債権国」へと転換した。

【アジアのナショナリズムの台頭】

(18)（×）連合国とローザンヌ条約を結び主権を回復したトルコはアンカラを首都に共和国を成立した。

(19)（○）

(20)（○）

(21)（×）インドは戦後の自治を見返りに第一次世界大戦に協力し，戦後すぐに大幅な自治が認められた。
→戦後すぐには自治はほとんど認められず，ローラット法によって弾圧が強化された。

(22)（×）国民会議派ラホール大会では，「完全独立」を意味する「プールナ＝スワラージ」が決議された。

(23)（×）大戦間期のベトナムではホー＝チ＝ミンがインドシナ共産党を結成した。

(24)（○）

(25)（×）第一世界大戦に参戦した日本は，山東省にあるドイツの租借地を占領した。

(26)（○）

(27)（○）

(28)（×）中国の新文化運動では，胡適によって白話運動が推進された。

(29)（×）孫文死去後，蔣介石率いる国民革命軍が軍閥打倒と日本排斥をめざし北伐をおこなった。
→北伐の段階では日本排斥は目指されていない。

(30)（○）

(31)（○）

(32)（×）大衆運動が盛んとなった日本では，全国水平社，次いで新婦人協会が組織された。
→全国水平社は1922年結成，新婦人協会は1920年組織である。

(33)（×）第２次護憲運動をうけ，加藤高明内閣が成立し，以後憲政会と立憲政友会が交互に政権を担った。

(34)（×）若槻礼次郎内閣は，中国の北伐軍に対して三度の山東出兵をおこなった。
→第１次若槻礼次郎内閣では幣原外交のもとで中国に対しては不干渉政策をとった。

(35)（○）

2 年代整序

(1) 正解－⑥

Ⅰ－1912年，ギリシア・ブルガリア・セルビア・モンテネグロがバルカン同盟を結び，バルカン半島に残るトルコ領を求めてバルカン戦争を起こした。

Ⅱ－1891年から94年にかけて，ロシアとフランスは露仏同盟を結び，フランスは余剰資本をロシアに投資した。ロシアはこれにより近代化を進め，シベリア鉄道の建設が始まった。

Ⅲ－1881年にフランスがチュニジアを保護国化すると，同じくチュニジア獲得を図っていたイタリアはドイツのビスマルクに接近した。翌1882年にドイツ・オーストリア・イタリアで三国同盟が結ばれた。

(2) 正解－⑥

Ⅰ－アメリカは第一次世界大戦には当初中立を保っていたが，ドイツの無制限潜水艦作戦開始を機に，1917年に参戦した。

Ⅱ－イタリアも最初は中立の立場を示していたが，ロンドン秘密条約で戦後の「未回収のイタリア」の返還を約束されたことで1915年に協商国側で参戦した。

Ⅲ－セルビア系青年によるオーストリア皇位継承者夫妻の暗殺事件（サライェヴォ事件）は1914年。これによって第一次世界大戦が勃発した。

参考 第一次世界大戦の展開

第一次世界大戦

〈発端〉サライエヴォ事件（1914年６月）

勃発…セルビア系青年が墺皇位継承者夫妻暗殺
・墺，セルビアに宣戦→第一次世界大戦勃発
・独・露も宣戦

〔構図〕
同盟国（独・墺・ブルガリア・オスマン帝国）
VS
協商国（英・仏・露・日ほか）
・英の参戦…独のベルギーの中立侵犯が理由
・イタリアの参戦…当初中立→三国同盟破棄
→協商国側で参戦
・ロンドン秘密条約（1915年）…協商国が伊に南チロル・アドリア海沿岸の割譲約束

戦争長期化
①西部戦線…マルヌの戦い（1914年）で独軍の進撃阻止
・独，ヴェルダン要塞攻撃→連合軍，ソンムの戦いで反撃＝共に失敗（1916年）
②東部戦線…独，タンネンベルクの戦い（1914年）に勝利→膠着
≪特徴≫
・飛行機・戦車・毒ガスを初めて使用
・塹壕戦（機関銃）

戦局の変化
・ドイツの無制限潜水艦作戦→米参戦（1917年）
・ロシア革命（1917年）勃発→ブレスト＝リトフスク条約でロシアはドイツと単独講和（1918年）

大戦終結
・独，西部戦線大攻勢失敗
→ブルガリア・オスマン帝国・墺の降伏
→反戦機運増大→キール軍港の水兵の暴動
→各地に労働者や兵士のレーテ（評議会）成立
→ドイツ革命勃発→帝政崩壊
→ドイツ共和国成立→休戦条約調印（1918年）
→大戦終結

(3) 正解－②

Ⅰ－1917年のロシア二月革命でロマノフ朝が滅亡すると，中央政府では立憲民主党が政権を握り，地方ではソヴィエトが結成される二重権力状態が生まれた。

Ⅱ－第一次世界大戦後もソヴィエト政権に対し

て諸外国が対ソ干渉戦争を行ったが，ソヴィエト政権は当初戦時共産主義で国内統制を図った。しかし生産が停滞したため1921年から新経済政策（ネップ）を進め，生産を回復した。

Ⅲ－ロシアは1918年にドイツとブレスト＝リトフスク条約を結び，第一次世界大戦から離脱した。

(4)　正解－⑥

Ⅰ－アメリカ国務長官ケロッグとフランス外相ブリアンらによって国際紛争解決の手段に戦争を用いないことを約束した不戦条約は1928年に結ばれた。

Ⅱ－ドイツとフランス・ベルギー間における国境維持と不可侵を約束したロカルノ条約は1925年に結ばれた。

Ⅲ－アメリカ大統領ハーディングの提唱により，1921年，東アジア・太平洋地域の国際秩序を討議するワシントン会議が開かれた。これによりアメリカを中心とするアジア・太平洋の戦後秩序が構築された。

(5)　正解－③

Ⅰ－コミンテルンの指導で陳独秀を委員長とする中国共産党が結成されたのは1921年である。

Ⅱ－1919年，民族自決を信じた中国の学生・民衆らによる五・四運動が起こった。

Ⅲ－蔣介石率いる国民革命軍が軍閥打倒を目指し北伐を開始したのは1926年である。

(6)　正解－②

Ⅰ－イギリスはインドに戦争協力の見返りに戦後の自治を約束したが1919年にはローラット法を制定し，裁判無しの投獄や令状無しの逮捕を規定し民族運動の弾圧を図った。

Ⅱ－アメリカによってフィリピン独立法が制定されたのは1934年である。

Ⅲ－トルコの軍人ムスタファ＝ケマルによってトルコ革命が断行されると，カリフ制やスルタン制が廃止され，1923年にトルコ共和国が成立した。

(7)　正解－⑤

Ⅰ－第一次世界大戦後の日本でラジオ放送が始まったのは1925年である。

Ⅱ－関東軍が張作霖を爆殺した，いわゆる奉天事件は1928年に起こった。

Ⅲ－日本で米騒動が起こったのは1918年である。

第15章　第二次世界大戦と戦後の国際秩序

1

【世界恐慌とファシズム】

(1)（○）

(2)（×）世界恐慌後，民主党のフランクリン＝ローズヴェルトが大統領に就任し，ニューディール政策をすすめた。

(3)（×）ニューディール政策では地域総合開発と失業救済を目的としたテネシー川流域開発公社が設立された。

(4)（○）

(5)（○）

(6)（○）

(7)（×）ヒンデンブルクの死後，首相のヒトラーは大統領の権限をも掌握し，総統に就任した。

(8)（○）

(9)（×）ムッソリーニがエチオピアに侵攻しこれを併合すると，国際連盟は経済制裁を実行した。

(10)（×）スペイン内戦ではドイツ・イタリアはフランコを支持し，イギリス・フランスは不干渉政策をとった。

(11)（○）

【満洲事変と日中戦争】

(12)（×）日本の関東軍は清朝最後の皇帝溥儀を新たに執政として就任させ満洲国を建国した。

(13)（○）

(14)（○）

(15)（×）毛沢東率いる共産党は，江西省の瑞金を首都に中華ソヴィエト共和国臨時政府を樹立した。

(16)（×）盧溝橋事件を契機に日中が全面戦争に至った後，国民党と共産党が第２次国共合作を成立させた。

(17)（○）

【第二次世界大戦】

(18)（×）ミュンヘン会談では，イギリスとフランスは宥和政策によりドイツの要求を承認した。

(19)（○）

(20)（×）第二次世界大戦開始後，ソ連軍もポーランドに侵攻し，さらにフィンランドへ侵攻した後，バルト三国を併合した。

(21)（×）ドイツがパリを占領すると，南フランスにはペタンを首班とするヴィシー政府が成立した。

(22)（○）

(23)（×）連合軍がシチリアへ上陸した後，イタリアのムッソリーニは解任され，バドリオ政権が無条件降伏した。

(24)（×）ドイツ占領地域におけるユダヤ人に対する組織的な迫害や虐殺はホロコーストと呼ばれる。
(25)（○）
(26)（○）
(27)（×）太平洋で行われたミッドウェー海戦の大敗を機に日本軍は敗退に向かった。
(28)（○）
(29)（×）米・英・中国の首脳によりおこなわれたカイロ会談では対日処理の方針が協議された。
(30)（×）ソ連軍がベルリンに侵入したことを受け，ヒトラーは自殺した。

【戦後の変革と冷戦のはじまり】
(31)（○）
(32)（○）
(33)（×）戦後のイギリスではアトリー首相のもとで重要産業の国有化や福祉国家の構築が目指された。
(34)（○）
(35)（○）
(36)（×）アメリカはトルーマン＝ドクトリンでギリシア・トルコへの経済・軍事援助を表明した。
(37)（×）アメリカは1949年に西側最大の軍事同盟である北大西洋条約機構を結成した。
(38)（×）ソ連陣営は経済的なつながりを強化するため，1949年にコメコンを結成した。
(39)（○）
(40)（×）1950年，北朝鮮がソ連の支援で韓国に侵攻し，朝鮮戦争が勃発した。
(41)（×）日本では，共産党員やその同調者を解雇・追放するレッド＝パージがおこなわれた。

2 年代整序

(1) 正解－③

Ⅰ－アメリカはプラット条項によってキューバを事実上保護国化してきたが，世界恐慌を受け1934年にプラット条項を廃止し，キューバの完全な独立を承認した。

Ⅱ－世界恐慌に直面したフーヴァー大統領は，1931年にフーヴァー＝モラトリアムを発表し，第一次世界大戦の賠償支払い及び戦債支払いを１年間猶予することを発表した。

Ⅲ－フーヴァーに代わって当選した民主党のフランクリン＝ローズヴェルト大統領はニューディール政策の一環として1935年にワグナー法を制定し，労働者の団結権や団体交渉権を保障した。

(2) 正解－①

Ⅰ－ナチ党は1932年の選挙で初めて第一党となった。

Ⅱ－イタリアのムッソリーニ政権は世界恐慌対策として市場の拡大をはかり，1935年にエチオピアに侵攻し，翌36年にこれを併合した。

Ⅲ－1936年に始まったスペイン内戦は諸外国をも巻き込んだが，1939年にフランコ将軍の勝利で終結した。

(3) 正解－⑥

Ⅰ－日本で国家総動員法が制定されたのは1938年である。

Ⅱ－日本が国際連盟脱退を通告したのは1933年である。

Ⅲ－国民党に弾圧されていた中国共産党は，1931年に瑞金を首都とする中華ソヴィエト共和国臨時政府を樹立した。

(4) 正解－⑤

Ⅰ－1941年６月に独ソ戦が始まると，ドイツ軍がソ連領内に大攻勢をかけた。1942年に始まったスターリングラードの戦いは，およそ半年間にわたる激戦の末，1943年２月にソ連軍がドイツ軍を降伏させた。それ以降ソ連軍の反攻が始まり，ソ連軍は1945年４月にベルリンを包囲した。

Ⅱ－第二戦線（西部戦線）の再構築をはかる連合軍は，アメリカのアイゼンハワーの指揮のもと，1944年６月，ノルマンディー上陸作戦を決行して北フランスに上陸し，８月にパリを解放した。

Ⅲ－日中戦争の長期化で困難な戦況に陥った日本は，フランス領インドシナへ進駐したことで周辺地域に利権をもつ諸外国との関係が悪化した。1941年12月，ハワイの真珠湾を奇襲攻撃し，アメリカとの開戦に踏み切った。

(5) 正解－④

Ⅰ－1945年７月から８月にかけて行われたポツダム会談にはアメリカのトルーマン，イギリスのチャーチル（途中からアトリー），ソ連のスターリンが参加し，日本の無条件降伏やドイツの戦後処理などが協議された。

Ⅱ－1943年11月から12月にかけて開かれたテヘラン会談にはアメリカのフランクリン＝ローズヴェルト，イギリスのチャーチル，ソ連のスターリンが参加し，第二戦線問題（ノルマンディー上陸作戦）が協議された。

Ⅲ－1945年２月に行われたヤルタ会談にはアメリカのフランクリン＝ローズヴェルト，イギリスのチャーチル，ソ連のスターリンが参加し，ドイツの戦後４国管理，ソ連の対日参戦，南樺太・千島列島のソ連取得が取り決められた。

(6) 正解－⑥

Ⅰ－北大西洋条約機構（NATO）の発足は1949年である。

Ⅱ－アメリカがトルーマン＝ドクトリンでギリシア・トルコへの援助声明を出したのは1947年である。

Ⅲ－国際連合が発足したのは1945年である。

参考 国際連合の発足

【国際連合発足まで】

①ダンバートン＝オークス会議（1944年）
→米・英・ソ・中，国際連合憲章の原案作成

②サンフランシスコ会議（1945年）
→国際連合憲章の採択

③国際連合発足（1945年10月）

・51カ国が加盟，第1回総会はロンドン

〔本部〕ニューヨーク

〔総会〕加盟各国1票の多数決制

安全保障理事会

武力制裁権等，国連で最も強大な権限をもつ

・拒否権をもつ常任理事国（米・英・仏・ソ・中)→大国一致の原則

国際連合の主な機関

・国連教育科学文化機関（ユネスコ）

・国際労働機関（ILO）

・国際司法裁判所（ICJ）

・世界保健機関（WHO）

国際連合の経済体制づくり

(1)ブレトン＝ウッズ体制
→国際通貨基金（IMF）・国際復興開発銀行（世界銀行，IBRD）
→金ドル本位制による固定為替相場制で世界経済の安定目指す

(2)GATT（1947年，「関税と貿易に関する一般協定」)…国際的な自由貿易の維持と拡大が目的

※1995年に世界貿易機関（WTO）に継承される

・世界人権宣言（1948年）
→第3回国連総会で採択，達成すべき基本的人権を示す

第16章 冷戦と第三世界の台頭

第17章 冷戦の終結と今日の世界

1

【冷戦の展開】

(1)（×）アメリカ・オーストラリア・ニュージーランドでANZUSが結成された。

(2)（○）

(3)（○）

(4)（○）

(5)（×）フランス・西ドイツ・イタリア・ベネルクス3国でヨーロッパ共同体が組織された。

(6)（○）

(7)（×）東ドイツがベルリンの壁を構築し，東西対立の象徴となった。

【第三世界の台頭とキューバ危機】

(8)（×）インドネシアのバンドンで開催されたアジア＝アフリカ会議では平和十原則が採択された。

(9)（○）

(10)（○）

(11)（×）キューバ危機の翌年，米・英・ソにより部分的核実験禁止条約が結ばれた。

【冷戦体制の動揺】

(12)（×）アメリカ大統領ジョンソンは北ベトナムに対して北爆を断行した。

(13)（○）

(14)（×）キング牧師の指導する公民権運動の結果，ジョンソン大統領は公民権法を制定した。

(15)（○）

(16)（○）

(17)（×）毛沢東は文化大革命を起こし，実権派とされる「四人組」を糾弾し，失脚に追い込んだ。
→「四人組」は文化大革命の指導者で，毛沢東の死去後に華国鋒によって逮捕された。

(18)（×）東南アジア諸国連合は，フィリピン・タイ・マレーシア・シンガポール・インドネシアが原加盟国となった。

(19)（○）

(20)（×）岸信介首相が締結した新安保条約に対し，安保闘争が全国で拡大した。

【産業構造の変容】

(21)（○）

(22)（○）

(23)（×）ホメイニを指導者とするイラン革命が起こった結果，第2次石油危機が発生した。

(24)（○）

【冷戦の終結】

(25)（○）

(26)（×）ゴルバチョフとブッシュ（父）大統領の間で第1次戦略兵器削減条約が調印された。

(27)（○）

(28)（×）南アフリカでは，デクラークが大統領に就任するとアパルトヘイト諸法が撤廃された。

(29)（×）ブッシュ（父）米大統領とゴルバチョフ

がマルタ島で会談し，冷戦の終結が宣言された。

(30)（○）

【今日の世界】

(31)（×）ヨーロッパではマーストリヒト条約が調印された翌年にヨーロッパ連合（EU）が発足した。

(32)（×）アフリカ諸国は2002年にアフリカ連合（AU）を発足させた。

(33)（○）

【現代文明の諸相】

(34)（×）地球温暖化の進行が懸念されるなか，1992年にリオデジャネイロで「地球サミット」が開かれた。

(35)（○）

2 年代整序

(1) 正解－①

Ⅰ－ワルシャワ条約機構が結成されたのは1955年。ソ連と東欧七か国で西側の軍事同盟である北大西洋条約機構に対抗するために結成された。1991年のソ連崩壊とともに消滅した。

Ⅱ－フルシチョフは1956年に開かれたソ連共産党第20回大会でスターリン批判を行った。これにより東側世界におけるソ連の求心力は低下し，ハンガリーやポーランドでは反ソ暴動が発生した。

Ⅲ－1949年にドイツが西側のドイツ連邦共和国と東側のドイツ民主共和国に分裂すると，経済的に発展した西ドイツへの逃亡者が増加した。東ドイツ政府は労働者の流出を防ぐため，1961年にベルリンの壁を構築した。

(2) 正解－③

Ⅰ－ユーゴスラヴィアのティトーの主宰で1961年にベオグラードで第１回非同盟諸国首脳会議が開かれた。

Ⅱ－1957年，ンクルマ（エンクルマ）の指導でガーナはイギリスから独立を達成した。

Ⅲ－1962年，アルジェリアはド＝ゴール政権とエヴィアン協定を結びフランスからの独立を達成した。

参考 アフリカ諸国の独立（年代順）

アフリカ諸国の独立

①リビア独立（1951年）…旧イタリア植民地
　→リビア革命（69年）後，カダフィが最高実力者

②エジプト革命（1952年）…自由将校団（ナギブ・ナセル）→国王追放→共和国成立（1953年）

③スーダン・モロッコ・チュニジア独立（1956年）

④ガーナ独立（1957年，英領）
大統領：ンクルマ（エンクルマ）…サハラ以南で最初の黒人共和国の独立

⑤アルジェリア戦争（1954～62年）
・民族解放戦線（FLN）の対仏抵抗運動
　→第四共和政崩壊
・第五共和政，ド＝ゴール政権成立
　→エヴィアン協定で独立承認
　→アルジェリア独立（1962年）

⑥コンゴ独立（ベルギー領，60年）
大統領：ルムンバ→コンゴ動乱

アフリカ統一機構（OAU，1963年）
・アフリカ諸国の連帯と植民地主義の排除目標
　→後に**アフリカ連合**（AU，2002年発足）に発展

⑦ポルトガル革命（1974年）
　→“最後の植民地帝国”崩壊
　→モザンビーク，アンゴラ独立（1975年）

⑧エチオピア革命（1974年）
・ハイレ＝セラシエ皇帝退位→帝政廃止

⑨ローデシア独立（英領，1965年）：白人政権
　→ジンバブエ共和国成立（1980年）黒人政権

⑩南アフリカ共和国…大戦後，アパルトヘイト（人種隔離政策）強化
　→国際連合の経済制裁
　→アフリカ民族会議（ANC）の抵抗
　→アパルトヘイト撤廃（1991年）
　→ネルソン＝マンデラ就任（94年）

(3) 正解－③

Ⅰ－1975年に北ベトナムの勝利でベトナム戦争が終結し，翌1976年に南北ベトナムが統一された。

Ⅱ－1968年，チェコでドプチェクが指導する民主化運動が起こった（プラハの春）。ソ連のブレジネフは制限主権論を掲げ軍事介入しこれを挫折させた。

Ⅲ－日中平和友好条約が結ばれたのは1978年である。

(4) 正解－④

Ⅰ－ソ連が崩壊し独立国家共同体（CIS）が発足したのは1991年である。

Ⅱ－1987年，アメリカのレーガン大統領とソ連のゴルバチョフの間で中距離核戦力全廃条約が結ばれた。

Ⅲ－ソ連は1989年にゴルバチョフ政権のもとでアフガニスタンから撤退した。

資料読解編・解答解説

1 歴史総合

1

問１　正解－⑤

吉田さんの会話の中に「当時のイギリスにとって最も重要な植民地であったもう一つのアジアの国」と見える。18世紀後半以降，綿工業の分野を皮切りに産業革命を成功させたイギリスは，綿製品の原料である綿花を大量に産出するインドを最も重要な植民地としていた。また，先生の会話の中に「イギリスの最も重要な植民地で生産される商品の流入が大きな問題となっていました」とあり，これはイギリスがインドで生産したアヘンを中国へ流入させたため，当時の中国にとってそれが銀の流出や社会風紀の乱れなど，大きな社会問題に発展していたことを示している。これにより，中国はインドから密輸入されるアヘンを取り締まったが，それがきっかけとなり，1840年にアヘン戦争が勃発した。それが**い**の図版である。また，年表中に見える出来事,「オランダがジャワ島で政府（強制）栽培制度をはじめた」のは1830年,「アメリカで大陸横断鉄道が開通した」のは1869年である。よって，アヘン戦争（1840～42年）は**b**に入る。

問２　正解－⑤

すでに示したように，先生と吉田さんの会話文中に，イギリスが最も重要視する植民地であること，その植民地で新たに生産させたある商品を流入させたことによって戦争が勃発したことなどから，イギリスによる19世紀の三角貿易を想起し，その流入させた商品が「アヘン」であること，アヘンの生産をイギリスが「**インド人**」にさせていることに結びつけたい。

問３　正解－②

②－正文。日米修好通商条約では，横浜・神戸・長崎・函館・新潟を開港することが取り決められた。開港場には外国人の居留地が設定され，外国商人と日本商人の間で貿易がおこなわれるようになった。**幕府は同様の条約をオランダ・ロシア・イギリス・フランスとも結んだ**。これは「安政の五か国条約」と呼ばれる。その結果，日本は世界市場に参入することとなった。

①－誤文。アメリカ合衆国のペリーが艦隊を率いて浦賀に到達したのは1853年であり，翌年に日米和親条約が結ばれた。日米修好通商条約が結ばれたのは1858年である。

③－誤文。開港の結果，ヨーロッパとの貿易は盛んとなったが，日本から輸出された主な商品は生糸・茶・蚕卵紙・海産物などであり，毛織物や綿織物などの加工品は輸入品として海外から流入した。

④－誤文。生麦事件の賠償問題をめぐり，鹿児島の薩摩藩がイギリスと衝突したのは戊辰戦争ではなく，薩英戦争である。

問４　正解－②

［ア］の直後に「彼の行動がその後のヨーロッパ社会全体に大きく影響した」とあることや，後のよしおさんの会話に「“諸国民の春”と呼ばれる革命が次々におこり」とあることに注目したい。フランス革命は，人権宣言に見られるように国民の自由・平等や，ルソーの人民主権や革命権を精神的支柱にブルボン朝の絶対王政を打倒したものである。ナポレオンはそのような革命精神の中に誕生し，その革命の精神を抱えながらヨーロッパ大陸を征服した。それによってヨーロッパ諸国民にフランス革命の精神を植え付けていったのである。ナポレオンが打倒されたのち，ヨーロッパではウィーン体制と呼ばれる保守・反動体制が復活したが，そのような状況下でヨーロッパ諸国民は，ナポレオンから学んだ革命精神を掲げて“諸国民の春”と呼ばれる1848年革命を起こしていったのである。従って，［ア］に入るナポレオン戦争の意義は，「**フランス革命でうまれた自由主義・国民主義の精神をヨーロッパへ広めた**」と言える。

問５　正解－③

文中の絵画は「民衆を導く自由の女神」であり，これは，フランスのロマン主義絵画の画家ドラクロワ（**Z**）がフランス七月革命（**あ**）を題材に描いた作品である。七月革命は，ブルボン朝の復古王政に対し市民たちが起こした革命で，絵画で描かれている人々を観察すると多くは労働者のような粗末な格好をしていることが分かる。なお，ドラクロワはギリシア独立戦争の支援を訴える作品「キオス島の虐殺」でも有名である。

問６⑴　正解－④

④－“諸国民の春”とは，**1848年**２月にフランスでいわゆる二月革命が起こったことを契機にそれがヨーロッパ全体へ波及し，翌三月以降ヨーロッパ各地で自由主義やナショナリズムが掲げられて起こった一連の革命をいう。

問６⑵　正解－⑤

⑤－正文。**チャーティスト運動**とは，それまで参政権を持たなかったイギリスの中産階級や

都市の労働者たちが参政権を求めて展開した運動で，1839年，42年にも大きな運動が起こっている。これも労働者たちが政治的自由を求めて起こした自由主義運動の一環である。

①－誤文。オーストリアのウィーンで革命が起こり，ウィーン体制の主導者であった宰相（ウィーン会議当時は外相）のメッテルニヒが亡命した。

②－誤文。ドイツのフランクフルトで，ドイツの統一と憲法制定を議論するフランクフルト国民議会が開かれた。

③－誤文。ハンガリーではコッシュートによる民族運動が起こった。なお，コシューシコ（コシチューシコともいう）は18世紀末に行われたポーランド分割において，その分割に反対した民族指導者である。

④－誤文。スラヴ民族会議が開かれたベーメン（ボヘミア）はセルビア人の国ではなく，チェコ人（チェック人）の国である。

⑥－誤文。イタリアではサルデーニャ王国がヴェネツィアやロンバルディア地方の奪回を掲げてオーストリアに宣戦したが領土を回復できずに鎮圧された。

問７　正解－④

④－例えばナポレオンに支配されたプロイセンでは国制改革がおこり，フィヒテによる“ドイツ国民に告ぐ”という言葉から始まる演説がなされ，国民意識が高揚した。また，日清戦争は日本が中国という国家と本格的に戦った初めての戦争でもあり，日本国民としての意識が高揚したことが想定できる。

①－誤文。ナポレオン戦争時のヨーロッパ諸国の軍は，常にナポレオンを圧倒したわけではなく，様々な戦いで敗れている。最終的にナポレオンが敗れたライプツィヒの戦い（諸国民戦争）はオーストリア・ロシア・プロイセンなどの連合軍が，ロシア遠征に失敗し疲弊したナポレオン軍を破ったものであり，王の権威のもとに圧倒的な力で勝利したわけではない。また，日清戦争時に日本が圧勝したのは，日本が明治維新による近代化改革で富国強兵に成功していたのに対し，清朝側は洋務運動が内包する諸問題が原因で，いまだ近代化改革が実施されていなかったことも大きな要因である。

②－誤文。ナポレオン戦争時のヨーロッパにおいても日清戦争時の日本においても，その戦争の意識として王政（天皇制）の保護という考えはほぼ見られない。

③－誤文。近代化改革に成功したという点は日本には認められるが，当時のヨーロッパ諸国はイギリスを除けば産業革命は進展しておらず，近代化改革に成功したとは言えない。

問８　正解－④

あ－グラフによると綿糸の輸出高が綿糸の輸入高を初めて上回ったのは1895年頃である。一方，中国で科挙が廃止されたのは1905年である。よって**あ**は誤り。

い－綿糸の生産高が一時的に低下したのは1901年頃である。一方，日本で自由民権運動が激化したのは，福島事件（1882年）や秩父事件（1884年）など1880年代前半である。よって**い**は誤り。

問９　正解－②

②－グラフを見れば空欄ウにあたる年は1894～95年頃である。1894年は朝鮮で甲午農民戦争が起こった年で，日清両国はこれを鎮圧するため出兵した。反乱はまもなく鎮圧されたものの日清両国軍は朝鮮半島にとどまり，日清戦争が勃発した。この戦争は1895年の下関条約で講和が結ばれ，**日本側の全権は伊藤博文と陸奥宗光**，清朝側の全権は李鴻章が担った。条約では清朝から日本へ遼東半島・台湾・澎湖諸島の割譲が決まったが，このあと日本はロシア・ドイツ・フランスによる三国干渉を受け，遼東半島の返還を余儀なくされた。

2

問１　正解－④

④－正文。第一次世界大戦中の1917年11月にレーニン率いるボリシェヴィキが武装蜂起して臨時政府を打倒し，ソヴィエト政権を樹立した。その後ロシアはドイツとブレスト＝リトフスク条約を結び戦線から離脱した。

①－誤文。オーストリア皇位継承者夫妻を暗殺したサライェヴォ事件を起こしたのはギリシア系の青年ではなく，セルビア系の青年である。

②－誤文。アメリカ合衆国は，ドイツの無制限潜水艦作戦を理由に連合国側で参戦した。

③－誤文。中国に二十一か条の要求を突きつけて山東省の旧ドイツ権益継承を受諾させたのは大隈重信内閣である。

問２　正解－⑤

ア－誤文。**資料１**では第一次世界大戦開始直前（1914年６月時点）の指数を100とした場合，1916年は108.1，1917年は116.1，1918年は116.8と増加傾向にある。

イ－誤文。**資料２**によれば，第一次世界大戦終結の一年前（1917年）には，繊維分野と被服分野で女性の就業者数は減少している。

ウ－正文。**資料2**を見ると，「製鉄・金属・機械」「電機」「化学」など，おもに軍需に関わるような重工業の分野でその就業者数がとりわけ高いことがうかがえる。

問3(1)　正解－①

ヨーロッパにおいて男女平等の普通選挙を憲法で初めて規定したのは**ドイツ**である。ドイツでは第一次世界大戦末期にドイツ革命が起こり，1919年にヴァイマル憲法が制定された。このヴァイマル憲法において男女平等の普通選挙が規定された。渡辺さんの会話文中にある「当時その憲法は世界で最も民主的だと言われていました」という言葉からもこの憲法が推測できるであろう。なお，選択肢に見えるイギリスでは，ドイツより１年早く1918年の第４回選挙法改正で満30歳以上の女性に参政権が認められているが，これは憲法で規定されたわけではないので注意したい。

問3(2)　正解－④

④－ドイツは第一次世界大戦後のヴェルサイユ条約において多額の賠償金を課されていたが，賠償金の支払いが滞ったため，1923年，隣国のフランスとベルギーがドイツ北西部のルール工業地帯を占領した。これに対してルールの労働者たちはストライキを起こしたためドイツで激しいインフレーションが起こった。

問4　正解－⑤

福場さんのメモ－1920年代後半には学校教育の普及によって人々の読み書き能力が向上し，それにともない大衆雑誌の『キング』や女性雑誌の『主婦之友』などが発行部数を伸ばした。また，1925年にはラジオ放送が開始され，植民地へも中継された。しだいにニュースや天気予報，相撲や野球などの中継も行われるようになった。

渡辺さんのメモ－第一次世界大戦後の1925年に普通選挙法が成立したが，25歳以上の男性に選挙権を与えるものであった。よってこのメモは誤っている。

黒川さんのメモ－平塚らいてうは，『青鞜』を発刊し，従来の「良妻賢母」という女性像に対抗し，女性としての自覚を促そうとした。その一環で平塚は1920年，市川房枝らとともに新婦人協会を組織し，女性参政権や治安警察法の改正を要求した。

問5　正解－①

［イ］のあとの橋本さんの会話文中に「20世紀初頭に，この国から多くの留学生が日本にやってきました」と見えること，またその後の先生の会話に「結局その運動は挫折」したと見えることから，これが**ベトナムのドンズー（東遊）運動**であることを考えたい。フランスの植民地支配に対抗するためにファン＝ボイ＝チャウによって進められたこの日本への留学運動は，後に日仏協約が結ばれたことにより挫折したのである。

問6　正解－④

19世紀後半にヨーロッパ列強がアジアを次々に植民地化していく中で，ベトナムも仏領インドシナ連邦のもとに支配されていた。そのような状況下，極東の小国日本がヨーロッパの大国ロシアを戦争で破った出来事は，アジアの人々を勇気づけ，帝国主義に対する民族運動を惹起した。1906年のイラン立憲革命や1908年の青年トルコ人革命も同様である。ベトナムでも日露戦争における日本の勝利に感化され，日本への留学運動が行われた。

問7　正解－⑥

あ－ビルマ（ミャンマー）は1886年にイギリスのインド帝国に併合され，以後イギリスの植民地支配が続いていた。太平洋戦争が始まると，日本は大東亜共栄圏構想を掲げビルマを占領した。

い－インドは大東亜共栄圏には含まれない。また，ビルマでは第一次世界大戦後の1930年にイギリスからの完全独立を目指すタキン党が結成され，アウン＝サンが独立運動を指導した。

問8　正解－③

ポスターの前面に「警察予備隊員募集」と書かれていることに注目したい。警察予備隊は1950年の朝鮮戦争勃発に際して，出撃したアメリカ軍に代わり治安を維持するための部隊としてGHQの総司令官マッカーサーが創設を指示し，吉田茂首相が創設を決定したものである。これは現在の自衛隊に発展した。

3

問1　正解－⑥

第二次世界大戦後，米ソを中心とする冷戦が始まっていくが，アメリカのトルーマン大統領はいわゆる“封じ込め”政策をすすめていった。その一つが**トルーマン＝ドクトリン**であり，これはギリシアとトルコの共産主義化を防ぐために，両国への軍事支援に関する支出を連邦議会に要請したものである。これにより冷戦は表面化した。地図中のYはトルコである。

問2　正解－③

い－こずえさんの会話文中に，アメリカが「1965年ごろ」から本格的な介入をおこなったとあることから，ア に入るのはベトナムと判断できる。1965年，アメリカのジョンソン大統領は，北ベトナムへの爆撃を開始（北爆）し，本格的にベトナム戦争へ介入した。また，ジョンソン大統領は1964年の大統領就任直後に，公共機関での人種差別を廃止する公民権法を成立させた。

あ－ソ連がキューバにミサイル基地を建設したのは1962年であり，**ケネディ大統領**の時代である。

う－こずえさんの会話文中に「ブレトン＝ウッズ体制が崩壊」とある。このことは第二次世界大戦後に構築された金＝ドル本位制による固定相場制を基盤とする国際経済体制（ブレトン＝ウッズ体制）が，ベトナム戦争などの支出によるアメリカの財政赤字にともない，ニクソン大統領がドルと金の兌換停止を発表した，いわゆる“ドル＝ショック”を示しているとわかる。ニクソン大統領は，1972年にベトナム戦争の戦局を打開するため，アメリカ大統領として初めて中華人民共和国を訪問した。

え－日本と新安保条約を結んだアメリカ大統領は**アイゼンハワー**である。

問3　正解－①

①－グラフを見れば三回目の軍事費増加の始まりは1980年前後であることがわかる。また，こうじさんの会話文中に「新冷戦」とある。ソ連は1979年に親ソ政権を支援するためにアフガニスタンに軍事侵攻をおこなった。これにより一時的に雪どけの兆しが見えた米ソ両国の緊張が再燃し，「新冷戦」と呼ばれる状況となった。

②－ブレジネフ政権が民主化を求めるチェコに軍事介入し，鎮圧したのは1968年である。

③－フルシチョフ政権がハンガリーの自由化運動を武力弾圧したのは1956年である。

④－フルシチョフ政権が大陸間弾道弾を開発したのは1957年である。

問4　正解－①

①－正文。1960年代から70年代初頭にかけての日本の実質GNPは，1965年に一時5％台まで落ちたものの，1968年には15％近くまで伸びており，変動の格差はあるがおよそ5～15％程度の経済成長率を維持していた。

②－誤文。日本の高度経済成長が始まる背景となったのはベトナム戦争ではなく，朝鮮戦争の特需景気である。

③－誤文。サンフランシスコ平和条約に調印したのは鳩山一郎首相ではなく，吉田茂首相である。

④－誤文。1965年に日韓基本条約が結ばれたが，当時の大韓民国大統領は李承晩ではなく，朴正熙である。

問5　正解－⑥

資料1－資料のタイトルは「第1回非同盟諸国首脳会議宣言」である。第1回非同盟諸国首脳会議は**1961年**，ユーゴスラヴィアの首都ベオグラードで開催された。開催国の首相ティトーをはじめ，エジプトのナセル，インドネシアのスカルノ，インドのネルーらが出席した。

資料2－資料のタイトルは「平和十原則」〔バンドン精神〕である。平和十原則は反植民地主義と平和共存を主旨とし，**1955年**にインドネシアのバンドンで開催されたアジア＝アフリカ会議で採択された。この会議にはアジア・アフリカから29か国の代表が参加した。

資料3－資料のタイトルは「アルジェリアの民族解放戦線の宣言」である。アルジェリアでは1830年のフランスの軍事出兵以降，長らくフランスによる植民地支配がおこなわれてきた。**1954年**，アルジェリアで民族解放戦線（FLN）が結成され，この宣言を掲げて激しい抵抗運動を示した。なお，アルジェリアの独立は1962年に達成された。よって正解は⑥。

問6　正解－⑤

りえこさんの会話には「私が日本人であることが大きな理由」とあり，続くひろしさんの会話には「日本国民として」「その事を考えずに国際平和を語ることはできない」とある。これらの発言の内容から，**日本が世界で唯一の原子爆弾による被爆国である**ことを考えたい。さらに，「国際平和」という点に重きをおいているのがアジア＝アフリカ会議で採択された，**資料2**の「平和十原則」である。しかしながら十原則のうちには核兵器に関する言及は見られない。よってりえこさんは唯一の被爆国である日本国民の立場から発言したのだとわかる。

問7　正解－④

レポートの【まとめ】に注目してみると，エ の価格は1974年頃と1979年以降に急激に高騰しているとあり，またそれによって日本でも紙製品の買いだめがおこったことが書かれている。世界情勢としては，1973年に第4次中東戦争が勃発した。このときアラブ石油輸出国機構（OAPEC）が非友好国への石油輸出を制限する石油戦略を発動したため世界の石油価格は高騰し，日本でも物価高を恐れてトイレットペーパーなどの買いだめが起こった。また1979年はイラン＝イスラーム革命が起こった年であり，有数の産油国であったイランの混乱で石油の輸出が減少したため，やはり石油価格は高騰した。よって［エ］に入るのは**石油**である。上記のように，**a**の時期に当てはまるのは第4次中東戦争である。イスラエルがアラブ諸国を攻撃し，エジプトからシナイ半島を奪ったのは**第3次中東戦争**である。よって**a**の説明は誤りである。一方，**c**が示すのは1980年であり，この年は，イラン革命の自国への波及を恐れたイラクのフセイン大統領が国境問題を理由にイランを攻撃し，イラン＝イラク戦争が勃発した年である。

問8　正解－②

②－設問文には**b**の時期に［X］に入る国で起きた出来事が［エ］（＝石油）価格に影響を与えたとある。**グラフ1**をみると**b**の時期にあたる1970年代末から1980年代初頭に石油価格が高騰しており，これは第2次石油危機である。よって［X］に入る国はイランであると判断できる。イランでは1979年にシーア派の宗教指導者ホメイニによる革命がおこり，この革命でパフレヴィー朝の国王が追放された。

①－インドとパキスタンの説明である。

③－イラクの説明である。

④－これはイランのモサデグ首相がイギリス資本の石油会社を接収した説明であるが，1951年の出来事であり，**グラフ1**に該当しない。

問9　正解－⑤

メモA－アメリカとロシアを合わせた石油生産量の割合は28.3％であり，西アジア・アフリカの石油生産量の合計は最低でも32.3％である。よってメモAは誤りである。

メモB－**レポート**の【**まとめ**】に書かれているように，石油価格の高騰は日本全国でも紙製品の買いだめなど，人々の生活に影響を与えた。よってメモBは誤りである。

メモC－**グラフ1**に見えるように，1973年におこった第4次中東戦争や，1979年におこったイラン革命など，ほとんどの場合，産油国の絡んだ紛争や革命を機に石油価格は高騰している。よってメモCは正しい。

4

問1　正解－②

あ－正文。森有礼は会話文中で「今を去ること一千年前にも，我が祖先は貴国の服装に自分たちより優れたところがあるのを見て，これを採用した。何であれほかの善いところを模倣するのはわが国の美風であるといえる」と述べており，「日本では自国の発展のために他国のすぐれた文物を取り入れることは古くから行われてきたと考えている」といえる。

い－誤文。「伝統的な中国文明が本体であり，西洋文明は利用すべき技術にすぎないという考え方」とは中体西用の考え方のこと。李鴻章は会話文中で「ただし，兵器・鉄道・電信その他の機械などは必需品であり，彼らの最も長じているところであるので，これを外国から導入せざるを得ない」と述べており，中体西用の考えを表明している。

問2　正解－②

②－正文。19世紀後半には長崎～上海，長崎～ウラジオストクに海底通信ケーブルが引かれた。これにより日本とヨーロッパはインド洋経由，シベリア経由で結ばれたこととなり，このことが列強のアジア侵略の要因の一つとなった。ただし，本肢の正誤の判定ができなくとも，他の選択肢が明らかに誤文と判断できるので正解は導き出せる。

①－誤文。洋務運動とは，19世紀後半の清で行われた軍隊や産業の近代化のために欧米の技術を導入する運動であり，オスマン帝国で行われたものではない。オスマン帝国で行われた近代化改革はタンジマート。

③－誤文。ロシアによるシベリア鉄道建設発表により日本との条約改正交渉が進展したのはイギリス。中国に権益を持ち，かねてからロシアの南下を警戒していたイギリスはロシアのこの動きを受けて日本への態度を軟化させ，外務大臣青木周蔵との条約改正交渉を進めたが，大津事件で青木が引責辞職したことで中断した。

④－誤文。南満洲鉄道の利権をめぐって日本と対立したのはアメリカ。日露戦争後，日露が接近する中で，ポーツマス条約締結を仲介したアメリカは南満洲鉄道の共同経営や中立化を日露に迫ってきた。日露はこれを拒否したため，日米関係が悪化した。

問3　正解－②

あ－1899年に北海道旧土人保護法が制定されたことが記されている。北海道旧土人保護法とは，「旧土人」と称された北海道の先住民であるアイヌ民族保護を名目に，同民族に対する同化政策を推進するために制定された法律。

W－樺太在住のアイヌ民族を北海道に移住させたのは1875年に樺太・千島交換条約を締結したことによる。同条約は日露和親条約で両国民雑居とされた樺太をロシア領とするものであった。その結果，樺太在住のアイヌ民族は北海道に移住させる必要が生じた。「樺太」に着目して1875年の樺太・千島交換条約を想起できれば判断できる。

X－謝花昇は沖縄の民族運動における指導者であり，アイヌの社会的地位向上のための運動を行った人物ではない。

い－1882年に中国人移民排斥法が制定されたことが記されている。19世紀中ごろまでに欧米諸国で奴隷制が廃止されていく中，これに代わる労働力として注目されたのが中国人移民であった。しかし，彼らが労働力の中心になってくると次第に移民排斥を主張するものが現れ，代わって日本人移民が増加した。

Y－産業革命の進展によって過酷な工場労働を担う労働者が必要となった。労働力需要はさらに増加したので誤りである。

Z－中国人移民排斥法によって中国人移民が排斥されたあと，これに代わって呼び込まれたのは日本人移民であった。

問４　正解－①

史料１はアメリカ独立宣言（1776年）。**史料２**はフランス人権宣言（1789年）。**史料３**は日本国憲法前文（1946年）。

①－誤文。**史料２**はフランス人権宣言であり，イギリスで採択されたものではない。

②－正文。**史料３**（日本国憲法）は革命権について言及していない。

③－正文。**史料１～３**のうち，最初に出されたものは**史料１**のアメリカ独立宣言である。

④－正文。**史料１**と**史料２**は18世紀，**史料３**は20世紀に出されたものである。

問５　正解－①

あ－ニュージーランドは1840年，先住民マオリとの条約でイギリスが植民地とし，1907年に自治領とされたため，1908年のロンドンオリンピックではオーストラリアとの合同チームで出場した。

い－「株価の大暴落による恐慌」とは世界恐慌のこと。世界恐慌は1929年10月24日のニューヨーク株式市場の大暴落に端を発する世界的な恐慌。いの文章は1932年のロサンゼルスオリンピックのものである（世界恐慌のこととわかれば X にあてはまらないことは判断できる）。

う－「継続されていた人種差別政策」とはナチ＝ドイツによるユダヤ人迫害のことである。ヒトラー率いるナチ党政権はこうした人種差別政策に対する列強の批判をかわすため，一時的にこれらの政策を凍結した。開催国と開催時期，「人種差別政策」とのキーワードから判断できる。

え－日本での政党内閣の慣行は「憲政の常道」とよばれ，1924年成立の加藤高明内閣から1932年の五・一五事件で倒れた犬養毅内閣まで継続した。以後，戦前・戦中の日本においては政党内閣が組織された実績はなく，明らかに誤文と判断できる。

問６　正解－②

嶋田さんのメモ－19世紀後半にはアメリカ・ドイツでは産業革命が進行中であったが，日本は1890年代に第１次産業革命，1900年代に第２次産業革命を迎えるため誤っている。

青山さんのメモ－「アフリカ分割をめぐって協商を結んだ両国」とはイギリスとフランスである（英仏協商）。この両国のうち，植民地の面積が大きいのは，英露協商で「ロシアとイランでの勢力範囲を定めた」イギリスであるから正しい。

桜田さんのメモ－以下の表より「1914年の時点で本国の面積が大きければ大きいほど，植民地の面積は小さい」のではないことがわかる。よって**青山さんのメモ**のみが正しい。

	植民地		本国（宗主国）	
	1914年		1914年	
	面積	人口	面積	人口
イギリス	33.5	393.5	0.3	46.5
ロシア	17.4	33.2	5.4	136.2
フランス	10.6	55.5	0.5	39.6
ドイツ	2.9	12.3	0.5	64.9
アメリカ	0.3	9.7	9.4	97.0
日本	0.3	19.2	0.4	53.0

問７　正解－③

③－アメリカの水爆実験により日本の漁船が被害を受けたのは1954年３月に発生した第五福竜丸事件である。このときの外務大臣が岡崎勝男であった。

①－中国東北部での鉄道爆破事件とは柳条湖事件のこと。これを口実として日本軍は軍事行動を開始し，満洲を占領した。これが満洲事変の始まりで1931年９月のことだった。

②－ソ連のミサイル基地建設計画によって米ソ

の戦争が危惧されたのは1962年のキューバ危機である。

④－会議に中国を代表する政府は招かれず，ソ連は条約内容に反対して署名しないなど，すべての関係国との完全講和は実現しなかった。

問8　正解－③

ア －第二次世界大戦後に独立したのはビルマ。ビルマは1948年にイギリスから独立した。レバノンの独立は1943年。

イ －社会主義国であるソ連が正解。「当時の国際情勢」とは東西冷戦のこと。ソ連のオリンピック初参加は1952年である。韓国は1948年には日本の統治下にはなく，誤り。

5

問1　正解－②

資料1は1791年にフランスのオランプ＝ドゥ＝グージュが出版した『女性の権利宣言』の抜粋。

第1条－「女性は，…権利において男性と平等なものとして存在する」としており，男性と同等の権利を得ることを主張した条文である。

第10条－「女性は，その意見の表明が法律によって定められた公の秩序を乱さない限りにおいて，演壇にのぼる権利をもたなければならない」としており，これも男性と同等の権利を得ることを主張している。

第11条－「すべての女性市民は，…自由に，自分が貴方の子の母親であるということができる」としており，家父長制的な男性の支配を批判している。

第13条－「租税の負担」や「すべての賦役とすべての役務」，「地位・雇用・負担・位階・職業に参加」することについて男性と同等の義務を果たすことを主張している。

よって正解は②。

問2　(1)正解－①　(2)正解－②

(1)**あ**－**資料2**は，「良妻賢母」という考え方に対抗し，女性としての自覚をうながそうとした雑誌『青鞜』の「発刊の辞」である。そして，こうした女性運動にかかわり，『青鞜』の発刊に携わった人物は平塚らいてうである。

い－津田梅子は，岩倉使節団に同行してアメリカに留学し，後に女子英学塾を設立した人物であり，**資料2**の雑誌の創刊に携わった人物ではない。

X－**資料2**の『青鞜』の創刊に携わった平塚らいてうは，1920年に市川房枝らと新婦人協会を結成して，女性による政治運動の道を開いた。

Y－アメリカに留学後，女子英学塾を設立したのは，**い**の津田梅子である。

(2)②－正文。1765年の印紙法は，イギリス本国が北米植民地住民に対して広範な印刷物に印紙を貼ることを義務付け課税する法律であったが，植民地住民はこれに反対して「代表なくして課税なし」と唱えて撤回させた。

①－誤文。アジアで初めての共和国は中華民国であり，1911年の辛亥革命ののち，翌年1月に成立した。

③－誤文。「科学的社会主義」とは，19世紀後半にマルクス，エンゲルスが初期社会主義を「空想的社会主義」として批判して形成した概念。

④－誤文。鉄血政策をおこなった「ある国の首相」とは19世紀後半に首相となったプロイセンのビスマルクのこと。

問3　正解－③

ア －1917年にロシアで起こった革命は**い**の十月（十一月）革命。**あ**の血の日曜日事件は1905年にロシアで起こった事件。

X－**パネル1**では1917年にソヴィエト政権が女性に男性と平等な参政権を与えていることが示され，**パネル2**ではドイツ・オランダ・アメリカなどの資本主義国が女性参政権を実現させていることがわかる。資本主義国が社会主義の広まりを恐れて自国でも参政権を拡大させた事情が類推できる。

Y－第二次世界大戦の敗戦国であるドイツは1919年に女性参政権を実現させている。

問4　正解－①

たつやさんのメモ－旧制中学校の生徒数が初めて20万人を超えたのは1922年であり，このころ女性の地位向上を主張する新婦人協会（1920年）や部落解放を訴える全国水平社（1922年）などが結成されるなど，社会運動が展開された。よって正しい。

りきさんのメモ－旧制中学校の生徒数が一時的に減少している時期は1930年代の前半とわかる。一方，「北京郊外での日中両軍の衝突」とは盧溝橋事件であり，これによってはじまった事実上の戦争は日中戦争であるから，1937年で時期が異なる。よって誤り。

さゆりさんのメモ－この新聞の発行部数が100万部を超えたのは1924年とわかる。一方，「世界恐慌への対策としてアメリカではニューディール政策が推進された」のは，1933年以降のことであり，時期が異なる。よって誤り。

問５　正解－②

あ－日露戦争での日本の勝利や韓国併合，第一次世界大戦での日本の躍進などを背景に，黄禍論と呼ばれる日本を警戒する風潮が広汎化していた。これを背景にかつて中国人移民が排斥されたように，今度は1924年の移民法で日本人移民が排斥された。

い－ハワイやフィリピンは19世紀末にアメリカが併合し，桂・タフト協定では同国のフィリピン支配と日本の韓国における権益を相互承認していたことを想起すれば，同地をめぐる日米対立は生じていないことがわかる。なお，日米はこのとき満洲の鉄道利権などをめぐって対立していた。

Ｘ－**パネル３**からアメリカにおける排外主義は継続したことがわかり，**パネル４**からアメリカ以外の移民先が検討されたことがわかる。そして，1931年には，満洲事変を契機に満洲開拓移民が開始された。

Ｙ－**パネル４**に「米英に追随する外交路線の転換……をもとめる主張がみられた」とあるように，英米との協調路線の継続を批判する声が上がっているので，誤り。

問６　正解－③

資料４

もし全国民がみな平等の能力をもって，平等の資格を有するのであれば，全国民に平等に選挙権を与えてすべての議員が等しく全国民から公選されるのが最も正当ですが，しかし①実際は国民は決して平等ではありません。その家柄や財産，学識，経験，そして社会における人望などによって千差万別で，実際はきわめて不平等なのです。この実際上の不平等を無視して，全国民を平等なものとして扱い，平等に選挙権を与えたとしても，そこから公選された議員は決して適当な代表者とはいえないのです。

資料５

現代立憲政治の運用にあたっては，実は…②それほど高度な能力を選挙権者に求めているわけではない。では，どれほどの能力が必要かといえば，…選挙権者が，その権利を行使するにあたって，各候補者の言論を聞いて，そのなかのだれがより真理を含むかの判断をし，またかねてからの見聞にもとづいて各候補者の人格を比較して，そのなかのだれがより信頼できるかの判断を誤らなければよい。積極的に政治上の意見を立てる能力までは必要ないのである。つまりは，きわめて平凡な常識で足りる。これくらいのことなら，今日の国民ならだれでもできるだろう。…そうであるから，選挙制度は原則として必ず普通選挙であるべきだというのは，一目瞭然のことだ。

③－正文。**資料４**では①のように述べており，**資料５**では②のように述べている。つまり，**資料４**では選挙権をもつために必要な能力は人びとが置かれている環境に左右されるものであるとしているのに対し，**資料５**では積極的に政治的な意見を持つまでもなく，「平凡な常識」で足りるとしている。

①－誤文。イギリスで女性参政権が与えられたのは1918年であり，**資料４**はそれ以前のものである。

②－誤文。**資料６**に登場する市川房枝は女性参政権と治安警察法第５条改正を求めて新婦人協会を組織した人物。治安維持法の改正ではない。

④－誤文。**資料４**は平等に選挙権を与えることを否定しているが，女性参政権については言及していない。**資料５**は「選挙制度は普通選挙であるべきだ」という主張を述べているのであり，女性参政権を否定してはいない。

問７　正解－④

［イ］－**資料７**で示されているのは，1928年２月に行われた第一回普通選挙にむけた選挙ポスターである。このポスターには，「鈴木文治」が社会民衆党の公認候補であり，労働者や小売商人，「月給取」（俸給生活者，サラリーマンのこと）に利する政策を行うことが示唆されている。1925年の選挙法改正では，選挙権の納税資格が撤廃され，単に「満25歳以上の男子」が選挙権をもつとされた。そのため，労働者の利害を代表する無産政党は公認候補者への支持を呼び掛けるため，下のようなポスターを作成した。

労働者などの無産階級の利害を代表する政党であることが読み取れる

資料7の「労働者・小売商人・月給取の一票」,「富豪に重税・貧乏人に減税」などの文言から，この政党（社会民衆党）が労働者などの「資産がなく労働賃金のみで生活する人びとの利害を代表する」無産政党であると読み取れる。一方,「資本家や地主など資産を有する人びとの利害を代表する」のは立憲政友会・立憲民政党などの政党。このとき（1928年）の第一回普通選挙では無産政党全体で8名が当選した。社会民衆党は4議席獲得し，そのなかには鈴木文治も含まれていた。鈴木文治は友愛会の創始者であることも思い出しておこう。

ウ －資料8は「1945年」とあり，時期が確定しているので「大韓民国が成立する前」が適切であるとわかる。大韓民国の成立は1948年である。

エ － ウ の解答とたつやの「1945年の衆議院議員選挙法改正で女性参政権が付与される一方，植民地出身者の選挙権は剥奪されたということなんだね」という会話を踏まえ，その後のりきの「1945年以前と以後では大日本帝国の「臣民」の範囲が恣意的に改変されていることがわかるね」という会話から エ に入るのは帝国「臣民」の範囲が拡大していることを推察させる表現であるとわかる。

問8　正解－③

あ－マス・メディアが国民意識の高まりにどのように関与したかを探究するためには，国民意識を高めるためにマス・メディアがどのように利用されたかを検証すればよい。

W－ラジオはマス・メディアの一つであり，その意味でラジオの販売台数の推移は有用だが，自動車の販売台数はマス・メディアと国家意識の関係には無関係である。

X－植民地において宗主国が製作した映画の興行収入と新聞報道の内容はともにマス・メディアを国民意識の高まりに利用したものである。

い－マス・メディアが平等主義の形成にどのように関与したかを探究するためには，マス・メディアが平等主義の主張や内容をどのように展開し，伝えたのかを検証すればよい。

Y－社会運動の団体や関係者が新聞関係者にどれほど含まれていたかを検証すれば，新聞上でその主張をどの程度展開し得たかを検証することとなるので有用である。

Z－社会運動を抑制するための法律の条文の変遷をたどることで社会運動それ自体がどのような運動の形態をとったかを知ることはできるが，マス・メディアとの関係までは検証し得ない。

6

問1　正解－③

鈴木さんのメモ・山村さんのメモ－正しい。コレラは，もとはインドの風土病であったが，イギリスによるインドの植民地化，そしてイギリス・インド・中国の三角貿易によって世界の流行病となった。

西岡さんのメモ－誤り。このときの大流行は1826年から1837年にかけて起こった。一方，フランスの第三共和政は1870年代初頭から1940年までであり，時期が異なる。

問2　⑴正解－④　⑵正解－⑥

⑴あ－誤文。「天皇を崇拝し，外国人を排斥する運動」とは尊王攘夷運動のこと。尊王攘夷運動とは，天皇を崇拝し，一方で外国人を排斥せよという思想。日米修好通商条約による開港や幕末の政治的動揺のなかで形成された思想であり，ヘスペリア号事件によって激化したものではない。

い－正文。カード1から，ヘスペリア号はコレラ流行地から日本に来航しており，かつ検疫を受けることなく横浜への入港を強行していることから，関東地方でのコレラ流行は推察できる。

う－誤文。カード2より，ヘスペリア号事件が起こる前年までの寺島宗則の時期には関税自主権の回復を主眼においていたのであり，この事件の影響とはいえない。

え－正文。カード1よりヘスペリア号は日本の検疫の規則に従うことなく入港を強行したこと，カード2より井上馨の条約改正交渉から領事裁判権の撤廃が主眼とされていることから推察できる。

⑵あ－外国人判事任用を憲法違反であるとする批判は，当然憲法そのものが成立していないと成り立たない。大日本帝国憲法は1889年2月11日に発布されたものであるので，大隈重信外交に対する批判にはなれど井上馨に対する批判としては適当ではない。

い－大隈重信も井上案を継承して外交を行ったが,「鹿鳴館での舞踏会など，極端な欧化政策」を行ったのは井上馨である。よって井上馨のみに対する批判と判断できる。

問3　正解－④

④－正文。資料2をみると，1899～1918年にか

けて結核の死亡者数が増加していることがわかる。また，**資料1**から同時期の生糸の生産量が増加傾向にあったことがわかる。こうした産業革命の進展のもと，劣悪な労働環境で働くこととなった人々のなかには，結核などの伝染病にかかる人も少なくなかった。

①－誤文。**資料2**を読みとると，結核での死亡率は第二次世界大戦前のほうが高いことがわかる。

②－誤文。**資料1**から1940年代前半に生糸の生産量・輸出量は大きく減少していることがわかるが，**資料2**から読みとれるように，同時期の結核による死亡者数は増加している。

③－誤文。1930年代の生糸の生産量と輸出量は増減を繰り返しており，「ともに増加傾向にある」とはいえない。また，政府による金解禁は，財政緊縮政策であるため不況をもたらした。さらに，同時期におこった世界恐慌の影響もあり，日本は深刻な恐慌状態におちいった（昭和恐慌）。したがって「好景気になった」というのも適当とはいえない。

問4　正解－③

あ－誤文。ファショダ事件のこと。エジプトから南下していたイギリスとアルジェリアから東進していたフランスが1898年に衝突した。なお，その後はヴィルヘルム２世率いるドイツの進出により両者は協調し，1904年に英仏協商を結ぶこととなる。

い－正文。ドイツのビスマルクが主催した国際会議とは，1884～85年に開かれたベルリン会議のこと。ここではコンゴ川流域の統治権はベルギーに，ニジェール川河口の統治権はイギリスに認めたほか，アフリカの土地先占権を相互に承認することとされた。

問5　正解－③

③－誤文。「当時行われていた戦争」とは第一次世界大戦である。**資料3**からこのインフルエンザは東アジアでも流行していたことがわかるが，第一次世界大戦はヨーロッパを中心に世界中へと広がった戦争であり，太平洋を中心に展開したとはいえない。なお，「このインフルエンザ」とはいわゆる「スペイン風邪」である。

①－正文。「出撃拒否をした水兵による反乱」とはドイツで起こったキール軍港の水兵の反乱である。これを端緒としてドイツ革命が起こり，皇帝ヴィルヘルム２世は亡命した。インフルエンザ流行の年（1918年）と「水兵による反乱」，「革命」というキーワードで判断できる。

②－正文。「当時行われていた戦争」（＝第一次世界大戦）での死亡者数は約3700万人とされるが，この知識がなくとも消去法で解答することは可能である。

④－正文。「当時行われていた戦争」（＝第一次世界大戦）では，インドやアフリカなどの植民地の人々も多く動員された。戦争が世界規模になったことで，このインフルエンザはインドなどにも広がり，多くの死者を出すことになった。

問6　正解－②

②－正文。1979年，イランでホメイニが指導者となってイラン＝イスラーム革命が起こったが，この混乱に乗じてイラクのサダム＝フセインは国境問題の解決と革命の波及を予防するため，1980年にイラン＝イラク戦争を開始した。

①－誤文。1945年に独立が宣言されたベトナム民主共和国とその独立を認めないフランスとのインドシナ戦争で，ジュネーヴ休戦協定が結ばれたのは1954年。ベトナムは北緯17度線で南北に分裂した。

③－誤文。ミサイル基地建設をめぐる大国の一触即発の事態とは1962年のキューバ危機である。

④－誤文。この水爆実験は1954年にアメリカがビキニ環礁で行ったものである。このときの死の灰を浴びた日本の漁船（第五福竜丸）の無線長が死亡したことから，世界的な原水爆禁止運動が展開された。

問7　正解－④

[ア]－ハイチの地震でコレラを持ち込んだことが考えられるのは**い**の国連平和維持活動（PKO）部隊である。国連平和維持活動（PKO）とは，平和維持軍・軍事監視団・選挙監視団の３つの組織を用いて国連が行う，紛争の平和的解決や治安維持を目的とした活動のこと。2016年，国連の潘基文（パンギムン）事務総長はネパールのPKO部隊が図らずもコレラを持ち込んでしまったことに対し，謝罪した。日本では，湾岸戦争後の1992年，PKO協力法が宮沢喜一内閣のもとで成立し，これにより自衛隊の海外派遣が可能となった。

あ・Z－国際連合は国際連盟と同様に集団安全保障の方式をとることとしたが，国際連合はその手段として新たに平和への脅威に対して軍事制裁をとることとした。国連憲章に基づく正規の国連軍は国連の安全保障理事会の特別協定によって組織されるが，いままで一度も組織されたことはない。

う・Y－警察予備隊は1950年，朝鮮戦争の勃発による在日米軍の不足を補うために組織された。1952年には日本の主権回復（サンフランシスコ平和条約の発効）に伴い保安隊に改組され，さらに1954年にはMSA協定にもとづいて自衛隊となった。

2 世界史探究

1 正解－③

③　古代メソポタミアでは鋭利な葦筆や金属などで粘土板に**楔形文字**が刻まれた。

①はオストラコン（陶片）に記されたギリシア文字。古代ギリシアのアテネでは，陶片追放（オストラキスモス）の制度がつくられ，陶器の欠片に僭主となりそうな人物の名が記された。

②は中国の元代に使用された牌子。右（裏面）にはペルシア文字，パスパ文字，ウイグル文字が書かれている。とくにパスパ文字やウイグル文字は公文書用としても用いられた。

④は古代エジプトのヒエログリフ（神聖文字）で，神殿や墓あるいは公式の碑文などに使用された。

2 正解－③

③　写真の文字は**甲骨文字**。これらは亀甲や獣骨に刻まれたもので，祭事や軍事・狩猟などに関する占いの結果を記したもの。これが漢字の原型となった。なお，殷・周時代の遺跡からは文字の刻まれた青銅器が出土しており，これは「金文」と呼ばれる。

3 正解－①

①　**テノチティトラン**はアステカ王国の首都としてテスココ湖の湖上に造られた。メキシコ高原のアの位置。現在のメキシコの首都，メキシコシティである。アステカ王国は独自の象形文字をもち，神権政治をおこなっていた。図中のイはインカ帝国の首都クスコの位置。②はマヤ文明の説明である。マヤ文明はメキシコ湾南岸のユカタン半島におこり，二十進法や独自のマヤ文字が作られた。③はインカ帝国の説明である。インカ帝国では国王を太陽の化身として強大な王権が形成された一方，独自の文字は作られず，キープ（結縄）によって数量などが示された。④は紀元前1200年頃までにメキシコ湾岸に成立したオルメカ文明の説明である。古代アメリカ文明は中米のメソアメリカ文明と南米のアンデス文明に分かれるので整理しておこう。

4 正解－①

①　オリエントを初めて統一したアッシリアが滅亡すると，その遺領に4王国が分立した。**リディア**（小アジア），メディア（イラン地方），新バビロニア（メソポタミア），エジプトである。このうちリディアで最古の鋳造貨幣が製造されたとされる。その後，メディアの地からアケメネス朝がうまれ，リディア，新バビロニア，エジプトを征服し，紀元前6世紀後半のカンビュセス2世のときオリエントを統一した。

5

問1　正解－④

④　アテネの民主政時代，公職者は将軍職以外は市民の中から抽選制で選ばれた。民衆裁判所の陪審員も例外ではなく，輪番制ではなく男性市民の中から抽選によって選ばれた。

参考 アテネ民主政の特徴を押さえよう！

・民会…18歳以上の男性市民出席・最高決議機関
・公職の開放（将軍職除く）…抽選制・任期一年・手当支給
・女性，奴隷，外国人居留民に参政権なし
・奴隷制が基盤

問2　正解－④

④の位置に該当するペルシア戦争での戦いはなし。

①　テルモピレーの戦い
②　プラタイアイの戦い。
③　マラトンの戦い。
⑤　ミカレの戦い。

いずれもペルシア戦争での戦いである。

問3　正解－③

③　史料文中に「ペルシア戦争から今回の戦争にいたるまでの間に」とあり，後文にも「ペロポネソス諸国がことあるごとに」とあることから，ペルシア戦争後にアテネがつくったデロス同盟と，スパルタがつくったペロポネソス同盟が衝突した**紀元前431年**のペロポネソス戦争であることがわかる。アテネではこの戦争中にペリクレスが病死し，衆愚政治へと陥った。

①　紀元前490年→マラトンの戦い
②　紀元前479年→プラタイアイの戦い
④　紀元前338年→カイロネイアの戦い

⑤　紀元前334年→アレクサンドロス東方遠征開始

問4　正解ー④

④　ペロポネソス同盟の盟主となったポリスは，半島の南部に位置するスパルタである。スパルタがペロポネソス半島の諸ポリスを集めて結成したペロポネソス同盟は，アテネを中心とするデロス同盟と対立した。正答以外のポリスは以下の通り。①　ペラ，②　テーベ，③　アテネ，⑤　ミレトス

問5　正解ー②

②　誤文。コリントス同盟とは，マケドニアのフィリッポス2世が紀元前337年にギリシアを支配するために結成した同盟で，ギリシア諸ポリスをこれに参集させたが，**スパルタだけはこの同盟に参加しなかった**。

①　正文。スパルタはドーリア人が建設したポリスである。

③　正文。スパルタでは，リュクルゴスの制度によって，スパルティアタイ（完全市民），ペリオイコイ（劣格市民），ヘイロータイ（隷属農民）に身分が分かれた。

④　正文。スパルタでは重装歩兵による密集隊形（ファランクス）が戦法として用いられた。

⑤　正文。ペルシア戦争では，テルモピレーの戦いでスパルタのレオニダス王率いる軍がペルシア軍に大敗した。

6　正解ー②

②　**スキタイ**の文物はアの黄金の櫛。イは古代アメリカのオルメカ文明で造られた巨石人頭像である。スキタイは動物文様に特徴をもつ金属器文化をもっていた。①の，アルファベットの起源となったのはフェニキア人が地中海貿易で用いていたフェニキア文字であり，彼らは地中海貿易を通じて最古の表音アルファベットをギリシア人に伝えた。④の，石版に文字を記録し，北方遊牧民最古の文字を残したとされるのは突厥である。

参考　スキタイの特徴

①…黒海北岸の草原地帯で活躍
②…イラン系民族
③…金属器文化・動物文様
④…内陸アジアに騎馬文化を伝播

7　正解ー③

③　写真の遺跡はアケメネス朝のダレイオス1世が造営をはじめた**ペルセポリス**。この都は儀式を行う王宮や他国の使節との面会場所としての機能を有していた。これ以前にはスサに都が置かれていたが，こちらもペルセポリス造営後も行政府としての機能を有していた。①，②のアブシンベルはエジプト新王国の王ラメス2世がナイル川流域に造営した神殿である。

8　正解ー③

③はフェニキア人のティルス市が建設した植民市カルタゴ。
①…マッサリア（現マルセイユ）
②…ネアポリス（現ナポリ）
④…ビザンティオン（現イスタンブル）
これらはいずれもギリシア人が造った植民市である。

9　正解ー③

③　誤文。ポリス市民は城壁外の田園にクレーロスと呼ばれる耕作地（私有地）を持ち，そこで奴隷を用いて耕作活動を行った。

①④　正文。神殿はアクロポリス（丘）の上に建てられ，戦時には城塞としても使用された。

②　正文。麓のアゴラ（広場）ではアルコンと呼ばれる執政官らによって政治や裁判，集会が行われた。

10　正解ー①

①　シチリア島はA，クレタ島はB。ポエニ戦争は，ローマとフェニキア人植民市のカルタゴが西地中海の覇権を巡って戦った戦争である。第1回ポエニ戦争に勝利したローマはシチリア島を獲得してこの地を初の属州とした。

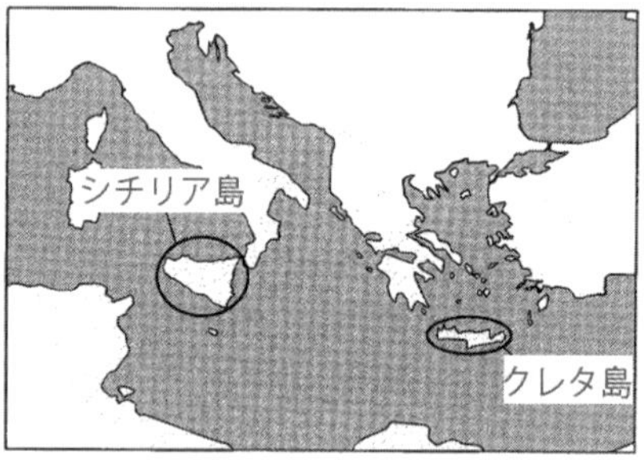

参考　ポエニ戦争の展開を押さえよう！

第1回…紀元前264～紀元前241年→シチリア島（初の属州）獲得
第2回…カルタゴの将軍ハンニバル，イタリア半島に侵入→カンネーの戦い（紀元前216年）でローマ大敗→ローマの大スキピオ将軍がザマの戦い（紀元前202年）で勝利
第3回…小スキピオ将軍によりカルタゴ滅亡

(紀元前146年)→ローマの西地中海支配完成

11 正解－②

② ガンダーラ美術は，ギリシアやヘレニズム文化の影響を受けた仏像美術であり，それらは中国の雲崗石窟や竜門石窟にも影響を与えた。

① 水差しやガラス製品はササン朝美術の特徴。

③ ヘレニズムの影響を廃した仏教美術はグプタ美術の説明である。

④ アジャンター石窟寺院の南につくられたエローラ石窟寺院の説明である。

参考 ガンダーラ美術の特徴

①…ギリシア・ヘレニズム文化の影響
→クシャーナ文化は国際色豊かな文化

②…仏像美術の発達

③…中央アジア・中国・朝鮮・日本へ影響
〔中国の石窟に影響〕
(1)雲崗石窟（平城郊外）
(2)竜門石窟（洛陽郊外）

④…グプタ朝時代（320年頃～550年頃）にギリシア・ヘレニズムの影響の強いガンダーラ美術から脱却→純インド的文化（グプタ様式・アジャンター石窟寺院など）に移行

12 正解－A＝マウリヤ朝，③
B＝マガダ国，ない
C＝ヴァルダナ朝，①
D＝グプタ朝，④
E＝クシャーナ朝，②

①

②

③
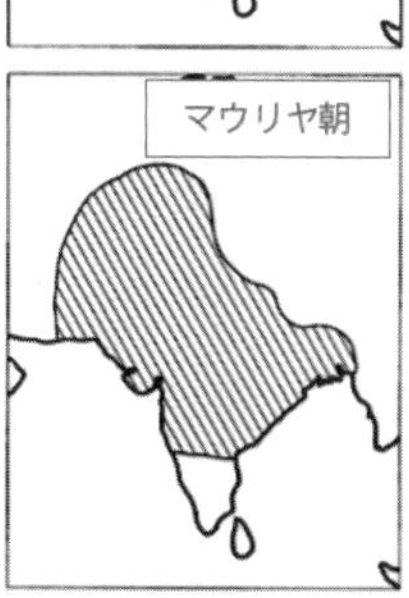

④
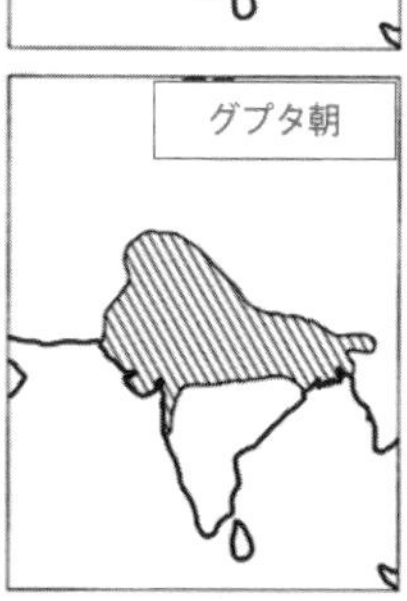

A＝③ **マウリヤ朝**は**インド最初の統一王朝**で，アレクサンドロス大王の東方遠征によるギリシア人のインド侵入でアーリヤ人社会が混乱すると，チャンドラグプタがそれに乗じて諸都市国家を統一し建国した。マウリヤ朝は，アショーカ王の時代に南部を除くインドのほぼ全域を支配した。

B＝ない **仏教やジャイナ教が生まれた**のはアーリヤ人の都市国家マガダ国で，統一国家ではない。チャンドラグプタがマガダ国のナンダ朝を倒しマウリヤ朝を建国した。

C＝① 古代北インド**最後の統一王朝**はヴァルダナ朝で，**「戒日王」**とはその建国者でもあるハルシャ＝ヴァルダナのこと。カナウジを都として北インドを支配した。古代北インドの4王朝の中では最も狭小な領域を支配。ハルシャ王の死後，王朝は急速に衰退し，地方勢力が台頭してインドはラージプート時代（8～13世紀）に入った。

D＝④ 4世紀ごろ，ガンジス川流域のパータリプトラを都に**グプタ朝**が起こった。「超日王」とは最盛期のチャンドラグプタ2世のことで，中国僧の法顕が来訪した時の王であることでも知られる。この時代，サンスクリット文学が成熟期を迎え，純インド的要素をもつグプタ文化が栄えるとともに，ヒンドゥー教がほぼ確立した。

E＝② 中央アジアの大月氏から独立したのは**クシャーナ朝**で，インド北西部（現在はパキスタン）のプルシャプラを中心に北インド～西北インドを支配した。カニシカ王の時代には仏典結集が行われ，仏教が厚く保護されたが，ササン朝のシャープール1世の攻撃で衰退した。

13

問1 正解－④

④ 誤文。隋や唐では，主に儒教の教養や理解を問う科挙が整備された。科挙は，隋の文帝（楊堅）のとき，それまでの推薦による官吏登用法である九品中正に代えて，学科試験によって官吏を登用する制度として導入された。隋から唐にかけては，地方試験（州試）と中央試験（省試）を軸とする選抜方式であったが，北宋の趙匡胤のときに皇帝の面前で試験を行う殿試が導入された。唐では，孔穎達が『五経正義』の編纂・完成させたことにより五経の統一的な解釈が成立し，当時の科挙の国定基準書となった。

① 正文。第三共和政下のフランスでユダヤ人

将校のドレフュスに対する冤罪事件が起こったことでフランス国内の人権意識が高まり，1905年に政教分離法が制定された。

② 正文。中世ヨーロッパでは，キリスト教の信仰や教理を探究する神学が最高の学問とされ，哲学に優越した。また，イスラーム世界からアリストテレス哲学が導入されると，トマス＝アクィナスによってキリスト教神学とアリストテレス哲学を融合したスコラ学が発達した。

③ 正文。イスラーム世界では，各都市にマドラサ（学校）が設立され，重要な教育機関となった。イスラーム世界にギリシア哲学などが普及すると，アッバース朝の首都バグダードには「知恵の館」が設立されて研究が進められ，エジプトのカイロにはファーティマ朝によりアズハル学院が建設された。これは現存するイスラーム最古の大学とされる，また，セルジューク朝の宰相ニザーム＝アルムルクは領内各地にニザーミーヤ学院を設立し，スンナ派教義の研究・教育に貢献した。

問2 正解－②

② 資料の主題は，「19世紀以降のロシアにおける革命運動の展開」である。また，引用文冒頭には「農民の覚醒」とあることから，これは1861年にアレクサンドル２世によって行われた農奴解放令とその後展開された知識人らによる農民への啓蒙運動であるナロードニキ運動が想定される。ナロードニキは農村共同体を基盤にロシアの近代化を進めようとした運動家・革命家のことである。このナロードニキ運動は，官憲による弾圧と農民の無関心によって挫折した。引用文１行目に「則ち［ア］はこれが覚醒を促すに務め」とあることから，［ア］に入るのは農民の覚醒を促した「革命家」であろう。この動きに対して［イ］は「覚醒を防遏する」側に回っているのだから［イ］には「官僚」が入る。また，このナロードニキ運動で掲げられたスローガンは「ヴ＝ナロード（人民の中へ）」である。なお，「無併合・無償金・民族自決」は，第一次世界大戦中に起こったロシア革命に際して，レーニン率いるボリシェヴィキが発表した「平和に関する布告」の中で訴えたものである。

問3 正解－③

③ ［ウ］の直後に「農奴解放を行った」とあることから，［ウ］には「アレクサンドル２世」が入る。アレクサンドル２世（在位1855～81年）は，クリミア戦争に敗北したことを受けて自国の後進性を自覚し，近代化実現の第一歩として農奴解放令を発した。このときの農奴解放では，農民に人格的自由は与えられたものの，土地所有は有償でかつミール（農村共同体）に帰属するものであったため，解放された多くの農民は土地が持てずに工場労働者などとして都市に流入した。その結果，都市部では多くの労働力が創出されることとなり，以後，ロシアの本格的な近代化が進んだ。アレクサンドル２世は在位中の1875年に日本と樺太・千島交換条約を結び，ロシアが樺太を，日本が千島列島を領有することで両国の国境を画定した。

エカチェリーナ２世（在位1762～96年）は，啓蒙専制君主として「上からの近代化」を目指したが，1773年にプガチョフの農民反乱が起こると反動政治に後退し，農奴解放は見送られた。また，エカチェリーナ２世の時代は，クリム＝ハン国を併合してクリミア半島を獲得し，1772年には第１回ポーランド分割に参加して領土を拡大する一方，日本にラクスマンを派遣して通商を求め，アメリカ独立戦争に際しては武装中立同盟を結成してイギリスを牽制した。エカチェリーナ２世もアレクサンドル２世も世界史にでてくる事績の数が多いので，両者の違いをしっかりと整理しておこう。

14

問1 正解－③

③ 李斯（不明～前208）は秦に仕えて秦の中国統一とともに大臣の最高位である丞相に就任し，始皇帝の治世において郡県制の全国実施や度量衡の統一，焚書坑儒による思想統制を実行した。李斯は司馬遷が分類した諸子の中では「法家」に類される。李斯や韓非を代表とする法家は，Z「法律による秩序維持を通じて，人民を支配すること」を主張した。

「あ」の孟子（紀元前372頃～紀元前289頃）は性善説・易姓革命・王道政治を唱えた儒家の一人である。「い」の張儀（不明～紀元前309／紀元前310）は秦の宰相として合従策に対する連衡策を主張した。諸子では外交政策を説く縦横家に分類される。また，Xの「家族道徳を社会秩序の規範とすること」を唱えたのは儒家。Yの「血縁を越えて無差別に人を愛すること」を主張したのは墨家である。

問2 正解－③

③ 正文。ナチスは全権委任法によって立法権を掌握し，その体制下で国民生活は厳しく統

制され，言論や出版の自由も奪われた。

① 誤文。始皇帝は焚書坑儒をおこなったが，医薬・占い・農業関係の書物については焼却を免れた。

② 誤文。キリスト教の宗教会議において，教皇の至上権の確認や禁書目録が制定されたのはトレント（トリエント）公会議である。

④ 誤文。共産主義を排除するマッカーシズムが台頭したのはイギリスではなくアメリカである。

参考 キリスト教宗教会議と主な内容

年代	開催場所	主な内容
325年	ニケーア	アタナシウス派を正統 アリウス派を異端
431年	エフェソス	ネストリウス派を異端⇒ 中国で広まる（景教）
1095年	クレルモン	ウルバヌス２世，十字軍提唱
1414～18年	コンスタンツ	大シスマ解消 ウィクリフやフスを異端
1545～63年	トレント（トリエント）	教皇の至上権確認 禁書目録の制定

問３ 正解－②

② リード文中に司馬遷が「自由な経済活動」を重んじていたこと，「彼が生きていた時代に行われていた政策」であることから，武帝の時代の経済政策であることが考えられる。よって②「平準法を実施して，国家による物価の統制を図った」が正解となる。平準法は，武帝が財政難を克服するために実施した政策で，物価の低落時に政府が物資を買い取り貯蔵し，物価高騰時に放出するというものであった。

① 「諸侯の権力を削減したため，それに抵抗する諸侯の反乱を招いた」は，武帝の前代，景帝の時期に諸侯に対する抑圧策からおこった呉楚七国の乱を指している。

③ 「董仲舒の提言を受け入れて，儒学を官学化した」は，武帝の時代ではあるが，経済政策ではない。

④ 「三長制を実施して，土地や農民の把握を図った」は，北魏の孝文帝の時代である。

15

問１ 正解－②

② 会話文に「著者の推測に基づくなら」とあり，**資料**中の推測部分を抜き出してみると，**資料**の文末に「これらは，平城に都が置かれていた時代からの習わしであろうか」という推測がなされている。平城に都が置かれていたのは北魏の前期（398～494年）である。よって北魏に言及している②が正解となる。

問２ 正解－①

① ［イ］には北方の状況が中国で女性皇帝が出現する背景となったと考えた根拠が入る。中国初の女性皇帝は唐の高宗の死後，息子を廃位し，自ら即位した則天武后（在位690～705年）である。また，唐の建国者李淵は，隋と同様に北周の軍事支配集団出身である。このことから，①が根拠として正しい。

問３ 正解－④

④ 下線部ⓐの「この時代」とは唐代を指している。唐では，儒学の教養を試験する科挙の国定基準書として孔穎達が『五経正義』を編纂した。『五経正義』は第２代太宗の命で編纂が始められ，第３代高宗のときに完成した。

① 誤文。清談が流行したのは魏・晋の時代であり，清談は儒学ではなく老荘思想に基づく哲学談義である。

② 誤文。董仲舒の提案により，儒学が官学とされたのは，前漢武帝の時代。五経を専門に講義する官職として五経博士が設置された。

③ 誤文。寇謙之は道教教団として新天師道を作り，仏教に対抗した。

16 正解－②

② ムハンマドの時代にアラビア半島の大部分を支配下においたイスラーム勢力は，正統カリフ時代にビザンツ帝国を攻撃してシリアや③のエジプトを獲得。さらに，642年にはニハーヴァンドの戦いでササン朝を破り滅亡に追い込むと，④のイラン地方も征服した。ウマイヤ朝時代には①のイベリア半島に進出し，711年に西ゴート王国を滅ぼした。ウマイヤ朝が滅亡した８世紀半ばには，②の地域はビザンツ帝国が領有していた。

17 正解－④

④ 唐の高宗は**イの場所にあった新羅と結んで，エの百済を滅ぼし（660年），次いでアの高句麗を滅ぼした（668年）**。５世紀の朝鮮半島にはウの位置には加耶（加羅）と呼ばれる小国家群があった。

18 正解－④

④ 正文。ｄの都市は東晋および南朝の諸王朝の都となった建康（現南京）である。南朝・梁の昭明太子は古来の名文を集めた『文選』を編纂した。

① 誤文。ａの都市は敦煌。仏教伝来の窓口と

なり，「莫高窟」と呼ばれる石窟寺院が造られたが，竜門は洛陽南郊にある石窟寺院である。

② 誤文。北魏の孝文帝は中国文化を取り入れるため（漢化政策），bの平城からcの洛陽に遷都した。

③ 誤文。王羲之は東晋の書道家である。王羲之はcの都市がある華北ではなく，江南で活躍した。

19 正解－③

③ cの国はウイグル。ウイグルは8～9世紀にモンゴル高原を支配したが，キルギスの侵入により840年に滅亡した。その後，ウイグル人が中央アジアへと移動したことで中央アジアがトルコ化する契機ともなった。

① 誤文。aの国は南詔（不明～902年）。雲南地方におこった南詔は中国やチベット・インドの文化を融合させ，仏教文化も導入した。

② 誤文。bの国は吐蕃（7～9世紀）。ソンツェン＝ガンポによって建国され，チベットを支配した。後にはインド系の文字をもとに独自のチベット文字を作成した。なお，ガズナ朝を滅ぼしたのは吐蕃ではなく，ゴール朝である。

④ 誤文。dは渤海（698～926年）。渤海は大祚栄によって建国された国で，唐や日本とも交流をもった。その都である上京竜泉府は唐の都長安をモデルとしたものとされる。「骨品制」は朝鮮の新羅が施行した氏族的身分制度のことである。

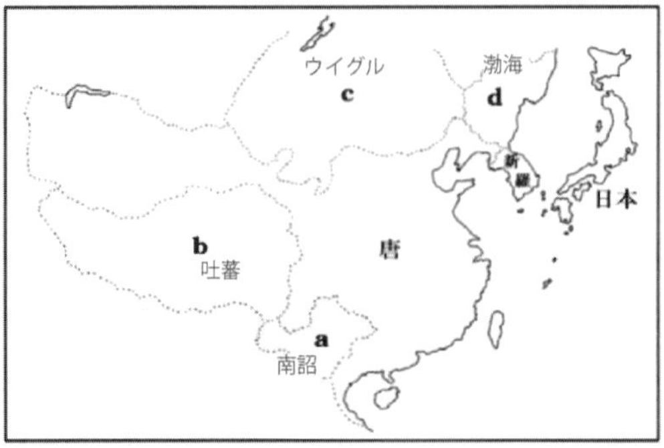

20 正解－③

③ アンコール＝ワットは，12世紀にカンボジアのクメール王国（アンコール朝）のスールヤヴァルマン2世によって建立された。初めヒンドゥー教の寺院として建立されたため，寺院一階の回廊にはヒンドゥー教徒の聖典ともされる『マハーバーラタ』や『ラーマーヤナ』の物語を描写した壁画が残されている。しかし，のちに仏教寺院に改修された。アンコール＝ワットの近郊には当時の王都とされたアンコール＝トムがある。bにはジャワ島を中心におこったシャイレーンドラ朝が造営した大乗仏教の遺跡ボロブドゥールがある。アンコール＝ワットの位置とボロブドゥールの位置の違いは入試でもよく問われる頻出項目なのでしっかり押さえておきたい。

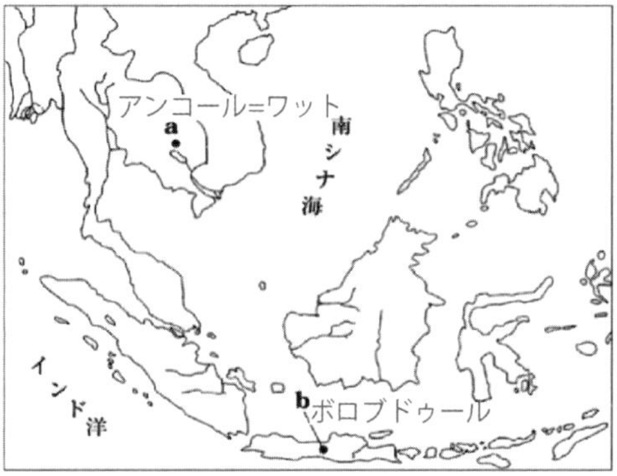

21 正解－④

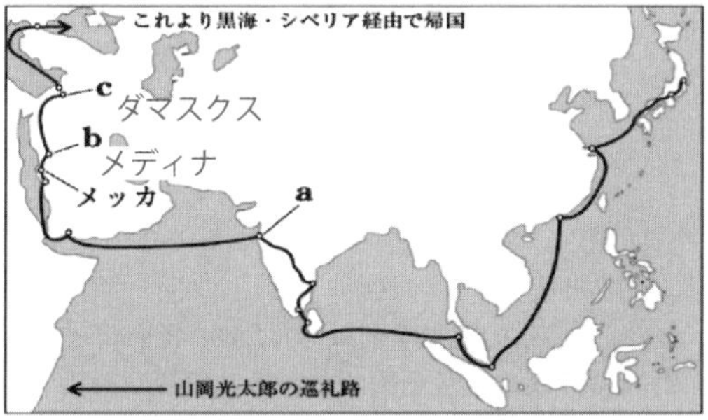

④ ア－「ムハンマドはこの町にヒジュラを行った」が指すこの町とはメディナのことである。イスラーム教を創始するも，メッカで迫害を受けたムハンマドは，622年に北方のメディナへ移住し信徒を集めた。このメディナ移住をヒジュラという。メディナはbである。

イ－「ウマイヤ朝の都として繁栄した」のはシリアのダマスクスである。シリア総督であったムアーウィヤは，661年にダマスクスを都にウマイヤ朝を建国した。ダマスクスはcである。

22 正解ー⑥

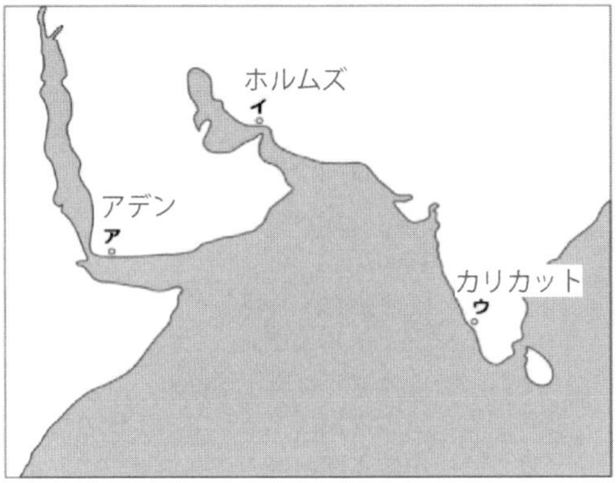

⑥　**ウ**のカリカットはインド西岸の都市であり，ムスリム商人がここを拠点にダウ船を用いてインド洋交易で活躍した。1498年にポルトガルのヴァスコ＝ダ＝ガマがカリカットに到達し，ポルトガルによりインド航路が開拓された。**ア**は現在のイエメンの都市アデンで，香料の産地としてインド洋交易の拠点となった。**イ**はペルシア湾口の都市ホルムズ。湾に浮かぶホルムズ島は，インド洋交易の拠点であり，1515年にポルトガルが占領したが，のちにサファヴィー朝のアッバース１世が奪回した。

23 正解ー①

①　グラフ中のａの時期は唐の626～705年の時期である。則天武后は，唐の第３代皇帝の高宗（在位649～683年）の皇后であったが，夫の死後，子の中宗らを廃して自ら690年に即位し，国号を周と改めた。則天武后は中国史上唯一の女性皇帝である。

②　隋（581～618年）の時代のできごとである。隋の第２代皇帝煬帝の時代に河北と江南を結ぶ大運河が完成した。なお，大運河の南の起点は杭州である。

③　太宗の治世は「貞観の治」（626～649年）と呼ばれた。グラフ中の期間に含まれるが，「開元の治」は玄宗の時代である。

④　「開元の治」は玄宗（在位712～756年）時代の治世をさす。玄宗が楊貴妃を寵愛したため，その晩年は楊貴妃の一族が実権を握った。なお，グラフを見ると隋末の混乱から唐の建国にかけての時期や，安史の乱勃発などの混乱期には人口が減少していることがわかる。

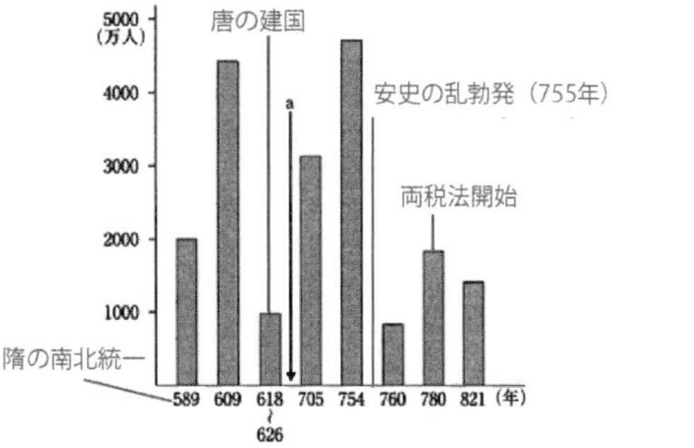

出典　梁方沖編『中国歴代戸口・田地田賦統計』

24

問１　正解ー③

③　10世紀にアッバース朝カリフの権威に対抗し，自らもカリフを称したのはファーティマ朝と後ウマイヤ朝であり，［ア］には後ウマイヤ朝が入る。後ウマイヤ朝があったのは，イベリア半島である。イベリア半島には1130年に成立したベルベル人のムワッヒド朝が進出した。

①　誤文。トルコ系のルーム＝セルジューク朝が建国したのはアナトリア半島である。

②　誤文。イベリア半島における最後のイスラーム王朝はムラービト朝ではなく，ナスル朝である。

④　誤文。ワッハーブ王国はサウード家がアラビア半島に建国した国で，1818年にエジプトのムハンマド＝アリーに滅ぼされた。

問２　正解ー①

①　預言者ムハンマドが死亡すると，その後は選挙でムハンマドの後継者（カリフ）を選出することになり，初代にはアブー＝バクルが選出され，正統カリフ時代が始まった。

②　誤文。アブデュルハミト２世は，1877年に始まったロシア＝トルコ戦争を口実として，1878年にミドハト憲法を停止した。カリフ制を廃止したのは，トルコ共和国を建国したムスタファ＝ケマルである。

③　誤文。ブワイフ朝はバグダード入城後，アッバース朝カリフから大アミールの地位を与えられた。

④　誤文。1258年のアッバース朝滅亡後，同家のカリフを擁立したのはマムルーク朝である。

問３　正解ー④

④　ファーティマ朝はアッバース朝カリフの権威を否定し，909年に建国してカリフを称した。**資料２**によれば，アッバース朝カリフがファーティマ朝成立当初に地方総督へ送った

手紙の中で「彼らがアリーの子孫であるということをはっきりと証明している」と述べている。よって，④が正しい。

25 正解－②

② **ファーティマ朝**は909年にチュニジアに建国され，その後，エジプトを征服して首都カイロを造営し，北アフリカ一帯を支配した。ナスル朝は13世紀前半から1492年までイベリア半島南部を支配したイスラーム王朝である。10世紀にはXの地域には後ウマイヤ朝が成立していた。

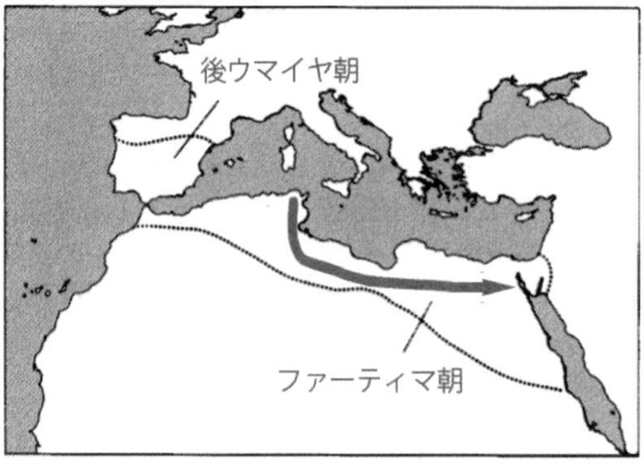

26

問１　正解－②

② 西ゴート王国がウマイヤ朝に滅ぼされたのは711年すなわち８世紀である。

① ウラディミル１世がギリシア正教に改宗したのは10世紀末である。

③ カペー朝の成立は987年である。

④ ロロがノルマンディー公に封じられたのは911年である。

問２　正解－①

① 史料中に「教皇ヨハネスによって，皇帝かつアウグストゥスへ任命され定められた」とある。東フランク王国でカロリング朝が断絶した後，諸侯であったザクセン家の**オットー１世**は，教皇ヨハネス12世より帝冠を授けられた。これが後の神聖ローマ帝国の起源である。

〔史料Ⅰ〕
①961年，王はクリスマスをパヴィーアで祝い，そこから進軍して好意的にローマに迎え入れられた。そして，全ローマ人民と聖職者の歓呼の下，アルベリクスの息子である②教皇ヨハネスによって，皇帝かつアウグストゥスへ任命され定められた。
【ヒントとなる語】
①…961年は神聖ローマ帝国成立の前年
②…教皇ヨハネスは，ザクセン家のオットーに戴冠したヨハネス12世のこと

問３　正解－②

② 正文。神聖ローマ帝国の歴代皇帝は，イタリアに積極的に介入を行う「イタリア政策」を推進した。

① 誤文。オットー１世は，パンノニアを拠点とするマジャール人を討った。アヴァール人を討ったのはフランク王国のカール大帝。

③ 誤文。東方植民は，オットー１世の治世ではなく，十字軍開始後の12～14世紀にドイツ騎士団によっておこなわれた。

④ 誤文。神聖ローマ帝国では，教皇との叙任権闘争までは帝国教会政策によって帝国内の教会の聖職者の任命権を持っていた。

問４　正解－④

④ 当時，総大司教座（総主教座）となる教会が置かれた都市はローマ・コンスタンティノープル・アンティオキア・イェルサレム・アレクサンドリアである。エフェソスはアナトリア半島西端の都市で，431年に宗教会議が開かれ，ネストリウス派が異端とされた。この都市は総主教座には含まれない。

問５　正解－③

③ 史料にみえる軍は，「南フランスの都市」に「異端者を駆逐」するために派遣された軍であることがわかる。12～13世紀頃の南フランスには異教の影響を受けたカタリ派（アルビジョワ派）と呼ばれる異端が広がっており，これはそれを討伐するために派遣された軍である。

〔史料Ⅱ〕
わが軍はベジエ〔①南フランスの都市〕の城門に到達すると，使者としてこの町の司教ルノー・ド・モンペリエ師を市内へ送った。〔中略〕彼は住民に告げた。「われらは②異端者を駆逐すべくこの地に来た。正統信者がいるならば，異端者をわれらに引き渡すがよい。われらは異端者を知悉していて，その名簿がある〔中略〕。」司教が③十字軍に代わって告げると，住民はことごとく拒絶した。〔中略〕ベジエの占領と破壊ののち，わが軍はただちにカルカッソンヌ目指して進軍した。
【ヒントとなる語】
①…南フランスでは異端が普及
②…異端者の討伐であること
③…異端を討つための十字軍

問6　正解ー①

①　「父なる神，子なるキリスト，聖霊の３者は同質である」とするのは正統派であるアタナシウス派の主張である。

②　「キリストは神性のみを持つ」とするのは異端のコプト派などの単性論である。コプト派は451年のカルケドン公会議で異端となり，アフリカへ伝播したのち，アルメニア教会などに影響を与えた。

③　「イエスの神性と人性は分離している」とするのは異端のネストリウス派の主張である。ネストリウス派は431年のエフェソス公会議で異端となり，中国に伝わって景教と呼ばれた。

④　「世界は悪神と善神に支配されている」とするのは，カタリ派（アルビジョワ派）の主張である。

問7　正解ー④

④　アルビジョワ十字軍の遠征がおこなわれたのは1209～29年。イタリアのフランチェスコがアッシジに修道会を結成したのは1209年頃でちょうどアルビジョワ十字軍と同時期にあたる。

①　フィリップ４世によって三部会が開かれたのは1302年である。聖職者に対する課税権をめぐって教皇ボニファティウス８世と対立したフィリップ４世は，議会の後押しを得るため，身分制議会である三部会を招集した。

②　イヴァン３世は15世紀後半から16世紀初頭にモスクワ大公として活躍し，最後のビザンツ皇帝の姪と結婚して「ツァーリ」の称号と「帝国紋章」を継承した。

③　イサベルとフェルナンドを両王とするスペイン王国がナスル朝の都グラナダを陥落させたのは1492年である。

27　正解ー②

②　正文。Bの都市は**アンティオキア**。ローマ，コンスタンティノープル，イェルサレム，アレクサンドリアとともにキリスト教の五本山とされた。アンティオキアは，セレウコス朝の都となった都市でもあるので覚えておきたい。

①　誤文。Aの**コンスタンティノープル**（旧名ビザンティオン）はフェニキア人ではなく，ギリシア人が作った植民市が起源となっている。330年にコンスタンティヌス帝が遷都し，その後はビザンツ帝国の首都，オスマン帝国の首都ともなった。

③　誤文。Cの**イェルサレム**はアッバース朝の都となったことはない。アッバース朝の都はイラクのバグダードである。イェルサレムはキリスト教，ユダヤ教，イスラームの聖地である。

④　誤文。Dの**アレクサンドリア**は第１回十字軍に占領されていない。第１回十字軍はCのイェルサレムを占領し，イェルサレム王国を建設した。また，アレクサンドリアは古くはプトレマイオス朝の都でもあった。

28　正解ー①

①　東方貿易の拠点として発展し，ヴェネツィアと覇権を争ったのはAの**ジェノヴァ**。ジェノヴァはコロンブスの出身地でもある。十字軍後，遠隔地商業や東方貿易（レヴァント貿易）では北イタリア諸都市が発展した。Bの**ナポリ**はもともとギリシア人植民市として建設され，中世以降はナポリ王国の都として栄えた。

29　正解ー④

④　中世の大学のうち法学研究で有名なのは北イタリアのボローニャに設立されたボローニャ大学。中世最古の大学としても知られる。サレルノ大学は医学で有名で，南イタリアに設立された。aに位置するのはパリ。パリ大学は神学で有名となった。

参考　中世の大学は看板学部を押さえよう！

地域	大学名	看板学部
イタリア	ボローニャ大学	法学
イタリア	サレルノ大学	医学
フランス	パリ大学	神学
フランス	モンペリエ大学	医学
イギリス	オクスフォード大学	神学
イギリス	ケンブリッジ大学	法学

30 正解ー①

① フラグはモンケ＝ハンの時代に西征を命じられ，1258年にアッバース朝の都バグダードを攻略してこれを滅ぼし，aのイラン・イラクの地にイル＝ハン国を建国した。bは中央アジアに建国されたチャガタイ＝ハン国である。なお，両国の北方の南ロシアにはバトゥがキプチャク＝ハン国を建国した。aのイル＝ハン国，bのチャガタイ＝ハン国はティムールに征服されて滅亡し，南ロシアのキプチャク＝ハン国はモスクワ大公国の自立後，解体・分裂した。

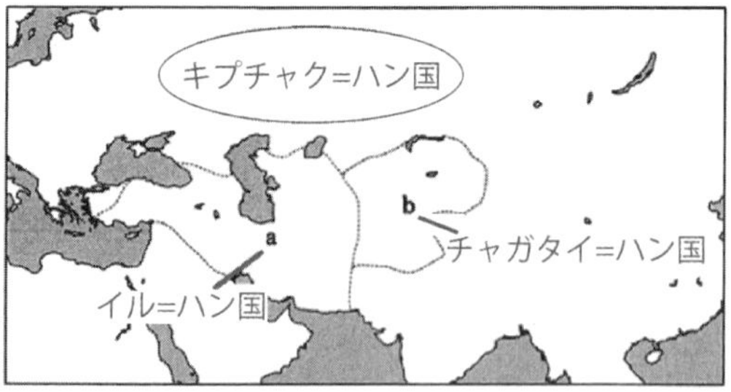

31 正解ー③

③ (Ⅰ)～(Ⅲ) のヒントを踏まえ，漢字の影響が見られない点，逆にチベット文字などのインド系文字の影響が見られる点から③と考えられる。①は契丹文字，②は女真文字，④は西夏文字である。

契丹文字

女真文字

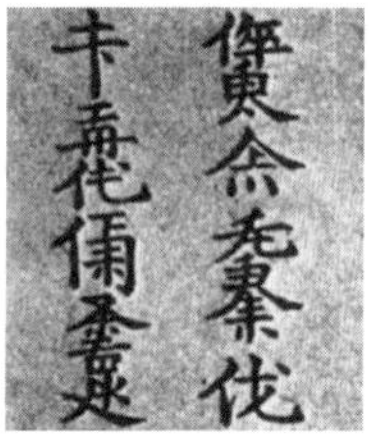

パスパ文字

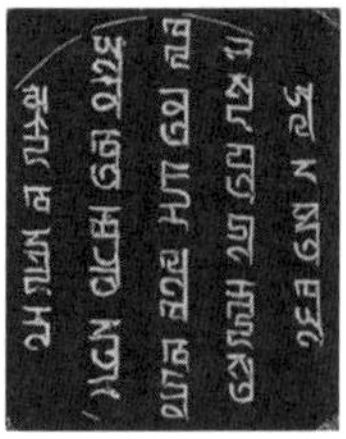

西夏文字

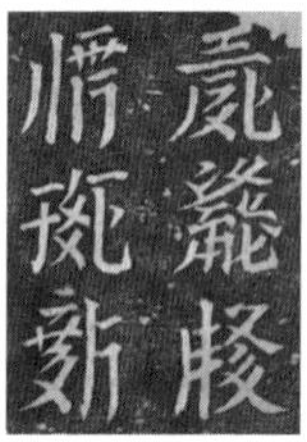

32 正解ー③

③ 正文。グラフを見ると1348年頃を境に人口は激減している。この年からヨーロッパではペストが大流行し，ヨーロッパの人口の３分の１が死亡したと言われている。

① 誤文。イギリスで独立自営農民（ヨーマン）が出現したのは14世紀以降のことである。ペストの流行や戦乱による農村人口の減少により，農民待遇の改善を迫られた領主は農奴解放をおこなった。

② 誤文。四輪作法（ノーフォーク農法）が普及して生産が増大したのは18世紀前半である。大麦➡クローヴァー➡小麦➡カブの順に輪作する農法は食料生産を向上させ，産業革命の背景の一つとなった。

④ 誤文。ジャガイモの凶作により餓死者が増えて人口が激減したのは，19世紀半ばのアイルランドである。ジャガイモ飢饉により餓死者が増大するとともにアメリカなどへの移住者も激増した。

イングランドの人口

※グラフの幅は人口推定値の上限と下限を示している。

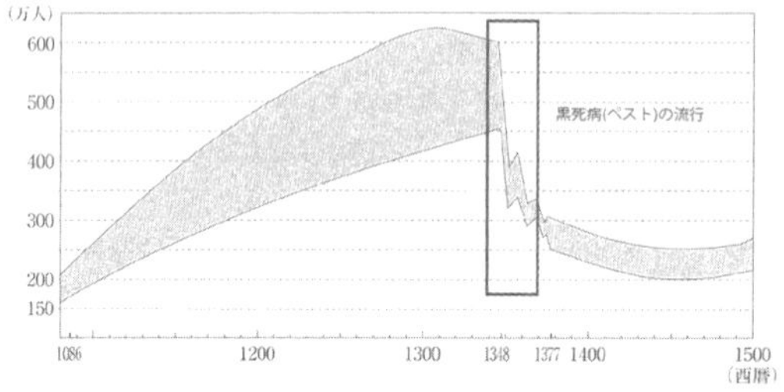

（ヨーロッパ中世史研究会編「西洋中世史料集」より）

33 正解ー④

④ (1)，ティムールが都としたのはアム川とシル川の間に位置する**サマルカンド**。(2)，サファヴィー朝を開いたイスマーイール１世は，イラン北西部の**タブリーズ**に都を置いたが，アッバース１世のときにイラン高原中部に新都**イスファハーン**を建設し遷都した。

34 正解ー③

③ 設問文に見える，「オゴタイ＝ハンが中国方面で対立」し滅ぼした王朝とは女真族の金で

ある。1115年，完顔阿骨打によって中国北東部に建国された金は，靖康の変（1126～27年）で北宋を滅ぼして華北を支配下に収めたのち，淮河を国境として南宋と対立した。最後は1234年にモンゴルのオゴタイ＝ハンによって滅ぼされた。従って，北は中国北東部から南は淮河までが金の最大領土である。

35 正解ー⑥

⑥　ハンザ同盟の在外四大商館が置かれたのはノルウェーの**ベルゲン**，ベルギーの**ブリュージュ**，ロシアの**ノヴゴロド**，イギリスの**ロンドン**である。

36

問１　正解ー②

②　［ア］に入れる語。資料によれば，ハサン＝ブン＝イーサーは，⑴イスラームに改宗後，イスラーム諸学の知識を求めて各地を旅し，学んだこと。⑵信心深く敬虔で，学識の確かな者であったこと。⑶イスラームの法学者やハディースの学者に高く評価されたこと。⑷彼自身がハディースの講義を行ったことなどが読み取れる。これらのことから，ハサン＝ブン＝イーサーが**あ**のウラマーであったことが分かる。ウラマーとは，イスラーム諸学を修めた学者や知識人のことである。**い**のスーフィーは，イスラーム神秘主義者のことで，神との合一の境地を目指し修行に励む人々を指す。

［イ］に入れる語句。資料中（上記⑷）にハサン自身がハディースを講じたことが書かれているが，ハディースとは，預言者ムハンマドの言行（これをスンナという）を伝える伝承のことであり，**Y**と合致する。**X**はスーフィーに関する説明である。

37 正解ー③

③　正文。Cの都市はグラナダ。イベリア半島最後のイスラーム王朝ナスル朝が都としていた。1492年，スペイン王国によって陥落した。

①　誤文。Aの都市はマンチェスター。ウィクリフが教鞭をとったのはオクスフォード大学で，彼は教会制度を批判し，宗教改革の先駆となった。

②　誤文。Bの都市はリヨン。ユグノーの信仰を認める勅令は1598年にフランス西部のナントで出された。アンリ４世はこれによりユグノー戦争を終結させ，フランス絶対王政の基礎を築いた。

④　誤文。Dの都市はローマ。メディチ家の本拠地はイタリア中部，トスカナ地方のフィレンツェで，金融業や毛織物業で栄えた。

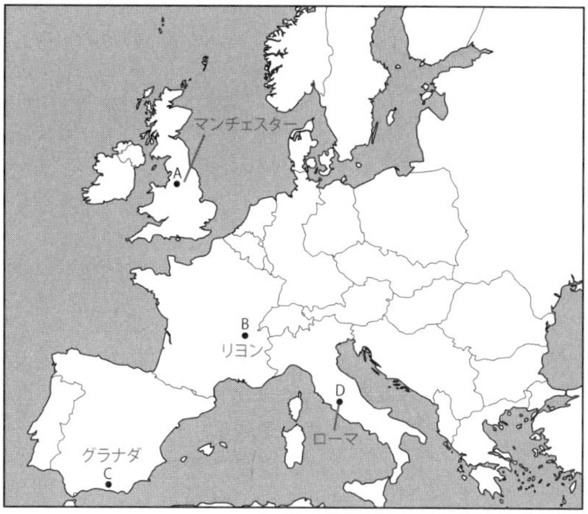

38

問１　正解ー⑴⑨　⑵②　⑶⑤

⑴⑨　中国の雲南地方には，唐代には南詔があったが，10世紀初めに滅び，その後大理がおこった。大理は13世紀にモンゴルのフビライによって滅ぼされた。

⑵②　チャンパーは２世紀頃からベトナム中・南部を支配した。２世紀には林邑，８世紀には環王と呼ばれてきたが，10世紀以降は占城と呼ばれた。15世紀に北ベトナムの黎朝により滅ぼされた。なお，中国宋代には占城稲がチャンパーより流入したことで中国の穀物生産が増加した。

⑶⑤　ベトナム北部は，10世紀頃に中国王朝の支配から自立し，11世紀初めにベトナム人初の長期統一王朝として李朝が成立したが，13世紀に陳朝に取って代わられた。

参考 東南アジアの王朝…東南アジアの王朝は地域ごとの王朝の順番を押さえよう！

〔カンボジア〕
①**扶南**（１～２世紀頃建国）…メコン川下流域
・海上貿易を支配，オケオ遺跡
②**真臘**（６～15世紀）…クメール人
・メコン川中下流域，ヒンドゥー教信仰

〔東南アジア島嶼部〕
①**シュリーヴィジャヤ**（７～14世紀）…スマトラ島
・都：パレンバン，大乗仏教信仰
②**シャイレーンドラ朝**（８～９世紀）…ジャワ島
・ボロブドゥール造営，大乗仏教信仰
③**マジャパヒト王国**（13世紀末～16世紀）…ジャワ島
・元軍（フビライ）を撃退の後成立
・ヒンドゥー教信仰

〔ミャンマー・ビルマ〕
①**パガン朝**（11～13世紀）…エーヤーワディー川中流域
・ビルマ最初の統一王朝，上座仏教信仰
②**タウングー朝**（16～18世紀）…ビルマ人とモン人の連合王朝
③**コンバウン朝**（18～19世紀）
・ビルマ最後の王朝，タイのアユタヤ朝を滅ぼす
〔タイ〕
①**ドヴァーラヴァティー**（6世紀頃～11世紀）…チャオプラヤー川下流域
・モン人（ビルマの先住民）が建国
・カンボジアのアンコール朝により滅亡
②**スコータイ朝**（13～15世紀）…タイ人の国家
・上座仏教信仰
・タイ文字制定（ラームカムヘーン王）
③**アユタヤ朝**（1351年～18世紀）
・タイ史上最大の領土
・国際商業の中心⇒鹿皮，米の輸出で繁栄
④**ラタナコーシン朝**（チャクリ朝，18世紀～現王朝）
・ラーマ4世…バウリング（ボーリング）条約
・ラーマ5世（チュラロンコン）の近代化政策➡独立維持
〔ベトナム〕
〔ベトナム南部〕
①**チャンパー**（2～15世紀）…チャム人の国
・海上貿易で繁栄，黎朝により滅亡
〔ベトナム北部〕
①中国の支配（約1000年）
②**李朝**大越国（1009～1225年）…都：ハノイ
・李公蘊の建国　・漢字や科挙を受容
③**陳朝**大越国（1225～1400年）…都：ハノイ
・モンゴル撃退⇒「南の小中華」の呼称
・字喃（チュノム）使用
④**黎朝**大越国（1428～1789年）
・**チャンパー**征服➡南北ベトナム統一
⑤**西山（タイソン）朝**（1778～1802年）
・阮氏3兄弟の分割支配
⑥**阮朝**越南国（1802～1945年）
・阮福暎の建国➡清に朝貢

問2　正解－③

③　上座仏教は，マウリヤ朝のアショーカ王によってセイロン島に布教され，一方では東南アジア大陸部へ広く伝播した。現在でもミャンマー（旧名ビルマ）やタイで厚く信仰されている。他方大乗仏教は東アジアへ伝播していった。

①　大乗仏教は，古代インドのサータヴァーハナ朝に生まれたナーガールジュナがその教義を確立した。中央アジアから中国・朝鮮へ伝播し，東南アジアの諸島部にも広がっている。

②　ジャイナ教はインドの宗教である。ヴァルダマーナが始祖となり，仏教と同時期に生まれ，バラモン教やカースト制を批判した。

④　景教はネストリウス派キリスト教のことで，431年のエフェソス公会議で異端となったため，古代イランや唐代の中国に広く普及した。

問3　正解－①

①　14世紀末にマレー半島南西岸でおこったのはマラッカ王国。この国の王がイスラーム教に改宗したことにより，東南アジア諸島部にイスラーム教が拡大した。マラッカ王国は明の鄭和による南海遠征の際には艦隊の中継基地ともなったが，1511年にポルトガルにより滅亡した。

②　マジャパヒト王国（1293～1527年頃）は，インドネシアのジャワ島を中心におこったヒンドゥー教国で，元のフビライの遠征軍を退けたのちに成立した。16世紀にイスラーム勢力の進出により衰退した。

③　シュリーヴィジャヤ王国は，7～14世紀にスマトラ島南部を中心に成立した。都はパレンバン。唐僧の義浄はインドへの旅の帰路にこの国を訪れ，シュリーヴィジャヤ王国の大乗仏教の信仰の様子を『南海寄帰内法伝』に残した。

④　アチェ王国（15世紀末～1903年）は，スマトラ島北端に成立し，胡椒交易で栄えた。オランダとの戦争により衰退した。

問4　正解－③

③　10世紀頃まで長らく中国の支配を受けてきたベトナムでは，李朝以降も中国文化の影響を受け続けてきたが，陳朝の時代に漢字をもとにチュノム（字喃）が作られ，民族意識の高揚に貢献した

①　パスパ文字は，元のフビライがモンゴル語を表記するため，チベット仏教の高僧パスパに命じて作らせた文字である。ウイグル文字とともに公文書用の文字として使用された。

②　ハングルは15世紀半ばに朝鮮王朝の世宗によって作られた文字。制定された当時は「訓民正音」と呼ばれていたが，20世紀になって「ハングル」と呼ばれるようになった。

④　ワヤンはジャワ島の文化である影絵芝居のことである。ジャワ島では，ヒンドゥー教の文化が栄えていたため，この影絵芝居はサンスクリット文学の代表作でもあり，ヒンドゥー

教の聖典ともされる『マハーバーラタ』や『ラーマーヤナ』が題材となっている。

問5　正解ー③

③　ビルマのパガン朝は，13世紀末に度重なる元軍の侵攻により滅亡した。

①　大理国はモンゴル帝国のモンケ＝ハンの時代にフビライによって滅ぼされており，この段階ではまだ元は成立していない。

②　チャンパーは，2～15世紀までベトナム中南部を支配した王朝で，元の遠征軍を撃退した。

④　クメール王国（アンコール朝）は元の使節は訪れているが，侵攻された記述は見られない。

⑤　大越国（陳朝）は元の侵攻を撃退した。これにより「小中華」と呼ばれた。

問6　正解ー⑴A－②　B－④　C－③　D－⑤　E－①

⑵①④

⑴　各王朝（国）が現代国家のいずれの国（地域）のものであるのかを考えればよい。

A…中国雲南省

B…ベトナム中・南部

C…ミャンマー（ビルマ）

D…カンボジア

E…ベトナム北部である。

⑵　①の大越国の首都は現在のベトナムの首都でもあるハノイ。チャンパーの首都はベトナム中部のヴィジャヤに置かれたとされる。いずれも現在のベトナムに属する。ベトナムは南北に長い国土を有しているため，ベトナム史を勉強する際，とくにチャンパーが黎朝に併合される15世紀まではベトナム北部と南部を分けて学習しよう。

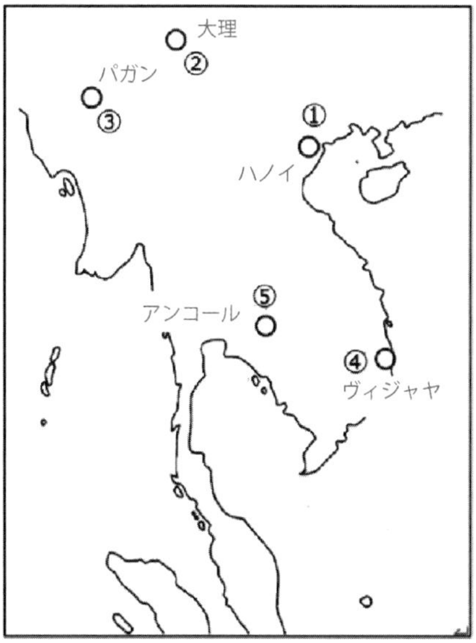

39

問1　正解ー①

①　独ソ不可侵条約は第二次世界大戦勃発直前の1939年8月に締結された条約である。イタリアでは，ファシスト党を結成したムッソリーニが1922年に首相になり，議会制民主主義を否定し，ファシズム体制の下で独裁的権力を振るった。

②　誤文。上院の反対で国際連盟に参加しなかったのはアメリカ合衆国である。第一次世界大戦末期にアメリカ大統領ウィルソンが「十四カ条」を唱え，その中で国際平和機構の設立を掲げていたが，議会では上院の反対にあい，結局アメリカ自身は国際連盟に参加しなかった。そのことが国際平和機構としての欠陥ともなった。

③　誤文。ドイツでベルリンの壁が開放されたのは1989年。第二次世界大戦後のドイツでは，米・英・仏・ソ連の4カ国による分割管理が行われ，1949年にドイツは西ドイツ（ドイツ連邦共和国）と東ドイツ（ドイツ民主共和国）に分裂した。1961年に西への労働力の流出を警戒した東ドイツによりベルリン市内に壁が建設された。冷戦がすすむ中で，1985年にゴルバチョフがソ連共産党書記長に就任し，東欧の民主化を容認すると，東欧革命がおこり，その一連の動きの中で1989年にベルリンの壁は開放され，翌90年に東西ドイツは統一された。

④　誤文。ド＝ゴールは，第二次世界大戦中にイギリスに亡命して自由フランス政府を樹立し，ドイツに対するレジスタンスを指導した。終戦後，フランス政府がアルジェリア戦争に直面して危機を迎えると，1959年に大統領に就任し，第五共和政を樹立した。しかし，やがてその強権的体制が支持を失い，1968年の五月危機が起こり，翌年退陣した。

問2　正解ー④

④　［イ］に入れる語はいのチェコスロヴァキア。ミュンヘン会談では，ヒトラーが要求するチェコスロヴァキアのズデーテン地方について討議された。この会議にはドイツのヒトラー，イタリアのムッソリーニ，イギリスのネヴィル＝チェンバレン，フランスのダラディエが参加し，ソ連のスターリンと当事国のチェコスロヴァキアは参加しなかった。

［ウ］に入れる文について。正解はY。会談に参加した各国は反共産主義の立場からソ連を呼ばなかった。イギリスのチェンバレン

とフランスのダラディエは，ヒトラーの反ソ的立場に期待し妥協してドイツの要求を受け容れた。これを宥和政策という。しかし，英仏が宥和政策をとったことがかえってヒトラーを増長させ，結局，チェコスロヴァキアはドイツに併合されることとなった。なお，Xのイギリスが「光栄ある孤立」政策を捨てたのは，第一次世界大戦前に英仏協商，英露協商を結んだことを指していう。

問３　正解ー②

② 対ソ干渉戦争に際して，ソ連は戦時共産主義を実施し，中小企業の国有化や穀物の強制徴発などをすすめ対処した。しかし，そのようなやり方はかえって国民の生産意欲を奪い経済は後退した。その後，レーニンは新経済政策（ネップ）に方針転換し，中小企業の私営を許可し，穀物販売の自由化を認めたことで生産は回復した。

① 誤文。人民公社は，中華人民共和国を建国した毛沢東が，第２次五か年計画の一環として1950年代末から行った農業集団化政策（大躍進政策）における農業組織である。しかし，自然災害やソ連の援助打ち切りなども重なり多数の餓死者を出すこととなり，毛沢東の失脚につながった。

③ 第１次五か年計画は，スターリン体制に入ってからの政策で，コルホーズ（集団農場）やソフホーズ（国営農場）が作られるなど，社会主義体制を推し進めた。

④ 親衛隊（SS）は，ヒトラーを護衛する精鋭部隊であり，占領地の支配や収容所の管理も担った。

40

問１　正解ー④

④ 誤文。モンゴル諸部族を統一したテムジンはクリルタイ（部族会議）で推戴されハン位に即くと，各部族を千戸制のもとに組織した。彼は遠征によってナイマン，ホラズム＝シャー朝，西夏を滅ぼした。金を滅ぼしたのはオゴタイ＝ハンの時代である。

問２　正解ー②

② オゴタイはオルホン川東岸に首都カラコルムを建設した。チンギス＝ハンの時代は特定の都を定めず天幕で移動しながら行動していたため，カラコルムがモンゴル初の都である。フビライが元を建国すると，首都は大都（現在の北京）に遷った。

① サマルカンドはアム川とシル川に挟まれた地域にあるティムール朝の都。古くからオアシス都市として栄え，ソグド商人の活動拠点ともなった。

③ イスファハーンはサファヴィー朝のアッバース１世が，当初の首都タブリーズから遷都した都。当時は「イスファハーンは世界の半分」と呼ばれるほど繁栄した。アッバース１世がつくった王の広場にある「イマームのモスク」は，イスラームを代表するモスクの一つである。

④ サライは南ロシアのヴォルガ河下流に置かれたキプチャク＝ハン国の都である。

問３　正解ー③

③ 正文。地図上のイで行われたのはワールシュタット（リーグニッツ）の戦い。オゴタイの命令を受けたバトゥが西征し，ドイツ・ポーランド軍を破った。ワールシュタットとは「死体の地」を意味する。

① 誤文。東欧に侵入したのはフラグではなくバトゥ。フラグは第４代モンケ＝ハンの弟で，アッバース朝へ遠征した。

② 誤文。タラス河畔の戦いは751年に中央アジアで唐の軍隊をアッバース朝が破った戦い。この戦いで捕虜となった唐軍の兵士の中に紙すき職人がいたことから，中国の製紙法が西方世界へ伝わったとされる。

④ 誤文。バトゥはオゴタイの訃報に接し，ヨーロッパから引き揚げたが，モンゴルには帰還せず，南ロシアの地にてキプチャク＝ハン国を建てた。

問４　正解ー③

③ 誤文。地図上のＡに位置するのはキプチャク＝ハン国。13世紀にこの国の支配下に入ったのはキエフ公国である。この国を築いたバトゥは，チンギスの長子ジュチの子である。ここから約200年に渡るモンゴル人の支配をロシア人は「タタールのくびき」と呼んでその苛酷な支配を非難した。15世紀後半にモスクワ大公国のイヴァン３世が自立し，国は解体した。

問５　正解ー②

② 地図上のＢに築かれたのは，フラグがイランの地に建国したイル＝ハン国，地図上のＣに築かれたのは，チンギスの次子チャガタイとその子孫が建国したチャガタイ＝ハン国である。イル＝ハン国は1353年に分裂し，その領域は後にティムールによって併合された。チャガタイ＝ハン国の領域もティムールによって併合された。

問６　正解ー②

② 大都は現在の北京である。渤海湾の西に位置することを覚えておこう。渤海湾に面した都市として有名な天津があるが，両都市の位置が近いので北京はやや内陸よりであることにも注意しておこう。

問７ 正解－③

③ 正文。Dは元。元ではモンゴル人第一主義が採られ，中央アジアや西アジア出身の色目人は，財務官僚などとして重用された。

① 誤文。フビライが滅ぼしたのは北宋ではなく南宋である。

② 誤文。元は琉球には遠征軍を派遣していない。

参考 フビライの遠征は成功と失敗に分けて押さえよう！

【征服に成功】
大理（雲南），チベット，高麗，
パガン朝ビルマ（その後撤退），**南宋**（1276年）
【征服に失敗】
日本，陳朝大越国（北ベトナム）
チャンパー（中・南ベトナム），**ジャワ島**

問８ 正解－①

① 正文。モンゴル帝国では広大になった領内の主要道路に宿駅を設け，旅行者や商人に対し宿泊施設や馬・食料などを提供した。これにより情報の伝達や物流が円滑化し，商業が保護された。この制度はジャムチと呼ばれる。

② 誤文。交子は北宋の時代に，会子は南宋の時代に発行された紙幣である。なお，北宋の交子は世界初の紙幣とされる。

③ 誤文。泉州や杭州は港市として発展したが，開封は黄河中流に位置する内陸の都市であり，海に面する港市ではない。

問９ 正解－②

② 正文。地図上のウに都を置いた諸王朝はデリー＝スルタン朝である。奴隷王朝→ハルジー朝→トゥグルク朝→サイイド朝→ロディー朝と続く王朝はいずれもイスラーム政権であった。

① 誤文。アイバクはゴール朝の将軍であり，本国がホラズム＝シャー朝によって滅ぼされると，デリーへと逃れ，奴隷王朝を建国した。

③ 誤文。ムワッヒド朝は，ベルベル人を主体とし，マグリブ（現在のアルジェリア～モロッコの地域）とイベリア半島の一部を支配した北アフリカの王朝である。

④ 誤文。地租の金納化などの経済改革を行ったのはブワイフ朝ではなく，ハルジー朝である。ブワイフ朝は946年にバグダードに入城したイラン系シーア派の軍事政権。

問10 正解－④

④ 地図上のエはエジプトのカイロ。マムルーク朝は1250年，アイユーブ朝の軍人奴隷（マムルーク）が建てた政権である。第５代スルタンのバイバルスのときに支配体制を確立し，カーリミー商人を保護することで経済的にも繁栄した。

① セルジューク朝は，イラン北東のホラーサーン地方で即位したトゥグリル＝ベクが，ニシャープールを中心に建国した。1055年にはバグダードに入城してブワイフ朝を滅ぼし，アッバース朝カリフからスルタンの称号を与えられた。

② サラディン（サラーフ＝アッディーン）が建てたアイユーブ朝は，カイロを都とし第３回十字軍を撃退したが，1250年にマムルーク朝に滅ぼされた。

③ ムラービト朝はベルベル人の国で，モロッコのマラケシュに都が置かれた。また，西アフリカのガーナ王国を滅ぼし西アフリカのイスラーム化を促進した。

41

問１ 正解－④

④ リード文に見えるように，『デカメロン』は「病から避難した人々が都市郊外に集まり，10日間で100話語る形で構成」された物語であり，作者はイタリア＝ルネサンスの人文主義者ボッカチオである。この作品はイギリスのチョーサーの『カンタベリ物語』にも影響を与えている。

14世紀から起こったイタリア＝ルネサンスは，ギリシア・ローマの古典文化の“再生”を根本精神としており，それまでの神中心の中世的思考から脱却し，人間中心の近代的生き方を追究しようとする「人文主義」（ヒューマニズム）に基づいている。

〔作者の名〕のうち，**あ**のペトラルカの代表作は『叙情詩集』，**う**のエラスムスの代表作は『愚神礼讃』である。また，〔文化の特徴〕Sに見えるダーウィンの進化論は，19世紀の自然科学，とくに生物学を背景としている。

参考 ルネサンスの代表的文学作品

国	作者	作品
イタリア	ダンテ	『神曲』
イタリア	ペトラルカ	『叙情詩集』
イタリア	ボッカチオ	『デカメロン』
イタリア	マキァヴェリ	『君主論』
オランダ	エラスムス	『愚神礼讃』
フランス	ラブレー	『ガルガンチュアとパンタグリュエルの物語』
フランス	モンテーニュ	『随想録』
イギリス	チョーサー	『カンタベリ物語』
イギリス	トマス＝モア	『ユートピア』
イギリス	シェークスピア	『ハムレット』
スペイン	セルバンテス	『ドン＝キホーテ』

問2　正解－⑤

⑤　ボッカチオの『デカメロン』は，14世紀半ばにヨーロッパで大流行したペスト（黒死病）から逃れた人々らが語り合う想定で書かれたものである。このときヨーロッパで大流行したペストは，中央アジアから黒海経由でヨーロッパにもたらされたと考えられている。また，ペストの流行により，ヨーロッパの人口の3分の1が減少したと言われる。農村人口が減少したことで，領主にとっての農民の経済的地位は相対的に向上し，荘園を持つ領主らは農民の待遇改善を迫られることとなった。X・Zが誤文であることは以下のように判断する。

〔『デカメロン』の史料〕
時は主の御生誕1348年のことでございました。イタリアのいかなる都市に比べてもこよなく高貴な都市国家フィレンツェにあの［ア］が発生いたしました。（中略）①オリエントでは，鼻から血を出す者はまちがいなく死んだ由でした。②しかしフィレンツェでは徴候が違います。発病当初は男も女も股の付け根や腋の下に腫物ができました。そのぐりぐりのあるものは並みの林檎くらいの大きさに，また中には鶏の卵ぐらいの大きさに腫れました。大小多少の違いはあるが，世間はそれをガヴォッチョロと呼びました。
【ヒントとなる文】
①…オリエントからやってきている事が分かる→Z「当時，アメリカ大陸からヨーロッパにもたらされた病である」は誤り。
②…地域や感染した人によって症状が異なっていることが分かる→X「地域や性別を問わず同じ症状であった」は誤り。

問3　正解－②

②　正文。ヨーロッパでは，荘園内の生産増大とそれに伴う土地不足から，12～13世紀頃から開墾運動や植民活動が展開された。これは封建領主らが修道院を招いて推進されたが，その中心となったのがフランスのブルゴーニュ地方に創設されたシトー修道会であった。

①　誤文。モンテ＝カッシーノ（モンテ＝カシノ）修道院は，529年，ベネディクトゥスが南イタリアに創設した修道院である。この修道院では「祈り，働け」のモットーのもと，「清貧・純潔・服従」を旨とする厳しい戒律が課された。なお，インノケンティウス3世は教皇権が絶頂期を迎えた13世紀の教皇である。

③　誤文。クリュニー修道院は，910年，フランスのブルゴーニュ地方に設立された修道院で11世紀には教会改革運動の中心的役割を果たした。後に十字軍を提唱する教皇ウルバヌス2世を輩出している。

④　誤文。修道院を解散し，その財産を没収したのはイギリス国王ヘンリ8世。彼は自身の離婚を承認しない教皇と対立してカトリック教会から離脱，首長法を発布しイギリス国教会を樹立すると，修道院を解散し，財産を没収した。

参考 修道会の基本事項

地域	修道院名	特徴
イタリア	モンテ＝カッシーノ修道院	・ベネディクトゥス創設 ・「祈り，働け」の戒律
フランス	クリュニー修道院	・11世紀教会改革運動推進 ・ウルバヌス2世輩出
フランス	シトー修道会	・12世紀大開墾運動で活躍
フランス	ドミニコ修道会	・托鉢修道会 ・異端審問に貢献
イタリア	フランチェスコ修道会	・托鉢修道会 ・アッシジ（伊）に設立

42

問1　正解ー②

② **資料X**では,「[い]は, 信徒たちの長ウスマーン閣下の時代にイスラームを受容した」とある。ウスマーンは第3代正統カリフである。従って[い]に入る都市は正統カリフ時代に征服されていた都市ということになる。さらに,「ティムール＝ベグが首都とした」とあり, ティムール朝の都であったことも分かる。さらに, **資料Y**では,「ティムールがわれわれに最初の謁見を賜った宮殿のある庭園は」とあり, その都市にはいくつかの庭園があることがわかる。それらの情報を合わせれば, [い]はティムール帝国の都であり, 現在のウズベキスタンにある**サマルカンド**である。②の図には「天文台」が見えるが, これは第4代君主のウルグ＝ベクが造営したものである。

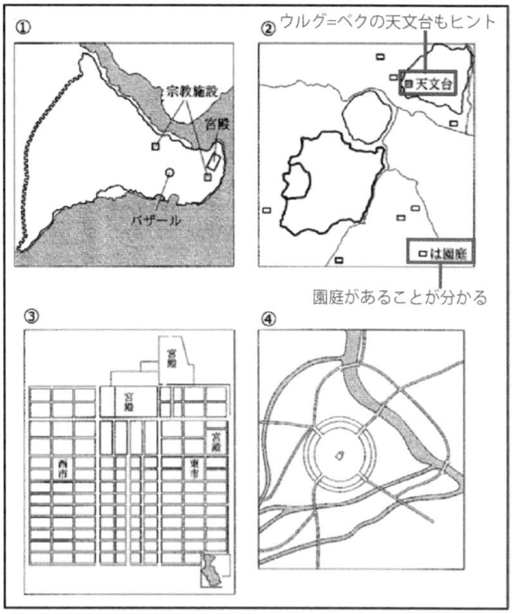

① オスマン帝国の首都イスタンブル。図の左側に縦に連なるのはビザンツ帝国時代に建設された「テオドシウスの城壁」であり, コンスタンティノープルを守るための防壁となってきた。図中に見える「宗教施設」はハギア＝ソフィア大聖堂, スレイマン＝モスクを指す。さらに半島の先にある「宮殿」はオスマン帝国の歴代スルタンが居住するトプカプ宮殿を指す。

③ 中国の長安。長安は中国歴代王朝の中でも, 前漢, 隋 (大興城), 唐などの都となった。長安の特徴は, 都城内が碁盤目状に東西南北で区画整理され, 東西にそれぞれ「市」があることである。この都城の造りは日本の平城京や渤海の上京竜泉府にも影響を与えた。

④ アッバース朝の首都バグダード。バグダードはアッバース朝の第2代カリフマンスールによってティグリス川中流の西岸に造営され, 766年に完成した。その特徴は中央の宮殿を中心に円形の城壁で囲み各城門から四方へと街道が延びていることである。現在はイラクの首都となっている。

問2　正解ー①

① 設問文によれば**資料X**は「もと[い]の君主であった著者の自伝」であり, その著者は史料の出典を見ればムガル帝国の建国者バーブルであることがわかる。ムガル帝国ではその公用語であるペルシア語に北インドの地方語が融合してウルドゥー語が成立した。これが現在のパキスタンの公用語となっている。

② タミル語はドラヴィダ系の言語で, 現在ではインド・スリランカ・シンガポールなどで公用語として用いられている。タミル人は南インドにチョーラ朝やパーンディヤ朝を樹立した。

③ タガログ語はオーストロネシア語族の言語の一つで, 現在ではフィリピンで使用されている。

④ ペルシア語は元来イラン人の言語であるが, ムガル帝国ではこれが公用語として用いられ, これに北インド土着の言語が融合してウルドゥー語が成立したのは上述した通りである。

43　正解ー①

① Aはコロンブス。コロンブスはスペイン女王イサベルの援助を受け, 西回りで出航し, カリブ海のサンサルバドル島 (現バハマ) に到達した。Bはヴァスコ＝ダ＝ガマ。ヴァスコ＝ダ＝ガマは東回りでインドを目指し, 1498年にインド西岸のカリカットに到達した。Cはマゼラン。マゼランは西回りで出航し, マゼラン海峡を通過して太平洋に到達。マゼラン自身はフィリピンで戦死したが, 部下が南アフリカを経由して本国に帰還した。

参考 大航海時代の航海者と活動

【インド航路の開拓と新大陸到達】
(1)エンリケ航海王子…アフリカ西岸探検
(2)バルトロメウ＝ディアス
　・ジョアン２世の命→喜望峰到達（1488年）
(3)ヴァスコ＝ダ＝ガマ
　・インド西岸のカリカット到達（1498年）
(4)コロンブス…西回りで出航
　・サンサルバドル島上陸（1492年）
【アメリカ探検と世界周航】
(1)カボット…ヘンリ７世の援助，北米探検
(2)カブラル…ブラジル漂着（1500年）
　→ブラジルはポルトガル領のきっかけ
(3)アメリゴ＝ヴェスプッチ…「新大陸」と報告
　→“アメリカ”の由来
(4)バルボア…パナマ地峡横断→太平洋発見
(5)マゼラン（ポルトガル人）
　・スペイン王カルロス１世の命で出発
　・セビリャ港から出発（1519年）
　　→マゼラン海峡発見→太平洋へ
　・フィリピン到達，マクタン島で戦死
　　→部下が帰国（世界周航達成）

44 正解－④

④　地図ではそれぞれの矢印の出発点を考えると，ヨーロッパを中心に右が南，左が北になるとわかる。バルトロメウ＝ディアスは1488年にアフリカ南端の喜望峰に到達した。アフリカ大陸の南まで到達しているのは④である。

①　矢印はイギリスから北米大陸の島に向かっている。イギリスから北米探検に向かったのはカボット父子で，ヘンリ７世の援助で出航し，カナダ東部の島，ニューファンドランドに到達した。

②　矢印はイベリア半島からカリブ海の島に向かっている。カリブ海の島に到達したのはコロンブス。トスカネリの地球球体説を信じた彼はスペイン女王イサベルの命で，西回りの航路でインドへ向かい，カリブ海のサンサルバドル島（現在のバハマ）に到達した。自身は終生その地をインドだと信じていたが，後にアメリゴ＝ヴェスプッチに訂正された。

③　矢印はアフリカ南端の喜望峰を越え，アフリカ東岸からインド洋を横断しインド半島南方に向かっている。ヴァスコ＝ダ＝ガマは，ムスリムの水先案内人を得て，アフリカ東岸のマリンディからインド洋を渡り，1498年にインドのカリカットに到達した。

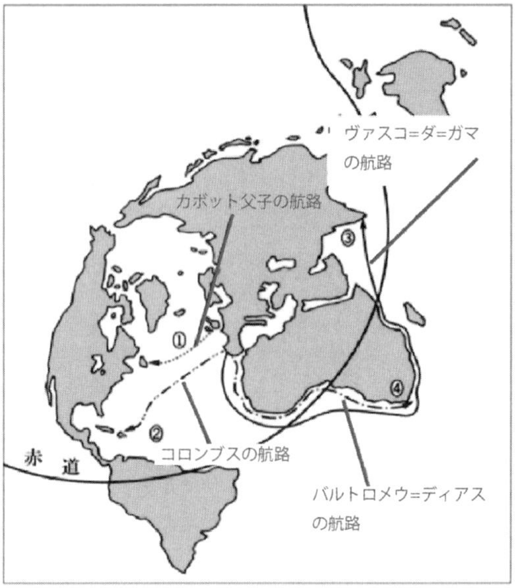

45 正解－③

③　ポーランドとリトアニアは，バルト海を塞ぐドイツ騎士団に対抗するため，リトアニア大公ヤギェウォとポーランド女王ヤドヴィガ結婚し，1386年にヤギェウォ朝を成立させ同君連合となった。地図中の国は，それぞれ以下の通り。
ア－エストニア
イ－ラトヴィア
ウ－リトアニア
エ－ベラルーシ
オ－ウクライナ
カ－ポーランド

リトアニアはソ連崩壊後のバルト三国の最南部，ポーランドはドイツと国境を接していることに注目しよう。

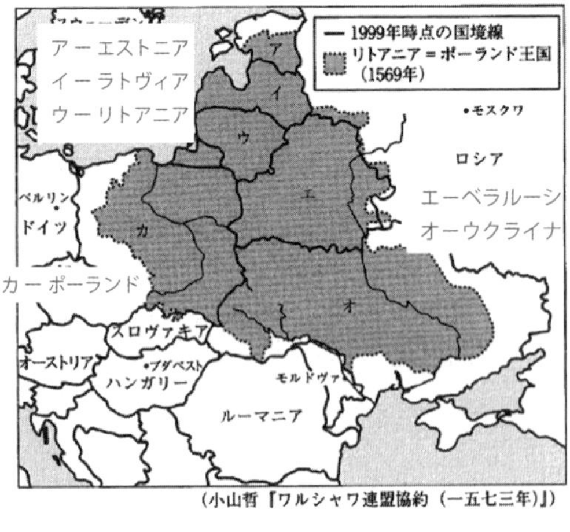

（小山哲『ワルシャワ連盟協約（一五七三年）』）

46 正解ー④

④　1602年に設立されたオランダ東インド会社は，17世紀初頭に現在のインドネシアに商館を置き，その地をバタヴィアとした。オランダはここをアジア貿易の拠点とし，台湾や日本の平戸にも進出した。Aのカルカッタはイギリス東インド会社の拠点の一つである。イギリスもインドネシアへの進出を図ったが，1623年のアンボン（アンボイナ）事件で敗れ，インド進出へ舵を切った。

47

問１　正解ー②

②　アー正文。三十年戦争は，ハプスブルク家領内のベーメンのプロテスタント（新教徒）が，ハプスブルク家のカトリック政策に対して起こした反乱が契機となった。

イー誤文。三十年戦争に参戦したグスタフ＝アドルフはスウェーデンの国王であった。スウェーデン軍を率いて南ドイツまで侵入したが，リュッツェンの戦いで皇帝側が雇った傭兵隊長ヴァレンシュタインに敗れ戦死した。

なお，三十年戦争は旧教国のフランスがハプスブルク家への対抗から新教側で介入し大勢を決した。1648年に結ばれたウェストファリア条約によってドイツ領内の諸侯に主権が認められ，ヨーロッパの主権国家体制が確立した。

参考　ウェストファリア条約の主な内容

①フランス＝アルザス・ロレーヌの一部獲得
②スウェーデン＝西ポンメルン獲得
③オランダ・スイスの独立承認
④カルヴァン派公認
⑤ドイツ諸侯の主権確立
⇒神聖ローマ帝国の有名無実化
⇒ヨーロッパ主権国家体制の確立

問２　正解ー③

③　金印勅書によって定められた選帝侯とは，聖界から，マインツ大司教・ケルン大司教・トリーア大司教，俗界からファルツ伯・ザクセン公・ブランデンブルク辺境伯・ベーメン王の七人である。ドイツ騎士団は含まれない。

問３　正解ー④

④　正文。この闘争の一環で教皇は聖職売買や聖職者の妻帯を禁じる改革をおこなった。とくに，皇帝による聖職叙任権を聖職売買として非難した。

①　誤文。当時，神聖ローマ帝国は帝国教会政策により，領内の教会の聖職者を自ら任命することがあった。これに対し教皇グレゴリウス７世は，この帝国教会政策を否定し，皇帝による叙任権を認めない態度をとった。

②　誤文。「カノッサの屈辱」とは叙任権闘争に際して教皇から破門されたドイツ王が，北イタリアのカノッサに赴き教皇に許しを請うたことを指す。教皇ボニファティウス８世は，聖職者への課税権をめぐりフランス王フィリップ４世と争ったが，1303年にアナーニ近郊で捕らえられ，釈放後まもなく憤死した。いわゆるアナーニ事件である。

③　誤文。クリュニー修道院はフランスのブルゴーニュ地方に10世紀に設立された修道院である。11世紀に教会改革運動の中心となった（前掲修道院の表参照）。

⑤　誤文。叙任権闘争を終息させたのは，1122年のヴォルムス協約である。この協約で教皇と皇帝の妥協が図られ，叙任権は教皇が持つことが原則となったが，一部皇帝側の権利も残るなど妥協的な内容であった。なお，この協約が結ばれた際の教皇はカリクストゥス２世，皇帝はハインリヒ５世である。

問４　正解ー③

⑤→③→④→②→①の順となる

①　ネストリウス派への異端宣告がなされたのは431年のエフェソス公会議。ネストリウス派はイエスの神性と人性を分離する考え方で，この会議で異端となった。その後はササン朝治下のイランに伝わりペルシア人の阿羅本によって唐へと伝道され，中国で景教と呼ばれるようになった。中国の長安（現在の西安）に「大秦景教流行中国碑」が残されている。

②　キリスト教は，313年にコンスタンティヌス帝が発布したミラノ勅令により公認された。その後，コンスタンティヌス帝は教義統一のため，325年にニケーア公会議を開催した。この会議では「父なる神，子なるイエス」を同一とするアタナシウス派が正統とされ，イエスの神性を否定したアリウス派を異端とした。アリウス派はその後，ゲルマン人へ伝わった。

③　ローマ帝国の全自由人にローマ市民権が付与されたのは212年。共和政時代にローマ市民権を与えられていなかったイタリア半島内の同盟市が，市民権を求めて同盟市戦争を起こすと，スラが派遣され，同盟市にもローマ市民権を与えることで解決した。この段階でイタリア半島内自由民にはローマ市民権が与えられたことになる。そしてカラカラ帝のとき

アントニヌス勅令が発布され，帝国領内全自由民へとローマ市民権は拡大した。

④　ディオクレティアヌス帝が即位したのは284年。235年から軍人皇帝時代が始まると（この時期は「３世紀の危機」とも呼ばれる），ローマは帝国内各地に皇帝が乱立する混乱の時代に入り，それにともない外民族の侵入も盛んになった。この混乱を収拾したのがディオクレティアヌス帝で，四帝分治制を採用し，専制君主政（ドミナトゥス）を開始した。

⑤　ネロ帝の迫害は64年である。ネロ帝はローマで発生した大火の責任をキリスト教徒に負わせ迫害を行った。皇帝崇拝を否認したためにキリスト教徒を迫害したディオクレティアヌス帝との違いを区別しておきたい。

参考 古代ローマにおけるキリスト教徒の迫害

①ネロ帝の迫害（64年）
・ローマ大火の責任を負わせ迫害
・イエスの使徒，ペテロ・パウロが殉教
②ディオクレティアヌス帝の迫害
・キリスト教徒が皇帝崇拝を否認したため
・迫害は次の皇帝の時代まで続いた

参考 専制君主政時代のローマ皇帝

①ディオクレティアヌス帝（在位284～305年）
・四帝分治制
　→帝国を東西に分け正副二帝で統治
・官僚制の整備
・皇帝崇拝強制⇒キリスト教徒大迫害（303年）
②コンスタンティヌス帝（在位306～337年）
・ミラノ勅令（313年）…キリスト教公認
・ニケーア公会議（325年）…正統教義確立
・コロヌス土地緊縛令
・コンスタンティノープル遷都（330年）
・職業・身分の固定化
・ソリドゥス金貨発行
③テオドシウス帝（在位379～395年）
・キリスト教国教化（392年）
・帝の死後，帝国東西分裂（395年）

問５　正解－①

①　オランダ独立戦争の開始後，スペインの懐柔策で脱落した南部10州に対し，北部７州で作ったユトレヒト同盟が1581年にオラニエ公ウィレムを総督としてネーデルラント連邦共和国の独立を宣言した。その後，1609年にスペインとの間に休戦協定が結ばれて事実上の独立を達成し，1648年のウェストファリア条約で独立が国際的に承認された。

②　イギリス東インド会社は，エリザベス１世の時代，毛織物貿易を保護するために1600年に設立された。イギリスは絶対王政を確立する過程で重商主義政策の一環として囲い込み（第１次）などによって牧羊地を盛んに作り，毛織物産業を発展させた。後にアジア貿易の独占権を与えられた。

③　トリエント公会議は宗教改革に対して，混乱を収拾する目的で1545年に教皇パウルス３世によって開催された。そこで教皇の至上権やカトリックの教義が再確認され，また禁書目録などが制定された。

④　パーニーパットの戦いは1526年。アフガニスタンのカーヴルを拠点にしたバーブルがインドへ進出し，デリー＝スルタン朝最後のロディー朝を破った。

⑤　サファヴィー朝はシーア派神秘主義教団の指導者イスマーイール１世によって1501年に成立した。その建国を支援したのが同じくシーア派のトルコ系騎馬軍団「キジルバシュ」であった。当時，キジルバシュは周辺のスンナ派諸国に脅威を与えるほどの力を持っていたが，オスマン帝国のセリム１世にチャルディラーンの戦いで大敗した。

問６　正解－②

ア－正文。フランス人のカルヴァンは，ジュネーヴに招かれ神権政治を行った。魂の救済はあらかじめ神により決定されているという「予定説」を説いた。その著作に『キリスト教綱要』がある。

イ－誤文。カルヴァン派の教会制度は，牧師と信者が長老を選び，長老が教会の管理を主宰する長老制度（主義）を採用した。司教制度を維持したのはルター派である。

参考 カルヴァンの予定説とルター派との違い

【カルヴァンの予定説】
・「魂の救済は人の意思や善行に関係なく，神によってあらかじめ定められている」とする説
・禁欲，勤労を重視→結果的な蓄財容認
　→商工業者の利益に適合→西欧資本主義の形成・発展に貢献
【カルヴァン派とルター派の違い】
①カルヴァン派
・政教一致・長老制度・共和政理想
　➡現実世界の変革
②ルター派

・政教分離・司教制・君主政容認
➡現世の秩序肯定

問7　正解ー①

〔史料Ⅱ〕
第一条　一五八五年三月の始めより余が即位するまで，さらにこれに先立つ争乱の間に起こったすべての出来事に関する記憶は，双方とも，起こらなかったこととして消し去り，鎮めること。[後略]
第三条　余の王国と余に服する地域では，カトリックの礼拝が中断されていたすべての所，すべての土地で，いかなる混乱も妨害もなく平穏に自由に礼拝が行われるように，これを回復し再建するように命じる。(中略)
第六条　わが臣民の間に争乱や対立の原因をいっさい残さないように，いわゆる改革派［カルヴァン派］の者たちが，尋問されたり，迫害されたり，暴行されたり，自らの良心に反して宗教に関する強制を受けたりすることなく，余の王国と余に服する地域のいずれの都市にでも土地にでも住み，滞在することを許す。[後略]
第九条　一五九六年と一五九七年八月末までの間，改革派の礼拝が幾度も公に行われた，余に服する都市と土地には，これを禁じる裁定や判決があろうとも，引き続き改革派の礼拝を行うことを許す。
第九一条　(前略) この勅令は，余の法官，官職保有者，臣民たちによって遵守されるべき，確固たる不可侵の勅令であり，廃止することも，抵触することいっさいを斟酌することもないと，宣言する。
※下線部に注目する

① 史料の第六条に「いわゆる改革派［カルヴァン派］の者たちが，尋問されたり，迫害されたり，暴行されたり，自らの良心に反して宗教に関する強制を受けたりすることなく」，第九条に「引き続き改革派の礼拝を行うことを許す」とあることから，ここではカトリックが国教のフランスにおいてカルヴァン派が認められたことを示唆している。このことから史料の内容がアンリ４世によって出されたナントの王令であることがわかる。ナントの王令はユグノー戦争を終息させるために1598年に発布され，ユグノーに信教の自由が認められた。

問8　正解ー③

③ 1598年にアンリ４世によって出されたナントの王令は，1685年にルイ14世によって廃止された。ルイ14世はスペイン＝ハプスブルク家の断絶に際して自身の孫のフェリペ５世を即位させたため，各国の反発を招きスペイン継承戦争が起こった。その結果，フランスとスペインの併合は禁止という条件でフェリペ５世の即位は認められ，スペイン＝ブルボン家が成立した。

① オーストリア継承戦争（1740年勃発）は，神聖ローマ帝国皇帝のカール６世が娘のマリア＝テレジアに家督を相続させたため諸侯たちが反発して起こった戦争。アーヘン条約（1748年）でマリア＝テレジアの相続は認められたが，オーストリアは資源の豊富なシュレジエンをプロイセンに奪われることとなった。

② フレンチ＝インディアン戦争（1754～63年）は，北米植民地をめぐるイギリスとフランスの戦争。イギリスの勝利で1763年にパリ条約が結ばれると，フランスはイギリスにカナダとミシシッピ川以東のルイジアナを割譲し，北米大陸におけるほとんどの植民地を失うこととなった。なお，この戦争と連動してヨーロッパでは七年戦争が展開された。

④ 七年戦争は，1756年に勃発した戦争で，オーストリア継承戦争でプロイセンにシュレジエンを奪われたマリア＝テレジアが，同地を奪回するためにプロイセンと戦った。しかしプロイセンに敗れシュレジエン回復はならなかった。この戦いの前には「外交革命」が行われ，仇敵の間柄であったハプスブルク家とブルボン家が手を組んだ。

⑤ レパントの海戦は，1571年に地中海の覇権をめぐりフェリペ２世治下のスペインが，ヴェネツィアや教皇と連携し，セリム２世治下のオスマン帝国と戦い勝利した戦争。ちなみに，これより前の1538年に行われたプレヴェザの海戦では，スレイマン１世治下のオスマン帝国軍がスペインに勝利している。

参考 ヨーロッパ絶対主義時代の戦争

スペイン継承戦争（1701～13年）		
仏・西	VS	英・墺・普・蘭
【講和】	ユトレヒト条約（1713年）	
【内容】	①フェリペ5世の即位承認 ②イギリスはアカディア，ハドソン湾地方，ニューファンドランドをフランスから獲得	
オーストリア継承戦争（1740～48年）		
バイエルン・普・仏・西	VS	墺・英
【講和】	アーヘン条約（1748年）	
【内容】	①マリア＝テレジアの家督継承承認 ②プロイセンがシュレジエン領有	
七年戦争（1756～63年）		
普・英	VS	墺・仏・露
【講和】	フベルトゥスブルク条約（1763年）	
【内容】	①プロイセンのシュレジエン領有確定	

48 正解ー①

① 史料の内容は，各領邦の諸権利が国王大権などにより妨害されないことを明記したものである。これはグロティウスの自然法思想に基づく考え方で，彼は戦時における各国の遵守すべき義務や権利を主張し，“国際法の父”とも呼ばれた。グロティウスは三十年戦争の惨状をみてのちに『戦争と平和の法』を著した。また，オランダ東インド会社の弁護をつとめ，『海洋自由論』を著している。

② ボシュエはフランスのルイ14世に仕え教育係も務めた聖職者で，王権神授説を主張し，またフランス国教会主義を提唱した。

③ ボーダンはフランスのユグノー戦争期の思想家で，「主権」の概念を初めて定式化した。

④ ホッブズはイギリスの思想家。主著『リヴァイアサン』では，「万人の万人に対する闘争」を提唱し，それに陥らないために国家権力に人間のもつ自然権を預けることを主張した。ピューリタン革命が起こるとフランスに亡命した。

参考 16～18世紀の政治思想

	出身	人物	作品・思想・経歴
王権神授説	フランス	ボーダン	『国家論』
	フランス	ボシュエ	ルイ14世の師 フランス国家教会主義
	イギリス	フィルマー	チャールズ1世に仕える
自然法思想	オランダ	グロティウス	国際法・自然法の父 『戦争と平和の法』 『海洋自由論』
社会契約説	イギリス	ホッブズ	『リヴァイアサン』 「万人の万人に対する闘争」 国家権力の絶対性主張
	イギリス	ロック	『統治二論』 人民の抵抗権主張 米独立革命に影響

49

問1 正解ー②

② アウラングゼーブが死亡したのは1707年で，キャラコ使用禁止法の制定年（1720年）と最も近い。アウラングゼーブは，父シャー＝ジャハーンを幽閉し1658年に即位した。ムガル帝国の最大領土を実現したが，厳格なスンナ派イスラーム教徒であった彼は，廃止されていたジズヤを復活したためヒンドゥー教徒らによる反抗勢力の台頭を招き，帝国は衰退に向かった。

① タージ＝マハルが建設されたのは1653年。第5代シャー＝ジャハーンが愛妃ムムターズ＝マハルの墓廟として当時の首都アグラに建立した。タージ＝マハルは，インド＝イスラーム建築を代表する建造物である。

③ アクバルによりジズヤが廃止されたのは1564年。イスラーム教国であるムガル帝国のアクバルは多数派を占める地元のヒンドゥー教徒と融和するため，非イスラーム教徒に課されていたジズヤを廃止した。

④ バーブルがパーニーパットの戦いでロディー朝を破ったのは1526年。都デリーを占領し建国の基礎を築いた。

⑤ プラッシーの戦いが起こったのは1757年。イギリス東インド会社の軍とベンガル太守およびフランスの連合軍が衝突したが，イギリ

ス東インド会社の軍が勝利し，その後イギリスはベンガル地方における徴税権を獲得した。

参考 反ムガル帝国勢力の台頭

①ラージプート族（インド西部）
②マイソール王国（南インド）
③マラーター王国（デカン高原）
　・シヴァージーの建国
④シク教徒（シク王国，パンジャーブ地方）
　・ナーナクが創始

問2　正解－④

④　誤文。イギリスで東インド会社が設立されたのは1600年である。1600年はテューダー朝のエリザベス1世の時代である。国内の毛織物産業の発達と毛織物貿易の保護を図るエリザベス1世は，東インド会社を設立し，アジア貿易を独占させた。

①　正文。1757年のプラッシーの戦いで，フランスとベンガル太守の連合軍に勝利したイギリス東インド会社は，1765年にベンガル・ビハール・オリッサ地方の徴税権（ディーワーニー）を獲得し，この地域からインド支配を進めることとなった。また，この戦いに敗れたフランスはインドシナへ方向転換した。

②　正文。イギリスの北米植民地で，1773年に東インド会社に茶の独占販売権を付与する茶法が制定されると，これに反発した新大陸の商人がボストン湾に停泊していた東インド会社の船を急襲するボストン茶会事件が起こった。これを受けイギリス政府がボストン湾を封鎖したことで本国と植民地との緊張が高まり，アメリカ独立戦争へと発展した。

③　正文。イギリスは新大陸における商品作物の生産のため，奴隷貿易を行っていたが，その代価としてインド産の綿布が用いられていた。

⑤　正文。東インド会社のインドにおける活動は，本国の産業資本家らの要求により1813年に茶を除く貿易独占権が廃止されていたが，1833年にはそれを含む中国貿易独占権も廃止された。こうしてイギリス東インド会社はインド統治機関となった。

参考 イギリス東インド会社の変容

①東インド会社設立（1600年）
②東インド会社の貿易独占権廃止（1813年）
　※中国貿易独占権残る
③東インド会社の商業活動停止（1833年）
　※中国貿易独占権廃止➡インド統治機関に
④東インド会社解散（1858年）
　→シパーヒーの乱の責任問われ解散

50　正解－④

④　16世紀以降，スペインが新大陸を植民地支配し，先住民（インディオ）を労働力として酷使しながら銀山の経営・採掘を行っていた。そのような苛酷な労働やヨーロッパからもたらされた伝染病などにより先住民人口は激減した。そこでスペインは，17世紀には，先住民に代わる新しい労働力として西アフリカから奴隷を輸入して新大陸でサトウキビやタバコなどのプランテーション経営を行い，奴隷を輸入する対価として西ヨーロッパからアフリカに火器や雑貨がもたらされた。

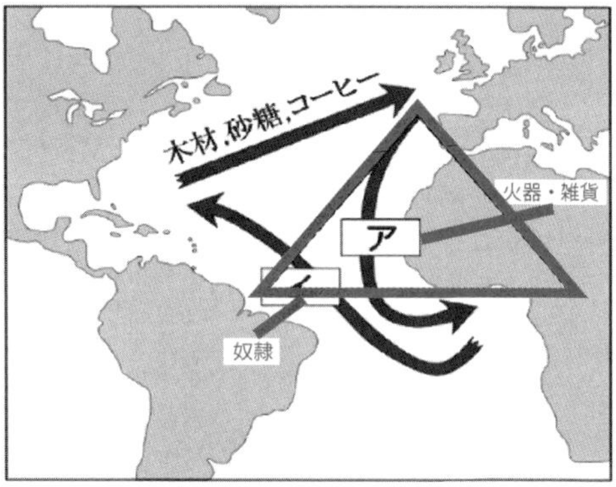

参考 16世紀の三角貿易と17世紀の三角貿易

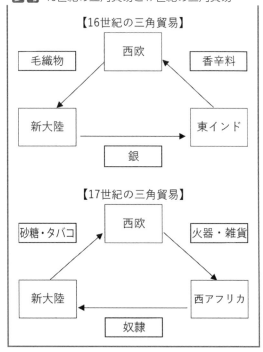

【16世紀の三角貿易】

西欧 → 新大陸（毛織物）
新大陸 → 東インド（銀）
東インド → 西欧（香辛料）

【17世紀の三角貿易】

西欧 → 西アフリカ（火器・雑貨）
西アフリカ → 新大陸（奴隷）
新大陸 → 西欧（砂糖・タバコ）

51

問１　正解－④

④　ブラジルに漂着し，その地をポルトガル領と宣言したのはポルトガルの航海者カブラル。カボットはイギリス王の命で北米大陸を探検した人物である。よってａは誤り。マゼランは南米大陸の南端の海峡を越えて太平洋に進出した。パナマ地峡を横断し，太平洋を発見したのはバルボアである。よってｂは誤り。

問２　正解－①

①　正文。地図中のＡに建てられたのはアステカ王国。14～16世紀にメキシコ中央高原に建てられたアステカ王国は，ピラミッド状の神殿を建造し，テスココ湖上に首都テノチティトランを建設した。この国では神権政治が行われ，独自の象形文字を用いていた。1521年にスペイン人のコルテスに征服され滅亡した。

②　誤文。マヤ文明の説明である。メキシコ湾南岸のユカタン半島におこったマヤ文明では独自のマヤ文字を用い，二十進法などの記数法を発明した。チチェン＝イッツァにある階段状ピラミッドはマヤ文明の代表的な建築物である。

③④　誤文。現在のコロンビア南部からチリにかけて広大な領土を築いたインカ帝国の説明である。インカ帝国は石造建築の技術に優れる一方，文字を持たずキープと呼ばれる縄を使って数量などを記していた。最後はスペイン人のピサロの征服によって1533年に滅亡した。

参考　アステカ王国とインカ帝国

【アステカ王国】(14世紀～1521年)
・メキシコ高原　・都：テノチティトラン
・神権政治　・象形文字使用
・スペイン人コルテスの征服（1521年）
【インカ帝国】(15世紀～1533年)
・ペルー中心　・都：クスコ　・ケチュア族
・太陽崇拝　・文字を持たず（キープ使用）
・スペイン人ピサロのペルー征服（1533年）

問３　正解－④

④　Ｂに位置したのはモノモタパ王国。アフリカ南部のザンベジ川流域に建国され，巨大な石造遺跡を残した。金や象牙の輸出と綿布の輸入によるインド洋交易で栄えた。

①　ガーナ王国は西アフリカのニジェール川流域に興った国である。当地で産出される金と，ムスリム商人が持参する岩塩との交易（サハラ縦断交易）で栄えた。11世紀後半にムラービト朝が北から侵入してきたことで衰退するが，その結果西アフリカのイスラーム化が進んだ。

②　カネム＝ボルヌー王国はサハラ南縁のチャド湖周辺に興った国である。

③　アシャンティ王国はギニア湾岸の現在のガーナにあたる地域に建国され，奴隷貿易で繁栄した。

参考　アフリカの王国

【東アフリカ】
①クシュ王国（エジプト南部～スーダン）
・メロエに遷都，メロエ文字使用
・アクスム王国により滅亡
②アクスム王国（エチオピア）
・コプト派キリスト教化
【西アフリカ】
①ガーナ王国
・金産出
・ムスリム商人が塩と交換（サハラ縦断貿易）
・ムラービト朝の進出（11世紀）により衰退
→西アフリカのイスラーム化
②マリ王国（13世紀～15世紀）
・黒人イスラーム国家
・最盛期：マンサ＝ムーサ王
・商業・文化の中心地＝トンブクトゥ
・ソンガイ王国により滅亡
③ソンガイ王国（15世紀～1591年）
・トンブクトゥ中心
・モロッコ軍により滅亡
④カネム＝ボルヌー王国（８世紀頃～1846年）
・チャド湖周辺
・11世紀にイスラーム受容
【南アフリカ】
①モノモタパ王国（11～19世紀）
・ジンバブエ遺跡（石造建築）が有名
≪ヨーロッパとの奴隷貿易≫
西欧諸国は西アフリカから新大陸へ奴隷供給
①ダホメ王国（17世紀～1894年）
・火器・雑貨と引き換えに黒人奴隷を供給
・フランスにより植民地化
②ベニン王国（13世紀～）
・火器・雑貨と引き換えに黒人奴隷を供給
・1897年，英領ナイジェリアに編入
③アシャンティ王国（1670～1902年）
・現在のガーナに建国，奴隷貿易

問4　正解－②

② 誤文。エルベ川以東の東欧地域では輸出用穀物の生産が盛んになったが，そのために農場領主制が発達し，地主貴族（ユンカー）たちは農奴制を強化して生産を増大した。これにより西欧では商工業が発達し，東欧では西欧向けの穀物生産が盛んになったことで，東西ヨーロッパの分業体制が確立したとされる。

① 正文。十字軍後，ヨーロッパは貨幣経済に移行し，荘園領主はそれまでの生産物地代に代わり，固定地代によって収入を得ていた。しかし，大航海時代の影響と人口増加により価格革命が起こり，ヨーロッパでの貨幣価値が下落したことで固定地代に依存する封建領主は打撃を受けた。

③ 正文。大航海時代によってそれまでの貿易の中心が地中海側から大西洋側に転換し，オランダのアントウェルペンやポルトガルのリスボンが繁栄する一方，それまで貿易の中心であった北イタリア諸都市が没落した。これを商業革命という。

④ 正文。新大陸の発見によりそれまでヨーロッパにはなかったジャガイモやトウモロコシなどの新しい作物が伝来し，人々の生活に変化を与えた。また，寒冷地でも栽培可能なこれらの作物は中国にももたらされ，清代には人口の移動や増加現象の背景ともなった。

参考 商業革命と価格革命

【商業革命】
…世界商業の中心が地中海から大西洋岸へ転換
⇒北イタリア諸都市没落
→リスボン・アントウェルペン繁栄
【価格革命】
…新大陸より銀流入，ヨーロッパの人口増加
⇒貨幣価値下落・物価上昇
→アウクスブルクなど南ドイツ諸都市没落，安定した地代収入に頼る領主層没落

問5　正解－③

③ 正文。16世紀後半にスペインの全盛期を築いたのはフェリペ２世である。1556年に父王であったカルロス１世が引退すると，スペインとオランダの領土を継承した。彼は1571年のレパントの海戦でオスマン帝国艦隊を破り，1580年にはポルトガルを併合して同君連合を形成し，ポルトガルの持っていた植民地をも領有し，“太陽の沈まぬ帝国”を現出した。

① 誤文。無敵艦隊とはアルマダのこと。オランダ独立戦争に際し，イギリスは新教国の立場からオランダを支援した。スペインは無敵艦隊を派遣したが，イギリスはドレーク率いる私拿捕船などを用いてスペインの無敵艦隊を破った。

② 誤文。フェリペ２世はレパントの海戦でセリム２世治下のオスマン帝国軍に勝利した。プレヴェザの海戦（1538年）はカルロス１世の時代であり，スレイマン１世治下のオスマン帝国海軍に敗れている。

④ 誤文。フェリペ２世のカトリック政策はカルヴァン派（ゴイセン）が普及していたオランダの独立戦争を招いたが，独立を宣言したのは北部７州のユトレヒト同盟である。南部10州はスペインの懐柔策により脱落しスペイン領に戻った。

問6　正解－②

② 正文。カルヴァンは，魂の救済如何はあらかじめ神によって定められているという予定説を主張し，教会組織では，信徒の中から教会の首長を選ぶ長老主義を採用した。

① 誤文。フランスのカルヴァンはスイスのジュネーヴに招かれ神権政治を行った。チューリヒで改革を行ったのはツヴィングリである。

③ 誤文。『キリスト者の自由』を著したのはドイツのマルティン＝ルターである。カルヴァンは『キリスト教綱要』を著した。

④ 誤文。デンマークやスウェーデンはルター派の新教国となった。カルヴァン派はフランスやイギリス・オランダなど，おもに西ヨーロッパに伝播している。カルヴァン派の呼称は，イングランド＝ピューリタン，フランス＝ユグノー，オランダ＝ゴイセン，スコットランド＝プレスビテリアンである。

問7　正解－④

④ 対抗宗教改革では，教皇パウルス３世によってトリエント公会議が主催され，教皇の至上権の確認など，カトリック側の巻き返しが図られた。また，明に派遣されたイエズス会士はマテオ＝リッチで，中国最初の世界地図である『坤輿万国全図』を刊行した。コンスタンツ公会議は，1414年にドイツ皇帝ジギスムントが提唱して開かれた公会議で，大シスマの解消やウィクリフ・フスの異端が認定された。カスティリオーネは清に赴き，康熙帝・雍正帝・乾隆帝の三代に仕え，西洋画法の紹介や円明園の設計で活躍した。

参考 イエズス会宣教師のアジアでの活動

宣教師	中国名	作品・分野
フランシスコ＝ザビエル	－	日本来航
マテオ＝リッチ	利瑪竇	『坤輿万国全図』『幾何原本』
アダム＝シャール	湯若望	『崇禎暦書』
フェルビースト	南懐仁	暦法・大砲術・天文学
ブーヴェ	白進	『皇輿全覧図』
カスティリオーネ	郎世寧	西洋画法紹介 円明園設計

問８　正解－①

① Ｃの国はポーランド。ポーランドでは1386年に成立したヤギェウォ朝が16世紀後半に断絶し，以降は貴族の中から王を選出する選挙王制となった。よってａは正しい。

Ｄの国はロシアのモスクワ大公国。イヴァン４世は正式に「ツァーリ」の称号を使用し，貴族を抑えて中央集権化を進めた。さらに農奴の移動を禁じて農奴制を強化した。また，コサックの首長イェルマークがシベリアにも領土を拡大した。よってｂは正しい。

問９　正解－④

④ 正文。地図中のＥの国はサファヴィー朝。サファヴィー朝のアッバース１世は，ポルトガル人に占領されていたペルシア湾岸のホルムズ島を奪回した。最盛期を築いたアッバース１世は，新都イスファハーンを造営してタブリーズから遷都。イスファハーンの「王の広場」に面してイマームのモスクを造営した。当時のイスファハーンは「イスファハーンは世界の半分」と称されるほどの繁栄をみせた。

① 誤文。タブリーズを占拠してサファヴィー朝を建国したのは神秘主義教団の長イスマーイール１世である。イスマーイール１世はトルコ系シーア派の騎馬軍団キジルバシュの援助で建国。スンナ派のオスマン帝国に親征したものの，チャルディラーンの戦いでセリム１世に敗れた。

② 誤文。サファヴィー朝はシーア派の十二イマーム派を国教とした。受験世界史においてはシーア派は二つの分派を押さえておきたい。一つは穏健的な十二イマーム派で，サファヴィー朝やブワイフ朝などイラン系の王朝が信仰した。もう一つは急進的なイスマーイール派で，エジプトのファーティマ朝などが信仰した。

③ 誤文。アンカラの戦いでオスマン帝国を破ったのはサファヴィー朝ではなく，ティムールである。

問10　正解－②

② 正文。ムガル帝国第３代皇帝のアクバルは，非イスラーム教徒に課されていたジズヤを廃止し，ヒンドゥー教徒との融和を図った。

① 誤文。第６代アウラングゼーブの説明である。アウラングゼーブは，最大領土を現出したが，厳格なイスラーム教スンナ派であったためジズヤを復活し，ヒンドゥー教徒の反抗を招いた。

③ 誤文。第５代シャー＝ジャハーンの説明である。首都アグラに王妃の墓廟としてタージ＝マハルを造営した。

④ 誤文。ティマール制はオスマン帝国の俸給制度で，シパーヒーと呼ばれる騎士に対し一定地域の徴税権を与え俸給の代わりとしたものである。

問11　正解－①

① 地図中のＦにあたるのはタイ。タイでは1351年にアユタヤ朝が成立し，ヨーロッパとアジア諸国の貿易中継点となるとともに，アユタヤ朝も鹿革や米の輸出で栄えた。

② スコータイ朝は13～15世紀にタイで栄えた王朝である。第３代ラームカムヘーン王のときに最盛期を迎えた。

③ パガン朝は1044～1299年までビルマで栄えた王朝である。モンゴル（フビライ）軍の度重なる遠征により衰退し，13世紀末に滅亡した。

④ タウングー朝は1531～1752年にビルマで栄えた王朝である。

問12　正解－④

④ 地図中のＧにあたるのはスマトラ島である。スマトラ島北端には15世紀末にアチェ王国が成立し，イスラーム教を信仰しつつ香辛料貿易で栄えたが，オランダのインドネシア進出で衰退した。

① バンテン王国は1526頃～1813年にかけてジャワ島西部を支配したイスラーム国家。オランダの進出により衰退した。

③ マタラム王国は16世紀後半頃から1755年までジャワ島中・東部で栄えたイスラーム教国である。

参考 東南アジアの代表的なイスラーム港市国家

島	国名	年代
マレー半島	マラッカ王国	14c末頃～1511年
	ジョホール王国	16c～18c
ジャワ島	マタラム王国	16c末～18c
	バンテン王国	1526頃～1813年
スマトラ島	アチェ王国	15c末～1903年

国名	特色
マラッカ王国	・東南アジア初のイスラーム国家，マレー半島南部 ・ポルトガルのアルブケルケがマラッカ占領⇒滅亡
ジョホール王国	・滅ぼされたマラッカ王国のスルタンが半島南端に建国
マタラム王国	・ジャワ島東部 ・稲作が盛ん
バンテン王国	・ジャワ島西部 ・胡椒交易で繁栄
アチェ王国	・スマトラ島北部 ・香辛料交易で繁栄

問13　正解ー②

② 地図中の A はメキシコの太平洋岸の港であるアカプルコ。B はスペインがフィリピンに建設したマニラである。この両港を結ぶ貿易は都市の名をとってアカプルコ貿易と呼ばれるが，ガレオン船を使用していたことから，別名ガレオン貿易とも呼ばれる。

① ダウ船はムスリム商人がインド洋貿易で用いた船である。三角帆の特徴をもつ木造船で，船体には鉄などは用いられず，ヤシの実などを用いて造られた。

③ ジャンク船は10世紀頃の中国で建造された遠洋航海用の船で中国商人が南シナ海などの交易で用いた船である。竜骨を用い，蛇腹式に伸縮する縦帆などを特徴とする。

④ 私拿捕船は私掠船ともいい，敵国の船を略奪するのに用いられた船である。16世紀にイギリスのドレークがこの私拿捕船を用いて，スペインの無敵艦隊を破っている。

参考 遠洋航海で用いられた船

・ガレオン船…スペイン，ポルトガルなどのヨーロッパ商人が遠洋航海で使用。大型帆船
・ダウ船…ムスリム商人がインド洋～地中海交易で使用。三角帆が特徴
・ジャンク船…中国商人が南シナ海交易で使用。角型帆と高い船尾が特徴

問14　正解ー④

④ 明では村落制度として建国者の朱元璋が定めた里甲制が行われていた。また，万暦帝時代の内閣大学士である張居正は財政再建に取り組んだ。なお，三長制は北魏の孝文帝の時代に始まった村落制度である。5家を「隣」，5隣を「里」，5里を「党」とし，それぞれに隣長，里長，党長をおいて徴税などを課した。王安石は北宋の政治家で，いわゆる「王安石の新法」で財政の再建をこころみた。

問15　正解ー③

③ 誤文。16世紀に明に侵入を繰り返し，一時北京を包囲したのはアルタン＝ハンである。エセン＝ハンは1449年に土木の変で明軍を破り，正統帝（英宗）を捕らえ連行した。

① 正文。日本の石見銀山などで産出された日本銀は，ポルトガルによってマカオ経由で中国に流入した。

② 正文。江戸幕府を開いた徳川家康は貿易船には渡航許可状である朱印状を付与し，東南アジアでの貿易を奨励した。その結果，東南アジア各地に日本町が作られることとなった。

④ 正文。壬辰・丁酉倭乱（豊臣秀吉の朝鮮出兵）では，朝鮮王朝の李舜臣が装甲の厚い亀甲船を用いて日本軍に抵抗した。

52　正解ー④

④ フロリダは，フレンチ＝インディアン戦争後のパリ条約（1763年）でスペインからイギリスに割譲されたが，アメリカ独立戦争後のパリ条約（1783年）で再びスペインに割譲された。最後は1819年にアメリカ合衆国がスペインより買収した。よって，フロリダは独立時の13植民地には含まれない。

53　正解ー②

② 1830年，スティーヴンソンが実用化した蒸気機関車「ロケット号」が全長約50kmのマンチェスター・リヴァプール間を営業運転した。マンチェスターはイングランド北西部の都市で綿織物工業の盛んな工業都市として栄えた。リヴァプールはイングランド北西部の海港都市で，古くは奴隷貿易の拠点ともなったが，産業革命期にはマンチェスターで生産された綿製品の輸出港として栄えた。

なお，図中の③はバーミンガム～ブリストル間を指している。バーミンガムは製鉄機械工業で繁栄した。ブリストルはイングランド南

西部の海港都市で，中世には毛織物工業で栄え，大航海時代以降は，リヴァプールと同様に奴隷貿易の中心となった。④はイングランドの首都ロンドンと南部の海港都市ブライトンを結ぶ区間である。

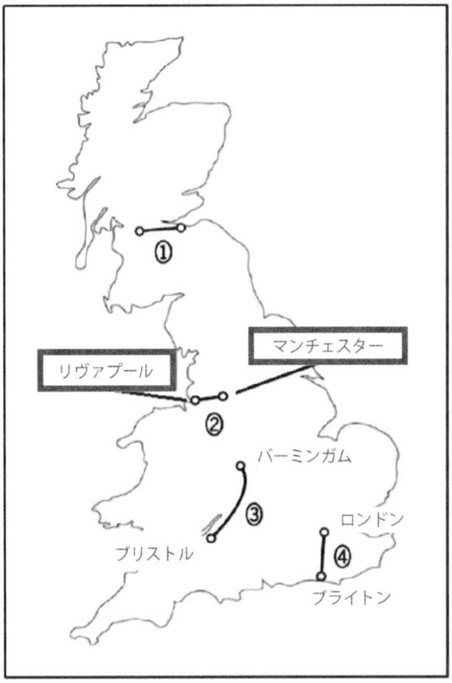

54

問１　正解－②

②　史料のタイトルに『アルビジョワの歴史』とあり，すなわちこれはアルビジョワ十字軍に関する史料である。アルビジョワ十字軍は1209～29年の間に派遣されたが，その間ローマ教皇として在位し，これを任命したのがインノケンティウス３世である。

①　ウルバヌス２世はクリュニー修道院出身で，クレルモン教会会議（1095年）を開催して十字軍を提唱した教皇。

③　ハインリヒ４世（在位1056～1106年）は聖職叙任権闘争で，教皇グレゴリウス７世に屈服し，カノッサの屈辱に見舞われた。

④　教皇グレゴリウス７世は，聖職売買や聖職者の妻帯を禁止するなど，教会改革運動を推進し，聖職叙任権闘争ではドイツ王ハインリヒ４世を屈服させた。

⑤　レオン３世（在位717～741年）は726年に聖像禁止令を発布したビザンツ皇帝である。これが一因となりローマ教皇はフランク王国に接近した。なお，聖像禁止令は843年に否定された。

〔史料Ａ〕
ピエール＝デ＝ヴォー＝セルネー①『アルビジョワの歴史』

「わが軍はベジエの城門に到着すると，使者としてこの町の司教ルノー＝ド＝モンペリエ師を市内へと送った。年齢でも生活ぶりでも学識でも，尊敬されるべき人物である。彼は住民に告げた。『②われらは異端者を駆逐すべくこの地に来た。正統信者がいるならば，異端者をわれらに引渡すがよい。われらは異端者を知悉（ちしつ）していて，その名簿がある。それができぬとあらば，正統信者は異端者とともに滅びることのないように，町を退去するがよい』。司教が十字軍に代わって告げると，住民はことごとく拒絶した。神と教会に叛（そむ）き，死と手を携え，キリスト教徒として生きるより異端者として死ぬほうを選んだのである。（中略）町に侵入するや否や，彼らはいと幼き者からいと老いたる者に至るまで，住民のほぼ全部を殺戮した上，火を放った。（中略）ベジエの占拠と破壊ののち，わが軍はただちにカルカッソンヌ目指して進軍した。」

※下線部に注目する。①，②から「アルビジョワ派の異端者の討伐」であることがわかる

問２　正解－④

④　カペー朝の君主としてアルビジョワ派などの異端討伐を行ったのはフィリップ４世ではなくフィリップ２世とルイ９世である。ルイ９世は対外的には対イスラームの第６・７回十字軍を指揮し，国内的には異端を討伐するアルビジョワ十字軍を指揮した。フィリップ４世はルイ９世よりもあとの国王で，教皇ボニファティウス８世と聖職者への課税問題をめぐって対立し，アナーニ事件では教皇を捕らえた。

参考 フランス・カペー朝の主な君主

カペー朝（987～1328年）
①ユーグ＝カペー（パリ伯）の創始
→王権弱体・諸侯分立
②フィリップ２世（在位1180～1223年）
・英王ジョンと争い領土回復→王権の強化
・第３回十字軍で出征
③ルイ９世（在位1226～70年）
・十字軍指揮→南仏のアルビジョワ派征服
・第６・７回十字軍（チュニジアで病死）
④フィリップ４世（在位1285～1314年）
・カペー朝全盛期

・三部会招集（1302年）→アナーニ事件（1303年）
・テンプル騎士団を解散

問３　正解ー③

③　この史料は教皇インノケンティウス３世の時代のものであるが，同時代のイギリス王として彼に破門されたのはジョンである。また，ジョンはフランスのフィリップ２世と争い，在仏英領の大半を喪失した。

①　ルイ９世はフランスのカペー朝の王で，国内的には，南フランスのキリスト教の異端であるアルビジョワ派の討伐で活躍し（アルビジョワ十字軍），対外的には第６・７回十字軍を指揮したが，チュニスで病死した。

②　ヘンリ２世はフランスのアンジュー伯であったが，イギリス王族の血を引いていたことでノルマン朝の断絶にともない，1154年にイギリス国王として即位しプランタジネット朝を建国した。

④　エドワード３世はフランスカペー朝の断絶に際して，自身の母親がカペー朝のルイ９世の娘であることを根拠に王位継承権を主張し，百年戦争（1339〜1453年）を始めたイギリス王。

⑤　フィリップ６世はカペー朝の断絶後，ヴァロワ朝を樹立したフランス王である。これに対してイギリス王エドワード３世が王位継承権を主張し百年戦争が勃発した。

問４　正解ー②

②　誤文。ルターは聖書に基づく信仰（福音主義）を唱える信仰義認論（人は信仰によってのみ義とされる）を主張した。ヴィッテンベルク大学教授であったルターは，1517年に「95か条の論題」を発表して，当時教会が発行していた贖宥状（免罪符）を神学的に批判した。その後，神聖ローマ皇帝カール５世からヴォルムス帝国議会に召喚され自説の撤回を迫られたが，ルターは逃亡しザクセン選帝侯フリードリヒに保護された。ルターはザクセン選帝侯のヴァルトブルク城に匿われ，聖書のドイツ語訳に従事した。ドイツ国内では1524年に農民のミュンツァーを指導者とするドイツ農民戦争がおこった。これに対し，ルターは当初同情的な態度を示していたが，農民の要求が農奴制廃止などの社会変革に変わると，諸侯に鎮圧を要請した。

参考　ルターの宗教改革の展開

【ルターの宗教改革】
ローマ教会はサン＝ピエトロ大聖堂改築資金調達のため，教皇レオ10世がドイツで贖宥状（免罪符）販売

⬇

マルティン＝ルター（ヴィッテンベルク大学教授），「95か条の論題」（1517年）で免罪符を神学的に批判

⬇

ライプチヒ論争（ルターVS教皇の論客：エック）⇒ルター，教皇の権威否定
・ルター『キリスト者の自由』公刊
⇒聖書主義（福音主義），「信仰義認論」提唱
＝**人は信仰によってのみ義とされる**

⬇

・ヴォルムス帝国議会（1521年）
・皇帝カール５世，ルターを召喚し，圧迫（説の取り消し求める）

⬇

・ルター追放処分，ザクセン選帝侯フリードリヒの保護…ヴァルトブルク城で聖書のドイツ語訳に従事

⬇

【ドイツ農民戦争（1524〜25年）】
ミュンツァー指導⇒ルター，当初同情→農民は農奴制廃止求め急進化⇒ルターは諸侯に鎮圧要請（農民の要求が社会変革にかわったため）→鎮圧

問５　正解ー①

①　ミュンツァーはドイツ農民戦争の指導者で，ルターも当初はこれに同調していたが，ミュンツァーら農民が社会改革を要求したためルターは諸侯に鎮圧を要請し，ミュンツァーも捕らえられ処刑された。

②　ルターの説明である（前掲問４の解説参照）。

③　カルヴァンの説明である。カルヴァンの予定説は，カトリックでは忌避される蓄財を結果的に容認するものであるため，商工業者に受け容れられた。

④　ツヴィングリの説明である。ツヴィングリはスイスのチューリヒで改革運動を行った。

問６　正解ー⑤

⑤　ミュンツァーの言に「いかなる修道士や坊主からも，信仰の正しい実践，さらに，神を畏れる霊において信仰を出現させる有益な試練…を教わることができなかった」とあるが，修道士や坊主から信仰の正しい実践を教わることができなかったと述べており，カトリッ

ク教会のあり方を批判したものであることがわかる。

〔史料B〕
B　プラハ宣言（1521年11月1日）
「私，シュトルベルクのトーマス＝ミュンツァーは，①全世界と全教会の前で，この文書が提示されえる限り，②私が，神聖にして至高なるキリスト者の信仰について，さらに高次の教えを…獲得するために，…最高の熱意を傾注してきたことを，キリストおよび私を若い頃から知っているすべての選ばれた者たちとともに証言することができる，と言明する。私は，私の全生涯を通じて，…③いかなる修道士や坊主からも，信仰の正しい実践，さらに，神を畏れる霊において信仰を出現させる有益な試練…を教わることができなかった。たしかに私は，彼らから，彼らが…聖書から盗み取った単なる文字を聞いたことはある。…しかし，聖パウロは，人間の心は，神がインクではなく，自らの指で，自らの不動の意志と永遠の叡智を記入される紙か羊皮紙である，と書いている。この文書は，いかなる人間でもおよそ開かれた理性を持っているかぎり，読むことができるのである。」
※下線部に注目する。①から「ドイツの教会＝カトリック」に対する発言であることがわかる。②，③の内容をみれば，カトリックに対する失望と非難の様子がうかがえる。

問７　正解ー③
③　ナントの王令に至るフランス国内の宗教対立は1562年に始まるユグノー戦争であるが，そのさなか，カトリック教徒によるユグノーの虐殺事件が起こった。このサン＝バルテルミの虐殺を主導したと言われるのがアンリ２世の妃であったカトリーヌ＝ド＝メディシスである。
①　アン女王はイギリスのステュアート朝の女王で名誉革命後に即位したメアリ２世の妹である。1707年にスコットランドを併合し，大ブリテン王国を樹立した。また，彼女の治世には北米植民地をめぐりいわゆる「アン女王戦争」がおこったが，イギリスはこの戦いに勝利し，フランスからカナダやニューファンドランドを獲得した。しかし，彼女の死後，ステュアート朝は断絶し，新しくハノーヴァー朝が成立した。
②　マリア＝テレジアはオーストリア＝ハプスブルク家のカール６世の娘で，カール６世が家督をマリア＝テレジアに相続すると，その可否をめぐって諸侯が反発し，1740年にはオーストリア継承戦争が起こった。この戦争では家督相続は認められるも，シュレジエンをプロイセンにうばわれた。
④　イサベルはもとカスティリャ王女として1479年にアラゴン王子のフェルナンドと結婚し，スペイン王国を樹立した。スペイン国王として，ナスル朝の都グラナダを陥落させレコンキスタ（再征服運動）を完遂させ，さらにコロンブスの西回りでの航海を援助した。
⑤　マリー＝アントワネットは，オーストリアの皇女であったが，フランスのルイ16世の妃となり，フランスでは豪奢な生活を送り民衆の反発を買った。フランス革命が起こると，ルイ16世とともに実家のオーストリアに逃亡しようとしたが失敗（ヴァレンヌ逃亡事件）。最後は革命の中でジャコバン派により処刑された。

問８　正解ー①
①　ネーデルラントのカルヴァン派はゴイセンと呼ばれた。ほかにカルヴァン派の主な呼称は，ピューリタン（イングランド），ユグノー（フランス），プレスビテリアン（スコットランド）などがある。
②　ヨーマン（独立自営農民）は中世の農奴解放により出現した富裕農民層である。
③　シュラフタはポーランドの小貴族で，選挙王政期には議会で権勢を誇った。
④　ジェントリはイギリスの地主階級として地方行政で中心的な役割を担った。
⑤　ウィッグはイギリスの政治政党であるホイッグ党のこと。後に自由党と改称した。

問９　正解ー④
④　正文。1661年より親政を行っていたルイ14世はさらなる絶対王政化を進めるため，その晩年の1685年にナントの王令を廃止した。ナントの王令は個人の信仰の自由をみとめるものであったが，それが廃止されたことによりカルヴァン派の商工業者の多くが国外に亡命し，フランスの経済は停滞した。
①　誤文。1302年に初めて三部会が招集されて以降，長らくフランスの身分制議会として機能してきた三部会であったが，1615年にルイ13世が三部会の招集を停止し，1789年にルイ16世の統治下で第一身分，第二身分に対する課税の是非を検討するため再招集された。七月革命は1830年のできごとである。
②　誤文。フロンドの乱は絶対王政の強化に反

対した貴族と高等法院の反乱であり，ルイ14世の宰相マザランが鎮圧した。

③　誤文。スペイン継承戦争（1701～1713年）を引き起こしたのはルイ14世である。スペイン＝ハプスブルク家の断絶に際し，同家の血を引くルイ14世の孫，フェリペ５世を新たな王として即位させたことで各国が反発しスペイン継承戦争が起こった。

問10　正解ー⑤

⑤　パウルス（パウロ）３世が開催した会議は**トリエント公会議**。対抗宗教改革の一環として，教皇の至上権とカトリック教義を再確認した。そのほか，禁書目録や宗教裁判の強化が取り決められた。

①　ラテラノ公会議は度々行われているが，1215年の第４回ラテラノ公会議が有名で，インノケンティウス３世が「教皇権は太陽，皇帝権は月」と述べたとされる。

②　コンスタンツ公会議は1414～18年。大シスマの解消のために開催された。

③　ニケーア公会議は325年。アタナシウス派を正統とし，アリウス派を異端とすることが決められた。

④　クレルモン公会議は1095年。ウルバヌス２世によって十字軍が提唱され，翌1096年に第１回十字軍が進発した。

問11　正解ー②

②　史料文中に「イグナティウス＝デ＝ロヨラ，…フランシスコ＝シャビエルらは」とある。イエズス会はスペイン人のロヨラやザビエルらが1534年にパリで結成したもので，1540年に教皇から認可された。①③④⑤はいずれも修道院（修道会）の名称である。６世紀～12世紀にヨーロッパ各地に設立された。修道会の設立や特徴については別冊p.66（41　問３）参照。

問12　正解ー①

①　マテオ＝リッチは，イエズス会宣教師として布教活動をおこない，『天主実義』のほか，中国初の世界地図である『坤輿万国全図』やエウクレイデスの訳本である『幾何原本』の作成にも尽力した。

②　ブーヴェはフランス出身である。清の康熙帝に仕え，『皇輿全覧図』を作成した。

③　画技に長じ西洋画法を中国に紹介したのはカスティリオーネである。また，清の皇帝の離宮でもある円明園の設計にも携わった。

④　中国において洋暦の採用や大砲鋳造などに活躍したのはベルギー出身のフェルビーストである。

問13　正解ー③

③　アイルランド独立運動の指導者であるオコンネルは，カトリック教徒の公職就任を容認させるカトリック教徒解放法の制定にも尽力した。

①②　コブデンとブライトは，イギリスの産業資本を代表する自由主義派の政治家で，1846年の穀物法廃止に尽力した。穀物法はナポレオン戦争後の穀物価格下落を防止し，イギリス本国の地主を保護するために制定された法律で，これは自由貿易を求める産業資本家にとっては不利益なものであった。

④　ルイ＝ブランはフランスの二月革命後に臨時政府に社会主義者として入閣を果たし，労働者の失業救済のために国立作業場などを設立したが，次の総選挙で落選し，国立作業場も廃止となった。その後，再び職を失った労働者らによる六月暴動が起こった。

⑤　カニングはイギリスの政治家でウィーン体制の時期にはカニング外交と呼ばれる政策で，イギリスの市場拡大を狙いラテン＝アメリカ諸国の独立を支持した。また，アメリカ合衆国大統領モンローが1823年に米欧両大陸の相互不干渉を主張する発表を行った。

参考　ラテン＝アメリカ諸国の独立

【背景】ナポレオンが本国スペイン征服
→独立開始（本国に従属する根拠消滅）

【ヨーロッパの動きとアメリカの対応】
・墺，メッテルニヒ…干渉を企てる
・英，カニング外交…中南米の市場開拓ねらい，独立支持
・米，モンロー宣言（1823年）
→米欧両大陸相互不干渉主張

【ラテン＝アメリカ諸国の独立】
①ハイチ独立（1804年，仏領サン＝ドマング）
・黒人共和国として独立
・トゥサン＝ルヴェルチュール指導
②ベネズエラ，コロンビア，ボリビア独立
・シモン＝ボリバル活躍
③アルゼンチン，チリ，ペルー独立
・サン＝マルティン活躍
④メキシコ独立
・イダルゴの活躍
⑤ブラジル独立（1822年，ポルトガル領）
・ポルトガル皇子が帝政で独立→共和政へ

問14　正解－⑤

⑤　クロムウェルは，王党派と対立した議会派のなかでも**独立派**に属し，ネーズビーの戦いで王党派を破るなど活躍した。王を処刑して共和政を主導すると，議会から長老派を追放し，一方で水平派を弾圧した。

問15　正解－③

③　正文。英蘭戦争に勝利しオランダから制海権を奪ったイギリスは，大西洋三角貿易を独占した。

①　誤文。航海法ではフランス船ではなく，イギリスに輸入される商品の輸送はイギリス船か産出国の船を用いることが決められた。

②　誤文。英蘭戦争でイギリスは北米のニューアムステルダムを獲得し，のちニューヨークと改称した。アムステルダムはオランダ本国の首都である。

④　誤文。航海法ではヨーロッパ以外からの産物はイギリス船か，積み出し国の船（産出国の船）で運ぶことが規定された。

55

問１　正解－③

③　イエズス会は対抗宗教改革の一環としてカトリックの海外布教のために教皇に認可された団体で，スペイン人のイグナティウス＝ロヨラやフランシスコ＝ザビエルらによってパリで設立された。①のベネディクト会，②のドミニコ会，④のフランチェスコ会はいずれも修道会の名称である。

問２　正解－③

③　ドイツ帝国は1871年に成立したが，その主体はプロイセンであり，プロテスタントの国家である。しかし，南ドイツにはカトリック教徒が多かったため，帝国宰相のビスマルクは文化闘争と呼ばれるカトリック教徒の弾圧運動をおこなった。

①　フス戦争は，1414年に開かれたコンスタンツ公会議でフスが火刑となったのち，ベーメンのフス派の人たちが起こした反乱である。

④　アウスグライヒは「妥協」の意味で，1866年のプロイセン＝オーストリア戦争に敗れたオーストリアは，国内のマジャール人に自治権を与えてオーストリア＝ハンガリー帝国を樹立した。このときの協定を「アウスグライヒ」（妥協の意）という。

問３　正解－①

①　オーストリアでは，マリア＝テレジアの子ヨーゼフ２世が啓蒙専制君主として諸改革を断行した。宗教寛容令もその一つである。しかし，ヨーゼフ２世の画一的な改革は，領内の多くの民族の反発を招き成功しなかった。

②　フランツ２世は神聖ローマ帝国最後の皇帝。

③　カール６世はヨーゼフ２世の祖父。

④　マリア＝テレジアはヨーゼフ２世の母にあたる。

問４　正解－②

②　ハプスブルク家領の東部・南部にはスラヴ人が多く，彼らの中にはかつてのビザンツ帝国の影響をうけてギリシア正教を信仰する者も多かった。

③　ルター派教会はおもに北欧に伝播した。

④　コプト教会は北アフリカに伝播した単性論を信仰する宗派で，①のアルメニア教会にも影響を与えた。

問５　正解－③

③　『キリスト教綱要』はカルヴァンの著作である。ルターの著作である『キリスト者の自由』と間違えないように覚えておきたい。

①　ルターは『キリスト者の自由』を公刊し，信仰義認論を唱えた。

②　ツヴィングリはカルヴァンに先立ち，スイスのチューリヒで宗教改革を行った人物。

④　ミュンツァーはドイツ農民戦争（1524～25年）の指導者である。

問６　正解－①

①　カルヴァンは，魂の救済如何は神によりあらかじめ定められており，人間の善行や努力は無関係であるとする「**予定説**」を主張した。この考えは結果的にカトリックでは禁じられている蓄財を容認することになるので，都市の新興市民層に受け容れられた。史料中にもそれに通じるような文言が見えるのでしっかりと見極めたい。

〔史料３〕
すべての者は，おなじ条件のもとに創造されたのではない。ある者は，永遠の生命に，他のある者は，永遠の断罪に，（　ウ　）されている。したがって，人はだれでもこの目的のどちらかにむけて創造されており，つまり，いってみれば，生に対してか，死に対してか，そのいずれかだということだ。
※下線部に注目。人の運命が神によって予め定められているとする「予定説」の主張と合致する。

問７　正解－⑥

⑥　フランス出身のカルヴァンはスイスのジュネーヴに招かれ神権政治を行った。

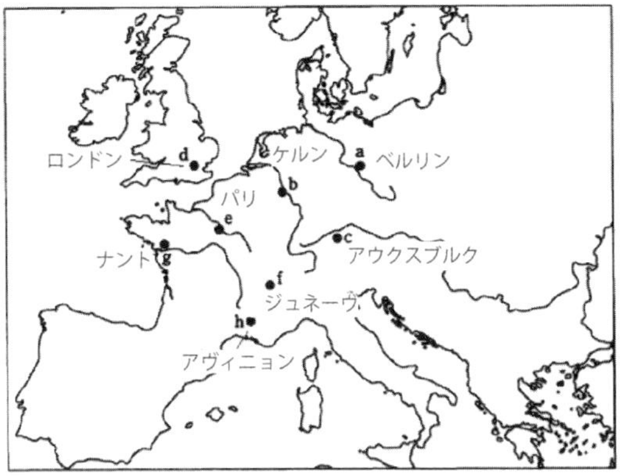

問８　正解ー④

④　イギリスでは，①のジェームズ１世がステュアート朝を創始して専制政治を行うと，③のチャールズ１世が議会を弾圧したためピューリタン革命が起こった。その後，共和政を経て1660年に④のチャールズ２世が迎えられ王政復古がなされた。しかし，王がカトリックを復活したため，議会は公職就任者を国教徒に限定する審査法を制定した。チャールズ２世を継いだ弟のジェームズ２世もカトリックを保護し，専制を続けたため名誉革命を引き起こすこととなった。

参考　イギリス革命の展開

【ステュアート朝の専制政治】
①ジェームズ１世（在位1603〜25年）
・王権神授説信奉，議会を無視し重税
・大商人に独占権
②チャールズ１世（在位1625〜49年）
・専制政治続く
⇒議会，「権利の請願」（1628年）提出
(1)課税に議会の同意　(2)不法逮捕の禁止など
→王は，議会解散（11年間議会開かず）
・スコットランドの反乱（1639〜40年）
・短期議会（1640年）→反乱鎮圧失敗
・長期議会（1640〜53年）→スコットランドへの賠償支払いのため
→王の悪政非難→国王が議会弾圧
→議会派と王党派の衝突

⬇

【ピューリタン革命（1642〜49年）】
・議会派のクロムウェルが鉄騎隊創設
・ネーズビーの戦いで王党派破る

⬇

【共和政（1649〜60年）】
・独立派が長老派を追放⇒チャールズ１世処刑
・クロムウェルの政治…水平派弾圧，アイルランド・スコットランド征服
・航海法（航海条令，1651年）
〔目的〕中継貿易のオランダ締め出し
→英蘭戦争（1652〜74年）
・クロムウェル護国卿就任（1653年）
→独裁→国民不満→死去（1658年）

⬇

【王政復古（1660年）】…ステュアート朝復活
・長老派と王党派の妥協
③チャールズ２世（在位1660〜85年）
・専制政治，カトリック復活→議会の反抗
・審査法…公職就任者を国教徒に限定
・人身保護法…不法逮捕の禁止

⬇

④ジェームズ２世（在位1685〜88年）
・カトリック保護，専制政治強化

⬇

【名誉革命（1688〜89年）】
・王の娘メアリと夫のオランダ総督ウィレムを招く
→議会の「権利の宣言」を承認
⑤ウィリアム３世・メアリ２世即位
・「権利の宣言」を成文化して「権利の章典」制定（1689年）⇒**立憲王政の誕生**

問９　正解ー②

②　史料４の内容は，審査法の内容を否定するものである。これは1829年に制定されたカトリック教徒解放法であり，これによりアイルランド独立運動の指導者オコンネルが議席を得た。

①　コブデンと④ブライトはイギリスで1846年の穀物法廃止に尽力した政治家。

③　ノックスはスコットランドの宗教改革者で，プレスビテリアン（長老派）の創始者である。

〔史料４〕
幾多の議会制定法により，ローマ・カトリックを奉じる陛下の臣民に対して，他の臣民には課せられない一定の拘束および制約が課せられてきた。このような拘束および制約は，今後撤廃されることが適切である。
※下線部に注目。カトリック教徒に対する制約を非難している。

問10　正解ー①

①　アダム＝スミスに代表される経済学の学派は古典派経済学である。同じ学派に『人口論』を著したマルサスや『経済学および課税の原

理』の著者リカードなどがいる。

参考 17～19世紀の経済学・経済思想

①**重商主義**…絶対主義国家の統制的経済政策
・コルベール（仏）が代表
②**重農主義**…富の源泉を農業とする
・ケネー『経済表』…自由放任主義
・テュルゴー…ルイ16世治下の財務総官
③**古典派経済学**…富の源泉を国民の生産的労働とする
・アダム＝スミス『諸国民の富（国富論）』
→自由主義経済学の祖
・マルサス『人口論』
・リカード『経済学および課税の原理』
④**歴史学派**
・リスト…保護貿易主義主張，ドイツ関税同盟
⑤**マルクス学派**
・マルクス『資本論』

問11　正解－②

②　史料５の内容は，プロテスタントであってもその信仰の自由が認められ差別を受けないことが表明されている。これはユグノー戦争を終結させたブルボン朝のアンリ４世が1598年に発布したナントの王令である。

〔史料５〕
現在もしくは今後，いわゆる改革派信仰を表明する者は誰でも，これに反するいかなる誓約があろうとも，余の王国，余に服する地方，領地，所領における王，領主，都市のいかなる地位，要職，官職，公務であれ，これを保持し行使し，また差別されることなく受け入れられるものとする。
※下線部に注目。改革派信仰（新教徒）が差別されることがない旨を示している。

問12　正解－④

④　フランス国内のカトリックとユグノーの対立は1562年のユグノー戦争に始まった。1572年にはサン＝バルテルミの虐殺などの大事件も起こったが，史料５のナントの王令により戦争は終息した。

①　三十年戦争（1618～1648年）はヨーロッパ全体を巻き込んだ国際戦争である。初めはハプスブルク家のカトリック政策に対するベーメンの新教徒の反乱から始まった宗教戦争であったが，旧教国のフランスがハプスブルク家打倒を目的に新教側で介入するなど，政治的意向の強い戦争に変化した。最後はウェストファリア条約によって終結した。

②　シュマルカルデン戦争（1546～47年）は，神聖ローマ皇帝カール５世に対するルター派諸侯たちの信教の自由をめぐる戦争である。1555年のアウクスブルクの宗教和議で最終的な妥結に至った。アウクスブルクの宗教和議ではカトリックかルター派かの選択権が諸侯・領主に与えられ，カルヴァン派と個人の信仰の自由は認められなかった。そのような不備が後の三十年戦争に繋がった。

③　ファルツ（継承）戦争（1688～97年）はルイ14世の侵略戦争の一環でファルツ選帝侯の領土継承を主張し開戦した。

問13　正解－⑦

⑦　ナントはフランス西部のロワール川河畔に位置する都市である。p.85の図を参照。

問14　正解－④

④　史料１のイエズス会の活動を禁止する法律は1872年に発布された。史料２の宗教寛容令は1781年に発布された。史料３の『キリスト教綱要』は1536年に出版された。史料４のカトリック教徒解放法は1829年に制定された。史料５のナントの王令は1598年に発布された。よって，**史料３→史料５→史料２→史料４→史料１**の順となる。

56

問１　正解－(a)＝①　(b)＝③　(c)＝⑤　(d)＝⑮　(e)＝⑬　(f)＝⑲　(g)＝⑰　(h)＝⑥　(i)＝⑦　(j)＝⑯

これらは，イギリス・アメリカ・フランスそれぞれの革命中に出された宣言であるが，それぞれの特徴をおさえておこう。（Ⅰ）イギリス権利の章典は議会主権を柱とし，王の権限を抑制するものである。（Ⅱ）アメリカ独立宣言は，基本的人権の尊重や主権在民をうたったものであるが，その背景にはロックの圧政に対する抵抗権も含まれている。（Ⅲ）フランス人権宣言はルソーの影響を受けており，私有財産の不可侵を特徴としている。

〔Ⅰ〕＝**権利の章典**
Ⅰ　（1689年12月16日制定）
①王は，王の権限により，議会の承認なしに法律を停止し，また法律の執行を停止し得る権利があると称しているが，そのようなことは違法である。
②王の権限により，法律を無視し，また法

律の執行をしない権限があると称し，最近このような権限を僭取し行使したが，そのようなことは違法である。
③大権に名を借り，議会の承認なしに，みとめもしくはみとむべき期間よりも長い期間，またはみとめ，またみとむべき様態と異なった様態で，王の使用に供するために金銭を徴収することは，違法である。
④平時において，議会の承認なくして国内で常備軍を徴集してこれを維持することは，法に反する。
⑤議員の選挙は自由でなければならない。
⑥また，いっさいの不平を救済するため，また法律を修正し，強化し，保全するため，議会はしばしば開かれなければならない。
【解説】
イギリス革命の特徴は議会主権が確立した点にある。権利の章典の要点は以下の通り。
①…王権に対する議会主権の優越性
②…法を無視した王権の行使を違法化
③…課税の議会同意
④…平時における常備軍の禁止
⑤…正当な方法での議員の選出
⑥…定期的な議会の開催

〔Ⅱ〕＝**アメリカ独立宣言**
Ⅱ (1776年7月4日発表)
われわれは以下の原理は自明のことと考える。まず，①人間はすべて平等に創造されており，創造主から不可譲の諸権利をあたえられており，それらのなかには生命，自由，幸福追求の権利がある。次に，これらの権利を保障するためにこそ，政府が人間のあいだで組織されるのであり，公正なる権力は被治者の同意に由来するものである。さらに，②いかなる形態の政府であれ，この目的をそこなうものとなった場合は，政府を改変，廃止して，国民の安全と幸福とを達成する可能性を最も大きくするとの原則に従い，しかるべく機構をととのえた権力を組織して新しい政府を樹立するのが，国民の権利である。…(中略)…大ブリテンの現国王がしてきたことは，うちつづく違法行為と権利侵害の歴史であり，すべて直接に絶対的な専制を当該植民地に打ち立てることを目指していた。これを証明するために，事実を世界の公平な人々に知らせよう。
【解説】
①…アメリカ独立宣言の根本精神である基本的人権の尊重や自由・平等・幸福の追求の文言が示されている。
②…アメリカ独立宣言はロックの社会契約説の影響を受けているが，ここにはその中の圧政に対する「抵抗権」が示されている。

〔Ⅲ〕＝**フランス人権宣言**
Ⅲ (1789年8月26日採択)
第1条　①人間は自由で権利において平等なものとして生まれ，かつ生きつづける。社会的区別は，共同の利益にもとづいてのみ設けることができる。
第2条　あらゆる政治的結合の目的は，人間の持つ絶対に取り消し不可能な自然権を保全することにある。これらの権利とは，自由，所有権，安全，および圧政への抵抗である。
第3条　②すべての主権の権限は，本質的に国民のうちに存する。いかなる団体も，またいかなる個人も，明示的にその根源から発してはいない権限を行使することはできない。
第17条　③所有権は，神聖かつ不可侵の権利であり，したがって，合法的に確認された公的必要性からそれが明白に要求されるときであっても，かつ予め正当な補償金が払われるという条件でなければ，いかなる者もその権利を剥奪されえない。
【解説】
フランス人権宣言の最大の特徴は「私有財産の不可侵」である。特に第17条に注目される。
①…アメリカ独立宣言にも見られるような「幸福の追求」の文言である。
②…この文言が「主権在民」と言われる文言である。
③…フランス人権宣言の特徴「私有財産の不可侵」の文言。フランス革命がブルジョワジーのための革命であることを示している。

問2　正解ー①

①　各条文の内容と冒頭の年号を合わせて考えたい。1689年はイギリスで「権利の章典」が出された年である。1776年はアメリカ独立戦争のさなかに独立宣言が出された年である。1789年，フランス革命が進展するなか，国民議会によって人権宣言が採択された。それぞれの文書の特徴は上述の解説にて確認してほしい。

問３　正解－③

③　圧政に対する抵抗権を主張し，『統治二論』を著したのはイギリスのロックである。

①　ルソーは人民主権を主張し，『社会契約論』，『人間不平等起源論』などを著した。

②　モンテスキューは『法の精神』で三権分立を主張した。

④　ヴォルテールはフランスの啓蒙思想家として議会や政治を厳しく批判し，『哲学書簡』を著した。

参考 啓蒙思想

【啓蒙思想】…人間の理性に絶対の信頼を置き，合理的な思考を尊重し伝統や権威を否定する思想
・モンテスキュー（仏）『法の精神』
→三権分立主張，『ペルシア人の手紙』
・ヴォルテール（仏）『哲学書簡』
→カトリック教会を非難
・ルソー（仏）『人間不平等起源論』
『エミール』“自然にかえれ”
『社会契約論』人民主権論
→フランス革命に影響
・百科全書派…ディドロ・ダランベール
→啓蒙思想の集大成

問４　正解－④

④　**シェイエス**は聖職者で，フランス革命において第三身分の立場を擁護する小冊子『第三身分とはなにか』を著した。

①　ロベスピエールはフランス革命においてジャコバン派の指導者として主導権を握り，国民公会では恐怖政治を行った。王妃マリ＝アントワネットや反対派を次々と処刑したが，最後はテルミドール９日のクーデタで彼自身が処刑されることとなった。

②　サン＝シモンは社会主義の思想家として活動したが，マルクスに「空想的社会主義」と批判された。また，かつてはアメリカ独立戦争にも義勇兵として参加した。

③　コシューシコは1793年の第２回ポーランド分割に際して抵抗運動を指導した人物である。

57　正解－②

②　リード文に見える「1783年のパリ条約」ではアメリカ合衆国の独立の承認およびミシシッピ川以東のルイジアナがアメリカに割譲された。当初の13州の植民地に加え，ミシシッピ川以東のルイジアナを加えたのが②の図である。

①　独立戦争前の13州の植民地のみの図。

③　ミシシッピ川以西のルイジアナを加えた図で，1803年にフランスのナポレオンから買収した。

④　1848年のアメリカ＝メキシコ戦争後にカリフォルニアを獲得した後の図である。

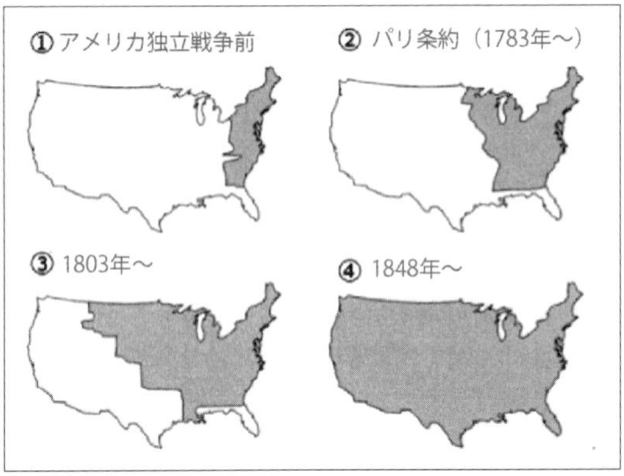

58　正解－②

②　清の雍正帝（在位1722～35年）の時代に地丁銀の制度が全国的に普及した。地丁銀とは，地税の中に丁税（人頭税）を繰り込み，実質的に人頭税を廃止するものであった。これによりそれまで戸籍につかなかった者や逃亡していた者が戸籍に登録されるようになり，登録人口が大きく増大した。

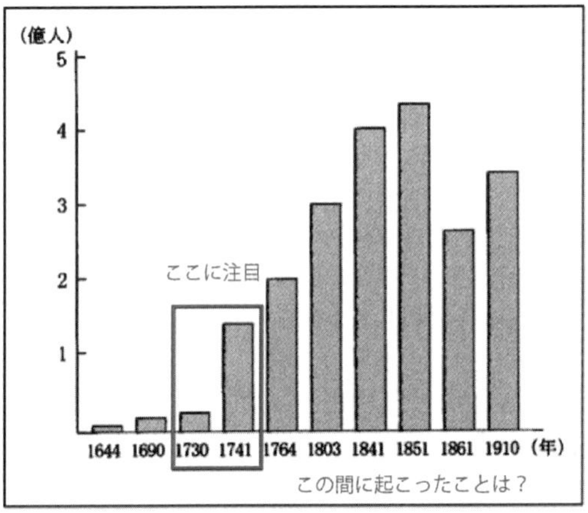

59

Ａ－④　史料文に「前国王は…政務を放棄し」「オレンジ公殿下は」とあり，これはイギリス国王ジェームズ２世が亡命したこと，その後オランダ総督のオレンジ公ウィリアム（オラニエ公ウィレム３世）が招聘されたことを指す。また，後文に「平時において，議会の承認なくして国内で常備軍を徴集してこれを維持することは，法に反する」とあるので，これは**権利の章典**の文言である。

B－⑤　史料文に「イングランドとスコットランドの二王国は……一つの王国に統合される」とある。文字どおりイングランドとスコットランドを合同することを示した1707年の**イングランドとスコットランドの合同条約**である。

C－①　史料文中に「嘆願」という語が見える。また，「議会制定法による一般的同意なしに」は税が課せられないことが示されている。このことから，議会の承認無しの課税を国王に請願した「**権利の請願**」であることがわかる。

D－⑥　史料文に「インド女帝としての女王陛下の称号は」とあり，またインドに関する報告であることもわかる。それらによれば，この史料は1877年のインド帝国成立期のものである。従って**リットン卿の電報**となる。

E－②　史料文に「あらゆる法において，万人が平等に規制される」「法は平等であると同様に，善なるものでなければならない」など，法の下の平等が訴えられている。ピューリタン革命期に議会派の一派であった**水平派（平等派）**はクロムウェルら独立派よりもより平等を主張する集団であった。

F－③　史料文に「われわれは，無法の反徒たちの力を破壊すべくやってきた。反徒どもは，イングランドの権威をないがしろにし，人間社会の敵として生きている」とある。ピューリタン革命により国王チャールズ１世を処刑した**クロムウェル**は，国王派とそれと結んでいたカトリック教徒を「反徒」と呼び，彼らが抵抗するアイルランドの侵略を正当化した。

60　正解－①

①「未回収のイタリア」とは，南チロルやトリエステなどを指す。ｂはサルデーニャ島である。

61　正解－①

①　ａの文中にある「イギリスで第１回選挙法改正」があったのは1832年すなわち19世紀前半である。14歳以下の人口の比率が，15歳から59歳の人口の比率に最も接近するのは1826年であり，ａは正しい。ｂの文中にある「王政復古」は1660年で，14歳以下の人口の比率が，60歳以上の人口の比率に最も接近するのは1676年であり，ｂは正しい。

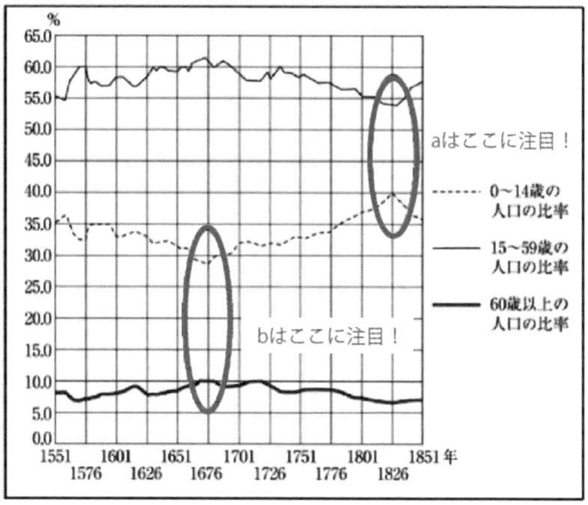

62　正解－③

③　ベンガル地方とはインド半島の北東部のガンジス川河口地域にあたる。ａはパンジャーブ地方である。イギリスは，1757年のプラッシーの戦いでフランスとベンガル太守の連合軍に勝利して徴税権を獲得し，インド支配の基礎を固めた。

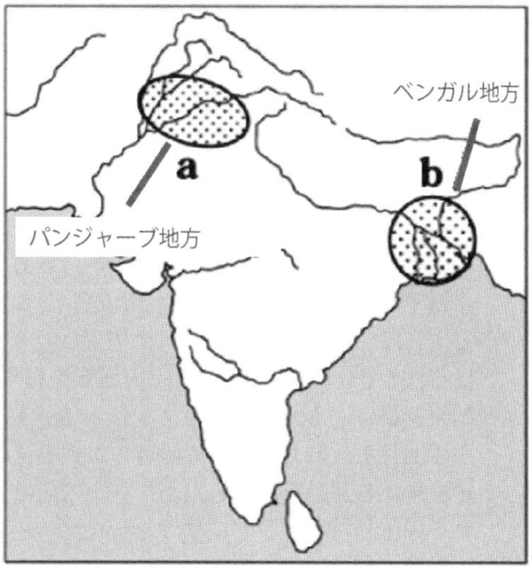

63　正解－③

③　ａ－誤文。七年戦争の終結は1763年に結ばれたパリ条約である。これに対し**オランダの船舶数がピークを迎えたのは1720～29年の間**である。ｂ－正文。フランス東インド会社がコルベールによって再建されたのは1664年である。それ以前のフランスの船舶数は常にイギリスの半分以下である。

64　正解－②

②　グラフでは，**イギリスの金貨鋳造量が初めて500万ポンドに達したのは1776年**である。従ってそれ以前の出来事が正解となる。アメ

リカの植民地でボストン茶会事件が起こったのは1773年である。

① メキシコがスペインから独立したのは1821年である。

③ ロシアとカージャール朝がトルコマンチャーイ条約を結んだのは1828年である。

④ アレクサンドル１世の提唱で神聖同盟が結ばれたのは1815年である。

65 正解－③

③ アイルランドでは人々の主食はジャガイモであったが，1840年代半ばにジャガイモの疫病で不作となり100万人以上が餓死したと言われる。これはジャガイモ飢饉と呼ばれる。また，これを機に多くのアイルランド人がアメリカ合衆国へ移住した。

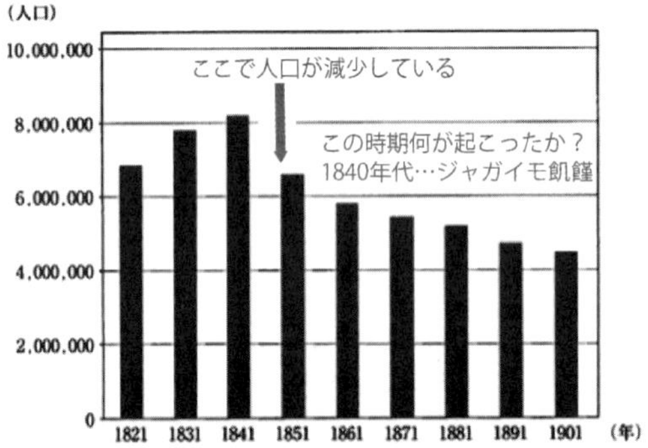

66 問１ 正解－③

③ 史料文に「民衆の血が七月と同様に流れた」とあることから，これはその次の革命である二月革命に関する史料であることがわかる。とすれば，「反動的で寡頭的な政府」というのはそれまで政権を担っていた七月王政を指す。制限選挙による大資本家やブルジョワが支配する七月王政において，労働者らが選挙法改正を求める運動を起こしたがギゾー内閣はこれを弾圧した。

問２ 正解－④

④ 誤文。ギリシアは1829年のアドリアノープル条約で独立を達成し，1830年のロンドン会議で独立が国際的に承認されたが，独立戦争の始まりは1821年である。よって1830年のフランス七月革命の影響とは言えない。

① 正文。南ネーデルラントは，ウィーン会議でオランダが獲得していたが，1830年の七月革命の影響で武装蜂起がおこり，ベルギーとして独立を達成した。

② 正文。マッツィーニは1831年に政治結社「青年イタリア」を結成した。

③ ポーランドはウィーン会議で国が復活するもロシアの支配下に置かれていた。1830年にロシアからの独立を求めて反乱を起こしたが鎮圧された。

問３ 正解－④

④ 史料文の「国民的人民的政府」とは二月革命で発足した臨時政府を指す。臨時政府には社会主義者の**ルイ＝ブラン**が参加し，労働者の失業救済のため国立作業場を建設した。

67 問１ 正解－④

④ 1856年のパリ条約はクリミア戦争の講和条約である。クリミア戦争は東方問題の一つでもあり，これにより黒海の中立化が決められた。となればこの条約はこの戦争に参加したイギリス・フランス・サルデーニャ・ロシア・トルコおよび中東欧の君主が関わるものになる。また，空欄アには「皇帝」が入ることを考えても，スウェーデン，デンマーク，スペインの君主の号は「皇帝」ではなく「王」であるため，そのような観点からもオーストリアが適切である。

問２ 正解－①

① パリ条約は1856年であるが，オスマン帝国において1839年に出されたのが**ギュルハネ勅令**である。史料文からも分かるように，この勅令は全ての臣民を平等なオスマン帝国の臣民として扱うことを明文化したものであった。

68 正解－①

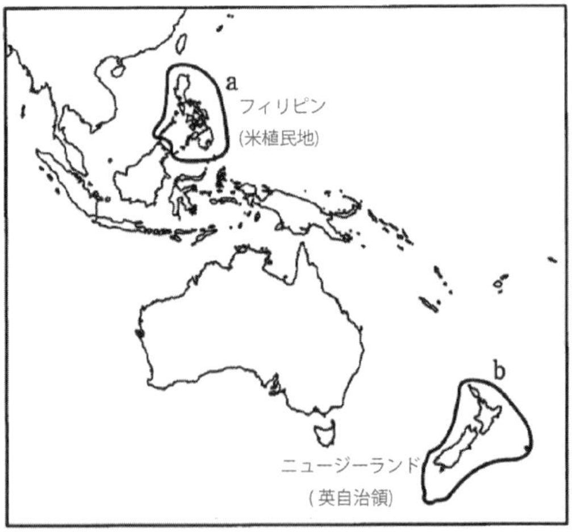

① アメリカ＝スペイン戦争の結果，アメリカは太平洋地域においてフィリピンやグアムをスペインから獲得した。ニュージーランドはイギリスのクックの探検後，1840年にイギリスの植民地となり，1907年に自治領となった。

69 正解－④

④　清は乾隆帝以降，貿易港を広州一港に限定し，特許商人組合の公行に貿易を独占させており，広州はアヘン貿易の中心となっていた。道光帝は欽差大臣林則徐をｂの広州に派遣し，アヘンの没収・廃棄を行った。ａは天津である。

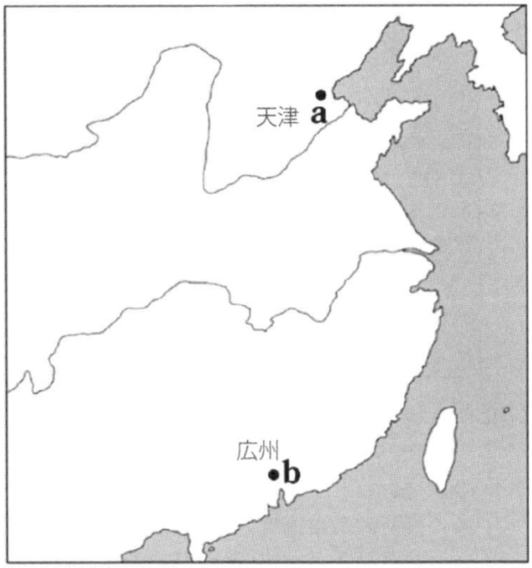

70 正解－④

④　列強による中国の分割では，フランスは広州湾を租借地とし，また広東省西部や広西省を勢力圏とした。威海衛はイギリスの租借地であるが，威海衛のある山東省はドイツの勢力圏となった。イギリスは対岸の遼東半島（旅順・大連）をロシアが租借したため，その南下を警戒して威海衛を租借地とした。

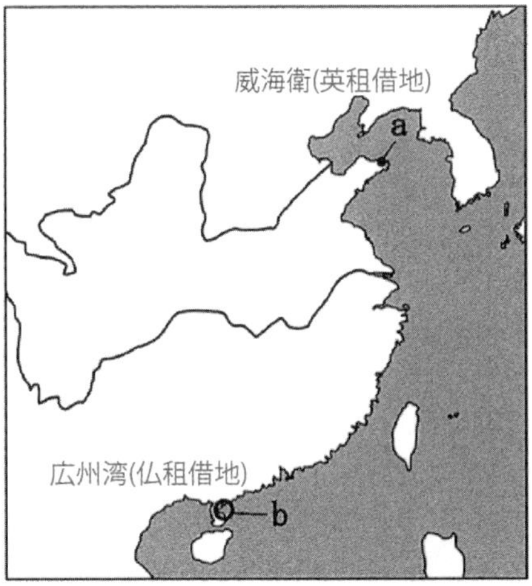

71

問１　正解－①

①　表によれば，ロシアの鉄道キロ数が表中の他のどの国よりも大きくなったのは1900年である。

［ア］について。ロシアは，1894年にフランスと正式に同盟を結んで以降，フランスの資本を導入し，シベリア鉄道の建設を開始した。よって，正しいのは**あ**である。また，**い**について。ロシアは19世紀末に清朝から東清鉄道の利権を獲得したが，日露戦争後敗北のポーツマス条約（1905年）で東清鉄道から南に延びる長春～旅順間の路線を日本に譲渡した。従って「日本から譲渡された」わけでもなく，日本に譲渡したのも1905年なので，誤りである。

［イ］について。会話文によれば，［イ］にはドイツ関税同盟の目的が入る。ドイツ関税同盟が結成された1834年のドイツは，ドイツ連邦であり，35の領邦と４つの自由都市から成る諸邦分立状態であった。経済学者のリストは，関税同盟によってドイツの経済的な統一とドイツ国内の産業発達を訴えた。よって**X**が正しい。**Y**は，世界恐慌発生後にアメリカやイギリスなどの国がとったブロック経済の説明である。アメリカやイギリスは世界恐慌対策として金本位制を停止し，排他的特恵関税制度にもとづくドル＝ブロックやスターリング＝ブロックを構築した。

問２　正解－①

①　まずは３人の**パネル**と表の内容を丁寧に見比べてみよう。

豊田さんのパネルでは，イギリスの植民地＝インドにおける鉄道キロ数が，1900年にはイギリスの鉄道キロ数を上回ったことが書かれているが，1900年の時点ではインドの鉄道キロ数は39,531km，イギリスの鉄道キロ数は30,079kmなので，**豊田さんのパネルは正しい。岡田さんのパネル**では，七月王政下（＝1830～48年）のフランスにおいて，鉄道営業キロ数がイギリスの３分の１以下，ドイツの２分の１以下の年が**表**中にあると書かれている。当該時期における数値を比較すると，1830年も40年もフランスの営業キロ数はイギリスの３分の１以下であるが，対ドイツで見てみると，1830年時点では，ドイツはまだ鉄道営業か開始されておらず，1840年の時点でもドイツの方が60キロほど大きいだけで２分１以下には達していない。従って**岡田さんのパネルは誤り。早瀬さんのパネル**では，オスマン帝国の支配下に入る前から，アルジェリアでは鉄道が建設されていたとあるが，アルジェリアがオスマン帝国の支配下に入ったのは16世紀以降である。**表**によればアルジェリアでは少なくとも1850年までは鉄道建設は始まっていないので，**早瀬さんのパネルも誤り**である。

72

問1　正解－②

② **あ**－正文。イギリスで穀物法が廃止されたのは1846年。グラフ1によれば貿易赤字が初めて6000万ポンドに達したのは1864年である。**い**－誤文。イギリスが清朝と南京条約を結んだのは1842年である。

問2　正解－①

① **文章**を読むと［ア］の国は「国を二分する内戦の開始から10年余りは1億αほどの貿易赤字を計上」とある。**グラフ2**で1億αまで貿易赤字を計上したのは1861年であるが，これはアメリカ合衆国が南北に分かれて戦争を始めた年である。ここから10年余り後の1872年にも「貿易赤字が1億α」を計上している。よって［ア］に入れる国は，**う**のアメリカ合衆国である。また，**グラフ3**では，アメリカのイギリスへの輸出額の線が1840年のおよそ5000万α強から1900年には5億α強と10倍近く増加している。一方，アメリカ合衆国のイギリスからの輸入（すなわちイギリスからアメリカ合衆国への輸出額）は，1840年のおよそ4000万α弱から1900年には1億8000万αと5倍程度にとどまっている。よって**X**の選択肢の内容が正しい。

73　正解－④

④ 正文。dはマダガスカル。アフリカ分割において，横断政策を進めるフランスは東アフリカではジブチ，そしてdのマダガスカルを獲得した。

① 誤文。aはアイスランド。クロムウェルはスコットランドとアイルランドを征服した。アイスランドは征服していない。

② 誤文。bはアイルランド。ローマ帝国ではトラヤヌス帝の時代に最大領土を実現したが，アイルランドは含まれていない。

③ 誤文。cはキプロス島。ベルリン条約では，イギリスがキプロス島の統治権を獲得した。

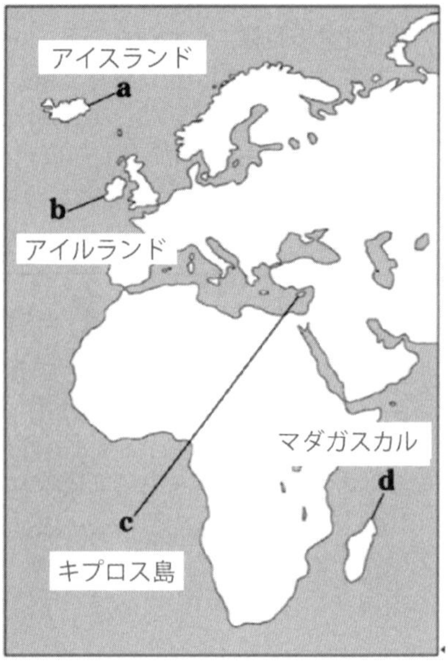

74　正解－②

② 正文。ファショダ事件は1898年にスーダンのファショダでフランスの横断政策とイギリスの縦断政策が衝突したものである。フランスの譲歩によって両国は和解した。その後，1899年からイギリスはジョゼフ＝チェンバレンの指導で南アフリカ戦争を起こし，ブール人のトランスヴァール共和国とオレンジ自由国を併合した。

① 誤文。aはエジプトである。イギリスは保守党のディズレーリ政権の1875年に，エジプトから秘密裏にスエズ運河株を買収した。

③ 誤文。cはインド。イギリスは，1935年の新インド統治法において各州の自治を拡大したが，独立は約束していない。

④ 誤文。dはオーストラリア。オーストラリアはクックの探検によってイギリス領となることが宣言された。初めは罪人の流刑地であったが，第一次世界大戦開始（1914年）前の1901年に自治領となった。

75

問1　正解－④

④ 史料文によればこの条約はフランスと清の間で結ばれたものであり，「ベトナムにおけるフランスの支配権」を決定的にしたものであった。それが**1885年**の天津条約である。

問2　正解－②

② 清仏戦争の天津条約における清朝側の全権は李鴻章である。李鴻章が1860年代の洋務運動を推進した中心人物であることや，後に下関条約（1895年）の全権であることを考えて

もこの時の全権が李鴻章であることは想定しやすい。

問３　正解－③

③　史料文の内容から天津条約である。

問４　正解－①

①　清仏戦争の勝利により，清のベトナム宗主権を放棄させたフランスは，1887年にベトナムとカンボジアを併せてフランス領インドシナ連邦を形成した。このあとラオスを保護国化し，1899年にラオスをフランス領インドシナに併合した。

76

問１　(1)＝②　(4)＝③

(1)②　史料１は中国の皇帝がイギリスに対して五港を開港したことを旨としている。となれば，これはアヘン戦争の南京条約で開港することとなったもう一つの**上海**である。

(4)③　史料３は列強の中国分割における租借地を説明したものである。空欄はフランスの租借地を説明したものであるので**広州湾**が答えとなる。

問２　正解－④

④　下の地図を確認

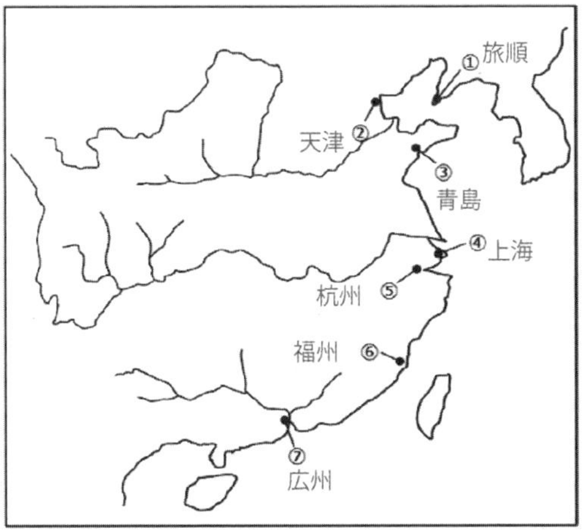

問３　正解－①

①　史料２によれば (2) は三国干渉で中国を庇護した国であること，膠州湾を占拠（租借）したことがわかる。これを満たすのは**ドイツ**である。

問４　正解－③

③　史料３によればイギリスと (3) は互いに反目していること，また， (3) が旅順・大連を租借したことでイギリスがそれを牽制するために威海衛を租借したことも書かれている。以上のことから (3) は**ロシア**である。

77　問１　(a)＝②　(b)＝⑥　(c)＝⑤

史料文をみれば，(a)と(b)は，(b)がカンボジアをとること，(a)がマラヤを奪いつつあることが書かれている。カンボジアを保護国化するのは**フランス**であるし，マラヤを植民地とするのは**イギリス**である。よって(a)はイギリス，(b)はフランスであることがわかる。(c)については，アジアの国であって，国制を整え，人民を開化した国である。よって(c)は**日本**である。

問２　正解－③

③　史料文からすれば，この東南アジアの国は，「王政」であり，また日本に倣って西洋化を受け容れようとする国である。すなわち**タイ**である。タイは1932年に立憲革命が起こり，国王に暫定憲法と議会の開設を承認させたが，立憲君主制となったのであり，共和政に移行したわけではない。

78　正解－②

②　バルカン半島の国の位置を確認しよう。Aのモンテネグロ，Bのセルビア，Dのルーマニアはロシア＝トルコ戦争（露土戦争）後のサン＝ステファノ条約でトルコからの独立を達成し，1878年のベルリン条約でもそれが承認された。Cのブルガリアは，サン＝ステファノ条約ではロシアの保護下となったが，ベルリン条約でそれが破棄されてオスマン帝国内の自治国となり，さらに1908年の青年トルコ革命に乗じてトルコから独立を達成した。

79　正解－④

④　グラフを見れば1870年までは産業革命を先行させたイギリスが世界第一位の工業生産割

合を占めている。しかし，1881～1885年にかけてａの国が第一位となり，1886年以降はイギリスを大きく上回っている。これは1890年にフロンティアの消滅が宣言されたアメリカ合衆国がイギリスを抜いて世界第一位の工業国になったことを示している。従って**ａはアメリカ**である。また，ｂの国は1870年代以降徐々に工業生産割合を伸ばしているが，これはアメリカ同様にドイツでも重工業を中心とした第２次産業革命が進展したためである。従って**ｂはドイツ**である。よって残った**ｃがフランス**となる。

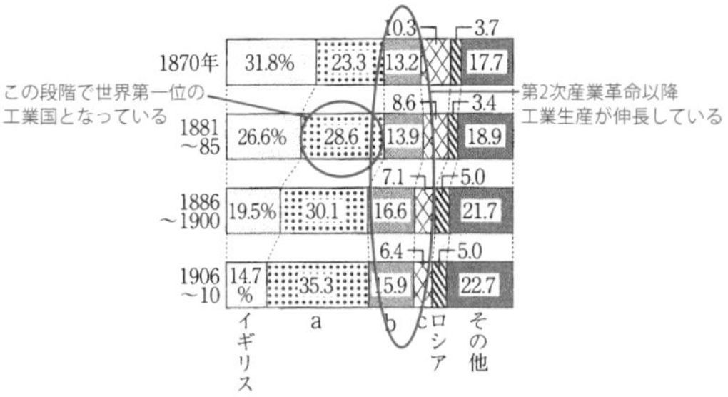

80 正解ー①

① Ｘ－正文。アメリカ合衆国政府がフロンティアの消滅を宣言したのは1890年である。その時点でアメリカの工業生産割合はイギリスを上回っている。Ｙ－正文。ドイツ皇帝ヴィルヘルム２世は1888年に即位し，第一次世界大戦末期の1918年に起ったドイツ革命で亡命し退位した。1900年代初頭にドイツの工業生産はイギリスを上回っている。

世界の工業生産における各国比率の推移

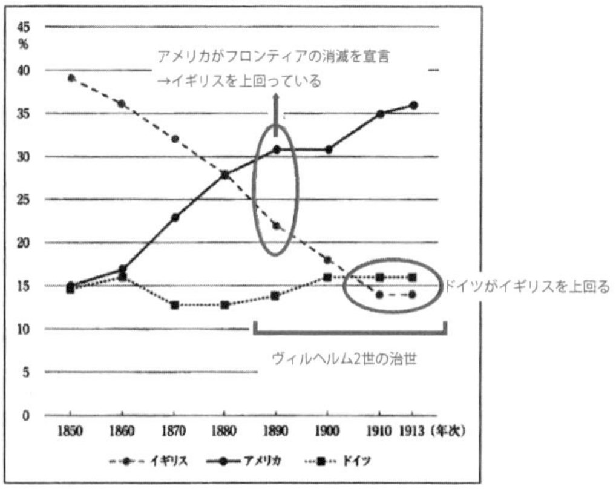

（河野健二・飯沼二郎編「世界資本主義の歴史構造」より作成）

81 正解ー④

④

ａ－誤文。植民地数が初めて100を超えたのは1625～1650年の間すなわち17世紀前半である。

ｂ－誤文。七年戦争は1756年に勃発した。植民地数が最大となったのは1900年代の前半であり，七年戦争勃発後の100年間には入らない。

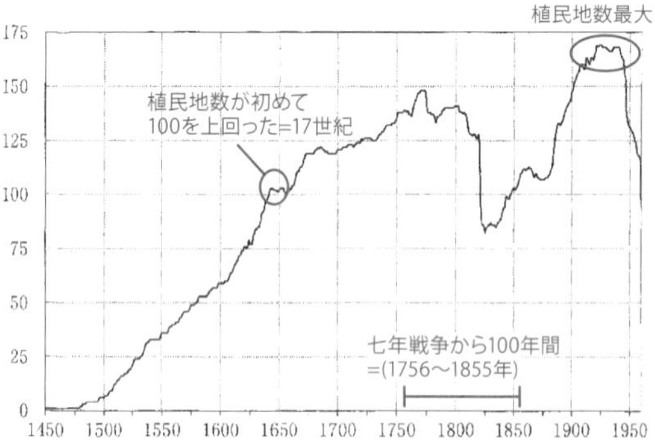

（縦軸は植民地数を，横軸は西暦を示す）

（A. Bergesen (ed.), *Studies of the Modern World-System* より作成）

82 史料ａ＝⑤　史料ｂ＝③　史料ｃ＝④

史料ａの内容は，将来朝鮮において変事のあるときは日中両国が互いに通知した上で出兵することを約束したものであり，これは甲申事変の後1885年に結ばれた**天津条約**の内容である。史料ｂには「朝鮮国は自主の邦にして」とあり，独立国であることを承認する内容となっている。これは朝鮮が清の属国であることを踏まえ，日本がその宗主権を認めないと明示したものであるため，日本が朝鮮と1876年に結んだ「**日朝修好条規**」である。史料ｃの文中に「朝鮮の兇徒日本公使館を襲撃し」とあるのは1882年の壬午軍乱の際の日本公使館襲撃事件を指している。この乱後日本は閔氏政権と**済物浦条約**を結び，賠償などを約束させた。

83 正解ー③

③ グラフに見える各国の軍事費の増減と歴史的事件を合わせて考えよう。1900年から1902年のｃの軍事費の増減はイギリスの南アフリカ戦争の影響と考えられる。また，1903年から1907年のｂの軍事費の増減はロシアの日露戦争と第１次ロシア革命が影響していると考えられる。ここから③の答えが出せる。なお，ａはドイツ，ｄはフランスである。

84 正解ー④

④ 設問文に「1917年の…出来事」とあることから，①と②は消去できる。①のデカブリストの乱は1825年の出来事，②の血の日曜日事件は1905年の出来事である。また，史料文には「ケレンスキーは水兵たちにつかまって」とあることから，これは臨時政府を担うケレンスキー政権をレーニンらボリシェヴィキが十月革命（西暦では十一月革命）で打倒したものだとわかる。

85 正解－④

④　資料は1920年にモスクワで演説を行ったレーニンの写真である。レーニンは第一次世界大戦中はスイスに亡命していたが，1917年に起こった二月革命（西暦では三月革命）ののちに帰国。同年の十月革命（西暦では十一月革命）で臨時政府を打倒し権力を握った。その後，対ソ干渉戦争を受けるなか，戦時共産主義で国内統制をはかったが，国内経済が停滞したため，新経済政策（ネップ）を実行し，一定限度の資本主義体制を復活することで経済回復を実現した。

86

問１　正解－

1 ＝せ	2 ＝き
3 ＝そ	4 ＝て
5 ＝え	6 ＝み
7 ＝あ	8 ＝ひ
9 ＝ぬ	10 ＝こ

史料文を丁寧に読み込み，空欄の前後の文章から入る語句を判断したい。

1 －「1789年８月26日」にフランスで採択されたのは**人権宣言**である。

2 －革命以前の社会は「貴族の家に生まれれば，それだけですでに多くの特権を得ることとなり，それは平民よりもより大きな自由を得」ることができるのは**身分制**社会である。

3 －革命以前の都市に存在した経済活動の自由を阻害する組織は**ギルド**である。

4 －コルベールは東インド会社を再建し，**重商主義**を推進した。

5 －フランス七月王政は，大資本家や銀行家が支配する社会で財産を持つ者のみが選挙権を有する**制限選挙**をおこなっていた。

6 －「治安維持や安全保障（外交・戦争）などを最小限にとどめるべきであるとする」考え方を**夜警国家**という。

7 －19世紀末より，アメリカでは各種の**反トラスト法**が制定され，企業の独占を抑えることで労働者を保護しようとする動きがおこった。

8 －1929年の世界恐慌発生で，アメリカ政府は国家が積極的に経済活動に介入する**ニューディール**政策を進めた。

9 －ドイツ帝国を成立させたビスマルクは，産業発展のため労働者を保護し，災害保険・養老保険・疾病保険などの**社会保険制度**を確立した。

10 －「尊厳が失われている人びとに対して，国家による富の再配分を行うべきであるという考え」から，基本的人権に基づく諸権利を保障する権限を**社会権**という。

問２

Ａ　正解－④

④　『諸国民の富』を著し，国民の生産的労働が国家の経済発展に繋がると主張したのは**アダム＝スミス**である。

①　バイロンはイギリスのロマン派の詩人で，『チャイルド＝ハロルドの遍歴』などを著した。

②　ケネーは重農主義の立場から『経済表』を著した。

③　ホッブズは『リヴァイアサン』で社会契約説を述べた。

Ｂ　正解－②

②　1830年の七月革命でブルボン朝が打倒された後，七月王政を敷いたのはオルレアン家から迎えられた**ルイ＝フィリップ**である。

①　ルイ18世は，フランス革命で処刑されたルイ16世の弟で，ナポレオン没落後のブルボン復古王政で即位した。

③　シャルル10世は七月革命によって亡命した。

④　ルイ＝ナポレオンは1848年の二月革命後の第二共和政下で大統領となり，次いで国民投票により皇帝に即位し1852年から第二帝政を築いた。

Ｃ　正解－③

③　スタンダード石油を創設し「石油王」として石油精製業を支配したのは**ロックフェラー**。

①　カーネギーは「鉄鋼王」。

②　ダイムラーはガソリン自動車の発明者。

④　クルップはドイツの巨大軍需企業である。

Ｄ　正解－④

④　1929年の世界恐慌発生時のアメリカ大統領は**フーヴァー**である。フーヴァーの共和党は実効的な恐慌対策を実現出来なかったため，代わった民主党の①フランクリン＝ローズヴェルトがニューディール政策で経済再建を進めた。

②　クーリッジは1923～29年まで大統領を務めた。

③　セオドア＝ローズヴェルト（任1901～09年）は，棍棒外交と呼ばれる対外方針で帝国主義政策を展開した。

87

問１　正解－③

③　各史料の中のキーワードを見抜いてどの時期のことなのかをよく考えたい。Ａは「青島を返還」「不平等条約を廃棄」することを求め

ている。中国政府がこれを主張したのは**パリ講和会議**であるから，Ａは1919年頃に比定できる。Ｂは清朝の皇帝の退位に言及されていることから**清朝滅亡**の1912年頃に比定できる。Ｃは「総理各国事務衙門を設け」とあることから1860年の**北京条約**後に比定できる。Ｄは「日本はわが東三省でほしいままに軍事行動を行い」とあることから中国東部における日本の軍事行動が想定される。1931年の**満洲事変**が考えられる。Ｅは「科挙の制度を次第に廃止」とあるので，**科挙が廃止**された1905年頃に比定できる。よってＣ→Ｅ→Ｂ→Ａ→Ｄの順となる。

問２　正解－⑤

⑤　「二十一カ条」の要求によって中国から権利を奪ったのは**日本**である。

問３　正解－②

②　日本の大隈重信内閣は，中国の**袁世凱**政府に「二十一カ条」の要求を突きつけた。

問４　正解－④

④　清朝最後の皇帝として退位したのは**宣統帝**である。これにより，長らく中国王朝が続けてきた皇帝による専制政治に終止符が打たれた。

問５　正解－②

②　**孫文**は袁世凱と密約を交わし，袁世凱が宣統帝を退位させることを条件に中華民国の臨時大総統の地位を譲渡することを話し合っていた。史料Ｂは孫文の臨時大総統辞職を述べたものである。

問６　正解－④

④　清朝では総理各国事務衙門設置以前は外交事務を専門的に扱う機関はなく，**軍機処**が軍事・行政の最高機関として機能していた。

問７　正解－①

①　総理各国事務衙門は，北京条約で外国公使の北京駐在が決められたことで，それに対応する機関として**北京**に置かれた。

問８　正解－④

④　南京条約で開港させられたのは，**上海・寧波・福州・厦門・広州**の５港である。

問９　正解－②

②　天津は北京の外港として位置する。明代から清代にかけては首都北京に隣接する地域，具体的には黄河下流の北部地域が「**直隷**」と呼ばれた。

問10　正解－③

③　史料Ｄには「日本はわが東三省でほしいままに軍事行動を行い，多くの重要な地域を占領した」とあり，中国東方での日本の軍事活動は，「柳条湖事件に端を発し，満洲国が建国された」**満洲事変**であろう。

①　1939年のノモンハン事件の説明である。

②　日中戦争期の出来事である。

④　日中戦争勃発の契機となった事件である。

問11　正解－④

④　史料Ｄが満洲事変であるから，当時の中国国民党指導者の**蔣介石**である。

88

問１　正解－④

④　正文。タヒチは1847年にフランスの保護領となった。

①　誤文。メキシコは大航海時代以降スペインの統治下に置かれた。

②　誤文。カンボジアはフランスの保護国となり，1887年以降はフランス領インドシナ連邦の一部となった。

③　誤文。ベルギーはアフリカ分割を通じてコンゴを植民地とした。

問２　正解－③

③　誤文。スワヒリ文化は，東アフリカの海岸地域で生まれた文化である。インド洋交易を通じて東アフリカ沿岸の港市にムスリム商人が居住するようになり，彼らの文化（イスラーム文化）と在地の文化（バントゥー文化）が融合し，10世紀以降アラビア半島やインド文化の影響を受けて開花した。

問３　正解－③

③　ａ－誤文。移民者数が最初に２万人を超えたのは1870年代前半である。カリフォルニアで金鉱が発見されたのは1848年である。ｂ－正文。清朝が滅亡したのは1912年である。その後，移民者数は１万人を越えていない。

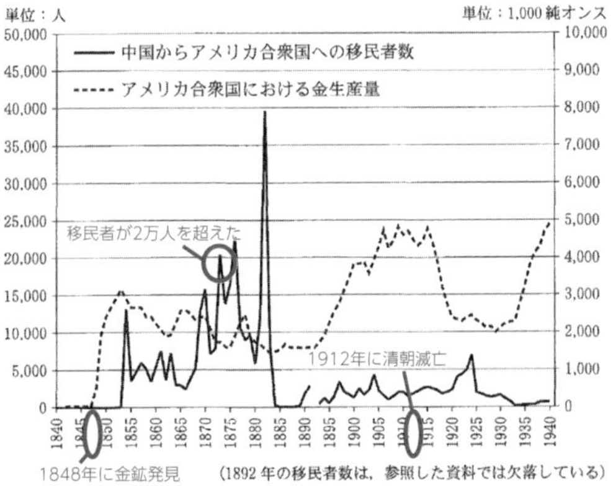

（1892年の移民者数は，参照した資料では欠落している）
（合衆国商務省編『新装版　アメリカ歴史統計』より作成）

89

問１　正解ー③

③　正文。1929年の世界恐慌の発生後，民主党のフランクリン＝ローズヴェルト大統領によりニューディール政策が進められ，その一環としてテネシー川流域開発公社が設立されて雇用の拡大が図られた。

①　誤文。第一次世界大戦後，アメリカは債務国から債権国に転じた。

②　誤文。革新主義は労働者を保護し，企業の独占を抑えようとするものである。

④　誤文。アメリカ＝イギリス戦争により，イギリス製品の輸入が減少したことで，かえってアメリカの工業化が進んだ。

問２　正解ー③

③　ベトナムは陳朝滅亡後，永楽帝治下の明軍が支配していたが，永楽帝の死後，黎利が明軍を破り独立を回復した。

①　モザンビークはアンゴラとともにポルトガルから独立した。

②　ギリシアは1829年にオスマン帝国から独立した。

④　シンガポールはマレーシアから分離・独立した。

問３　正解ー①

①　1929年に世界恐慌がおこると，イギリスは，**イギリス連邦経済会議**を開いてブロック経済の構築を決定した。これは連邦内では関税を低くして貿易を促進し，連邦以外からの輸入品には高関税をかける排他的特恵関税制度であった。そのためイギリス連邦に属するカナダからの輸入額は増大し（**折れ線ａ**），一方で連邦外であるドイツからの輸入額は減少（**折れ線ｂ**）している。

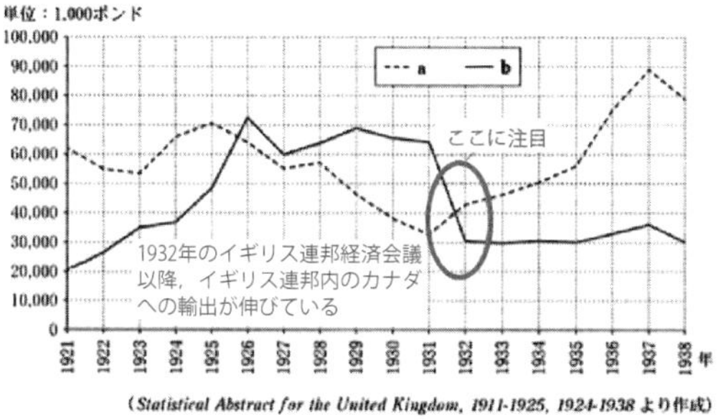

(*Statistical Abstract for the United Kingdom, 1911-1925, 1924-1938* より作成)

90

問１　正解ー④

④　サライェヴォはボスニアの都市である。第一次世界大戦前のバルカン半島の情勢は変動が激しいので国の位置は丁寧に押さえておきたい。

問２　正解ー③

③　1908年に青年トルコ人革命が起こると，その混乱に乗じてオーストリアがボスニア・ヘルツェゴヴィナを併合した。これによりバルカン半島はパン＝スラヴ主義とパン＝ゲルマン主義が激しく対立することとなり，セルビア系青年による暗殺事件が起こった。

①　コミンフォルムからユーゴスラヴィアが除名されたのは1948年。

②　ロシアで社会主義政権が成立したのは1917年。

④　コソヴォの分離独立要求をセルビア政府が弾圧したのは20世紀末である。

問３　正解ー②

②　タンネンベルクの戦いは1914年８月，マルヌの戦いは1914年９月，ドイツが無制限潜水艦作戦を宣言したのは1917年２月（なお，ドイツの攻撃によりルシタニア号が撃沈されたのは1915年５月）である。

問４　正解ー④

④　インドを植民地としていたイギリスは，大戦中への協力の見返りにインドに自治を約束していたにも関わらず，大戦後の1919年にローラット法を制定し，令状無しの逮捕や裁判抜きの投獄を規定し，反英運動の弾圧を図った。

①　ヴィクトリア女王がインド皇帝に即位したのは1877年。

②　植民地支配のため雇用した傭兵が反乱を起こした（シパーヒーの乱）は1857年。

③　東インド会社軍がベンガル軍を破ったのは1757年である。

問５　正解ー⑥

⑥　西インド諸島とは，北米のフロリダ半島南部から南米のベネズエラ沖にかけて存在するカリブ海上の島々を指す。

問６　正解ー④

④　オーストラリアがイギリスの流刑植民地となり入植が始まったのは1788年以降である。

問７　正解ー①

①　パレスティナは地中海東岸南部のイェルサレムを含む地域を指す。現在のイスラエルが大部分を占める。

問８　正解ー④

④　フサイン＝マクマホン協定は，イギリスがオスマン帝国領内のアラブ人に対して戦後の独立を約束したもので，その影響をうけてイラク王国が成立した。

① 全インド＝ムスリム連盟は，インドでヒンドゥー教徒が主体の国民会議派に対抗したイスラーム教徒が作った団体である。

② タキン党は，ビルマで反英独立運動を展開した団体である。

③ サレカット＝イスラム（イスラーム同盟）は，インドネシアでオランダの植民地支配に抵抗する団体である。

問９ 正解ー②

② ユダヤ人のパレスティナへの復帰・建国運動をシオニズムという。「シオン」はイェルサレムにある丘の名称であり，フランス第三共和政の時代に起こったドレフュス事件がきっかけで運動は盛り上がった。

① レコンキスタは８世紀以降のイベリア半島で起こったキリスト教徒による国土回復運動のこと。1492年にナスル朝の都グラナダの陥落で完了した。

③ ディアスポラは「離散」を意味する。１～２世紀頃，ローマ帝国の迫害を受けたユダヤ教徒はヨーロッパ各地に離散した。

④ シノイキスモスは「集住」を意味する。古代ギリシアでは人々が集住しポリスを形成した。

問10 正解ー②

② この協定は第一次世界大戦中の1916年にイギリス・フランス・帝政ロシア間で結ばれたサイクス＝ピコ協定である。この秘密外交は，ロシア革命でロマノフ朝が崩壊した後，民族自決を掲げるソヴィエト政権によって暴露された。よってａは正しくｂは誤っている。

問11 正解ー②

② フランスは第一次世界大戦開戦時には第三共和政（1870～1940年）であった。

91

問１ 正解ー①

① 資料中の「**作家の経歴**」を見れば，オーウェル（1903～50年）はトロツキー影響を受けた組織の一員であったことがわかる。トロツキーはレーニンとともにロシア革命を成功させた人物であるが，レーニンの死後，スターリンと対立し亡命を余儀なくされた。その後のソ連ではスターリンの独裁体制が築かれ，1930年代にはスターリン反対派の無実の党員が次々に粛正されていった。「**柿田さんの質問票**」にみえる「抑圧体制」とはスターリン体制のことを指していると考えられる。さらに作家の参戦したスペイン内戦の時期（1936～39年）を考慮しても同時代の背景として合致するのはスターリンによる粛正である。

② 中華人民共和国で文化大革命が起こったのは1966～76年であり，オーウェルの活動時期と合致しない。

③ 「開発独裁」とは，1950～70年代の開発途上国にみられた経済発展を重視した政府主導の強権的政治体制を指す。韓国の李承晩・朴正熙政権やインドネシアのスハルト政権などが代表的である。しかし，年代的にオーウェルの活動時期と合致しない。

④ 1948年に金日成を首相として朝鮮民主主義人民共和国（北朝鮮）が成立すると，その後，金一族による世襲独裁体制が続いている。1994年に金日成が死去すると，息子の金正日が最高指導者の地位を世襲し，97年に朝鮮労働党総書記に就任した。やはりこれもオーウェルの活動時期には合致しない。

問２ 正解ー②

② 設問文に「18世紀の中国の朝廷は，大規模な図書編纂事業を行った」とあることから，引用された史料が掲載されている図書は18世紀に編纂されたものであることがわかる。『四庫全書』は，清の乾隆帝の命によって編纂された叢書で，1782年に刊行された。『永楽大典』は，明の永楽帝の命によって編纂された百科全書で1408年に刊行された。資治通鑑は，北宋の司馬光が著した編年体の歴史書である。従って，この中で18世紀の作品に相当するのは『四庫全書』である。

次に，波線部改ざんの意図であるが，改ざん前の史料の波線部の「皮衣を着て」や「左前の服」は，契丹の風俗を指している。また，最後に「漢人の衣裳を着」ることを臨んでいることから，手紙の送り手であるこの元漢人は契丹の支配下で契丹の習俗を強制されていたことを示している。それが改ざん後の史料では，「遼朝の禄を食」んでいたこと，「中国に身を投じたい」こと，「先祖の墳墓に参り」と書き換えられており，そこには契丹の習俗を強制されてたことを窺わせる内容が一掃されている。

本問では選択肢の図書がどの時代に編纂されたものであるかを判断しなければならないが，共通テストでは書物の刊行年まで細かく問われることはないので，まずは文化史の学習の中でどの時代（おおまかな世紀）のものであるかを丁寧に押さえておこう。

92

問1　正解－③

③　**表**を参照すると，1700年に15,000万人であった中国の人口は，1800年には32,000万人となっており，2倍以上に増えている。これはスペインなどのヨーロッパ諸国が，新大陸原産の作物であるトウモロコシやサツマイモをもたらしたためであり，それが明清時代の人口増加を支えた。

①　誤文。**表**中の数値では，東南アジアの1850年の人口は1800年よりも増加しているが，マラッカ王国は1511年にポルトガルにより滅亡しているので**表**中の時期には存在していない。

②　誤文。**表**中の数値ではインドでは19世紀前半に人口は増加しているが，ヴィクトリア女王のインド皇帝即位は1877年であり，19世紀後半である。

④　誤文。**表**をみると，1900年のヨーロッパの人口は27,100万人。同年のインドの人口は28,000万人であり，インドの方が人口は多い。

問2　正解－②

②　**表**を参照すると，1850年の東南アジアの人口密度は「10」である。一方，会話文では，1850年の日本の人口は3,071万人で，日本の面積は37.8万k㎡と書かれており，人口密度は約「81」である。従って文章から読み取れる事柄は，**あ**が正解となる。また，日本と東南アジアとの関係について述べた文は，**Y**が正解。朱印船は江戸幕府から朱印状を与えられ貿易を許可された商船で，東南アジア各地に来航し日本町を形成した。また，**X**について。ドイツがフランスに侵攻し，パリを陥落させたのは1940年6月。日本がフランス領インドシナ北部に進駐したのは，フランス降伏後の1940年9月である。よって**X**は誤り。

93　正解－④

④　アの国は本国面積が小さいにも関わらず膨大な広さの植民地を有している。当時，世界一の植民地帝国を築いたのはイギリスで，インドやオーストラリアなど，アジア・オセアニアに自国よりも広大な土地を有する地域を植民地としていた。よって**アはイギリス**であることがわかる。すると，イの国の本国面積はアのイギリスの30倍以上の面積を有していることが分かる。ここから**イはアメリカ合衆国**であると判断できる。アメリカは当時フィリピンなど少数の地域を植民地としていた。残る**ウはドイツ**であるが，ドイツはアフリカ大陸にカメルーンや南西アフリカなどの比較的国土の広い地域を植民地として有していた。

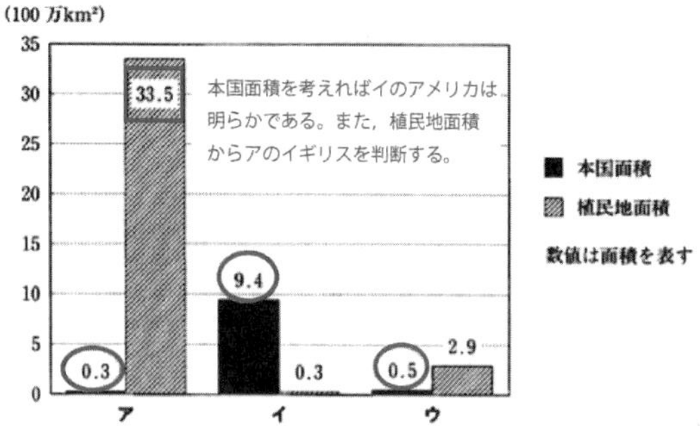

94　正解－①

①　ルールはドイツ北西部の工業地帯で，フランスはドイツが賠償金支払いの延期を要請したことに対してルール占領を敢行し，ベルギーが共同出兵した。なお，ベルギーは第一次世界大戦では中立を表明していたが，ドイツの軍事作戦によって中立を侵犯されている。

95　正解－③

③　地図では，aがシリア，bがイラク，cがトランスヨルダンである。イギリスはイラク・トランスヨルダン・パレスティナを，フランスはシリアとレバノンを委任統治領とした。

96

問1　正解－③

③　[ア]－リード文に「初めて80%まで低下」とあるが，農村人口の割合が初めて80%まで低下したのは1960年頃であり，これは1958年に大躍進政策が開始された直後のことであるといえる。

[イ]－リード文に「[イ]の後に四つの現代化や改革・開放政策が開始」とあるが，これは文化大革命が1976年に終結した後，復権した鄧小平が推進した政策である。

グラフ　中国における都市・農村人口の割合(1949-2011年)

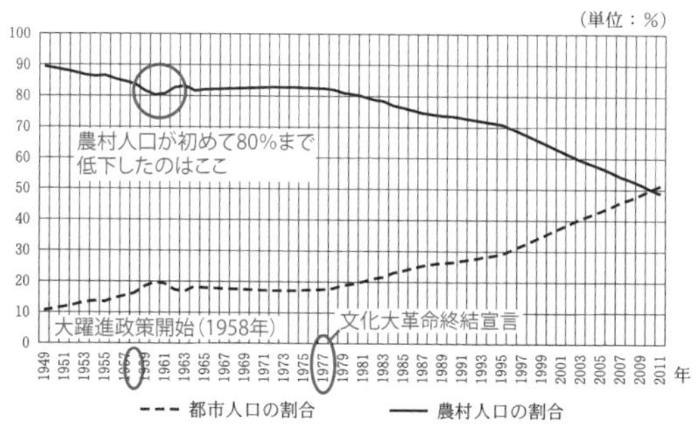

(若林敬子・聶海松編『中国人口問題の年譜と統計』より作成)

問2　正解－②

②　リード文の「ある政党」とは，1927年に上

海クーデタを起こした中国国民党である。また，設問文には「1930年代後半」とあり，すなわち「**1930年代後半の中国国民党の移動経路**」を考えればよい。1937年，日中戦争が勃発し，日本と当時政権を握っていた国民党は全面戦争に至った。日本の侵略により国民党政府は南京→武漢→重慶へと本拠地を移した。

97 正解ー①

① 写真はピカソが描いた「ゲルニカ」である。1936年から始まるスペイン内戦では，アサーニャの人民戦線政府に対してフランコ将軍が反乱をおこした。ソ連と国際義勇軍は人民戦線政府を支援し，ドイツとイタリアはフランコを支援，イギリスとフランスは不干渉政策をとった。この内戦中にドイツのヒトラーはスペイン北部バスク地方の町ゲルニカを無差別爆撃し1000人以上の死者を出した。これに対しピカソが抗議して描いたのが写真の「ゲルニカ」である。

98

問１ 正解ー③

③ 史料はカリフ制の廃止とオスマン王家の追放を断行したものである。トルコ共和国の大統領となり，史料に見えるような近代化を進めたのは**ムスタファ=ケマル**である。

① ミドハト=パシャは，アブデュルハミト２世の時代の宰相で，1876年にミドハト憲法を制定した。

② ムスタファ=レシト=パシャは，19世紀前半のオスマン帝国の政治家で，アブデュルメジト１世の命でギュルハネ勅令を起草した。

④ イブン=サウードはアラビア半島の豪族で，サウジアラビア王国の建国者でもある。

問２ 正解ー①③⑤

①③⑤ 史料が発行されたのは，リード文によれば「建国間もない頃」であるから，1923年頃である。ムスタファ=ケマルが連合国と**ローザンヌ条約**を結んだのは1923年。史料に見えるカリフ制の廃止による**政教分離**や，1928年の**文字改革**を実施した。

② ローラット法は1919年にイギリスがインドで制定した弾圧法である。

④ ミドハト憲法は1876年に発布された，アジア初の憲法である。

⑥ 第一次世界大戦敗北後，オスマン帝国はセーヴル条約でクルド民族の独立を承認したが，ローザンヌ条約で独立の承認は破棄された。

⑦ タバコ・ボイコット運動は，19世紀末にイギリスが進出していたカージャール朝のイランで展開された民族運動である。

99 正解ー⑥

⑥ aの写真には，チャーチル，ローズヴェルト，スターリンが写っている。この三者が参加した戦時会談はテヘラン会談かヤルタ会談であるが，選択肢を考慮すればドイツの戦後４国管理を話し合ったヤルタ会談であろう。bの写真にはチェンバレン，ダラディエ，ヒトラー，ムッソリーニが写っている。これはミュンヘン会談の参加者で，ドイツのズデーテン地方要求に対して開かれた会談である。結果，イギリス・フランスは宥和政策をとり，ドイツの要求を受け容れた。

100 正解ー③

③ 史料はトルーマン=ドクトリンであるが，トルーマン=ドクトリンでは，ギリシアとトルコに対する援助声明がアメリカの連邦議会に提出された。史料文中にすでにトルコの名が見られるので，空欄に入るのはギリシアである。

101 正解ー③

③ 史料文に「バルト海のシュテッティンからアドリア海の［ア］まで，ヨーロッパ大陸をまたぐ鉄のカーテンが降りてしまった」とあるように，これはいわゆる“鉄のカーテン”演説である。この演説はイギリスの前首相チャーチルがアメリカのフルトンで行ったもので，バルト海のシュテッティンとアドリア海のトリエステを結ぶラインを東西の資本主義圏と共産主義圏の境界であると指摘したものである。

102 正解ー②

② aリード文中に「ベルリン封鎖」とあることから，それを実行したのはソ連である。第二次世界大戦後，ドイツは戦後４国で分割管理されることになったが，西ドイツ及び西ベルリンを管理することとなったアメリカ・イギリス・フランスはソ連の社会主義が西側へ波及することを恐れ，自らの占領地域において通貨改革を断行した。これに対抗したソ連は，西ベルリンと西側占領地区を繋ぐ道を遮断し，「ベルリン封鎖」を行った。結局，封鎖は解除されたものの，ドイツは1949年に東西分裂した。また，リード文中に「カストロ」の名が見えることから，イの入るのはキューバ革命のことであることがわかる。

103 正解ー③

③ 正文。図中の薄い斜線の大部分は国際連合

によるパレスチナ分割案ではユダヤ人（イスラエル）に配分されていた地域で，図中の濃い斜線の大部分はアラブ人に配分されていた地域である。矢印のほとんどはアラブ人に配分されていた地域から出ていること，また，地図の段階ではガザ地区やヨルダン川西岸がイスラエル領に入っていないことからも，これが第１次中東戦争後の難民の流れであると判断できる。1948年のユダヤ人によるイスラエル建国が契機となり，第１次中東戦争が勃発した。

① 誤文。アラブ産油国（アラブ石油輸出国機構）が石油戦略を発動したのは第４次中東戦争である。

② 誤文。エジプトのスエズ運河国有化宣言がきっかけとなったのは第２次中東戦争である。なお，アメリカ合衆国は侵攻しておらず，イギリス・フランス・イスラエルがエジプトに侵攻した。

④ 誤文。イスラエルが先制攻撃をしかけ，結果，シナイ半島やシリアのゴラン高原，ヨルダン川西岸地区などを占領したのは第３次中東戦争である。

104 正解ー③

③ 第３次中東戦争ではイスラエル側はシナイ半島・ガザ地区・ゴラン高原・ヨルダン川西岸を獲得した。その後，エジプト大統領サダトが1979年にイスラエルと平和条約を結び，1982年にシナイ半島が返還された。しかしサダトはその前年の1981年に暗殺されている。

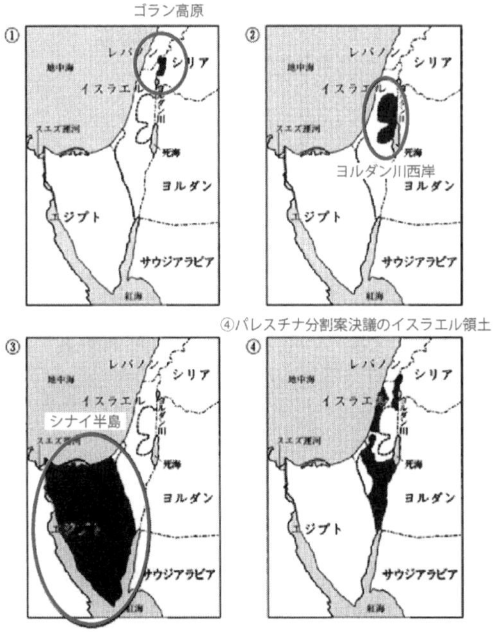

105 正解ー①

① フィリピンのマルコス大統領は独裁体制を築いていたが，これに反対したベニグノ＝アキノが暗殺されたことで，反マルコスの運動が高揚し，1986年にマルコスは失脚した。インドネシアでもスカルノに対する共産党系軍人のクーデタが起こったが，それは1965年のことである。

106 正解ー③

③ グラフ中のａは1960年代を示している。1960年代はアイゼンハワー大統領，ケネディ大統領，ジョンソン大統領，ニクソン大統領の４人の任期にあたる。1963年のケネディ大統領の暗殺を受けて副大統領から昇格したジョンソンは，ケネディ大統領の時代に整備されていた公民権法を1964年に成立させた。

① クーリッジ大統領による移民法の制定は1924年である。

② ブラウン判決が出たのは1954年で，アイゼンハワー大統領の時代である。

④ レーガン大統領の任期は1981～89年である。

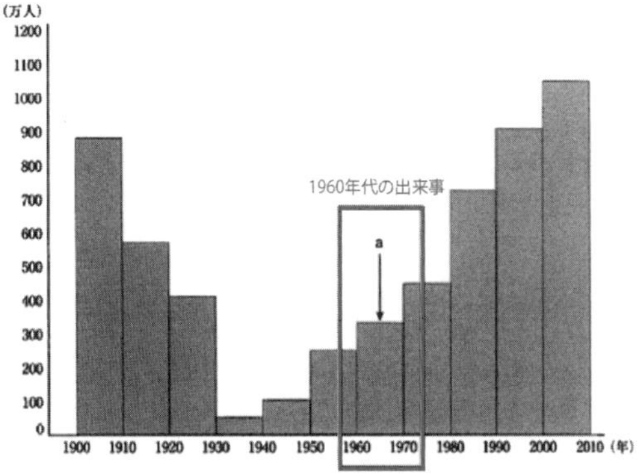

107 正解ー②

② 中華人民共和国の成立は1949年である。その建国直後にソ連の援助を受けて行われたのは第１次五か年計画（1953～57年）で，死亡率は減少し続けている。その後死亡率が25‰を超えたのは1960年前後であるが，これは大躍進政策（1958年～）の影響である。

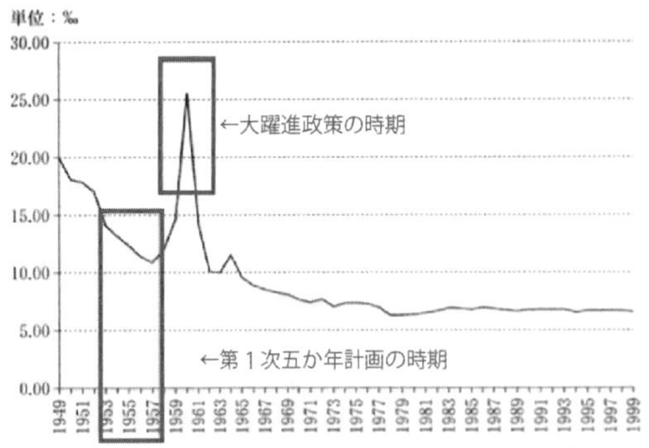

(若林敬子・聶海松編『中国人口問題の年譜と統計―1949～2012年―』より作成)

108 正解ー③

③　1971年，東パキスタンが独立を掲げて西パキスタンに対し反乱を起こすと，インドはこれを支援し，インド＝パキスタン戦争に発展した。この戦争はインドが圧勝し，東パキスタンは独立を達成。国名をバングラデシュ（う）と改めた。なお，（い）のスリランカは1948年にイギリス連邦内自治領として独立し，72年に完全独立を達成した。

109 正解ー③

③　グラフ中の1998年前後に注目する。このとき実質経済成長率が急激に下落している国が２つあるが，これはタイバーツの急落を機におこったアジア通貨危機の影響を受けたものである。アジア通貨危機は東南アジア諸国および韓国に大きな打撃を与えた。従って①(a)は韓国・タイではないこと，②(b)は韓国かタイであることが考えられる。よってこの条件を満たす解答は③である。

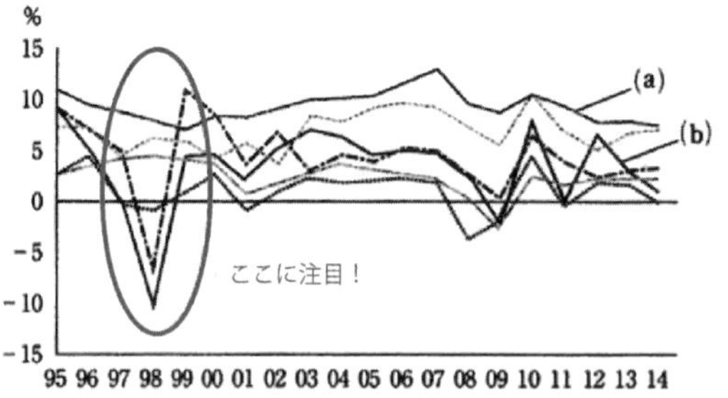

110 正解ー③

③　a－誤文。2023年現在でもチェコやハンガリー，ルーマニアなど，EU加盟国であっても一部の国では共通通貨ユーロは導入されていない。

b－正文。グラフを見ると，イギリス・ドイツとギリシア・アイルランド間で経済格差が明らかとなっている。

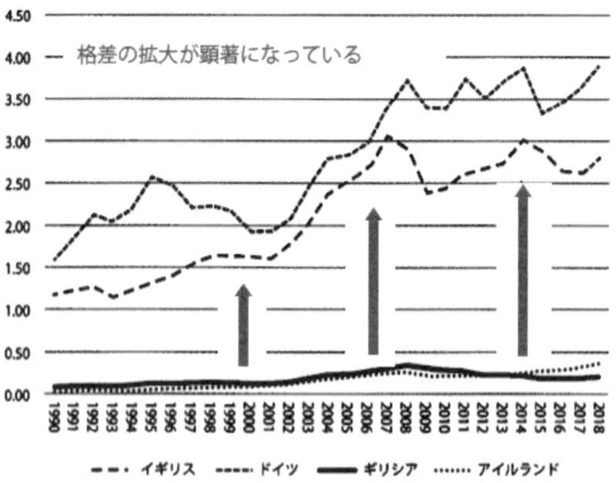

(縦軸は兆米ドル，横軸は西暦を示す)
(IMF World Economic Outlook Databases より作成)

111 正解ー②

②　年表はイラクのものである。1979年に隣国イランでシーア派によるイラン革命が成功すると，自国にもシーア派を多数抱えるイラクは，革命が自国へ波及することを恐れ，国境問題を理由にｂのイランへ侵攻した（1980～88年，イラン＝イラク戦争)。この戦争によって財政難に陥ったイラクのフセイン政権は，石油資源を豊富に有するペルシア湾に臨むｃのクウェートに侵攻して石油資源の獲得を図った。これに対して国際社会が反発し，湾岸戦争が勃発した。

112 正解ー①

①　改革開放政策以降，急激な経済成長を遂げた中国は，2015年には世界第２位の15％を占めた。なお，第１位のアメリカは24.3％，②は日本で6.1％，③はドイツで4.6％，④はイギリスで3.3％である。

113

問１　正解ー［1］＝④　［2］＝①
［3］＝②　［4］＝③

［1］＝④－(1)の文によれば［1］は，「アジア三角貿易では中国からイギリスに輸出された」とある。アジア三角貿易では，ほかにイギリスからインドに綿製品が，インドから中国にアヘンが送られた。アジア三角貿易をヒントに解答できるであろう。

［2］＝①－(1)の文中に「インド亜大陸から海峡を挟んだ所に位置する」とある。他の選択肢は全てインドから陸続きの国であり，海峡を挟んでいるのはスリランカ（セイロン島）のみである。

［3］＝②－(2)の文中に「加工法の進展や自転車・自動車の普及により19世紀中葉以降に急

速に経済的価値を高めた」とあるのをヒントに「ゴム」を選びたい。また，後文にイギリスがマレー半島においてインドから招来した労働者に栽培させたというのもヒントになる。

[4]＝③－空欄の直後に「海峡植民地」とある。イギリスの「海峡植民地」はペナン・マラッカ・シンガポールで，1826年に成立した。

問2(1)　正解－⑥

⑥　a－誤文。グラフ1では，1929年頃からブラジルのコーヒー輸出額は下落し続けているが，グラフ2では，1932年を過ぎた後に以前の水準に回復している。

b－正文。グラフ1のブラジルのコーヒー輸出額とグラフ3のアメリカのコーヒー豆の価格はほとんど同様に変動している。

c－正文。グラフ1もグラフ3も1929年を境にコーヒー価格が下落しているが，これは1929年に発生した世界恐慌が影響していると考えられる。

グラフ1：ブラジルからのコーヒー輸出(金額)

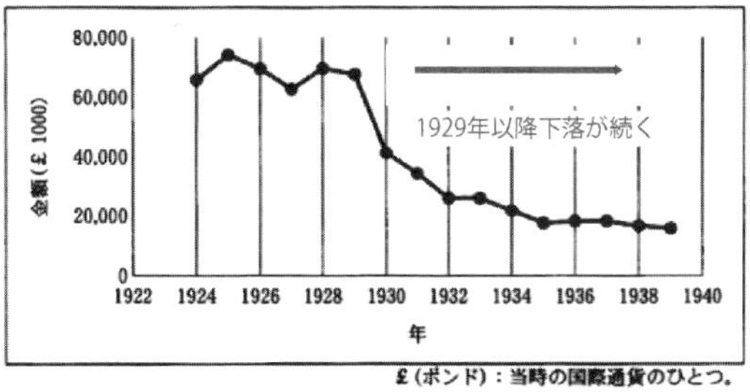

£(ポンド)：当時の国際通貨のひとつ。

グラフ2：ブラジルからのコーヒー輸出(数量)

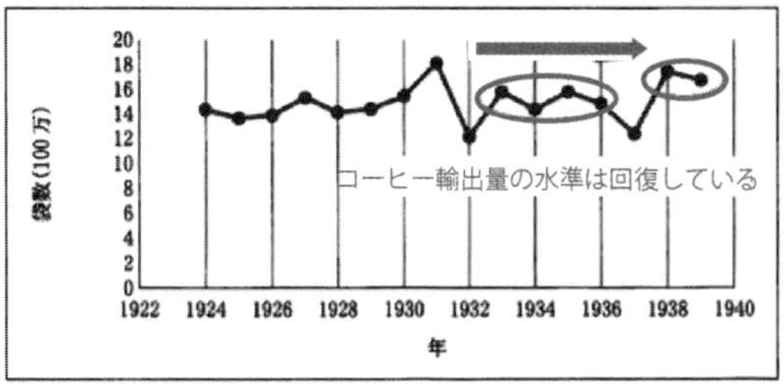

グラフ3：ニューヨーク市場(アメリカ)におけるコーヒー豆(ブラジル産サントス4号種)の価格

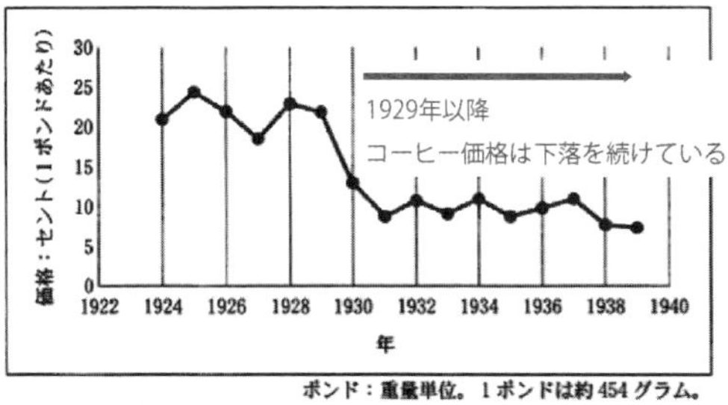

ポンド：重量単位。1ポンドは約454グラム。

出典：Francisco Vidal Luna & Herbert S. Klein, *The Economic and Social History of Brazil since* 1889, Cambridge, 2014 所収のデータを改変して掲載。

問2(2)　正解－②

②　植民地生まれの白人をクリオーリョという。なお，白人と黒人の混血はムラート，白人と先住民の混血はメスティーソと呼ばれる。

問3(1)　正解－⑤

⑤　表中の「ワシントン会議」の欄に注目する。ワシントン会議の海軍軍縮条約では，イギリス・アメリカ・日本・フランス・イタリア間で保有率はそれぞれ5：5：3：1.67：1.67と定められた。

問3(2)　正解－④

④　アードイツが国際連盟から脱退したのは1933年。

イードイツが再軍備宣言を行ったのは1935年。

ウードイツがラインラントに進駐したのは1936年。

エードイツの総選挙でナチ党が初めて第一党になったのは1932年である。

114

問1　正解－④

④　正文。下関条約は日清戦争の講和条約であり，日本は清朝から領土の割譲などのほか，2億両の賠償金を獲得した。

①　誤文。アウクスブルクの宗教和議では諸侯や領主に対してカトリックかルター派かの選択権が認められ，カルヴァン派は認められなかった。

②　誤文。アイグン条約により清朝は黒竜江以北をロシアに割譲した。

③　誤文。サン＝ステファノ条約では，オスマン帝国のバルカン半島の領土のうち，ルーマニア・セルビア・モンテネグロの独立が決められるなど，オスマン帝国のバルカン半島支配は縮小した。

問2　正解－①

①　正文。オーストリアの皇女であったマリ＝アントワネットはフランス国王ルイ16世の王妃となった。

②　誤文。ジャンヌ＝ダルクは百年戦争で活躍した。

③　誤文。シャネルが女性服デザイナーとして活躍したのは20世紀に入ってからである。

④　誤文。アキノはフィリピンで政権を握った。

問3　正解－②

②　a－正文。南アフリカ戦争（ブール戦争）は1899～1902年である。グラフを見れば当該時期の**イギリスの軍人の割合はドイツの軍人の割合を超えている。**

b－誤文。プロイセン＝フランス戦争（普仏戦争）は1870~71年である。グラフでは，この時期**ドイツの軍人の割合は８%を超え，12%まで達しているが，フランスの軍人の割合は６%強にとどまっている。**

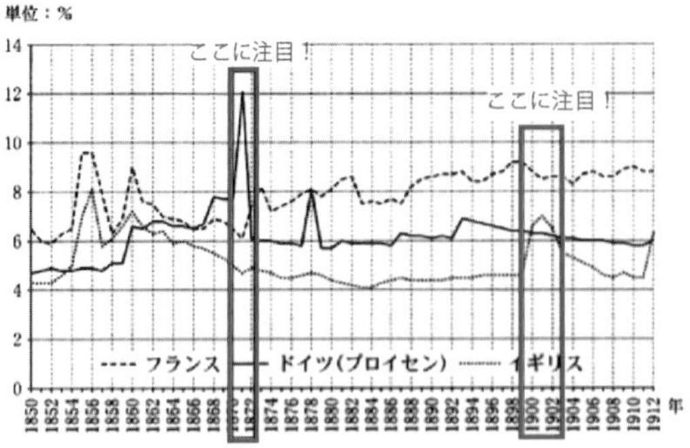

(ペーター・フローラ編，竹岡敬温監訳『ヨーロッパ歴史統計　国家・経済・社会 1815-1975』(上)より作成)

115

問１　正解ー④

④　［ア］ーフィリピン。直後の文に「旧宗主国スペイン」とみえることから，スペインに植民地支配されていたフィリピンと判断できる。

［イ］ーインドネシア。直後の文に「総人口・面積ともに東南アジア最大規模」であること，「旧宗主国オランダ」とあることから，インドネシアである。

［ウ］ータイ。「［ウ］を除いて，ほとんどが西洋列強国の植民地支配下におかれた」とある。東南アジアで唯一植民地支配を受けなかったのがタイである。

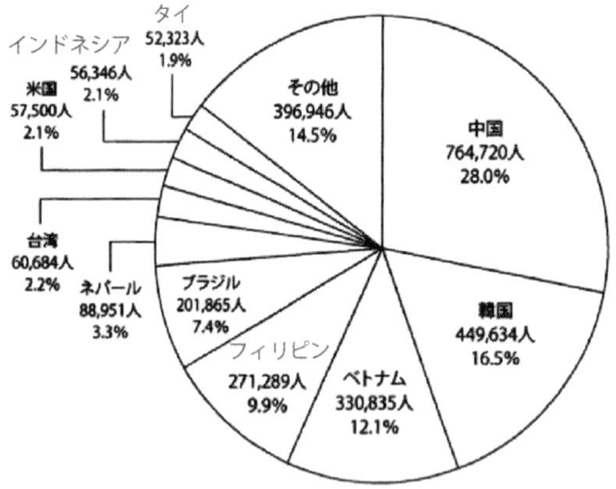

問２　正解ー③

③　正文。西山党の乱に敗れた阮福暎はタイに亡命していた。彼は，**キリスト教のフランス人宣教師ピニョーをつうじてフランスの支援を得ようとした。**阮福暎はピニョーの義勇兵の助けを受けて西山朝を倒し，阮朝越南国を樹立した。しかし，その後は清を宗主国としたため，フランスによるインドシナ出兵をうけた。

①　誤文。亡命先のタイから戻って阮朝を建てた。

②　誤文。西山党の乱を起こした阮氏とは別の阮氏である。

④　誤文。ベトナムはイギリスに攻め込まれていない。

問３　正解ー②

②　ベトナムの宗主権をめぐっておこった清仏戦争の結果，フランスが勝利して天津条約が結ばれ，清朝はベトナムの宗主権を放棄し，フランスの保護権を承認した。フランスはその後1887年にフランス領インドシナ連邦を成立した。

問４　正解ー②

②　東南アジア大陸部では古くから仏教が信仰されていたが，今日のラオスでもおもに国民の多数は上座仏教を信仰している。

問５　正解ー①

①　ファン＝ボイ＝チャウは，阮朝擁護の反仏抵抗運動を展開した。日露戦争の日本勝利に影響を受けた彼は，反仏運動の一環として日本に留学生をおくるドンズー運動を指導した。

問６　正解ー④

④　インドシナ戦争の講和はジュネーヴ休戦協定である。この協定で⑴北緯17度線を南北の暫定軍事境界線とすること，⑵２年後に南北統一選挙をおこなうことを取り決めた。しかしこの協定をアメリカが調印拒否したことで後のベトナム戦争に繋がった。

問７　正解ー③

③　正文。戦争の長期化にともない，米兵の犠牲が増える中でアメリカ国内では反戦運動が高まっていった。ニクソン大統領は“ベトナム化政策”にもとづき，地上兵力をベトナム共和国の軍に委任し米軍の撤兵を決めた。

①　誤文。ベトナム民主共和国および南ベトナム解放民族戦線はソ連や中国からの支援を得た。

②　誤文。ベトナムに北爆を開始したのはジョンソン大統領である。

④　誤文。ベトナム戦争は南ベトナムの首都サイゴンが占領されたことで終結した。

問８　正解ー②

②　正文。1975年に成立したポル＝ポト政権は中国の支持のもとで農村を基盤とした急進的な共産主義社会の建設を強行し，通貨の廃止

や都市民の農村への強制移住などをおこなった。この過程で反対派知識人をはじめ多くの人々が虐殺された。

① 誤文。1970年のクーデタでシハヌークは中国へ亡命した。

③ 誤文。ベトナムはヘン＝サムリンを元首とする政権を樹立させた。

④ 誤文。1993年に国連監視下で行われた総選挙の結果，シハヌークが国王として政権の座についた。

問９ 正解ー④

④ 1967年の東南アジア諸国連合（ASEAN）結成当時の加盟５か国はタイ・マレーシア・シンガポール・インドネシア・フィリピンである。ミャンマーは1997年に加盟した。

116

問１ 正解ー②

② アメリカはフィリピンを植民地支配していたが，1934年に，10年後のフィリピンの独立を認めるフィリピン独立法が制定された。しかし太平洋戦争の勃発でフィリピンが日本に占領されたため，終戦後の1946年に独立を達成した。

問２ 正解ー①

① 空欄の直前に「第二次世界大戦後」とあることから，第二次世界大戦前のできごとである③④が除外される。また，②の文化大革命は中国で1966年から起こった国内の改革なので，アメリカの世界各地における積極的な関与や軍事介入には関係がない。

問３ 正解ー②

② 会話文中の内容から，グラフのAが「アジアの国」であること，「日本軍の降伏後にフランスとの独立戦争」に入ったことから，これが**ベトナム**であることが分かる。アメリカとベトナムが本格的な戦争に入ったのは当時のアメリカ大統領ジョンソンが行った1965年の北爆をさす。

問４ 正解ー③

③ ［ d ］を含む学生ｂの会話がベトナム戦争に関する内容であることから，ここには，アメリカが援助して南ベトナムに樹立された「ベトナム共和国の建国」が入る。

問５ 正解ー③

③ 「米中の国交が樹立された」のは1979年のアメリカのカーター大統領と中国の華国鋒国家主席のときである。1972年と間違えやすいが，1972年はニクソン大統領の中国訪問の年であり，これはアメリカによる「事実上の中国承認」といえる。

問６ 正解ー④

④ 1973年にベトナム和平協定に基づいてアメリカが撤退した後も南北の戦争は続き，南部では国外へ逃れようとする多くの人々が難民となった。1976年，ベトナム社会主義共和国が建設され，首都は北のハノイに置かれたが，それまでアメリカ資本主義の統治下にあった南部の方が経済的に豊かであった。政府は1986年から「ドイモイ」と呼ばれる改革・開放政策を行い，市場経済を導入し外資を受け容れるなど農村や企業の管理は緩和された。

問７ 正解ー③

③ サンフランシスコ講和会議には中国は招かれず，インドとビルマは不参加であった。なお，ソ連は会議には参加したが，サンフランシスコ平和条約には調印していない。

問８ 正解ー②

② ニクソン大統領時代の国務長官がキッシンジャーである。キッシンジャーは秘密裏に中国を訪問し，1972年のニクソン大統領訪中を実現した。

問９ 正解ー③

③ 長崎の出島に商館を置き日本と貿易をおこなったのはオランダであり，ここに直接的な日本と東南アジアの関係はみられない。

① 日本の江戸幕府は朱印船貿易によって東南アジアと貿易をおこなった。

② 日露戦争で日本が勝利したことで例えばベトナムでは日本へ留学生を派遣するドンズー運動が展開された。

④ 太平洋戦争において，日本は大東亜共栄圏構想を掲げ東南アジアの国々を占領した。

問10 正解ー①

① ワシントン会議は，1921～22年にアメリカ合衆国大統領ハーディングの提唱によって開催された。日本はアメリカらと四か国条約や九か国条約などを締結した。

② パナマ運河は，1914年にウィルソン大統領の時代にアメリカが開通させた。この運河の完成により大西洋と太平洋が海路で結ばれることとなり，アメリカは大きな経済的・軍事的利益を得ることとなった。

③ アメリカがハワイを併合したのは1898年。列強による中国分割に出遅れたアメリカは，1898年にアメリカ＝スペイン戦争に勝利してフィリピン・グアムを領有し，同年にハワイを併合することで中国分割へ割り込む足掛かりとした。

④　武器貸与法の成立は1941年。前年にドイツ軍によってフランスが占領されヨーロッパの連合軍が苦境に陥ると，アメリカ議会は大統領に外国政府への武器・軍需物資の援助を決定する権限を付与し，連合国軍の反撃を支援した。

問11　正解ー②

②　会話文中の「日本からの移民が多いＢの国やペルーが」という内容からＢの国が南米の国であることが分かる。さらに選択肢文中に見える「カブラルの漂着地」「サンパウロ州」「コーヒーを栽培」などといった言葉からＢはブラジルであることがわかる。ブラジルは1822年に宗主国であったポルトガルの王子が即位して帝政で独立した。

117

問１　正解ー③

③　ブロックの発言に「農村共同体が文書資料を保有しているのは，珍しいことです。あったとしても，それは古い時代のものではありません。反対に領主所領は，比較的よく組織され継続性もありますから，概して文書資料を長く保存しています。それゆえ，1789年以前の，非常に古い時代に関して，あなたがその利用を期待できる主な文書資料は，領主所領からもたらされるでしょう。」とあり，彼が前提とする歴史上の出来事は「1789年以前」であることがわかる。1789年はフランス革命期で国民議会が開かれていた時期であり，国民議会は**選択肢あ**に見える教会財産の没収を断行した。なお，**選択肢い**に記される国王の処刑は総裁政府（1795年成立）の時期ではなく，国民公会（1792年成立）の時期である。よって**選択肢あ**が正しい。

また，ブロックは「領主の所領が教会に属していた場合。革命下に亡命した俗人に属していた場合。そして，俗人だけれども，反対に決して亡命しなかった者に属していた場合」の３つの場合を挙げており，村を支配していた俗人領主が亡命した場合については「資料は押収され，別の場所に保管されたに違いありません。せいぜい，嫌われた体制の遺物として，意図的に破壊されたことが危惧される程度でしょう」と述べ，俗人領主が亡命しなかった場合については，「しかし個人的な所有物の全部，したがって経済活動関連の書類については，彼らは保有し続けました。ただ，現在の保持者にはあなたにそれを見せる義務は全くないのです」と述べている。従って**選択肢Ｚ**と一致する。

問２　正解ー④

④　ブロックの発言に「旧貴族たちはフランスを去らなかった」とあることからも，この体制が1789年以前のフランスの体制，すなわちアンシャン＝レジームと呼ばれる身分制社会を指していることが想定される。フランスの身分制社会では，第一身分を聖職者，第二身分を貴族，第三身分を平民に区別し，第一身分や第二身分は多くの特権を所持していた。

①　産業資本家の社会的地位が高かったのは，18世紀後半からいち早く産業革命を成功させたイギリス社会である。

②　征服された先住民をヘイロータイとしたのは古代ギリシアのポリス，スパルタにおける社会制度である。

③　政府（強制）栽培制度が実施されていたのは，オランダ領東インドのジャワ島である。

118

問１　正解ー①

①　ａの都市はポツダム。ポツダムのサンスーシ宮殿はロココ美術の代表建築である。同じくロココ美術を代表する画家として「シテール島への巡礼」を描いたワトーがいる。

②　ルーベンスはバロック美術の画家。

③　セザンヌは後期印象派の画家。

④　ブリューゲルはルネサンス期に活躍したフランドル派の画家である。

問２　正解ー④

④　ｂの都市はプラハ。フスが教授をつとめたという文からプラハ大学を想起したい。1968年，ドプチェク第一書記を中心に民主化運動が起こったが，ワルシャワ条約機構軍の介入により鎮圧された。この事件は「プラハの春」と呼ばれる。

①　ヨーロッパ最古の大学が建てられたのは，イタリアのボローニャ。

②　1848年の革命では，コシュートはハンガリーの民族運動を指導した。

③　ダイナマイトを発明したノーベルはスウェーデン出身である。

問３　正解ー②

②　アウシュビッツがあるｃの都市はポーランドのクラクフ。ヒトラーは世界恐慌で生じた膨大な数の失業者を救済するためアウトバーンの建設や大規模な土木工事・軍需事業により失業者の大幅な減少を実現した。

①　アメリカ大統領フランクリン＝ローズヴェルトのニューディール政策の説明である。

③　ソ連のスターリンの五カ年計画の説明である。

④　ヴァイマル共和国のシュトレーゼマンの政策である。

問４　正解ー①

①　シェーンブルン宮殿が造営されたのはオーストリアのウィーン。1814～15年にかけてナポレオン戦争後の戦後処理を協議するため列国の代表が集まり，ウィーン会議が開かれた。

②　第１回万国博覧会が開かれたのはイギリスのロンドンである。

③　デュナンにより赤十字条約が結ばれたのはスイスのジュネーヴである。

④　第一次世界大戦の講和会議が開かれたのはフランスのパリである。

問５　正解ー①

①　カロリング＝ルネサンスの中心地として，当時カール大帝の宮廷が置かれたのはアーヘン。この宮廷に招かれたのはイギリスの学者・聖職者であるアルクインで，彼の活躍により西ヨーロッパにラテン語が普及した。

問６　正解ー③

③　ｆの都市はフランスのルアーブル。第二次世界大戦中のノルマンディー上陸作戦で壊滅的な被害を受けたが戦後再興され，現在では世界遺産となっている。受験世界史ではほぼみられない都市である。パリ陥落後，ド＝ゴールはロンドンで自由フランス政府を組織し抵抗運動を続けた。パリ解放後は臨時政府を組織しその主席となった。

①　ノルマンディー上陸作戦が協議されたのはテヘラン会談である。

②　上陸作戦は後にアメリカ大統領となるアイゼンハワーが指揮した。

④　連合軍の上陸は1944年，ドイツの無条件降伏は1945年である。

問７　正解ー②

②　『ノートルダム＝ド＝パリ』や『レ＝ミゼラブル』を代表作にもつ19世紀のフランスロマン主義の作家はヴィクトル＝ユゴーである。

問８　正解ー①

①　ｇの都市はアルル。ゴーガンの代表作は「タヒチの女」。ゴーガンはフランスの後期印象派の画家で，晩年はタヒチで過ごすことが多かったとされる。

②　「種まく人」は自然主義の画家，ミレーの作品。

③　「ムーラン＝ド＝ラ＝ギャレット」は印象派の画家，ルノワールの作品。

④　「民衆を導く自由の女神」はロマン主義の画家，ドラクロワの作品である。

問９　正解ー③

③　サンタ＝マリア大聖堂が建つイタリア＝ルネサンスの中心となった都市はフィレンツェ。大富豪メディチ家の本拠地であり，その資金力もあってこの地でルネサンスは開花した。

問10　正解ー③

③　ヴァチカン市国はｊのローマ市内にある。ヴァチカン宮殿に付属するシスティナ礼拝堂の祭壇画として描かれたのが「最後の審判」，天井画として描かれたのが「天地創造」である。

実戦演習編・解答解説

2025年度大学入学共通テスト試作問題「歴史総合，世界史探究」

第１問

問１　正解ー⑤

先生の会話の中に「横浜の近郊」「薩摩藩の行列と馬に乗ったイギリス人の一行」とあり，中村さんの会話にも「現地の慣習や法律に従わなかったイギリス人」とある。以上のことから，会話文が示す図の内容は，**1862年**に横浜近郊の生麦で薩摩藩の大名である島津の一行が，江戸からの帰途の際にイギリス人の非礼を理由に同国人３人を殺傷した「**生麦事件**」である。**い**の絵には馬に乗った外国人を切りつける武士の姿が見て取れる。これをきっかけに翌1863年に薩英戦争が起こった。従ってこの出来事は年表中の「イギリス艦隊が鹿児島湾に来て，薩摩藩と交戦した」の直前の［ b ］に入る。なお，**あ**の絵は「桜田門外の変」を描いたものである。

問２　正解ー②

下線部ⓐの記事を説明した中村さんの会話の中に「現地の慣習や法律に従わなかったイギリス人の行動を正当化しているようにみえます」とあり，続けて「この出来事が，イギリス側でも，日本に対する反発を生んだ」とある。この事件より前の1858年に締結した日米修好通商条約では領事裁判権が設定されており，それに従えば，外国人が罪を犯した場合は当該国の領事がその国の法律によって犯罪者を裁くことになる。従って，イギリス人の観点からは，② **「イギリス人は，日本においてもイギリスの法により保護されるべきである」**という論理が成り立つと推測される。

問3　正解－③

③は1860年代に中国清朝で実施された **“洋務運動”** を指す。“洋務運動”では，「中国の伝統を本体とし，西洋の学術・技術を応用」する「中体西用」の考え方に基づいて近代化政策を実施した。しかし，専制政治の廃止や制度的な変革が実施できなかったため，後に日清戦争に敗北したことでその限界が露わになった。①はゴルバチョフがソ連共産党書記長に就任した1980年代後半のソ連で実施された改革のこと。選択肢文中にみえる「建て直し」はペレストロイカ，情報公開はグラスノスチをそれぞれ指している。②の文には，「四つの現代化」とある。これは中華人民共和国で周恩来が提唱した，農業・工業・国防・科学技術の四分野における近代化目標のことで，鄧小平を中心に実施された。④は，選択肢文中に「労働者に団結権が認められる」「ダム建設などの大規模な公共事業がおこなわれた」などとあることから，1929年の世界恐慌発生後のアメリカ合衆国で実施されたニューディール政策であることが分かる。前者は「ワグナー法」，後者は「テネシー川流域開発公社」を指している。

問4(1)　正解－②または⑥

[ア] を含む先生の会話文の中に「三国協商を構成した国」とある。三国協商とは，1890年代前半の露仏同盟，1904年の英仏協商，1907年の英露協商の３つの同盟の総称である。すなわちこの三国はフランスのほか，**イギリス**と**ロシア**が相当する。

問4(2)（問4(1)の正解を②とした場合）　正解－⑤

イギリスでは，ナポレオン戦争後に国内で自由主義を求める運動が展開される中，1832年に第１回選挙法改正が実施された。これにより国内の産業資本家および中産階級に選挙権が与えられることとなった。しかし，このとき選挙権を得られなかった労働者階級はこれを不服として男性普通選挙などを求める**チャーティスト運動**を起こした。

問4(2)（問4(1)の正解を⑥とした場合）　正解－①

ロシアでは20世紀初頭に至るまで依然としてロマノフ朝の皇帝による専制政治が行われていた。1904年，日本との戦争（日露戦争）が勃発したが，戦況が不利になる中で国内の人々の生活は窮迫し，1905年，首都ペテルブルクで民衆が“パンと平和”を求めてデモを起こした。これに対して政府当局は軍を動員して発砲し，多くの民衆の血が流れることとなった。これを「**血の日曜日事件**」と呼ぶ。なお，②は1861年のイタリアでおこった「イタリア王国の成立」。③はアメリカの南北戦争中にリンカン大統領が発した「奴隷解放宣言」。④は第二次世界大戦の直前，ドイツのヒトラーがチェコスロヴァキアに対し領土の割譲を要求したもの。⑥は，1915年に大隈重信内閣が中国の袁世凱政府に突きつけた「二十一か条の要求」である。

問5　正解－④

あの「国内で支配的位置にある多数派の民族が，少数派の民族を同化しようとすること」に対応するナショナリズムの現れ方は，**Y**の「明治期の日本政府が，北海道旧土人保護法を制定した」ことである。これはアイヌ保護法ともいわれ，名目的には開拓によって生活基盤をおびやかされたアイヌに土地を与えるというものであったが，実際にはアイヌの伝統文化を無視した事実上の同化政策であった。**い**の「外国による植民地支配から脱して，自治や独立を勝ち取ろうとすること」に対応するナショナリズムの現れ方は，**Z**の「ガンディーの指導で，非暴力・不服従運動が行われた」ことである。インドは1877年のインド帝国成立以降，ほぼ完全にイギリスの植民地であった。イギリスは第一次世界大戦への戦争協力の見返りにインド人に戦後の自治を約束していたが，戦後それは履行されずかえってローラット法を施行し弾圧を強めていった。これに対しヒンドゥー教徒のガンディーは抗議活動として非暴力・不服従運動を展開し，イギリスに対する自治の要求，やがては独立を主張した。

問6　正解－③

社説の抜き書きの４項目目には「高度工業文明とGNP至上主義の中で，「物心両面の公害」に苦しめられている」「人間の尊厳と，人間を囲む自然の回復を考える手掛かりである」とある。1970年に開催された日本万国博覧会は，日本の高度経済成長をアピールするものであったが，その背景では急激な工業化推進による環境汚染や公害による健康被害なども発生していた。これを省みて**1967年には公害対策基本法が制定されていた**（**い**の文章が指し示す内容）。この社説はそれを踏まえていると考えられる。また，当時の世界情勢として1960年代頃からインドネシアやフィリピン，シンガポールや韓国などで強権的支配のもとで社会運動を抑圧しながら工業化を進める**「開発独裁」**と呼ばれる体制が現れていた。アジアの国が多く参加した理由としてこのことが挙げられていないことを「当時の世界情勢で社説が触れていない」と述べていると考えられる。なお，選択肢**Y**が述べる「アラブ諸国では，インターネットを通じた民主化運動が広がり，独裁政権が倒された国があった」というのは，2010年にチュニジアで起こった暴動と政権の崩壊をきっかけに中東地域で広がった一連の民主化運動「アラブの春」を指す。

問７　正解ー①

メモ中に「1960年に［　イ　］で17か国が独立を果たすなど」とある。1960年は長らくヨーロッパの植民地支配を受けてきたアフリカの国々のうち17か国が独立を達成した「**アフリカの年**」と呼ばれる年である。また，第二次世界大戦後からこの時期にかけて独立を達成したアジア・アフリカの国々は「第三世界」と呼ばれる枠組みを形成し，非同盟主義の立場をとった。そのような国々は1961年にユーゴスラヴィアのティトーの提唱で**第１回非同盟諸国首脳会議**を開催した。この会議は第三世界の国々が結集し発言する場となった。なお，国際連盟は1920年に設立されたが，第二次世界大戦の勃発で事実上崩壊した。

問８　正解ー②

ユメさんのメモは「1970年に東アジアの割合が24%に達していたのは，中華人民共和国への援助が開始されていたためである」である。日本から中国へのODAが始まったのは，1978年に日中平和友好条約が結ばれた翌年の79年からである。よって**ユメさんのメモは誤っている**。**テルさんのメモ**は「2010年までは，どの年についても，東南アジアの割合が最も大きかった。東南アジアの中には，日本が賠償を行った国々が含まれていた」である。そこで以下に示した図を確認してみよう。

グラフ　日本の２国間ODAの地域別配分割合の推移

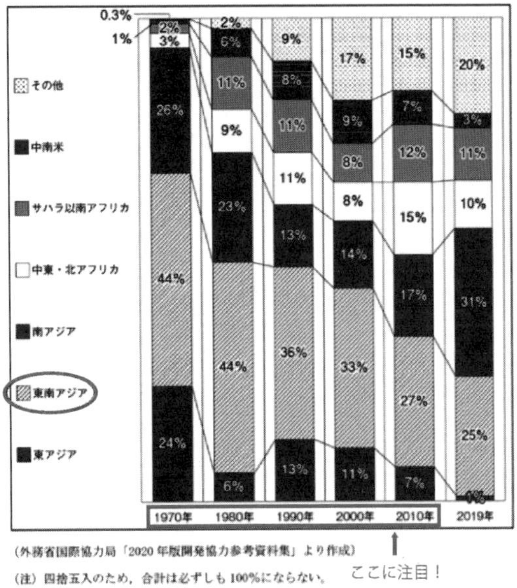

（外務省国際協力局「2020年版開発協力参考資料集」より作成）

（注）四捨五入のため，合計は必ずしも100%にならない。

メモにあるように2010年までは，**どの年も東南アジアの割合が最も大きい**。また，日本のODAの対象となっていた東南アジアの国にはフィリピンやベトナムが含まれているが，**両国とも日本が第二次世界大戦後に賠償を行った国である**。よって，**テルさんのメモは正しい**。**アインさんのメモ**は「1970年から2019年にかけて，南アジアの割合は一貫して減少し，日本の援助先としての重要性が，他地域と比べて低下している」である。上図を参照すれば，南アジアへの援助は1970年から2000年までは減少を続けているが，2010年以降の配分割合はまた増大しており，一貫して減少していない。よって**アインさんのメモは誤っている**。

第２問

問１　正解ー①

人頭税（ジズヤ）はイスラームの国家において，国内の非イスラーム教徒に課せられた税で，ジズヤの支払いによって異教徒でも信仰の維持は認められた。とくにオスマン帝国ではミッレトと呼ばれる宗教別の共同体が組織され，帝国内の非ムスリム臣民は，各共同体のなかで**一定の自治が認められた**。［　イ　］に入る文章については，**図１**を確認してみよう。

図1

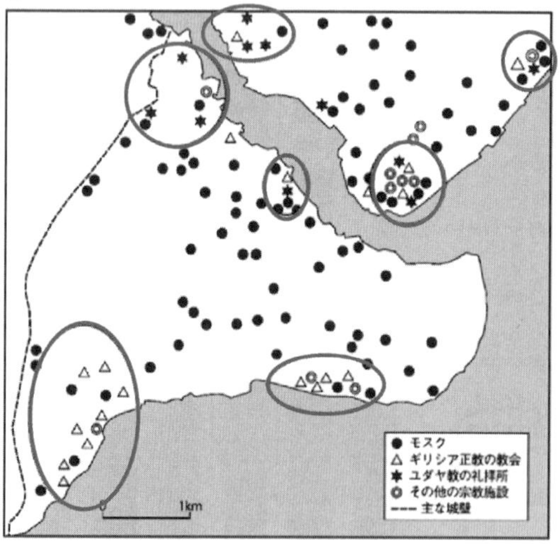

上の枠内に示したように，これらの地域にギリシア正教会とユダヤ教の礼拝所が建てられており，一箇所に集中していない。このことから**X「キリスト教徒とユダヤ教徒が，分散して居住していた」**ことがわかる。

問2　正解－⑤

メモ2を見れば，**図2**中の「紫禁城」が皇帝の宮殿であること，**資料**中の「韃靼人」が清を建てた民族を指していることがわかる。支配者が「韃靼人」であり，被支配者が「漢人」であることを踏まえれば，「韃靼人」の皇帝が住む「紫禁城」周辺に「韃靼人」の居住区域があると考えられる。よって［ウ］には「韃靼人」が，［エ］には「漢人」が入るであろう。上記のことを踏まえれば，漢人は皇帝の近くには居住していないので**そのように考える理由**として**X**は消去される。清では建国当初から八旗と呼ばれる軍事組織を整備しており，これは資料文にみえる「韃靼人の軍隊を構成する八つの部隊に登録された者たち」を指す。これらのことから，**Yの文章が正しい**ことがわかる。なお，**Z**の文にある「奴隷軍人を軍隊の主力として重用した」のは，マムルークと呼ばれる奴隷軍人を重用したアッバース朝のようなイスラーム王朝のことを述べている。

問3　正解－④

あの「英語話者が最も多い地域は，18世紀までに**図3**に見られる範囲に広がっていたと考えられる」であるが，ケープタウンはもともと，1652年にオランダがつくった東インド会社の補給基地であり，17世紀にかけてオランダ人が入植していた。ケープタウンがイギリスの手に渡ったのは1814年のウィーン会議であるから英語話者がケープタウンに増えるのは19世紀以降である。よって**あは誤っている**と考えられる。**い**の「英語話者の中には，アペルトヘイトによる隔離の対象となっていた人々が含まれていると考えられる」であるが，**表**を参照すると，英語話者は黒人・カラード・インド人などの非白人でおよそ50.1%を占めている。また，**メモ3**に「アパルトヘイト期のケープタウンでは，法律によって，白人，黒人，カラード，インド人の4つの集団ごとに居住区が指定されていた」とあり，アパルトヘイトは非白人に対する「人種隔離政策」であるから，**いの説明は正しい**。**う**の「アフリカーンス語話者のほとんどが白人であり，コーサ語話者のほとんどが黒人である」であるが，**表**を参照すると，アフリカーンス語話者の79.6%はカラードである。**メモ3**によれば，「カラードは「有色」という意味で，初期の白人移民と奴隷や先住民などが混血して形成された集団である」とあり，カラードは非白人であるから**うの説明は誤っている**。**え**の「コーサ語話者が最も多い地域は，英語話者及びアフリカーンス語話者が最も大きい地域よりも狭い」であるが，**図3**（円で示した部分がコーサ語話者の最も多い地域）を参照すると，コーサ語話者の最も多い地域は5箇所に限定的に分布しており，一見して英語話者の最も多い地域，アフリカーンス語話者の最も多い地域よりも狭いことがわかる。よって，**えの説明は正しい**。

図3

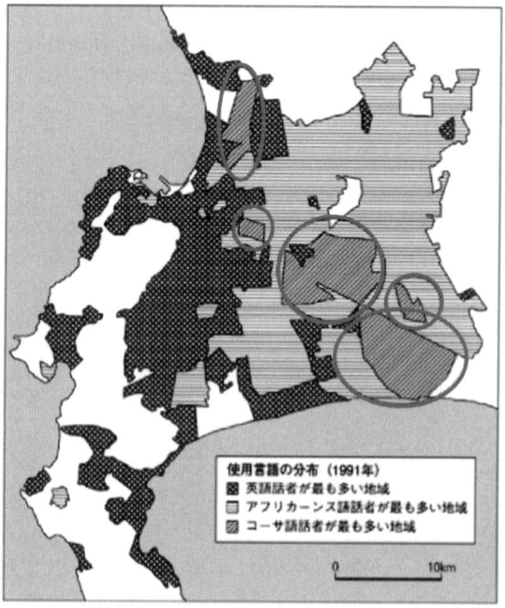

問4　正解－②

図4

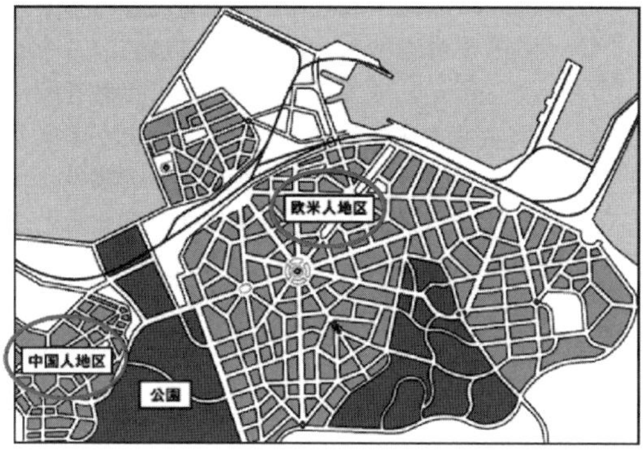

渡辺さんによる分類では，住民ごとに居住地域が区分されたかどうかで分類しているが，**い**の区分（北京，ケープタウン）は人種別による区分である。**図4**を見れば，大連の場合は「欧米人」と「中国人」による「人種別の区分」である。よって，大連は**い**の区分に入る。なお，**菊池さんによる分類**に基づいて考えれば大連は当時ロシアの国外拠点であるから，その場合は**え**に分類されることになる。

第3問

問1　正解－④

会話文から，宋と高麗間の移動に関する内容であることがわかる。**図1**によれば [ア] には高麗の国都の名称が入る。高麗の国都は**い**の**開城**である。また，[イ] を含む**すみれさんの会話文**中には「大運河が [イ] の時代に完成」したこと，それが「[イ] 滅亡の一因になった」ことが挙げられている。このことから [イ] には「隋」が入る。隋の文帝は，それまで行われていた推薦による人材登用制度である「九品中正制度」を廃し，あらたに学科試験による官吏選抜の科挙を採用した（**Y**の文章に相当）。よって，**い**と**Y**の組み合わせが正解となる。なお，**X**の「土地税，人頭税，労役などを一括して銀で収める制度を導入した」は，明の時代に導入された「一条鞭法」の内容である。

問2　正解－③

当時，宋（北宋）と高麗の間には遊牧民の国家が存しており，敵対関係にあった。916年に耶律阿保機によって建国された**契丹（キタイ）**は，五代の後晋の建国を援助したことで燕雲十六州を獲得し，華北進出の根拠地としていた。そのため宋は北方からではなく，南の海路で朝鮮半島へ使者をおくったのだと考えられる。なお，契丹と宋は1004年に澶淵の盟を結び和睦している。①のスキタイは紀元前7～紀元前3世紀にかけて南ロシアの黒海北辺に勢力を拡大したイラン系の騎馬遊牧民。②のフラグは13世紀にモンゴルから西アジアへ遠征した。④の西夏は中国の西北方に勢力をもったタングート族の国である。

問3　正解－④

資料1と**資料2**を見ると，それぞれ現地の民間の商人の船を利用していたことが分かる。このことから，(1)商船が利用されていたこと，(2)商人が船首・船頭を務めたことがわかり，②の「軍船と軍人が使節の派遣に利用された」や，③の「軍艦の漕ぎ手として活躍していた都市の下層市民が」という内容は誤りである。また，①に「貿易商人の中には倭寇として知られる者もいた」とあるが，倭寇の活動は明以降の14～16世紀に活発となる。よって①も誤りである。

問4　正解－⑤

Ⅰは「中国で初めて，アメリカ大陸や大西洋を含む世界地図」を作成した人物。中国初の世界地図作成は『坤輿万国全図』であり，明の時代に中国を訪れたイエズス会宣教師のマテオ＝リッチが作成した。**1602年に北京で刊行**された。Ⅱは「初めて北極点に到達した」人物。北極点に初めて到達したのはアメリカの探検家ピアリ。**1909年に初めて北極点に到達**した。Ⅲは「地球球体説に基づいて，大西洋を西へ向かうことでアジアへ到達できると主張した」人物。地球球体説はイタリアの地理学者トスカネリ（1397～1482年）によって提唱された。同じくイタリアのコロンブスはこの説を信じ，スペイン女王イサベルの援助で**1492年にスペインのパロス港を出港した**。よって，Ⅲ→Ⅰ→Ⅱの順となる。

問5　正解－②

イングランド商人による既知のルート利用を**阻んだ国**は，みのるさんの会話にあるように，「アジアとの直接貿易を目指し，喜望峰経由でのアジア航路を開拓した」国である。1488年，ポルトガルのバルトロメウ＝ディアスが喜望峰に到達し，10年後の1498年に同じくポルトガルのヴァスコ＝ダ＝ガマがインド西岸のカリカットに到達した。よってイギリス商人を阻んだ国は**あ**の**ポルトガル**と考えられる。そのため，イングランド商人は新ルートの開拓を試みたのであるが，記録によれば，「北極海から右岸に沿って航行すると，（中略）船はカタイに到達する」とある。すなわち，イングランドからは北に向かうルートになるので，**Yのルートが正しい**ものと考えられる。

第4問

問1　正解－③

文章中の空欄 ア の直前に「ローマ帝国の最大版図を達成した」とあることから，この皇帝は五賢帝の２人目にあたる**いのトラヤヌス帝**である。また**資料１**では，皇帝はキリスト教徒が「捜索されるべきではない」こと，「署名なしに提出された告発状」は「受理されるべきではない」ことを明言している。よって，**X「皇帝は，キリスト教徒に対する告発を抑制しようとしている」**ことがわかる。

問2　正解－①

下線部ⓐは，４世紀末のローマ帝国内で見られた宗教を指している。①の「ゾロアスター教・仏教・キリスト教の要素を融合した」宗教はイランのササン朝（224～651年）でうまれた**マニ教**である。これは３世紀前半にマニが創始した宗教で，ローマ帝国圏内では北アフリカや南フランスへ伝わった。②のナーナクは**シク教**の開祖。シク教は16世紀の北インドでおこった宗教で，ヒンドゥー教の要素とイスラーム教の要素を合わせもち，カースト制や偶像崇拝を否定した。③のボロブドゥール寺院は，８世紀後半にジャワ島で有力勢力となったシャイレーンドラ朝が造営した**大乗仏教**の寺院である。④の「六信五行が義務とされた」のはイスラーム教。イスラーム教は７世紀前半にムハンマドによって創始された。よって，４世紀末の時点でローマに存在するのは①**のマニ教**のみである。

問3　正解－③

下線部ⓑ「ローマ帝国による地中海支配の終焉」を，**あ**の「ローマ帝国による地中海地域の統一は，ゲルマン人の大移動で終焉を迎えた」と見る場合，395年にローマ帝国が東西分裂したのち，ゲルマン人の大移動にともない，**（X）**西ローマ帝国に仕えていたゲルマン人の傭兵隊長オドアケルは476年に西ローマ皇帝を廃位した。これをもって西ローマ帝国は滅亡し，残された東ローマ帝国は西地中海を失ったことになる。一方，**い**の「ローマ帝国による地中海地域の統一は，イスラームの勢力拡大で終焉を迎えた」と見る場合，ゲルマン人の一派西ゴート人はイベリア半島の地を中心に418年に建国した。西ゴート王国はキリスト教の国である。この国が711年に**（Y）**イスラーム勢力のウマイヤ朝によって滅ぼされ，イスラームがイベリア半島の支配を確立したためにキリスト教国であるローマの地中海地域統一が終焉したと見ることができる。

問4　正解－⑥

Bのリード文中に「皇帝を崇拝の対象とするため，文成帝は，北魏の歴代皇帝になぞらえた巨大な石仏群を造らせた」とある。このことから，空欄 イ に入る文は，**いの「宗教を利用して君主権力を強化する」**であることが考えられる。また，これと同様の**世界史上の事例**は，**Zの「インカ帝国では，皇帝は太陽の化身とされた」**である。インカ帝国では，太陽を崇拝しており，王は太陽の子と見なされていた。こうして王＝太陽として神格化し，強大な王権を築いていたのである。

問5　正解－④

下線部ⓒは「南朝の文化は，その後も中国文化の基礎となった」である。

① 「自然現象を，神話的解釈ではなく，合理的な思考で理解しようとする思想が発展した」は，古代ギリシア世界で発達した自然哲学の考え方である。紀元前６世紀頃，イオニア地方のミレトスを中心に発達した。

② 「旧来の倫理・道徳を批判する，白話を用いた文学作品が登場した」は，20世紀前半の中国でおこった新文化運動の一環で行われた白話運動を指している。白話文学の代表作として魯迅の『狂人日記』などが挙げられる。当時刊行された雑誌『新青年』は白話文で編集された。

③ 「天文学や医学など諸学問が発達し，数学の分野ではゼロの概念が生み出された」は，「ゼロの概念が生み出された」とあることから，古代インドのグプタ朝時代の学問であることがわかる。

④ 「対句を駆使する華麗な文体の文章が流行し，詩文集が編纂された」は，「対句を駆使する華麗な文体の文章」とあることから，これが中国の南北朝時代に生み出された四六駢儷体を指していることがわかる。この文体で編纂された詩文集の代表作として南朝・梁の昭明太子が編纂した『文選』が挙げられる。

問6　正解－②

宗教協約は，文章中に書かれているように，ナポレオン（1769～1821年）が統領政府時代の**1801年**に結んだものである。次に**資料４**を見てみると，神聖ローマ帝国内の選帝侯や諸侯に対して，旧教と新教のいずれも信仰の選択権があるという，アウクスブルクの宗教和議に基づく内容が述べられている。これは1618年に始まった三十年戦争の講和条約であるウェストファリア条約**（1648年）**において，1555年に定められたアウクスブルクの宗教和議の内容が再確認されたものである。さらに**資料5**には「ヴァチカン市国が創出」されることが宣言されているが，これは1870年にイタリア王国が教皇領を占領して以来，不和な関係であったイタリア政府と教皇庁が，**1929年**のラテラノ条約で和解したものである。よって時代順に**資料4（1648年）→宗教協約（1801年）→資料5（1929年）**となる。

問7　正解ー③

リード文中の下線部ⓔに「『哲学書簡』の著者として知られる人物」とあることから，この人物がヴォルテールであることがわかる。中世ヨーロッパでは教皇が普遍的な権威を持っていたが，啓蒙思想家であるヴォルテールはそのような**古い価値観や伝統的制度・解釈を批判**した。風刺画に見られるようにカトリック教会の権威に縛られた，フランスの国制を啓蒙思想によって断ち切ろうとすることが示されていると考えられる。①の「キリスト教信仰を論理的に体系化しようとした，中世ヨーロッパの学問を代表する」人物は，スコラ学を大成したトマス＝アクィナスである。②の「禁欲的な修行によって神との一体感を求め」るのは，イスラームのスーフィズムの考え方を指す。④の「人間心理の中の無意識に着目した，19世紀後半に登場した」人物とは，精神分析学者のフロイト（1856～1939年）のことである。

問8　正解ー②

文章中にみえる，1905年の「政治と宗教の分離に関する法律」とは，政教分離法のことで，ドレフュス事件の経験を背景に成立した，カトリック教会の政治への介入を排除する法律である。②の「ムスタファ＝ケマルが，カリフ制を廃止した」のは，トルコ革命後の1924年に**近代化政策**を進めていく一環として，従来的にイスラームの宗教指導者として強大な権力を持っていたカリフを廃止したものである。また，ケマルはトルコ共和国の憲法からイスラームを国教とする条項を廃止するなど，**政教分離政策**をさらに進めていった。

第5問

問1　正解ー①

Aのリード文によると「中世ヨーロッパで起こった，農民反乱に関する」レポートであることから，①の「**領主直営地で賦役に従事していた**」が正解となる。中世ヨーロッパの荘園では，農奴は領主直営地において賦役を行い，農民保有地でとれる生産物を貢納していた。②の「プランテーションで，サトウキビ栽培に従事していた」は，おもに17世紀以降のアメリカ大陸で，黒人奴隷が従事していた仕事である。③の「租・調・庸を課されていた」のは，おもに隋から唐代の中国農民である。④の「高率の小作料を納めるシェアクロッパーであった」は，アメリカの南北戦争後に解放された黒人農村労働者のことである。

問2　正解ー②

レポートの**一つ目の年代記**に示された「アダムが耕し，イヴが紡いだ時，誰が領主であったか」の文言はワット＝タイラーを思想的に指導したジョン＝ボールの言葉である。**二つ目の年代記**の内容もイングランド国王に直訴していることから，この反乱はイギリスでおこった**ワット＝タイラーの乱**であることがわかる。さらに農民の要求として「この国には以後いかなる隷農身分もなく全て自由人であり，その身分は均一であること」が示されており，中世ヨーロッパの**身分制度の改変**を要求していることがわかる。

問3　正解ー④

文章中の空欄［エ］の直前に「ジャワや宗主国で発行された」とある。ヨーロッパが大航海時代を迎えて以降，いくつかのヨーロッパ勢力がインドネシアに進出したが，17世紀以降，オランダが本格的に進出した。ジャワ戦争やアチェ戦争に勝利して現地を征服した**オランダ**は20世紀初頭に現在のインドネシアにあたる地域を**オランダ領東インド**の完全な支配に置いた。よって，空欄［エ］には「オランダ」が入ると考えられ，その根拠となるのは④の「**ジャワ島は，オランダが支配していた**」である。

問4　正解ー①

植民地支配の変化について，**レポート**によると，カルティニ自身が「現地のヨーロッパ人小学校で学んだ」こと，言論活動がある程度自由に許容されていたことがわかる。そこから推測されるのは，あの「**宗主国が，植民地住民の福祉や教育を重視するようになった**」ことである。また，**カルティニが嫌悪感を抱いた背景**はレポートの，彼女の手紙の内容に示される。その一文には「ヨーロッパ文明になじみつつある東洋人の考えがヨーロッパ語の一つで書かれてあるなんて，ああ，なんて彼らにとって魅力的ではありませんか」とあり，後文ではこれが皮肉に満ちていると述べている。このことからカルティニは，Xの「**宗主国の人々が，支配地域における人々の文明化を責務と考えていたこと**」に対して嫌悪感を抱いていたと考えられる。

問5　正解－④

この班の**レポート**は，1960年代にアメリカが行っていた戦争と，それに対して国内で反戦運動が盛り上がっていくことをまとめたものである。アメリカは1960年代から70年代前半にかけて**ベトナム戦争**へ介入していた。

問6　正解－③

レポートを基に判断できる内容は**い**が正解。**表**を見てみると，**い**の「世論調査で反対が賛成を初めて上回った時期」は1967年10月の調査である。さらに米軍の年間死傷者数を**グラフ**で確認すると，1967年の翌年の1968年がピークとなっている。よって，**い**「**世論調査で反対が賛成を初めて上回った時期より後に，米軍の年間死傷者数がピークに達している**」は正しい。なお，**あ**の「米軍の年間死傷者数が10000人を超えてから，北爆が開始された」について，米軍の年間死傷者数が10000人を超えたのは1967年であるが，北爆の開始は1965年であるので誤りである。**下線部ⓐの事例**について，下線部ⓐは「同じ時期のアメリカ合衆国では，市民が世論の形成を通じて社会の変革を促しており」である。ベトナム戦争への本格的な介入を始めたのはジョンソン大統領（任1963～69年）の時期であり，この時期はキング牧師の指導する黒人解放運動である「**公民権運動**」が活発化していた。なお，**Y**の「女性参政権を求める運動」がアメリカで起こったのは1840年代頃である。

問7　正解－③

本問は第５問に掲載された３つのレポートの総括を考えるものである。まず，**Aのレポート**ではワット＝タイラーの乱を題材とし，農民たちが反乱を起こして身分制度の廃止などの社会変革を求める動きが紹介された。次に**Bのレポート**ではカルティニの活動の記録を通してヨーロッパの植民地支配に対する現地の人々の抵抗とその中で自らの意思を主張しようとする姿勢が示された。また，**Cのレポート**では，ベトナム戦争に対する反戦運動に関して，人々の平和を希求する世論や政治色の強い戦争に対する非難が示された。以上のことから，**あ**「**世界史上において，反乱や動乱，運動などに関わった人々は，どのような社会を望んだのだろうか**」という主題がふさわしいと考えられる。これに即せば，「**主題を追究するための世界史上の出来事**」は，日本の植民地支配に対して朝鮮の人々がその支配から脱して独立を達成しようとする，**Z**の「**「独立万歳」を叫ぶ民衆のデモが，朝鮮全土に広がった運動**」すなわち1919年の三・一運動が適切である。